D1207738

Ein Mann verwirklicht seinen Lebenstraum: Er reist von Grimma bei Leipzig nach Syrakus in Sizilien – und wieder zurück. Johann Gottfried Seumes Bericht seiner neunmonatigen Wanderschaft machte den Autor über Nacht berühmt und ist bis heute so populär wie Goethes *Italienische Reise*.

Eher unpolitisch gestimmt wandert Seume los, will seine Stubenhocke- rei als Lektor aufgeben und eine unglückliche Liebesgeschichte vergessen, doch im Verlauf der Reise wird er zum Italienbegeisterten. Was er gesehen und erlebt hat, hält er in seinen kurzweiligen und unterhaltsamen Auf- zeichnungen fest. Dabei sind ihm die zeitgenössische Politik und Kultur und vor allem die Menschen, denen er unterwegs begegnet ist, wichtiger als jede Bildungsschwärmerei.

Johann Gottfried Seume, geboren am 29. Januar 1763 in Poserna/ Sachsen, ist am 13. Juni 1810 in Teplitz/Böhmen gestorben.

insel taschenbuch 3483
Johann Gottfried Seume
Spaziergang nach Syrakus
im Jahre 1802

1 Johann Gottfried Seume
Stahlstich nach einer Miniatur
von V. H. Schnorr von Carolsfeld

JOHANN GOTTFRIED SEUME

Spaziergang nach Syrakus im Jahre 1802

Herausgegeben und
mit einem Nachwort versehen
von Jörg Drews
Mit zahlreichen Abbildungen
Insel Verlag

insel taschenbuch 3483
Erste Auflage 2010
© Insel Verlag Frankfurt am Main und Leipzig 2001
Alle Rechte vorbehalten, insbesondere das der Übersetzung,
des öffentlichen Vortrags sowie der Übertragung
durch Rundfunk und Fernsehen, auch einzelner Teile.
Kein Teil des Werkes darf in irgendeiner Form
(durch Fotografie, Mikrofilm oder andere Verfahren)
ohne schriftliche Genehmigung des Verlages
reproduziert oder unter Verwendung elektronischer Systeme
verarbeitet, vervielfältigt oder verbreitet werden.
Hinweise zu dieser Ausgabe am Schluß des Bandes
Vertrieb durch den Suhrkamp Taschenbuch Verlag
Umschlag: Michael Hagemann
Druck: Druckhaus Nomos, Sinzheim
Printed in Germany
ISBN 978-3-458-35183-2

1 2 3 4 5 6 − 15 14 13 12 11 10

INHALT

SPAZIERGANG NACH SYRAKUS
IM JAHRE 1802

2 Johann Gottfried Seume
auf dem Titelblatt der Erstausgabe,
gezeichnet von
Johann Christian Reinhart

Lieber Leser,

Voriges Jahr machte ich den Gang, den ich hier erzähle; und ich tue das, weil einige Männer von Beurteilung glaubten, es werde vielleicht Vielen nicht unangenehm, und Manchen sogar nützlich sein. Vielleicht waren diese Männer der Meinung, ich würde es anders und besser machen: darüber kann ich, in der Sache, nur an meine eigene individuelle Überzeugung appellieren; so gern ich auch eingestehen will, daß sie hier und da Recht haben mögen, was die Form betrifft.

Ich hoffe, Du bist mein Freund oder wirst es werden; und ist nicht das eine und wird nicht das andere, so bin ich so eigensinnig zu glauben, daß die Schuld nicht an mir liegt. Vielleicht erfährst Du hier wenig oder nichts neues. Die Vernünftigen wissen das alles längst. Aber es wird meistens entweder gar nicht oder nur sehr leise gesagt: und mir deucht es ist doch notwendig, daß es nun nach und nach auch laut und fest und deutlich gesagt werde, wenn wir nicht in Ewigkeit Milch trinken wollen. Bei dieser Kindernahrung möchte man uns gar zu gern beständig erhalten. Ohne starke Speise wird aber kein Mann im Einzelnen, werden keine Männer im Allgemeinen: das hält im Moralischen wie im Physischen. Es tut mir leid, wenn ich in den Ton der Anmaßlichkeit gefallen sein sollte. Aber es ist schwer, es ist sogar ohne Verrat der Sache unmöglich, bei gewissen Gegenständen die schöne Bescheidenheit zu halten. Ich überlasse das Gesagte der Prüfung und seiner Wirkung, und bin zufrieden, daß ich das Wahre und Gute wollte.

Es ist eine sehr alte Bemerkung, daß fast jeder Schriftsteller in seinen Büchern nur sein Ich schreibt. Das kann nicht anders sein, und soll wohl nicht anders sein; wenn sich nur jeder vorher in gutes Licht und reine Stimmung setzt. Ich bin mir bewußt, daß ich lieber das Gute sehe und mich darüber freue, als das Böse finde und darüber zürne: aber die Freude bleibt still, und der Zorn wird laut.

In Romanen hat man uns nun lange genug alte, nicht mehr geleugnete Wahrheiten dichterisch eingekleidet, dargestellt und tausend Mal wiederholt. Ich tadle dieses nicht; es ist der Anfang: aber immer nur Milchspeise für Kinder. Wir sollten doch endlich auch Männer werden, und beginnen die Sachen ernsthaft geschichtsmäßig zu nehmen, ohne Vorurteil und Groll, ohne Leidenschaft und Selbstsucht. Örter, Personen, Namen, Umstände sollten immer bei den Tatsachen als Belege sein, damit alles so viel als möglich aktenmäßig würde. Die Geschichte ist am Ende doch ganz allein das Magazin unsers Guten und Schlimmen.

Die Sache hat allerdings ihre Schwierigkeit. Wagt man sich an ein altes Vorurteil des Kultus, so ist man noch jetzt ein Gottloser; sondiert man etwas näher ein politisches und spricht über Malversationen, so wird man stracks unter die unruhigen Köpfe gesetzt: und beides weiß man sodann sehr leicht mit Bösewicht synonym zu machen. Wer den Stempel hat, schlägt die Münze. Wer für sich noch etwas hofft oder fürchtet, darf die Fühlhörner nicht aus seiner Schale hervorbringen. Man sollte nie sagen, die Fürsten oder ihre Minister sind schlecht, wie man es so oft hört und liest; sondern, hier handelt *dieser* Fürst ungerecht, widersprechend, grausam; und hier handelt *dieser* Minister als isolierter Plusmacher und Volkspeiniger. Dergleichen Personalitäten sind notwendige heilsame Wagstücke für die Menschheit, und wenn sie von allen Regierungen als Pasquille gebrandmarkt würden. Das Ganze besteht nur aus Personalitäten, guten und schlechten. Die Sklaven haben Tyrannen gemacht, der Blödsinn und der Eigennutz haben die Privilegien erschaffen, und Schwachheit und Leidenschaft verewigen beides. Sobald die Könige den Mut haben werden sich zur allgemeinen Gerechtigkeit zu erheben, werden sie ihre eigene Sicherheit gründen und das Glück ihrer Völker durch Freiheit notwendig machen. Aber dazu gehört mehr als Schlachten gewinnen. Bis dahin wird und muß es jedem rechtschaffenen Manne von Sinn und Entschlossenheit erlaubt sein zu glauben und zu sagen, daß alter Sauerteig alter Sauerteig sei.

Man findet es vielleicht sonderbar, daß ein Mann, der zwei Mal gegen die Freiheit zu Felde zog, einen solchen Ton führt. Die Enträtselung wäre nicht schwer. Das Schicksal hat mich gestoßen. Ich bin nicht hartnäckig genug, meine eigene Meinung stürmisch gegen Millionen durchsetzen zu wollen: aber ich habe Selbstständigkeit genug, sie vor Millionen und ihren Ersten und Letzten nicht zu verleugnen.

Einige Männer, deren Namen die Nation mit Achtung nennt, haben mich aufgefordert etwas öffentlich über mein Leben und meine sukzessive Bildung zu sagen: ich kann mich aber nicht dazu entschließen. In meiner Jugend war es der Kampf eines jungen Menschen mit seinen Umständen und seinen Inkonsequenzen; als ich Mann ward, waren meine Verflechtungen zuweilen so sonderbarer Art, daß ich nicht immer ihre Erinnerung mit Vergnügen zurückrufe. Wer sagt gern, ich war ein Thor, um durch sein Beispiel einige längst bekannte Wahrheiten vielleicht etwas eindringlicher zu machen? Als ich als ein junger Mensch von achtzehn Jahren als theologischer Pflegling von der Akademie in die Welt hinein lief, fand man bei Untersuchung, daß ich keinen Schulfreund erstochen, kein Mädchen in den Klagestand gesetzt und keine Schulden hinterlassen, daß ich sogar die wenigen Thaler Schulden den Tag vor der Verschwindung noch bezahlt hatte; und man konnte nun den Grund der Entfernung durchaus nicht entdecken und hielt mich für melancholisch verirrt, und ließ mich sogar in dieser Voraussetzung so schonend als möglich zur Nachsuchung in öffentliche Blätter setzen. Daß ein Student, den Tag vorher ehe er durchgeht, seine Schulden bezahlt, schien ein starker Beweis des Wahnsinns. Ich überlasse den Philanthropen die Betrachtung über diesen Schluß, der eine sehr schlimme Meinung von der Sittlichkeit unserer Jugend verrät. Dem Psychologen wird das Rätsel erklärt sein, wenn ich ihm sage, daß die Gesinnungen, die ich seitdem hier und da und vorzüglich in folgender Erzählung geäußert habe, schon damals alle lebendig in meiner Seele lagen, als ich mit neun Talern und dem Tacitus in der Tasche auf und davon ging. Was sollte ein Dorfpfarrer mit diesen Gärungen? Bei einem Kosmopoliten können sie, auf einem festen Grunde von Moralität, wohl noch etwas Gutes wirken. Der Sturm wird bei mir nie so hoch, daß er mich von der Base, auf welcher ich als vernünftiger rechtlicher Mann stehen muß, herunterwürfe. Meine meisten Schicksale lagen in den Verhältnissen meines Lebens; und der letzte Gang nach Sicilien war vielleicht der erste ganz freie Entschluß von einiger Bedeutung.

Man hat mich getadelt, daß ich unstät und flüchtig sei: man tat mir Unrecht. Die Umstände trieben mich, und es hielt mich keine höhere Pflicht. Daß ich einige Jahre über dem Druck von Klopstocks Oden und der Messiade saß, ist wohl nicht eines Flüchtlings Sache. Man wirft mir vor, daß ich kein Amt suche. Zu vielen Ämtern fühle ich mich untauglich; und es gehört zu meinen Grundsätzen, die sich nicht auf lächerlichen Stolz gründen, daß ich glaube, der Staat müsse Männer suchen für seine Ämter. Es ist mir also lieb, daß ich Ursache habe zu denken, es müssen in meinem Vaterlande dreißig tausend Geschicktere und Bessere sein als ich. Wäre ich Minister, ich würde höchst wahrscheinlich selten einem Manne ein Amt geben, der es suchte. Das werden Viele für Grille halten; ich nicht. Wenn ich Isolierter nicht strenge nach meinen Grundsätzen handeln will, wer soll es sonst?

Man hat es gemißbilligt, daß ich den Russischen Dienst verlassen habe. Ich kam durch Zufall hin, und durch Zufall weg. Ich bin schlecht belohnt worden; das ist wahrscheinlich auch Zufall: und ich bin noch zu gesund an Leib und Seele, um mir darüber eine Suppe verderben zu lassen. In der wichtigsten Periode, der Krise mit Polen, habe ich in Grodno und Warschau die deutsche und französische diplomatische Korrespondenz zwischen dem General Igelström, Pototzky, Möllendorf und den andern preußischen und russischen Generalen besorgt, weil eben kein anderer Offizier im Hauptquartier war, der so viel mit der Feder arbeiten konnte. – Sie sind noch nicht verpflichtet, sagte Igelström zu mir, als er mir den ersten Brief von Möllendorf gab, sie haben noch nicht geschworen. Der ehrliche Mann, antwortete ich, kennt und tut seine Pflicht ohne Eid, und der Schurke wird dadurch nicht gehalten. – Man hat alten Stabsoffizieren Dinge von großer Bedeutung abgenommen und sie mir übergeben, als Möllendorf noch die Piliza zur Grenze forderte, und als man nachher russisch die Dietinen in Polen nach ganz eigenen Regeln ordnete und leitete. Igelström, Friesel und ich waren einige Zeit die Einzigen, die von dem ganzen Plane unterrichtet waren. Ich habe gearbeitet Tag und Nacht, bis zur letzten Stunde als der erste Kanonenschuß unter meinem Fenster fiel: und mir deucht, daß ich dann auch als Soldat meine Schuldigkeit nicht versäumte, wenn ich gleich während des langen Feuers kartätschensicher zuweilen in einer Mauernische neben den Grenadieren saß und in meinem Taschenhomer blätterte. Zu den russischen Arbeiten hatte der General Dutzende; zu den deutschen und französischen, die der Lage der Sachen nach nicht unwichtig sein konnten, niemand als mich: das wird Igelström selbst, Apraxin, Pistor, Bauer und andere bezeugen. Als der Franzose Sion ankam, waren die wichtigsten Geschäfte schon getan. Dafür wurde mir denn dann und wann ein Geiger vorgezogen, der einem der Subows etwas vorgespielt hatte. Das ist auch wohl anderwärts nicht ungewöhnlich. Ich hatte das Schicksal gefangen zu werden. Der General Igelström schickte mich nach Beendigung der ganzen Geschichte mit einem schwer verwundeten jungen Manne, der mein Freund und dessen Vater der seinige war, nach Italien, damit der Kranke dort die Bäder in Pisa brauchen sollte. Wir konnten nicht hin, weil die Franzosen alles besetzt hatten. Die Kaiserin starb; ich konnte unmöglich an dem Tage zurück auf meinem Posten sein, den Paul in seiner Ukase bestimmt hatte, und wurde aus dem Dienst geschlossen. Man hat in Rußland wenig schöne Humanität bei dem Anblick auf das flache Land. Schon vorher war ich halb entschlossen nicht zurückzugehen, und ward es nun ganz. Der Kaiser gab mir auf meine sehr freimütige Vorstellung an ihn selbst, da ich durchaus keinen Dienstfehler gemacht hatte, endlich den förmlichen ehrenvollen Abschied, den mir der General Pahlen zuschickte. Es ist sonst Gewohnheit in Rußland, Offizieren, die einige Dienste geleistet haben, ihren Gehalt zu lassen; ich erhielt nichts. Das war vielleicht so Geist der Periode, und es würde Schwachheit von mir sein, mich darüber zu ärgern. Wenn ich jetzt etwas in Anregung bringen wollte, würde man die Sache für längst antiquiert halten und der Sinn des Resultats würde heißen: Wir Löwen haben gejagt. – Ich will mir den Nachsatz ersparen. Wenn ich nicht einige Kenntnisse, etwas Lebensphilosophie und viel Genügsamkeit hätte, könnte ich den Rock des Kaisers um ein Stückchen Brot im deutschen Vaterlande umher tragen.

Ich habe mich in meinem Leben nie erniedriget, um etwas zu bitten, das ich nicht verdient hatte; und ich will auch nicht einmal immer bitten, was ich verdiente. Es sind in der Welt viele Mittel ehrlich zu leben: und wenn keines mehr ist, finden sich doch einige, nicht mehr zu leben. Wer nach reiner Überzeugung seine Pflicht getan hat, darf sich am Ende, wenn ihn die Kräfte verlassen, nicht schämen abzutreten. Auf Billigung der Menschen muß man nicht rechnen. Sie errichten heute Ehrensäulen und brauchen morgen den Ostracismus für den nehmlichen Mann und für die nehmliche Tat.

Wenn ich vielleicht noch vierzig Jahre gelebt habe und dann nichts mehr zu tun finde, kann es wohl noch eine kleine Ausflucht werden, die Winkel meines Gedächtnisses aufzustäuben, und meine Geschichte zur Epanorthose der Jüngern hervor zu suchen. Jetzt will ich leben, und gut und ruhig leben, so gut und ruhig man ohne einen Pfennig Vorrat leben kann. Es wird gewiß gehen, wie es bisher gegangen ist: denn ich habe keine Ansprüche, keine Furcht und keine Hoffnung.

Was ich hier in meiner Reiseerzählung gebe, wirst Du, lieber Leser, schon zu sichten wissen. Ich stehe für alles, was ich selbst gesehen habe, insofern ich meinen Ansichten und

Einsichten trauen darf: und ich habe nichts vorgetragen, was
ich nicht von ziemlich glaubwürdigen Männern wiederholt
gehört hätte. Wenn ich über politische Dinge etwas freimü-
tig und warm gewesen bin, so glaube ich, daß diese Freimütigkeit und Wärme dem Manne ziemt; sie mag nun einigen
gefallen oder nicht. Ich bin übrigens ein so ruhiger Bürger,
als man vielleicht in dem ganzen Meißnischen Kreise kaum
einen Torschreiber hat. Manches ist jetzt weiter gediehen
und gekommen, wie es wohl zu sehen war, ohne eben besser
geworden zu sein. Machte ich die Ronde jetzt, ich würde
wahrscheinlich mehr zu erzählen haben, und Belege zu meinen vorigen Meinungen geben können.

Freilich möchte ich gern ein Buch gemacht haben, das
auch ästhetischen Wert zeigte; aber Charakteristik und
Wahrheit würde durch ängstliche Glättung zu sehr leiden.
Niemand kann die Sachen und sich selbst besser geben, als
beide sind. Ich fühle sehr wohl, daß diese Bogen keine Lektüre für Toiletten sein können. Dazu müßte vieles heraus
und vieles müßte anders sein. Wenn aber hier und da ein
guter, unbefangener, rechtlicher, entschlossener Mann einige Gedanken für sich und andere brauchen kann, so soll mir
die Erinnerung Freude machen.

Leipzig 1803.

Seume

VORREDE ZUR 2. AUFLAGE

Nach gewissenhafter Überlegung habe ich bei dieser zweiten Ausgabe im Wesentlichen nichts verändern können.
Faktisch waren die Dinge so, wie ich sie erzähle; und in dem
Übrigen ist meine Überzeugung nicht von gestern und ehe-
gestern. Wahrheit und Gerechtigkeit werden immer mein
einziges Heiligtum sein. Warum sollte ich zu entstellen suchen? Zu hoffen habe ich nichts, und fürchten will ich
nichts. Über Vortrag und Stil werden freilich wohl die Kritiker noch manche Ausstellung zu machen haben, gegen
deren Richtigkeit ich nicht hartnäckig streiten will. Aber es
war mir unmöglich das Ganze mehr umzuschmelzen, und
die lebendigere Individualität möchte auch bei dem Guß
mehr verloren als gewonnen haben. Ich lege dieses zwar
nicht als ein vollständiges Gemälde, aber doch als einen
ehrlichen Beitrag zur Charakteristik unserer Periode bei den
Zeitgenossen nieder, und bin zufrieden, wenn ich damit nur
den Stempel eines wahrheitsliebenden, offenen, unbefangenen, selbstständigen, rechtschaffenen Mannes behaupte.
Gegen den Strom der Zeit kann zwar der Einzelne nicht
schwimmen; aber wer Kraft hat, hält fest und läßt sich von
demselben nicht mit fortreißen. Noch gebe ich die Hoffnung nicht auf, daß einst ursprüngliche Gerechtigkeit sein
werde, obgleich die unglücklichen Versuche noch viele platonische Jahre dauern mögen. Nur wirke jeder mit Mut, weil
sein Tag währt.

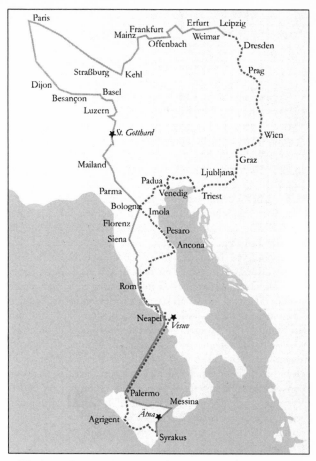

3 Wanderweg Seumes: Hinreise von Grimma über Dresden, Prag, Wien, Triest, Venedig, Rom, Neapel, Palermo, Agrigent. Rückreise von Syrakus über Messina, Palermo, Neapel, Rom, Mailand, Paris.

Dresden, den 9ten Dez. 1801

Ich schnallte in Grimme meinen Tornister, und wir gingen. Eine Karawane guter gemütlicher Leutchen gab uns das Geleite bis über die Berge des Muldentals, und Freund Großmann sprach mit Freund Schnorr sehr viel aus dem Heiligtume ihrer Göttin, wovon ich Profaner sehr wenig verstand. Unbemerkt suchte ich einige Minuten für mich, setzte mich oben Sankt Georgens großem Lindwurm gegen über und betete mein Reisegebet, daß der Himmel mir geben möchte billige, freundliche Wirte und höfliche Torschreiber von Leipzig bis nach Syrakus, und zurück auf dem andern Wege wieder in mein Land; daß er mich behüten möchte vor den Händen der monarchischen und demagogischen Völkerbeglücker, die mit gleicher Despotie uns schlichten Menschen ihr System in die Nase heften, wie der Samojete seinen Tieren den Ring.

Nun sah ich zurück auf die schöne Gegend, die schon Melanchthon so lieblich fand, daß er dort zu leben wünschte; und überlief in Gedanken schnell alle glücklichen Tage, die ich in derselben genossen hatte: Mühe und Verdruß sind leicht vergessen. Dort stand Hohenstädt mit seinen schönen Gruppen, und am Abhange zeigte sich Göschens herrliche Siedelei, wo wir so oft gruben und pflanzten und jäteten und plauderten und ernteten, und Kartoffeln aßen und Pfirschen: an den Bergen lagen die freundlichen Dörfer umher, und der Fluß wand sich gekrümmt durch die Bergschluchten hinab, in denen kein Pfad und kein Eichbaum mir unbekannt waren.

Die Sonne blickte warm wie im Frühling, und wir nahmen dankbar und mit der heitersten Hoffnung der Rückkehr von unsern Begleitern Abschied. Noch einmal sah ich links nach der neuen Mühle auf die größte Höhe hin, die uns im Gartenhause zu Hohenstädt so oft zur Grenze unserer Aussicht über die Täler gedient hatte, und wir wandelten ruhig die Straße nach Hubertsburg hinab. In Altmügeln empfing man uns mit patriarchalischer Herzlichkeit, bewirtete uns mit der Freundschaft der Jugend und schickte uns den folgenden Morgen mit einer schönen Melodie von Göthens Liede – Kennst du das Land? – unter den wärmsten Wünschen weiter nach Meißen, wo wir eben so traulich willkommen waren. Wenn wir uns doch die freundlichen Bekannten an der südlichen Küste von Sicilien bestellen könnten! Die Elbe rollte majestätisch zwischen den Bergen von Dresden hinab. Die Höhen glänzten, als ob eben die Knospen wieder hervorbrechen wollten, und der Rauch stieg von dem Flusse an den alten Scharfenberg romantisch hinauf. Das Wetter war den achten Dezember so schwül, daß es unserm Gefühl sehr wohltätig war, als wir aus der Sonne in den Schatten des Waldes kamen.

Seit zwölf Jahren hatte ich Dresden nicht gesehen, wo ich damals von Leipzig herauf wandelte, um einige Stellen in *Guischards mémoires militaires* nachzusuchen, die ich dort nicht finden konnte. Auch in Dresden fand ich sie nicht, weil man sie einem General in die Lausitz geschickt hatte. Nach meiner Rückkehr traf ich den Freibeuter Quintus Icilius bei dem Theologen Morus, und fand in demselben nichts, was in meinen Kram getaugt hätte. So macht man manchen Marsch in der Welt wie im Kriege umsonst. Es wehte mich oft eine kalte, dicke, sehr unfreundliche Luft an, wenn ich einer Residenz nahe kam; und ich kann nicht sagen, daß Dresden diesmal eine Ausnahme gemacht hätte, so freundlich auch das Wetter bei Meißen gewesen war. Man trifft so viele trübselige, unglückliche, entmenschte Gesichter, daß man alle fünf Minuten auf eines stößt, das öffentliche Züchtigung verdient zu haben, oder sie eben zu geben bereit scheint: Du kannst denken, daß weder dieser noch jener Anblick wohltut. Viele scheinen auf irgend eine Weise zum Hofe zu gehören oder die kleinen Offizianten der Kollegien zu sein, die an dem

Stricke der Armseligkeit fortziehen, und mit Grobheit grol-
lend das Endchen Tau nach dem hauen, der ihrer Jämmer-
lichkeit zu nahe tritt. Ungezogenheit und Impertinenz ist
bekanntlich am meisten unter dem Hofgesinde der Großen
zu Hause, das sich oft dadurch für die Mißhandlungen schadlos zu halten sucht, die es von der eben nicht feinen Willkür
der Herren erfahren muß. Höflichkeit sollte vom Hofe kommen; aber das Wort scheint, wie viele andere im Leben, die
Antiphrase des Sinnes zu sein, und Hof heißt oft nur ein Ort,
wo man keine Höflichkeit mehr findet; so wie Gesetz oft der
Gegensatz von Gerechtigkeit ist. Wehe dem Menschen, der
zur Antichamber verdammt ist; es ist ein großes Glück, wenn
sein Geist nicht knechtisch oder despotisch wird; und es
gehört mehr als gewöhnliche Männerkraft dazu, sich auf dem
gehörigen Standpunkte der Menschenwürde zu erhalten.

Eben komme ich aus dem Theater, wo man Großmanns
alte sechs Schüsseln gab. Du kennst die Gesellschaft. Sie
arbeitete im Ganzen gar nicht übel. Das Stück selbst war
beschnitten worden, und ich erwartete nach der Gewohnheit eine förmliche Kombabusierung, fand aber bei genauer
Vergleichung, daß man dem Verfasser eine Menge Leerhei-
ten und Plattheiten ausgemerzt hatte, deren Wegschaffung
Gewinn war. Verschiedene zu grelle Züge, die bei der ersten
Erscheinung vor etwa fünf und zwanzig Jahren es vielleicht
noch nicht waren, waren gestrichen. Aber es war auch mit
der gewöhnlichen Dresdener Engbrüstigkeit manches weg-
gelassen worden, was zur Ehre der liberalen Duldung besser
geblieben wäre. Ich sehe nicht ein, warum man den Fürsten
in einen König verwandelt hatte. Das Ganze bekam durch
die eigenmächtige Krönung eine so steife Gezwungenheit,
daß es bei verschiedenen Szenen sehr auffallend war. Wenn
man in Königstädten die Könige zu bloßen Fürsten machen
wollte, würde dadurch etwas gebessert? Sind nicht beide
Fehlern unterworfen? Fürchtete man hier zu treffen? Die
Furcht war sehr unnötig, und der Charakter des wirklich
vortrefflichen Kurfürsten muß eher durch solche Winkelzü-
ge beleidiget werden. Man hat ihm in seinem ganzen Leben

vielleicht nur eine oder zwei Übereilungen zur Last gelegt, und davon ist keine in diesem Stücke berührt. Daß man die Grobheiten der verflossenen zwanzig Jahre wegwischt, hat moralischen und ästhetischen Grund: aber ich sehe nicht ein, warum die noch immer auffallenden Torheiten und Gebrechen der Adelskaste nicht mit Freimütigkeit gesagt, gerügt und mit der Geißel des Spottes zur Besserung gezüchtiget werden sollen. Wenn es nicht mehr trifft, ist es nicht mehr nötig; daß es aber noch nötig ist, zeigt die ängstliche Behutsamkeit, mit der man die Lächerlichkeit des jüngsten Kammerjunkers zu berühren vermeidet.

Christ, als Hofrat, sprach durchaus bestimmt und richtig, und seine Aktion war genau, gemessen, ohne es zu scheinen. Du kennst seinen feinen Takt. Madam Hartwig spielte seine Tochter mit ihrer gewöhnlichen Theatergrazie und an einigen Stellen mit ungewöhnlicher, sehr glücklicher Kunst. Madam Ochsenheimer fängt an eine ziemlich gute Soubrette zu werden, und verspricht in der Schule ihres Mannes viel gutes in ihrem Fache. Ochsenheimer war nicht zu seinem Vorteile in der Rolle des Herrn von Wilsdorf. Thering und Bösenberg kennst Du: beide hatten, der erste als Philipp, der zweite als Wunderlich, ein ziemlich dankbares Feld. Thering spielte mit seiner gewöhnlichen barocken Laune und mußte gefallen; aber Bösenberg tat einen beleidigenden Mißgriff, der ihm vielleicht nur halb zur Last gelegt werden kann. Wunderlich wollte für den gelieferten Wagen *stande bene* bezahlt sein: und nun denke Dir Bösenbergs obersächsische Aussprache hinzu, die so gern das Weiche hart und das Harte weich macht, und die noch dazu hier sehr markiert zu sein schien. Der halblateinische Teil des Publikums lachte heillos, und mir kam es als eine Ungezogenheit der ersten Größe vor. Die übrigen Rollen waren leidlich besetzt. Auch Drewitz machte den Fritz nicht übel, weil er ihn schlecht machte. Aber Henke war ein Major wie ein Stallknecht, und arbeitete oder vielmehr pfuschte zur großen Belustigung aller Militäre, die um mich her im Parket saßen. Der Fehler war nicht sowohl sein eigen, als des Direktoriums, das ihn zum Major gemacht hatte. *Non*

*4 Dresden: Blick vom Neustädter Elbufer auf Frauenkirche,
Augustusbrücke und Hofkirche.
Kreidelithographie von J. Riedel, um 1840.*

omnia possumus omnes; er macht den Bäcker Ehlers in einem Ifflandischen Stücke recht gut.

Man hatte uns bange gemacht wir würden Schwierigkeiten wegen Östreichischer Pässe haben; aber ich muß die Humanität der Gesandtschaft rühmen. Herr von Büel, als Sekretär, nahm uns sehr gütig auf, und fertigte, da er unsere Wünsche bald abzureisen vernahm, mit großer Freundlichkeit sogleich selbst aus; und in einigen Stunden erhielten wir die Papiere, von dem Grafen Metternich unterschrieben, durch alle Kaiserliche Länder.

Du kennst meine Saumseligkeit und Sorglosigkeit in gelehrten Dingen und Sachen der Kunst. Was soll ich Laie im Heiligtum? Die Galerie sah ich nicht, weil ich dazu noch einmal hätte Schuhe anziehen müssen; den Antikensaal sah ich nicht, weil ich den Inspektor das erste Mal nicht traf; und das übrige nicht, weil ich zu indolent war. Du verlierst nichts; ein anderer wird Dir alles besser erzählen und beschreiben.

Herrn Grassi besuchte ich, mehr in Schnorrs Gesellschaft und weil ich ihn ehedem schon in Warschau gesehen hatte, als weil ich mich sehr gedrängt gefühlt hätte seine Arbeiten zu sehen; und doch halte ich ihn für den besten Maler, den ich bis jetzt kenne. Er hat ein glühendes und doch sehr zartes Kolorit, mit einer richtigen, interessanten Zeichnung. Mich deucht, er hat von dem strengen Ernst der alten echten Schule etwas nachgelassen, und seine eigene blühende, unaussprechlich reizende Grazie dafür ausgegossen. Er hat mit besserm Glücke getan, was Oeser in seiner letzten Manier tun wollte, durch welche er, wie die Kritiker der Kunst sehr gut wissen, unter die Nebulisten geriet. Beide schmeicheln; aber Grassi schmeichelt noch dem Kenner, und Oeser schmeichelt nur dem Liebhaber. Grassi erzählte mir noch manches von Warschau, wo wir beide in der großen Krise der letzten Revolution Berührungspunkte fanden. Er hatte durch Teppers Fall einen Verlust von fünftausend Dukaten erlitten, und mußte während der Belagerung bei dem Bürgerkorps als Korporal zehn Mann kommandieren. Stelle Dir den sanften Künstler auf einer Batterie mit einer Korporalschaft wilder Polen vor, wo die kommenden Kugeln durchaus keine Weisung annehmen. Kosciusko's Freundschaft und Kunstsinn brachten den guten Mann endlich in Sicherheit, indem der General ihm Pässe zur Entfernung von dem schrecklichen Schauplatz auswirkte und ihm selbst hinlängliche Begleitung gab, bis er nichts mehr zu befürchten hatte. Du kannst denken, daß unser Freund Schnorr sich mit Enthusiasmus an den Mann anschloß; und die Herzlichkeit, mit der sich beide einander öffneten, machte beiden Ehre.

Heute früh wurde ich durch den Donner der Kanonen geweckt und erfuhr beim Aufstehen, daß dem Hause ein Prinz geboren war. Vielleicht macht der Herr in seinem Leben nicht wieder so viel Lärm, als bei seiner Ankunft auf unserm Planeten. Die Fürsten dieses Hauses sind zum Glück ihrer Länder seit mehr als einem Jahrhundert meistens Kinder des Friedens. Dadurch werden die Verdienste gewiß erhöht, und ihr Mut wird doch nicht mehr problematisch, als ob sie Schlachten gewännen.

Budin

Du weißt, daß Schreibseligkeit eben nicht meine Erbsünde ist, und wirst mir auch Deiner selbst wegen sehr gern verzeihen, wenn ich Dir eher zu wenig als zu viel erzähle. Wenn ich recht viel hätte schreiben wollen, hätte ich eben so gut zu Hause in meinem Polstersessel bleiben können. Nimm also mit Fragmenten vorlieb, aus denen am Ende doch unser ganzes Leben besteht. In Dresden mißfiel mir noch zuletzt gar sehr, daß man zur Bequemlichkeit der Ankömmlinge und Fremden noch nicht die Straßen und Gassen an den Ecken bezeichnet hat; ein Polizeiartikel,* an den man schon

---

* Bei meiner letzten Anwesenheit in Dresden sah ich mit Vergnügen, daß man angefangen hatte, die Straßen und Gassen an den Ecken gehörig mit ihren Namen zu bezeichnen. Überhaupt scheint man durchaus mehr Aufmerksamkeit zu haben und auch die Gesichter scheinen sich zu bessern und mehr Liberalität zu bekommen.

vor zehn Jahren in kleinen Provinzialstädten sogar in Polen
gedacht hat, und der die Topographie außerordentlich erleichtert: und Topographie erleichtert wieder die Geschäfte.

Den letzten Nachmittag sah ich dort noch die Mengsische Sammlung der Gypsabgüsse. Schnorr wird Dir besser
erzählen, von welchem Wert sie ist, und Küttner hat es meines Wissens, schon sehr gut getan. Du weißt, daß ich hier
ziemlich Idiot bin und mich nicht in das Heiligtum der Göttin wage; ob ich gleich über manche Kunstwerke, zum
Beispiel über die Mediceerin, meine ganz eigenen Gedanken
habe, die mir wohl schwerlich ein Antiquar mit seiner Ästhetik austreiben wird. Schon freue ich mich auf den Augenblick, wo ich das Original in Palermo sehen werde, wo es,
wie ich denke, jetzt steht. Hier interessierten mich eine Menge Köpfe am meisten, die ich größten Teils für römische
hielt. Küttners Wunsch fiel mir dabei ein, daß der Kurfürst
diese Sammlung zur Wohltat für die Kunst mehr komplet-
tieren möchte. Auch ist die Periode des Beschauens zu
beschränkt, da sie den Sommer wöchentlich nur zwei Tage
und den Winter öffentlich gar nicht zu sehen ist. Einige
Verordnungen, die Kunst betreffend, sind mir barock genug
vorgekommen. Kein Künstler, zum Beispiel, darf auf der
Galerie ein Stück ganz fertig kopieren, wie man mich versichert hat. Dies zeigt eine sehr kleinliche Eifersucht. Es
wäre für die Schule in Dresden keine kleine Ehre, wenn
Kopieen großer Meister von dort kämen, die man mit den
Originalen verwechseln könnte. Auch darf kein Maler länger
als die bestimmten zwei Stunden oben arbeiten, welches für
die Kopisten in Öl eine Zeit ist, in welcher fast nichts gemacht werden kann. Aber das Künstlervolk mag seinen
Mutwillen auch zuweilen bis zur Ungezogenheit treiben;
und es soll vor kurzem ein namhafter Maler unsers deutschen Vaterlandes seine Pinsel auf einem der schönsten
Originale abgewischt haben, um die Farben zu versuchen.
Da würde mir Laien unwillkürlich der Knotenstock sich in
der Faust geregt haben.

Den letzten Abend sah ich noch eine Oper, die mit ziem-

lich vieler Pracht gegeben wurde. Mein Gedächtnis ist wie
ein Sieb; aber mich deucht, es war die Gräfin von Amalfi.
Die Musik ist, wenn ich nicht irre, sehr eklektisch. Es war bei
der Vorstellung kein einziger schlechter Sänger und Akteur;
aber nach meiner Meinung auch kein einziger vortrefflicher,
so sehr man auch in Dresden dieses behauptete. Die Schuld
mag wohl mein gewesen sein, da ich mich fast in jedem
Fache eines bessern Subjekts unwillkürlich erinnerte.

In Pirna sahen wir ein Stündchen Herrn Siegfried, den Du
als den Verfasser von Siama und Galmori kennest und der
uns mit einigen Bekannten an die Grenze brachte. Nun ging
es in die Höhe; und so mild es unten am Flusse gewesen war,
so rauh war es oben, und in einigen Stunden hatten wir
schon Schnee. Dieser vermehrte sich bis einige Stunden
hinter Peterswalde, nahm sodann allmählich wieder ab und
hörte bei Außig wieder ganz auf.

Man hatte mir gar sonderbare Begriffe von den auffallenden Erscheinungen der Böhmischen Katholizität gemacht.
Ich habe nichts bemerkt. Im Gegenteil muß ich sagen, es
gefiel mir alles außerordentlich wohl. Unser Wirtshaus in
Peterswalde war so gut, als man mit gehöriger Genüglichkeit
es sich nur immer wünschen kann. Der Zollbeamte, der den
Paß bescheinigte, war freundlich. Die Mahlzeit war nicht
übel und die Aufwärterin gar allerliebst niedlich und artig.
Lache nur über diese Bemerkung von mir Griesgram. Man
müßte eine sehr verstimmte unästhetische Seele haben,
wenn man nicht lieber ein junges, hübsches, freundliches
Gesicht sähe, als ein altes, häßliches, murrsinniges. Das
Mädchen setzte in unserm Zimmer ihr Silbermützchen vor
einem Spiegel, der zwischen zwei Marienbildern hing, so
reizend unbefangen in Ordnung, als ob sie sich in Ehren
eine kleine Unordnung recht gern wollte vergeben lassen.
Der Ketzer Schnorr sah dem rechtgläubigen Geschöpf so
enthusiastisch in die Augen, als ob er sich eben zu ihr be-
kehren oder sie wenigstens zum Modell nehmen wollte.
Überdies ist der böhmisch-deutsche Dialekt bis Lowositz
ziemlich angenehm und gurgelt die Worte nicht halb so dick
und widrig hervor, wie der gebirgische in Sachsen.

Der Weg von Peterswalde nach Außig ist rauh, aber
schön; von Außig, wo man wieder an die Elbe kommt, romantisch wild, links und rechts an dem Flusse hohe Berge
mit Schluchten, Felsenwänden und Spitzen. Hier tönte mir
die Klage über die Undisziplin unserer sächsischen Landes-
leute ins Ohr, die in dem Bayerischen Erbfolgekriege zur
Feuerung hier alle Weinpfähle verbrannten. Sie durften nur
einige hundert Schritte höher steigen, so hatten sie ganze
Wälder. Das schmerzt mich in die Seele anderer. Wenn die
Östreicher es eben so schlimm machen, so werden wir dadurch nicht besser. Wenn wird unsere Humanität wenigstens diese Schandflecken wegwischen? Bei Lowositz endigen allmählich die Berge, und von da bis Eger hinauf und
Leutmeritz hinab ist schönes, herrliches, fruchtbares Land,
das zwei Stunden hinter Budin nun ganz Ebene wird. In
Budin, einem Orte wo allgemeine Verlassenheit zu sein
scheint, traf ich bei dem Juden Lasar Tausig eine kleine
Sammlung guter Bücher an, und ließ mir von ihm, da er
Lessings Nathan einem Freunde geliehen hatte, auf den
Abend Kants Beweisgrund zur einzig möglichen Demonstration über das Dasein Gottes geben.

Prag

Von Budin bis hierher stehen im Kalender sieben Meilen,
und diese tornisterten wir von halb acht Uhr früh bis halb
sechs Uhr Abends sehr bequem ab, und saßen doch noch
über eine Stunde zu Mittage in einem Wirtshause, wo wir bei
einem Eierkuchen durchaus mit fasten und dafür funfzig
Kreuzer bezahlen mußten; welches ich für einen Eierkuchen in Böhmen eine stattliche Handvoll Geld finde. Da war
es in Peterswalde verhältnismäßig billiger und besser. Der
Wirt zur goldenen Rose in Budin hatte ein gutes Haus von
außen und ein schlechtes von innen. Eine Suppe von Kal-
daunen, altes dürres Rindfleisch und ein sehr zäher, lederner
Braten von einer Gans, die noch eine Retterin des Kapitols
gewesen sein mochte; noch schlechter waren die Betten:

aber am schlechtesten war der Preis. Die schlechten Sachen
waren ungeheuer teuer, wovon ich schon vorher unterrichtet war. Aber Muß ist ein Brettnagel, heißt das Sprichwort: er
ist der Einzige in Budin, und mich deucht, schon Küttner
hat gehörig sein Lob gesungen. Übrigens lasse ich die Qualität der Wirtshäuser mich wenig anfechten. Das beste ist
mir nicht zu gut, und mit dem schlechtesten weiß ich noch
fertig zu werden. Ich denke, es ist noch lange nicht so
schlimm als auf einem englischen Transportschiffe, wo man
uns wie die schwedischen Heringe einpökelte, oder im Zel-
te, oder auf der Brandwache, wo ich einen Stein zum
Kopfkissen nahm, sanft schlief und das Donnerwetter ruhig
über mir wegziehen ließ.

In der Budiner Wirtsstube war ein Quodlibet von Menschen, die einander ihre Schicksale erzählten und hier und
da zur Verschönerung wahrscheinlich etwas dazu logen. Einige Östreichische Soldaten, Stalleute und ehemalige Stück-
knechte, die alle in der französischen Gefangenschaft
gewesen waren, und einige Sachsen von dem Kontingent
machten eine erbauliche Gruppe, und unterhielten die
Nachbarn lang und breit von ihren ausgestandenen Leiden.
Besonders machte einer der Soldaten eine so greuliche Beschreibung von den Läusen im Felde und in der Gefangenschaft, daß wir andern fast die Phthiriase davon hätten
bekommen mögen. Mir war es nunmehr nur eine drollige
Reminiszenz meiner ersten Seefahrt nach Amerika, wo die
Engländer uns gar erbärmlich säuberlich hielten, und wo
wir, vom Kapitän bis zum Trommelschläger, der Tierchen
auch eine solche Menge bekamen, daß sie das Tauwerk zu
zerfressen drohten. Ein Fuhrknecht erzählte dann unter andern toll genug, wie er und seine Kameraden in Iglau neulich
einige Soldaten, in einem Streit wegen der Mädchen, gar
furchtbar zusammen geprügelt hätten. *Where there is a quarrel,
there is always a lady in the case*, dachte ich, gilt auch bei der
Östreichischen Bagage. Ein Soldat meinte, daß die Fuhr-
knechte denn doch etwas sehr mißliches und ungebührli-
ches unternommen hätten, sich an den Verteidigern des

Vaterlandes zu vergreifen; die Geschichte würde ihnen am Ende bitter bekommen sein. Ei was, versetzte der Fuhrknecht, es waren ja nur Legioner. Das ist etwas anderes, erwiderte der Soldat beruhigt; das waren also nur Studenten und Kaufmannsjungen, die den dritten Marsch um das Butterbrot weinten wie die Hellerhuren; die kann man schon mit einer tüchtigen Tracht Schläge einweihen, um ihnen den Kitzel zu vertreiben.

In Prag registrierte uns eine Art von Torschreiber gehörig ein, gab uns Quartierzettel und schickte unsere Pässe zur Vidierung auf das Polizeidirektorium. Die Herren der Polizei waren gegen alle Gewohnheit der Klasse in andern Ländern die Höflichkeit selbst; den andern Morgen war in zehn Minuten alles abgetan, und wir hatten unsern Bescheid bis Wien. Unsere Bekannten wunderten sich sehr über unser Glück, da man noch kurz vorher Fremden mit Gesandtschaftspässen viele Schwierigkeiten gemacht hatte.

Das Theater hier ist polizeimäßig richtig und nicht ohne Geschmack gebaut. Das Stück, das man gab, war schlecht, die Gesellschaft arbeitete nicht gut, und das Ballet ging nicht viel besser als das Stück. Der Gegenstand des letztern, das wilde Mädchen, war von dem Komponisten sehr gut ausgeführt; und es war Schade, daß in der Vorstellung weder Charakter noch Takt richtig gehalten wurde. Guardasoni ist Unternehmer der beiden Abteilungen des Theaters, sowohl der deutschen als der italiänischen. Die deutsche habe ich höchst mittelmäßig gefunden, und die italiänische soll noch einige Grade schlechter sein, die wir doch sonst in Leipzig bei ihm sehr gut besetzt und wohl geordnet fanden. Heute wurde Hamlet gegeben, und Du kannst Dir vorstellen, daß ich nicht Lust hatte einen meiner Lieblinge gemißhandelt zu sehen.

Die Bibliothek war geschlossen, weil sie in Feuersgefahr gewesen war und man den Schaden ausbauet; und das wird länger dauern, als ich zu warten gesonnen bin. Der Bibliothekar, Rat Unger, der um Literatur und Aufklärung viel Verdienste und gegen Fremde große Gefälligkeit hat, würde

indessen unstreitig die Güte gehabt haben uns die gelehrten
Schätze zu zeigen, wenn wir ihn zu Hause getroffen hätten.
Es ist bekannt, wie sehr sie im dreißigjährigen Kriege von
den Schweden geplündert wurde, die durch Einverständnis
mit ihrer Partei sogar die unterirdischen Gewölbe ausfindig
zu machen wußten, um die versteckten Reichtümer hervor-
zuziehen. Durch die Aufhebung der Klöster unter Joseph
dem Zweiten hat die Bibliothek zwar wieder außerordentlich gewonnen; aber die aufgehäuften Bücher und Schriften
sind eben dadurch für die Literatur größerer Gefahr ausgesetzt, weil sie an einem einzigen Orte beisammen liegen. Der
letzte Vorfall hat die Besorgnis bestätigt und erhöht. Ein
Glück war es, daß eben damals mehr als vierzig Menschen
oben lasen, als durch die Nachlässigkeit eines Künstlers, der
über derselben in Feuer arbeitete, die Glut durchbrach. So
ward selbst die liberale Benutzung des Instituts, dessen Einrichtung zu den musterhaftesten gehört, ihre Rettung.

Auf Grodschin war das Wetter unfreundlich und finster,
und ich blickte nur durch Schneegestöber nach der Gegend
hinaus, wo Friedrich schlug und Schwerin fiel. Die Kathedrale hat für die Liebhaber der Geschichte manches Merkwürdige. Die Begräbnisse der alten Herzoge von Böhmen
gewähren, wenn man Muße hat, eine eigene Art von Genuß;
und das silberne Monument eines Erzbischofs ist vielleicht
auch für den Künstler nicht ohne Interesse. Während
Schnorr es betrachtete, stand ich vor den Gräbern der Kaiser Wenzel und Karls des Vierten, und fand, daß die Zeiten
der goldenen Bulle doch wohl nur für wenige Fürsten gol-
den und für die ganze übrige Menschheit sehr bleiern waren.
Schlicks des Ministers Grabmal, gleich hinter dem Steine
des Kaisers, ist ein verdorbener gotischer Bombast ohne
Geschmack und Würde. Eine Pyramide in der Kirche
kommt mir vor, als ob man den Blocksberg in eine Nacht-
mütze stecken wollte.

Der gute Nepomuck auf der Brücke mit seiner ehrwürdigen Gesellschaft gewährt den frommen Seelen noch viel
Trost. Es scheint überhaupt in Prag, sowohl unter Katholi-

ken als unter Protestanten, noch eine große Anzahl Zeloten zu geben: nur nicht unter den höhern Ständen, die in dieser Rücksicht die Toleranz selbst sind.

Ich freute mich, als ich hinter Lowositz in Böhmen auf die Ebenen kam, und hoffte nun einen beträchtlichen Grad von Wohlstand und Kultur zu finden, da der Boden rund umher außerordentlich fruchtbar zu sein schien. Aber meine Erwartung wurde traurig getäuscht. Die Dörfer lagen dünn, und waren arm; noch mehr als in dem Gebirge. Man drosch in den Herrenhöfen auf vielen Tennen und die Bauernhäuser waren leer und verfallen; die Einwohner schlichen so niedergedrückt herum, als ob sie noch an dem härtesten Joche der Sklaverei zögen. Mich deucht, sie sind durch Josephs wohltätige Absichten wenig gebessert worden, und höchst wahrscheinlich sind sie hier noch schwerer durch die Fronen gedrückt als irgendwo. Wo die Sklaverei systematisch ist, machen die Städte oft den Anhang des großen und kleinen Adels und teilen den Raub. Das schien hier der Fall. Alles war in Furcht als sich die Franzosen nahten: nur die Bauern jubelten laut und sagten, sie würden sie mit Freuden erwarten und sodann schon ihre Unterdrücker bezahlen. Ob der Landmann in Rücksicht der Franzosen Recht hatte, ist eine andere Frage: aber in seiner Freude bei der furchtbaren Krise des Vaterlandes lag ein großer Sinn, der wohl beherzigt zu werden verdiente, und der auch vielleicht den Frieden mehr beschleunigt hat, als die verlornen Schlachten.

Unsere guten Freunde jagen uns hier Angst ein, daß rund umher in der Gegend Räuber und Mörder streifen. Das könnten unsere guten Freunde nun wohl bleiben lassen; denn fort müssen wir. In Leutmeritz sollen über hundert sitzen, und in Prag nicht viel weniger. Die Auflösung der militärischen Korps ist immer von solchen Übeln begleitet, so wie bei uns die Einrichtungen gewöhnlich sind. Ich gehe getrost vorwärts und verlasse mich etwas auf einen guten, schwerbezwingten Knotenstock, mit dem ich tüchtig schlagen und noch einige Zoll in die Rippen nachstoßen kann. Freund Schnorr wird auch das seinige tun; und so müssen es

schon drei gut bewaffnete, entschlossene Kerle sein, die uns
anfallen wollen. Wir sehen nicht aus, als ob wir viel bei uns
trügen, und auch wohl nicht, als ob wir das wenige das wir
tragen so leicht hergeben würden.

Znaym

Wir nahmen den Segen unsrer Freunde mit uns und pilger-
ten von Prag aus weiter. Wo ich nichts gesehen habe, kann
ich Dir natürlicher Weise nichts erzählen. Nachtlager, sind
Nachtlager; und ob wir Schinken oder Wurst oder beides
zugleich aßen, kann Dir ziemlich gleichgültig sein.

Es war ein schöner, herrlicher, frischer Morgen, als wir
durch Kolin und durch die Gegend des Schlachtfeldes gingen. Daun wußte alle seine Schlachten mit vieler Kunst zu
Postengefechten zu machen, und Friedrich erfuhr mehr als
einmal das gewaltige Genie dieses neuen Kunktators. Wäre
er bei Torgau nicht verwundet worden, es wäre wahrscheinlich eine zweite Auflage von Kolin gewesen. Die Gegend
von Kolin bis Czaßlau kam mir sehr angenehm vor; vorzüglich geben die Dörfer rechts im Tale einen schönen
Anblick. Die vorletzte Anhöhe von Czaßlau gewährt eine
herrliche Aussicht, rechts und links, vorwärts und rückwärts, über eine fruchtbare mit Dörfern und Städten besäete
Fläche. Mich deucht, es wäre hier einer der besten militärischen Posten, so leicht und richtig kann man nach allen
Gegenden hinabstreichen: und mich sollte es sehr wundern,
wenn der Fleck nicht irgendwo in der Kriegsgeschichte
steht. Nicht weit von Kolin aß ich zu Mittage in einem
Wirtshause an der Straße, ohne mich eben viel um die Mahlzeit zu bekümmern. Meine Seele war in einer eigenen sehr
gemischten Stimmung, nicht ohne einige Wehmut, unter
den furchtbaren Szenen der Vorzeit; da tönte mir aus einer
Ecke des großen finstern Zimmers eine schwache, zitternde, einfach magische Musik zu. Ich gestehe Dir meine
Schwachheit, ein Ton kann zuweilen meine Seele schmelzen
und mich wie einen Knaben gängeln. Eine alte Böhmin saß

an einem hellern Fenster uns gegenüber und trocknete sich die Augen, und ein junges, schönes Mädchen, wahrscheinlich ihre Tochter, schien ihr mit Mienen und Worten sanft zuzureden. Ich verstand hier und da in der Entfernung nur einiges aus der Ähnlichkeit mit dem Russischen, das ich, wie Du weißt, ehemals etwas zu lernen genötigt war. Die Empfindung bricht bei mir selten hervor, wenn mich nicht die Humanität allmächtig hinreißt. Ich helfe wo ich kann; wenn ich es nur öfter könnte. Der Ton des alten Instruments, welches ein goldhaariger junger Kerl in dem andern dunkeln Winkel spielte, mochte auf die Weiberseelen stärker wirken, und ihre eigentümliche Stimmung lebendiger machen. Es war nicht Harfe, nicht Laute, nicht Zither; man konnte mir den eigentlichen Namen nicht nennen; am ähnlichsten war es der Russischen *Balalaika*.

Mich deucht, schon andere haben angemerkt, daß die Straße von Prag nach Wien vielleicht die befahrenste in ganz Europa ist. Uns begegneten eine unendliche Menge Wagen mit ungarischen Weinen, Wolle und Baumwolle: aber die meisten brachten Mehl in die Magazine bei Czaßlau und weiter hin nach der Grenze.

Die böhmischen Wirtshäuser sind eben nicht als die vorzüglichsten in Kredit, und wir hatten schon zwischen Dresden und Prag einmal etwas cynisch essen, trinken und liegen müssen. Man tröstete uns, daß wir in Deutschbrot ein sehr gutes Haus finden würden; aber nie wurde eine so gute Hoffnung so schlecht erfüllt. Wir gingen in zwei, die eben keine sonderliche Miene machten, und konnten keine Stube erhalten: die Offiziere, hieß es, haben auf dem Durchmarsche alles besetzt. Das mochte vielleicht auch der Fall sein; denn alles ging von der Armee nach Hause: deswegen die unsichern Wege. Im dritten legte ich mißmütig sogleich meinen Tornister auf den Tisch, und quartierte mich ein ohne ein Wort zu sagen. Der Wirt war ein Kleckser und nennte sich einen Maler, und seine Mutter ein Muster von einem alten, häßlichen, keifischen Weibe, das schon seit vierzig Jahren aus der sechsten Bitte in die siebente getreten war. Es

erschienen nach uns eine Menge Juden, Glashändler, Tabuletkrämer und Kastenträger aller Art, von denen einer bis
nach Sibirien an den Jenisey zu handeln vorgab. Die Gesellschaft trank, sang und zankte sehr hoch, ohne sich um
meine Ästhetik einen Pfifferling zu bekümmern: und zur
Nacht schichtete man uns mit den Hebräern so enge auf das
Stroh, daß ich auf dem brittischen Transport nach Kolumbia
kaum gedrückter eingelegt war. Solche Abende und Nächte
mußten schon mit eingerechnet werden, als wir zu Hause
den Reisesack schnallten.

In Iglau habe ich bei meinem Durchmarsch nichts gesehen, als den großen, schönen, hellen Markt, dessen Häuser
aber in der Ferne sich weit besser machen, als in der Nähe,
wie fast alles in der Welt, das in's Prächtige fallen soll, ohne
Kraft zu haben. Ziemlich in der Mitte des Marktes steht ein
herrliches Dreifaltigkeitsstück, von Leopold dem Ersten
und Joseph dem Ersten, so christgläubig als möglich, aber
traurig wie die Barbarei. Einige feine Artikel waren zerspal-
ten und bekleckst, aber die *conceptio immaculata* und die *sponsa
spiritus sancti* standen unter dem Ave Maria zum Trost der
Gläubigen noch fest und wohl erhalten. Es soll bei Iglau
schon ein recht guter Wein wachsen; er muß aber nicht in
Menge kommen: denn ich habe in der Gegend nicht viel
Weingärten gesehen. Eine halbe Stunde diesseits Iglau stehen an der Grenze zwei Pyramiden nicht weit voneinander,
welche im Jahr 1750 unter Maria Theresia von den böhmischen und mährischen Ständen errichtet worden sind. Die
Inschriften sind echtes neudiplomatisches Latein und schon
ziemlich verloschen; so daß man in hundert Jahren wohl
schwerlich etwas mehr davon wird lesen können: und doch
sind sie, wie gewöhnlich, zum ewigen Gedächtnis gesetzt. In
Mähren scheint mir durchaus noch mehr Liberalität und
Bonhommie zu herrschen als in Böhmen.

Im Städtchen Stannern müssen beträchtliche Wollenma-
nufakturen sein; denn alle Fenster sind mit diesen Artikeln
behangen, und man trägt sehr viel Mützen, Strümpfe, Hand-
schuhe und dergleichen zu außerordentlich niedrigen Prei-

sen zum Verkauf herum. Ein gutes, bequemes Wirtshaus, das erste das wir, seitdem wir aus Prag sind, trafen, hatte den Ort gleich etwas in Kredit bei uns gesetzt. Wenn man nicht mit Extrapost fährt, sondern zu Fuße trotzig vor sich hinstapelt, muß man sich sehr oft sehr huronisch behelfen. Meine größte Furcht ist indessen vor der etwas ekeln Einquartierung gewisser weißer schwarz besattelter Tierchen, die in Polen vorzüglich gedeihen und auch in Italien nicht selten sein sollen: Übrigens ist es mir ziemlich einerlei, ob ich mich auf Eiderdunen oder Bohnenstroh wälze. *Sed quam misere ista animalcula excruciare possint, apud nautas expertus sum*; darum haben ihnen auch vermutlich die Griechen den verderblichen Namen gegeben.

Hier in Znaym mußte ich zum ersten Mal Wein trinken, weil der Göttertrank der Germanen in Walhalla nicht mehr zu finden war. Der Wein war, das Maß für vier und zwanzig Kreuzer, sehr gut, wie mich Schnorr versicherte; denn ich verstehe nichts davon, und trinke den besten Burgunder mit Wasser wie den schlechtesten Potzdamer. Hier möchte ich wohl wohnen, so lieblich und freundlich ist die ganze Gegend, selbst unter dem Schnee. An der einen Seite stößt die Stadt an ziemliche Anhöhen, und auf der andern, vorzüglich nach Östreich, wird die Nachbarschaft sehr malerisch durch die Menge Weingärten, die alle an sanften Abhängen hin gepflanzt sind. Die beiden Klöster an den beiden Enden der Stadt sind, wie die meisten Mönchssitze, treffliche Plätze. Das eine nach der Östreichischen Seite, hat Joseph der Zweite unter andern mit eingezogen. Die Gebäude derselben sind so stattlich, daß man sie für die Wohnung keines kleinen Fürsten halten sollte. Im Kriege dienten sie zu verschiedenen Behufen; bald zum Magazin, bald zum Aufenthalt für Gefangene: jetzt steht alles leer.

Die römische Ruine, die hier zu sehen ist, steht zwei Stunden vor der Stadt, rechts hinab in einer schönen Gegend. Da ich aber in Mähren keine römischen Ruinen studieren will, wandelte ich meines Weges weiter. Ein hiesiger Domherr hat sie, wie ich höre, erklärt, auf den ich Dich

mit Deiner Neugier verweise. Wenn ich nach den vielen
schönen Weinfeldern rund in der Gegend urteile, und nun
höre, daß die Ruine von einem Domherrn erklärt worden ist,
so sollte ich fast blindlings glauben, sie müsse sich auf die
Dionysien bezogen haben. Der Boden mit den großen weitläufigen Weinfeldern könnte, da er überall sehr gut zu sein
scheint, doch wohl besser angewendet werden, als zu Wein-
bau. Die Armen müssen billig eher Brot haben, als die
Reichen Wein; und Äbte und Domherren können in diesem
Punkte weder Sinn noch Stimme haben.

Auf der Grenze von Mähren nach Östreich habe ich kein
Zeichen gefunden; nur sind sogleich die Wege merklich
schlechter als in Böhmen und Mähren, und mit den Weingärten scheint mir entsetzlich viel guter Boden verdorben zu
sein. Ich nehme die Sache als Philanthrop und nicht als
Trinker und Prozentist. Schlechtes Pflaster, das seit langer
Zeit nicht ausgebauet sein muß, gilt für Chaussee.

Wie häufig gute Münze und vorzüglich Gold hier ist,
davon will ich Dir zwei Beispielchen erzählen. Ich bezahlte
gestern meine Mittagsmahlzeit in guten Zehnern, die in
Sachsen eben noch nicht sonderlich gut sind; das sah ein
Tabuletkrämer, machte mich aufmerksam wieviel ich verlö-
re, und nahm hastig, da ich ihn versicherte ich könne es
nicht ändern und achte den kleinen Verlust nicht, die guten
Zehner weg, und legte dem Wirt, der eben nicht zugegen
war, neue schlechte Zwölfer dafür hin. Ein andermal fragte
ich in einem Wirtshause, wo Reinlichkeit, Wohlhabenheit
und sogar Überfluß herrschte, und wo man uns gut bekö-
stigt hatte, wie hoch die Dukaten ständen? Mir fehlte kleines
Geld. Der Wirt antwortete sehr ehrlich: Das kann ich Ihnen
wirklich durchaus nicht sagen; denn ich habe seit vier Jahren
kein Gold gesehen: nichts als schlechtes Geld und Papier;
und ich will Sie nicht betrügen mit der alten Taxe. Der Mann
befand sich übrigens mit schlechtem Gelde und Papier sehr
wohl und war zufrieden, ohne sich um Dukaten zu bekümmern.

Wien

Den zweiten Weihnachtsfeiertag kamen wir hier in Wien an,
nachdem wir die Nacht vorher in Stockerau schon echt wie-
nerisch gegessen und geschlafen hatten. An der Barriere
wurden wir durch eine Irrstanz angehalten und an die andere
zur Visitation gewiesen. Ich armer Teufel wurde hier in be-
ster Form für einen Hebräer angesehen, der wohl Juwelen
oder Brabanter Spitzen einpaschen könnte. Über die Phy-
siognomen! Aber man mußte doch den *casum in terminis*
gehabt haben. Mein ganzer Tornister wurde ausgepackt,
meine weiße und schwarze Wäsche durchwühlt, mein Homer beguckt, mein Theokrit herumgeworfen und mein Virgil
beschaut, ob nicht vielleicht etwas französischer Konterband darin stecke; meine Taschen wurden betastet und
selbst meine Beinkleider fast bis an das heilige Bein durch-
sucht: alles sehr höflich; so viel nämlich Höflichkeit bei
einem solchen Prozesse Statt finden kann. *I must needs have the
face of a smuggler.* Meine Briefe wurden mir aus dem Taschenbuche genommen, und dazu mußte ich einen goldnen
Dukaten eventuelle Strafe niederlegen, weil ich gegen ein
Gesetz gesündigt hatte, dessen Existenz ich gar nicht wußte
und zu wissen gar nicht gehalten bin. »Du sollst kein ver-
siegeltes Blättchen in deinem Taschenbuche tragen.« Der
Henker kann so ein Gebot im Dekalogus oder in den Pandekten suchen. Aus besonderer Güte, und da man doch am
Ende wohl einsah, daß ich weder mit Brüßler Kanten handelte noch die Post betrügen wollte, erhielt ich die Briefe
nach drei Tagen wieder zurück, ohne weitere Strafe, als daß
man mir für den schönen vollwichtigen Dukaten, nach der
Kaisertaxe, von welcher kein Kaufmann in der Residenz
mehr etwas weiß, neue blecherne Zwölfkreuzerstücke gab.
Übrigens ging alles freundlich und höflich her, an der Barriere, auf der Post, und auf der Polizei. Wider alles Vermuten
bekümmerte man sich um uns nun mit keiner Silbe weiter,
als daß man unsere Pässe dort behielt und sagte, bei der
Abreise möchten wir sie wieder abholen. Sobald ich meine
Empfehlungsbriefe von der Post wieder erhalten hatte, wan-

delte ich herum sie zu überliefern und meine Personalität
vorzustellen. Die Herren waren alle sehr freundschaftlich
und honorierten die Zettelchen mit wahrer Teilnahme. Ich
könnte Dir hier mehrere brave Männer unserer Nation nennen, denen ich nicht unwillkommen war, und die ich hier
zum ersten Mal sah; aber Du bist mit ihrem Wert und ihrer
Humanität schon mehr bekannt als ich.

Gestern war ich bei Füger und hatte eine schöne Stunde
wahren Genusses. Der Mann hat mich mit seinen Gesinnungen und seiner Handelsweise sehr interessiert. Er hatte
eben Geschäfte, und ich konnte daher seine offene Unge-
zwungenheit desto besser bemerken: denn er besorgte sie so
leicht, als ob er allein gewesen wäre, ohne uns dabei zu
vernachlässigen. Wer in den Zimmern eines solchen Mannes
lange Weile hat, für den ist keine Rettung. Er hatte so eben
seinen Achilles bei dem Leichnam des Patroklus vollendet,
der auch nun gezeichnet und in Kupfer gestochen werden
soll. Ich hatte die Stelle nur noch einige Tage vorher in
meinem Homer gelesen; Du kannst also denken, mit welcher Begierde ich an dem Stücke hing. Es ist ein bezaubern-
des Bild. Der junge Held in Lebensgröße bei dem Toten, der
bis an die Brust neben ihm sichtbar ist, scheint sich soeben
von seinem tiefsten Schmerz zu erholen und Rache zu be-
schließen. Die Figur ist ganz nackt, und scheint mir ein
Meisterstück der Zeichnung und Färbung; aber der Kopf ist
göttlich. Du weißt, ich bin nicht Enthusiast; aber ich konnte
mich kaum im Anschauen sättigen. Wenn meine Stimme
etwas gelten könnte, würde ich mit der himmlisch jugend-
lichen Schönheit des Gesichts nicht ganz zufrieden sein.
Der Held, der hier vorgestellt werden sollte, ist nicht mehr
der Jüngling, den Ulysses unter den Töchtern Lykomeds
hervorsuchte; es ist der Pelide, der schon gefochten und
gezürnt hat, der schon das Schrecken der Trojaner war. Um
dieses zu sein, scheint mir der Kopf noch zu viel aus dem
Gynäceum zu haben. Mich deucht, der *Mann* sollte schon
etwas vollendeter sein: die Periode ist selbst nur sehr kurze
Zeit vor seinem eigenen Tode. Ich bescheide mich gern, und

überlasse dieses den Eingeweihten der Kunst. Ein Sklave steht hinter ihm, auf dessen Gesichte man Erstaunen und Furcht liest.

Mehr als alles war mir wichtig sein Zimmer der Messiade. Hier hängt fast zu jedem Gesange eine Meisterzeichnung, an der sein Geist mit Liebe und Eifer gearbeitet hat. Er sagte mir, daß er vor Angst einige Wochen nicht zum Entschlusse habe kommen können, was er mit dem Gedicht anfangen solle, bis auf einmal die ganze Reihe der Szenen sich ihm dargestellt habe. Es sind zwanzig, und nur von vieren hat Göschen die Kupfer zu seiner schönen Ausgabe erhalten. Es wäre wert, daß Göschen mit seinem gewöhnlichen Enthusiasmus für Wahrheit und Schönheit in der Kunst mit wackern Künstlern sich entschlösse, sie dem Publikum alle mitzuteilen: aber die Unternehmung würde keinen kleinen Aufwand erfordern, wenn Füger auf keine Weise leiden sollte. Figuren und Gruppen sind vortrefflich, die apostolischen Gesichter bezaubernd, und Judas mit dem Satan gräßlich charakteristisch, ohne Karikatur. Vorzüglich hat mich das Blatt gerührt, wo der Apostel nach dem Tode des geliebten Lehrers den Weibern die Dornenkrone bringt. Die Stelle ist ein Meisterwerk des Pathos im Gedicht; das hat der Künstler gefühlt und sein Gefühl mit voller Seele der Gruppe eingehaucht. Der Eifer des Kaifas ist ein Feuerstrom, und der Hauptmann der Römer gleicht Einem, der in seinem Schrecken es noch zeigt, daß er zu dem alten Kapitol gehört. Porcia ist ein göttliches Weib. Am wenigsten hat mich das erste und letzte Blatt befriedigen wollen, weil ich mich mit der Personifizierung der Gottheit nicht vertragen kann. Man nehme das Ideal noch so hoch, es kommt immer nur ein Jupiter Olympius: und diesen will ich nicht haben; er ist mir nicht genug. Christus ist das erhabenste Ideal der christlichen Kunst. Er ist selbst nach der orthodoxesten Lehre noch unser Bruder. Bis zu ihm kann sich unsere Sinnlichkeit erheben, aber weiter nicht. Unsere Apostel und Heiligen sind die Götter und Heroen des alten Mythus. Bis zu Platos einzig wirklichem Wesen hat sich auch kein griechischer

Künstler empor gewagt. Der olympische Jupiter ist der homerische. Ich wünschte Klopstock und Wieland nur eine Stunde hier in diesem Zimmer: sie würden Lohn für ihre Arbeit finden, und Füger für die seinige.

Ich muß Dir noch über zwei Stücke von Füger etwas sagen, die ich in den Zimmern des Grafen Fries antraf und die Du vielleicht noch nicht kennst. Der Graf erinnerte sich meiner mit Güte von der Akademie her, und seine Freundlichkeit und Gefälligkeit gegen Fremde, so wie sein Enthusiasmus für Kunst und Wissenschaft, in denen er seinen besten Genuß hat, sind allgemein bekannt. Die beiden Gemälde sind ziemlich neu; denn das erste ist nur zwei Jahre alt und das zweite noch jünger. Das erste ist Brutus der Alte, wie er seine Söhne verdammt; und der Moment ist das furchtbare: *Expedi secures!* Man muß das Ganze mit Einem Blicke umfassen können, um die Größe der Wirkung zu haben, die der Künstler hervorgebracht hat. Jede Beschreibung, die aus einander setzt, schwächt. Das Stück ist reich an Figuren; aber es ist keine müßig: sie gehören alle zur Katastrophe, oder nehmen Anteil daran. Alles ist richtiger, eigentümlicher Charakter, vom Konsul bis zum Liktor. Alles ist echt römisch, und schön und groß. Ich darf nicht wagen zu beschreiben; es muß gesehen werden. Vorzüglich rührend für mich war eine sehr glückliche Episode, die, so viel ich mich erinnere, der alte Geschichtschreiber nicht hat: oder wenn er sie hat, wirkt sie hier im Bilde mächtiger als bei ihm in der Erzählung. Ein ziemlich alter Mann steht mit seinen zwei Knaben in der Entfernung und deutet mit dem ganzen Ausdruck eines flammenden Patriotismus auf den Richter und das Gericht hin, als ob er sagen wollte: Bei den Göttern, so müßte ich gegen euch sein, wenn ihr würdet wie diese! Vater und Söhne sind für mich unbeschreiblich schön.

Das zweite Stück ist Virginius, der so eben seine Tochter geopfert hat, das Messer dem Volke und dem Decemvir zeigt, und als ein furchtbarer Prophet der künftigen Momente nur einen Augenblick dasteht. Dieser Augenblick war einzig für den Geist des Künstlers. Die beiden Hauptfigu-

ren, Virginius und Appius Klaudius sind in ihrer Art vortrefflich: aber unbeschreiblich schön, rührend und von den
Grazien selbst hingehaucht ist die Gruppe der Weiber, die
das sterbende Mädchen halten. Diese bekümmern sich nicht
um den Vater, nicht um den tyrannischen Richter, nicht um
das Volk, um nichts, was um sie her geschieht; sie sind ganz
allein mit dem geliebten Leichnam beschäftiget. Eine so
reizende Verschlingung schwebte selten der Seele eines
Dichters vor: nimm nun noch die Vollendung und Zartheit
der Figuren und das Pathos des Augenblicks dazu. Es ist
eine der schönsten Kompositionen aus der Seele eines
Künstlers, den der Genius der hohen und schönen Humanität belebte. Ich würde niederknien und anbeten, wenn ich
die Römer nicht besser kennte. Du weißt aber schon hierüber meine etwas ketzerische Denkungsart. Als Philanthrop
betrachtet möchte ich lieber in Rußland leben, an der Kette
der dortigen Knechtschaft, als unter dem Palladium der römischen Freiheit. Beschuldige mich nicht zu schnell eines
Paradoxons. Wehe den neuen Galliern, wenn sie die altrö-
mische Freiheit ihrer Nation oder gar ihren Nachbarn
aufdringen, oder, wie Klopstock spricht, aufjochen wollen!
Aber wo gerate ich hin?

Fügers neuestes Werk, an dem er jetzt, wie ich höre, für
den Herzog Albert von Sachsen-Teschen arbeitet, ist ein
Jupiter, der dem Phidias erscheint, um ihn zu seinem Bilde
vom Olympus zu begeistern. Da es in die Höhe kommen
soll, ist die Anlage etwas kolossalisch. Der Gedanke ist
kühn, sehr kühn: aber Füger ist vielleicht gemacht solche
Gedanken auszuführen. Mit einer liebenswürdigen Offenheit gesteht der große Künstler, daß er einige seiner herrlichsten Kompositionen aus Vater Wielands Aristipp genommen hat. Nun wünschte ich auch David einige Stunden
so nahe zu sein, wie ich es Füger war; und ich hoffe es soll
mir gelingen.

Während der vierzehn Tage, die ich hier hausete, war nur
einige Mal ein Stündchen reines, helles Wetter, aber nie
einen ganzen Tag; und die Wiener klagen, daß dieses fast

beständig so ist. Da ging ich denn so finster zuweilen allein für mich auf dem Walle und etymologisierte. *Vindobona, quia dat vinum bonum; Danubius, quia dat nubes*; und dergleichen mehr: wer weiß, ob die Römer bei ihrer Nomenklatur nicht an so etwas gedacht haben. Wenn Harrach, Füger, Retzer, Ratschky, Miller und einige andere nicht gewesen wären, die mir zuweilen ein Viertelstündchen schenkten, ich hätte den dritten Tag vor Angst meinen Tornister wieder packen müssen.

Von dem Wiener Theaterwesen kann ich Dir nicht viel Erbauliches sagen. Die Gesellschaft des Nationaltheaters ist abwechselnd in der Burg und am Kärnthner Tore, und spielt so gut sie kann. Das männliche Personale ist nicht so arm als das weibliche; aber Brockmann steht doch so isoliert dort und ragt über die andern so sehr empor, daß er durch seine Überlegenheit die Harmonie merklich stört. Die andern, unter denen zwar einige gute sind, können ihm nicht nacharbeiten, und so geht er oft zu ihnen zurück; zumal da auch seine schöne Periode nun vorbei ist. Man gab eben das Trauerspiel Regulus. Ich gestehe Dir, daß es mir ungewöhnlich viel Vergnügen gemacht hat; vielleicht schon deswegen, weil es einen meiner Lieblingsgegenstände aus der Geschichte behandelte. Ich halte das Stück für recht gut gearbeitet, so viel ich aus einer einzigen Vorstellung urteilen kann, wo ich mich aber unwillkürlich mehr zum Genuß hingab, als vielleicht zur Kritik nötig war. Es sind allerdings mehrere kleine Verzeichnungen in den Charaktern; aber das Ganze hat doch durchaus einen sehr festen, ernsthaften nicht unrömischen Gang: die Sprache ist meistens rein und edel, und ich war zufrieden. Zum Meisterwerke fehlt ihm freilich noch manches; aber Apollo gebe uns nur mehrere solche Stücke, so haben wir Hoffnung auch jene zu erhalten. Es wird mir noch lange einen großen Genuß gewähren, Brockmann in der Rolle des Regulus gesehen zu haben. Der weibliche Teil der Gesellschaft, der auf den meisten Theatern etwas arm zu sein pflegt, ist es hier vorzüglich; und man ist genötigt die Rolle der ersten Liebhaberin einer Person zu geben, die mit

5 Wien: Das k. u. k. Hoftheater am Kärntnertor.
Zeichnung von Ferdinand Weckbrodt, um 1860

aller Ehre Äbtissin in Quedlinburg oder Gandersheim werden könnte. Die Dame ist gut, auch gute Schauspielerin;
aber nicht mehr für dieses Fach.

Die Italiäner sind verhältnismäßig nicht besser. Man tril-
lert sehr viel, und singt sehr wenig. Der Kastrat Marchesi
kombabusiert einen Helden so unbarmherzig in seine eigene
verstümmelte Natur hinein, daß es für die Ohren des Mannes ein Jammer ist; und ich begreife nicht, wie man mit
solcher Unmenschlichkeit so traurige Mißgriffe in die Ästhetik hat tun können. Das mögen die Italiäner, wie vielen
andern Unsinn, bei der gesunden Vernunft verantworten,
wenn sie können.

> Ich, meines Teils, will keine Helden,
> Die uns, entmannt und kaum noch mädchenhaft,
> Sogleich den Mangel ihrer Kraft
> Im ersten Tone quiekend melden,
> Und ihre lächerliche Wut
> Im Schwindel durch die Fistelhöhen
> Von ihrem Brett herunter krähen,
> Wie Meister Hahns gekappte Brut.
> Wenn ich des Hämmlings Singsang nicht
> Wie die Taranteltänze hasse,
> So setze mich des Himmels Strafgericht
> Mit ihm in Eine Klasse.

Schikaneder treibt sein Wesen in der Vorstadt an der Wien,
wo er sich ein gar stattliches Haus gebaut hat, dessen Einrichtung mancher Schauspieldirektor mit Nutzen besuchen
könnte und sollte. Der Mann kennt sein Publikum, und weiß
ihm zu geben was ihm schmeckt. Sein großer Vorzug ist
Lokalität, deren er sich oft mit einer Freimütigkeit bedient,
die ihm selbst und der Wiener Duldsamkeit noch Ehre
macht. Ich habe auf seinem Theater über die Nationalnarr-
heiten der Wiener Reichen und Höflinge Dinge gehört, die
man in Dresden nicht dürfte laut werden lassen, ohne sich
von höherem Orte eine strenge Weisung über Vermessen-

heit zuzuziehen. Mehrere seiner Stücke scheint er im eigent-
lichsten Sinne nur für sich selbst gemacht zu haben; und ich
muß bekennen, daß mir seine barocke Personalität als Tyroler Wastel ungemeines Vergnügen gemacht hat. Es ist den
Wienern von feinem Ton und Geschmack gar nicht übel zu
nehmen, daß sie zuweilen zu ihm und Kasperle herausfah-
ren und das Nationaltheater und die Italiäner leer lassen.
Seine Leute singen für die Vorstadt verhältnismäßig weit
besser, als jene für die Burg. Die Kleidung ist an der Wien
meistens ordentlicher und geschmackvoller, als die verunglückte Pracht dort am Hofe, wo die Stiefletten des Helden-
gefolges noch manchmal einen sehr ärmlichen Aufzug
machen. So lange Schikaneder Possen, Schnurren und seine
eigenen tollen Operetten gibt, wo der Wiener Dialekt und
der Ton des Orts nicht unangenehm mitwirkt, kann er auch
Leute von gebildetem Geschmack einige Mal vergnügen:
aber wenn er sich an ernsthafte Stücke wagt, die höheres
Studium und durchaus einen höhern Grad von Bildung erfordern, muß der Versuch allerdings immer sehr schlecht
ausfallen. Aber hier wird er vielleicht sagen, ich arbeite für
mein Haus: dawider ist denn nichts einzuwenden. Nur
möchte ich dann nicht zu seinem Hause gehören. Er will
aber höchst wahrscheinlich für nichts weiter gelten, als für
das Mittel zwischen Kasperle und der Vollendung der mi-
mischen Kunst im Nationaltheater. Die Herren Kasperle
und Schikaneder mögen ihre subordinierten Zwecke so
ziemlich erreicht haben; aber das Nationaltheater ist, so wie
ich es sah, noch weit entfernt, dem ersten Ort unsers Vaterlandes und der Residenz eines großen Monarchen durch
seinen Gehalt Ehre zu machen.

Den Herrn Kasperle aus der Leopoldstadt, hat, wie ich
höre, der Kaiser zum Baron gemacht; und mich deucht, der
Herr hat seine Würde so gut verdient, als die meisten, die
dazu erhoben werden. Er soll überdies das wesentliche Verdienst besitzen, ein sehr guter Haushalter zu sein.

Über die öffentlichen Angelegenheiten wird in Wien fast
nichts geäußert, und Du kannst vielleicht Monate lang auf

öffentliche Häuser gehen, ehe Du ein einziges Wort hörst, das auf Politik Bezug hätte; so sehr hält man mit alter Strenge eben so wohl auf Orthodoxie im Staate wie in der Kirche. Es ist überall eine so andächtige Stille in den Kaffeehäusern, als ob das Hochamt gehalten würde, wo jeder kaum zu atmen wagt. Da ich gewohnt bin, zwar nicht laut zu enragieren, aber doch gemächlich unbefangen für mich hin zu sprechen, erhielt ich einige Mal eine freundliche Weisung von Bekannten, die mich vor den Unsichtbaren warnten. Inwiefern sie Recht hatten, weiß ich nicht; aber so viel behaupte ich, daß die Herren sehr Unrecht haben, welche die Unsichtbaren brauchen. Einmal spielte meine unbefangene Sorglosigkeit fast einen Streich. Du weißt, daß ich durchaus kein Revolutionär bin; weil man dadurch meistens das Schlechte noch schlimmer macht: ich habe aber die Gewohnheit, die Wirkung dessen was ich für gut halte zuweilen etwas lauter werden zu lassen, als vielleicht gut ist. So hat mir der Marseiller Marsch als ein gutes musikalisches Stück gefallen, und es begegnet mir wohl, daß ich, ohne irgend etwas bestimmtes zu denken, eben so wie aus irgend einem andern Musikstücke, einige Takte unwillkürlich durch die Zähne brumme. Dies geschah auch einmal, freilich sehr am unrechten Orte, in Wien, und wirkte natürlich wie ein Dämpfer auf die Anwesenden. Mir war mehr bange für die guten Leute als für mich: denn ich hatte weiter keinen Gedanken, als daß mir die Musik der Takte gefiel, und selbst diesen jetzt nur sehr dunkel.

Ich erinnerte mich eines drolligen, halb ernsthaften, halb komischen Auftritts in einem Wirtshause, der auf die übergroße Ängstlichkeit in der Residenz Bezug hatte. Ein alter, ehrlicher, eben nicht sehr politischer Oberstlieutenant hatte während des Krieges bei der Armee in Italien gestanden und sich dort gewöhnt, recht jovialisch lustig zu sein. Seine Geschäfte hatten ihn in die Residenz gerufen, und er fand da an öffentlichen Orten überall eine Klosterstille. Das war ihm sehr mißbehaglich. Einige Tage hielt er es aus, dann brach er bei einem Glase Wein echt soldatisch laut hervor und sagte

mit recht drolliger Unbefangenheit: »Was, zum Teufel, ist
denn das hier für ein verdammt frommes Wesen in Wien?
Kann man denn hier nicht sprechen? Oder ist die ganze
Residenz eine große Kartause? Man kommt ja hier in Gefahr
das Reden zu verlernen. Oder darf man hier nicht reden? Ich
habe so etwas gehört, daß man überall lauern läßt: ist das
wahr? Hole der Henker die Mummerei! Ich kann das nicht
aushalten; und ich will laut reden und lustig sein.« Du hättest
die Gesichter der Gesellschaft bei dieser Ouverture sehen
sollen! Einige waren ernst, die andern erschrocken; andere
lächelten, andere nickten gefällig und bedeutend über den
Spaß: aber niemand schloß sich an den alten Haudegen an.
Ich werde mache, sagte dieser, daß ich wieder zur Armee
komme; das tote Wesen gefällt mir nicht.

Als die Franzosen bis in die Nähe von Wien vorgedrun-
gen waren, soll sich, die Magnaten und ihre Kreaturen etwa
ausgenommen, niemand vor dem Feinde gefürchtet haben:
aber desto größer war die allgemeine Besorgnis vor den
Unordnungen der zurückgeworfenen Armee. Damals fing
Bonaparte eben an, etwas bestimmter auf seine individuellen Aussichten loszuarbeiten, und hat dadurch zufälliger
Weise den Östreichern große Angst und große Verwirrun-
gen erspart.

Doktor Gall hat eben einen Kabinettsbefehl erhalten,
sich es nicht mehr beigehen zu lassen, den Leuten gleich am
Schedel anzusehen, was sie darin haben. Die Ursache soll
sein, weil diese Wissenschaft auf Materialismus führe.

Man sieht auch hier in der Residenz nichts als Papier und
schlechtes Geld. Das Lenkseil mit schlechtem Gelde ist bekannt; man führt daran, so lange es geht. Das Kassenpapier
ist noch das unschuldigste Mittel die Armut zu decken, so
lange der Kredit hält. Aber nach meiner Meinung ist für den
Staat nichts verderblicher, und in dem Staat nichts unge-
rechter als eigentliche Staatspapiere, so wie unsere Staaten
jetzt eingerichtet sind. Eingerechnet unsere Privilegien und
Immunitäten, die freilich ein Widerspruch des öffentlichen
Rechts sind, zahlen die Ärmeren fast durchaus fünf Sechs-

teile der Staatsbedürfnisse. Die Inhaber der Staatspapiere,
sie mögen Namen haben wie sie wollen, gehören aber meistens zu den Reichen, oder wohl gar zu den Privilegiaten.
Die Interessen werden wieder aus den Staatseinkünften bezahlt, die meistens von den Ärmern bestritten werden. Ein
beliebter Schriftsteller wollte vor kurzem die Wohltätigkeit
der Staatsschulden in Sachsen dadurch beweisen, weil man
durch dieses Mittel sehr gut seine Gelder unterbringen könne. Nach diesem Schlusse sind die Krankheiten ein großes
Gut für die Menschheit, weil sich Ärzte, Chirurgen und
Apotheker davon nähren. Ein eigener Ideengang, den freilich Leute nehmen können, die ohne Gemeinsinn gern viel
Geld sicher unterbringen wollen. Das Resultat ist aber ohne
vieles Nachdenken, daß durch die Staatsschulden die Ärmern gezwungen sind, außer der alten Last auch noch den
Reichen Interessen zu bezahlen, sie mögen wollen oder
nicht. Bei einem Steuerkataster, auf allgemeine Gerechtig-
keit gegründet, wäre es freilich anders. Aber jetzt haben die
Reichen die Steuerscheine, und die Armen zahlen die Steuern. Man kann diese Logik nur bei einem Kasten voll
Steuerobligationen bündig finden. Wo hätte der Staat die
Verbindlichkeit, den Reichen auf Kosten der Armen ihre
Kapitale zu verzinsen? Und das ist doch am Ende das Fazit
jeder Staatsschuld. Jede Staatsschuld ist eine Krücke, und
Krücken sind nur für Lahme. Die Sache ist zu wichtig, sie
hier weiter zu erörtern. Ich weise Dich hierüber vorzüglich
auf Hume's Buch, als das beste, was mir über diesen Gegenstand bekannt ist.

Sonderbar war es, daß man in dem letzten Jahre des Krieges bei der höchsten Krise Wien zum Waffenplatz machen
wollte; das Schlimmste, was die Regierung für ihre Sache tun
konnte. Wenn damals die Franzosen den Frieden nicht eben
so nötig hatten wie die Deutschen, oder wenn Bonaparte
andere Absichten hatte als er nachher zeigte, so war das
Unglück für die östreichischen Staaten entsetzlich. Was
konnte man von den Vorspiegelungen erwarten? Es war
bekannt, Wien hätte sich nicht acht Tage halten können; und

welche Folgen hätte es gehabt, wenn es auf dem Wege der
Gewalt in die Hände der Feinde gekommen wäre? Die Wiener waren zwar sicher, daß es nicht dahin kommen würde;
aber eben deswegen waren die Vorkehrungen ziemlich verkehrt. Man hätte gleich mit Entschlossenheit der Maxime
des Ministers folgen können, dessen übrige Verfahrungsart
ich aber nicht verteidigen möchte. Hier hatte er ganz Recht,
wenn nur sonst die Kräfte gewogen gewesen wären: Die
Residenz ist nicht die Monarchie; und es ist manchem Staate
nichts weniger als wohltätig, daß die Hauptstadt so viel Einfluß auf das Ganze hat.

Für Kunstsachen und gelehrtes Wesen habe ich, wie Dir
bekannt ist, nur selten eine glückliche Stimmung; ich will Dir
also, zumal da das Feld hier zu groß ist, darüber nichts weiter
sagen: Du magst Dir von Schnorr erzählen lassen, der vermutlich eher zurückkommt als ich.

Ich darf rühmen, daß ich in Wien überall mit einer Bonhommie und Gefälligkeit behandelt worden bin, die man
vielleicht in Residenzen nicht so gewöhnlich findet. Selbst
die schnakische Visitation an der Barriere wurde, was die Art
betrifft, mit Höflichkeit gemacht. Den einzigen böotischen,
aber auch echt böotischen, Auftritt hatte ich den letzten Tag
auf der italiänischen Kanzlei. Hierher wurde ich mit meinem
alten Passe von der Polizei um einen neuen gewiesen. Im
Vorzimmer war man artig genug und meldete mich, da ich
Eile zeigte, sogleich dem Präsidenten, der eine Art von Minister ist, den ich weiter nicht kenne. Er hatte meinen Paß
von Dresden schon vor sich in der Hand, als ich eintrat.

»Währ üß Ähr?« fragte er mich mit einem stier glotzenden
Molochsgesicht in dem dicksten Wiener Bratwurstdialekt.
Ich ehre das Idiom jeder Provinz, so lange es das Organ der
Humanität ist; und die braven Wiener mit ihrer Gutmütig-
keit haben in mir nur selten das Gefühl rege gemacht, daß
ihre Aussprache etwas besser sein sollte. Ich tat ein kurzes
Stoßgebetchen an die heilige Humanität, daß sie mir etwas
Geduld gäbe, und sagte meinen Namen, indem ich auf den
Paß zeigte.

»Wu will Ähr hünn?«

Steht im Passe: nach Italien.

»Italien üß gruhß.«

Vor der Hand nach Venedig, und sodann weiter.

»Slähftr holtr sähr füehl sulch lüederlüchches Gesüendel härümmer.«

Nun, Freund, was war hier zu tun? Dem Menschen zu antworten, wie er es verdiente? Er hätte leicht Mittel und Wege gefunden, mich wenigstens acht Tage aufzuhalten, wenn er mich nicht gar zurückgeschickt hätte; denn er war ja ein Stück von Minister. Ich suchte also eine alte militärische Aufwallung mit Gewalt zu unterdrücken. Der Graf Metternich in Dresden muß wohl wissen, was er tut, und wem er seine Pässe gibt: er ist verantwortlich dafür! sagte ich so bestimmt als mir der Ton folgte. Der Mensch belugte mich von dem verschnittenen Haarschedel den polnischen Rock herab bis auf die Schariwari, die um ein Paar derbe rindslederne Stiefeln geknöpft waren.

»Wu wüll Ähr weiter hünn?«

Vorzüglich nach Sicilien.

Er glotzte von neuem, und fragte:

»Waß wüll Ähr da machchen?«

Hätte ich ihm nun die reine Wahrheit gesagt, daß ich bloß spazierengehen wollte, um mir das Zwerchfell auseinander zu wandeln, das ich mir über dem Druck von Klopstocks Oden etwas zusammen gesessen hatte, so hätte der Mann höchst wahrscheinlich gar keinen Begriff davon gehabt, und geglaubt, ich sei irgendeinem Bedlam entlaufen.

Ich will den Theokrit dort studieren, sagte ich.

Weiß der Himmel was er denken mochte; er sah mich an, und sah auf den Paß und sah mich wieder an, und schrieb sodann etwas auf den Paß, welches, wie ich nachher sah, der Befehl zur Ausfertigung eines andern war.

»Abber Ähr dörf süchch nücht ünn Venedig uffhalten.«

Ich bin es nicht Willens, antwortete ich mit dem ganzen Murrsinn der düstern Laune, und bekomme hier auch nicht Lust dazu. Er beglotzte mich noch einmal, gab mir den Paß, und ich ging.

Man hat mir den Namen des Mannes genannt und gesagt, daß dieses durchaus sein Charakter sei, und daß er bei dem Kaiser in gar großem Vertrauen und hoch in Gnaden stehe. Desto schlimmer für den Kaiser und für ihn und die Wiener und alle, die mit ihm zu tun haben. Sein Gesicht hatte das Gepräge seiner Seele, das konnte ich beim ersten Anblick sehen, ohne jemals eine Stunde bei Gall gehört zu haben. Seinen Namen habe ich geflissentlich vergessen, erinnere mich aber noch so viel, daß er, eben nicht zur Ehre unserer Nation, ein Deutscher, obgleich Präsident der italiänischen Kanzlei war. Ist das der Vorschmack von Italien? dachte ich; das fängt erbaulich an.

Von hier ging ich mit dem Passe hinüber in die Kanzlei-stube, wo ausgefertigt wurde; und hier war der Revers des Stücks, ein ganz anderer Ton. Ich wurde so viel *Euer Gnohden* gescholten, daß meine Bescheidenheit weder ein noch aus wußte, und erhielt sogleich einen großen Realbogen voll Latein in ziemlich gutem Stil, worin ich allen Ober- und Unteroffizianten des Kaisers im Namen des Kaisers gar nachdrücklich empfohlen wurde. Wenn es nur der Präsident etwas höflicher gemacht hätte; es hätte mit der nehmlichen oder weit weniger Mühe für ihn und mich angenehmer wer-den können. Auf dem neuen Passe stand *gratis*, und man forderte mir zwei Gulden ab, die ich auch, trotz der son-derbaren Hermeneutik des Wörtchens, sehr gern sogleich zahlte und froh war, daß ich dem Übermaß der Grobheit und Höflichkeit zugleich entging.

Schottwien

Nun nahm ich von meinen alten und neuen Bekannten in der Kaiserstadt Abschied, packte meine Siebensachen zu-sammen und wandelte mit meinem neuen kaiserlichen Do-kument Tages darauf fröhlichen Mutes die Straße nach Steyermark. Schnorr hatte als Hausvater billig Bedenken getragen, den Gang nach Hesperien weiter mit mir zu ma-chen. Man hatte die Gefahr, die auch wohl ziemlich groß war, von allen Seiten noch mehr vergrößert; und was ich als einzelnes isoliertes Menschenkind ganz ruhig wagen konnte, wäre für einen Familienvater Tollkühnheit gewesen. Komme ich um, so ist die Rechnung geschlossen und es ist Feierabend: aber bei ihm wäre die Sache nicht so leicht abgetan. Er begleitete mich den zehnten Januar, an einem schönen, hellen, kalten Morgen eine Stunde weit heraus, bis an ein altes gotisches Monument, und übergab mich meinem guten Genius. Unsere Trennung war nicht ohne Schmerz, aber rasch und hoffnungsvoll uns in Paris wieder zu finden.

Ich zog nun an den Bergen hin, die rechts immer größer wurden, dachte so wenig als möglich, denn viel Denken ist, zumal in einer solchen Stimmung und bei einer solchen Unternehmung, sehr unbequem, und setzte gemächlich einen Fuß vor den andern immer weiter fort. Als die Nacht einbrach, blieb ich in einem Dorfe zwischen Günselsdorf und Neustadt. So wie ich in die große Wirtsstube trat, fand ich sie voll Soldaten, die ihre Bacchanalien hielten. Die Reminiszenzen der Wachstuben, wo ich ehemals Amts wegen eine Zeitlang jede dritte Nacht unter Tabaksdampf und Kleinbierwitz leben mußte, hielten mich, daß ich nicht sogleich zurückfuhr. Ich pflanzte mich in einen Winkel am Ofen, und ließ ungefähr dreißig Wildlinge ihr Unwesen so toll um mich her treiben, daß mir die Ohren gellten. Einige spielten Karten, andere sangen, andere disputierten in allen Sprachen der Pfingstepistel mit Mund und Hand und Fuß. Bald entstand Streit im Ernst, und die Handfestesten schienen schon im Begriff, sich einander die *Argumenta ad hominem* mit den Fäusten zu applizieren; da fing ein alter Kerl an in der Ecke der großen gewölbten Stube auf einer Art von Sackpfeife zu blasen, und alles ward auf einmal friedlich und lachte. Bei dem dritten und vierten Takte ward es still; bei dem sechsten faßten ein Paar Grenadiere einander unter die Arme und fingen an zu walzen. Der Ball vermehrte sich, als ob Hüons Horn geblasen würde; man ergriff die Mädchen und sogar die alte dicke Wirtin, und aller Zank war verges-

sen. Dann traten Solotänzer auf und tanzten steyerisch,
dann kosakisch, und dann den ausgelassensten, ungezogen-
sten Kordax, daß die Mädchen davon liefen und selbst der
Sackpfeifer aufhörte. Dann ging die Szene von vorn an. Man
spielte und trank, und fluchte und zankte und drohte mit
Schlägen, bis der Sackpfeifer wieder anfing. Der Mann war
hier mehr als Friedensrichter, er war ein wahrer Orpheus.
Der Wein, den man aus großen Glaskrügen trank, tat endlich
seine Wirkung; alles ward ein volles, großes, furchtbar bac-
chantisches Chor. Hier nahm ich den Riemen meines Tornisters auf die linke Schulter, meinen Knotenstock in die
rechte Hand und zog mich auf mein Schlafzimmer, wo ich
ein herrliches Thronbette fand und gewiß wie ein Fuhrknecht geschlafen hätte, wäre ich nicht von den Grenadieren durch eine förmliche Bataille geweckt worden. Der
ehrliche Wirt machte den Leidenden, überall das sicherste
bei militärischer Regierung, und hätte seinen kriegerischen
Gästen wohl gern ihre Kreuzer geschenkt, wenn sie ihn nur
in Ruhe gelassen hätten. Ein Offizier, wie ich aus dem Ton
vermutete, mit dem er sprach, machte endlich um zwei Uhr
Schicht, und es ward ruhig.

Den andern Morgen fand ich einen ehrsamen, alten Mann
bei seinem Weine sitzen, der den Kopf über die nächtliche
Geschichte der Kriegsmänner schüttelte. Dieser erzählte
mir denn einiges über die Einquartierung und klagte ganz
leise, daß sie der Gegend sehr zur Last wäre. Die Soldaten
waren auf Arbeit an dem Kanale, über den ich gestern gegangen war, und der, wie mir der Alte bedeutend zweifelhaft
sagte, bis nach Triest geführt werden solle. Vor der Hand
wird er nur die Steinkohlen von Neustadt nach Wien bringen. Das Wasser aus den Bergen bei Neustadt und Neukirchen war so schön und hell, daß ich mich im Januar hätte
hineinwerfen mögen. Schönes Wasser ist eine meiner besten
Liebschaften, und überall wo nur Gelegenheit war, ging ich
hin und schöpfte und trank. Du mußt wissen, daß ich noch
nicht so ganz diogenisch einfach bin aus der hohlen Hand zu
trinken, sondern dazu auf meiner Wanderschaft eine Flasche

von Resine gebrauche, die reinlich ist, fest hält und sich gefällig in alle Formen fügt. Eine Stunde von Schottwien fängt die Gegend an herrlich zu werden; vorzüglich macht ein Kloster rechts auf einer Anhöhe eine sehr romantische Partie. Das Ganze hat Ähnlichkeit mit den Schluchten zwischen Außig und Lowositz; nur ist das Tal enger und der Fluß kleiner; doch sind die Berghöhen nicht unbeträchtlich und sehr malerisch gruppiert. Das Städtchen Schottwien liegt an dem kleinen Flüßchen Wien zwischen furchtbar hohen Bergen, und macht fast nur eine einzige Gasse. Vorzüglich schön sind die Felsenmassen am Eingange und Ausgange.

Es hatte zwei Tage ziemlich stark gefroren und fing heute zu Mittage merklich an zu tauen; und jetzt schlagen Regengüsse an meine Fenster und das Wasser schießt von den Bergen und der kleine Fluß rauscht mächtig durch die Gasse hinab. Mir schmeckt Horaz und die gute Mahlzeit hinter dem warmen Ofen meines kleinen Zimmers vortrefflich. Horaz schmeckt mir, das heißt, viele seiner Verse; denn der Mensch selbst mit seiner Kriecherei ist mir ziemlich zuwider. Da ist Juvenal ein ganz anderer Mann, neben dem der Oktavianer wie ein Knabe steht. Es ist vielleicht schwer zu entscheiden, wer von beiden den Anstand und die guten Sitten mehr ins Auge schlägt, ob Horazens Kanidia oder Juvenals Fulvia; es ist aber wesentlicher Unterschied zwischen beiden zum Vorteil des letztern. Wo Horaz zweideutig witzelt oder gar ekelhaft schmutzig wird, sieht man überall, daß es ihm gemütlich ist, so etwas zu sagen; er gefällt sich darin: bei Juvenal aber ist es reiner, tiefer, moralischer Ingrimm. Er beleidigt mehr die Sitten als jener; aber bei ihm ist mehr Sittlichkeit. Horaz nennt die Sache noch feiner und kitzelt sich; Juvenal nennt sie wie sie ist; aber Zorn und Unwille hat den Vers gemacht.

Ein Felsenstück hängt drohend über das Haus her, in welchem ich übernachte. Hier fängt die Gegend an, die, wie ich mich erinnere, schon andere mit den schönsten in der Schweiz verglichen haben. Wie wird es aber auf den steyermärkischen Wegen werden, vor denen mir schon in Wien selbst Eingeborene bange machen wollten? Es kann nun nichts helfen; nur Mut, damit kommt man auch in der Hölle durch. Zwischen Neustadt und Neukirchen, einer langen, langen Ebene zwischen den Bergen, die sich hinter dem letzten Orte mehr und mehr zusammenschließen, begegnete mir ein starkes Kommando mit Gefangenen. Der letztern waren wohl einige Dutzend; eben keine sehr gute Aussicht. Einige waren schwer geschlossen und klirrten trotzig mit den Ketten. Die Meisten waren Leute, welche die Straßen unsicher gemacht hatten. Aber desto besser, dachte ich; nun sind der Schurken weniger da; und diese werden gewiß nicht so bald wieder losgelassen. In Wien und hier auf dem Wege überall wurde erzählt, daß man die Preßburger Post angefallen, ausgeplündert und den Postillon und den Schaffner erschlagen habe. Auch bei Pegau, nicht weit von Gräz, war das nehmliche geschehen. Das waren aber gewiß Leute, die vorher gehörig rekognosziert hatten, daß die Post beträchtliche Summen führte, die sich auch wirklich zusammen über hundert und dreißig tausend Gulden belaufen haben sollen. Bei mir ist nicht viel zu recognoszieren; mein Homer und meine Gummiflasche werden wenig Räuber in Versuchung bringen.

Mürzhofen

Von Schottwien bis hierher war heute in der Mitte des Januars eine tüchtige Wandlung. Der Sömmering ist kein Maulwurfshügel; es hatte die zweite Hälfte der Nacht entsetzlich geschneit; der Schnee ging mir bis hoch an die Waden; ich wußte keinen Schritt Weg, und es war durchaus keine Bahn. Einige Mal lief ich den Morgen noch im Finstern unten im Tal zu weit links, und mußte durch Verschläge in dem tiefen Schnee die große Straße wieder suchen. Nun ging es bergan zwei Stunden, und nach und nach kamen einige Fuhrleute den Sömmering herab, und zeigten mir wenigstens, daß ich dorthin mußte, wo sie herkamen. Links und rechts waren hohe Berge, mit Schwarzwald bewachsen, der mit Schnee behangen war; und man konnte vor dem Gestöber kaum zwanzig Schritte sehen. Oben auf den Bergabsätzen begegneten mir einige Reisewagen, die in dem schlechten Wege nicht fort konnten. Der Frost hielt noch nicht, und überdies waren die Gleise entsetzlich ausgeleiert. Herren und Bedienten waren abgestiegen und halfen fluchend dem Postillon das leere Fuhrwerk Schritt vor Schritt weiter hinauf winden. Ich wechselte die Schluchten bergauf und bergab, und trabte zum großen Neide der dick bepelzten Herren an dem englischen Wagen fürbaß. Ein andermal rollten sie vor mir vorbei, wenn ich langsam fort zog. So gehts in der Welt: sie gingen schneller, ich ging sicherer. Auf dieser Seite des Sömmerings kommt aus verschiedenen Schluchten die Wien herab; und auf der zweiten Hälfte der Station, nach Mürzzuschlag, nachdem man den Gipfel des Berges erstiegen hat, kommt eben so die Mürz hervor, und ist in einer Stunde schon ein recht schöner Bach. Bei Mürzzuschlag treibt sie fast alle hundert Schritte Mühlen und Hammerwerke bis herab nach Krieglach, wo sie größer wird, nun schon einen ansehnlichen Fluß bildet, und nur mit Kosten gebraucht werden kann. Es ist angenehm, die Industrie zu sehen, mit welcher man das kleine Wässerchen zu seinen Behufen zu leiten und zu gebrauchen weiß; und die kleinen Täler an dem Flusse herunter sind außerordentlich lieblich, und machen auch unter dem Schnee mit ihren fleißigen Gruppen ein schönes Winterbild.

Die Wörter Mürzzuschlag und Krieglach klangen mir nach den Wiener Mordgeschichten gar sehr wie *nomina mala ominata*, deren Etymologie ich mir gern hätte erklären lassen, wenn ich nicht zu faul gewesen wäre irgend einen Pastor aufzusuchen: und ich war herzlich froh, als ich gegen Abend so ziemlich aus der abenteuerlichen Gegend heraus war. Es ist etwas sehr gewöhnliches, daß man einem Gaste, wenn er die Zeche bezahlt hat und abzieht, glückliche Reise wünscht, und man denkt weiter nicht viel dabei: aber Du kannst nicht glauben, wie angenehm es ist, wenn es in einer

solchen Lage, im Januar, wenn der Sturm den Schnee gegen
die Felsen jagt, mit Teilnahme von einem artigen, hübschen
Mädchen geschieht, zumal wenn man den Kopf voll Räuber
und Strauchdiebe hat.

Gräz

Hier will ich einige Tage bleiben und ruhen: die Stadt und die
Leute gefallen mir. Du weißt, daß der Ort auf den beiden
Seiten der Murr sehr angenehm liegt; und das Ganze hat hier
überall einen Anblick von Bonhommie und Wohlhabenheit,
der sehr behaglich ist. Von Schottwien aus machte ich den
ersten Tag mit vieler Anstrengung nur fünf Meilen; und den
zweiten mit vieler Leichtigkeit sieben: aber den ersten stieg
ich in dem entsetzlichsten Schneegestöber an der Wien
bergauf; und den zweiten ging ich bei ziemlich gutem Wetter
an der Mürz bergab. Es ist ein eigenes Vergnügen, die Bäche
an ihren Quellen zu sehen und ihnen zu folgen bis sie Flüsse
werden. Die Mürz ist ein herrliches Wasser, und muß die
erste Meile schöne Forellen haben. Man hat mich zwar gewarnt, nicht in der Nacht zu gehen, und mich deucht, ich
habe es versprochen: aber ich habe bis jetzt doch schon zwei
Mal gesündiget, und bin über eine Stunde die Nacht gelaufen. Indessen wer wird gern in einer schlechten Kneipe
übernachten, wenn man ihm sagt, daß er eine Meile davon
ein gutes Wirtshaus findet.

An einem dieser Tage wurde ich zu Mittage in einem
kleinen Städtchen gar köstlich bewirtet, und bezahlte nicht
mehr als achtzehn Kreuzer. Das tat meiner Philanthropie
sehr wohl; denn Du weißt, daß ich mir aus den Kreuzern so
wenig mache, wie aus den Kreuzen. Mein Ideengang kam
dadurch natürlich auf die schöne Tugend der Billigkeit und
auf die unbillige Forderung, daß alle Richter als Richter sie
haben sollen. Billigkeit ist die Nachlassung von seinem eigenen Rechte: und nun frage ich Dich, ob ein Richter dabei
etwas zu tun hat? Nur die Parteien können und sollen billig
sein. Bei billigen Richtern wäre es um die Gerechtigkeit

geschehen. Mit diesen Gedanken setzte ich mich in dem
nächsten Wirtshause nieder, und legte das Resultat derselben in mein Taschenbuch über die Billigkeit.

Verdammt den Richter nicht; er darf nicht billig sein:
Für ihn ist das Gesetz von Eisen,
Und seine Pflichten sind von Stein,
Ihn taub und kalt nur auf das Recht zu weisen.

Nur das, was mir gehört, geb' ich mit Bruderhand
Dem Bruder für die kleine Spende,
Und schlinge freundlicher das Band,
Das beide knüpft, und schüttle froh die Hände.

Hier ist der Übergang zu der Erhabenheit
Der göttergleichen Heldentugend,
Die sich der Welt zum Opfer weiht;
Der erste Blick von unsrer Geistesjugend.

Die strenge Pflicht, die der Vertrag erzwingt,
Bleibt ewig Grund zu dem Gebäude;
Doch Milde nur und Güte bringt
Ins leere Haus den Harrenden die Freude.

Mit seinem Eisenstab befriedige das Recht
Den großen Troß gemeiner Seelen;
Mit dem olympischen Geschlecht
Soll uns schon hier die Göttliche vermählen.

Jeder *soll* billig sein für sich; das ist menschlich, das ist schön:
aber alle *müssen* gerecht sein gegen alle; das ist notwendig,
sonst kann das Ganze nicht bestehen. Der billige Richter ist
ein schlechter Richter, oder seine Gesetze sind mehr als
gewöhnlich mangelhaft. Die Billigkeit des Richters wäre ein
Eingriff in die Gerechtigkeit. Zur Gerechtigkeit kann, muß
der Mensch gezwungen werden; zur Billigkeit nicht: das ist
in der Natur der Sache gegründet. Wo die Parteien billig

sein wollen, handelt der Richter nicht als Richter, sondern
als Schiedsmann. Die Gerechtigkeit ist die erste große göttliche Kardinaltugend, welche die Menschheit weiterbringen
kann. Nicht die Gerechtigkeit, die in den zwölf Tafeln steht
und die nachher Justinian lehren ließ. Jeder unbefangene
Geschichtsforscher weiß, was die Zehnmänner waren, was
sie für Zwecke hatten und verfolgten und wie sie zu Werke
gingen, und wieviel Unsinn Papinian von dem Putztisch der
heiligen Theodora annehmen mußte. Nicht die Gerechtigkeit unserer Fürsten, die oft einige tausend Bauern mit
Peitschen vom Pfluge hauen, damit sie ihnen ein Schwein
jagen, das ein Jägerbursche zum Probeschuß töten könnte.
An der Seine erschien vor einigen Jahren eine Morgenröte,
die sie hervorzuführen versprach. Aber die Morgenröte ver-
schwand, es folgten Ungewitter, dann dicke Wolken und
endlich Nebeltage. Es war ein Phantom. Wenn Du Gerechtigkeit in Gesetzen suchst, irrest Du sehr; die Gesetze sollen
erst aus der Gerechtigkeit hervorgehen, sind aber oft der
Gegensatz derselben. Du kannst hier, wie in manchem unserer Institute, schließen: je mehr Gesetze, desto weniger
Gerechtigkeit; je mehr Theologie, desto weniger Religion: je
längere Predigten, desto weniger vernünftige Moral. Mit unserer bürgerlichen Gerechtigkeit geht es noch so ziemlich;
denn die Gewalthaber begreifen wohl, daß ohne diese
durchaus nichts bestehen kann, daß sie sich ohne dieselbe
selbst auflösen: aber desto schlimmer sieht es mit der öffentlichen aus; und mich deucht, wir werden wohl noch
einige platonische Jahre warten müssen, ehe es sich damit in
der Tat bessert, so oft es sich auch ändern mag. Dazu ist die
Erziehung des Menschengeschlechts noch zu wenig gemacht, und diejenigen, die sie machen sollen, haben zu viel
Interesse sie nicht zu machen, oder sie verkehrt zu machen.
Sobald Gerechtigkeit sein wird, wird Friede sein und Glück:
sie ist die einzige Tugend, die uns fehlt. Wir haben Billigkeit,
Großmut, Menschenliebe, Gnade und Erbarmung genug im
Einzelnen, bloß weil wir im Allgemeinen keine Gerechtig-
keit haben. Die Gnade verderbt alles, im Staate und in der

Kirche. Wir wollen keine Gnade, wir wollen Gerechtigkeit; Gnade gehört bloß für Verbrecher; und meistens sind die Könige ungerecht, wo sie gnädig sind. Wer den Begriff der Gnade zuerst ins bürgerliche Leben und an die Stühle der Fürsten getragen hat, soll verdammt sein von bloßer Gnade zu leben: vermutlich war er ein Mensch, der mit Gerechtigkeit nichts fordern konnte. Aus Gnaden wird selbst kein guter, rechtlicher, vernünftiger Mann selig werden wollen, und wenn es auch ein Dutzend Evangelisten sagten. Es ist ein Widerspruch; man lästert die Gottheit, wenn man ihr solche Dinge aufbürden will. Aber, lieber Freund, wo gerate ich hin mit meinem Eifer in Gräz?

Mit diesen und ähnlichen Gedanken, die ich Dir hier nicht alle herschreiben kann, lief ich immer an der Mürz hinunter, kam in Brüg an die Murr und pilgerte an dem Flusse hinab. Schon zu Neukirchen waren mir eine Menge Wagen begegnet, die leer zu sein schienen und doch außerordentlich schwer gingen. Auf dem Sömmering traf ich noch mehr, und entdeckte nun, daß sie Kanonen führten, die sie höchst wahrscheinlich von Gräz und noch weiter von der italiänischen Armee brachten und deren Lafetten vermutlich verbraucht waren. Vor Einem Wagen zogen oft sechszehn Pferde, und der Wagen waren mehr als hundert. Für mich hatten sie den Vorteil, daß sie Bahn machten. Hier und da war auch Bedeckung; und Soldaten mit Gewehr sehe ich als Reisender jetzt immer gern: denn im Allgemeinen darf man annehmen, diese sind ehrliche Leute; die Schlechten behält man in den Garnisonen und läßt sie nicht mit Gewehr im Lande herum ziehen.

Den zehnten um neun Uhr aus Wien, und den vierzehnten zu Mittage in Gräz, heißt im Januar immer ehrlich zu Fuße gegangen. Die Täler am Flusse herunter sind fast alle romantisch schön, die Berge von beträchtlicher Höhe. Noch eine Meile von Brüg, gleich an dem Ufer der Mürz, steht ein schönes Landhaus; auf der einen Seite desselben siehst Du auf der Gartenmauer Pomona mit ihrem ganzen Gefolge in sehr grotesken Statüen abgebildet, und auf der

andern die Musik mit den meisten Instrumenten nach der
Reihe noch grotesker und fast an Karikatur grenzend. Das
Ganze ist schnakisch genug: und tut eine possierlich angenehme Wirkung. Der Trägerin des Füllhorns fehlt der Kopf,
und da die ganze Gesellschaft ziemlich beschneit war, konnte man nicht entdecken, ob er abgeschlagen war, oder, ob
man sie absichtlich ohne Kopf hingestellt hatte. Die Örter in
der Gegend haben alle das Ansehen der Wohlhabenheit.

Bei Rötelstein beschwerte sich ein Landmann, mit dem
ich eine Meile ging, über den Schaden, den die Wölfe und
Luchse anrichteten, die aus den Bergen herab kämen. Der
Schnee ward hoch und die Kälte schneidend, und ich eilte
nach Pegau, bloß weil der Ort für mich einen vaterländischen Namen hatte. Aber das Quartier war so traurig, als ich
es kaum auf der ganzen Reise angetroffen hatte. Man sperrte
mich mit einem Kandidaten der Rechte zusammen, der aus
der Provinz nach Gräz zum Examen ging, und der mich
durch seine drolligen Schilderungen der öffentlichen Verhältnisse in Steyermark, für das schlechte Wirtshaus ent-
schädigte. Er hatte viel Vorliebe für die Tyroler, ob er gleich
ein Steyermärker war, und lobte Klagenfurt nach allen Prädikamenten. Mit ihm ging ich vollends hierher.

Gräz ist eine der schönsten großen Gegenden, die ich bis
jetzt gesehen habe; die Berge rund umher geben die herrlichsten Aussichten, und müssen in der schönen Jahrszeit
eine vortreffliche Wirkung tun. Das Schloß, auf einem ziemlich hohen Berge, sieht man sehr weit: und von demselben
hat man rund umher den Anblick der schön bebaueten
Landschaft, die durch Flüsse und Berge und eine Menge
Dörfer herrlich gruppiert ist. Als ich oben in das Schloßtor
trat, stand ein Korporal dort und pfiff mit großer Andacht
eines der besten Stücke aus der Oper: *die Krakauer*, welche
die letzte Veranlassung zum Ausbruch der Revolution in
Warschau war. Da ich die Oper dort genossen und das darauf folgende Trauerspiel selbst mitgemacht hatte, so kannst
Du denken, daß diese Musik hier in Gräz ganz eigen auf
mich wirkte. Eben diese Melodie hatte mich oft so sehr

beschäftigt, daß ich manchmal in Versuchung gewesen war, für mich selbst einen eigenen Text darauf zu machen, da ich das Polnische nicht sonderlich verstehe. Die Gefängnisse des Schlosses sind jetzt voll Verbrecher, die mir mit ihren Ketten entgegen klirrten. Das Spital, gleich unten am Schloßberge, ist von Joseph dem Zweiten, ein stattliches Gebäude; und das neue, sehr geschmackvolle Schauspielhaus, mit einer kurzen, echt lateinischen Inschrift, von den Ständen. Herr Küttner spricht schon ziemlich gut von dem hiesigen Theater, und ich habe sein Urteil völlig richtig gefunden. Man gab eine neue Bearbeitung des alten Stücks *der Teufel ist los.* Der Text hält freilich, wie in den meisten Opern, keine Kritik. Schade, daß man nicht in dem Tone fortgefahren ist, den Weiße angeschlagen hatte. Es hätten eine Menge zu niedriger Redensarten ausgemerzt werden sollen. Die Musik war eklektisch und gab Reminiszenzen; war aber sehr gefällig, und schon mehr italiänisch als deutsch. Der Gesang war besser, als ich ihn seit Guardasonis schöner Periode irgendwo gehört habe. Das Personale ist ziemlich gut besetzt, und vorzüglich das weibliche nicht so ärmlich als in Dresden und Wien. Das einzige was mir mißfiel, waren die Furien und Teufel, welche durchaus aussahen wie die Kohlenbrenner vom Blocksberge.

In einer Prolepse muß ich Dir, nicht ganz zur Ehre unserer Mitbürger, sagen, daß ich auf meiner ganzen Wanderschaft kein so schlechtes Schauspielhaus gesehen habe, als bei uns in Leipzig. Hier in Östreich und durch ganz Italien und auch in Frankreich sind überall gehörige bequeme Vorzimmer am Eingange, und die meisten haben Kaffeehäuser von mehrern Piecen, wo man Erfrischungen aller Art und gut haben kann. Bei uns wird das Publikum in einem schlechten Winkel ziemlich schlecht bedient, und für Bequemlichkeit und Vergnügen derjenigen, die nun gerade diese Szene oder diesen Akt nicht sehen wollen, ist gar nicht gesorgt. An Feuersgefahr scheint man eben so wenig gedacht zu haben, und sperrt das Publikum auf Gnade und Ungnade ohne Rettung und Ausflucht zusammen.

Die Gräzer sind ein gutes, geselliges, jovialisches Völkchen; sie sprechen im Durchschnitt etwas besser deutsch, als die Wiener. Der Adel soll viel alten Stolz haben. Das ist nun so überall sein Geist, etwas gröber oder feiner; ausgenommen vielleicht in großen Städten und größern Residenzen, wo sich die Menschen etwas mehr an einander schleifen und abglätten. Längs der Mürz und der Murr herunter gibt es links und rechts noch manche alte Schlösser, die aber, dem Himmel sei Dank, immer mehr und mehr in Ruinen sinken. Ihr Anblick erhöht nur noch das Romantische. Von Iffland, der voriges Jahr auch hier war, spricht man sowohl hier als in Wien noch mit Enthusiasmus. An der Wirtstafel erzählten einige Gäste vom Lande viel von der Bärenjagd und den Abenteuern, die es dabei gäbe. Ich glaubte immer, diese Art von Pelzwerk wäre jetzt nur noch in Polen und jenseits zu Hause; aber voriges Jahr wurden hier in der Gegend zwölfe geschossen, und auch diesen Jahrgang wieder mehrere. Vor einigen Jahren wurde eine Bärin erlegt, die Junge hatte, und auf den Hof geschafft. Kurze Zeit nachher folgten die Jungen der Fährte der toten Mutter und setzten sich vor dem Hofe auf einen alten Lindenbaum, wo sie sich endlich ruhig fangen ließen. Die Gärten und der Lindenberg waren verschneit, so daß ich diese Vergnügungsörter nur von weitem sah.

Laybach

Hier mache ich, wenn Du erlaubst, wieder eine Pause und lasse meine Hemden waschen und meine Stiefeln besohlen.

Von Gräz aus war es sehr kalt und ward immer kälter. Die erste Nacht blieb ich in Ehrenhausen, einem ganz hübschen Städtchen, das seinem Namen Ehre macht, wo ich von meiner lieben Murr Abschied nahm. Der Ofen glühte, aber das Zimmer ward nicht warm. Der Weg von Ehrenhausen nach Mahrburg ist ein wahrer Garten, links und rechts mit Obstpflanzungen und Weinbergen. Auch Mahrburg ist ein ganz hübscher Ort an der Drawa, und die Berge an dem Flusse hinauf und hinab sind voll der schönsten Weingärten. Eine herrliche, ökonomische Musik war es für mich, daß die Leute hier überall links und rechts auf Bohlentennen draschen. Man kann sich keinen traulichern Lärm denken. Das Deutsche hört nunmehr unter den gemeinen Leuten auf, und das Italiänische fing nicht an: dafür hörte ich das krainische Rotwelsch, von dem ich nur hier und da etwas aus der Analogie mit dem Russischen verstand. Die Russen tun sich etwas darauf zu gute, daß man sie soweit herab in ihrer Muttersprache versteht, und nennen sich deswegen die Slawen, die Berühmten, ungefähr so wie die heutigen Gallier sich die große Nation nennen. Bis nach Triest und Görz wurden sie hier überall verstanden. Die Pohlen sprechen sogleich leicht und verständlich mit ihnen, und die Böhmen finden keine große Schwierigkeit. Ich selbst erinnere mich, als ich vor mehreren Jahren aus Rußland zurückkam und einen alten russischen Grenadier als Bedienten mit mir hatte, daß er mir in der Lausitz in der Gegend von Lübben sagte: »Aber, mein Gott, wir sind ja hier noch ganz in Rußland; hier spricht man ja noch gut russisch.« So viel Ähnlichkeit haben die slawischen Dialekte unter sich, von dem russischen bis zum wendischen und krainischen.

Von Gannewitz aus ist ein hoher, furchtbar steiler Berg, weit steiler als der Sömmering; so daß vier und dreißig Ochsen und sechs Pferde an einem Frachtwagen zogen, den die sechs Pferde auf gewöhnlichen Wegen allein fortbrachten. Die Berge sind hier meistens mit schönen Buchen bewachsen, da sie an der Murr fast durchaus mit Schwarzwald bedeckt sind.

In Cilly kam ich ziemlich spät an, und tat mir gütlich in sehr gutem Bier, das nun ziemlich selten zu werden anfängt. Aus Verzweiflung muß ich Wein trinken, und zwar viel; denn sonst würde man mich ohne Barmherzigkeit auf ein Strohlager weisen, und wenn ich auch noch so sehr mit dem Gelde klingelte. Es wurde hier bei meiner späten Ankunft so stark geschossen und geschrien, daß ich glaubte, es wäre Revolution im Lande. Wie ich näher kam, hörte ich, daß es

Schlittenfahrten waren. In Cilly hätte ich auch bald meine irdische Laufbahn geschlossen: das ging so zu: Ich aß gut und viel, wie gewöhnlich, in der Wirtsstube, und hatte bestellt, mir ein gutes Zimmer recht warm zu machen, weil es fürchterlich kalt war: denn die steyermärkischen und krainischen Winter halten sich in gutem Kredit, und der jetzige ist vorzüglich strenge. Nach der Mahlzeit ging ich auf das Zimmer, zog mich aus, stellte mich einige Minuten an den Ofen, und legte mich zu Bette. Du weißt, daß ich ein gar gesunder Kerl bin, und jeden Tag gut esse, und jede Nacht gut schlafe. So auch hier. Aber es mochte vielleicht gegen vier Uhr des Morgens sein, als ich durch eine furchtbare Angst geweckt wurde und den Kopf kaum heben konnte. So viel hatte ich noch Besinnung, daß ich erriet, ich schlief in einem neu geweißten Zimmer, das man auf mein Verlangen gewaltig geheizt hatte. Als ich mich aufzurichten versuchte, um das Fenster zu öffnen, fiel ich kraftlos und dumpf auf den Pfühl zurück und verlor das Bewußtsein. Als es helle ward, erwachte ich wieder, sammelte nun so viel Kraft das Fenster zu öffnen, mich anzuziehen, in der Eile das Zimmer zu verlassen, hinunter zu taumeln und unten etwas Wein und Brot zu bestellen. Hier kam der zweite Paroxysmus; ich sank am Tische hin in einen namenlosen Zustand, wie in einen lichtleeren Abgrund, wo Finsternis hinter mir zuschloß. So viel erinnere ich mich noch; ich dachte, das ist der Tod, und war ruhig: sie werden mich schon gehörig begraben. Kurze Zeit darauf erwachte ich wieder unter dem entsetzlichsten Schweiße, der mich aber mit jedem Augenblicke leichter ins Leben zurückbrachte. Der ganze Körper war naß, die Haare waren wie getaucht, und auf den Händen standen große Tropfen bis vorn an die Nägel. Niemand war in dem Zimmer; der Schweiß brachte mir nach der Schwere des Todes ein Gefühl unaussprechlicher Behaglichkeit. Etwas Schwindel kam zurück; nun suchte ich mich zu ermannen und nahm etwas Wein und Brot. Die Luft, dachte ich, ist die beste Arznei, und auf alle Fälle stirbt man besser in dem freien Elemente, als in der engen Kajüte. So nahm ich meinen Tornister mit großer Anstrengung auf die Schulter und ging oder wankte vielmehr fort; aber mit jedem Schritte ward ich leichter und stärker, und in einer halben Stunde fühlte ich nichts mehr, ob mir gleich Kleid, Hut, Haar und Bart und das ganze Gesicht schwer bereift war, und der ganze Kerl wie schlechte verschossene Silberarbeit aussah; denn es fiel ein entsetzlich kalter Nebel. Nach zwei Stunden frühstückte ich wieder mit so gutem Appetit, als ich es je getan hatte. Siehst Du, lieber Freund, so hätte mich der verdammte Kalk beinahe etwas früher als nötig ist aus der Welt gefördert. Doch vielleicht kam mir dieses auch nur so gefährlich vor, weil ich keiner solchen Phänomene von Krankheit, Ohnmacht und so weiter, gewohnt bin. Etwas gewitziget wurde ich indes dadurch für die Zukunft, und ich visitierte nun allemal erst die Wände eines geheizten Zimmers, ehe ich mich ruhig einquartierte.

Zwischen Franz und Sankt Oswald steht rechts am Berge eine Pyramide mit einem Postament von schwarzem Marmor, auf dem die Unterwerfungsakte der Krainer an Karl den Sechsten eingegraben ist: *Se substraverunt*, heißt es mit klassisch diplomatischer Demut. Eine Viertelstunde weiter hin ist links ein anderes neueres Monument, wie es mir schien, zur Ehre eines Ministers, der den Weg hatte machen lassen. Es war sehr kalt; die Schrift war schon ganz unleserlich und der Weg war auch wieder in übeln Umständen, obgleich beides höchstens nur von Karl dem Sechsten.

Abends kam ich mit vieler Anstrengung in Sankt Oswald an, ob ich gleich recht gut zu Mittage gegessen hatte; denn der Zufall mochte mich doch etwas geschwächt haben. Der Wirt, zu dem man mich hier wies, war ein Muster von Grobheit und hat die Ehre der Einzige seiner Art auf meiner ganzen Reise zu sein: denn alle übrigen waren leidlich artig. Ich trat ein und legte meinen Tornister ab. Es war Zweidunkel, zwischen Hund und Wolf. »Was will der Herr?« fragte mich ein ziemlich dicker, handfester Kerl, der bei dem Präsidenten der italiänischen Kanzlei in Wien Kammerdiener gewesen zu sein schien, so ganz sprach er seine Sprache und seinen Dialekt. Du weißt, daß sehr oft ein Minister das Talent hat, durch sein wirksames Beispiel die Grobheit durch die ganze Provinz zu verbreiten. »Was will der Herr?« Ich trat ihm etwas näher und sagte: Essen, trinken und schlafen. »Das erste kann er, das zweite nicht.« Warum nicht? Ist hier nicht ein Wirtshaus? »Nicht für Ihn.« Für wen denn sonst? »Für andere ehrliche Leute.« Ich bin hoffentlich doch auch ein ehrlicher Mann. »Geht mich nichts an.« Aber es ist Abend, ich kann nicht weiter und werde also wohl hier bleiben müssen, sagte ich etwas bestimmt. Hier geriet der dicke Mann in Zorn, ballte seine beiden Fäuste mit einer solchen Heftigkeit, als ob er mit jeder auf Einmal ein halbes Dutzend solcher Knotenstöcke zerbrechen wollte, wie ich trug. »Mach der Herr nur kein Federlesens, und pack Er sich; oder ich rufe meine Knechte; da soll die Geschichte bald zu Ende sein.« Er deutete grimmig auf die Tür, und ging selbst hinaus. Ich wandte mich, als er hinaus war, an einen jungen Menschen, der der Sohn vom Hause zu sein schien, und fragte ihn ganz sanft um die Ursache einer solchen Behandlung. Er antwortete mir nicht. Ich sagte, wenn man mir nicht traute, so möchte man meine Sachen in Verwahrung nehmen, und Börse und Uhr und Paß und Taschenbuch dazu. Nun sagte er mir ängstlich, der Herr wäre aufgebracht, und es würde wohl bei dem bleiben, was er gesagt hätte. Hier kam der dicke Herr selbst wieder. »Ist der Herr noch nicht fort?« Aber, Lieber, es ist ja ganz Nacht; ich bin sehr müde und es ist sehr kalt. »Geht mich nichts an.« Es ist kein anderes Wirtshaus in der Nähe. »Wird schon eins finden.« Auch wieder ein solches? »Nur nicht räsoniert und Marsch fort!« Hier ist mein Paß aus der Wiener Staatskanzlei. »Ei, was! rief er grimmig wütend, und ohne mit Respekt zu sagen, ich sch . . . . . auf den Quark!« Was war zu tun? Zur Bataille durfte ich es wohl nicht kommen lassen; denn da hätte ich, trotz meinem schwerbezwingten Knotenstock, Schläge bekommen für die Humanität, *quantum satis*, und noch etwas mehr. Der Mensch schien Kaiser und Papst in Sankt Oswald-in Einer Person zu sein. Ich nahm ganz leise meinen Reisesack und ging zur Tür hinaus. War das nicht ein erbaulicher, ästhetischer Dialog?

Nun ist in ganz Sankt Oswald, so viel ich sah, weiter nichts als dieses ziemlich ansehnliche Wirtshaus, die Post, ich glaube die Pfarre, und einige kleine Tagelöhnerhütten. Zu der Postnation habe ich durch ganz Deutschland nicht das beste Zutrauen in Rücksicht der Humanität und Höflichkeit: das ist ein Resultat meiner Erfahrung, als ich mit Extrapost reis'te; nun denke Dir, wenn ein Kerl mit dem Habersack käme! Er möchte noch so viel Dukaten in der Tasche haben, und zehren wie ein reicher Erbe; das wäre wider Polizei und die Ehre des Hauses. Zu dem Pfarrer hätte ich wohl gehen sollen, wie ich nachher überlegte, um meine Schuldigkeit ganz getan zu haben. Aber das Unwesen wurmte mich zu sehr; ich gab dem Heiligen im Geiste drei tüchtige Nasenstüber, daß er seine Leute so schlecht in der Zucht hielt, und schritt ganz trotzig an dem Berge durch die Schlucht hinunter in die Nacht hinein. Die tiefe Dämmerung, wo man aber doch im Zimmer noch nicht Licht hatte, und mein halb polnischer Anzug mochten mir auch wohl einen Streich gespielt haben: denn ich glaube fast, wenn wir einander hätten hell ins Gesicht sehen können, es wäre etwas glimpflicher gegangen. Die Gegend war nun voll Räuber und Wölfe, wie man mir erzählt hatte, ich marschierte also auf gutes Glück geradezu. Ungefähr eine halbe Stunde von dem Heiligen der schlechten Gastfreundschaft traf ich wieder ein Wirtshaus, das klein und erbärmlich genug im Mondschein dort stand. Sehr ermüdet und etwas durchfroren trat ich wieder ein, und legte wieder ab. Da saßen drei Mädchen, von denen aber keine eine Silbe deutsch sprach, und sangen bei einem kleinen Lichtchen, ihrer kleinen Schwester ein gar liebliches krainisches Wiegentrio vor, um sie einzuschläfern. Endlich kam der Wirt, der etwas deutsch radbrechte: dieser gab mir freundlich, Brot, Wurst und Wein, und ein Kopfkissen auf das Stroh. Ich war sehr froh, daß man mir kein Bett anbot; denn mein Lager war unstreitig das beste im ganzen Hause. Es war mir lieb, bei dieser Gele-

genheit eine gewöhnliche krainische Wirtschaft zu sehen,
die dem Ansehen nach noch nicht die schlechteste war, und
die doch nicht viel besser schien, als man sie bei den Letten
und Esthen in Kurland und Liefland findet. Gleiche Ursachen bringen gleiche Wirkungen.

Bei Popetsch steht rechts von der Post oben auf der Anhöhe ein stattliches Haus, und hinter demselben zieht sich
am Berge eine herrliche Partie von Eichbäumen hin. Es
waren die ersten schönen Bäume dieser Art, die ich seit
meinem letzten Spaziergange in dem Leipziger Rosenthale
sah. Im Prater in Wien sind sie nicht zahlreich; dort in der
Donaugegend sind die Pappeln und Weiden vorzüglich.

Nicht weit von Laybach fallen die Save und Laybach zusammen; und über die Save ist eine große hölzerne Brücke.
Die Lage des Laybacher Schlosses hat von fern viel Ähnlichkeit mit dem Gräzer; und auch die Stadt liegt hier
ziemlich angenehm an beiden Seiten des Flusses, eben so
wie Gräz an der Murr. Die Brücken machen hier wie in Gräz
die besten Marktplätze, da sie sehr bequem auf beiden Seiten
mit Kaufmannsläden besetzt sind, eine große Annehmlich-
keit für Fremde. Das Komödiantenhaus ist zwar nicht so gut
als in Gräz, aber doch immer sehr anständig; und auch hier
sind am Eingange links und rechts Kaffee- und Billardzim-
mer.

Schantroch, der hiesige Entrepreneur, der abwechselnd
hier, in Görz, in Klagenfurt, und auch zuweilen in Triest ist,
gab Kotzebues Bayard. Er selbst spielte in einem ziemlich
schlechten Dialekt, und seine ganze Gesellschaft hält keine
Vergleichung mit der Domaratiussischen in Gräz aus. Man
sprach hier von einem Stück in Knittelversen, das alles, was
Schiller und Lessing geschrieben haben, hinter sich lassen
soll. Herr Schantroch, der mit mir an der nehmlichen Wirtstafel speiste, schien ein eben so seichter Kritiker zu sein, als
er ein mittelmäßiger Schauspieler ist. Doch ist seine Gesellschaft nicht ganz ohne Verdienst und hat einige Subjekte, die
auch ihren Dialekt ziemlich überwunden haben: und Herr
Schantroch soll als Prinzipal alles tun, was in seinen Kräften

ist, sie gut zu halten. Die Tagsordnung des Stadtgesprächs waren Balltrakasserien, wo sich vorzüglich ein Offizier durch sein unanständiges, brüskes Betragen ausgezeichnet haben sollte: und dieser war, nach seinem Familiennamen zu urteilen, leider unser Landsmann. Die Kaffeehäuser sind in Gräz und hier weit bessèr als in Wien; und das hiesige Schweizerkaffeehaus ist ganz artig und verhältnismäßig anständiger, als das berühmte Milanosche in der Residenz, wo man sitzt, als ob man zur Finsternis verdammt wäre. Du siehst, daß man für das letzte Zipfelchen unsers deutschen Vaterlandes hier ganz komfortabel lebt und uns noch Ehre genug macht.

Einige Barone aus der Provinz, die in meinem Gasthofe speis'ten, sprachen von den hiesigen öffentlichen Rechtsverhältnissen zwischen Obrigkeiten und Untertanen, oder vielmehr zwischen Erbherren und Leibeigenen; denn das erste ist nur ein Euphemismus: und da ergab sich denn für mich, den stillen Zuhörer, daß alles noch ein großes, grobes, verworrenes Chaos ist, eine Mischung von rechtlicher Unterdrückung und alter Sklaverei.

Was Küttner von dem bösen Betragen der Franzosen in einigen anderen Grenzgegenden gesagt hat, muß wohl hier nicht der Fall gewesen sein. Alle Eingeborne, mit denen ich gesprochen habe, reden mit Achtung von ihnen, und sagen, sie haben weit mehr von ihren eigenen Leuten gelitten. Aber auch diese verdienen mehr Entschuldigung, als man ihnen vielleicht gönnen will. Die Armee war gesprengt. Stelle Dir die fürchterliche Lage solcher Leute vor, wenn sie zumal in kleine Parteien geworfen werden. Der Feind sitzt im Rücken oder auch schon in den Seiten; sie wissen nicht wo ihre Oberanführer sind, haben keine Kasse, keinen Mundvorrat mehr: nun kämpfen sie ums Leben überall wo sie Vorrat treffen. Gutwillig gibt man ihnen nichts oder wenig; und die Bedürfnisse Vieler sind groß. Natürlich sind die Halbgebildeten nicht immer im Stande, sich in den Grenzen der Besonnenheit zu halten. Die Einen wollen nichts geben, die Andern nehmen mehr als sie brauchen. Daß dieses so ziemlich der Fall war, beweist der Erfolg. Es wurden hier einige hundert eingefangen und auf das Schloß zu Laybach gesetzt. Nun waren sie ordentlich und ruhig und sagten: Wir wollen weiter nichts als Essen; wir konnten doch nicht verhungern.

Das Erdbeben, von dem man in Gräz fürchterliche Dinge erzählte und sagte, es habe Laybach ganz zu Grunde gerichtet, ist nicht sehr merklich gewesen und hat nur einige alte Mauern eingestürzt. In Fiume, Triest und Görz soll man es stärker gespürt haben; doch hat es auch dort sehr wenig Schaden getan. Der Verkehr ist hier ziemlich lebhaft; die Transporte kommen auf der Save von Ungarn herauf in die Gegend der Stadt und werden zu Lande weitergeschafft. Vorzüglich gehen die Bedürfnisse jetzt ins Venezianische, für die dort stehenden Truppen, und auch nach Tirol, das sich von dem Kriege noch nicht wieder erholt hat.

Zwischen der Save und der Laybach, wo beide Flüsse sich vereinigen, soll in den Berggegenden ein großer Strich Marschland liegen, an den die Regierung schon große Summen ohne Erfolg gewendet hat. Eine Anzahl Holländer, denen man in Unternehmungen dieser Art wohl am meisten trauen darf, hat sich erboten, das Wasser zu bändigen und die Gegend brauchbar zu machen, mit der Bedingung, eine gewisse Zeit frei von Abgaben zu bleiben. Aber die Regierung ist bis jetzt nicht zu bewegen; aus welchen Gründen, kann man nicht wohl begreifen: und so bleibt der Landstrich öde und leer, und das Wasser tut immer mehr Schaden.

Prewald

Von Laybach aus geht es nun allmählich immer aufwärts, und man hat die hohe Bergspitze des Loibels rechts hinter sich. Bei Oberlaybach, einem ziemlich kleinen Städtchen, kommt die Laybach aus den Bergen, und trägt gleich einige hundert Schritte von dem Orte des Ausgangs Fahrzeuge von sechszig Zentnern. Von hier geht es immer höher bis nach Loitsch und so fort bis nach Planina, das, wie der Name zeigt, in einer kleinen Ebene ziemlich tief zwischen den rund

umher emporsteigenden Bergen liegt. Der Weg von Laybach
bis Oberlaybach hat noch ziemlich viel Kultur; aber von da
wird er wild und rauh, und man trifft außer den Stationen bis
nach Adlersberg wenig Häuser an. Hier in Planina hatte das
Wasser wieder Unfug angerichtet. Es dringt überall aus den
Bergen hervor, und hat das ganze, schöne Tal zu einer
außerordentlichen Höhe überschwemmt, so daß die Eichen
desselben bis an die Äste im Wasser stehen. Dieses war noch
nicht ganz fest gefroren, und man setzte auf mehrern Fahr-
zeugen beständig über nach Planina. Der Fall ist nicht selten
in dieser Jahrszeit; aber dieses Mal war die Flut außerordentlich hoch. Die Hälfte von Planina auf der andern Seite des
Tals stand unter Wasser. Vorzüglich soll die Flut auch mit
vermehrt werden durch den Bach von Adlersberg, der dort
bei der Schloßhöhle sich in die Felsen stürzt, so einige Meilen unter der Erde fortschießt und hier in einer Schlucht
wieder zum Vorschein kommt.

Von Planina aus windet sich der Weg in einer langen
Schneckenlinie den großen Berg hinan, und gibt in mehrern
Punkten rückwärts sehr schöne Partien, wie auch schon,
wenn ich nicht irre, Herr Küttner bemerkt hat. Mich deucht,
daß man ohne großen Aufwand die Straße in ziemlich ge-
rader Linie hinauf hätte ziehen können, die auch, mit
gehörigen Absätzen, eben nicht beschwerlich sein würde.
Ehrliche Krainer hatten es hier und da schon mit ihren
kleinen Wagen getan, und zu Fuße konnte man schon überall mit Bequemlichkeit durchschneiden. Die Herrschaft
Adlersberg liegt oben auf der größten Höhe, und ist nur von
noch höhern Bergspitzen umgeben. Der Schloßberg ist bei
weitem nicht der höchste, sondern nur der höchste in der
Ebene, welche die Herrschaft ausmacht. Von allen Seiten
sammelt sich das Wasser und bildet einen ziemlichen Fluß,
der bei der Grotte am Schloßberge, nahe bei der Mühle, wie
oben erwähnt worden ist, in die Felsen stürzt. Ich wollte, wie
Du denken kannst, die Höhle sehen, und es ward mir schwer
einen Menschen zu finden, der mich begleiten wollte. Endlich ging ein Mensch von der Maut mit mir, kaufte Fackel

und Licht, und führte mich weit, weit vor den Ort hinaus, durch den tiefsten Schnee, immer waldeinwärts. Das ging eine starke halbe Stunde ohne Bahn so fort, und der Mensch wußte sodann nicht mehr wo er war, und suchte sich an den Felsenspitzen und Schluchten zu orientieren. Wir arbeiteten noch eine halbe Stunde durch den hohen Schnee, in dem dicksten Fichtenwalde, und keine Grotte. Du begreifst, daß es mir etwas bedenklich ward, mit einem wildfremden, baumstarken Kerl so allein in den Schluchten herumzukriechen und in Krain eine Höhle zu suchen: mich beruhigte aber, daß ich von dem öffentlichen Kaffeehause in der Stadt vor aller Augen mit ihm abgegangen war. Ich sagte ihm, die Höhle müsse, wie ich gehört habe, doch nahe an der Stadt am Schloßberge sein, und er antwortete, jene in der Nähe der Stadt solle ich auf dem Rückwege sehen; aber diese entfernte sei die merkwürdigere. Endlich kamen wir, nach vielem Irren und Suchen, nach einer halben Stunde, am Eingange der Höhle an. Dieser ist wirklich romantisch, wild und schauerlich, in einem tiefen Kessel, rund umher mit großen Felsenstücken umgeben und mit dem dichtesten Schwarzwalde bewachsen. Hier zündeten wir in dem Gewölbe, halb am Tage, die Fackel an und gingen in die Höhle hinein, ungefähr eine Viertelstunde über verschiedene Felsenfälle, sehr abschüssig immer bergab. Beim Hinabsteigen hörte ich links in einer ungeheuern Tiefe einen Strom rauschen, welches vermutlich das Wasser ist, das bei der Stadt in den Felsen fällt und bei Planina wieder heraus dringt. Wir stiegen nicht ohne Gefahr noch einige hundert Schritte weiter über ungeheuere eingestürzte Felsenstücke immer bergab, und mein Führer sagte mir, weiter würde er nicht gehen, er wisse nun keinen Weg mehr und die Fackel würde sonst nicht den Rückweg dauern. Er mochte wohl nicht der beste Wegweiser sein. Aber die Fackel brannte wirklich in der großen Tiefe und vermutlich in der Nähe von Dünsten nur mit Mühe; wir stiegen also wieder heraus und förderten uns bald zu Tage. Nun fand mein Begleiter den Weg rückwärts nach der Stadt sehr leicht. Unterwegs erzählte er mir von allen den vornehmen und großen Personagen, die die Höhlen gesehen hätten. Diese entferntere sähen nur wenige; und unter diesen Wenigen nannte er vorzüglich den Prinzen Konstantin von Rußland. Mein Führer hatte den kürzesten Weg nehmen wollen und hatte mich unbemerkt auf die hohen Felsen über der Höhle am Schlosse gebracht, wo wir nun wie die Gemsen hingen und mit Gefahr hinunter klettern mußten, wenn wir nicht einen Umweg von einer halben Stunde machen wollten. Einige Untenstehende riefen uns und zeigten uns die Pfade, auf denen es möglich war hinunter zu kommen. Nun standen wir am Eingange der andern Grotte, wo sich der Fluß in den Felsen hineinstürzt. Der Fluß nimmt sodann die Richtung ein wenig links; der Weg in der Grotte geht ziemlich gerade fort rechts. In einiger Entfernung vom Eingange erweitert sich das Gewölbe, es wird sehr hoch und breit, man hört links den Fluß wieder herrauschen, und bald kommt man auf eine natürliche Felsenbrücke über denselben mitten unter dem Gewölbe. Hier tut die Flamme der Fackeln eine furchtbar schöne Wirkung. Man hört das Wasser unter sich, und sieht über sich und rund um sich die Nacht des hohen, breiten Gewölbes. Hier haben die Führer die Gewohnheit einige Bund Stroh auf den Felsenwänden der Brücke anzuzünden, und hatten diesmal sehr reichlich zugetragen. Die magische Beleuchtung der ganzen unterirdischen Brückenregion mit ihrem schauerlichen Felsengewölbe, den grotesken Felsenwänden und dem unten im Abgrunde rauschenden Strom, macht einen der schönsten Anblicke, deren ich mir bewußt bin. Wenn der Strohhaufen fast verzehrt ist, stürzt man ihn von der Brücke hinab in den Strom, und so sieht man ihn unten in der Tiefe auf dem Wasserbette noch einige Augenblicke fortglühen. Die plötzlich aufsteigende weite Flammenhelle und die schnell zurückkehrende Finsternis, wo man bei dem schwachen Fackellichte nur einige Schritte sieht, macht einen überraschenden Kontrast. Es hatten sich einige gemeine Krainer zu uns gesellet, die gern die Gelegenheit mitnehmen das schöne Schauspiel in der Grotte wieder zu sehen, dabei ihre Geschichten auszukramen und noch einige Groschen zu verdienen. Bis hierher sind die Franzosen gekommen, sagten sie, als wir auf der Brücke standen; aber weiter wagten sie sich nicht. Warum nicht? fragte ich. Die Kerle zogen ein wichtiges Gesicht beim Fackelschein, und suchten den Mut der Franzmänner verdächtig zu machen. Die Franzmänner mochten wohl andere Ursachen haben. Sie waren höchstwahrscheinlich nicht zahlreich genug, hatten draußen nicht gehörige Maßregeln genommen und besorgten in der großen Tiefe der Höhle irgend ein unterirdisches Abenteuer kriegerischer Natur. Außerdem ist nichts zu fürchten. Ich ging nun links am Flusse jenseit der Brücke ungefähr noch einige hundert Schritte weiter fort; dann mußten wir anfangen, mit Lebensgefahr über die Felsen am Wasser hinzuklettern. Mein Führer sagte, es sei unmöglich weiter zu kommen. Das glaubte ich nun eben nicht: aber es war Schwierigkeit und Gefahr; ich wollte noch heute den Weg im Sonnenlichte weiter, und wir krochen und wandelten zurück. Die Bielshöhle bei Elbingerode hat mehr Verschiedenheit und die benachbarte Baumannshöhle einige vielleicht eben so große Partien aufzuweisen; aber sie haben nichts ähnliches, wie die furchtbare Höllenfahrt in der ersten und der Fluß und die Brücke in der letztern sind. Die Tropfsteine sind in den Harzhöhlen häufiger, grotesker und schöner als hier. Zum Beweis, daß dieser Fluß das bei Planina wieder herausströmende Wasser sei, erzählte man mir, man habe vor einiger Zeit hier bei dem Einsturz ungefähr eine Metze Korke hinein geworfen, und diese seien dort in der Bergschlucht wieder zum Vorschein gekommen.

Hier sitze ich nun in Prewald, einer sehr hohen Bergspitze gegen über und zittere vor Frost bis man mein Zimmer heizt. Die Höhle zu Lueg, einem Gute des Grafen Kobenzl, habe ich nicht gesehen. Es tut mir leid; sie ist, wie bekannt, vorzüglich. Mein Wirt in Adlersberg erzählte mir abenteuerliche Dinge davon. Sie soll ehemals von dort vier Stunden bis nach Wippach gegangen, aber jetzt durch ein Erdbeben sehr verschüttet sein. Küttner hat sie gesehen und den Ein-

gang abgebildet. Das Land ist rund umher voll von dergleichen Höhlen, und wäre wohl der Bereisung eines Geologen
wert. Vor einigen Jahren bauete ein Landmann Weizen auf
einem schönen Feldstriche am Abhange eines Berges und
erntete sehr reichlich; als er für das künftige Jahr bestellen
wollte, schoß der ganze Acker gegen zehn Klafter tief herab,
und es fand sich, daß ein unterirdischer Fluß unter demselben hin gegangen war, und den Grund so ausgewaschen
hatte, daß er einstürzen mußte. Auch soll in einem See unweit Adlersberg eine noch ganz unbekannte Art von Ei-
dechsen hausen, von der man erst seit kurzem den Natur-
kundigen einige Exemplare eingeschickt habe. Vor einigen
Jahren soll sogar ein Bauer ein Krokodil geschossen haben.
Das alles lasse ich indessen auf der Erzählung des Herrn
Merk in Laybach beruhen, der mir jedoch ein sehr wahrhafter, unterrichteter Mann zu sein scheint.

Triest

Da ich nicht Kaufmann bin und nach den Bemerkungen
meiner Freunde durchaus keine merkantilische Seele habe,
wirst Du von mir über Triest wohl nicht viel hören können,
wo alles merkantilisch ist. In Prewald wohnte ich bei den
drei Schwestern, die, wenn ich mich nicht irre, Herr Küttner
schon nennt. Die Mädchen treiben eine gar drollige Wirtschaft, und ich befand mich bei ihnen leidlich genug. Zuerst
waren sie etwas barsch und behandelten mich, wie man
einen gewöhnlichen Tornistermann zu behandeln pflegt. Da
sie aber eine goldene Uhr sahen und mit hartem Gelde klim-
pern hörten, wurden sie ziemlich höflich und sogar sehr
freundlich. Zum Abendgesellschafter traf ich einen katholischen Feldprediger, der von Triest war, bei den Östreichern
einige Zeit in Udine gestanden hatte und nun hier ganz allein
bei den Mädchen gar gemächlich in Kantonnierung zu liegen schien. Eine von den Schwestern war noch ein ganz
hübsches Stückchen Erbsünde, und hätte wohl einen ehrlichen Kerl etwas an die sechste Bitte erinnern können. Die

erste Bekanntschaft mit den drei Personagen, ich nennte sie gerne Grazien, wenn ich nicht historisch zu gewissenhaft wäre, machte ich drollig genug in der Küche, wo sie sich alle drei auf Stühlen oben auf dem großen Herde um ein ziemlich starkes Feuer hergepflanzt und im Fond des hintern Winkels an der Wand den Mann Gottes hatten, der ihnen Hanswurstiaden so possierlich vormachte, daß alle drei aus vollem Halse lachten. Das war nun ein Jargon, Deutsch, Italiänisch und Krainisch, von jeder dieser Sprachen die ästhetische Quintessenz, wie du denken kannst, und ich verstand blutwenig davon. Indessen stellte ich mich so nahe als möglich, um von dem Feuer, wenn auch nicht der Unterhaltung doch des Herds meinen Anteil zu haben. Man nahm zuerst keine Notiz von mir, belugte mich sodann etwas neugierig und fuhr fort. Der geistliche Herr gewann mir bald Rede ab und sprach erst rein italiänisch, radbrechte dann deutsch und plauderte endlich das beste Mönchslatein. Da es hier darauf ankam, kannst Du glauben, daß ich mit meiner Gelehrsamkeit eben nicht den Filz machte, und der Mann faßte bald eine gar gewaltige Affektion zu mir, als ich glücklich genug einige Dinge aus dem Griechischen anführte, die er nur halb verstand. Nun empfahl er mich auch den schönen Wirtinnen sehr nachdrücklich, und ich hatte die Ehre ihn zum Tischgesellschafter zu erhalten. Die Mädchen staunten über unsere Gelehrsamkeit und hätten leicht zu viel Respekt bekommen können, wenn nicht der Mann zuweilen mit vieler Wendung eine tüchtige Schnurre mit eingeworfen hätte. Natürlich erhielt er durch das Lob, das er mir zukommen ließ, selbst im Hause ein neues Relief: wer den andern so laut und gründlich beurteilt, muß ihn durchaus übersehen können.

Wenn ich nicht aus der trophonischen Höhle gekommen, nicht sehr müde gewesen wäre und nicht den folgenden Morgen ziemlich früh fort gewollt hätte, wäre mir die lustige Unterhaltung des geistlichen Harlekins noch länger vielleicht nicht unlieb gewesen. Aber ich eilte zur Ruhe und ließ die Leutchen lärmen. Als ich den andern Morgen aufstand und fort wollte, fand ich in dem ganzen, großen, nicht übel eingerichteten Hause noch keine Seele lebendig. Die Türen waren nur von innen verriegelt und also für mich offen: aber wenn ich auch Schuft genug wäre, so schlechte Sottisen zu begehen, so könnte ich doch das Vertrauen so gutherziger Leutchen nicht mißbrauchen. Ich trabte mit meinen schweren Stiefeln einige Mal über den Saal weg; niemand kam, nirgends eine Bewegung. Ich klopfte an einige Zimmer; keine Antwort. Endlich kam ich an ein Zimmer, das nicht verschlossen war. Ich trat hinein, und siehe, das hübsche Stückchen Erbsünde hob sich so eben aus dem Bette und entschuldigte sich freundlich, daß noch Niemand im Hause wach sei. Weiß der Himmel, ob ich armes Menschenkind nicht in große Verlegenheit würde geraten sein, wenn sie nicht eben um ihre Schultern den Mantel geworfen hätte, den gestern Abend der geistliche Herr um die seinigen hatte. Der Mantel gab mir sogleich eine gehörige Dose Stoizismus; ich bezahlte meine Rechnung und trollte zum Tempel hinaus.

Du mußt wissen, daß ich entweder gar nicht frühstücke, oder erst wenn ich zuvor einige Stunden gegangen bin, versteht sich, wenn ich etwas finde. Seit diesem Tage machte ich mirs nun durchaus zum Gesetz, meine Rechnung alle Mal den Abend vorher zu bezahlen, damit ich den Morgen auf keine Weise aufgehalten werde. In Prewald gab man mir zuerst Görzer Wein, der hier in der Gegend in besonders gutem Kredit steht und es verdient. Er gehört unter die wenigen Weine, die ich ohne Wasser trank, welche Ehre, zum Beispiel, nicht einmal dem Burgunder widerfährt. Doch kann ein Idiot, wie ich, hierin eben keine kompetente Stimme haben. Von Prewald bis nach Triest sind fünf Meilen. Ich hatte den Morgen nichts gegessen, fand unterwegs kein einladendes Haus; und, mein Freund, ich machte nüchtern im Januar die fünf Meilen recht stattlich ab. In Sessana hatte mir das erste Wirtshaus gar keine gute Miene, und es hielten eine gewaltige Menge Fuhrleute davor. Der Ort ist nicht ganz klein, dachte ich, es wird sich schon noch ein anderes

besseres finden. Es fand sich keins, ich war zu faul zu dem
ersten zurückzugehen, ging also vorwärts; und nun war von
Sessana bis an die Douane von Triest nichts zu haben. Es ist
lauter steiniger Bergrücken und es war kein Tropfen gutes
Wasser zu finden: das war für einen durstigen Fußgänger das
verdrießlichste. Wenn ich nicht noch zuweilen ein Stückchen Eis gefunden hätte, das mir den Durst löschte, so wäre
ich übel daran gewesen. Die Bergspitze von Prewald sah
ich bis nach Triest, und sie schien mir immer so nahe, als ob
man eine Falkonetkugel hätte hinüberschießen können. Von
Schottwien bis Prewald hatte ich abwechselnd sehr viel
Schnee; bei Sessana hörte er allmählich auf, und hier liegt er
nur noch in einigen finstern Gängen und Schluchten. In
Prewald zitterte ich noch vor Frost am Ofen, und hier diesseits des Berges am Meere schwitzt man schon. Es ist heute,
am drei und zwanzigsten Januar, so warm, daß überall Türen
und Fenster offen stehen.

Der erste Anblick der Stadt Triest von oben herab ist
überraschend, der Weg herunter ist angenehm genug, der
Aufenthalt auf einige Zeit muß viel Vergnügen gewähren,
aber in die Länge möchte ich nicht hier wohnen. Die Lage
des Orts ist bekannt, und fängt nun an ein Amphitheater am
Meerbusen zu bilden. Die Berge sind zu hoch und zu kahl,
um angenehm zu sein; und zu Lande ist Triest von aller
angenehmen Verbindung abgeschnitten. Desto leichter geht
alles zu Wasser. Der Hafen ist ziemlich flach, und nur für
kleine Fahrzeuge: die größern und alle Kriegsschiffe müssen
in ziemlicher Entfernung auf der Reede bleiben, die nicht
ganz sicher zu sein scheint. Die See ist hier geduldig, und
man kann ihr noch sehr viel abtrotzen, wenn man von den
Bergen herab in sie hinein arbeitet, und so nach und nach
den Hafen vielleicht auch für große Schiffe anfahrbar
macht.

An den Bergen rund herum hat man hinauf und herab
terrassiert und dadurch ziemlich schöne Weingärten angelegt.
Die Triester halten viel auf ihren Wein; ich kann darüber nicht
urteilen, und in meinem Gasthause gibt man gewöhnlich nur

6 Triest, Stahlstich um 1845

fremden. Die etwas höhere Altstadt am Kastell ist enge und finster. Die neue Stadt ist schon fast ganz der See abgewonnen. Ob hier das alte Tergeste wirklich gestanden hat, mögen die Antiquare ausmachen. Ich wohne in dem so genannten großen Gasthofe, einem Hause von gewaltigem Umfange und dem nehmlichen, worin Winkelmann von seinem meuchlerischen Bedienten ermordet wurde. Meine Aussicht ist sehr schön nach dem Hafen, und vielleicht ist es das nehmliche Zimmer, in welchem das Unglück geschah. Die Geschichte ist hier schon ziemlich vergessen.

Ich fand hier den Philologen Abraham Penzel, der in Triest den Sprachmeister für die Italiäner deutsch und für die Deutschen italiänisch macht. Die Schicksale dieses sonderbaren Mannes würden eine lehrreiche, angenehme Unterhaltung gewähren, wenn sie gut erzählt würden. Von Leipzig und Halle nach Polen, von Polen nach Wien, von Wien nach Laybach, von Laybach nach Triest, und überall in genialischen Verbindungen. Der unglückliche Hang zum Wein hat ihm manchen Streich gespielt und ihn noch zuletzt genötigt, seine Stelle in Laybach aufzugeben, wo er Professor der Dichtkunst am Gymnasium war. Er hat durch seine mannigfaltigen, verflochtenen Schicksale ein gewisses barockes Unterhaltungstalent gewonnen, das den Mann nicht ohne Teilnahme läßt. *Per varios casus, per tot discrimina rerum tendimus Tergestum,* sagte er mit vieler Drolerie, damit uns hier, wie Winkelmann, der Teufel hole. Wir gingen zusammen aus, konnten aber Winkelmanns Grab nicht finden. Niemand wußte etwas davon.

Das Haus eines Griechen, wenn ich mich nicht irre ist sein Name Garciatti, ist das beste in der Stadt und wirklich prächtig, ganz neu und in einem guten Stil gebaut. Eine ganz eigene recht traurige Klage der Triester ist über den Frieden. Mit christlicher Humanität bekümmern sie sich um die übrige Welt und ihre Drangsale kein Jota und wünschen nur, daß ihnen der Himmel noch zehn Jahre einen so gedeihlichen Krieg bescheren möchte; dann sollte ihr Triest eine Stadt werden, die mit den besten in Reihe und Glied treten könnte. Dabei haben die guten kaufmännischen Seelen gar nichts arges; schlagt euch tot, nur bezahlt vorher unsere Sardellen und türkischen Tücher. Das neue Schauspielhaus ist das beste, das ich bis jetzt auf meinem Wege gesehen habe. Gestern gab man auf demselben *Theodoro Re di Corsica*, welches ein Lieblingsstück der Triester zu sein scheint. Die Dekoration, vorzüglich die Partie Rialto in Venedig, war sehr brav. Es wäre aber auch unverzeihlich, wenn die reichen Nachbarn, die es noch dazu auf Unkosten der Herren von Sankt Markus sind, so etwas nicht ausgezeichnet haben wollten. Man sang recht gut, und durchaus besser als in Wien. Vorzüglich zeichneten sich durch Gesang und Spiel aus, die Tochter des Wirts und der Kammerherr des Theodor. Die Logen sind alle schon durch Aktien von den Kaufleuten genommen und ein Fremder muß sich auf ihre Höflichkeit verlassen, welches nicht immer angenehm sein mag. Die Herren haben die Logen gekauft, bezahlen aber noch jederzeit den Eingang; eine eigene Art des Geldstolzes. Der Patriotismus könnte wohl eine etwas humanere Art finden die Kunst zu unterstützen. Der Fremde, der doch wohl zuweilen Ursache haben kann im Publikum isoliert zu sein, ist sehr wenig dabei berücksichtigt worden. Hier hörte ich zuerst den betäubenden Lärm in den italiänischen Theatern. Man bedient sich des Schauspiels zu Rendezvous, zu Konversationen, zur Börse, und wer weiß wozu sonst noch? Nur die Lieblingsarien werden still angehört; übrigens kann ein Andächtiger Thaliens nicht viel Genuß haben; und die Schauspieler rächen oft durch ihre Nachlässigkeit die Vernachlässigung. Etwas eigenes war mir im Hause, daß das Parterre überall entsetzlich nach Stockfisch roch, ich mochte mich hinwenden, wo ich wollte.

Venedig

Die Leute meinten hier wieder, ich sei nicht gescheit, als sie hörten, ich wolle zu Fuße von Triest über die Berge nach Venedig gehen und sagten, da würde ich nun wohl ein Bißchen tot geschlagen werden: aber ich ließ mich nicht irre machen und wandelte wieder den Berg herauf; zwar nicht den nämlichen großen Fahrweg, kam aber doch, nach ungefähr zwei Stunden Herumkreuzen am Ufer und durch die Weinberge, wieder auf die Heerstraße. Ich besuchte die Höhlen von Korneale nicht, weil die ganze Gegend verdammt verdächtig aussah, und ich mich in der Wildnis doch nicht so ganz allein und wildfremd den Leuten in die Hände geben wollte. Die Berge, welche von Natur sehr rauh und etwas öde sind, waren sonst deswegen so unsicher, weil sie, wie die Genuesischen, der Zufluchtsort alles Gesindels der benachbarten Staaten waren. Da ganz Venedig aber jetzt in Östreichischen Händen ist, wird es nun der wachsamen Polizei leichter, Ordnung und Sicherheit zu erhalten. Man spürt in dieser Rücksicht schon den Vorteil der Veränderungen. An dem Zwickel der Berge kommt hier ein schöner Fluß aus der Erde hervor, der vermutlich auch Höhlen bildet. Hier sind nach aller Lokalität, gewiß Virgils Felsen des Timavus; und ich sah stolz umher, daß ich nun ausgemacht den klassischen Boden betrat. Der Einschnitt zwischen den Bergen, oder das Tal zwischen Santa Croce und Montefalkone macht noch jetzt der Beschreibung der Alten Ehre. Unten rechts am Meere stand vermutlich der Heroentempel im Haine, und links etwas weiter herauf am Ausflusse des Timavus war der Hafen. Ich schlug mich hier rechts von der geraden Straße nach Venedig ab über die Berge hinüber nach Görz, welches sechs ziemlich starke Meilen von Triest liegt. Wenn man einmal über die Berge hinüber ist, welche freilich etwas kahl sind, hat man die schönsten Weintäler. Der Wein wird hier schon nach italiänischer Weise behandelt, hängt an Ulmen oder Weiden, und macht, wo die Gegend etwas nachhilft, schöne Gruppierungen.

Von Görz nach Gradiska sind die Berge links ziemlich sanft und man hat die großen Höhen in beträchtlicher Entfernung rechts: und wenn man über Gradiska nach Palma Nuova herauskommt, ist man ganz in der schönen Fläche des ehemaligen venezianischen Friaul, hat links fast lauter

Ebene bis zur See und nur rechts die ziemlich hohen Fri-
auler Alpen. Von Görz nach Udine stehen im Kalender fünf
Meilen; aber Östreichische Offiziere versicherten mich, es
seien gute sieben Meilen; und ich fand Ursache der Versi-
cherung zu glauben. Palma Nuova war eine venezianische
Grenzfestung, und nun hausen die Kaiserlichen hier. Sie
exerzierten eben auf dem großen Platze vor dem Tore. Der
Ort ist militärisch nicht ganz zu verachten, wenn er gut
verteidigt wird. Man kann nach allen Seiten vortrefflich ra-
sieren, und er kann von keiner nahen Anhöhe bestrichen
werden.

In Udine feierte ich den neun und zwanzigsten Januar
meinen Geburtstag, und höre wie. Ich hatte mir natürlich
den Tag vorher schon vorgenommen, ihn recht stattlich zu
begehen, und also vor allen Dingen hier Ruhetag zu halten.
Der Name Udine klang mir so schön, war mir aus der Künst-
lergeschichte bekannt, und war überdies der Geburtsort
unserer braven Grassi in Dresden und Wien. Die große
feierlich tönende Abendglocke verkündigte mir in der dunkeln Ferne, denn es war schon Nacht als ich ankam, eine
ansehnliche Stadt. Vor Campo Formio war ich im Dunkeln
vorbeigegangen. Am Tore zu Udine stand eine Östreichische
Wache, die mich examinierte. Ich bat um einen Grenadier,
der mich in ein gutes Wirtshaus bringen sollte. Gewährt.
Aber ein gutes Wirtshaus war nicht zu finden. Überall wo ich
hineintrat, saßen, standen und lagen eine Menge gemeiner
Kerle bacchantisch vor ungeheuer großen Weinfässern, als
ob sie mit *Bürger* bei Ja und Nein vor dem Zapfen sterben
wollten. Es kam mir vor, als ob *Bürger* hier seine Übersetzung gemacht haben müsse; denn der lateinische Text des
alten englischen Bischofs hat dieses Bild nicht. In dem ersten und zweiten dieser Häuser hatte ich nicht Lust zu
bleiben; im dritten wollte man mich nicht behalten. Ruhig,
dachte ich; du gehst auf die Wache: morgen wird sichs schon
finden. Der Sergeant gestand mir gern Quartier zu, da ich
der Wache für ihre Höflichkeit ein gutes Trinkgeld geben
wollte. Nun holte man Brot und Wein für mich. Kaum war

dieses da, so kam eine fremde Patrouille, einige Meilen weit
her, welche ihr Quartier auch in der Wachstube nahm. Nun
sagte der Sergeant ganz höflich, es sei kein Platz mehr da.
Das sah ich auch selbst ein. Er machte auch Dienstschwie-
rigkeiten, die ich als alter Kriegsknecht sehr bald begriff. Ich
überließ Brot und Wein dem Überbringer und verlangte,
man solle mich auf die Hauptwache bringen lassen. Das
geschah. Dort fand ich mehrere Offiziere. Ich erzählte dem
Wachhabenden meinen Fall und schloß mit der Meinung,
daß ich doch Quartier haben müsse, und sollte es auch auf
der Hauptwache sein. Die Herren lärmten, fluchten und
lachten und sagten, es gehe ihnen eben so; die Welschen
schlügen die Deutschen tot nach Noten, wo sie könnten.
Man schickte mich zum Platzmajor. Gut. Dieser forderte
meinen Paß, fand ihn richtig, revidierte ihn, befahl, ich sollte
mich den folgenden Morgen bei der Polizei melden, die ihn
auch unterschreiben müsse, und machte einige Knasterbe-
merkungen über die Notwendigkeit der guten Ordnung, an
der ich gar nicht zweifelte. Das ist alles recht gut, sagte ich;
aber ich kann kein Quartier finden. Ach das wird nicht fehlen, meinte er: aber es fehlt, meinte ich. Der alte Herr setzte
sein Glas bedächtlich nieder, sah seine Donna an, rieb sich
die Augenbrauen und schickte den Gefreiten mit mir und
meinem Tornister *alla nave*. Der Gefreite wies mich ins Schiff
und ging. Als ich eintrat, sagte man mir, es sei durchaus kein
Zimmer mehr leer; es sei alles besetzt. Ich tat groß und bot
viel Geld; aber es half nichts. Sie sollten es für den vierten
Teil haben, antwortete mir eine alte ziemlich gedeihliche
Frau; aber es ist kein Platz. Ich kann nicht fort, es ist spät; ich
bin müde und es ist draußen kalt. Die Italiänerin machte es
wie der Mann von Sankt Oswald, nur ganz höflich. Ich gehe
nicht, sagte ich, wenn man mir nicht einen Menschen mit-
gibt, der mich wieder auf die Hauptwache bringt. Den gab
man. Nun war ich wieder auf der Hauptwache und erzählte
und forderte Quartier. Man lärmte und fluchte und lachte
von neuem. Ich versicherte nun bestimmt, ich würde hier
bleiben. Wort gab Wort. Einer der Herren sagte lachend:

Warten Sie, vielleicht bin ich noch so glücklich Ihnen Quartier zu verschaffen. Es ist eine verfluchte Geschichte; es geht uns oft auch so, wenn wir nicht mit Heereszug kommen: aber ich habe hier einige Bekanntschaft. Der Offizier ging einige hundert Schritte weit davon mit mir in ein Haus, hielt Vortrag, und ich erhielt sehr höflich Quartier. Zimmer und Bett waren herrlich. Nun wollte ich essen; da war nichts zu haben. *Ma Signore*, sagte die Wirtin, *questa casa non è locanda; non si mangia qui.* Ich hatte sieben Meilen im Januar gemacht, und war auf dem Pflaster noch eine Stunde herum trottiert; ich konnte mich also nicht entschließen spät in der Finsternis noch einmal auszugehen. Der Offizier war fort. Ich sah grämlich aus, und man wünschte mir ohne Abendessen freundlich *Felicissima notte:* ich ging ärgerlich zu Bett und schlief herrlich. Den andern Morgen, an meinem Geburtstage, sollte ich auf die Polizei gehen. Der Sitz derselben war in vierzehn Tagen wohl vier Mal verändert worden: man wies mich hier hin und dort hin, und ich fand sie nirgends.

> Der Henker hol' Euch mit der Polizei!
> Es ist doch alles lauter Hudelei.

So dachte ich in meinem Ärger, kaufte mir eine Semmel und einige Äpfel in die Tasche, ging nach Hause, bezahlte den sehr billigen Preis für mein Quartier, steckte meinen Paß ohne die Polizei wieder in die Brieftasche und reis'te zum Tore hinaus. Das war mein Geburtstag zum Morgen. Den Abend aber, denn zu Mittage konnte ich kein schickliches Haus finden und fastete, erholte ich mich ziemlich wieder zu Codroipo. Eine niedliche Piemonteserin, deren Mann ein Deutscher und Feldwebel bei einem kaiserlichen Regimente war, kam zu Fuße mit ihrem kleinen Jungen von ungefähr zwei Jahren von Livorno und ging nach Gräz. Du weißt, ich liebe schöne, reinliche Kinder in diesem Alter ungewöhnlich, und der Knabe fing so eben an etwas von der Sprache seines Vaters und etwas von der Sprache seiner Mutter zu stammeln und hatte sein großes Wesen mit und auf meinem

Tornister. Der Wirt brachte uns Polenta, Eierkuchen und zweierlei Fische aus dem Tagliamento gesotten und gebraten. Du siehst, dabei war kein Fleisch: das war also an meinem Geburtstage gefastet und nach den besten Regeln der Kirche.

Der Weg zwischen Triest und Venedig ist außerordentlich wasserreich; sehr viele große und kleine Flüsse kommen rechts von den Bergen herab, unter denen der Tagliamento und die Piave die vorzüglichsten sind. Zwischen Codroipo und Valvasone ging ich über den Tagliamento in vier Stationen, auf dem Rücken eines großen, ehrenfesten Charons, der seine langen Fischerstiefeln bis an die Taille hinaufzog. Der Fluß war jetzt ziemlich klein; und dieses ist zu solcher Zeit die Methode Fußgänger überzusetzen. Sein Bett ist über eine Viertelstunde breit und zeigt, wie wild er sein muß, wenn er das Bergwasser herabwälzt. Wenn die Bäche groß sind, mag die Reise hier immer bedenklich sein; denn man kann durchaus an den Betten sehen, welche ungeheuere Wassermenge dann überall herabströmt. Jetzt sind alle Wasser so schön und hell, daß ich überall trinke: denn für mich geht nichts über schönes Wasser. Die Wohltat und den Wert davon zu empfinden, mußt Du Dich von den Engländern einmal nach Amerika transportieren lassen, wo man in dem stinkenden Wasser fingerlange Fasern von Unrat findet, die Nase zuhalten muß, wenn man es durch ein Tuch geschlagen trinken will, und doch noch froh ist, wenn man die kocytische Tunke zur Stillung des brennenden Durstes nur noch erhält. So ging es uns, als wir in den amerikanischen Krieg zogen, wo ich die Ehre hatte dem König die dreizehn Provinzen mit verlieren zu helfen.

In Pordenone traf ich das erste Mal eine öffentliche Mummerei von Gassenmaskerade, mußte bei gar jämmerlichen Fischen wieder fasten, und wäre übel gefahren, wenn mich ein kleines, niedliches Mädchen vom Hause nicht noch mitleidig mit Kastanien gefüttert hätte. Hier sind in der Markuskirche einige hübsche Votivgemälde, mit denen man sich wohl eine halbe Stunde angenehm beschäftigen kann. Von

Udine bis Pordenone ist viel dürres Land; doch findet man
mitunter auch sehr schöne Weinpflanzungen. Die Deutschen stehen, wie Du aus der Geschichte von Udine gesehen
hast, eben nicht in dem besten Kredit hier in der Gegend,
und es ist kein Unglück für mich, daß man mich meistens für
einen Franzosen hält, weil in meine Sprache sich oft ein
französischer Ausdruck einschleicht. Wenn ich gleich sage
und wiederhole, ich sei ein Deutscher; so will man es doch
nicht glauben. In der Vermutung, ich müsse ein französischer Offizier sein, der das Land umher durchzieht, werde
ich oft recht gut bewirtet. Dergleichen Promenaden der
Franzosen müssen also doch so ungewöhnlich nicht sein.
Signore è Francese, ma non volete dirlo; Fate bene, fate bene: sagte
man mir mit sehr freundlichem Gesichte. Alles kommt freilich auf den Parteigeist an, der hier ebenso mächtig ist, als
irgendwo. Viele klagen über die Franzosen; aber die Meisten
scheinen es doch nicht gern zu sehen, daß sie nicht mehr
hier sind.

In Conegliano fand ich einige junge Kaufleute, die von
Venedig kamen und den Weg nach Triest zu Fuße machen
wollten, den ich eben gekommen war. Das Herz ward ihnen
sehr leicht, als ich sagte, es gehe recht gut und es sei mir
keine Gefahr aufgestoßen: denn man hatte auch diesen Herren von der andern Seite das Gehirn mit Schreckbildern
angefüllt. Sodann war auch dort, wie er sich selbst in der
Gesellschaft einführte, ein großer Philosoph, ungarischer
Husarenunteroffizier, der hier den politischen Spion zu machen schien. Er donnerte gewaltig über die Revolution und
brachte Anspielungen und indirekte Drohungen gegen meine Person, als dieses Verbrechens verdächtig. Der Wirt hat
das Recht nach meinem Paß zu fragen, mein Herr, versetzte
ich, als mir die Worte zu stark und zu deutsch wurden: wenn
Sie aber glauben, daß es nötig ist, so führen Sie mich vor die
Behörde zur Untersuchung. Übrigens erbitte ich mir von
Ihrer Philosophie etwas Humanität. Das wirkte: der Mann
fing nun an ein halbes Dutzend Sprachen zu sprechen, und
vorzüglich das Italiänische und Ungarische mit einer hor-

renden Volubilität. Sobald wir nur lateinisch zusammenka-
men, waren wir Freunde, und er war sogleich von meiner
politischen Orthodoxie überzeugt: und als ich ihn vollends
zu meinem Wein mit Pastetchen ehrenvoll einlud, gehörten
wir durchaus zu Einer Sekte. Er hielt sich an den Wein, ich
mich an die Pastetchen, und alle Coneglianer, Trevisaner und
Venezianer staunten den Strom von Gelehrsamkeit an, den
der Mann aus seinem Schatze hervorgoß.

Von Conegliano bis Treviso hatte ich mir auf einem ein-
gefallenen Steinchen die Ferse blutig getreten, und gab
daher zum ersten Mal den Zudringlichkeiten eines Vetturino
nach, der mich für sechs Liren nach Mestre bringen wollte.
Mit der Bedingung, daß ich gleich abginge, ließ ich mir die
Sache gefallen: denn ich wollte noch gern diesen Abend in
Mestre sein, um den folgenden Morgen zeitig nach Venedig
überzusetzen. Sechs Liren war mir ein unbegreiflich niedriger Preis für einen vollen Wagen mit zwei guten Pferden, den
er mir vor dem Wirtshause als mein Fuhrwerk zeigte; so daß
ich nicht wußte was ich denken sollte. Aber vor der Stadt
hielt er an und packte noch einen venezianischen Kaufmann
und eine Tyrolerin ein, die als Kammerjungfer ihrer Gräfin
nachreis'te; und nun begriff ich freilich. Von Conegliano aus
ist der Weg schon sehr frequent, und die Landhäuser werden
häufiger und schöner; und von Treviso ist es fast lauter schöner, mit Villen besetzter Garten. Die Tyrolerin sentimenta-
lisierte darüber ununterbrochen deutsch und italiänisch; der
Italiäner war ein gar artiger Kerl, und da kamen denn die
beiden Leutchen bald in einen Ton allerliebster Zweideutig-
keiten, zu dem die deutsche Sprache, wenigstens die meinige, gar nicht geeignet ist: und doch kann ich nicht sagen, daß
sie geradezu in Unanständigkeit ausgeartet wären. Bloß der
unreine Nasenton der Tyrolerin mißfiel mir; und da ich bei
einer zufälligen Lüftung des Halstuches in der untern Gegend des Kinnbackens einige beträchtliche Narben erblickte, war ich sehr froh, daß ich mit exzessiver Artigkeit dem
Venezianer die Ehrenstelle neben ihr im Fond überlassen
hatte. Ich erhielt meinen Teil Witz von ihnen für meine

überstoische Laune und Taciturnität, und rettete mich von
dem Prädikat eines Gimpels vermutlich nur durch meine
Unkunde in der italiänischen Sprache und einige Sarkasmen,
die ich ganz trocken hinwarf. In Mestre wollte mich die
Dame aus Artigkeit mit in ihr Hotel nehmen und meinte, ich
könnte morgen mit der Gräfin und ihr zusammen die Überfahrt nach dem schönen Venedig machen: aber ich fand eine
Gesellschaft von Venetianern, die noch diesen Abend übersetzen wollte und schloß mich an. Wir ruderten den Kanal
hinunter. Die Andern waren alle Einheimische, und hatten
weiter nichts nötig als dieses zu sagen; aber ich Fremdling
mußte einige Zeit auf der Wache warten, bis der Offiziant
meinen Paß gehörig registriert hatte. Er behielt ihn, und gab
mir einen Passierzettel, nach östreichischer Sitte, mit der
Weisung, mich damit in Venedig auf der Polizei zu melden.
Das forderte etwas Zeit, da der Herr etwas Myops und kein
Tachygraph war; und meine Gesellschafter waren über den
Aufenthalt etwas übellaunig. Doch das gab sich bald. Man
fragte mich, als ich zurückkam, mit vieler Artigkeit und Teilnahme wer ich sei? wohin ich wolle? und dergleichen; und
wunderte sich höchlich als man hörte, daß ich zu Fuße allein
einen Spaziergang von Leipzig nach Syrakus machen wollte.
Der Abend war schön, und ehe wir es uns versahen, kamen
wir am Rialto an, wovon ich aber jetzt natürlich weiter nichts
als die magische Erscheinung sah. Ein junger Mann von
Conegliano, mit dem ich während der ganzen Überfahrt viel
geplaudert hatte, begleitete mich durch eine große Menge
enge Gäßchen in den Gasthof *The Queen of England*; und da
hier alles besetzt war, zum goldnen Stern, nicht weit vom
Markusplatze, wo ich für billige Bezahlung ziemlich gutes
Quartier und artige Bewirtung fand.

   Den dritten Februar, wenn ich mich nicht irre, kam ich in
Venedig an, und lief sogleich den Morgen darauf mit einem
alten, abgedankten Bootsmann, der von Lissabon bis Konstantinopel und auf der afrikanischen Seite zurück die ganze
Küste kannte, und jetzt den Lohnbedienten machen mußte,
in der Stadt herum; sah mehr als zwanzig Kirchen in einigen

Stunden, von der Kathedrale des heiligen Markus herab bis auf das kleinste Kapellchen der ehemaligen Beherrscherin des Adria. Wenn ich Künstler oder nur Kenner wäre, könnte ich Dir viel erzählen von dem was da ist und was da war. Aber das alles ist Dir wahrscheinlich schon aus Büchern bekannt; und ich würde mir vielleicht weder mit der Aufzählung noch mit dem Urteil große Ehre erwerben. Der Palast der Republik sieht jetzt sehr öde aus, und der Rialto ist mit Kanonen besetzt. Auch am Ende des Markusplatzes, nach dem Hafen zu, haben die Östreicher sechs Kanonen stehen, und gegenüber auf Sankt George hatten schon die Franzosen eine Batterie angelegt, welche die Kaiserlichen natürlich unterhalten und erweitern. Die Partie des Rialto hat meine Erwartung nicht befriedigt, aber der Markusplatz hat sie, auch so wie er noch jetzt ist, übertroffen.

Es mögen jetzt ungefähr drei Regimenter hier liegen, eine sehr kleine Anzahl für ernsthafte Vorfälle. So wie die Stimmung jetzt ist, nähme und behauptete man mit zehntausend Mann Venedig; wenn man nehmlich im Anfange energisch und sodann klug und human zu Werke ginge. Das Militär und überhaupt die Bevölkerung zeigt sich meistens nur auf dem Markusplatze, am Hafen, am Rialto und am Zeughause; die übrigen Gegenden der Stadt sind ziemlich leer. Wenn man diese Partien gesehen hat und einige Mal den großen Kanal auf und ab gefahren ist, hat Venedig vielleicht auch nicht viel Merkwürdiges mehr; man müßte denn gern Kirchen besuchen, die hier wirklich sehr schön sind.

Das Traurigste ist in Venedig die Armut und Bettelei. Man kann nicht zehn Schritte gehen, ohne in den schneidendsten Ausdrücken um Mitleid angefleht zu werden; und der Anblick des Elends unterstützt das Notgeschrei des Jammers. Um alles in der Welt möchte ich jetzt nicht Beherrscher von Venedig sein; ich würde unter der Last meiner Gefühle erliegen. Schon Küttner hat viele Beispiele erzählt, und ich habe die Bestätigung davon stündlich gesehen. Die niedergeschlagenste Empfindung ist mir gewesen, Frauen von guter Familie in tiefen, schwarzen, undurchdringlichen Schleiern

knieend vor den Kirchentüren zu finden, wie sie, die Hände
gefaltet auf die Brust gelegt, ein kleines hölzernes Gefäß vor
sich stehen haben; in welches die Vorübergehenden einige
Soldi werfen. Wenn ich länger in Venedig bliebe, müßte ich
notwendig mit meiner Börse oder mit meiner Empfindung
Bankerott machen.

Drollig genug sind die gewöhnlichen Improvisatoren und
Deklamatoren auf dem Markusplatze und am Hafen, die
einen Kreis um sich her schließen lassen und für eine Kleinigkeit über irgend eine berühmte Stelle sprechen, oder auch
aus dem Stegreife über ein gegebenes Thema teils in Prose
teils in Versen sogleich mit solchem Feuer reden, daß man
sie wirklich einige Mal mit großem Vergnügen hört. Du
kannst Dir vorstellen, wie geringe die Summe und wie er-
niedrigend das Handwerk sein muß. Eine Menge Leute von
allen Kalibern, Lumpige und Wohlgekleidete, saßen auf
Stühlen und auf der Erde rundherum und warteten auf den
Anfang, und eine Art von buntscheckigem Bedienten, der
seinem Prinzipal das Geld sammelte, rief und wiederholte
mit lauter Stimme: *Manca ancora cinque soldi; ancora cinque soldi!*
Jeder warf seinen Soldo hin, und man machte gewaltige
Augen, als ich einige Mal mit einem schlechten Zwölfkreu-
zerstück der Forderung ein Ende machte und die Arbeit
beschleunigte. Welch ein Abstand von diesen Improvisatoren bis zu den römischen, von denen wir zuweilen in unsern
deutschen Blättern lesen!

Auf der Giudekka ist es, wo möglich, noch ärmlicher als
in der Stadt; aber eben deswegen sind dort nicht so viele
Bettler, weil vielleicht niemand hoffen darf, dort nur eine
leidliche Ernte zu halten. Die Erlöserskirche ist daselbst die
beste, und ihre Kapuziner sind die Einzigen, die in Venedig
noch etwas schöne Natur genießen. Die Kirche ist mit
Orangerie besetzt, und sie haben bei ihrem Kloster, nach
der See hinaus, einen sehr schönen Weingarten. Diese, nebst
einigen Oleastern in der Gegend des Zeughauses, sind die
einzigen Bäume, die ich in Venedig gesehen habe. Die Insel
Sankt George hält bekanntlich die Kirche und das Kapitel,

wo der jetzige Papst gewählt wurde, und wo auch noch sein Bildnis ist, das bei den Venetianern von gemeinem Schlage in außerordentlicher Verehrung steht. Der Maler hat sein Mögliches getan, die Draperie recht schön zu machen. Die Kirche selbst ist ein gar stattliches Gebäude, und wie ich schon oben gesagt habe, mit Batterien umgeben.

Die Venetianer sind übrigens im Allgemeinen höfliche, billige, freundschaftliche Leute, und ich habe von Vielen Artigkeiten genossen, die ich in meinem Vaterlande nicht herzlicher hätte erwarten können. Einen etwas schnurrigen Auftritt hatte ich vor einigen Tagen auf dem Markusplatze. Man hatte mich beständig in dem nehmlichen Reiserocke, (die Ursache war, weil ich keinen andern hatte, da ich keinen andern im Tornister tragen wollte,) an den öffentlichen Orten der Stadt herumlaufen sehen, und doch gesehen, daß ich mit einem Lohnbedienten lief und Liren verzehrte. Ich zahlte dem Bedienten jeden Abend sein Geld, wenn ich ihn nicht mehr brauchte; dieses geschah diesen Abend, da es noch ganz hell war, auf dem Markusplatze. Einige Mädchen der Aphrodite Pandemos mochten bemerkt haben, daß ich bei der Abzahlung des Menschen eine ziemliche Handvoll silberner Liren aus der Tasche gezogen hatte, und legten sich, als der Bediente fort war und ich allein gemächlich nach Hause schlenderte, ganz freundlich und gefällig an meinen Arm. Ich blieb stehen und sie taten das nehmliche. Man gruppierte sich um uns herum, und ich bat sie höflich, sich nicht die Mühe zu geben mich zu inkommodieren. Sie fuhren mit ihrer artigen Vertraulichkeit fort, und ich ward ernst. Sie waren beide ganz hübsche Sünderinnen, und trugen sich ganz niedlich und anständig mit der feineren Klasse. Ich demonstrierte in meinem gebrochenen Italiänisch so gut ich konnte, sie möchten mich in Ruhe lassen. Es half nichts; die Gesellschaft in einiger Entfernung lächelte, und Einige lachten sogar. Die Gruppe mochte allerdings possierlich genug sein. Eine von den beiden Nymphchen schmiegte sich endlich so schmeichelnd als möglich an mich an. Da ward ich heiß und fing an in meinem stärksten Baßtone auf gut Russisch zu fluchen, mischte so etwas von *Impudenza* und *senza vergogna* dazu, und stampfte mit meinem Knotenstocke so emphatisch auf das Pflaster, daß die Gesellschaft sich schüchtern zerstreute und die erschrockenen Geschöpfchen ihren Weg gingen.

Ein anderer, etwas ernsthafterer Vorfall beschäftigte mich fast eine halbe Stunde. Ich verschließe den Abend mein Zimmer und lege mich zu Bett. Als ich den Morgen aufstehe, finde ich meine Kleider, die neben mir auf einem andern Bette lagen, ziemlich in Unordnung und meinen Hut herabgeworfen. Ich wußte ganz gewiß, in welche Ordnung ich sie gelegt hatte. Das Schloß war unberührt und mir fehlte übrigens nichts. Ich dachte hin und her und konnte nichts heraus grübeln, und mir schwebten schon mancherlei sonderbare Gedanken von der alten venetianischen Polizei vor dem Gehirne; so daß ich sogleich, als ich mich angezogen hatte, zu dem Kellner ging und ihm den Vorfall erzählte. Das Haus war groß und voll. Da erhielt ich denn zu meiner Beruhigung den Aufschluß, es seien die Nacht noch Fremde angekommen, und man habe noch eine Matratze gebraucht, und sie aus dem Bett neben mir mit dem Hauptschlüssel abgeholt. Hätte ich nun die Sache nicht gründlich erfahren, wer weiß, was ich mir noch für Einbildungen gemacht hätte.

Jetzt ist meine Seele voll von einem einzigen Gegenstande, von Canovas Hebe. Ich weiß nicht, ob Du die liebenswürdige Göttin dieses Künstlers schon kennst; mich wird sie lange, vielleicht immer beherrschen. Fast glaube ich nun, daß die Neuen die Alten erreicht haben. Sie soll eins der jüngsten Werke des Mannes sein, die ewige Jugend. Sie steht in dem Hause Alberici, und der Besitzer scheint den ganzen Wert des Schatzes zu fühlen. Er hat der Göttin einen der besten Plätze, ein schönes, helles Zimmer nach dem großen Kanal, angewiesen. Ich will, ich darf keine Beschreibung wagen; aber ich möchte weissagen, daß sie die Angebetete der Künstler und ihre Wallfahrt werden wird. Noch habe ich die Mediceerin nicht gesehen; aber nach allen guten Abgüssen von ihr zu urteilen, ist hier für mich mehr als alle *veneres cupidinisque.*

Ich stand von süßem Rausche trunken,
Wie in ein Meer von Seligkeit versunken,
Mit Ehrfurcht vor der Göttin da,
Die hold auf mich herunter sah,
Und meine Seele war in Funken:
Hier thronte mehr als Amathusia.
Ich war der Sterblichkeit entflogen,
Und meine Feuerblicke sogen
Aus ihrem Blick Ambrosia
Und Nektar in dem Göttersaale;
Ich wußte nicht, wie mir geschah:
Und stände Zeus mit seinem Blitze nah,
Vermessen griff ich nach der Schale,
Mit welcher sie die Gottheit reicht,
Und wagte taumelnd jetzt vielleicht
Selbst dem Alciden Hohn zu sagen,
Und mit dem Gott um seinen Lohn zu schlagen. –

Du denkst wohl, daß ich bei dem marmornen Mädchen
etwas außer mir bin; und so mag es allerdings sein. Der
Italiäner betrachtete meine Andacht ebenso aufmerksam,
wie ich seine Göttin. Diese einzige Viertelstunde hat mir
meine Reise bezahlt; so ein sonderbar enthusiastischer
Mensch bin ich nun zuweilen. Es ist die reinste Schönheit,
die ich bis jetzt in der Natur und in der Kunst gesehen habe;
und ich verzweifle selbst mit meinem Ideale höhersteigen zu
können. Ich muß Canovas Hände küssen, wenn ich nach
Rom komme, wo er, wie ich höre, jetzt lebt. Das goldene
Gefäß, die goldene Schale und das goldene Stirnband haben
mich gewiß nicht bestochen; ich habe bloß die Göttin angebetet, auf deren Antlitz alles, was der weibliche Himmel
Liebenswürdiges hat, ausgegossen ist. In das Lob der Gestalt und Glieder und des Gewandes will ich nicht eingehen;
das mögen die Geweiheten tun. Alles scheint mir des Ganzen würdig.

   In dem nehmlichen Hause steht auch noch ein schöner
Gypsabguß von des Künstlers Psyche. Sie ist auch ein schö-

nes Werk; aber meine Seele ist zu voll von Hebe, um sich zu diesem Seelchen zu wenden. In dem Zimmer, wo der Abguß der Psyche steht, sind rund an den Wänden Reliefs in Gyps von Canova's übrigen Arbeiten. Eine Grablegung des Sokrates durch seine Freunde. Die Szene, wo der Verurteilte den Becher nimmt. Der Abschied von seiner Familie. Der Tod des Priamus nach Virgil. Der Tanz der Phäacier in Gegenwart des Ulysses, wo die beiden tanzenden Figuren vortrefflich sind: und die opfernden Trojanerinnen vor der Minerva, unter Anführung der Hekuba. Alles ist eines großen und weisen Künstlers würdig; aber Hebe hat sich nun einmal meines Geistes bemächtiget und für das Übrige nichts mehr übrig gelassen. Wenn der Künstler, wie man glaubt, nach einem Modell gearbeitet hat, so möchte ich für meine Ruhe das Original nicht sehen. Doch, wenn dieses auch ist, so wird seine Seele gewiß es erst zu diesem Ideal erhoben haben, das jetzt alle Anschauer begeistert.

Da meine Wohnung hier nahe am Markusplatze ist, habe ich fast stündlich Gelegenheit die Stellen zu sehen, auf welchen die berühmten Pferde standen, die nun, wie ich höre, den konsularischen Palast der Gallier bewachen sollen. Sonderbar; wenn ich nicht irre, erbeuteten die Venetianer, in Gesellschaft mit den Franzosen, diese Pferde nebst vielen andern gewöhnlichen Schätzen. Die Venetianer ließen ihren Verbündeten die Schätze und behielten die Pferde; und jetzt kommen die Herren und holen die Pferde nach. Wo ist der Bräutigam der Braut, der jährlich sein Fest auf dem adriatischen Meere feierte? Die Briten gingen seit ziemlich langer Zeit schon etwas willkürlich und ungebührlich mit seiner geliebten Schönen um; und nun ist er selbst an der Apoplexie gestorben, und ein Fremder nimmt sich kaum mehr Mühe seinen Bucentaur zu besehen. Venedig wird nun nach und nach von der Kapitale eines eigenen Staats zur Gouvernementsstadt eines fremden Reichs sich modifizieren müssen; und desto besser für den Ort, wenn dieses sanft, von der einen Seite mit Schonung und von der andern mit gehöriger Resignation geschieht.

*7 Venedig: Ansicht der Piazzetta und des Dogenpalastes.
Kupferstich von A. Sandi, um 1780*

Gestern ging ich nach meinem Passe, der auf der Polizei gelegen hatte und dort unterschrieben werden mußte. Ich bin überhaupt kein großer Wälscher, und der zischende Dialekt der Venetianer ist mir gar nicht geläufig. Ich konnte also in der Kanzlei mit dem Ausfertiger nicht gut fertig werden, und man wies mich in ein anderes Zimmer an einen andern Herrn, der fremde Zungen reden sollte. In der Meinung, er würde unter einem deutschen Monarchen auch wohl deutsch sprechen, sprach ich Deutscher deutsch. *Non son asino ferino*, antwortete der feine Mann, *per ruggire tedesco*. Das waren, glaube ich, seine Worte, die freilich eine grelle Ausnahme von der venetianischen Höflichkeit machten. Die Anwesenden lachten über den Witz, und ich, um zu zeigen, daß ich wider sein Vermuten wenigstens seine Galanterie verstanden hatte sagte ziemlich mürrisch: *Mais pourtant, Monsieur, il est à croire qu'il y a quelqu'un ici, qui sache la langue de votre Souverain.* Das machte den Herrn etwas verblüfft; er fuhr ganz höflich französisch fort sich zu erkundigen, sagte mir, daß mein Paß ausgefertiget sei, und in drei Minuten war ich fort. Ich erzähle Dir dieses nur als noch einen neuen Beweis, wie man hier gegen unsere Nation gestimmt ist. Diese Stimmung ist ziemlich allgemein, und die Östreicher scheinen sich keine sonderliche Mühe zu geben, sie durch ihr Betragen zu verbessern.

Morgen will ich über Padua am Adria hinab wandeln, und mich, so viel als möglich, dem Meere nahe halten, bis ich hinunter an den Absatz des Stiefels komme und mich an den Aetna hinüber bugsieren lassen kann. Die Sache ist nicht ganz leicht. Denn unter Ankona bei Loretto endigt die Poststraße; und durch Abbruzzo und Kalabrien mag es nicht gar wegsam und wirtlich sein: *sed non sine dis animosus infans.* Ich weiß, daß mich Deine freundschaftlichen Wünsche begleiten, so wie Du überzeugt sein wirst, daß meine Seele oft bei meinen Freunden und also auch bei Dir ist.

Bologna

Neun Tage war ich in Venedig herumgelaufen. Die Nacht
war ich angekommen, die Nacht fuhr ich mit der Korriere
wieder ab. Die Gesellschaft war ziemlich zahlreich, und wir
waren wie im trojanischen Pferde zusammengeschichtet.
Das Wetter war nicht sehr günstig; wir fuhren also von Venedig nach Padua von acht Uhr des Abends bis den andern
Mittag. Der Weg an der Brenta herauf soll sehr angenehm
sein; aber das Wasser hatte bekanntlich die Straßen durch
ganz Oberitalien so fürchterlich zugerichtet, daß es ein trauriger Anblick war; und ich grämte mich nicht sehr, daß ich
auf meiner Fahrt und wegen stürmischen Wetters wenig davon sehen konnte. So wie wir in Padua ankamen, ward das
Wetter leidlich. Die Unterredung im Schiffe war bunt und
kraus wie die Gesellschaft; aber es wurde durchaus nichts
gesprochen, was Bezug auf Politik gehabt hätte. Die einzige
Bemerkung nehme ich aus, welche ein alter, ziemlich ernst-
hafter Mann machte: es wäre nun zu hoffen, daß wir in
dreißig oder vierzig Jahren zu Fuße nach Venedig würden
gehen können. Er deutete bloß kurz an, die alte Regierung
habe ein Interesse gehabt die Stadt als Insel zu erhalten und
habe sich die Räumung der Lagunen viel Geld kosten lassen;
die neue Regierung werde ein entgegengesetztes Interesse
haben, und brauchte dann nicht viel Kosten darauf zu wenden, die Straße von Mestre nach Venedig fest zu machen. Ich
lasse die Hypothese dahin gestellt sein.

Als ich in Padua meine Mahlzeit genommen hatte, nahm
ich meinen Tornister und machte vor meinem Abzug dem
heiligen Antonius noch meinen Besuch. Sogleich war ein
Cicerone da, der mich führte, und meinte, ich könne ganz
füglich, so betornistert wie ich wäre, überall herumlaufen.
Das nahm ich sehr gerne an, und wandelte in diesem etwas
grotesken Aufzuge, mit aller Devotion, die man dem alten
Volksglauben schuldig ist, in der gotischen Kathedrale herum. In der Kirche drängten sich mit Gewalt noch zwei andre
Ciceronen zu mir und ließen sich mit Gewalt nicht abweisen; sie waren weit besser als ich gekleidet und zeigten mir

alle ihre Wunder mit vieler Salbung; und ich hatte die Ehre
drei zu bezahlen. Sodann ging ich das Monument des Livius
aufzusuchen, von welchem alle meine drei Führer nichts
wußten. Er muß in seiner Vaterstadt jetzt so außerordentlich
berühmt nicht sein: denn drei stattlich gekleidete Männer,
die ich nach der Reihe anredete, konnten mir weder vom
Livius noch von seinem Monumente erzählen; und doch
sprachen zwei davon geläufig genug französisch. Endlich
wies mich ein alter Graukopf nach dem Stadthause, wo es
sich befinde. Ich wandelte in dem ungeheuren Saale des
Stadthauses neugierig herum, und redete einen Mann mit
einem ziemlich literärischen Antlitz lateinisch an. Er antwortete mir italiänisch, er habe zwar ehemals etwas Latein
gelernt, aber es nun wieder ziemlich vergessen; und das
meinige sei ihm zu alt, das könne er gar nicht verstehen. Er
wies mich hierauf an einen Andern, der mit einem Buch in
einer Ecke saß. Dieser stand auf und zeigte mir mit vieler
Humanität den alten Stein über dem Eingange einer Expedition. Du kennst ihn unstreitig mit seiner Inschrift, welche
weiter nichts sagt, als daß die Paduaner ihrem Mitbürger
Livius hier dieses Andenken errichtet haben. Das neue,
prächtige Monument, das der ehemalige venetianische Senat
und das paduanische Volk ihm gesetzt haben, sah ich nicht,
weil es zu entfernt war und ich diesen Abend noch nach
Battaglia patrouillieren wollte. Als ich ging sagte mir der
Paduaner sehr artig: *Gratias tibi habemus pro tua in nostrum
popularem observantia. Eris nobis cum multis aliis testimonio, quan-
topere noster Livius apud exteros merito colatur. Valeas, nostrumque
civem ames ac nobis faveas.* Der Mann sagte dieses mit einer
Herzlichkeit und einer gewissen klassischen Wichtigkeit, die
ihm sehr wohl anstand.

Von Livius weg ging ich mit dem Livius im Kopfe gerades
Weges durch seine alte trojanische Vaterstadt in das klassische Land hinein, das ehemals so große Männer gab. Du
weißt, daß ich sehr wenig Literator bin; weißt aber auch, daß
ich von der Schule aus noch viel Vergnügen habe, dann und
wann einen alten Knaster in seiner eigenen Sprache zu lesen.

Livius war immer einer meiner Lieblinge, ob ich gleich Thucydides noch lieber habe. Ich wiederhole also wahrscheinlich zum zehntausendsten Male die Klage, daß wir ihn nicht
mehr ganz besitzen, und finde den übereilten, etwas rodomontadischen Lärm, den man vor einiger Zeit hier und da
über seine Wiederfindung gemacht hat, sehr verzeihlich. Ein
Gedanke knüpfte sich an den andern; und da fand ich denn
in meinem Sinn, daß wir wohl schwerlich den ganzen Livius
wieder haben werden. Freilich ist das zu bedauern; denn
gerade die wichtigsten Epochen der römischen Geschichte
für öffentliches Recht und Menschenkunde, und wo sich
unstreitig das Genie und die Freimütigkeit des Livius in
ihrem ganzen Gange gezeigt haben, der Sklavenkrieg und
die Triumvirate sind verloren: aber was kann Klage helfen?
Den Verlust erkläre ich mir so. Ich glaube durchaus nicht,
daß er aus Zufall oder Vernachlässigung gekommen sei. Livius war ein freimütiger, kühner, entschlossener Mann, ein
warmer Patriot und Verehrer der Freiheit, wie alle seine Mitbürger, die es bei den letzten Unruhen in Rom unter dem
Triumvirat tätig genug gezeigt hatten; er war ein erklärter
Feind der Despotie. August selbst, dem die römische
Schmeichelei schändlicher Weise einen so schönen Namen
gab, nannte ihn mit einer sehr feinen Tyrannenmäßigung nur
einen Pompejaner. Die Familie der Cäsarn war nun Meister;
man kennt die Folge der erbaulichen Subjekte derselben, die
schon schlimm genug waren, wenn sie auch nur halb so
schlecht waren, als sie in der Geschichte stehen. Du findest
doch wohl begreiflich, daß die Cäsarn nicht absichtlich ein
Werk, wie die Geschichte des Livius war, zu Lichte werden
gefördert haben. Es wird mir sogar aus einigen Stellen des
Tacitus sehr wahrscheinlich, daß man alles getan hat sie zu
unterdrücken; wenigstens die Stellen, wo der aristokratisch
römische Geist überhaupt und die Tyrannei der Cäsarischen
Familie insbesondere mit sehr grellen Farben gezeichnet
sein mußte. Dieses waren vorzüglich der Sklavenkrieg und
das Ende der Bürgerkriege. Es war überhaupt ein weitläufiges Werk, und nicht jeder war im Stande sich dasselbe

abschreiben zu lassen. Alle fanden es also wahrscheinlich genug ihrer Sicherheit und ihrem Interesse gemäß, die Stellen nicht bei sich zu haben, die ihnen von dem Argwohn und der Grausamkeit ihrer Herrscher leicht die blutigste Ahndung zuziehen konnten. Auf diese Weise ist das Schätzbarste von Livius im eigentlichen Sinne nicht sowohl verloren gegangen als vernichtet worden: und als man anfing ihn ins Arabische zu übersetzen, war er vermutlich schon so verstümmelt, wie wir ihn jetzt haben. So stelle ich mir die Sache vor. Und gesetzt die wichtigen Bruchstücke fänden sich noch irgendwo in einem seltenen Exemplar unter einem Aschenhaufen des Vulkans, so kannst Du, aus der Analogie der neuen Herrscher mit den alten, ziemlich sicher darauf rechnen, daß wir die Schätze doch nicht erhalten werden; zumal bei dem erneuerten und vergrößerten Argwohn, der seit einigen Jahrzehnden zwischen den Machthabern und den Beherrschten Statt hat. Wenn ich mich irre, soll es mir lieb sein: denn ich wollte drei Fußreisen von der Elbe an den Liris machen, um dort von dem Livius den Spartakus zu lesen, den ich für einen der größten und besten römischen Feldherren zu halten in Gefahr bin.

Unter diesen Überlegungen, deren Konsequenz ich Dir überlasse, wandelte ich die Straße nach Rovigo fort. Diese Seite von Venedig ist nicht halb so schön als die andere von Treviso nach Mestre: die Überschwemmungen mit dem neuen Regenwasser hatten die Wege traurig zerrüttet, und ich zog sehr schwer durch den fetten Boden Italiens weiter. Überall war der Segen des Himmels mit Verschwendung über die Gegend ausgeschüttet, und überall war in den Hütten die jämmerlichste Armut. Vermutlich war dies noch mit Folge des Kriegs. Nicht weit von Montselice kehrte ich zu Mittage an der Straße in einem Wirtshause ein, das nicht die schlimmste Miene hatte, und fand nichts, durchaus nichts, als etwas Wein. Ich wartete eine halbe Stunde und wollte viel zahlen, wenn man mir aus den benachbarten Häusern nur etwas Brot schaffen könnte. Aber das war unmöglich; man gab mir aus Gutmütigkeit noch einige Bissen schlechte Po-

lenta, und ich mußte damit und mit meinem Schluck Wein
weitergehen.

Vor Rovigo setzte ich über die Etsch und trat in das
Cisalpinische. Der Kaiserliche Offizier jenseit des Flusses,
der meinen Paß mit aller Schwerfälligkeit der alten Bocksbeutelei sehr lange revidierte, machte mir bange, daß ich
diesseits bei dem französischen Kommandanten wohl
Schwierigkeiten finden würde. Als ich zu diesem kam, war
alles gerade das Gegenteil. Er war ein freundlicher, jovialischer Mann, der mir den Paß nach einem flüchtigen Blick
auf mich und auf den Paß, ohne ihn zu unterschreiben,
zurückgab. Ich machte ihm darüber meine Bemerkung daß
er nicht unterschriebe. *Vous n'en avez pas besoin;* sagte er: *Vous
venez de l'autre coté? – Je viens de Vienne, et je m'en vais par Ferrare à
Ancone. – N'importe;* versetzte er; *allez toujours. Bon voyage!* Die
Höflichkeit des Franzosen, die ich gegen die Nichthöflich-
keit des Präsidenten in Wien und des Polizeiherrn in Venedig
hielt, tat mir sehr wohl. Rovigo war die erste eigentlich italiänische Stadt für mich; denn Triest und Venedig und die
übrigen Örter hatten alle noch so etwas Nordisches in ihrer
Erscheinung, daß es mir kaum einfiel, ich sei schon in Italien. Weder hier, noch in Lagoscuro, noch in Ferrara fragte
man mich weiter nach Pässen, ob ich gleich überall starke
französische Besatzungen fand. Vor meinem Fenster in Rovigo stand auf dem Platze der große Freiheitsbaum mit der
Mütze auf der Spitze, und gegenüber in dem großen Kaffeehause war ein starkes Gewimmel von Italiänern und
Franzosen, die sich der jovialischen Laune der Ungebunden-
heit überließen. Aber alles war sehr anständig und ohne
Lärm.

Ich muß Dir bekennen, daß mir dieses heitere kühne
Wesen gegen die stille, bange Furchtsamkeit in Wien und
Venedig sehr wohl gefiel, und daß ich selber etwas freier zu
atmen anfing; so wenig ich auch eben diese Freiheit für mich
behalten und sie überhaupt den Menschenkindern wünschen möchte. Das Wasser hatte hier überall außerordentlichen Schaden getan, wie Du gewiß schon aus den öffent-

lichen Blättern wirst gehört haben; vorzüglich hatte der sogenannte *canale bianco* seine Dämme durchbrochen und links
und rechts große Verwüstungen angerichtet. Es arbeiteten
oft mehrere hundert Mann an den Dämmen und werden
Jahre arbeiten müssen, ehe sie alles wieder in den alten Stand
setzen. Hier sah man empörende Erscheinungen der Armut
in einem ziemlich gesegneten Landstriche; und ich schreibe
dieses auch mit dem Unheil zu, das die Flüsse und großen
Kanäle hier sehr oft anrichten müssen. Da die Straße ganz
abscheulich war, ließ ich mich bis Ponte di Lagoscuro auf
dem Po hinauf rudern, und zahlte fünf Ruderknechten für
eine Strecke von drei Stunden die kleine Summe von zehn
Liren. Der Po ist hier ein großes, schönes, majestätisches
Wasser, und die heitere, helle Abendsonne vergoldete seine
Wellen, und links und rechts die Ufer in weiter, weiter Ferne.
Es war, als ob ein Ozean herabrollte, und die Griechen
haben ihn mit vollem Recht Eridanus, den Gabenbringer
oder den Wogenwälzer genennt, nachdem Du nun die Erklärung machen willst. Eridanus und Rhodanus scheinen
mir ganz die nehmlichen Namen zu sein; und die beiden
Flüsse haben unstreitig große Ähnlichkeit mit einander.

Wenn man an einem hellen, kalten Abend zu Anfange des
Februars einige Stunden auf dem Wasser gefahren ist, so ist
ein gutes, warmes Zimmer, eine Suppe und ein frisch ge-
bratener Kapaun ein sehr angenehmer Willkommen. Diesen
fand ich in Ponte di Lagoscuro und wandelte den Morgen
darauf in dem fürchterlichsten Regen auf einem ziemlich
guten Wege die kleine Strecke nach Ferrara. Hier blieb ich
und schlenderte den Nachmittag in der Stadt herum. Die
architektonische Anlage des Orts ist sehr gut, die Straßen
sind lang und breit und hell. Es fehlt der ganzen Stadt nur
eine Kleinigkeit, nehmlich Menschen. Französische Soldaten sah man überall genug, aber Einwohner desto weniger.
Die öffentlichen Gebäude und Gärten und Plätze sind nicht
ohne Schönheit. Mehrere Stunden war ich in der Kathedrale
und dem Universitätsgebäude. Am Eingange sind hier wie in
Wien an der Bibliothek, sehr viele alte lateinische Inschrif-

ten eingemauert, die meistens Leichensteine sind und für
mich wenig Interesse haben. Die Bibliothek aber ist ziemlich ansehnlich; und man wiederholte mir mit Nachdruck
einige Mal, daß durchaus kein Fürst etwas dazu gegeben
habe, sondern daß alles durch die Beiträge des Publikums
und von Privatleuten nur seit ungefähr funfzig Jahren angeschafft worden sei. Auf der Bibliothek findet sich jetzt auch
das Grab und das Monument Ariosts, das sonst bei den
Benediktinern stand: das sagt die neue lateinische Inschrift.
Man zeigte mir mehrere Originalbriefe von Tasso, eine Ori-
ginalhandschrift von Ariost und sein metallenes, sehr schön
gearbeitetes Dintenfaß, an dem noch eine Feder war. Ohne
eben die Authentizität sehr kritisch zu untersuchen, würde
ich zu Oden und Dithyramben begeistert worden sein, wenn
ich etwas inspirationsfähiger wäre. So viel muß ich sagen,
die Bibliothek beschämt an Ordnung die meisten die ich
gesehen habe.

Im Gasthofe fütterte man mich den Abend sehr gut mit
Suppe, Rindfleisch, Wurst, Fritters, Kapaun, Obst, Weintrauben und Käse von Parma. Du siehst daraus, daß ich
gewöhnlich nicht faste, wie an meinem Geburtstage zu Udine, und daß die Leipziger Aubergisten vielleicht sich noch
hier ein kleines Exempel von den oberitaliänischen nehmen
könnten. Das Wetter war fürchterlich. Ich hatte gelesen von
den großen gefährlichen Morästen zwischen Ferrara und
Bologna, und die Erzählungen bestätigten es, und sagten
weislich noch mehr; so daß ich nicht ungern mit einem
Vetturino handelte, der sich mir nach Handwerksweise sehr
höflich aufdrang. Der Wagen war gut, die Pferde waren
schlecht und der Weg war noch schlechter. Schon in Padua
konnte ich eine kleine Ahnung davon haben; denn eine
Menge Kabrioletiers wollten mich nach Verona und Mantua
bringen; da ich aber sagte, daß ich nach Bologna wollte,
verlor kein Einziger ein Wort weiter, als daß sie alle etwas
von Teufelsweg durch die Zähne murmelten. Meine Kut-
schengefährten waren ein cisalpinischer Kriegskommissär,
und eine Dame von Cento, die ihren Mann in der Revolu-

tion verloren hatte. Wir zahlten gut und fuhren schlecht, und wären noch schlechter gefahren, wenn wir nicht zuweilen eine der schlimmsten Strecken zu Fuße gegangen wären. Einige Stunden von Ferrara aus ging es leidlich, dann sank aber der Wagen ein bis an die Achse. Der Vetturino wollte Ochsenvorspannung nehmen; die billigen Bauern forderten aber für zwei Stunden nicht mehr als acht und zwanzig Liren für zwei Ochsen, ungefähr sechs Gulden Reichsgeld. Der arme Teufel von Fuhrmann jammerte mich, und ich riet ihm selbst, gar kein Gebot auf die unverschämte Forderung zu tun. Die Gaule arbeiteten mit der furchtbarsten Anstrengung absatzweise eine halbe Stunde weiter; dann ging es nicht mehr. Wir stiegen aus und arbeiteten uns zu Fuße durch, und es ward mit dem leeren Wagen immer schlimmer. Erst fiel *ein* Pferd, und als sich dieses wieder erhoben hatte, das andere, und einige hundert Schritte weiter fielen alle beide und wälzten sich ermattet in dem schlammigen, tonigen Boden. Da hatten wir denn in Italien das ganze deutsche salzmannische menschliche Elend *in concreto*. Die Pferde halfen sich endlich wieder auf; aber der Wagen saß fest. Nun stelle Dir die ganze bekotete Personalität Deines Freundes vor, wie ich mit der ganzen Kraft meines physischen Wesens meine Schulter unter die Hinterachse des Wagens setzte und heben und schieben half, daß die Dame und der Kriegskommissär und der Vetturino erstaunten. Es ging, und nach drei Versuchen machte ich den Fuhrmann wieder flott. Aber ans Einsetzen war nicht zu denken. Nun hatte ich das Amt, die Dame und den Kommissar durch die engen, schweren Passagen zu bugsieren, und tat es mit solchem Nachdruck und so geschicktem Gleichgewicht auf den schmalen Stegen und Verschlägen und an den Gräben, daß ich ihnen von meiner Kraft und Gewandtheit eine gar große Meinung gab. Schon hatten wir uns, als wir zu Fuße voraus über den italiänischen Rhein, einen ziemlich ansehnlichen Fluß, gesetzt hatten, in einem ganz artigen Wirtshause zu Malalbergho einquartiert und uns in die Pantoffeln des Wirts geworfen, als unser Fuhrmann ankam und uns durchaus noch acht italiänische

Meilen weiter bringen wollte. Ich hatte nichts dagegen, und
die andern wurden überstimmt. Von hier aus sollte nun der
Weg besser sein. Wir schroteten uns also wieder in den Wagen und ließen uns weiter ziehen. Jetzt trat eine andere
Furcht ein; der Dame und dem Kriegskommissär, drollig
genug an Italiänern, ward bange vor Gespenstern. Der
Kriegskommissär schien überhaupt mit seinem Mut nicht
viel zur Befreiung seines Vaterlandes beigetragen zu haben.
Mir ward zwar auch etwas unheimlich, nicht aber vor Gei-
stern, sondern vor Straßenräubern, für welche diese Straße
zwischen tiefen, breiten Kanälen ordentlich geeignet schien;
indessen sammle ich in dergleichen Fällen als ein guter
Prädestinatianer meinen Mut und gehe getrost vorwärts.
Gegen Mitternacht kamen wir endlich glücklich auf unserer
Station, einem isolierten, ziemlich großen und guten Gasthof an, der, wenn ich nicht irre, Althee hieß und von dem ich
Dir weiter nichts zu sagen weiß, als daß man mir einen Wein
gab, der dem Champagner ähnlich war und also meinen
Beifall hatte. Bei diesem Weine und der guten Mahlzeit vergaß der Kriegskommissär alle Mühseligkeiten des Tages und
des Abends, und schien ganz eigentlich in seinem rechten
Elemente zu sein: das ist ihm nun freilich nicht übelzuneh-
men; denn ich befand mich nach einer solchen Fahrt dabei
auch ganz behaglich.

Den andern Mittag langten wir hier in der alten päpstlichen Stadt Bologna an, wo man zuerst wieder nach meinem
Passe fragte. Mit mir Fremden nahm man es nicht so strenge, als mit meinem Kameraden dem Kommissär, der aus der
Gegend von Parma war, und der ein förmliches Kandidaten-
examen aushalten mußte. Auf der Polizei, wo ich den Paß
signieren lassen mußte, war man ebenso artig und höflich als
an dem Grenzflusse. Hier in Bologna fand ich überall eine
exemplarische Unreinlichkeit, die an Schweinerei grenzt:
und wenn man der häuslichen Nettigkeit der Italiäner überhaupt kein großes Lob geben kann, so haben die Leute in
Bologna den größten Schmutz aufzuweisen. Außer dem
Stolz auf ihr altes Felsine, behaupten die Bologneser noch,

daß ihre Stadt so groß sei, wie Rom. Daran tun sie nun
freilich etwas zu viel; wenn man aber auf den Turm steigt
und sich rings umher umschaut, so wird man den Raum
noch groß genug finden, um in eine solche Versuchung zu
geraten, zumal wenn man etwas patriotisch ist. Der Haupt-
platz mit der daran stoßenden Kathedrale, und dem Gemei-
nehause rechts und den großen schönen Kaufmannshallen
links, macht keine üble Wirkung. Der Neptun mitten auf
demselben, von Jean de Bologna, hat als Statüe wohl seine
Verdienste; nur Schade, daß der arme Gott hier so wenig von
seinem Elemente hat, daß er wohl kaum den Nachbarn auf
hundert Schritte in die Runde zu trinken geben kann. Der
Eingang des Gemeinehauses ist von Franzosen besetzt, und
die Bürgerwache steht gar demütig in einem sehr spießbür-
gerlichen Aufzuge daneben. Über dem Portal hängt ein nicht
unfeines Bild der Freiheit mit der Umschrift in großen Buchstaben: *Republica Italiana;* welches erst vor einigen Wochen
hingesetzt war, da man die Cisalpiner in diese Nomenklatur
metamorphosiert hatte.

Vor dem Nationaltheater wurde ich gewarnt, weil man
daselbst durchaus immer die niedrigsten Hanswurstiaden
gebe und zum Intermezzo Hunde nach Katzenmusik tanzen
lasse. Hätte ich mehr Zeit gehabt, so hätte ich doch wohl die
Schnurrpfeifereien mit angesehen. Dafür ging ich aber auf
das kleine Theater *Da Ruffi,* und fand es für eine so kleine
Unternehmung allerliebst. Ich kann nicht begreifen, wie die
Leute bei einem so geringen Eintrittsgelde und dem kleinen
Raum des Schauspielhauses den Aufwand bestreiten können. Man gab ein Stück aus der alten französischen Geschichte, den Sklaven aus Syrien, wo natürlich viel über
Freiheit und Patriotismus deklamiert wurde; aber schon wieder mit vieler Beziehung auf Fürstenwürde und Fürsten-
rechte, welches man vielleicht voriges Jahr noch nicht hätte
tun dürfen. Die Donna und der Held waren gut. Der Dialekt
war für mich deutlich und angenehm; die meisten Schauspieler waren, wie man mir sagte, Römer, und nur ein
Einziger zischte venetianisch. Nach dem Stück gab man das

beliebte Spiel Tombola, wovon ich vorher gar keinen Begriff
hatte und auch jetzt noch keinen sehr deutlichen bekommen
habe, da es mir an jeder Art Spielgeist fehlt. Es ist eine Art
Lotterie aus dem Stegreif, die für das Publikum auf dem
Theater nach dem Stücke mit allgemeiner Teilnahme enthusiastisch gespielt wird. Die Anstalten waren sehr feierlich; es
waren Munizipalbeamten mit Wache auf dem Theater, die
Lose wurden vorher ausgerufen, alle gezeigt, und einem
Knaben in den Sack geworfen. Ob man gleich nur um einige
Scudi spielte, hätte man doch glauben sollen, es ginge um die
Schätze Golkondas, so ein Feuereifer belebte alle Teilnehmer. Mir hätte das Spiel herzlich lange Weile gemacht, wie
alle dergleichen Hazardspiele, wenn nicht die Physiognomien der Spielenden einiges Vergnügen gewährt hätten.
Mein Cicerone war ein gewaltiger gelehrter Kerl, und sprach
und räsonierte von Schulen und Meistern und Gemälden so
strömend, als ob er die Dialektik studiert hätte und Professor der Ästhetik wäre; und er konnte es gar nicht zusammen
reimen, daß ich nicht wenigstens vierzehn Tage hier bleiben
wollte, die Reichtümer der Kunst zu bewundern. Er hielt
mich halb für einen Barbaren und halb für einen armen
Teufel; und ich überlasse Dirs, in wie weit er in beiden Recht
hat. Ich ging trotz seinen Demonstrationen und Remonstra-
tionen den andern Morgen zum Tore hinaus.

Ankona

Von Bologna geht es auf dem alten Emilischen Wege in der
Niedrigung durch eine sehr wasserreiche Gegend immer
nach Rimini herunter. Bloß von Bologna bis nach Imola
geht man über fünf oder sechs Flüsse. Rechts hatte ich die
Apenninen, die noch beschneit waren; der Boden ist überall
sehr fett und reich. In Imola machte ich einen etwas barok-
ken Einzug. Ich kam gerade zu den Harlekinaden der
Faschingsmasken, wovon ich in Pordenone schon einen
Prodrom gesehen hatte. Die ganze Stadt war in Mummerei
und zog in bunten Gruppen in den Straßen herum. Nur hier

und da standen unmaskiert einige ernsthafte Männer und
Matronen und sahen dem tollen Wesen zu. Meine Erscheinung mochte für die Leute freilich etwas hyperboreisch sein;
eine solide pohlnische Kleidung, ein Seehundstornister mit
einem Dachsgesicht auf dem Rücken, ein großer, schwerer
Knotenstock in der Hand. Die Maskerade hielt alle Charak-
tere des Lebens, ins Groteske übersetzt. Auf einmal war ich
von einer Gruppe umgeben, die allerhand lächerliche Bock-
sprünge um mich herum machte. Die ernsthaften Leute
ohne Maske lachten, und ich lachte mit; einen genialischen
Aufzug dieser Art kann man freilich nicht auf der Leipziger
Messe haben. Plötzlich trat mit den possierlichsten Stellun-
gen eine tolle Maskenfratze vor mich hin und hielt mir ein
Barbierbecken unter die Nase, das Don Quixotte sehr gut
als Helm hätte brauchen können; und ein anderes Bocksgesicht setzte sich hinter mich, um von seinem Attribut der
Klystierspritze Gebrauch zu machen. Stelle Dir das don-
nernde Gelächter von halb Imola vor, als ich den Klystier-
spritzenkerl mit einer Schwenkung vollends umrannte,
meinen Knotenstock komisch nach ihm hinschwang und
meine Personalität etwas aus dem Gedränge zu Tage förder-
te. Zum Unglück muß ich Dir sagen, daß mein Bart wirklich
über drei Tage lang war und daß ich von den dortigen roten
Weinen, an die ich nicht gewöhnt war, mich in einer Art von
Hartleibigkeit befand. Die Menge zerstreute sich lachend,
und ein ziemlich wohl gekleideter Mann ohne Maske, den
ich nach einem Gasthof fragte, brachte mich durch einige
Straßen in die Hölle, Nummer Fünfe. Das war nun freilich
kein erbaulicher Name; indessen ich war ziemlich müde und
wollte in meinen Pontifikalibus nicht noch einmal durch das
Getümmel laufen, um ein besseres Wirtshaus zu suchen;
also blieb ich Nummer Fünfe in der Hölle. Nachdem ich
meinen Sack abgelegt hatte, wandelte ich wieder vor zu dem
Haufen; und nun muß ich den Farcenspielern die Gerechtigkeit widerfahren lassen, daß sie sich, soweit es ihr Charakter erlaubte, ganz ordentlich und anständig betrugen. Ein
entsetzlich zudringlicher Cicerone, der mich in drei ver-

schiedenen Sprachen, in der deutschen, französischen und
italiänischen, anredete, verließ mich mit seiner Dienstfertigkeit nicht eher, als bis einige französische Offiziere mich
von ihm retteten und mit mir in ein nahes Kaffeehaus gingen. Vor diesem Hause war der beste Tummelplatz der
Maskierten, die in hundert lächerlichen Aufzügen und
Gruppierungen mit und ohne Musik auf und nieder liefen.
Ein siedend heißer politischer Imolait schloß sich an mich
an und führte das Gespräch durch verschiedene Gegenstände sehr bald auf die Politik und erkundigte sich, wie es in
Wien aussähe. Ich antwortete ganz natürlich der Wahrheit
gemäß, ganz ruhig. *On les a bien forcé à coups de bayonnettes à être
en repos*; sagte er. *Apparemment*; sagte ich. – *C'est toujours la
meilleure manière de disposer les gens à se conformer à la raison. – Mais
oui*, entgegnete ich, *après en avoir essayé les autres; pourvû toute fois,
qu'il y ait de la raison et de la justice au fond de l'affaire. – Est'ce que
vous en doutes pour la notre? – On ne peut pas repondre à cela en deux
mots.* Nun wollte er eine Diskussion anfangen und ward
ziemlich heftig. Ich entschuldigte mich mit meiner alten
Formel: *Quand on commence, il faut toujours commencer par le
commencement*; da würde sich denn ergeben das alte *Iliacos intra
muros peccatur et extra.* Der Abend rief mich zum Essen und
zur Ruhe, und wir schieden recht freundschaftlich, indem er
meinte: Wenn es auf uns beide angekommen wäre, würde
wohl kein Krieg entstanden sein. Das glaubte ich wenigstens
für mich auf meiner Seite, und ging ganz andächtig in die
Hölle Nummer Fünfe, wo ich bis zum Sonnenaufgang recht
sanft schlief. Ist Imola nicht ein Ort, wo ein Bischof sich
zum Papst bilden kann?

In Faenza sah ich die erste französische Wachparade, und
in Forli nichts. Nicht eben, als ob da nichts zu sehen wäre:
Antiquare und Künstler finden daselbst reichliche Unterhaltung für ihre Lieblingsfächer. Aber ich dachte weder an alte
noch neue Kriege und zog gerades Weges ins Wirtshaus, das
Hotel de Naples. Auf mein Italiänisch war man nicht außerordentlich höflich, vermutlich, weil es nicht sonderlich gut
war. *Ne pourrai je pas parler au maître de la maison?* fragte ich

etwas trotzig, indem ich meinen Tornister abwarf. Auf einmal war alles freundlich, und alles war zu haben. Sonderbar, wie zuweilen einige Worte so oder so wirken können, nachdem man sie hier oder da sagt. In Ferrara mochte ich wohl mit meinem Reisesacke einigen Herren etwas drollig vorkommen, und sie schienen sich hinter mir über mich mit lautem Gelächter etwas zu erlustigen. *Qu'est ce qu'il y a là, Messieurs?* fragte ich mit einer enrhumierten rauhen Stimme. *Niente, Signore,* war die Antwort; und alles trat still in eine bescheidene Entfernung. In Spoleto hätte mir die Frage ein Stilet gelten können. Ich fand in dem *Hotel de Naples* zwei Kaufleute und drei Schiffer; der Kellner war ein jovialischer Mensch; man begrüßte mich in einer Minute zehn Mal mit dem Prädikate *cittadino,* gab mir den Ehrenplatz und fütterte mich *à qui mieux* mit den besten Gerichten. Es machte keinen Unterschied als man nun erfuhr, ich sei ein Deutscher; so sehr bestimmt der erste Augenblick die künftige Behandlung. Wir pflanzten uns, da der Abend sehr rauh und stürmisch war, um den Kamin her, machten einen traulichen, freundlichen Familienzirkel und tändelten mit einem kleinen allerliebsten Jungen, der wie ein Toast der Gesellschaft von den Knieen des Einen zu den Knieen des Andern ging.

Zwischen Forli und Cesena sind die Reste des alten *Forum Pompilii,* und die Trümmer einer Brücke, welche auch alt zu sein scheint. Ich sah von allem sehr wenig wegen des entsetzlichen Wetters. Die Brücke gleich vor Cesena über den Savio ist ein Werk, das bei den Italiänern für etwas sehr schönes gilt; das kann aber nur in dieser Gegend sein. Das fürchterlich schlechte Wetter hielt mich in Cesena, da ich doch nur von Forli gekommen war, und also nicht mehr als vier Stunden gemacht hatte. Hier wurde ich von dem Wirt mit einer gewissen kalten Förmlichkeit aufgenommen, die sehr merklich war, und in ein ziemlich ärmliches Zimmer hinten hinaus geführt. Ich hatte weiter nichts dawider. Nachdem wir aber eine Stunde zusammen geplaudert hatten, ich in einem Intermezzo des Regens etwas ausgegangen

war, um die Stadt zu sehen und ein Kaffeehaus zu besuchen,
und wieder zurückkam, fand ich meine Sachen umquartiert
und mich in ein recht schönes Zimmer vorn heraus versetzt.
Die Wirtin machte die Erklärung: Man habe mich für einen
Franzosen gehalten, der von der Munizipalität logiert würde:
nun pflegte die Munizipalität seit langer Zeit für die zuge-
schickten Gäste gar nichts mehr zu bezahlen: man könnte es
also nicht übel deuten, daß sie auf diese Weise so wohlfeil als
möglich durchzukommen suche. Aber ein Galantuomo, wie
ich, müsse mit Anstand bedient werden. Das fand ich auch
wirklich. Die Mädchen vom Hause waren recht hübsch und
so höflich und freundlich, als man in Ehren nur verlangen
kann. Es kam noch ein Schiffskapitän, der mir Gesellschaft
leistete und mir von seinen Fahrten im mittelländischen
Meere eine Menge Geschichten erzählte. Er bedauerte, daß
es Friede sei und der Schleichhandel nun nicht mehr so viel
eintrage: das sagte er nehmlich, ohne sich sehr verblümt
auszudrücken. Die Rechnung war für die sehr gute Bewirtung außerordentlich billig. Cesena ist übrigens eine alte,
sehr verfallene Stadt, und der aufgepflanzte Freiheitsbaum
machte unter den halbverschütteten Häusern des fast leeren
Marktes eine traurige Figur. Pius der Sechste muß für seine
Vaterstadt nicht viel getan haben: es würde ihm weit rühm-
licher sein, als der verunglückte Palast für seinen verdienst-
losen Nepoten.

Vor Savignano ging ich, nicht wie Cäsar, über den Rubikon. Wahrscheinlich hat der kahlköpfige Weltbeherrscher
hier oder etwas weiter unten am Meere den ersten entschei-
denden Schritt getan, die sonderbare Freiheit seines Vaterlandes zu zertrümmern, als er als Despot des neu eroberten
Galliens zurückkehrte. Ein eigener Charakter, der Julius Cäsar. Es ist von gewissen Leuten schwer zu bestimmen, ob sie
mehr Liebe oder Haß verdienen. Ich erinnere mich, daß es
mir in einem solchen moralischen Kampfe einmal entfuhr,
Cäsar sei der liebenswürdigste Schurke, den die Geschichte
aufstelle. Die Äußerung hätte mir fast die Beschuldigung der
verletzten Majestät aller Monarchen zugezogen. Dagegen

wollte man mir neulich beweisen, Brutus sei eigentlich der
Schurke gewesen, und Cäsar ganz Liebenswürdigkeit. So,
so; *bien vous fasse!* Ihr seid es wert, Cäsarn mit seiner ganzen
Sippschaft und liebenswürdigen Nachkommenschaft zu
Herrschern zu haben; ob ich es gleich nicht über mich nehmen wollte, den Junius Brutus durchaus zu verteidigen. Also
hier gingen wir beide über den Rubikon, Cäsar und ich:
haben aber übrigens beide nichts mit einander gemein, als
daß wir – nach Rimini gingen.

In Savignano war Markt; der Platz wimmelte von Leuten,
die zur Ehre der neuen Kokarde weidlich zu zechen schienen. Ich fragte einen wohlgekleideten Mann nach einem
Speisehause. Er besah mich ganz mißtrauisch, schaute nach
meinem Hute und da er rund herum keine Kokarde entdeckte, ward sein Ansehen etwas grimmig und er schickte
mich mit der höflichen Formel weiter: *Andate al diavolo!* Das
war die Kehrseite von Cesena. So gehts zu Revolutionszei-
ten: für das nehmliche wirst Du hier gepflegt, dort beschimpft; glücklich wenns nicht weiter geht.

In Rimini schlief ich gewiß ruhiger, als der mächtige Julius
nach seinem Übergange und dem geworfenen Würfel geschlafen haben mag. Vor der Stadt sind einige herrliche
Aussichten. Auf dem Platze *della Fontana* steht der heilige
Gaudentius von Bronze, der eine gar stattliche Figur macht.
Auch ein Papst Paul, ich weiß nicht welcher, hat hier ein
Monument für eine Wasserleitung, die er den Bürgern von
Rimini bauen ließ. Eine Wasserleitung halte ich überall für
eins der wichtigsten Werke und für eine der größten Wohltaten; und hier in Italien ist es doppelt so. Wenn ein Papst
eine recht schöne wohltätige Wasserleitung bauet, kann man
ihm fast vergeben, daß er Papst ist. Auf dem andern Platze
stand der Baum mit der Mütze und der Inschrift: *L'Union des
François et des Cisalpins.* Aber welche Union! Das mag der
heilige Bartholomäus in Mayland sagen.

Wenn ich nun ein ordentlicher, systematischer Reisender
wäre, so hätte ich von Rimini rechts hinauf auf die Berge
gehen sollen, um die selige Republik Sankt Marino zu be-

suchen; zumal, da ich eine kleine Liebschaft gegen die Republiken habe, wenn sie auch nur leidlich vernünftig sind. Aber ich ging nun gerade fort nach Katholika und Pesaro. Die Arianer hatten, wie man sagt, auf dem Koncilium zu Rimini den Meister gespielt: deswegen gingen die rechtgläubigen Bischöfe mit Protest herüber nach Katholika und verewigten ihre mutige Flucht durch den Namen des Orts. Auch steht, wie ich selbst gelesen habe, die ganze Geschichte auf einer großen Marmorplatte über dem Portal der Kirche zu Katholika: ich nehme mir aber selten die Mühe etwas abzuschreiben, am wenigsten dergleichen Orthodoxistereien. In Pesaro, wo ich beiläufig die erste Handvoll päpstlicher Soldaten antraf, fragte ich, weil ich müde war, den ersten besten, der mir begegnete, wo ich logieren könnte? Bei mir, antwortete er. Sehr wohl! sagte ich, und folgte. Der Mann hatte ein Schurzfell und schien, mit Shakespear zu reden, ein Wundarzt für alte Schuhe zu sein. Nun fragte er mich, was ich essen wollte? Das stellte ich denn ganz seiner Weisheit anheim, und er tat sein Möglichstes mich zufrieden zu stellen, ging aus und brachte Viktualien, machte selbst den Koch und holte zweierlei Wein. Das war von nun an oft der Fall, daß der Herr Wirt sich hinstellte und mir die patriarchalische Mahlzeit bereitete und ich ihm hülfreiche Hand leistete. Er klagte mir ganz leise, daß die gottlosen Franzosen vier der schönsten Gemälde von hier mit weggenommen haben. Als ich den andern Morgen im Kaffeehause saß und mein Frühstück verzehrte, ließen mir eine Menge Vetturini nicht eher Ruhe, bis ich einen von ihnen nach Fano genommen hatte. Dieser mein Vetturino war nun ein echter Orthodox, der vor jedem Kreuz sein Kreuz machte, sein Stoßgebetchen sagte, seine Messe brummte und übrigens fluchte wie ein Lanzenknecht. Vor allen Dingen war sein Gesang charakteristisch. Ich habe nie einen so entsetzlichen Ausdruck von dummer Hinbrütung in vernunftlosem Glauben gehört. Wenn ich länger verdammt wäre solche Melodien zu hören, würde ich bald Materialismus und Vernichtung für das Konsequenteste halten: denn solche Seelen können nicht fortleben.

Vor Pesaro und noch mehr bei Fano wird die Gegend ziemlich gebirgig, ist voll Schluchten und Defileen in den Höhen, und es wird leicht begreiflich, wie die fremden Karthager sich hier verirrten und den Römern leichtes Spiel machten. Der Metaurus ist, wie fast alle Flüsse, welche aus den Apenninen kommen, ein gar schmutziger Fluß, und hat eben so wenig wie der Rubikon ein klassisches Ansehen. Man wollte mir zwischen Fano und Sinigaglia den Berg zeigen, wo Hasdrubal geschlagen worden sein soll. Ich kann darüber nichts bestimmen, da mir die Geschichte der Schlacht aus den alten Schriftstellern nicht gegenwärtig war. So viel ist gewiß, daß sie hier in der Gegend und am Flusse vorfiel; und mit dem Polybius und Livius in der Hand dürfte es vielleicht nicht schwer sein, den Platz genau aufzusuchen. Da ich aber wahrscheinlich nicht in Italien kommandieren werde, war ich um den Posten nicht sehr bekümmert. Der Himmel habe den Hasdrubal und die römischen Konsuln selig!

Sinigaglia ist ein angenehmer Ort durch seine Lage: vorzüglich geben die üppig vegetierenden Gärten der Landseite der Stadt ein heiteres Ansehen. Ich hatte zum ersten Mal das Vergnügen, ein italiänisches Stiergefecht zu sehen, wo die Hunde ziemlich hoch geworfen wurden und ziemlich blutig wegkamen, und woran halb Sinigaglien sich sehr zu ergötzen schien. Das Prototyp der Dummheit, mein Vetturino, führte mich weiter bis Ankona, da ich einmal in die Bequemlichkeit des Sitzens gekommen war. Die See ging hoch und die Brandung war schön; rechts hatte ich herrliche Anhöhen, mit jungem Weizen und Ölbäumen geschmückt. Vor Ankona blühten den neunzehnten Februar Bohnen und Erbsen. Die Täler und Berge rechts geben abwechselnd mit Wein und Obst und Öl und Getreide eine herrliche Aussicht. Der Hafen von Ankona mag für die Alten außerordentlich gut gewesen sein; für die Neuern ist er es nicht mehr in demselben Grade: und wenn nicht der Molo viel weiter hinaus geführt worden wäre; würde er wenig mehr brauchbar sein. Es können nur wenig große Schiffe sicher darin liegen.

Am Anfange des alten Molo steht der sogenannte Triumphbogen Trajans von weißem Marmor, der aus den Antiquitä-
tenbüchern hinlänglich bekannt ist. Die Schrift fängt nun an
ziemlich zu verwittern, und man muß schon sehr ziffern,
wenn man den Sinn heraus haben will. Es müßte denn nur
mir so gegangen sein, der ich im Lesen der Steinschriften
nicht geübt bin. Der neue Bogen des Van Vittellii, weiter
hinaus, steht gegen den alten sehr demütig da. Ganz am
Ende des Molo steht ein Wachturm, und vor demselben
standen einige Piecen Artillerie auf dem Molo hereinwärts,
die den Hafen bestreichen. Die übrigen Stücke decken oder
wehren bloß den Eingang von der Seite von Loretto. Am
Turme stand eine französische Wache, deren man in der
ganzen Stadt sonst nicht viele fand, obgleich die Besatzung
ziemlich stark ist. *Est-ce qu'il est permis de monter la tour pour voir
la contrée?* fragte ich. *Non*; war die Antwort: ich mußte also
zurückgehen und die Berge rundumher besteigen, wenn ich
die Aussicht teilweise haben wollte, die ich hier ganz hätte
haben können. Es mag freilich wohl der beste militärische
Augenpunkt sein, so daß man billig Bedenken trägt, Jedermann sich auf demselben umsehen zu lassen. Das Seelaza-
rett an dem andern Ende des Hafens, gleich am Wege von
Loretto und Sinigaglia, der sich dort trennt, ist ein sehr schönes Gebäude ganz im Meere, so daß eine Brücke hinüber
führt. Es hat rundherum eine Menge schöner bequemer
Gemächer, eine Kapelle mitten im Hofe, frisches Wasser
durch Röhren vom Berge, und ein ziemlich großes Waren-
haus. Auch das Militärspital auf dem Lande ist ein schönes,
weitläufiges Gebäude. Die Schiffe sind meistens fremde,
und die Handlung hebt sich nur sehr langsam durch die
Maßregel des römischen Hofes, daß man Ankona zu einem
Freihafen erklärt hat. Auf der südlichen Höhe der Stadt steht
die alte Kathedralkirche, wo außer dem unverweslichen heiligen Cyriakus noch einige andere Kapitalheilige begraben
liegen, deren Namen mir entfallen sind. Man findet dort eine
schöne, prächtige, funkelnagelneue Inskription, daß Pius
der Sechste auf seiner Rückkehr aus Deutschland, wo er die

Wiener gesegnet hatte, daselbst die Unverweslichkeit des Heiligen in Augenschein genommen, bewundert und von neuem dokumentiert habe. Dieses Monument des Wunderglaubens ist dem Papst auf Kosten des Volks und der Stände der Mark Ankona in der glänzenden marmornen Krypte der Heiligen errichtet worden. *O sancta!*

Die Börse ist ein großer, schöner, gewölbter Saal mitten in der Stadt, mit interessanten, gut gearbeiteten Gemälden und Statüen, welche moralische und bürgerliche Tugenden vorstellen. Die erstern sollen von Perugino sein, wie man mir sagte; ich hätte sie nicht für so alt gehalten.

Im Theater gab man die alte Posse, *der lustige Schuster*, gar nicht übel; und das italiänische Talent zur Burleske mit dem feinen Takt für Schicklichkeit und Anstand zeigte sich hier sehr vorteilhaft. Ich konnte nicht umhin, Dir hier einige Worte über unsere deutschen Landsleute auf der Bühne zu sagen. Es wäre wohl zu wünschen, daß sie etwas von der Delikatesse der Wälschen hierin hätten oder lernten. Das ist bei uns ein ewiges Küssen und sogar Schmatzen auf den Brettern bei jeder Gelegenheit. Wenn man glaubt, daß dieses eine schöne ästhetische Wirkung tun müsse, so irrt man sich vermutlich; wenigstens für mich muß ich bekennen, daß mir nichts langweiliger und peinlicher wird, als eine solche Zärtlichkeitsszene. Ein Kuß ist alles, und ein Kuß ist nichts; und hier ist er weniger als nichts, wenn er so seine Bedeutung verliert. Er gehört durchaus zu den Heimlichkeiten der Zärtlichkeit, in der Freundschaft wie in der Liebe, und wird hier entweiht, wenn er vor die Augen der Profanen getragen wird. Ich weiß die Einwürfe; aber ich kann hier keine Abhandlung schreiben, sie alle zu beantworten. Der Italiäner weiß durch die feinen Nüanzen der Umarmung mehr zu wirken, als wir durch unsere Küsse. Es versteht sich, daß seltene Ausnahmen Statt finden. Ein anderer Artikel, den wir etwas zu materiell behandeln, ist das Essen und Trinken und Tabaksrauchen auf dem Theater. Das alles ist von sehr geringer ästhetischer Bedeutung, und sollte füglich wegfallen. Es ist als ob wir unsere Stärke zeigen wollten, um die

Präeminenz unsers Magens zu beweisen: und der Gebrauch
der Teemaschine und der Serviette gehört bei mir durchaus
nicht zu den guten Theaterkünsten; zumal wenn man eine
Teekanne auf das Theater bringt, die man in der letzten
Dorfschenke kaum unförmlicher und unreinlicher finden
würde. Auch sieht man zuweilen einen Korb, der doch Ele-
ganz bezeichnen sollte, als ob eben ein Bauer Hühnermist
darin auf das Pflanzenbeet getragen hätte. Nimm mir es
nicht übel, daß ich da in dramaturgischen Eifer gerate: es
wirkt nicht angenehm, wenn man Schicklichkeit und Anstand vernachlässigt.

   Von Leipzig bis hierher habe ich keinen Ort gefunden, wo
es so teuer wäre wie in Ankona; selbst nicht das teure Triest.
Ich habe hier täglich im Wirtshause einen Kaiserdukaten
bezahlen müssen, und war für dieses Geld schlecht genug
bewirtet. Man schiebt noch alles auf den Krieg und auf die
Belagerung; das mag den Aubergisten sehr gut zu Statten
kommen. Alles war voll Impertinenz. Dem Lohnbedienten
zahlte ich täglich sechs Paoli; dafür wollte er früh um neun
Uhr kommen und den Abend mit Sonnenuntergange fortgehen; und machte gewaltige Extraforderungen, als er bis
nach der Komödie bleiben sollte, da ich in der winkligen
Stadt meine Auberge in der Nacht nicht leicht wiederzufin-
den glaubte. Er pflanzte sich im Parterre neben mich und
unterhielt mich mit seinen Impertinenzen; und dafür mußte
ich ihm die Entrée bezahlen und zwei Paoli Nachschuß für
die Nachtstunden. Die Barbiere bringen jederzeit einen Bedienten mit, eine Art von Lehrling, der das Becken trägt und
die Kunst des Bartscherens von dem großen Meister lernen
soll. Nun ist das Becken zwar in der Tat so geräumig, daß
man bequem einige Ferkel darin abbrühen könnte, und man
wundert sich nicht mehr so sehr, daß die erhitzte Phantasie
Don Quixotte's so etwas für einen Helm ansah. Hast du den
Herrn recht gut bezahlt, so kommt der Junge, der die Serviette und den Seifenlappen in Ordnung gelegt hat und
fordert etwas *della bona mano, della bona grazia*, und macht zu
einer Kleinigkeit eben kein sehr freundliches Gesicht. Mein

Bart hat mich bei den Leuten schon verzweifelt viel gekostet, und wenn ich länger hier bliebe, würde ich mich an die
Bequemlichkeit der Kapuziner halten.

Die Leute klagten über Not und hielten bei hellem Tage
durch die ganze Stadt Faschingsmummereien, daß die Franzosen die Polizeiwache verdoppeln mußten, damit das Volk
einander nur nicht tot trat; so voll waren die Gassen ge-
pfropft. Da gab es denn eben so possierliche Auftritte, wie
in Imola. Vorzüglich schnakisch sah es aus, wenn eine sehr
feine Gesellschaft in dem höchsten Maskeradenputz vorbei-
zog, ein wirklicher Ochsenbauer mit seinen weitgehörnten
Tieren, die Weinfässer fuhren, sich eingeschoben hatte und
eine Gruppe zierlicher Abbaten hinter den Fässern hertroll-
te, nicht vorbei konnte, mit Ungeduld ihre Blicke nach den
Damen schickten, endlich durchwischten und mit den hand-
festen Fuhrleuten in ernsthafte Ellbogenkollision kamen.
Das gab dann Leben und Lärm unter den dichtgedrängten
Zuschauern links und rechts. Die armen Leute, welche über
Hunger klagten, warfen doch einander mit Bonbons aller
Art; aber vorzüglich gingen freundschaftliche, zärtliche Ka-
nonaden mit einer ungeheuern Menge Mais, den man in
Körben als Ammunition zu dieser Neckerei dort zum Ver-
kauf trug. Mich deucht, man hätte nachher wohl zehn
Scheffel sammeln können. Freilich lesen den andern Tag die
Armen auf, was nicht im Kot zertreten und zerfahren ist;
und damit entschuldigt man das Unwesen. Es ist eine son-
derbare, sehr närrisch lustige Art Almosen auszuteilen.

Die Kaffeehäuser sind hier sehr gut eingerichtet und man
trifft daselbst immer sehr angenehme unterhaltende Gesellschaft von Fremden und Einheimischen. Eine sonderbare
Erscheinung muß die Belagerung der Stadt im vorigen
Kriege gemacht haben, wo fast alle Nationen von Europa,
Östreicher, Engländer, Russen, Italiäner und Türken gegen
die neuen Gallier schlugen, die sich trotz allen Anstrengun-
gen der Herren endlich doch darin behaupteten, und die nun
bloß durch die gewaltige Frömmigkeit ihres Machthabers
daraus vertrieben werden. Ankona ist gewiß in jeder Rück-

sicht einer der interessantesten militärischen Posten an
dieser Seite, und nächst Tarent der wichtigste am ganzen
adriatischen Meere. Bis nach Ankona lautete mein Paß von
Wien aus, weil der höfliche Präsident der italiänischen Kanzlei ihn durchaus nicht weiter schreiben wollte. Aber hier
machte man mir gar keine Schwierigkeit mir einen Paß zu
geben, wohin ich nur verlangte. Man war nur meinetwegen
besorgt, ich möchte dem Tode entgegengehen. Dawider ließ
sich nun freilich kein mathematischer Beweis führen: ich
machte den guten, freundschaftlichen Leuten aber deutlich,
daß meine Art zu reisen am Ende doch wohl noch die sicherste sei. Wer würde Reichtümer in meinem Reisesacke
suchen? Mein Aufzug war nicht versprechend; und um
nichts schlägt man doch nirgends die Leute tot.

Rom, den 2ten März
Wider meine Absicht bin ich nun hier. Die Leutchen in
Ankona legten es mir so nahe ans Gewissen, daß es Tollkühnheit gewesen wäre, von dort aus an dem Adria hinunter
durch Abruzzo und Kalabrien zu gehen, wie mein Vorsatz
war. Ihre Beschreibungen waren fürchterlich, und im Wirtshause betete man schon im voraus bei meiner anscheinen-
den Hartnäckigkeit für meine arme erschlagene Seele. *Vous
avez bien l'air d'être un peu François; et tout François est perdû sans
ressource en Abruzzo. Ce sont des sauvages sans entrailles*; sagte man
mir. Das klang nun freilich nicht erbaulich, denn ich denke
noch manches ehrliche Kartoffelgericht in meinem Vaterlande zu essen. *On Vous prendra pour François, et on Vous coupera
la gorge sans pitié*; hieß es. *Fort bien*, sagte ich; *ou plûtot bien fort*.
Was war zu tun? Ich machte der traurigen Dame zu Loretto
meinen Besuch, ließ auch meinen Knotenstock von dem
Sakristan mit zur Weihe durch das Allerheiligste tragen, be-
guckte etwas die Votiven und die gewaltig vielen Beichtstüh-
le, ließ mir für einige Paoli ein halbes Dutzend hochgeweihte
Rosenkränze anhängen, um einige gläubige Sünderinnen in
meinem Vaterlande damit zu beglückseligen, und wandelte

durch die Apenninen getrost der Tiber zu. Freilich gab es auch hier keinen Mangel an Mordgeschichten, und in einigen Schluchten der Berge waren die Arme und Beine der Hingerichteten häufig genug hier und da zum Denkmal und zur schrecklichen Warnung an den Ulmen aufgehängt: aber ich habe die Gabe zuweilen etwas dümmer und ärmer zu scheinen, als ich doch wirklich bin; und so bin ich dann glücklich auf dem Kapitol angelangt.

Die Gegend von Ankona nach Loretto ist herrlich, abwechselnd durch Täler und auf Höhen, die alle mit schönem Getreide und Obst und Ölbäumen besetzt sind; desto schlechter ist der Weg. Es hatte noch etwas stark Eis gefroren, eine Erscheinung, die mir in der Mitte des Februars bei Ankona ziemlich auffiel; und als die Sonne kam, vermehrte die Wärme die Beschwerlichkeit des Weges unerträglich.

Ich war seit Venedig überall so sehr von Bettlern geplagt gewesen, daß ich auf der Straße den dritten Menschen immer für einen Bettler ansah. Desto überraschender war mir ein kleiner Irrtum vor Loretto, wo es vorzüglich von Armen wimmelt. Ein ältlicher, ärmlich gekleideter Mann stand an einem Brückensteine des Weges vor der Stadt, nahm mit vieler Deferenz seinen alten Hut ab, sprach etwas ganz leise, das ich, daran gewöhnt, für eine gewöhnliche Bitte hielt. Ich sah ihn flüchtig an, fand an seinem Kleide und an seiner Miene, daß er wohl bessere Tage gesehen haben müsse, und reichte ihm ein kleines Silberstück. Das setzte ihn in die größte Verlegenheit; sein Gesicht fing an zu glühen, seine Zunge zu stammeln: er hatte mir nur einen guten Morgen und glückliche Reise gewünscht. Nun sah ich dem Mann erst etwas näher ins Auge, und fand so viel feine Bonhommie in seinem ganzen Wesen, daß ich mich über meine Übereilung ärgerte. Wahrscheinlich hielten wir beide einander für etwas ärmer, als wir waren. Du wirst mir zugeben, daß solche Erscheinungen, die kleine Unannehmlichkeit des augenblicklichen Gefühls abgerechnet, unserer Humanität sehr wohl tun müssen. Die Gegend um Loretto ist ein Paradies von Fruchtbarkeit, und die Engel müssen ganz gescheite Leute gewesen sein, da sie nun einmal das Häuschen im gelobten Lande nicht behaupten konnten, daß sie es durch die Luft aus Dalmatien hierher bugsiert haben. Es steht hier doch wohl etwas besser, als es dort gestanden haben würde, wo es auch den Ungläubigen, so zu sagen, noch in den Klauen war. Zwar hatte es den Anschein, als ob der Unglaube auch hier etwas überhand nehmen wollte und einen dritten Transport nötig machen würde; denn die entsetzlichen Franzosen, die doch sonst die allerchristlichste Nation waren, hatten sich nicht entblödet der heiligen Jungfrau offenbare Gewalt anzutun, worüber die hiesigen Frommen große Klagelieder und Verwünschungen anstimmen: aber die neue Salbung des großen Demagogen gibt auf einmal der Sache für die Gottseligkeit eine andere Wendung. Die Mummerei nimmt wieder ihren Anfang, man macht Spektakel aller Art, wie ich denn selbst das Idol des Bacchus auf einer ungeheuern Tonne zum Fasching vor dem heiligen Hause in Pomp auf- und abführen sah; und man verkauft wieder Indulgenzen nach Noten für alle Arten von Schurkereien. Es ist überhaupt nicht viel Vernunft in der Vergebung der Sünden; aber wer diese Art derselben erfunden hat, bleibt ein Fluch der Menschheit, bis die Spur seiner Lehre getilget ist.

Mit diesen und ähnlichen Gedanken wandelte ich die lange Gasse von Loretto den Berg hinauf und hinab, durch die schönen Täler weiter und immer nach Macerata zu. Links haben die Leute eine herrliche Wasserleitung angelegt, die das Wasser von Recanati nach Loretto bringt. Wenn ich überall eine solche Kultur fände, wie von Ankona bis Macerata und Tolentino, so wollte ich fast den Mönchen ihre Möncherei verzeihen. In Macerata bewillkommnete mich im Tor ein päpstlicher Korporal und nahm sich polizeimäßig die Freiheit meinen Paß zu beschauen. Der Mann war übrigens recht höflich und artig, und schickte mich in ein Wirtshaus nicht weit vom Tore, wo ich so freundlich und billig behandelt wurde, daß mir die Leutchen mit ihrem gewaltig starken Glauben durch ihre Gutmütigkeit außeror-

dentlich wert wurden. Ich machte mir ein gutes Feuer von
Ulmenreisig und Weinreben, las eine Rhapsodie aus dem
Homer und schlief so ruhig wie in der Nachbarschaft des
Leipziger Paulinums. Es war meine Gewohnheit des Mor-
gens aus dem Quartier auf gut Glück ohne Frühstück
auszugehen, und mich an das erste beste Wirtshaus an der
Straße zu halten. Die Gegend war paradiesisch links und
rechts; aber zu essen fand sich nichts. Hinter Macerata geht
der Weg links nach Abruzzo ab, und ich geriet in große
Versuchung mich dort hinunter nach Fermo und Bari zu
schlagen. Bloß mein Versprechen in Ankona hielt mich zurück. Ich bat die guten Bruttier um Verzeihung für mein
Mißtrauen und meinen Unglauben, und wanderte fürbaß.
Der Hunger fing an mir ziemlich unbequem zu werden, als
ich rechts am Wege ein ziemlich schmutziges Schild erblickte und nach einem Frühstück fragte. Da war nichts als Klage
über Brotmangel. Endlich fand sich, da ich viel bat und viel
bot, doch noch Wein und Brot. Das Brot war schlecht, aber
der Wein desto besser. Ich war nüchtern, hatte schon viel
Weg gemacht, war warm und trank in großen Zügen das
Rebengeschenk, das wie die Gabe aus Galliens Kampanien
perlte und wie Nektar hinunter glitt. Ich trank reichlich,
denn ich war durstig; und als ich die Kaupone verließ, war es
als schwebte ich davon, und als wäre mir der Geist des
Gottes sogar in die Fersen gefahren. So viel erinnere ich
mich, ich machte Verse, die mir in meiner Seligkeit ganz gut
vorkamen. Schade, daß ich nicht Zeit und Stimmung hatte,
sie aufzuschreiben; so würdest Du doch wenigstens sehen,
wie mir Lyäus dichten hilft; denn meine übrige Arbeit ist
sehr nüchtern. Die Feldarbeiter betrachteten mich aufmerksam, wie ich den Weg dahin schaukelte; und ich glaube, ich
tanzte die Verse ab. Da fragte mich ganz traulich-pathetisch
ein Eseltreiber: *Volete andare a Cavallo, Signore?* Ich sah seine
Kavallerie an, rieb mir zweifelnd die Augen und dachte:
Sonst macht wohl der Wein die Esel zu Pferden: hat er denn
hier die Pferde zu Eseln gemacht? Aber ich mochte reiben
und gucken, so viel ich wollte, und meine Nase komisch mit

dem Hofmannischen Glase bebrillen; die Erscheinungen
blieben Esel; und ich gab auf den wiederholten Ehrenantrag
des Mannes den diktatorischen Bescheid: *Io sono pedone e non
voglio andare a cavallo sul asino.* Die Leute sahen mich an und
der Eseltreiber mit, und lächelten über meinen Gang und
meine Sprache; aber waren so gutartig und lachten nicht.
Das waren urbane Menschenkinder; ich glaube fast, daß im
gleichen Falle die Deutschen gelacht hätten.

In Tolentino gings gut, und ich ließ mich überreden von
hier aus durch die Apenninen, denen man nichts gutes zu-
traut, ein Fuhrwerk zu nehmen, um nur nicht ganz allein zu
sein. Hier kommt der Chiente den Berg herunter und ist für
Italien ein ganz hübscher Fluß, hat auch etwas besseres Wasser als die übrigen. Man geht nun einige Tagereisen zwischen
den Bergen immer an dem Flusse hinauf, bis zu seinem
Ursprunge bei Colfiorito, wo er aus einem See kommt, in
welchem sich das Wasser rund umher aus den höchsten
Spitzen der Apenninen sammelt. Ich hatte einen Wagen ge-
mietet, aber der Wirt als Vermieter kam mit der Entschuldigung: es sei jetzt eben keiner zu finden; ich müsse zwei
Stunden warten. Das war nun nicht erbaulich. Ärgernis hätte
mich aber nur mehr aufgehalten; ich faßte also Geduld und
ließ mich mit meinem Tornister auf einen Maulesel schroten;
mein Führer setzte sich, als wir zur Stadt hinaus waren, auf
die Kruppe, und so trabten wir italiänisch immer in den
Schluchten hinauf. Diese wurden bald ziemlich enge und
wild, und hier und da aufgehangene Menschenknochen
machten eben nicht die beste Idylle. Ich blieb auf einer
Station, deren Namen ich vergessen habe, nicht weit von
dem alten Kamerinum, dessen Livius im punischen Kriege
sehr ehrenvoll erwähnt. Hier pflegte man mich sehr gast-
freundlich und ich erhielt den bedungenen Wagen nach
Foligno. Serrevalle ist ein großes, langes Dorf in einer engen,
furchtbaren Bergschlucht am Fluß, nicht weit von der größten Höhe des Apennins; und ich wunderte mich, daß man
hier so gut und so wohlfeil zu essen fand. Von dem See bei
Colfiorito, einem Kessel in den höchsten Bergwänden, geht

es bald auf der andern Seite abwärts, und der Weg windet
sich sehr wildromantisch in einer Felsenschnecke hinunter.
Case Nuove ist ein armes Örtchen am Abhange des Berges,
fast ebenso zwischen Felsen wie Serrevalle auf der andern
Seite. Die Leute hier verstehen sich sehr gut zu nähren,
indem sie die Sympathie der Reisenden in Anspruch nehmen. Sie überteuern den Fremden nicht, sondern wenden
sich bei der Bezahlung mit rührender Ergebung an seine
Großmut. Wenn man nun einen Blick auf die hohen, furchtbaren, nackten Felsen rund um sich her wirft; man müßte
keine Seele haben, wenn man nicht etwas tiefer in die Tasche
griffe und den gutmütigen Menschen leben hülfe.

Von Case Nuove nach Foligno ist eine Partie, wie es vielleicht in ganz Italien nur wenige gibt, so schön und romantisch ist sie. Man erhebt sich wieder auf eine ansehnliche
Höhe des Apennins, und hat über eine sehr reiche Gegend
eine der größten Aussichten. Unten rechts, tief in der
Schlucht, sind in einem sich nach und nach erweiternden
Tale die Papiermühlen des Papstes angelegt, die zu den besten in Italien gehören sollen. Oben sind die Berge kahl,
zeigen dann nach und nach Gesträuche, geben dann Ölbäume und haben am Fuße üppige Weingärten. Hier sah ich,
glaube ich, zuerst die perennierende Eiche, die in Rom eine
der ersten Zierden des Borghesischen Gartens ist. Auf der
Höhe des Weges soll man hier, wenn das Wetter rein und hell
ist, bis nach Assisi und Perugia an dem alten Thrasymen
sehen können. Ich war nicht so glücklich; es war ziemlich
umwölkt: aber es war auch so schon ein herrlicher Anblick.
Wer nur ein Kerl wäre, der etwas ordentliches gelernt hätte!
Hier komme ich nun schon in das Land, wo kein Stein ohne
Namen ist. Mit magischen Wolken überzogen liegt das alte,
finstere Foligno unten im Tale, wo der Segen Hesperiens
ruht. Rechts und links liegen Anhöhen mit Gebäuden, die
gewiß in der Vorzeit alle merkwürdig waren. Links hinunter
weideten ehemals die vom Klitumnus weißgefärbten Stiere,
welche die Weltbeherrscher zu ihren Opfern in die Hauptstadt holten; und tief, tief weiter hinab liegt in einer Berg-

schlucht das alte Spoleto, vor dessen Toren das vom
Thrasymen siegreich herabstürzende Heer Hannibals zum
ersten Mal von einer Munizipalstadt fürchterlich zurückgeschlagen wurde. In und bei Foligno ist artistisch nicht viel zu
sehen, nachdem die neuen Gallier das schöne Madonnen-
bild mitgenommen haben. Die Kathedralkirche wird jetzt
ausgebessert, und mich deucht mit Geschmack. Man hatte
mich in die Post einquartiert, wo man mich zwar ziemlich
gut bewirtete, aber ungeheuer bezahlen ließ. Eine Bewirtung, für die ich den vorigen Abend auch auf der Post oben
in dem Apennin sieben Paoli gezahlt hatte, mußte ich hier in
dem Lande des Segens mit sechszehn bezahlen. Man wollte
mich überdies mit Gewalt zu Wagen weiter spedieren, und
da ich dies durchaus nicht einging, sollte ich wenigstens ein
Empfehlungsschreiben meines freundlichen Bewirters nach
Spoleto an einen seiner guten Freunde haben. Natürlich, daß
ich auch dafür dankte; denn er hatte mir vorher durch sich
selbst seine guten Freunde nicht sonderlich empfohlen. Sobald als der Morgen graute, nahm ich also mein Bündel und
wandelte immer wieder im Tale hinauf nach Hannibals
Kopfstoß. Hier kam ich bei den berühmten Quellen des
Klitumnus vorbei, die jetzt von den Eselstreibern und
Waschweibern gewissenlos entweiht werden; ob sie gleich
noch eben so schön sind wie vormals, als Plinius so enthusiastisch davon sprach. Große Haine und viele Tempel gibt
es freilich nicht mehr hier; aber die Gegend ist allerliebst und
ich stieg emsig hinab und trank durstig mit großen Zügen
aus der stärksten Quelle, als ob es Hippokrene gewesen
wäre. Hier und da standen noch ziemlich hohe Cypressen,
die ehmals in der Gegend berühmt gewesen sein sollen.
Vorzüglich sah es aus, als ob Athene und Lyäus ihre Geschenke hier in ihrem Heiligtume niedergelegt hätten. Es
sollen in den Weinbergen noch einige Trümmer alter Tempel
sein; ich suchte sie aber nicht auf. Als ich so dort mich auf
dem jungen Rasen sonnte, setzte sich ein stattlich gekleideter Jäger zu mir, lenkte das Gespräch sehr bald auf Politik,
zog einige Zeitungsblätter aus der Tasche, und wollte nun

von mir wissen, wie man nach dem Frieden die endliche Ausgleichung machen würde, und wie besonders der heilige Sitz und die geistlichen Kurfürsten dabei bedacht werden sollten. Daran hatte ich nun mit keiner Sylbe gedacht, und sagte ihm ganz offenherzig, das überließe ich denen, *quorum interesset.*

Ich bin nicht gern bei solchen Ausgleichungsprojekten; denn es ist fast immer etwas Empörendes dabei. Ein Beispielchen will ich Dir davon erzählen. Du kannst Dir nichts Anmaßlicheres, Verwegeneres, Hohnsprechenderes, Impertinenteres denken, als den Russischen Nationalgeist; nicht den des Volks, sondern der hoffnungsvollen Sprößlinge der großen Familien, die die nächste Anwartschaft auf Ämter im Zivil und bei der Armee haben. Einer dieser Herren, der nur wenig seinen Kameraden vorging, äußerte in Warschau öffentlich im Vorzimmer, er hoffe wohl noch Russischer Gouverneur in Dresden zu werden und zu bleiben. Die Frage war eben, wie man Östreich über die zweite Teilung in Polen zufrieden stellen wolle? Der Neffe des Gesandten, der doch Major bei der Armee und also kein Troßbube war, meinte ganz naiv und unbefangen, da gäbe es ja noch Kurfürsten und Fürsten genug zu spolieren. Dein Freund stand bei den Exzellenzen, deren einige durchaus die moralische Antiphrase ihres Titels waren, und kehrte sich trocken weg und sagte: Das ist wenigstens der richtige Ausdruck: So geht es hier und da.

Der Jäger verließ mich nach einem halben Stündchen Kosen, und ich verließ den Klitumnus. In Spoleto ging ich ohne Schwierigkeit gerade durch das Tor hinein, durch welches Hannibal laut der Nachrichten nicht gehen konnte. Fast hätte ich nun Ursache gehabt zu bedauern, daß ich das Empfehlungsschreiben des billigen Mannes in Foligno nicht angenommen hatte; denn ich lief in dem Neste wohl eine halbe Stunde herum, ehe ich ein leidliches Gasthaus finden konnte. Endlich führte man mich doch in eins, wo man für den dritten Teil der gestrigen Zeche eben so gut bewirtete. Es ist ein großes, altes, dunkles, häßliches, jämmerliches

Loch, das Spoleto; ich möchte lieber Küster Klimm zu Bergen in Norwegen sein, als Erzbischof zu Spoleto. Die Leute hier, denen ich ins Auge guckte, sahen alle aus wie das böse Gewissen; und nur mein Wirt mit seiner Familie schien eine Ausnahme zu machen. Deswegen habe ich mich auch keinen Deut um ihre Altertümer bekümmert, deren hier noch eine ziemliche Menge sein sollen. Aber alles ist Trümmer; und Trümmern überhaupt, und zumal in Spoleto, und überdies in so entsetzlichem Nebelwetter, geben eben keine schöne Unterhaltung. Über dem Tore, das man Hannibals Tor nennt, stehen die Worte in Marmor:

HANNIBAL

CAESIS AD THRASYMENUM ROMANIS

INFESTO AGMINE URBEM ROMAM PETENS

AD SPOLETUM MAGNA STRAGE SUORUM REPULSUS

INSIGNE PORTAE NOMEN FECIT.

So ist die Überschrift. Ich weiß nicht, ob es die Worte des Livius sind: mich deucht, bei diesem lautet es etwas anders. Die Sache hat indes nach den alten Schriftstellern ihre Richtigkeit; nur weiß ich nicht, ob es eben dieses Tor sein möchte: denn wie vielen Veränderungen ist die Stadt nicht seit den punischen Kriegen unterworfen gewesen! Doch ist es eben das Tor, durch das der Weg von Perugia geht. Der Marmor scheint ziemlich neu zu sein. Jetzt dürfte sich wohl schwerlich ein französisches Bataillon zurückwerfen lassen.

Ich Idiot glaubte, als ich in Foligno angekommen war, ich sei nun den Apennin durchwandelt: aber das ganze Tal des Klitumnus mit den Städten Foligno und Spoleto liegt in den Bergen; von Spoleto bis Terni ist der furchtbarste Teil desselben; und hier war ich wieder zu Fuße ganz allein. Den Morgen als ich Spoleto verließ, sah ich links an dem Felsen noch das alte gotische Schloß, wo sich wackere Kerle vielleicht noch einige Stunden um die Stadt schlagen können, ging vor den sonderbaren Anachoreten vorbei und immer die wilde Bergschlucht hinauf. Wo ich einkehrte unterhielt man mich überall mit Räubergeschichten und Mordtaten, um mir einen Maulesel mit seinem Führer aufzuschwatzen; aber ich war nun einmal hartnäckig und lief trotzig allein meinen Weg immer vorwärts. Oben auf dem Berge soll der *Jupiter Summanus* einen Tempel gehabt haben. Es ist wohl nur von Rom aus nach Umbrien der höchste Berg; denn sonst gibt es in der Kette viel höhere Partien. Der Weg aufwärts von Spoleto ist noch nicht so wild und furchtbar als der Weg abwärts und weiter nach Terni. Das Tal abwärts ist zuweilen kaum hundert Schritte breit, rechts und links sind hohe Felsenberge, zwischen welche den ganzen Tag nur wenig Sonne kommt, mit Schluchten und Waldströmen durchbrochen. Dörfer trifft man auf dem ganzen Wege nicht, als auf der Spitze des Berges nur einige Häuser und ein halbes Dutzend in Strettura, dessen Name schon einen engen Paß anzeigt. Hier und da sind noch einige isolierte Wohnungen, die eben nicht freundlich aussehen, und viele alte, verlassene Gebäude, die ziemlich den Anblick von Räuberhöhlen tragen. Fast nichts ist bebaut. Die meisten Berge sind bis zu einer großen Höhe mit finstern, wilden Lorbeerbüschen bewachsen, die vielleicht eine Bravobande zu ihren Siegeszeichen brauchen könnte. Ich gestehe Dir, es war mir sehr wohl, als sich einige italiänische Meilen vor Terni das Tal wieder weiterte und ich mich wieder etwas zu Tage gefördert sah und unter mir schöne, friedliche Ölwälder erblickte, unter denen der junge Weizen grünte. Das Tal der Nera öffnete sich, und es lag wieder ein Paradies vor mir. Hohe Cypressen ragten hier und da in den Gärten an den Felsenklüften empor, und der Frühling schien in den ersten Gewächsen des Jahres mit wohltätiger Gewalt zu arbeiten.

Vorgestern kam ich auf meiner Reise hierher in Terni an. Mein Wirt, ein Tyroler und stolz auf die Ehre ein Deutscher zu sein, fütterte mich auf gut östreichisch recht stattlich, und setzte mir zuletzt ein Gericht Sepien vor, die mir zum Anfange vielleicht besser geschmeckt hätten. Er mochte mich für einen Maler halten und glauben, daß dieses zur Weihe gehöre. Zum Desert und zur Delikatesse kann ich den Dintenfisch nach dem Urteil meines Gaumens nicht empfehlen; schon seine schwarzbraune Farbe ist in der Schüssel eben nicht ästhetisch. Nachdem ich gespeis't, Interamner Wein getrunken und meinen Reisesack gehörig in Ordnung gelegt hatte, trollte ich fort nach dem Sonnentempel, nehmlich der jetzigen Diminutivkirche des heiligen Erlösers. Sie war verschlossen, ich ließ mich aber nicht abweisen und ging zum Sakristan, der weiter keine Notiz von mir nahm; bei seiner Schüssel und seinem Buche unbeweglich sitzen blieb und mich durch eine alte Sara in die Kirche weisen ließ. Der Mann hatte in seinem Sinne Recht; denn er dachte ohne Zweifel: Der da, kommt weder mir noch meiner Kirche zu Ehren, sondern bloß der heidnischen Sonne sein Kompliment zu machen. Richtig. Die Leute haben bekanntlich das Tempelchen wie wahre Obskuranten behandelt und dafür gesorgt, daß in den Sonnentempel keine Sonne mehr scheinen kann. Alle Eingänge sind vermauert und zu Nischen gemacht, in deren jeder ein Heiliger für Italien schlecht genug gepinselt ist; und über dem Altar steht ein Sankt Salvator, der seinen Verfertiger auch nicht aus dem Fegefeuer erlösen wird.

Nun stieg ich, ob ich gleich diesen Tag schon durch vier Meilen Apenninen von Spoleto herüber gekommen war, noch eine deutsche Meile lang den hohen Steinweg zu dem Fall des Velino hinauf. Das war Belohnung. Der Tag war herrlich; kein Wölkchen, und es wehte ein lauer Wind, der nur in der Gegend des Sturzes etwas kühl ward. Die Sonne stand schon etwas tief und bildete aus der furchtbaren Schlucht der Nera hoch in der Atmosphäre einen ganzen hellen, herrlich glühenden und einen größern dunkeln Bogen im Staube des Falles. Ich saß gegenüber auf dem Felsen, und vergaß einige Minuten alles, was die Welt sonst großes und schönes haben mag. Etwas größeres und schöneres von Menschenhänden hat sie schwerlich aufzuweisen. Folgendes war halb Gedanke, halb Gefühl, als ich wieder bei mir selbst war.

Hier hat vielleicht der große Mann gesessen
Und dem Entwurfe nachgedacht,
Der seinen Namen ewig macht;
Hat hier das Riesenwerk gemessen,
Das größte, welches je des Menschen Geist vollbracht.
Es war ein göttlicher Gedanke,
Und staunend steht die kleine Nachwelt da
An ihres Wirkens enger Schranke
Und glaubet kaum, daß es geschah.
Wie schwebte mit dem Regenbogen,
Als durch die tiefe Marmorkluft
Hinab die ersten Donnerwogen
Wild schäumend in den Abgrund flogen,
Des Mannes Seele durch die Luft!
So eine selige Minute
Wiegt einen ganzen Lebenslauf
Alltäglichen Genusses auf;
Sie knüpft das Große an das Gute.
Es schlachte nun der zürnende Pelide
Die Opfer um des Freundes Grab;
Es zehre sich der Philippide,
Sein Afterbild, vor Schelsucht ab!
Es weine Cäsar, stolz und eitel,
Um einen Lorbeerkranz um seine kahle Scheitel;
Es mache sich Oktavian,
Das Muster schleichender Tyrannen,
Die je für Sklaverei auf schöne Namen sannen,
Mit Schlangenlist den Erdball untertan:
Die Motten zehren an dem Rufe,
Den ihre Ohnmacht sich erwarb,
Und jedes Sekulum verdarb
An ihrem Tempel eine Stufe.
Hier steigt die Glorie im Streit der Elemente,
Und segnend färbt der Sonnenstrahl
Des Mannes Monument im Tal,
Wo sanft der Ölbaum nickt, und hoch am Firmamente.
Das Feuer glüht mir durch das Rückenmark,

Und hoch schlägts links mir in der Seite stark:
Wer so ein Schöpfer werden könnte!

Oben am Sturz rund um das Felsenbette ist zwischen den
hohen Bergen ungefähr eine kleine Stunde im Umkreise eine
schöne Ebene, die voll ungehauener Ölbäume und Wein-
stöcke steht. Ich wollte schon den Päpstlern über das
Sakrilegium an der Natur fluchen, als ich hörte, dieses sei im
letzten Kriege eine Lagerstätte der Neapolitaner gewesen.
Sie schlugen hier Anfangs die Franzosen durch den alten
Felsenweg hinunter, und ich begreife nicht, wie sie mit gewöhnlicher Besinnung es wagen konnten, sie weiter zu
verfolgen. Sie gingen in das Manöver und bezahlten für ihre
Kurzsichtigkeit unten sehr teuer. Es ist traurig für die Humanität, daß man sich mit Tigerwut sogar unter den Zweigen des friedlichen Ölbaums schlägt. So sehr ich zuweilen
der Härte beschuldiget werde, ein Ölbaum und ein Weizen-
feld würde mir immer ein Heiligtum sein; und ich könnte
mich gleich zur Kartätsche gegen denjenigen stellen, der
beides zerstört. Die Sonne ging unter, als ich den schönen
Olivenwald herabkam, und kaum konnte ich unter den
Weinstöcken noch einige Veilchen und Hyacinthen pflük-
ken, die dort ohne Pflege blühen.

Es war zu spät noch die Reste des Theaters in den Gärten
des Bischofs zu sehen, und den andern Morgen wanderte
ich nach Narni. Die Gegend von Narni aus an der Nera
hinunter ist furchtbar schön. Die Brücke bei Borghetto über
die Tiber ist zwar ein sehr braves Stück Arbeit, aber als
Monument für drei Päpste immer sehr kleinlich, wenn man
sie nur gegen die Reste des alten *ponte rotto* bei Narni über die
Nera hält. Das sind doch noch Triumphbogen, die Sinn haben, diese Brücke und der Trajanische bei Ankona. Der
schönste ist wohl der Wasserfall des Velino, der oben für die
ganze Gegend von Rieti schon über zweitausend Jahre eine
Wohltat ist, weil er sie vor Überschwemmungen schützt. Ich
bekenne, daß ich für die zwecklose Pracht, wenn es auch
Riesenwerke wären, keine sonderliche Stimmung habe.

Eine halbe Stunde von Narni läßt man die Nera rechts
und der Weg geht links auf der Anhöhe fort, immer noch
wild genug, aber doch nicht mehr so graunvoll wie zwischen
Spoleto und Terni. Das Interamner Tal, das man hier bei
Narni zuletzt in seiner ganzen Ausdehnung an der Nera
hinauf übersieht, stand bei den Alten billig in großem Ansehen, und ist noch jetzt bei aller Vernachlässigung der
Kultur ein sehr schöner Strich zwischen dem Ciminus und
dem Apennin. In Otrikoli, einem alten schmutzigen Orte
nicht sehr weit von der Tiber, wo ich gegen Abend ankam,
lud man mich gleich vor dem Tore höflich in ein Wirtshaus,
und ich trug kein Bedenken meinen Sack abzuwerfen und
mich zu den Leutchen an das Feuer zu pflanzen. Es hatte
freilich keine sonderlich gute Miene; aber ich hätte vielleicht
Gefahr gelaufen, im Städtchen selbst ein schlechteres oder
gar keins zu finden und den Weg zurück zu machen, wo ich
dann nicht so willkommen gewesen wäre. Kaum hatte ich
einige Minuten ziemlich stumm dort gesessen, als ein ganz
gut gekleideter Mann sich neben mich setzte und mir mit
einigen allgemeinen teilnehmenden Erkundigungen Rede
abzugewinnen suchte. Er war ein starker, heißer Politiker,
und, wie sehr natürlich, mit der Lage der Dinge und vorzüglich mit den allerneuesten Veränderungen nicht sonderlich zufrieden, und meinte weislich, die Sachen könnten so
keinen Bestand haben. Sein Ansehen versprach eben keinen
ausgezeichneten Stand, und doch war er einer der geschei-
testen, bewandertsten Männer, die ich noch auf meiner
Wanderung in Italien von seiner Nation gesehen habe. Orthodoxie in Kirche und Staat schien seine Sache nicht zu
sein; und er mußte etwas Zutrauen zu meinem Gesichtswurf
gewonnen haben, daß er mich ohne Zurückhaltung so tief in
seine Seele sehen ließ. Er kannte die heutigen Staatsverhält-
nisse ungewöhnlich gut und war in der alten Geschichte
ziemlich zu Hause. Der alte Römerstolz schien noch tief in
seinem Innern zu sitzen. Er sprach skeptisch vom Papste
und schlecht von den Franzosen; besonders hatte sein Haß
den General Murat recht herzlich gefaßt, von dessen scham-

losen Erpressungen er zähneknirschend sprach, und der schon durch seinen Mameluckennamen allen Kredit bei ihm verloren hatte. Dieser Otrikolaner war seit langer Zeit der erste Mann, der meinen Spaziergang richtig begriff, und meinte, daß sein Vaterland auch jetzt noch ihn verdiene, so tief es auch gesunken sei. Wir schüttelten einander freundschaftlich die Hände, und ich ging mit der folgenden Morgendämmerung den Berg hinunter, neben den Ruinen der alten Stadt vorbei, auf die Tiber zu.

Bis jetzt war es Vergnügen gewesen auch im Kirchenstaate zu reisen. Jenseits der Berge vor und hinter Ankona, bei Foligno und Spoleto und Terni und Narni war die Kultur doch noch reich und schön, und in den Bergen waren die Szenen romantisch groß und zuweilen erhaben und furchtbar. Man vergaß leicht die Gefahr, die sich finden konnte. Von der Tiber und Borghetto an wird alles wüst und öde. Die Bevölkerung wird immer dünner und die Kultur mit jedem Schritte nachlässiger. Civita Castellana gilt für das alte Falerii der Falisker, wo der Schurke von Schulmeister seine Zöglinge ins feindliche Lager spazieren führte und vom Kamill so brav unter den Rutenstreichen der Jungen zurückgeschickt wurde. Es ist angenehm genug, nach einer eingebildeten, militärischen Topographie sich hier den wirklich schönen Zug als gegenwärtig vorzustellen. Die Lage entspricht ganz der Idee, welche die Geschichte davon gibt. Der Ort ist fast rund umher mit Felsen umgeben, die von Natur unzugänglich sind. Der Anblick flößte mir gleich Respekt ein, und ohne an Cluver zu denken, der, wie ich glaube, es ziemlich sicher erwiesen hat, setzte ich sogleich eigenmächtig die alte Festung hierher. Von Borghetto her führt eine alte Brücke über eine wilde, romantische Felsenschlucht, und nach Nepi und Rom zu hat Pius der Sechste eine neue Brücke gebaut, welche das beste ist, was ich noch von ihm gesehen habe. Es ist übrigens gar erbaulich, in welchem pompösen Stil diese Dinge in Aufschriften erzählt werden: solche *ampullae et sesquipedalia verba* scheinen recht in der Seele der heutigen Römlinge zu liegen. Die alten Römer taten und ließen reden, und diese reden und lassen tun. Ich habe auf meinem Wege von Ankona hierher viele erhabene Ehrenbogen gefunden, welche in der angeschwollenen Sprache weiter nichts sagten, als daß Pius der Sechste hier gewesen war und vielleicht ein Frühstück eingenommen hatte. Diese Bogenspanner verdienten einen solchen Herrscher. Von Civita Castellana aus trennt sich die Straße; die alte flaminische geht über Rignano, Malborghetto und Primaporta nach der Stadt, und die neue von Pius dem Sechsten über Nepi und Monterosi, wo sie in die Straße von Florenz fällt. Ich dachte mit dem alten Sprichwort: Nun gehen alle Straßen nach Rom; und hielt mich halb unwillkürlich rechts zu dem neuen Papst. Der alte Weg kann wohl nicht viel schlimmer sein, als ich den neuen fand. Doch von Wegen darf ich mit meinen Landsleuten nicht sprechen; die sind wohl selten in einem andern Lande schlimmer und gewissenloser vernachlässigt, als bei uns in Sachsen.

Erlaube mir über die Straßen im Allgemeinen eine kleine vielleicht nicht überflüssige Expektoration. Es ist empörend, wenn dem Reisenden Geleite und Wegegeld abgefordert wird und er sich kaum aus dem Kot herauswinden kann, um dieses Geld zu bezahlen. Die Straßen sind einer der ersten Polizeiartikel, an den man fast überall zuletzt denkt. Geleite und Wegegeld und Postregal haben durchaus keinen Sinn, wenn daraus nicht für den Fürsten die Verbindlichkeit entspringt, für die Straßen zu sorgen; und die Untertanen sind nur dann zum Zuschuß verpflichtet, wenn jene Einkünfte nicht hinreichen. Denn der Staat hat unbezweifelt die Befugnis, die Natur und Zweckmäßigkeit und den gesetzlichen Gebrauch aller Regalien zu untersuchen, wenn es notwendig ist, und auf rechtliche Verwendung desselben zu dringen. Das gibt sich aus dem Begriff der bürgerlichen Gesellschaft, wenn gleich nichts davon im Justinianischen Rechte steht, welches überhaupt als *jus publicum* das traurigste ist, das die Vernunft ersinnen konnte; so sehr es auch ein Meisterwerk des bürgerlichen sein mag. Bei den Straßen tritt noch eine Hauptvernachlässigung ein, ohne deren Abstel-

lung man durchaus auch mit großen Summen und anhalten-
der Arbeit nicht glücklich sein wird. Ich meine, man sucht
nicht mit Strenge das schädliche Spurfahren zu verhüten. Es
ist so gut, als ob keine Verfügungen deswegen vorhanden
wären, so wenig wird darauf gesehen. Es ist mathematisch
zu beweisen, daß die Gewohnheit des Spurfahrens, zumal
der schweren Wagen, die beste, festeste Chaussee in kurzer
Zeit durchaus verderben muß. Ist einmal der Einschnitt
gemacht, so mag man schlagen und ausfüllen und klopfen
und rammeln, so viel man will, man gewinnt nie wieder die
vorige Festigkeit; die ersten Wagen fahren das Gleis wieder
aus, und machen das Übel ärger. Fängt man an ein zweites
Gleis zu machen, so ist dieses bald eben so ausgeleiert; und
so geht es nach und nach mit mehrern, bis die ganze Straße
ohne Hülfe zu Grunde gerichtet ist. Wenn aber der Weg nur
einiger Maßen in Ordnung ist und durchaus kein Wagen die
Spur des vorhergehenden hält, so kann kein Gleis und kein
Einschnitt entstehen; sondern jedes Rad versieht, so zu sagen, die Stelle eines Rammels und hilft durch die beständige
Veränderung des Drucks die Straße bessern. Man würde
eben so sehr endlich den Weg verderben, wenn man ohne
Unterlaß mit dem Rammel beständig auf die nehmliche Stelle schlagen wollte. Durch das Nichtspurfahren verändern
auch die Pferde beständig ihre Tritte, und das Nehmliche gilt
sodann von den Hufen der Tiere, was von den Rädern des
Fuhrwerks gilt. Fast durchaus habe ich den Schaden dieser
bösen Gewohnheit gesehen, und nur im Hannöverischen
hat man, so viel ich mich erinnere, strengere Maßregeln
genommen, ihn zu verhüten. Aber ich muß machen, daß ich
nach Rom komme.

Die Italiäner müssen denn doch auch zuweilen ein sehr
richtiges Auge haben. Zwei etwas stattlichere Spaziergänger
als ich begegneten mir mit ihren großen Knotenstöcken bei
Nepi, vermutlich um ihre Felder zu besehen, auf denen nicht
viel gearbeitet wurde. *Signore è tedesco e va a Roma*, sagte mir
einer der Herren sehr freundlich. Die Deutschen müssen
häufig diese Straße machen; denn ich hatte noch keine Sylbe

gesprochen, um mich durch den Akzent zu verraten. Sie
rieten mir, ja nicht in Nepi zu bleiben sondern noch nach
Monterosi zu gehen, wo ich es gut haben würde. Ich dankte
und versprach es. Es ist sehr angenehm, wenn man sich bei
dem ersten Anblick so ziemlich gewiß in einer fremden Gegend orientieren kann. Nach meiner Rechnung mußte der
mir links liegende Berg durchaus der *Soracte* sein, obgleich
kein Schnee darauf lag; und es fand sich so. Jetzt gehört er
dem heiligen Sylvester, dessen Namen er auch trägt; doch
hat sich die alte Benennung noch nicht verloren, denn man
nennt ihn noch hier und da Soratte. Nun ärgerte es mich,
daß ich nicht links die alte flaminische Straße gehalten hatte;
dann hätte ich den Herrn Soratte, der sich schon von weitem
ganz artig macht, etwas näher gesehen, und wäre immer
längs der Tiber hinunter gewandelt. Der Berg steht von
dieser Seite ganz isoliert; das wußte ich aus einigen Anmer-
kungen über den Horaz, und deswegen erkannte ich ihn
sogleich, da mir seine Entfernung von Rom bekannt war.
Hinten schließt er sich durch eine Kette von Hügeln an den
Apennin. Der Berg ist zwar ziemlich hoch, aber gegen die
Apenninen selbst hinter ihm doch nur ein Zwerg. Ich will
mir doch auch einmal ein recht schulmeisterlich, hermeneu-
tisches Ansehn geben, und Dir hierbei eine pragmatische
Bemerkung machen. Vielleicht weißt Du sie schon: tut
nichts; eine gute Sache kann man zweimal hören. Du darfst
von dem hohen Schnee des Horaz nicht eben auf die Höhe
des Berges schließen. Der Sorakte hat, weil er mit der großen
Bergkette der Apenninen verglichen, doch nicht außerordentlich hoch ist und tiefer herab in der Ebene liegt, nur
selten Schnee; und Herr Horaz wollte durch seinen Schnee
den ziemlich starken Winter anzeigen, wo man wohl täte,
Kastanien zu braten und sich zum Kamin und zum Becher
zu halten. Das finde ich denn ganz vernünftig. Vielleicht war
es eben damals in Tibur, wo er von Mäcens Landgute bloß
die Spitze des beschneiten Sorakte sehr malerisch gruppiert
vor sich hatte. Übrigens tue ich dem Horaz keine kleine
Ehre, daß ich mich mit einem seiner Verse so lange beschäf-

tige; denn er ist durch seine Sinnesart mein Mann gar nicht, und es ist Schade, daß die Musen gerade an ihn so viel verschwendet haben.

Nepi könnte ein gar herrlicher Ort sein, wenn die Leute hier etwas fleißiger sein wollten: aber je näher man Rom kommt, desto deutlicher spürt man die Folgen des päpstlichen Segens, die durchaus wie Fluch aussehen. Hinter Monterosi packte mich ein Vetturino, der von Viterbo kam und nach Rom ging, mit solchem Ungestüm an, daß ich mich notwendig in seinen Wagen setzen mußte, wo ich einen stattlich gekleideten Herrn fand, der eine tote Ziege und einen Korb voll anderer Viktualien neben sich hatte. Die Ziege wurde eingepackt und der Korb beiseite gesetzt; ich legte meinen Tornister zu meinen Füßen gehörig in Ordnung, und pflanzte mich Barbaren neben den zierlichen Römer. Er belugte mich stark und ich ihn nur obenhin; nach einigen Minuten fing das Gespräch an; und ich schwatzte so gut ich in der neuen römischen Zunge konnte. Das ewige Thema waren leider wieder Mordgeschichten, und der Herr guckte jede Minute zum Schlage hinaus, ob er keine Pistolenholfter sähe. Ganz spaßhaft ist es freilich nicht, wie ich nachher erfahren habe: aber eine solche Furcht ist doch sehr possierlich und lächerlich. Diese Angst hielt bei dem Mann an, bis wir an die Geyerbrücke von Rom kamen, wo er sich nach und nach wieder erholte. Am Volkstore, denn durch dieses fuhren wir ein, fragten die päpstlichen Patrontaschen nach meinem Passe und brachten ihn sogleich zurück mit der Bitte: *Qualche cosa della bona grazia pella guardia.* So so; das fängt gut an: ich mußte wohl einige Paoli herausrücken. Da hielten wir nun vor dem großen Obelisken, und ich überlegte, nach welcher von den drei großen Straßen ich auf gut Glück hinunter gehen sollte. Eben hatte ich meinen Gesichtspunkt in die Mitte hinab durch den Corso genommen und wollte aussteigen, als mein Kamerad mich fragte, wo ich wohnen würde? Das weiß ich nicht, sagte ich; ich muß ein Wirtshaus suchen. Er bot mir an, mich mit in sein Haus zu nehmen. Er habe zwar kein Wirtshaus, ich solle es aber bei

ihm so gut finden, als es Gefälligkeit machen könne. Ich sah
dem Manne näher ins Auge und las wenigstens keine Schurkerei darin, dachte, hier oder da ist einerlei, setzte mich
wieder nieder und ließ mich mit fortziehen. Man brachte
mich, dem heiligen Franziskus mit den Stigmen gegenüber,
in den Palast Strozzi, wo mein Wirt eine Art von Haushofmeister zu sein scheint.

Rom

So bin ich denn also unwidersprechlich hier an der gelben
Tiber, und zwar in keinem der letzten Häuser. Man hat hier
im Hause viel Höflichkeit für mich, und mehr Aufmerksamkeit als mir lieb ist: denn ich merke; daß ich hier viel teurer
leben werde, als in irgendeinem Wirtshause; wie mir meine
Landsleute, die den römischen Rommel etwas verstehen,
auch schon erklärt haben. Ich habe meine Adressen aufgesucht. Uhden und Fernow empfingen mich mit Humanität
und freundschaftlicher Wärme. Du kennst die Männer aus
ihren Arbeiten, welche gut sind; aber sie selbst sind noch
besser, welches nicht immer der Fall bei literärischen Männern ist. Ich bin also schon kein Fremdling mehr am
Kapitole. Auch den selbstständigen, originellen und etwas
barocken Reinhart sah ich gleich den zweiten Tag, und mehrere andere deutsche Künstler. Gmelin ist ein lebhafter,
jovialischer Mann, der nicht umsonst die Welt gesehn hat,
und der eine eigene Gabe besitzt, im Deutschen und Französischen mit der lebendigsten Mimik zu erzählen.
    Der Kardinal Borgia, an den ich einen Brief hatte, nahm
mich mit vieler Freundlichkeit auf. Ein Anderer würde in
seinem Stil Herablassung sagen; nach meinem Begriff läßt
sich kein Mensch herab, wenn er mit Menschen spricht: und
wenn irgendein so genannter Großer in seinem Charakter
noch Herablassung nötig hat, so steht er noch lange nicht
auf dem rechten Punkte. Ich war genötigt meine Anrede
französisch zu machen, da ich mir im Italiänischen nicht
Wendung genug zutraute, mit einem solchen Manne eine

zusammenhängende Unterredung zu halten. Er antwortete mir in der nehmlichen Sprache; aber kaum hörte er, daß ich Latein wußte, so fuhr er, für einen Kardinal drollig genug, lateinisch fort, das Lob dieser Sprache zu machen, durch welche die Nationen so fest zusammenhangen. *Haec est illa lingua*, setzte er hinzu, *quae nobis peperit Livios atque Virgilios. Et Tiberios et Nerones*, hätte ich fast unwillkürlich durch die Zähne gemurmelt. Ein Wort gab das andere, ich mußte ihm einiges von meiner Kriegswanderung nach Amerika erzählen und von meinem Wesen in Polen, und der alte Herr fiel mir mit vieler Gutmütigkeit um den Hals, und faßte mich im Ausbruch der Jovialität nicht allein beim Kopf, sondern sogar bei den Ohren. Ein alter militärischer General seiner Heiligkeit stand dabei, und es wurde ein herzliches Trio gelacht, in das ich so bescheiden als möglich mit einstimmte. Du wirst schon wissen, daß man in Rom mehr Mönchsgenerale als Kriegsgenerale antrifft. Beide spielen mit Kanonen, und es wäre nicht schwer zu entscheiden, welche die ihrigen am besten zu gebrauchen wissen. Ich erhielt die Erlaubnis ohne Einschränkung immer zu dem Kardinal zu kommen, welches für einen Pilger, wie ich bin, keine Kleinigkeit ist. Er stutzte gewaltig, als er hörte, ich wolle übermorgen mein Bündel nehmen und des Weges weiter wandeln, billigte aber meine Gründe lachend, als ich ihm sagte, ich wollte vor dem Eintritt der heißen Jahrszeit meinen Spaziergang nach Syrakus endigen und auf meiner Rückkehr mich länger hier aufhalten. Er bot mir keine Empfehlung nach Veletri an, um dort freieren Eintritt in das Familienkabinett zu haben, worüber ich mich einiger Maßen wunderte. Aber man hat Schwierigkeiten mit den Franzosen gehabt und Einige fürchteten sogar, die Franzosen würden die ganze Sammlung wegschaffen lassen. Das geschieht nun zwar, wie ich höre, nicht; aber es ist doch begreiflich, daß dadurch etwas Furchtsamkeit und Unordnung entstanden sein mag. Übrigens bin ich nicht nach Italien gegangen, um vorzüglich Kabinette und Galerien zu sehen, und tröste mich leicht mit meiner Laienphilosophie.

8 Rom: Piazza Navona

Eben habe ich Canova gesehen und unsere Freunde, Reinhart und Fernow. Es ist überall wohltätig, wenn sich verwandte Menschen treffen; aber wenn sie sich auf so klassischem Boden finden, gewinnt das Gefühl eine eigene Magie schöner Humanität. Canova hat eine zweite Hebe für die Pariser gearbeitet, die mir aber mit den Veränderungen die er gemacht hat und die er doch wohl für Verbesserungen halten muß, bei weitem nicht so wohl gefällt, wie die venetianische. Du kennst meinen Enthusiasmus für diese. Er hat, deucht mir, dem Urteil und dem Geschmack der Franzosen geschmeichelt, denen ich aber in der Anlage einer Batterie eher folgen wollte, als in der Kritik über reine Weiblichkeit. Es bleibt an allen ihren schönen Weibern immer noch etwas von dem Charakter aus dem alten Palais Royal zurück. Er hat auch zwei Fechter nach dem Pausanias gemacht, die nach langer Ermüdung zur Entscheidung einander freien Stoß geben. Der Eine hat soeben den furchtbarsten Schlag vor die Stirne erhalten – dieses ist der Moment – und reißt sodann mit entsetzlichem Grimm seinem Gegner mit der Faust auf einem Griff des Eingeweide aus. Sie gelten für Muster der Anatomie und des Ausdrucks. Da sie keine nahe Beziehung auf reine, schöne Humanität haben, konnten sie mich nicht so sehr beschäftigen: denn Furcht und Grimm sind Leidenschaften, von denen ich gerne mich wegwende. Die Stelle aus dem Pausanias ist mir nicht gegenwärtig; ich weise Dich auf ihn. Demoxenus heißt, glaube ich, der eine Fechter.

In einigen Tagen werde ich durch die Pontinen nach Terracina und sodann weiter nach Süden gehen; damit ich vor der ganz heißen Jahrszeit, wenn's glückt, wieder zurückkomme. Mißglückt es, denn man spricht gar wunderlich, so mögen die Barbaren mich auf ihrer Seele haben. Ich will mich nicht durch Furcht ängstigen, die auf alle Fälle kein guter Hausgenosse in der Seele ist! Zu Ende des Jahres hoffe ich *post varios casus* Dich wieder zu sehen.

Terracina

Du siehst, daß ich aus den Sümpfen heraus bin. Die Pro-
phezeiung meiner Freunde in Rom ist eingetroffen. Der
Herr Haushofmeister in dem Palast Strozzi, dem heiligen
Franz mit den Stigmen gegenüber, überließ es meiner Großmut, die seinige zu belohnen. Das heißt nun die Leute
meistens am unrechten Flecke angefaßt. Ich griff mich indessen an, so viel ich konnte, und gab für drei Tage Wohnung und drei Mahlzeiten, die übrigen hatte ich auswärts
gehalten, zwei Kaiserdukaten, welches ich für ziemlich ho-
nett hielt. Der Mann machte in Rom ein flämisches Gesicht,
aber doch weiter keine Bemerkung, sondern begleitete mich
noch gefällig bis Sankt Johann von Lateran, wo er mir am
Tore seine Adresse gab, damit ich ihn bei meiner Rückkunft
finden möchte. Er mochte doch die Rechnung gezogen und
überlegt haben, daß einen ganzen Monat verhältnismäßig
das Geldchen noch mitzunehmen wäre. Das war nun aber
mir nicht gelegen; meine Börse wollte sich in die Länge nicht
so großmütig behandeln lassen. Man hat der Ausgaben mehrere. Ich ging nun durch die weitläufigen, halb verfallenen
Gärten der Stadt und durch die ganz wüste Gegend vor
derselben nach Albano hinüber.

Einige Millien vor der Stadt wandelte links unter den
Ruinen der alten Wasserleitungen, die vom Berge herabkamen, ein Mann mit einem Buch einsam hin, suchte sich
rundumher zu orientieren, und schloß sich, als ich näher
kam, an mich an. Er war ein Franzose, der sich in Veletri
schon lange häuslich niedergelassen hatte, in der Stadt gewesen war und jetzt heim ging. Seine Gesellschaft war mir
hier höchst angenehm, da er mit der Geschichte der Zeit
und den Vorfällen des Kriegs bekannt war und rund umher
mir alle Auftritte erklärte. Links hinauf nach den Hügeln des
Albanerbergs hatten sich die Franzosen und Insurgenten
hartnäckig geschlagen. Die Insurgenten hatten zuerst einigen Vorteil und hatten deswegen nach der Weise der Revolutionäre angefangen höchst grausam zu verfahren: aber die
Franzosen trieben sie mit ihrer gewöhnlichen Energie bald

in die Enge; und nun fehlte es wieder nicht an Gewalttätigkeiten aller Art. Einige Millien von Albano ist rechts am Wege eine Gegend, welche Schwefelquellen halten muß; denn der Geruch ist entsetzlich und muß in der heißen Sommerperiode kaum erträglich sein. In einer Peripherie von mehrern hundert Schritten keimt deswegen kein Gräschen, obgleich übrigens der Strich nicht unfruchtbar ist.

Die Albaner bilden sich ein, daß ihre Stadt das alte Alba Longa sei, und sagen es noch bis jetzt auf Treu und Glauben jedem Fremden, der es hören will. Die Antiquare haben zwar gezeigt, daß das nicht sein könne, und daß die alte Stadt laut der Geschichte an der andern Seite des Sees am Fuße des Berges müsse gelegen haben: aber drei oder vier Millien, denken die Albaner, machen keinen großen Unterschied; und es ist wenigstens Niemand in der Gegend, der ein näheres Recht auf Alba Longa hätte als sie. Wir wollen sie also in dem ruhigen Besitz lassen. Die jetzige Stadt scheint zur Zeit der ersten Cäsarn aus einigen Villen entstanden zu sein, von denen die des Pompeius die vorzüglichste war. Dadurch sieht es nun freilich um das Monument der Kuriatier mißlich aus, das auf dem Wege nach Aricia steht, und welches mir überhaupt ein ziemlich gotisches Ansehen hat. Nach der Geschichte sind alle, die drei Kuriatier wie die beiden Horatier, unten vor der Stadt Rom begraben, wo der Kampf geschah und wo auch ihre Monumente standen: indessen läßt sich wohl denken, daß die neuen Albaner aus altem Patriotismus ihren braven Landesleuten hier ein neues Denkmal errichteten, als unten die alten verfallen waren. Wenigstens ist nicht einzusehen, wozu das Ding mit den drei Spitzen sonst sollte aufgeführt worden sein. Ein Kastell zur Verteidigung des Weges wäre das Einzige, wozu man es machen könnte; aber dazu hat es nicht die Gestalt.

In Albano fand mein Franzose Bekannte, bei denen er einkehrte, und ich ließ mich auf die Post bringen, welche das beste Wirtshaus ist. Sobald ich abgelegt hatte, trat ein artiger, junger Mann zu mir ins Zimmer, der aus der Gegend war und mit vieler Gutmütigkeit mir die Unterhaltung machte.

Mit ihm wandelte ich noch etwas in der schönen Gegend hin
und her, und namentlich an das Monument, von dessen
Altertum er indessen auch nicht sonderlich überzeugt war.
Antiquitäten schienen zwar seine Sache nicht zu sein; aber
dafür war es desto bekannter mit der neuen Welt. Er sprach
französisch und englisch mit vieler Geläufigkeit, weil er in
beiden Ländern einige Zeit gewesen war; eine nicht gewöhnliche Erscheinung unter den Italiänern. *Je m'appelle Prince*,
sagte er, *mais je ne le suis pas:* indessen hatten ihn die Franzosen nach seiner Angabe prinzlich genug behandelt, alle
seine Ölbäume umgehauen, und ihm auf lange Zeit einen
jährlichen Verlust von zweitausend Piastern verursacht. Die
Wahrheit davon lasse ich auf seiner Erzählung beruhen. Der
junge Mann zeigte viel Offenheit, Gewandtheit und Humanität in seinem Charakter. Sodann führte er mich einige
hundert Schritte weiter zu einer alten Eiche an dem Wege
nach Aricia, nicht weit von dem Eingange in den Park und
die Gärten des Fürsten Chigi. Die Eiche sollte von seltener
Schönheit sein, und sie ist auch wirklich sehr ansehnlich und
malerisch: aber wir haben bei uns in Deutschland an vielen
Orten größere und schönere.

Den Herrn Fürsten Chigi kannte ich aus Charakteristiken
von Rom, und hätte wohl Lust gehabt seine Besitzungen
näher zu besehen. Er selbst ist als Dichter und Deklamator
in der Stadt bekannt, und soll wirklich unter diesen beiden
Rubriken viel Verdienst haben. Er muß indessen ein sonderbarer Bukoliker und Idyllendichter sein; denn in seinem
Park hat er den schönsten und herrlichsten Eichenhain nie-
derhauen lassen, und in dem Überreste läßt er die Schweine
so wild herumlaufen, als ob er sich ganz allein von ihrer
Mastung nähren wolle. Darüber sind nun besonders die Maler und Zeichner so entrüstet, daß sie den Mann förmlich in
Verdammnis gesetzt haben, und ich weiß nicht, wie er sich
daraus erlösen will. Die Gegend ist dessenungeachtet noch
eine der schönsten in Italien, und das romantische Gemisch
von Wildheit und Kultur, die hier zu kämpfen scheinen,
macht, wenn man aus der Öde Roms kommt, einen sonder-

baren wohltätigen Eindruck. Die Leute in dieser Gegend haben den Ruhm vorzüglich gute Banditen zu sein.

Von Albano ging ich den andern Morgen über eben dieses Aricia, dessen Horaz in seiner Reiseepistel von Rom nach Brindisi gedenkt, nach Gensano und Veletri und immer in die Pontinen hinein. Die Leute von Gensano sind mir als die fleißigsten und sittigsten im ganzen Kirchenstaate vorgekommen, und sie haben wirklich ihr Fleckchen Land so gut bearbeitet, daß sie den Wohltaten der Natur Ehre machen. Die Lage ist sehr schön; Berge und Täler liegen in dem lieblichsten Gemische rund umher, und der kleine See von Nemi, unter dem Namen der Dianenspiegel, gibt der Gegend noch das Interesse der mythologischen Geschichte.

Vor Veletri holte mich ein Franzose ein, nicht mein gestriger, sondern ein anderer, der bei der Condeischen Armee den Krieg mitgemacht hatte, jetzt von Rom kam und mit Empfehlungen von dem alten General Suworow nach Neapel zu Akton ging, von dem er Anstellung hoffte. In zwei Minuten waren wir bekannt und musterten die Armeen durch ganz Europa. Nach seinen Briefen mußte er ein sehr braver Offizier gewesen sein, der selbst bei Perugia ein Detachement kommandierte; und ich habe ihn als einen ehrlichen Mann kennen lernen. Wir aßen zusammen in Veletri und schlenderten sodann ganz vergnügt die Berge hinab in die Sümpfe hinein, die einige Stunden hinter der Stadt ihren Anfang nehmen. In Cisterne wollten wir übernachten; aber das Wirtshaus hatte die schlechteste Miene von der Welt, und die päpstlichen Dragoner trieben ein gewaltig lärmendes Wesen. Übrigens fiel mir ein, daß dieses vermutlich der Ort war, wo Horaz so sehr von den Flöhen gebissen wurde und noch andere traurige Abenteuer hatte; daß auch der Apostel Paulus hier geschlafen haben soll, ehe man ihn nach Rom in die Kerker des Kapitols einsperrte. Das war nun lauter böses Omen. Wir beschlossen also, zumal da es noch hoch am Tage war, noch eine Station weiter zu wandeln, bis *Torre di tre ponti*. Hier kamen wir aus dem Regen in die Traufe. Es war ein großes, leeres Haus; der Wirt war nach Paris

gereist, um, wenn es möglich wäre, seine Habe wieder zu
erhalten, die man ihm in die Wette geraubt hatte. Erst plünderten die Neapolitaner, dann die Franzosen, dann wieder
die Neapolitaner, und die Streiter des heiligen Vaters zur
Gesellschaft: das ist nun so römische Wirtschaft. Es war im
ganzen Hause kein Bett, und die Leute sahen nicht außerordentlich freundlich aus. Der Wirt war abwesend; es waren
viele Fremde da, die in den pontinischen Sümpfen, wohin
sogar der Auswurf aus Rom flüchtet, kein großes Zutrauen
einflößen können. Die alte gutmütige Haushälterin gab uns
indessen eine große Decke; wir verrammelten unsere Türe
mit Tisch und Stühlen, damit man wenigstens nicht ohne
Lärm herein kommen könnte, legten uns beide, der französische Oberstlieutenant und ich, in die breite mit Heu
gefüllte Bettstelle, stellten unsere Stöcke daneben, deckten
uns zu und schliefen, so gut uns die Kälte, die Flöhe und die
quakenden Frösche schlafen ließen. Den Morgen darauf war
das Wetter fürchterlich und machte den nicht angenehmen
Weg noch verdrießlicher: vorzüglich fluchte der Franzose
nach altem Stil *tous les diables* mit allem Nachdrucke durch
alle Instanzen, die Yorick gegeben hat. Es konnte indessen
nichts helfen; ich Hyperboreer zog bärenmäßig immer weiter; der Franzmann aber versteckte sich in ein altes leeres
Brückenhaus über dem Kanal und wollte den Sturm vorbei
gehen lassen. Wenn man naß ist, muß man laufen; ich ließ
ihn ruhen, und versprach, hier in Terracina im Gasthofe auf
ihn zu warten.

Die letzte Station vor Terracina war für mich die aben-
teuerlichste. Die alte appische Straße geht links etwas oben
an den Bergen hin und macht dadurch einen ziemlichen
Umweg: aber die Neuen wollten dem Elemente zum Trotz
klüger sein, und zogen sie unüberlegt genug gerade fort. Sie
sieht recht schön aus, wenn sie nur gut wäre. Das Wasser war
groß, ich hatte den Abweg links über eine alte Brücke nicht
gemerkt, und ging die große gerade Linie immer weiter. In
einer halben Stunde stand ich vor Wasser, das rechts aus der
See hineingetreten war und links durch die Gebüsche weit

hinauf ging. Durch den ersten Absatz schritt ich rasch; aber es kam ein zweiter und ein dritter noch größerer. Es war dabei ein furchtbarer Regensturm und ich konnte nicht zwanzig Schritte sehen. Ich ging fast eine Viertelstunde auf der Straße bis über den Gürtel im Wasser, und wußte nicht was vor mir sein würde. Einige Mal waren leere Plätze links und rechts; und da stand ich in den Einschnitten wie im Meere. Nur die Bäume, die ich dunkel durch den Regensturm sah, machten mir Mut vorwärts. Endlich war ich glücklich durch die päpstliche Stelle, und zog eine Parallele zwischen den Alten und Neuen, die eben nicht zum Vorteil meiner Zeitgenossen ausfiel. Wie ich heraus war, ward der Himmel hell, und ich sah den Berg der göttlichen Circe in der Abendsonne zu meiner Rechten und zu meiner Linken die Felsen von Terracina glänzen. Es war wirklich, als wenn die alte Generalhexe eben einen Hauptprozeß machte, und ich konnte froh sein, daß ich noch so gut mit einem Bißchen Schmutz davon gekommen war. Nachdem ich in der *Locanda Reale*, einem großen stattlichen Hause an dem Heerwege vor der Stadt, Quartier gemacht hatte, rekognoszierte ich oben den Ort auf dem weißen Felsen, wie ihn Horaz nennt, wo man rechts und links von dem Circeischen Vorgebirge bis an das Kajetanische und über die Inseln eine herrliche Aussicht hat. Ich bekümmerte mich wenig um die Ruinen des alten Jupitertempels und um den neuen Palast des Papstes, sondern weidete mich an der unter mir liegenden schönen Gegend, den herrlichen Orangengärten, die ich hier zuerst ganz im Freien ausgezeichnet schön fand, und der üppigen Vegetation aller Art. Auch mehrere Palmbäume traf ich hier schon, da in Rom nur ein einziger als eine Seltenheit nicht weit vom Kolosseum gezeigt wird. Von der letzten Station führt eine herrliche Allee der schönsten und größten Aprikosenbäume in die Stadt.

Mein Franzose kam, und es fand sich, daß der arme Teufel mit seiner Börse auf dem Hefen war. Ich mußte ihn also doch nach Neapel hinüber transportieren helfen. Zu Abend traf ich im Wirtshause ein Paar ziemlich reiche Mayländer, die mit schöner Equipage von Neapel kamen, und wir aßen zusammen. Die Herren waren ganz verblüfft zu hören, daß ich von Leipzig nach Agrigent tornistern wollte, bloß um an dem südlichen Ufer Siziliens etwas herumzuschlendern und etwa junge Mandeln und ganz frische Apfelsinen dort zu essen. Die Unterhaltung war sehr lebhaft und angenehm, und die Norditaliäner schienen die schöne Neapel *quovis modo*, literärisch, ästhetisch und physisch genossen zu haben. Morgen gehts ins Reich hinüber; denn so nennt man hier das Neapolitanische.

Neapel

Der Morgen war frisch und schön, als wir Anxur verließen, der Wind stark und die Brandung hochstürmend, so daß ich am Strande eingenetzt war, ehe ich daran dachte. Die Wogen schlugen majestätisch an den steilen Felsen herauf. Am Eingange des Reichs hatte mein französischer Reisekamerad Zwist mit der Wache, die ihn nicht recht gern wollte passieren lassen. Meinen Paß vom Kardinal Ruffo besah man bloß, schrieb meinen Namen aus, und ich war abgefertigt. Der Franzose packte seine ganze Brieftasche aus, sprach hoch, erwähnte Suworow, appellierte an den Minister und zwang die Wache durch etwas Impertinenz in Respekt, die von ihrer Seite auch wohl etwas über die Instruktion gegangen sein mochte. In Fondi, wo wir zu Mittag aßen, trafen wir ziemlich viel Militär, unter dem mehrere Deutsche waren. Die Stadt selbst liegt, wie es der Name zeigt, in einem der angenehmsten Täler, nicht sehr weit vom Meere. Der Weg von Terracina dahin ist abwechselnd fruchtbar und lachend, durch hohe Felsen und fruchtbare Felder. Nicht weit von Fondi sollen, glaube ich, links an den Bergen noch die Überreste von der Ville des Nerva zu sehen sein; ich hielt mich aber an die Orangengärten, und vergaß darüber den Kaiser, die alten Stadtmauern, den See, den heiligen Thomas und alle andere Merkwürdigkeiten. Noch einige Millien nach Itri hinaus ist die Gegend zwischen den Bergen ein wahres Paradies. Auf der Hälfte des Weges stand in einem engen Felsenpasse eine Batterie aus dem vorigen Kriege, wo die Franzosen tüchtig zurückgeworfen wurden. Sie suchten sich aber einen andern Weg über die hohen Berge, ein Einfall von dem die Neapolitaner sich gar nichts hatten träumen lassen. Das war eine etwas zu gutmütige Zuversicht; man tut besser zu glauben, daß die Feinde alle Gemsenjäger sind, und in einiger Entfernung von sechs deutschen Meilen ist es nie unmöglich, daß sie die Nacht noch kommen werden. Die Neapolitaner sahen den Feind im Rücken, und liefen über Hals und Kopf nach Kajeta.

Itri war von den Franzosen häßlich mitgenommen worden. Man hatte die Kirchen verwüstet und Pferdeställe daraus gemacht. Das ist nun freilich nicht sehr human; von Religiosität nichts zu sagen. Der Ort liegt in einer Bergschlucht tief begraben. Es standen hier nur wenige Soldaten zur Polizei, deren Kommandant ein ehemaliger östreichischer Sergeant, jetzt neapolitanischer Fähnrich war, der uns die Ehre tat mit uns einige Stunden Wein zu trinken. Mein Franzose hatte keine Schuhe mehr; ich mußte ihm also doch Schuhe machen lassen. Den Morgen darauf konnte er nicht fort, weil seine Füße nicht mehr in baulichem Wesen waren, und ich wollte nicht bleiben. Er suchte mich überdies zu überreden, ich möchte mit ihm von Kajeta aus zur See gehen, weil er den Landweg nicht aushalten würde. Das ging für mich nun nicht; denn ich wollte über den Liris hinunter nach Kapua und Kaserta. Ich gab ihm also zu dem Ausgelegten noch einen Kaiserdukaten, quittierte in Gedanken schon, übergab ihn und mich dem Himmel und wandelte allein ab. Fast hätte ich vergessen Dir eine etwas ernsthafte Geschichte von Itri zu erzählen, nehmlich ernsthaft für mich. Itri ist ein Nest; das Wirtshaus war schlecht. Unsere Wirtin war eine ziemlich alte Maritorne, die ihren Mann in der Revolution verloren und sich zur Haushaltung und den übrigen Behufen einen jungen Kerl genommen hatte. Ich legte mich oben auf einem Saale zu Bette, und mein Kamerad zechte unten noch eins mit dem Herrn Fähnrich Kom-

mandanten, der wieder gekommen war, und kam mir
sodann nach. Er war etwas über See und schlief sogleich ein;
ich philosophierte noch eins topsytorvy. Da hörte ich unten
einen wilden Kerl nach dem andern ankommen und sehr
laut werden. Die Anzahl mochte wohl bis zehen oder zwölfe
gestiegen sein. Nun vernahm ich, daß es über unsere armen
Personalitäten geradezu herging und daß man über uns eine
ziemlich furchtbare Nachtinquisition hielt. *Sono cattive gente*,
hieß es in einem hohen Ton einmal über das andere; und
man tat mehr als einmal den Vorschlag mit uns zu verfahren
nach der Neapolitaner Revolutionsweise. Mein Franzose
schnarchte. Du kannst denken, daß mir nicht sonderlich
lieblich dazu zu Mute ward. Man schlägt hier zum Anfang
sogleich die Leute tot, und macht sodann nachher – eben
weiter keinen Prozeß. Die alte Dame, unsere Wirtin, nahm
sich unser mit einem exemplarischen Mut an, sprach und
schrie was sie konnte, und behauptete daß wir ehrliche Leute wären; der Kommandant hätte unsere Pässe gesehen.
Nun schien man zum Unglück dem Kommandanten selbst
in der Politik gerade nicht viel gutes zuzutrauen. Der Himmel weiß, wie es noch möchte geworden sein. Ich zog ganz
stille Rock und Stiefeln an, nahm meine ganze Kontenanz
und mein ganzes Bißchen Italiänisch zusammen, und machte Miene die Treppe hinab unter sie zu gehen. »Meine
Herren, sagte ich so stark und bestimmt als ich konnte, ich
bin ein fremder Reisender; ich dächte, im Wirtshause wo ich
bezahle, dürfte ich zur Mitternacht Ruhe erwarten. Ich höre
ich bin Ihnen verdächtig; führen Sie mich vor die Behörde,
wohin Sie wollen: aber machen Sie die Sache mit Ernst und
Ruhe und als ordentliche brave Leute ab.« Es ward stiller;
die Wirtin und Einige von ihnen baten mich oben zu bleiben, welches ich natürlich sehr gern tat; und nach und nach
schlichen sie alle fort. Spaßhaft ist es nicht ganz; denn dort
geht man selten ohne Flinte und Messer, und jeder ist zur
Exekution fertig.

Den andern Morgen wandelte ich also allein zwischen
den Ölbergen nach Mola di Gaeta hinüber. Die Amme ist

durch dieses Etablissement ihres Namens fast berühmter geworden, als ihr frommer Milchsohn. Warum war ich nun nicht gestern noch bis hierher gegangen? Hier fand ich ein großes, schönes, ziemlich billiges Gasthaus, wo ich bei frischen Eiern und frischen Fischen, die nicht weit von mir aus dem Meere gezogen wurden, und frischen herrlichen Früchten ein vortreffliches Frühstück hielt. Unter mir stand ein Zitronengarten in der schönsten Glut der Früchte; und links und rechts übersah ich die Bucht von der Spitze des Vorgebirges rund herum bis hinüber nach Ischia und Procida. Es ist, in der Entfernung von einigen hundert Meilen, das köstlichste Dessert, wenn wir uns durch die Erinnerung irgendeines kleinen Vorfalles mit unsern Freunden wieder in nähere Berührung setzen können. Hier auf der nehmlichen Stelle hatte vor mehrern Jahren *Friedrich Schulz* gesessen und Fische und Früchte gegessen, und mich aufgefordert, seiner zu gedenken, wenn ich von Mola auf das klassische Land umher schauen würde. Jetzt ist er nicht mehr der Liebling seiner Freunde und der Grazien, der die Freude bei den Fittigen zu halten verstand und sie rund umher gab. Wo auch seine Asche ruht, ein Biederer müsse hingehen und sie segnen. Keiner seiner Schwachheiten werde gedacht; er machte durch sein Herz gut, was sein Kopf versah.

Nun ging ich vergnügt und froh die schöne magische Gegend hinauf und hinab, bis hinunter wo der Nachricht zufolge ehemals Ciceros Formiä stand, bis an den Liris hinab. Langsam wallte ich dahin; mir deuchte ich sähe die Schatten des Redners und des Feldherrn, des Tullius und des Marius, daher ziehen. Hier legte der Patriot den Kopf zur Sänfte heraus, und ließ sich von dem Hauptmann, dem er das Leben gerettet hatte, entschlossen den Lohn für seine Philippiken zahlen. Es ist mir der ehrwürdigste Moment in Cicero's Leben; der einzige vielleicht, wo er wirklich ganz rein als selbstständiger Mann gehandelt hat. Als er gegen Verres sprach, war es vielleicht Ruhmsucht von der Rednerbühne zu glänzen; Gefahr war nicht dabei: als er gegen Katilina donnerte, stand seine Existenz auf dem Spiel und er

hatte keine andere Wahl als zu handeln oder mit zu Grunde
zu gehen; als er gegen Antonius wütete, trieben ihn wahrscheinlich Haß und Parteisucht. Im Glück prahlte er, im
Unglück jammerte er: er zeigte in seinem ganzen Leben oft
viel Ehrlichkeit und Wohlwollen; aber nur im Tode den Mut,
der dem Manne ziemt. Sein Tod hat mich in gewisser Rücksicht mit seinem Leben ausgesöhnt; so wie es Männer in der
Geschichte gibt, deren Tod fast das Verdienst ihres Lebens
auslöscht. Dort unten lag Minturnä; dort, stelle ich mir vor,
stand das Haus, wo der Cimbrer mit dem Schwerte kam, als
öffentlicher Henker den Überwinder seiner Nation zu töten,
und wo dieser gefangene Überwinder ihm mit einigen Worten Todesschrecken in die Glieder jagte. »Mensch, wagst du
es, den Kajus Marius zu morden?« Weiter hinab rechts ist die
Sumpfgegend, wo nach der Flucht der erste Mann der ersten
Stadt der Welt sich im Schilfe verbarg, bis er sich hinüber
nach Afrika retten konnte. Ich setzte unter diesen Gedanken
über den Garigliano, und merkte kaum, daß ich diesseits von
einer Menge Mauleseltreiber umgeben war, die mir alle sich
und ihre Tiere zum Dienst anboten. Da half kein Demon-
strieren, sie machten die Kleinigkeit der Forderung noch
kleiner und setzten mich halb mit Gewalt auf ein lastbares
Stück, schnallten meinen Reisesack in Ordnung, und so zog
ich mit der lieblichen Karavane weiter. Ein Kalabrese hatte
mich in Mola gebeten ihm meine Gesellschaft zu erlauben,
und ich konnte nichts dawider haben. Ein Junge von ungefähr dreizehn Jahren hatte sich einige Millien weiter herab
angeschlossen, der in der Residenz sein Glück versuchen
wollte, weil seine Stiefmutter zu Hause den Kredit ihres
Namens etwas zu strenge behauptete. Beide liefen nebenher. Es wurde bald alles durchfragt, und der Junge mußte
etwas weitläufig seine Geschichte erzählen. Nun fing mein
alter Eseltreiber an mit wahrhaft väterlicher Wärme dem
jungen Menschen die Gefahr vorzustellen, der er entgegen-
liefe. Er tat dieses mit einer Zärtlichkeit, einer Heftigkeit
und zugleich mit einer Behutsamkeit im Vortrage, die mir
den alten Mann sehr wert machten. Wäre ich Sultan gewe-

sen, ich hätte den Eseltreiber zum Mufti gemacht, und es
würde gewiß gut gegangen sein. Diese schöne bedachtsame
Philanthropie wäre manchem unserer Moralisten zu wünschen. Auch schien er über die ehrenvolle Gesellschaft
durch seinen Verstand und seinen heitern Ernst ein ziemli-
ches Ansehen zu haben. Kurz vor Sessa schieden wir: ich
setzte mich von dem Esel wieder auf meine Füße. Er gab
dem jungen Menschen zu seinem Rate noch etwas Geld;
und ich griff natürlich über dem Alten und dem Jungen auch
etwas tiefer in die Tasche als wohl gewöhnlich. Mein Kalabrese begleitete mich, ich mochte wollen oder nicht, auf die
Post, als das beste Wirtshaus. Der Junge ging weiter.

Da es noch hoher Tag war, spazierte ich hinauf nach
Sessa, das, wie ich höre, viel alte Merkwürdigkeiten hat, und
ehemals eine Hauptstadt der Volsker war. Der Weg von der
Post hinunter und in die Stadt hinauf ist angenehm genug;
und die Lage des Orts ist herrlich mit den schönen Aussichten, rechts nach Kajeta und links über die Niedrigung weg
nach dem Gaurus hinüber. Als ich in der Kathedralkirche
stand und einen heiligen Johannes, der enthauptet wird, betrachtete, und eben so sehr die Andacht einiger jungen ganz
hübschen Weiber beherzigte, die den schönen Mann auf
dem Bilde mit ihren Blicken festhielten; trat mein alter Eseltreiber, der auf der andern Seite heraufgekommen war, zu
mir, mich zu begrüßen. Er hatte mich vielleicht wegen einiger Äußerungen etwas lieb gewonnen und vermutlich die
Silberstücke gesehen, die ich dem Buben gegeben hatte; und
als wir aus der Kirche traten, führte er mich in den Zirkel
seiner Zunftleute, und stellte mich wohl funfzig Eseltrei-
bern aus Sessa und der Gegend mit der freundschaftlichsten
Teilnahme vor. Mir deucht, wenn die Leute hier Wahltag
gehabt hätten, sie hätten mich dem Minister zum Trotz ein-
stimmig zu ihrem Deputierten im Parlament gemacht; so
sehr bezeigten sie mir alle ihr Wohlwollen: und ich kann Dir
nicht leugnen, es deuchte mir mit völligem Rechte wenigstens eben so wohl, als da mich in Warschau die alte
kommandierende Exzellenz unter den Arm faßte, in dem

Zimmer herumführte und mir in vollem Kreise die Ausfertigung einer Depesche ins Ohr flüsterte. Aus diesem Zirkel zogen mich einige sehr artige junge Leute, die mich weiter herum begleiteten, und vorzüglich zu den Augustinern führten, die hier für ihre Bäuche den behaglichsten Ruheplatz mit der schönsten Aussicht nach allen Seiten ausgesucht hatten. Der einzige Beweis, daß die Leute doch noch etwas klassischen Geschmack haben müssen, ist, daß sie die Falerner Berge übersehen. Ihr Gebäude ist für das Gelübde der Armut eine Blasphemie. Doch daran bin ich schon gewohnt; man braucht eben nicht erst über den Liris zu gehen, um so ausschweifende Pracht, so unsinnige Verschwendung zu sehen. An der Überfahrt über den Garigliano oder Liris sieht man noch die Substruktionen einer alten Brücke, und nicht weit davon jenseits die Reste einer Wasserleitung. Der Fluß selbst, der nicht sehr breit ist, muß, trotz dem Prädikat der Stille das ihm Horaz gibt, doch zuweilen gefährlich zu passieren sein: denn er ist ziemlich tief und jetzt im Frühling sehr schnell; und man erzählte mir, daß, als die Franzosen ungefähr zwei Stunden aufwärts mit der Reiterei durch denselben setzen wollten, ihrer viele dabei umgekommen wären. An den Ufern desselben weiden große Herden Büffel.

Als ich wieder hinunter kam, setzte man mir auch Falerner Wein vor; für die Echtheit will ich indessen nicht stehen. Es ist bloß die klassische Neugierde ihn getrunken zu haben; denn er hat schon längst seinen alten Kredit verloren. Höchst wahrscheinlich ist die Ursache der Ausartung Vernachlässigung, wie bei den meisten italiänischen Weinen, die sich besser halten würden, wenn man sie besser hielte. Als wir den Morgen auswandelten, ward meinem Kalabresen entsetzlich bange; er behauptete, das folgende große Dorf bestände aus lauter Räubern und Mördern, welche die Passage von Montagne Spaccate zu ihrem Tummelplatz machten. Jeder Windstoß durch das Gesträuch erschreckte ihn; und als wir vollends einige bis auf die Zähne abgedorrte Köpfe in eisernen Käfichen an dem Felsen befestiget sahen, war er der Auflösung seines Wesens nahe, ob er gleich den

Krieg als königlicher Kanonier mitgemacht hatte, und ein
Kerl wie ein Bär war. Er faselte von lauter Mariohlen, wie er
sie nannte, die gar fürchterliche Leute sein sollten und von
denen er erschreckliche Dinge erzählte. Als ich mir eine
Beschreibung der Kerle ausbat, sagte er, man wüßte nicht,
woher sie kämen und wohin sie gingen, sondern nur was sie
täten; sie plünderten und raubten und schlügen tot wo sie
könnten; gingen zu Dutzenden bewaffnet, und erschienen
und verschwänden, ohne sich um etwas zu bekümmern.
Nach seiner Angabe kommen sie meistens aus den Bergen
von Abruzzo. Ich habe nun freilich zur Schande der Regierung gefunden, daß der Mensch ziemlich recht hat. Er
pinselte mir aber die Ohren so voll, daß ich ihm sagte, er
möchte mich ungehudelt lassen mit seinen erbärmlichen
Litaneien; wenn ich tot geschlagen werden sollte, so wollte
ich mich doch wenigstens vorher nicht weiter beunruhigen.
Das kam dem Kerl sehr gottlos vor, und mir seine Klagelieder sehr albern. Er trieb mich immer vorwärts, mich nur
durch die berüchtigte Felsenpassage zu bringen; und dankte
allen Heiligen inbrünstiglich, als wir aus der Gegend heraus
waren. Er segnete meinen Entschluß; als ich mich auf der
Straße von einem Vetturino bereden ließ, mich einzusetzen
und mich mit ihm bis nach Kapua bringen zu lassen. Als wir
in Kapua ankamen, war der Gouverneur nach Kaserta gefahren, und man wollte durchaus, ich sollte seine Rückkehr
erwarten, damit er meinen Paß ratifizieren möchte. Endlich
bestürmte ich den *Capitaine du jour* so viel, daß er mir den Paß
ohne Vidierung zurück gab, und dem Offizier an dem Tore
Befehl schickte, er solle mich gehen lassen; er selbst wolle
die Ausnahme verantworten.

Nun wollte ich über Altkapua nach Kaserta gehen; dazu
war aber mein Kalabrese durchaus nicht zu bringen: er
meinte, das wäre der sichere Tod; da wimmelte es von Mariohlen. Ich gab dem Schuft einige Karlin, verstehe neapolitanische; ließ ihn rechts nach Aversa forttrollen, um dort
am rechten Orte seine attellanischen Fabeln zu erzählen,
und schlug mich links nach Altkapua. Einige ehrsame Bür-

ger aus der Festung Neukapua, die ich einholte und denen
ich die lächerliche Furcht des Menschen erzählte, meinten,
es sei zwar etwas Gefahr, werde aber immer übertrieben,
und man habe nun doch schon seit einigen Wochen nichts
gehört. Die Herren schienen sich patriotisch ihrer vaterländischen Gegend anzunehmen. Wo ehmals Kapua war, steht
jetzt, glaube ich, der Flecken Sankt Martin, ungefähr eine
Stunde von der neuen Stadt, die unten am Vulturnus in einer
bessern militärischen Position angelegt ist. Sankt Martin ist
noch jetzt eine Lustpartie für die Bürger der neuen Stadt, so
sehr behauptet der alte Platz seinen Kredit. Es steht bekanntlich noch der Rest eines alten Amphitheaters, das aus
den Zeiten der Römer und also verhältnismäßig neu ist,
welches die Antiquare hinlänglich kennen, auf die ich Dich
verweise. Ich ging durch die Trümmern eines Tors, welches
vermutlich das nehmliche ist, durch das Hannibal seinen
Ruhm hinein und nicht wieder heraus trug, ließ nach kurzer
Beschauung das Theater links liegen und pilgerte den Weg
nach Kaserta fort. Es stehen dort an der Straße links und
rechts nicht weit voneinander ein Paar Monumente, die vermutlich römische Begräbnisse sind, und von denen eines
wenigstens in sehr gutem Stil gearbeitet zu sein scheint.
　　Es wäre überflüssig, Dir eine Beschreibung des Schlosses
in Kaserta anzufangen, die Du hier und da gewiß weit genauer und besser finden kannst. Der erste Anblick ist groß
und wirklich imponierend. Der Garten links, die schönen
Pflanzungen rechts, der prächtige Schloßplatz und die Gebäude rund umher, alles beschäftigt. Vorzüglich wird das
Auge gefesselt von der Ansicht durch das große Tor, welche
durch das ganze Schloß und die Gärten bis weit hinaus auf
die Berge geht, über welche man die berühmte Wasserleitung herüber gebracht hat. Diese schöne reiche Kunstkas-
kade schließt den Grund der Partie. Man wird selten
irgendwo so etwas magisches finden. Du weißt, daß auch
hier die Franken etwas willkürlich gehaus't haben: jetzt ist
der Kronprinz und seine Sardinische Majestät hier.
　　Auf der Post empfing man mich, ob ich gleich ein Fuß-

gänger war, mit vieler Artigkeit, und ich hatte bald einen Trupp Neugieriger um mich her, die mich von Adam bis Pontius Pilatus ausfragten; und alle wunderten sich, daß ich den Räubern noch nicht in die Hände gefallen wäre. Humane Teilnahme und Billigkeit zeichnete das Haus vor vielen andern aus. Ich hatte nur noch einige Stunden Zeit die Stadt zu besehen; dies war aber zur Auffassung eines richtigen Totaleindrucks genug. Den andern Morgen, als ich abgehen wollte, arretierte mich wieder ein Vetturino an der Ecke des Marktes: *Volete andara in carozza, Signore? – Ma si, si,* sagte ich, *se partite presto presto. – Questo momento; favorisca montare.* Ich stieg ein und setzte mich neben einen stattlichen dicken Herrn; sogleich kamen noch zwei andere und wir rollten zum Tore hinaus.

Dieses ist also das schöne, reiche, selige Kampanien, das man, seit dem es so bekannt ist, zum Paradiese erhoben hat, für das die römischen Soldaten ihr Kapitol vergessen wollten. Es ist wahr, der Strich zwischen Aversa, Kapua, Kaserta, Nola und Neapel, zwischen dem Vesuv, dem Gaurus und den hohen Apenninen, oder das sogenannte Kampanertal, ist von allem was ich in der alten und neuen Welt bis jetzt noch gesehen habe der schönste Platz, wo die Natur alle ihre Gaben bis zur höchsten Verschwendung ausgegossen hat. Jeder Fußtritt trieft von Segen. Du pflanzest einen Baum, und er wächst in kurzer Zeit schwelgerisch breit und hoch empor; du hängst einen Weinstock daran und er wird stark wie ein Stamm, und seine Reben laufen weitausgreifend durch die Krone der Ulme; der Ölbaum steht mit bescheidener Schönheit an dem Abhange der schützenden Berge; die Feige schwillt üppig unter dem großen Blatte am gesegneten Aste; gegen über glüht im sonnigen Tale die Orange, und unter dem Obstwalde wallt der Weizen, nickt die Bohne, in reicher lieblicher Mischung. Der Arbeiter erntet dreifach auf dem nehmlichen Boden in Fülle, Obst und Wein und Weizen; und alles ist üppige, ewig jugendliche Kraft. Unter diesen magischen Abwechselungen kamen wir in einigen Stunden in Parthenope an. Der stattliche dicke

Herr, mein Nachbar, schien die Deutschen etwas in Affektion genommen zu haben, war ehemals einige Monate in
Wien und Prag gewesen, wußte einige Dutzend Wörter von
unserer Sprache, und war die Gefälligkeit selbst. Er war aus
dem königlichen Hause, und mich wunderte deswegen seine
Artigkeit etwas mehr, da Höflichkeit in der Regel bei uns
nicht mit zu den ausgezeichneten Tugenden der Hausoffi-
zianten der Großen gehört. In Neapel brachte er mich in
einem eignen Wagen in das Haus eines seiner Bekannten an
dem Ende des Toledo, bis ich den Herrn Heigelin aufgesucht
hatte, an den meine Empfehlung von Wien lautete. Es ist
wirklich sehr wohltätig, wenn man, bei dem ersten Eintritt in
so einen Ort wie Neapel ist, als Wildfremder eine so freundliche Hand zur Leitung findet, bis man sich selbst etwas
orientieren kann.

Neapel

Du mußt und wirst von mir nicht erwarten, daß ich Dir eine
topische, statistische, literarische oder vollständig kos-
mische Beschreibung von den Städten gebe, wo ich mich
einige Zeit aufhalte. Dazu ist mein Aufenthalt zu kurz; die
kannst Du von Reisenden von Profession oder aus den Fächern besonderer Wissenschaften gewiß besser bekommen.
Ich erzähle Dir nur freundschaftlich, was ich sehe, was mich
vielleicht beschäftigt und wie es mir geht. Meine Wohnung
ist hier auf Mont Oliveto. Wie der Ort zu dem Namen des
Ölberges kommt, weiß ich nicht; er ist aber einer der besten
Straßen der Stadt, nicht weit vom Toledo, mit welchem er
sich oben vereiniget. Die Besitzerin des Hauses ist eine
Französin, die sich seit einigen Jahren der hiesigen Revolution wegen zu ihrer Sicherheit in Marseille aufhält. Ich habe
Ursache zufrieden zu sein; es ist gut und billig. Die Gesellschaft besteht meistens aus Fremden, Engländern, Deutschen und Franzosen; die letzten machen jetzt hier die
größte Anzahl aus.
  Seit einigen Tagen bin ich mit einem alten Genuesen, der

halb Europa kennt und hier den Lohnbedienten und ein
Stück von Cicerone macht, in der Stadt herumgelaufen. Der
alte Kerl hat ziemlich viel Sinn und richtigen Takt für das
Gute und sogar für das Schöne. Er hielt mir einen langen
Sermon über die Landhäuser der Kaufleute rund in der Ge-
gend umher, und bemerkte mit zensorischer Strenge, daß sie
das Verderben vieler Familien würden. Man wetteifere gewöhnlich, wer das schönste Landhaus und die schönste
Equipage habe, wer auf seinem Casino die ausgesuchtesten
Vergnügen genieße und genießen lasse, und wetteifere sich
oft zur Vergessenheit, und endlich ins Unglück. Sitten und
Ehre und Vermögen werden vergeudet. Kaum habe der
Kaufmann ein kleines Etablissement in der Stadt, so denke
er schon auf eines auf dem Lande; und das zweite koste oft
mehr als das erste. Spiel und Weibergalanterie und das verfluchte oft abwechselnde Cicisbeat seien die stärksten Gegenstände des Aufwands; und doch sei das Cicisbeat hier
noch nicht so herrschend als in Rom. Wenn Du mir einwen-
dest, daß das ein Lohnbedienter spricht; so antworte ich:
Jeder hat sein Wort in seinem Fache; und hier ist der alte Kerl
in dem seinigen. Seine Amtsbrüder in Leipzig und Berlin
können gewiß auch weit bessere Nachrichten über gewisse
Artikel geben, als man auf dem Rathause finden würde.
Jeder hat seine Sphäre, der Finanzminister und der Torschreiber. Ich sah die Kirche des heiligen Januar in der Stadt;
Neapel sollte, deucht mich, eine bessere Kathedrale haben.
Das vorzüglichste darin sind einige merkwürdige Grabstei-
ne und die Kapelle des Heiligen. Dieses ist aber nicht der
Ort, wo er gewöhnlich schwitzen muß; das geschieht vor der
Stadt in dem Hospital bei den Katakomben. In den Kata-
komben kroch ich über eine Stunde herum, und beschaute
das unterirdische Wesen, und hörte die Gelehrsamkeit des
Cicerone, der, wie ich vermute, Glöckner des Hospitals war.
Über den Grüften ist ein Teil des Gartens von Capo di mon-
te. Der Führer erzählte mir eine Menge Wunder, welche die
Heiligen Januarius und Severus hier ganz gewiß getan haben,
und ich war unterdessen mit meinen Konjekturen bei der

Entstehung dieser Grüfte. Hier und da lagen in den Einschnitten der Zellen noch Skelette, und zuweilen ganze
große Haufen von Knochen, wie man sagte, von der Zeit
der großen Pest. Die römischen Katakomben habe ich nicht
gesehen, weder nahe an der Stadt noch in Rignano, weil
mich verständige Männer und Kenner versicherten, daß
man dort sehr wenig zu sehen habe und es nun ganz ausgemacht sei, daß das Ganze weiter nichts als Puzzolangru-
ben gewesen, die nach und nach zu dieser Tiefe und zu
diesem Umfang gewachsen. Das ist begreiflich und das
wahrscheinlichste.

Die heilige Klara hat das reichste Nonnenkloster in der
Stadt und eine wirklich sehr prächtige Kirche, wo auch die
Kinder des königlichen Hauses begraben werden. Die Non-
nen sind alle aus den vornehmsten Familien; und man hat
ihre Torheit und ihr Elend so glänzend als möglich zu machen gesucht. Mein alter Genuese, der ein großer Herme-
neute in der Kirchengeschichte ist, erzählte mir bei dieser
Gelegenheit ein Stückchen, das seinen Exegetentalenten
keine Schande macht, und dessen Würdigung ich den Ken-
nern überlasse. Die heilige Klara war eine Zeitgenossin des
heiligen Franziskus und des heiligen Dominikus; und man
gibt ihr Schuld, sie habe beide insbesondere glauben lassen,
sie sei jedem ausschließlich mit sehr feuriger christlicher
Liebe zugetan. Dieses tut ihr in ihrer Heiligkeit weiter keinen
Schaden. Jeder der beiden Heiligen glaubte es für sich und
war selig, wie das zuweilen auch ohne Heiligkeit zu gehen
pflegt. Dominikus war ein großer, starker, energischer Kerl;
ungefähr wie der Moses des Michel Angelo in Rom, und sein
Nebenbuhler Franziskus mehr ein ätherischer, sentimenta-
ler Stutzer, der auch seine Talente zu gebrauchen wußte.
Nun sollen auch die heiligen Damen zu verschiedenen Zeiten verschiedene Qualitäten lieben. Der handfeste Dominikus traf einmal den brünstigen Franziskus mit der heiligen
Klara in einer geistlichen Ekstase, die seiner Eifersucht etwas zu körperlich vorkam; er ergriff in Wut die nächste
Waffe, welches ein Bratspieß war, und stieß damit so grim-

mig auf den unbefugten Himmelsführer los, daß er den armen, schwachen Franz fast vor der Zeit dahin geschickt hätte. Indes der Patient kam davon, und aus dieser schönen Züchtigung entstanden die Stigmen, die noch jetzt in der christlichen Katholizität mit allgemeiner Andacht verehrt werden. Ich habe, wie ich Dir erzählte, ihm in Rom gegen über gewohnt, und sie dort hinlänglich in Marmor dokumentiert gesehen. Mein Genuese sagte mir die heilige Anekdote nur vertraulich ins Ohr, und wollte übrigens als ein guter Orthodox weiter keine Glosse darüber machen, als daß ihm halb unwillkürlich entfuhr: *Quelles betises on nous donne à digerer! Chacun les prend à sa façon.*

Heute besuchte ich auch Virgils Grab. Die umständliche Beschreibung mag Dir ein Anderer machen. Es ist ein romantisches, idyllisches Plätzchen; und ich bin geneigt zu glauben, der Dichter sei hier begraben gewesen, die Urne mag nun hingekommen sein, wohin sie wolle. Das Gebäudchen ist wohl nichts anderes als ein Grab, nicht weit von dem Eingange der Grotte Posilippo, und eine der schönsten Stellen in der schönen Gegend. Ich weiß nicht, warum man sich nun mit allem Fleiß bemüht, den Mann auf die andere Seite der Stadt zu begraben, wo er nicht halb so schön liegt, wenn auch der Vesuv nicht sein Nachbar wäre. Ich bin nicht Antiquar; aber die ganze Behauptung, daß er dort auf jener Seite liege, beruht doch wohl nur auf der Nachricht, er sei am Berge Vesuv begraben worden. Das ist er aber auch, wenn er hier liegt; denn der Berg ist gerade gegen über: in einigen Stunden war er dort, wenn er zu Lande ging, und setzte er sich in ein Boot, so ging es noch schneller. Die Entfernung eines solchen Nachbars, wie Vesuv ist, wird nicht eben so genau genommen. Lag er dort, so hat ihn auf alle Fälle der Berg tiefer halb in den Tartarus gebracht. Aber alle übrige Umstände sind mehr für diese Seite der Stadt. Hier ist die reichste, schönste Gegend; hier waren die vorzüglichsten Niederlassungen der römischen Großen, vornehmlich auf der Spitze des Posilippo die Gärten des Pollio, der ein Freund war des römischen Autokrators und ein

Freund des Dichters; nach dieser Gegend lagen Puteoli und
Bajä und Cumä, der Avernus und Misene, die Lieblingsgegenstände seiner Dichtungen; diese Gegend war überhaupt
der Spielraum seiner liebsten Phantasie. Wahrscheinlich hat
er hier gewohnt, und wahrscheinlich ist er hier begraben.
Donat, der es, wenn ich nicht irre, zuerst erzählt, konnte
wohl noch sichere Nachrichten haben, konnte davon Au-
genzeuge gewesen sein, daß das Monument noch ganz und
wohl erhalten war; hatte durchaus keine Ursache, diesem
Fleckchen irgendeinen Vorzug vor den übrigen zu geben,
und dieses ist der Ort seiner Angabe; zwei Steine von der
Stadt, an dem Wege nach Puteoli, nicht weit von dem Eingange in die Grotte. Ich will nun auch einmal glauben; man
hat für manchen Glauben weit schlechtere Gründe: und also
glaube ich, daß dieses Maros Grab sei. Den Lorbeer suchst
Du nun umsonst; die verkehrten Afterverehrer haben ihn so
lange bezupft, daß kein Blättchen mehr davon zu sehen ist.
Ich nahm mir die Mühe hinauf zu steigen, und fand nichts
als einige wildverschlungene Kräuter. Der Gärtner beklagte
sich, daß die gottlosen vandalischen Franzosen ihm den al-
lerletzten Zweig des heiligen Lorbeers geraubt haben. Dichter müssen es nicht gewesen sein: denn davon wäre doch
wohl etwas in die Welt erschollen, daß der Lorbeer von dem
Lateiner neuerdings auf einen Gallier übergegangen sei.
Vielleicht schlägt er für die Gläubigen am Grabe des Man-
tuaners wieder aus. Man sollte wenigstens zur Fortsetzung
der schönen Fabel das seinige beitragen; ich gab dem Gärtner geradezu den Rat.

Als ich hier und bei Sanazars Grabe nicht weit davon in der
Servitenkirche war, verfolgte mich ein trauriger Cicerone so
fürchterlich mit seiner Dienstfertigkeit mir die Antiquitäten
erklären zu wollen, daß er durchaus nicht eher von meiner Seite
ging, bis ich ihm einige kleine Silberstücke gab, die er sehr
höflich und dankbar annahm. Ich habe mich nicht enthalten
können bei dieser Gelegenheit wahres Mitleid mit dem großen
Cicero zu haben, daß sein Name hier so erbärmlich herumge-
tragen wird. Die Ciceronen sind die Plagen der Reisenden, und

immer ist einer unwissender und abenteuerlicher als der ande-re. Den vernünftigsten habe ich noch in Tivoli getroffen, der mir auf der Eselspromenade zum wenigsten ein Dutzend von Horazens Oden rezitierte und nach seiner Weise kommen-tierte.

Ich versuchte es an dem Fuße des Posilippo am Strande hinaus bis an die Spitze zu wandeln: es war aber nicht möglich weiter als ungefähr eine Stunde zu kommen: dann hörte jede Bahn auf, und das Ufer bestand hier und da aus schroffen Felsen. Hier stehen in einer Entfernung von ungefähr einer Viertelstunde zwei alte Gebäude, die man für Schlösser der Königin Johanna hält, wo sie zuweilen auch ihr berüchtigtes Unwesen getrieben haben soll. Sie sind ziemlich zu so etwas geeignet, gehen weit ins Meer hinein, und es ließe sich sehr gut zeigen, wozu dieses und jenes gedient haben könnte. Zwischen diesen beiden alten leeren Gebäuden liegt das nied-liche Casino des Ritters Hamilton, wo er beständig den Vesuv vor Augen hatte; und man tut ihm vielleicht nicht ganz Un-recht; wenn man aus dem Ort seiner Vergnügungen auf etwas Ähnlichkeit mit dem Geschmack der schönen Königin schließt, die von der bösen Geschichte doch wohl etwas schlimmer gemacht worden ist als sie war. Ich war genötigt wieder zurückzugehen, und nicht weit von der Villa Reale nahmen mich eine Menge Bootsleute in Beschlag, die mich an die Spitze hinausrudern wollten. Es schien mir für den Vor-mittag zu spät zu sein, deswegen wollte ich nichts hören. Aber man griff mich auf der schwachen Seite an; man blickte auf die See, welche sehr hoch ging, an den Himmel, wo Sturm hing, und auf mich mit einer Miene, als ob man sagen wollte, das wird dich abhalten. Dieser Methode war nicht zu wider-stehen, ich bezahlte die Gefahr sogleich mit einem Piaster mehr, und setzte mich mit meinem alten Genuesen in ein Boot, das ich erst selbst herunter ziehen half. Der Genuese hatte auch mehrere Seereisen gemacht, und hatte Mut wie ein Delphin. Aber die Fahrt ward ihm doch etwas bedenklich; der Sturm heulte von Surrent und Kapri gewaltig herüber, und die Wogen machten rechts eine furchtbare Brandung; das Wasser füllte reichlich das Boot, und der Genuese hatte in einem Stündchen die Seekrankheit bis zu der letzten Wirkung. Ich wollte um das Inselchen Nisida herum gerudert sein; das war aber nicht möglich: wir mußten, als wir einige hundert Schritte vor dem Einsiedler vorbei waren, umkehren und unsere Zuflucht in ein einsames Haus nehmen, wohin man in der schönen Zeit von der Stadt aus zuweilen Wasserpartien macht, wo es aber jetzt traurig genug aussah. Indessen fütterte uns doch der Wirt mit Makkaroni und gutem Käse. Nicht weit von hier, nahe an dem Inselchen Nisida, auf welchem auch Brutus vor dem Tode der Republik sich einige Zeit aufgehalten hat, sind die Trümmern eines alten Gebäudes, die aus dem Wasser hervorragen, und die man gewöhnlich nur Virgils Schule nennt. Wenn man nun gleich den Ort wohl sehr uneigentlich Virgils Schule nennt, so ist es doch sehr wahrscheinlich, daß er hier oft gearbeitet haben mag. Es ist eine der angenehmsten klassischen, mythologischen Stellen, welche die Einbildungskraft sich nur schaffen kann. Vermutlich gehörte der Platz zu den Gärten des Pollio. Er hatte hier um sich her einen großen Teil von dem Theater seiner Aeneide, alle Örter die an den Meerbusen von Neapel und Bajä liegen, von den phlegräischen Feldern bis nach Surrent.

Nicht weit von der Landspitze und von dem Wirtshause, wo ich einkehrte, stand ehemals ein alter Tempel der Fortuna, von dem noch einige Säulen und etwas Gemäuer zu sehen sind. Jetzt hat man an dem Orte ein christliches Kirchlein gebauet und es der *Madonna della fortuna* geweiht. Man hat bekanntlich manches aus dem Heidentum in den christlichen Ritus übergetragen, die Saturnalien, das Weihwasser und vieles andere; aber besser hätte man nicht umändern können: denn es ist wohl auf der ganzen Erde, in der wahren Geschichte und in der Fabellehre kein anderes Weib, das ein solches Glück gemacht hätte, als diese Madonna. Ein wenig weiter landeinwärts sind in den Gärten noch die gemauerten Tiefen, die man mit Wahrscheinlichkeit für die Fischhälter des Pollio annimmt, und in dieser Meinung eine große marmorne Tafel an der Tür angebracht hat, auf welcher lateinisch

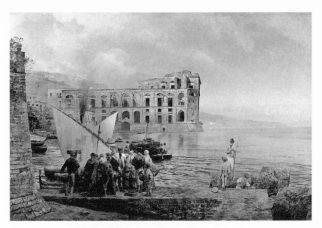

9 Bucht bei Neapel mit Palast der Königin Johanna.
Gemälde von Oswald Achenbach, 1878

alle Greuel abscheulich genug beschrieben sind, die der Heide
hier getrieben hat; wo denn natürlich die Milde unserer Religion und unserer Regierungen echt kardinalisch gepriesen
wird. Ich weiß nicht, ob man nicht vielleicht mit dem britischen Klagemann sagen sollte: *A bitter change, severer for severe!*
Es ist jetzt kaum ein Sklave übrig, den Pollio in den Teich
werfen könnte.

Mein Genuese bat mich um alles in der Welt, ihn nicht
wieder ins Boot zu bringen. Auch ich war sehr zufrieden, auf
einem andern Wege nach der Stadt zurück zu kehren. Ich
zahlte also die Bootsleute ab, und wir gingen auf dem Rücken
des Posilippo nach Neapel. Diese Promenade mußt Du
durchaus machen, wenn Du einmal hierher kommst; sie ist
eine der schönsten, die man in der herrlichen Gegend suchen
kann. Lange Zeit hat man die beiden Meerbusen von Neapel
und Bajä rechts und links im Gesicht, genießt sodann die
schöne Übersicht auf die Partie jenseit des Berges nach Puzzuoli, welche die Neapolitaner mit ihrer verkehrten Zunge
nur Kianura oder die Ebene nennen. Man kommt nach ungefähr vier Millien des herrlichsten Weges in der Gegend von
Virgils Grabe wieder herunter auf die Straße. Der Spaziergang
ist freilich etwas wild, aber desto schöner.

Man sagte mir, die Regierung habe wollen eine Straße rund
um den Posilippo herum auf der andern Seite nach Puzzuoli
führen, so daß man nicht nötig hätte, durch die Grotte und die
etwas ungesunde Gegend jenseits derselben zu fahren, sondern immer am Meere bliebe. Das wird in der Tat einer der
herrlichsten Wege werden; ungefähr eine halbe Stunde ist
gemacht: aber wenn doch die neapolitanische Regierung vorher das Nötige, Gerechtigkeit, Ordnung und Polizei besorgte;
das andere würde sich sodann nach und nach schon machen.

Bekanntlich wird das Fort Sankt Elmo mit der darunter
liegenden Kartause für die schönste Partie gehalten; und sie ist
es auch für alle, die sich nicht weiter auf den Vesuv oder zu den
Kamaldulensern bemühen wollen. Es ist ein ziemlicher Spaziergang auf die Kartause, den unser schlesischer Landsmann, Herr Benkowitz, schon für eine große Unternehmung

hält, auf welche er sich den Tag vorher vorbereitet. Ich Tornisterträger steckte die Tasche voll Orangen und Kastanien
und wandelte damit zum Morgenbrote sehr leicht hinauf. In
das Fort zu kommen hat jetzt bei den Zeitumständen einige
Schwierigkeit, und man muß vorher dazu die Erlaubnis haben. Man sieht in der Kartause fast eben so viel, nur hat man
nicht das Vergnügen zehen oder zwanzig Klafter höher zu
stehen. Die Kartause hat der König ausgeräumt und sich die
meisten Schätze zugeeignet. Es ist jetzt nur noch ein einziger
Mönch da, der den Ort in Aufsicht hat. In der Kirche sind
noch mehrere schöne Gemälde, besonders von Lanfranc und
ein noch nicht ganz vollendetes Altarblatt von Guido Reni;
auch der Konventsaal hat noch Stücke von guten Meistern.

Um die schönste Aussicht zu haben, mußt Du zu den
Kamaldulensern steigen. Die Herren sind in der Revolution
etwas dezimiert worden, haben aber den Verlust nicht schwer
empfunden. Man geht durch die Vorstadt Fraskati und einige
Dörfer immer bergauf und verliert sich in etwas wilde Gegenden. Weil man nicht hinauf fahren kann, wird die Partie
nicht von sehr vielen gemacht. Wir verirrten uns, mein Genuese und ich, in den Feigengärten und Kastanienwäldern,
und ich mußte dem alten Kerl noch mit meiner Topographie
im Orientieren helfen. Das ärgerte mich gar nicht; denn wir
trafen in der wilden Gegend einige recht hübsche Partien nach
allen Seiten. Es gab Stellen, wo man bis nach Kajeta hinüber
sehen konnte. Da wir uns verspätet hatten, mußten wir in
einem Dorfe am Abhange des Berges zum Frühstück ein-
kehren und einen zweiten Boten mitnehmen. Dieser brachte
uns auf einem der schönsten Wege an dem Berge über dem
Agnano hin in das Kloster. Es ist dort nichts zu genießen als
die Aussicht; die Kirche hat nichts merkwürdiges. Ein Laienbruder führte mich mit vieler Höflichkeit durch alle ihre
Herrlichkeiten, und endlich an eine ausspringende Felsenspitze des Gartens unter einige perennierende Eichen, die
vielleicht der schönste Punkt in ganz Italien ist. Von Neapel
sieht man zwar nicht viel, weil es fast ganz hinter dem Posilippo liegt; nur der hohe Teil von Elmo, Belvedere und einige

andere Stückchen sind sichtbar. Aber rund umher liegt das
ganze schöne magische klassische Land unter Einem Blick.
Portici, das auf der Lava der Stadt des Herkules steht, der sich
empor türmende Vesuv mit dem Somma, Torre del Greco,
Pompeji, Stabiä, Surrent, Massa, Kapri, der ganze Posilippo,
Nisida, Ischia, Procida, der ganze Meerbusen von Bajä mit
den Trümmern der Gegend, Misene, die Thermen des Nero,
der Lukriner See und hinter ihm versteckt der Avernus, die
Solfatara, bei heiterm Wetter die Berge von Kumä, der Gaurus
und weiter hin die beschneiten Apenninen; unten der Agnano
mit der Hundsgrotte, deren Eingang nur ein hervorsprin-
gender Hügel bedeckt; der neue Berg hinter der Solfatara; alte
und neue Berge, ausgebrannte und brennende Vulkane, alte
und neue Städte, Elysium und die Hölle: – alles dieses fassest
Du mit Deinem Auge, ehe Du hier eine Zeile liesest. Tief, tief
in der Ferne sieht man noch Ponza und einige kleinere Inseln.
Da haben die Mönche wieder das beste gewählt. Freund,
wenn Du einmal hörst, daß ich unbegreiflich verschwunden
bin, so bringe mit unter Deine Mutmaßungen, daß ich vielleicht der schönsten Natur zu Ehren die größte Sottise
gemacht habe, und hier unter den Anachoreten hause. Hier
den Homer und Virgil, den Thucydides und etwas von der
attischen Biene, abwechselnd mit Aristophanes, Lucian und
Juvenal; so könnte man wohl in den Kastanienwäldern leben
und das Bißchen Vernunft bei sich behalten: denn diese wird
jetzt doch überall wieder konterband. Also gehe zu den Kamaldulensern, wenn Du auch nicht in Versuchung bist, bei
ihnen oben zu bleiben.

Jetzt schließe ich und schreibe Dir vermutlich noch einiges
über Neapel, wenn ich aus Trinakrien zurückkomme; denn
eben muß ich zu Schiffe nach Palermo.

Palermo

Wir hatten einige Tage auf leidlichen Wind zum Auslaufen
gewartet: endlich kam eine starke Tramontane und führte
uns aus dem Zauberplatze heraus. Es war gegen Abend, die

sinkende Sonne vergoldete rund umher die Gipfel der schönen Berge, der Somma glänzte, der Vesuv wirbelte Rauchwölkchen, und die herrliche Königsstadt lag in einem großen, großen Amphitheater hinter uns in den magischen Strahlen. Rechts war Ischia und links Kapri; die Nacht senkte sich nach und nach und verschleierte die ferneren Gegenstände in tiefere Schatten. Ich konnte in dem Abendschimmer nur noch deutlich genug die kleine Stadt auf Kapri unterscheiden. Die gemeinen Neapolitaner und Sicilianer nennen mit einer ihnen sehr gewöhnlichen Metathesis die Insel nur Krap. Sie ist jetzt ziemlich kahl. Ich hätte von Neapel aus gern eine Wasserfahrt dahin gemacht, um einige Stunden auf dem Theater herum zu wandeln, von welchem zur Schande des Menschenverstandes ein sybaritischer Wüstling einige Jahre das Menschengeschlecht mißhandelte; aber ich konnte keine gute Gesellschaft finden, und für mich allein wären nach meinen übrigen Ausgaben die Kosten zu ansehnlich gewesen. Überdies war es fast immer schlechtes Wetter. Zur Überfahrt hierher hatte ich mich auf ein Kauffahrteischiff verdungen, weil ich auf das Paketboot nicht warten wollte. Der Wind ging stark und die See hoch, aber ich schlief gut: man erkannte gleich daraus und aus meinem festen Schritt auf dem Verdeck, daß ich schon ein alter Seemann sein müsse. Da es Fasten war und die Leute lauter Öl aßen, wollte sich der Kapitän mit dem Essen für mich nicht befassen: ich hatte also auf acht Tage Wein, Orangen, Brot, Wurst und Schinken für mich auf das Schiff bringen lassen. Den ganzen Tag ging der Wind ziemlich stark und gut; aber gegen Abend legte er sich und die See ward hohl. Doch hatten wir uns gegen Morgen, also in allem sechs und dreißig Stunden in den Hafen von Palermo hinein geleiert. Das war eine ziemlich gute Fahrt. Auf der Höhe hatten wir immer die Kanonen scharf geladen und ungefähr vierzig große Musketons fertig, um gegen die Korsaren zu schlagen, wenn einer kommen sollte. Denn Du mußt wissen, der Unfug ist jetzt so groß, und die neapolitanische Marine ist jetzt so schlecht, daß sie zuweilen bis vor Kapri und sogar bis vor

die Stadt kommen, um zu sehen, ob sie etwa Geschäfte
machen können, wie sich auch die Spielkaper in den deutschen Bädern ausdrücken. Das ist nun freilich eine Schande
für die Regierung, aber die Regierung hat dergleichen
Schandflecke mehr.

Wir kamen hier ich weiß nicht zu welchem Feste an, wo in
der Stadt so viel geschossen wurde, daß ich die Garnison
wenigstens für zehntausend Mann stark hielt. Aber ich habe
nachher die Methode des Feuerns gesehen. Sie gehört zur
einheimischen Frömmigkeit und ist drollig genug. Man hat
eine ungeheure Menge kleiner Mörser, die man in der Reihe
nach einander geladen hinstellt; absatzweise stehen etwas
größere, die wie Artillerie donnern. Sie sind alle so gestellt,
daß, wenn am Flügel angezündet wird, das Feuer regelmäßig
schnell die ganze Fronte hinunter greift und am Ende mit
einigen großen Stücken schließt. Von weitem klingt es wie
etwas großes; und am Ende besorgt es ein einziger alter,
lahmer Konstabel. Unser Hauptmann von der Aurora ließ
sich mit seiner Artillerie stark hören.

Ich wurde auf der Sanität, wohin ohne Unterschied alle
Ankommende müssen, mit vieler Artigkeit behandelt, und
man ließ mich sogleich gehen, wohin ich wollte, da die andern, meistens Neapolitaner, noch warten mußten. Mein
erster Gang, nachdem ich mich in einem ziemlich guten
Wirtshause untergebracht hatte, war zu dem königlichen
Bibliothekar, dem Pater Sterzinger, an den ich von dem
Sekretär der Königin aus Wien Briefe hatte. Der Güte dieses
wirklich sehr ehrwürdigen Mannes danke ich meine schönsten Tage durch ganz Sicilien. Er gab mir durch die ganze
Insel Empfehlungen an Männer von Wissenschaft und Humanität, in Agrigent, Syrakus, Katanien und Messina. Der
Saal der Bibliothek ist unter seiner Leitung in herrliche Ordnung gebracht, und mit allen sicilianischen Altertümern sehr
geschmackvoll ausgemalt worden, so daß man hier mit
einem Blick alles Vorzügliche übersehen kann. Es finden
sich in der hiesigen Bibliothek viele Ausgaben von Wert, und
mir ist sie im Fache der Klassiker reicher vorgekommen als

Sankt Markus in Venedig. Eine Seltenheit ist der chinesische
Konfuzius mit der lateinischen Interlinearversion, von den
Jesuiten, deren Missionsgeschäft in China damals glückliche
Aussichten hatte. Hier habe ich weiter noch nichts getan als
Orangen gegessen, das Theater der heiligen Cecilia besehen,
bin in der Flora und am Hafen herumgewandelt und auf dem
alten Erkte oder dem Monte Pellegrino gewesen.

Von hier aus, sagt man mir, ist es durchaus nicht möglich,
ohne Führer und Maulesel durch die Insel zu reisen. Selbst
die Herren Bouge und Caillot, an die ich von Wien aus
wegen meiner fünf Dreier hier gewiesen bin, sagen, es werde
sich nicht tun lassen. Ich habe nicht Lust mich jetzt hier
länger aufzuhalten, lasse eben meine Stiefeln besohlen und
will morgen früh in die Insel hineinstechen. Da ich barfuß
nicht wohl ausgehen kann und doch etwas anderes zu
schreiben eben nicht aufgelegt bin, habe ich mich hingesetzt
und in Sicilien einen Sicilier, nämlich den Theokritus, gelesen. Der Cyklops kam mir eben hier so drollig vor, daß ich
die Feder ergriff und ihn unvermerkt deutsch niederschrieb.
Ich will Dir die Übersetzung ohne Entschuldigung und Prä-
ambeln geben und werde es sehr zufrieden sein, wenn Du
sie besser machst; denn ich habe hier weder Apparat noch
Geduld, und wäre mit ganzen Stiefelsohlen wohl schwerlich
daran gekommen. Also wie folget:

Nicias, gegen die Liebe, so deucht mich, gibt es kein andres
Pflaster und keine andere Salbe als Musengesänge.
Lindernd und mild ist das Mittel, doch nicht so leicht
                                        es zu finden.
Dieses weißt Du, glaub' ich, sehr wohl, als Arzt und
                                        als Liebling,
Als vorzüglicher Liebling der helikonischen Schwestern.
Also lebte bei uns einst leidlich der alte Cyklope
Polyphemus, als heiß er in Galateen entbrannt war.
Nicht mit Versen liebt' er und Äpfeln und zierlichen Locken,
Sondern mit völliger Wut, und hielt alles andere für Tand
                                        nur.

10 Bucht von Palermo.
Aquarell über Federzeichnung von Christoph Heinrich Kniep, 1767

Oft, oft kamen die Schafe von selbst zurück von der Weide
Zu der Hürd', und der Hirt saß einsam und sang Galateen
Bis zum Abend vom Morgen schmelzend im Riedgras
                                                    am Ufer,
Mit der schmerzlichen schmerzlichen Wunde tief in dem
                                                    Herzen,
Von der cyprischen Göttin, die ihm in die Leber den Pfeil
                                                    warf.
Aber er fand das Mittel; er setzte sich hoch auf den Felsen,
Schaute hinaus in das Meer und hob zum Gesange
                                        die Stimme:
Ach Galatea, Du Schöne, warum verwirfst Du mein Flehen?
Weißer bist Du als frischer Käse und zarter als Lämmer,
Stolzer als Kälber, und herber als vor der Reife die Traube.
Also erscheinest Du mir, wenn der süße Schlaf mich
                                        beschleichet;
Also gehst Du von mir, wenn der süße Schlaf mich verlässet;
Fliehest vor mir, wie ein Schaf, das den Wolf den grauen
                                        erblickte.
Mädchen, die Liebe zu Dir schlich damals zuerst in das Herz
                                        mir,
Als mit meiner Mutter Du kamst Hyacinthen zu sammeln
Auf dem Hügel, und ich die blumigen Pfade Dich führte.
Seitdem schau ich immer Dich an, und kann es durchaus
                                        nun,
Kann es nicht lassen; doch kümmert es Dich beim Himmel,
                                        auch gar nichts.
Ach ich weiß wohl, liebliches Mädchen, warum Du mich
                                        fliehest:
Weil sich über die ganze Stirne mir zottig die Braue,
Von dem Ohre zum Ohre gespannt, die einzige lang zieht,
Nur ein Auge mir leuchtet und breit mir die Nase zum Mund
                                        hängt.
Aber doch so wie ich bin hab' ich tausend weidende Schafe,
Und ich trinke von ihnen die süßeste Milch, die ich melke:
Auch geht mir der Käse nicht aus im Sommer, im Herbst
                                        nicht,

Nicht im spätesten Winter; die Körbe über den Rand voll.
Auch kann ich pfeifen, so schön wie keiner der andern
                                                    Cyklopen,
Wenn, Goldäpfelchen, Dich und mich, den Getreuen,
                                                    ich singe
Oft in der Tiefe der Nacht. Ich füttre elf Hirsche mit Jungen,
Alle für Dich, und für Dich vier junge zierliche Bären.
Komm, ach komm nur zu mir. Du findest der Schätze viel
                                                    mehr noch.
Laß Du die bläulichen Wogen nur rauschen am
                                                    Felsengestade;
Süßer schläfst Du bei mir gewiß die Nacht in der Grotte.
Lorber hab' ich daselbst und schlanke, leichte Cypressen,
Dunkeln Epheu zur Laube und süß befruchteten Weinstock;
Frisches Wasser, das mir der dicht bewaldete Aetna
Von dem weißesten Schnee zum Göttertranke herabschickt.
Sprich, wer wollte dagegen die Wogen des Meeres erwählen?
Und ich bin ja für Dich, mein liebliches Mädchen, zu zottig,
Ei so haben wir eichenes Holz und glühende Kohlen;
Und von Dir vertrag ich, daß Du die Seele mir ausbrennst,
Und, was am liebsten und wertsten mir ist, das einzige Auge,
Ach warum ward ich nicht ein Triton mit Flössen zum
                                                    Schwimmen?
Und ich tauchte hinab, Dir das schöne Händchen zu küssen,
Wenn Du den Mund mir versagst, und brächte Dir
                                                    Lilienkränze,
Oder den weichesten Mohn mit glühenden, klatschenden
                                                    Blättern.
Aber jenes blühet im Sommer und dieses im Spätjahr,
Daß ich Dir nicht alles zugleich zu bringen vermöchte.
Aber ich lerne gewiß, ich lerne, o Mädchen noch
                                                    schwimmen,
Kommt nur ein fremder Schiffer zu uns hierher
                                                    mit dem Fahrzeug,
Daß ich doch sehe, wie lieblich es sich bei euch unten dort
                                                    wohnet.
Komm, Galatea, herauf, und bist Du bei mir so vergiß dann,

Wie ich hier sitzend am Felsen, zurück nach Hause
                                                zu kehren:
Komm und wohne bei mir und hilf mir weiden und melken,
Hilf mir mit bitterem Lab die neuen Käse bereiten.
Ach die Mutter nur ist mein Unglück, und sie nur verklag'
                                                        ich;
Denn sie redet bei Dir für mich kein freundliches Wörtchen,
Und sieht doch von Tage zu Tage mich magerer werden.
Sagen will ich ihr nun, wie Kopf und Füße mir beben,
Daß auch sie sich betrübe, da ich vor Schmerzen vergehe.
O Cyklope, Cyklope, wo ist Dein Verstand hingeflogen?
Gingst du doch hin und flöchtest Dir Körbe und mähetest
                                                Gras Dir,
Deine Lämmer zu füttern, das wäre fürwahr doch
                                                gescheiter.
Melke das Schäfchen, das da ist; warum verfolgst Du den
                                                Flüchtling?
Und du findst Galateen; auch wohl eine schönere Andre.
Mädchen die Menge rufen mir zu zum Scherze die Nacht
                                                durch;
Alle kichern mir nach; so will ich denn ihnen nur folgen:
Denn ich bin auf der Welt doch wohl auch wahrlich ein Kerl
                                                noch.
Also weidete Polyphemus und sang von der Liebe,
Und es ward ihm leichter als hätt' er Schätze vergeudet.

Ist es nicht Schade, daß wir das zärtliche Liebesbriefchen
des Polyphemus an seine geliebte Galatee von dem Tyrannen Dionysius nicht mehr haben? Es wurde, glaube ich,
durch einen Triton bestellt. Die sicilischen Felsen machen
alle eine ganz eigene idyllische Erscheinung; und wenn ich
mir so einen verliebten Cyklopen Homers oder Virgils in
schmelzenden Klagen darauf sitzend vorstelle, so ist die
Idee gewaltig possierlich. Das gibt übrigens auch, ohne eben
meine persönlichen Verdienste mit den Realitäten des Polyphemus zu vergleichen, eigene nunmehr nicht unangenehme Reminiszenzen meiner übergroßen Seligkeit, wenn ich

ehmals meine teuer gekaufte Spätrose der kleinen Schwester
meiner Galatee geben konnte, und wenn ich drei hyperbo-
reische Meilen auf furchtbarem Wege in furchtbarem Wetter
meinen letzten Gulden in das Schauspiel trug, um aus dem
dunkelsten Winkel der Loge nicht das Schauspiel sondern
die Göttin zu sehen. Ich hatte mit meinem Cyklopen gleiches Schicksal und brauchte mit ziemlichem Erfolg das
nehmliche Mittel.

Eben hatte ich die letzten Verse geschrieben, als man mir
meine Stiefeln brachte; und diesem Umstande verdankst
Du, daß ich Dir nicht auch noch seine Hexe oder sein Ern-
tefest bringe.

Agrigent

Siehst Du, so weit bin ich nun, und bald am Ende meines
Spaziergangs, der bei dem allen nicht Jedermanns Sache sein
mag. Von hier nach Syrakus habe ich nichts zu tun, als an der
südlichsten Küste hinzustreichen; das kann in einigen Tagen
geschehen. Wenn ich nun ein echter Gelehrter oder gar Antiquar wäre, so würde ich mich ärgern: denn ich habe viel
versehen. Ich wollte nämlich von Palermo über Trapani,
Alcamo und Sciakka gehen, um in Segeste und Selinunt die
Altertümer zu sehen, die noch dort sind. Auch Barthels hat
sie nicht gesehen, wenn ich mich recht erinnere; und der
Tempel von Segeste wäre doch wohl eine so kleine Abschweifung wert. Ich wohnte in Palermo mit einem neapolitanischen Offizier, einem Herrn Canella aus Girgenti,
zusammen, mit dem ich ein langes und breites darüber
sprach; und dieser hatte die Güte mir einen Mauleseltreiber
aus seiner Vaterstadt als Wegweiser zu besorgen. Nun denke
ich in meiner Sorglosigkeit weiter mit keiner Sylbe daran,
und glaube der Kerl wird mich gerade an den Eryx bringen.
Ich setze mich auf und reite in der größten Andacht, in
welcher ich meine Orangen nach und nach aufzehre, wohl
zwei Stunden fort, als mir einfällt, daß ich doch zu weit links
von der See abkomme. Der Eseltreiber versicherte mich
aber sehr ehrlich, das sei der rechte gewöhnliche Weg nach

Agrigent. Ich bin wieder einige Millien zufrieden. Endlich kommen wir bei Bei Frati an, und ich finde mich zu sehr mitten in der Insel. Nun orientierte und erklärte ich mich, und da kam denn zum Vorschein, daß sich der Eseltreiber den Henker um meine Promenade bekümmert hatte, und mit mir gerade den alten römischen Weg durch die Insel geritten war. Was war zu tun? Rechts einlenken? Da war eine ganze Welt voll Berge zu durchstechen, und Niemand wollte den Weg wissen: und das Menschenkind verlangte nicht mehr als sechs goldene Unzen, um nach Palermo zurück und den andern Weg zu machen. Das war meiner Börse zu viel: ich entschloß mich also mit etwas Griesgrämlichkeit nun so fort zu reiten, und die erycinische Göttin andern zu überlassen, die vielleicht auch ihren Wert besser zu würdigen verstehen. Wir ritten von Palermo bis fast an die Bagarie den Weg nach Termini, und stachen dann erst rechts ab. Die Partien sind angenehm und könnten noch angenehmer sein, wenn die Leute etwas fleißiger wären. So wie man sich von der Hauptstadt entfernt, wird es ziemlich wild. Wir kamen durch einige ziemlich unbeträchtliche Örter, und der Abfall der Kultur und des äußerlichen Wohlstandes war ziemlich grell. Alles war weit teurer, als in der Hauptstadt, nur nicht die Apfelsinen, an denen ich mich erholte und von denen ich mein Magazin nicht leer werden ließ. Nicht weit von Bei Frati blieb uns rechts auf der Anhöhe ein altes Schloß liegen, das man Torre di Diana nannte, und wo die Sarazenen ehemals mit den Christen viel Grausamkeit getrieben haben sollen. Es war mir noch zu zeitig bei den schönen Brüdern zu bleiben, zumal da das Wirtshaus geradezu der Revers des Namens war; wir ritten also ungefähr fünf Millien weiter an ein anderes. Hier war auch nicht ein Stückchen Brot, auch nicht einmal Makkaronen zu haben. Wir ritten also wieder weiter; mein Eseltreiber und noch ein armer Teufel, der sich angeschlossen hatte, fingen an sich vor Räubern zu fürchten, und ich war es auch wohl zufrieden, als wir endlich ziemlich spät in Sankt Joseph nicht weit von einem Flusse ankamen, dessen Namen ich vergessen habe.

Hier fanden wir eine ganze Menge Mauleseltreiber aus allen Teilen der Insel, und doch wenigstens Makkaronen. Aus Vorsicht hatte ich für mich in Palermo Brot gekauft, das beste und schönste, das ich je gesehen und gegessen habe. Hier war es mir eine Wohltat, und ich selbst konnte damit den Wohltäter machen. Die Leutchen im Hause, unter denen ein Kranker war, segneten die fremde Hülfe: denn das wenige Brot, das sie selbst hatten, war sehr schlecht. Ist das nicht eine Blasphemie in Sicilien, das ehemals eine Brotkammer für die Stadt Rom war? Ich konnte meinen Unwillen kaum bergen.

Einen lustigen Streit gab es zum Desert der Makkaronen. Die Eseltreiber hatten mir abgelauert, daß ich wohl ihre Altertümer mit besuchen wollte, wie sich denn dieses in Sicilien einem Fremden sehr leicht abmerken läßt. Da erhob sich ein Zwist unter den edelmütigen Hippophorben über die Vorzüge ihrer Vaterstädte in Rücksicht der Altertümer. Der Eseltreiber von Agrigent rechnete seine Tempel und die Wunder und das Alter seiner Stadt; der Eseltreiber von Syrakus sein Theater, seine Steinbrüche und sein Ohr; der Eseltreiber von Alcamo sein Segeste und der Eseltreiber von Palermo hörte königlich zu und sagte – nichts. Ihr könnt euch auch groß machen, sagte der Treiber von Katanien zu dem Treiber von Alcamo, mit eurem Margarethentempelchen, der nicht einmal euer ist, und fing nun an auch die Altertümer seiner Vaterstadt, als der ältesten Universität der Erde, heraus zu streichen, wobei er den Alcibiades nicht vergaß, der in ihrem Theater geredet habe. Du mußt wissen, Margarethe heißt bei den Siciliern durchaus ein gefälliges, feiles Mädchen: das war für die Mutter des ehrsamen Mannes der Aeneide kein sonderlicher Weihrauch. Ohne mein Erinnern siehst Du hieraus, daß die sicilischen Mauleseltreiber sehr starke Antiquare sind, ob sie die Sache gleich nicht immer außerordentlich genau nehmen: denn der Agrigentiner rechnete den benachbarten Makaluba zu den Altertümern seiner Vaterstadt, ohne daß seine Gegner protestierten; und hätte der Streit länger gedauert, so hätte der Katanier vielleicht den Aetna auch mit aufgezählt.

Den Morgen darauf gingen wir durch die Jumarren, einen heillosen Weg, unter sehr schlechtem Wetter. Nie habe ich eine solche Armut gesehen, und nie habe ich mir sie nur so entsetzlich denken können. Die Insel sieht im Innern furchtbar aus. Hier und da sind einige Stellen bebaut; aber das Ganze ist eine Wüste, die ich in Amerika kaum so schrecklich gesehen habe. Zu Mittage war im Wirtshause durchaus kein Stückchen Brot zu haben. Die Bettler kamen in den jämmerlichsten Erscheinungen, gegen welche die römischen auf der Treppe des *spanischen* Platzes noch Wohlhabenheit sind: sie bettelten nicht, sondern standen mit der ganzen Schau ihres Elends nur mit Blicken flehend in stummer Erwartung an der Türe. Erst küßte man das Brot, das ich gab, und dann meine Hand. Ich blickte fluchend rund um mich her über den reichen Boden, und hätte in diesem Augenblicke alle sicilische Barone und Äbte mit den Ministern an ihrer Spitze ohne Barmherzigkeit vor die Kartätsche stellen können. Es ist heillos. Den Abend blieb ich in Fontana Fredda, wo ich, nach dem Namen zu urteilen, recht schönes Wasser zu trinken hoffte. Aber die Quelle ist so vernachlässiget, daß mir der Wein sehr willkommen war. Ich mußte hier für ein Paar junge Tauben, das einzige was man finden konnte, acht Karlin, ungefähr einen Taler nach unserm Gelde, bezahlen; da ich doch mit den ewigen Makkaronen mir den Magen nicht ganz verkleistern wollte. Das beste war hier ein großer, schöner, herrlicher Orangengarten, wo ich aussuchen und pflücken konnte, so viel ich Lust hatte, ohne daß es die Rechnung vermehrt hätte, und wo ich die köstlichsten, hochglühenden Früchte, von der Größe einer kleinen Melone fand. Gegen über hängt das alte Sutera traurig an einem Felsen, und Kampo Franco von der andern Seite. Das Tal ist ein wahrer Hesperidengarten, und die Segensgegend wimmelt von elenden Bettlern, vor denen ich keinen Fuß vor die Tür setzen konnte: denn ich kann doch nicht helfen, wenn ich auch alle Taschen leerte und mich ihnen gleich machte.

Der Fluß ohne Brücke, über den ich in einem Strich von

ungefähr drei deutsche Meilen wohl funfzehn Mal hatte
reiten müssen, weil der Weg bald diesseits bald jenseits ge-
het, ward diesen Morgen ziemlich groß; und das letzte Mal
kamen zwei starke cyklopische Kerle, die mich mit Gewalt
auf den Schultern hinüber trugen. Sie zogen sich aus bis aufs
Hemde, schürzten sich auf bis unter die Arme, trugen Stök-
ke wie des Polyphemus ausgerissene Tannen, und suchten
die gefährlichsten Stellen, um ihr Verdienst recht groß zu
machen: ich hätte gerade zu Fuße durchgehen wollen, und
wäre nicht schlimmer daran gewesen, als am Ende der pontinischen Sümpfe vor Terracina. Ihre Forderung war unverschämt, und der Eseltreiber meinte ganz leise, ich möchte
sie lieber willig geben, damit sie nicht bösartig würden. Sie
sollen sich sonst kein Gewissen daraus machen, Jemand mit
dem Messer oder dem Gewehrlauf, oder gerade zu mit dem
Knittel, in eine andere Welt zu liefern. Die Gerechtigkeit
erkundigt sich nach solchen Kleinigkeiten nicht weiter. Der
Fluß geht nun rechts durch die Gebirge in die See. Ich habe
seinen eigentlichen Namen nicht gefaßt; man nannte ihn
bald so, bald anders, nach der Gegend; am häufigsten nannten ihn die Einwohner *Fiume di San Pietro*. Von nun an war die
Gegend bis hierher nach Agrigent abwechselnd sehr schön
und fruchtbar, und auch noch leidlich bearbeitet. Nur um
den Makaluba, den ich rechts von dem Wege ab aufsuchte,
ist sie etwas mager.

Ich will Dir sagen, wie ich den Berg, oder vielmehr das
Hügelchen fand. Seine Höhe ist sehr unbeträchtlich, und
sein ganzer Umfang ungefähr eine kleine Viertelstunde.
Rund umher sind in einer Entfernung von einigen Stunden
ziemlich hohe Berge, so daß ich die vulkanische Erscheinung Anfangs für Quellwasser von den Höhen hielt. Diese
mögen dazu beitragen; aber sie sind wohl nicht die einzige
Ursache. Die Höhe des Orts ist verhältnismäßig doch zu
groß, und es gibt rund umher viel tiefere Gegenden, die auch
wirklich Wasser halten. Am wenigsten ließe sich seine pe-
riodische Wut erklären. Wo ich hinaufstieg, fand ich einen
einzelnen, drei Ellen hohen Kegel aus einer Masse von Ton

und Sand, dessen Spitze oben eine Öffnung hatte, aus welcher die Masse immer herausquoll und herabfloß, und so
den Kegel vergrößerte. Auf der Höhe des Hügels waren
sechs größere Öffnungen, aus denen beständig eben dieselbe Masse hervordrang; ihre Kegel waren nicht so hoch, weil
die Masse flüssiger war. Ich stieß in einige meinen Knotenstock gerade hinein, und fand keinen Grund; so wie ich aber
nur die Seiten berührte, war der Boden hart. In der Mitte,
und ziemlich auf der größten Höhe desselben, war die größte Öffnung, zu der ich aber nicht kommen konnte, weil der
Boden nicht trug, und ich befürchten mußte, zu versinken.
Zuweilen, wenn es anhaltend sehr warm und trocken ist, soll
man auch zu diesem Trichter sehr leicht kommen können.
Ich sah der Öffnungen rund umher, größere und kleinere,
ungefähr dreißig. Einige waren so klein, daß sie nur ganz
kleine Bläschen in Ringelchen ausstießen, und ich konnte
meinen Stock nur mit Widerstand etwas hineinzwingen. Die
Ausbrüche und die Regenstürme ändern das Ansehen des
Makaluba beständig; er ist daher noch etwas wandelbarer,
als seine größern Herren Vettern. Ihm gegenüber liegt, in
einer Entfernung von ungefähr zwei Stunden, auf einer beträchtlichen Anhöhe eine Stadt, die von weitem ziemlich
hübsch aussieht, und, wenn ich nicht irre, Ravonna heißt.
Die Einwohner dieses Orts und einiger naheliegenden kleinen Dörfer wurden, wie man erzählte, vor drei Wochen sehr
in Schrecken gesetzt, weil der Zwergberg anfing, inwendig
gewaltig zu brummen und zu lärmen. Es ist aber diesmal bei
dem Brummen geblieben. Von dem Diminutiv-Vulkan bis
hierher sind ungefähr noch acht Millien durch eine ziemlich
rauhe Gegend über mehrere Berge.

Mein Eintritt in die Lokanda hier war eine gewaltig starke
Ohrfeigenpartie. Das ging so zu. Als ich das Haus betrachtete, ob es mir anstehen und ob ich hier bleiben würde, kam
ein sehr dienstfertiger Cicerone, der mich wahrscheinlich zu
einem seiner Bekannten bringen wollte. Ehe ich mir's versah, schoß ein junger, starker Kerl aus einer Art von Küche
heraus, fuhr vor mir vorbei, und packte den höflichen Men-

schen mit einer furchtbaren Gewalt bei der Gurgel, warf ihn
nieder, und fing an, ihn mit den Fäusten aus allen Kräften zu
bearbeiten. Ich sprach zum Frieden, so gut ich konnte, und
er ließ den armen Teufel endlich los, der auch sogleich ab-
marschierte. Ich sagte dem Fausthelden so glimpflich als
möglich, daß ich diese Art von Willkommen etwas zu hand-
greiflich fände, da trat er ganz friedlich und sanft vor mich
und demonstrierte mir, der Kerl habe seine Mutter ge-
schimpft; das könne und werde er nicht leiden. Nun machte
man mir ein Zimmer bereit; und so schlecht es auch war, so
zeigten die Leute doch allen guten Willen: und damit ist ein
ehrlicher Kerl schon zufrieden. Nun suchte ich den Ritter
Canella, den Onkel meines militärischen Freundes in Palermo, und den Kanonikus Raimondi auf. Beide waren sehr
artig und freundschaftlich, und der Ritter besuchte mich
sogar in meinem Gasthause. Raimondi, welcher Direktor
der dortigen Schule ist, führte mich in die alte gotische Kathedrale, wo ich den antiken Taufstein sah und das akustische Kunststück nicht hören konnte, da er den Schlüssel zu
der verschlossenen Stelle vergessen hatte, und es unbescheiden gewesen wäre, ihn wegen der Kleinigkeit noch einmal
zu bemühen. Man findet es in vielen Kirchen. Wenn man an
dem einen Ende ganz leise spricht, geht der Schall oben an
dem Bogen hin, und man hört ihn an der andern Seite ganz
deutlich. Jetzt hat man den Ort deswegen verschlossen, weil
man auf diese Weise die Beichtenden belauschte. Der alte
Taufstein, der die Geschichte des Hypolitus hält, ist aus den
Reisenden und Antiquaren bekannt genug, und ich fand bei
Vergleichung auf der Stelle, daß Dorville, welcher bei Raimondi lag, fast durchaus ordentlich richtig gezeichnet hat.

Canella gab mir einen Brief an den Marchese Frangipani
in Alikata. Mein Mauleseltreiber kam beständig, und machte
den Bedienten und Cicerone. *Io saggio tutto, Signore, Io conosco
tute le maraviglie*, sagte er mit einer apodiktischen Wichtigkeit,
wider welche sich eben so wenig einwenden ließ, als wider
die Infallibilität des Papstes. Da ich das meiste, was ich
sehen wollte, schon ziemlich kannte, hatte ich weiter nichts

gegen die Gutherzigkeit des Kerls, der ein Bursche von ungefähr neunzehn Jahren war. Ich hatte das ganze Wesen der alten Stadt schon aus den Fenstern des Herrn Raimondi übersehen, steckte also den folgenden Morgen mein Morgenbrot in die Tasche, und ging hinunter in die ehemaligen Herrlichkeiten der alten Akragantiner. Was kann eine Rhapsodie über die Vergänglichkeit aller weltlichen Größe helfen? Ich sah da die Schutthaufen und Steinmassen des Jupiterstempels, und die ungeheuern Blöcke von dem Tempel des Herkules, wie nehmlich die Antiquare glauben; denn ich wage nicht, etwas zu bestimmen. Die Trümmern waren mit Ölbäumen und ungeheuern Karuben durchwachsen, die ich selten anderswo so schön und groß gesehen habe. Sodann gingen wir weiter hinauf zu dem fast ganzen Tempel der Konkordia. Das Wetter war frisch und sehr windig. Ich stieg durch die Celle hinauf, wo mir mein weiser Führer folgte, und lief dann oben auf dem steinernen Gebälke durch den Wind mit einer nordischen Festigkeit hin und her, daß der Agrigentiner, der doch ein Mauleseltreiber war, vor Angst blaß ward, an der Celle blieb und sich niedersetzte. Ich tat das nehmliche mitten auf dem Gesims, bot den Winden Trotz, nahm Brot und Braten und Orangen aus der Tasche, und hielt ein Frühstück, das gewiß Scipio auf den Trümmern von Karthago nicht besser gehabt hat. Ich konnte mich doch einer schauerlichen Empfindung nicht erwehren, als ich über die Stelle des alten, großen, reichen Emporiums hinsah, wo einst nur ein einziger Bürger unvorbereitet vierhundert Gäste bewirtete, und jedem die üppigste Bequemlichkeit gab. Dort schlängelt sich der kleine Akragas, welcher der Stadt den Namen gab, hinunter in die See; und dort oben am Berge, wo jetzt kaum noch eine Trümmer steht, schlugen die Karthager, und das Schicksal der Stadt wurde nur durch den Mut der Bürger und die Deisidämonie des feindlichen Feldherrn aufgehalten. Wo jetzt die Stadt steht, war vermutlich ehemals ein Teil der Akropolis. Nun ging ich noch etwas weiter hinauf zu dem Tempel der Juno Lucina und den übrigen Resten, unter de-

nen man mehrere Tage sehr epanorthotisch hin und her
wandeln könnte. Die systematischen Reisenden mögen Dir
das Übrige sagen; ich habe keine Entdeckungen gemacht.
Der jetzige König hat einige Stücke wieder hinauf auf den
Konkordientempel schaffen lassen, und dafür die schöne
alte Front mit der pompösen Inschrift entstellt: *Ferdinandus
IV. Rex Restauravit.* Ich hätte den Giebel herunterwerfen mögen, wo die kleinliche Eitelkeit stand.

Die beiden ziemlich gut erhaltenen Tempel stehen nicht
weit von den alten Mauern, in deren solidem Felsen eine
Menge Aushöhlungen sind, aus denen man nicht recht weiß,
was man machen soll. Einige halten sie für Gräber. Mir
kommt es wahrscheinlicher vor, daß es Schlafstellen für die
Wachen waren, eine Art von Kasernen; und sie sind vermutlich nur aus der neuern Zeit der Sarazenen oder Goten.
Diese Mauern, so niedrig sie auch gegen die hohen Berge
umherliegen, sind doch als Felsen beträchtlich genug, daß
man von der See aus die Stadt das hohe Akragas nennen
konnte; und noch jetzt würden unsere Vierundzwanzig-
Pfünder genug zu arbeiten haben, eine Bresche hineinzu-
schlagen. Es ist wohl nicht ohne Grund geschehen, daß man
die schönsten Tempel der Mauer so nahe baute. Sie waren
das Heiligtum der Stadt; ihre Nähe beim Angriff mußte
anfeuern, wo die Bürger wirklich augenscheinlich *pro aris et
focis* schlugen. Auch der Tempel des Herkules muß unten
nicht weit von der Mauer gestanden haben. Dort sind aber
die Mauern nicht so hoch und stark gewesen, weil die Natur
dort nicht so unterstützte; eben deswegen setzte man vermutlich dorthin den Tempel des Herkules, um die Bürger an
der schwachen Seite mehr an Kampf und Gefahr zu erinnern: eben deswegen liegen wahrscheinlich dort Tempel und
Mauer in Trümmern, weil vermutlich daselbst die Stadt mehrere Mal eingenommen wurde. Was ich aus dem sogenannten Grabmal Hierons machen soll, weiß ich nicht; ich
überlasse es mit dem Übrigen ruhig den Gelehrten. Ich habe
nicht Zeit, gelehrt zu werden. Am kürzesten dürfte ich nur
meinem Mauleseltreiber folgen; der sagt mir gläubig fest

11 Agrigent: der Konkordiatempel

bestimmt: *Kischt' è il tempio di San Gregoli; Kischta Madonna è antica:* und wer es nicht glauben will, *anathema sit.* Der gute Mensch hat mich recht herzlich in Affektion genommen, und meint es recht gut; vorzüglich zeigt er mir gewissenhaft alle Klöster und ihre Bewohner nur κατ' ἀντίφρασιν τῆς καλοκαγαθίας; ich sagte also diesen Morgen zu einem solchen Rapport halb unwillig murmelnd in meinem Mutteridiom: Ich wollte, es wären Schweineställe! Weiß der Himmel, was der fromme Kerl verstanden haben mochte; *Si si, Signore, dice bene,* sagte er treuherzig; *kischt' è la cosa.* Er rechnete es mir hoch an, daß er italiänisch sprach, und nicht den Jargon seiner Landsleute; mit denen ich gar nicht fortkommen würde; doch kam ich mit seinen Landsleuten in ihrem Jargon noch so ziemlich ohne ihn fort. Auf der heutigen Promenade erzählte er mir von einer kleinen Stadt, nicht weit von hier nach Alcamo hinab in dem Gebirge, wo die Leute griechisch sprächen, oder gar türkisch, so daß man sie gar nicht verstehen könnte, wie das oft der Fall zu Girgenti auf dem Markte wäre. Hier führte er eine Menge ihrer Wörter an, die ich, leider! wieder vergessen habe. *Non sono cosi boni latini, come noi autri,* sagte er. Du siehst, der Mensch hat Ehre im Leibe.

Den musikalischen Talenten und der musikalischen Neigung der Italiäner kann ich bis jetzt eben keine große Lobsprüche machen. Ich habe von Triest bis hierher, auf dem Land und in den Städten, auch noch keine einzige Melodie gehört, die mich beschäftigt hätte, welches doch in andern Ländern manchmal der Fall gewesen ist. Das beste war noch von eben diesem meinen ästhetischen Cicerone aus Agrigent, der eine Art Liebesliedchen sang, und sehr emphatisch drollig genug immer wiederholte: *Kischta nutte, kischta nutte iu verru, iu verru. (Questa notte io verro).*

Eben bin ich unten am Hafen gewesen, der vier italiänische Meilen von der Stadt liegt. Der Weg dahin ist sehr angenehm durch lauter Ölpflanzungen und Mandelgärten. Hier und da sind sie mit Zäunen von Aloen besetzt, die in Sicilien zu einer außerordentlichen Größe wachsen; noch

häufiger aber mit indischen Feigen, die erst im September
reif werden, und von denen ich das Stück, so selten sind sie
jetzt, in der Stadt mit fast einem Gulden bezahlen mußte, da
ich die Seltenheit doch kosten wolle. Die Karuben oder
Johannisbrotbäume gewinnen hier einen Umfang, von dem
wir bei uns gar keine Begriffe haben. Sie sind so häufig, daß
in einigen Gegenden des südlichen Ufers das Vieh mit Karuben gemästet wird. Der Hafen, so wie er jetzt ist, ist
vorzüglich von Karl dem Fünften gebaut. Bonaparte lag
einige Tage hier und auf der Reede, als er nach Ägypten ging:
und damals kamen auch einige Franzosen hinauf in die
Stadt, wo gar keine Garnison liegt. Sie müssen sich aber
nicht gut empfohlen haben; denn der gemeine Mann und
Bürger spricht mit Abscheu von ihnen. Der Hafen ist ungefähr wie in Ankona, und keiner der besten. Nicht weit
davon sind eine Menge unterirdischer Getreidebehälter,
weil von Agrigent sehr viel ausgeführt wird. Die politische
Stimmung durch ganz Sicilien ist gar sonderbar, und ich
behalte mir vor, Dir an einem andern Orte noch einige Worte darüber zu sagen.

                                                    Syrakus
Dies ist also das Ziel meines Spazierganges, und nun gehe
ich mit einigen kleinen Umschweifen wieder nach Hause.
    Ich will Dir von meiner Wanderung hierher so kurz als
möglich das Umständliche berichten. Das Reisen zu Maulesel ward mir doch ziemlich kostbar. Von Agrigent aus
verlangte man für einen Maulesel nicht weniger als eine
Unze täglich, etwas mehr als einen Kaiserdukaten; oder ein
Pezzo, wenn ich ihn selbst füttern und den Führer bekösti-
gen wollte. Dies war nun sehr teuer; und mein eigener
Unterhalt kostete, zumal auf dem Lande, nicht wenig. Ich
handelte also mit meinem Mauleseltreiber, er sollte mich zu
Fuße auf einer Ronde um die Insel begleiten; dafür sollte er
mit mir ordentlich leben, so gut man in Sicilien leben kann,
und ich wollte ihm täglich noch fünf Karlin, ungefähr einen

deutschen Gulden, geben: dabei könnte er doch zusammen während der kurzen Zeit drei goldene Unzen Gewinn haben. Der Handel wurde gemacht; ich gab ihm zwei Unzen voraus, um sich für die eine einige Bedürfnisse auf die Reise anzuschaffen, und die zweite unterdessen seiner alten Mutter zu lassen. Er kaufte mir einen Habersack, ungefähr wie man ihn den Mauleseln mit dem Futter umhängt, tat meine zwei Bücher, mein Hemde mit den übrigen Quinquaillerien und etwas Proviant hinein, und trug ihn mir nach oder vor. Meinen stattlichen Tornister hatte ich, um ganz leicht zu sein, und auch aus Klugheit, versiegelt in Palermo gelassen: denn er fand überall so viel Beifall und Liebhaber, daß man mir einige Mal sagte, man würde mich bloß meines Tornisters wegen totschlagen.

Noch muß ich hier eine Bekanntschaft nachholen, die ich in Agrigent machte. Als ich in meinem Zimmer saß, trat ein stattlich gekleideter Mann zu mir herein, und erkundigte sich teilnehmend nach allen gewöhnlichen Dingen, nach meinem Befinden, und wie es mir in seinem Vaterlande gefiele, und so weiter. Die Bekanntschaft war bald gemacht; er wohnte in einem Zimmer mir gegenüber in dem nehmlichen Wirtshause, bat um die Erlaubnis, sein Essen zu mir bringen zu dürfen, und wir aßen zusammen. Es fand sich, daß er eine Art Steuerrevisor von Palermo war, der in königlichen Geschäften reis'te. Die Sicilianer sind ein sehr gutmütiges, neugieriges Völkchen, die in der ersten Viertelstunde ganz treuherzig dem Fremden alles abzufragen verstehen. Ich fand nicht Ursache, den Versteckten zu spielen; und so erfuhr denn der Herr Steuerrevisor über Tische auf seine Frage, daß ich ein Ketzer war. Der dicke Herr legte vor Schrecken Messer und Gabel nieder, und sah mich an, als ob ich schon in der Hölle brennte; er fragte mich nun über unser Religionssystem, von dem ich ihm so wenig als möglich, so schonend als möglich sagte. Der Mensch war in der Residenz verheiratet, hatte zu Hause drei Kinder, und mußte, nach seiner offenen Beichte, auf der Landreise jede Nacht zur Bequemlichkeit, wo möglich, sein Mädchen ha-

ben; fluchte übrigens und zotierte auf lateinisch, und italiänisch trotz einem Bootsknecht: aber er konnte durchaus
nicht begreifen, wie man nicht an den Papst glauben und
ohne Mönche leben könne. Dabei hatte er ziemliche Studien
aus der römischen Legende. Doch entschloß er sich, mit mir
fortzuessen, fragte aber immer weiter. Es fehlte ihm nicht an
etwas Gutmütigkeit und einem Schein von Vernunft; aber er
donnerte doch halb spaßhaft das Verdammungsurteil über
uns Alle her: *Siete tutti minchioni, siete come le bestie.* Das nenne
ich mir Logik! indessen, lieber Freund, es gibt dergleichen
Logik noch viel in der Welt, *in jure canonico, civili et publico,* die
uns für Sterling verkauft wird. Übrigens trug der Mann viel
Sorge für mich, schloß sich brüderlich an mich an, und
meinte, ich ginge großen Gefahren entgegen. Das war nun
nicht zu ändern. Als ich abging, band er mich dem Eseltreiber auf die Seele, gab ihm für mich seine Adresse in Palermo
und ließ mich Ketzer doch unter dem Schutze aller Heiligen
ziehen.

So zog ich denn mit meinem neuen Achates den Berg
hinunter, über den kleinen Fluß hinweg nach dem Monte
Chiaro hin, auf Palma zu, welches die hiesigen Einwohner
Parma nennen. Ein junger Mensch, der in Syrakus einen
Handel machen wollte, gesellte sich mit seinem Esel zu uns.
Mir war das nicht sehr lieb, weil ich immer die Ehre hatte für
alle Eseltreiber der ganzen Insel zu bezahlen. In Palma traf
ich einige meiner Bekannten, die Antiquare von Sankt Joseph, die sich über das Margarethentempelchen von Segeste
zankten. Diese Herren staunten über meine Verwegenheit,
daß ich zu Fuße weiter reisen wollte. Hier hatte ich ein
Unglück, das mich auch den Weg allein fortzusetzen zwang.
Mein Begleiter von Agrigent war sehr fromm, es war Fasten;
er aß so viel Paste, daß ich über seine Kapazität erstaunte.
Indes ein Sicilianer dieser Art hat seine Talente, die unser
einer nicht immer beurteilen kann. Ich mochte nichts sagen;
er hätte glauben können, es wäre wegen der Bezahlung. Wir
gingen fort; aber kaum waren wir eine halbe Stunde gegangen, so fing die Paste an zu schwellen, und verursachte dem

frommen Menschen fürchterliche Passionen. Ich fing nun an ihm den Sermon zu halten, warum er so viel von dem Kleister und nicht lieber etwas mit mir gegessen habe. Hier rührte ihn von neuem das Gewissen, und er bekannte mir, er habe schon furchtbare Angst gehabt, daß er mit mir in der Fasten zu Fontana Fredda eine halbe Taube gegessen. Sein Beichtvater habe ihn hart darüber angelassen. Die Sache ward nun schlimmer. Er fiel nieder, wälzte sich und schrie vor Schmerz und konnte durchaus nicht weiter fort. Was sollte ich tun? Ich konnte hier nicht bleiben. Nachdem ich ihm so derb und sanft als möglich den Text über seinen unvernünftigen Fraß gelesen hatte, nahm ich ihm meinen Sack ab, übergab ihn seinem Freunde und Landsmanne, überließ ihn seinen Heiligen und ging allein weiter. Es war mir lieb, daß ich ihn so gut versorgt sah; ich hätte ihm nicht helfen können: doch tat es mir um den armen dummen Teufel leid. Ich habe nachher erfahren, daß er sich erholt hat. Wenn er gestorben wäre, wäre es gewiß zum Wunder bloß darum gewesen, weil er in der Fasten mit einem Ketzer junge Tauben gegessen hatte, und nicht wegen seines bestialischen Makkaronenfraßes. Ich habe vernünftige Ärzte in Italien darüber sprechen hören, daß jährlich in der Fasten eine Menge Menschen an der verdammten Paste sich zu Tode kleistern; denn der gemeine Mann hat die ganze lange Zeit über fast nichts anders als Makkaronen mit Öl.

Ich ging also nun allein auf gut Glück immer an der Küste hin, bald das Meer im Auge, bald etwas weiter links in das Land hinein, nachdem mich der Weg trug. Bei Palma ist wieder schöne, herrliche Gegend, mit abwechselnden Hügeln und Tälern, die alle mit Ölbäumen und Orangengärten besetzt sind. Die hier wachsenden Orangen sind etwas kleiner als die übrigen in der Insel, aber sie sind die feinsten und wohlschmeckendsten, die ich gegessen habe; selbst die von Malta nicht ausgenommen, deren man eine Menge in Neapel findet. Gegen Abend kam ich in Alikata an, wo ich vor der Stadt zwei sehr wohlgekleidete Spaziergänger antraf, die mich zu sich auf eine Rasenbank einluden und in zehn Mi-

nuten mir meine ganze Geschichte abgefragt hatten. Wir
gingen zusammen in die Stadt; ich halte sie für die beste, die
ich nach Palermo bis jetzt noch auf der Insel gesehen habe.
Das Wirtshaus, das ich fand, war ziemlich gut; ich hatte also
nicht Ursache, dem Marchese Frangipani, an den ich empfohlen war, beschwerlich zu fallen. Indessen gab ich doch
meinen Brief ab, und er nahm mich mit vieler Artigkeit in
seinem ziemlich großen Hause auf, wo ich eine ansehnliche
Gesellschaft fand. Man nötigte mich, mit den Damen etwas
französisch und mit den geistlichen Herren, deren einige
zugegen waren, lateinisch zu sprechen. Als man sich zum
Spiel setzte – *c'est partout comme chez nous* – und ich daran nicht
Teil nehmen wollte noch konnte, da ich nie ein Kartenblatt
anrühre, empfahl ich mich und befand mich in meinem
Wirtshause einsam recht wohl. In der schönen Abenddämmerung machte ich noch einen Spaziergang an dem Strande
und sah der Fischerei zu. Die hiesige Reede muß für die
Schiffe nicht viel wert sein, so viel ich von der Lage mit
einem Überblick urteilen kann. Gleich vor Alikata, von Palma her, liegt ein sich am Meere herziehender Berg, der von
den Gelehrten mit Grund für den Eknomos der Alten gehalten wird. Jenseits des Salzflusses, oder des südlichen
Himera, denn der nördliche fließt bei Termini, ist ein anderer Berg, dessen Name, glaube ich, Phalarius heißt: und
diese beiden Berge paradieren in den karthagischen Kriegen.
Der Eknomos soll nach der Erklärung Einiger seinen Namen davon haben; weil der agrigentische Tyrann Phalaris
den Perillischen Stier hier aufgestellt haben soll. Dieses
scheint aber mehr auf den Phalarius zu passen. Wenn Du mir
erlaubst eine Konjektur zu machen, so will ich annehmen,
daß der Eknomos deswegen so genannt worden sei, weil er
ganz allein, isoliert, von der ganzen übrigen Bergkette rundherum abgesondert liegt: die andern Berge hängen in einem
großen Amphitheater alle zusammen. Der griechische
Name, deucht mir, könne dies bedeuten: ἐκ τοῦ νόμου τῶν
ἄλλων ὀρῶν κεῖται γεώλοφος. Der Berg ist jetzt ziemlich gut
bebaut, mit schönen Ölgärten und mehreren Landhäusern

besetzt, und gibt der Gegend ein sehr freundliches Ansehen.
Links ist an dem Himera hinauf eine schöne große Ebene
mit Weizenfeldern; eine der besten, die ich je gesehen habe.
Alikata ist der erste Ort, wo ich in Sicilien billig behandelt
wurde.

Überall warnte man mich vor bösen Wegen und vorzüglich hier in Alikata, wo man sagte, daß die achtzehn Millien
von hier nach Terra Nuova die schlimmsten in der ganzen
Insel wären. *Sono cattive gente*, hieß es; und *cattive* war der ewige
Euphemismus, wenn sie zur Ehre ihres Landes nicht Räuber
und Banditen sagen wollten. Hier hat mich wahrscheinlich
nur meine armselige Figur gerettet. Ich wandelte gutes Mutes am Strande hin, las Muscheln und murmelte ein Lied-
chen von Anakreon, machte mit meinen Gedanken tausend
Circumherumschweife und blieb bei der schönen Idee stehen, daß ich hier nun vermutlich in die geloischen Felder
käme: da sah ich von weitem drei Reiter und zwar zu Pferde
auf mich zu trottieren. Die Erscheinung eines Maulesels
oder Esels ist mir in Sicilien immer lieber als eines Pferdes.
Mir ward etwas unreimisch, und ich nahm mir vor, so ernsthaft als möglich vor ihnen vorbeizugehen. Das litten sie aber
nicht, ob sie es gleich auch mit ziemlichem Ernst taten. Sie
waren alle drei mit Flinten bewaffnet; der Dolch versteht
sich von selbst. Ich grüßte nicht ganz ohne Argwohn. Man
rief mir Halt! und da ich tat, als ob ich es nicht gleich verstanden hätte, ritt einer mit Vehemenz auf mich zu, faßte
mich beim Kragen und riß mich so heftig herum, daß das
Schisma noch an meinem Rocke zu sehen ist. Wer seid Ihr? –
Ein Reisender. – Wo wollt Ihr hin? – Nach Syrakus. – Warum reitet Ihr nicht? – Es ist mir zu teuer; ich habe nicht Geld
genug dazu. – Einer meiner Freunde in Rom hat mich in
dem barocken Aufzuge gezeichnet, den ich damals machte,
damit ich, wie er mir sagte, doch sagen könnte, ich habe
mich in Rom malen lassen. Ich schicke Dir die Zeichnung
zur Erbauung, und Du wirst hier wenigstens meine Eitelkeit
nicht beschuldigen, daß sie sich ins beste Licht gesetzt hat.
Man riß meinen Sack auf und fand darin freilich keine Herr-

lichkeiten, ein Hemde, zwei Bücher, ein Stück hartes Brot, ein Stückchen noch härteren Käse und einige Orangen. Man besah mich aufmerksam von der Ferse bis zur Scheitel. – Ihr habt also kein Geld zum Reiten? – Ich kann so viel nicht bezahlen. – Meine Figur und der Inhalt meines Sackes schienen ihnen hierüber ein gleichlautendes Dokument zu sein. Man nahm das weiße Buch, in welches ich einige Bemerkungen geschrieben hatte, um die Reminiszenzen zu erhalten; man fragte, was es wäre, und durchblätterte es neugierig, und Einer, der etwas Ansehen über die beiden Andern zu haben schien, machte Miene es einzustecken. Ich sagte etwas betroffen: Aber das ist mein Tagebuch mit einigen Reisebemerkungen für meine Freunde. Der Mensch betrachtete mich in meiner Verlegenheit, besann sich einige Augenblicke, gab mir das Buch zurück und sagte zu dem Andern: Gib ihm Wein! Dieses hielt ich, und wohl mit Recht, für das Zeichen der Hospitalität und der Sicherheit. Ob ich gleich nicht lange vorher reichlich aus einem kleinen Felsenbache getrunken hatte, so machte ich doch keine Umstände der ehrenvollen Gesellschaft Bescheid zu tun, so gut ich konnte, und trank aus der dargereichten engen Flasche. Diese Flaschen mit sehr engen Mündungen sind, wie Du vielleicht schon weißt, hier für das warme Klima sehr diätetisch eingerichtet. Man ist durchaus genötigt sehr langsam zu trinken, weil man doch nicht mehr schlucken kann, als heraus läuft. Nun fragte man mich dieses und jenes, worauf ich so unbefangen als möglich antwortete. – An wen seid Ihr in Syrakus empfohlen? – An den Ritter Landolina. – Den kenne ich; sagte Einer. – Ihr seid also arm und wollt den Giro machen, und geht zu Fuße? Ich bejahte das. Nun fragte man mich: Versteht Ihr das Spiel? Ich hatte die Frage nicht einmal recht verstanden: da ich aber, außer ein wenig Schach, durchaus gar kein Spiel verstehe, konnte ich mit gutem Gewissen Nein antworten. Diese Frage ist mir vorher und nachher in Sicilien oft getan worden, und die Erkundigung ist, ob man etwas vom Lotto verstehe, welches auch hier, Dank sei es der schlechten Regierung, eine allgemeine

Seuche ist. Das gemeine Volk steht hier noch oft in dem Wahn, der Fremde als ein gescheiter Kerl müsse sogleich ausrechnen oder auszaubern können, welche Nummern gewinnen werden. Man wünschte mir gute Reise und ritt fort. Was war nun von den Leuten zu halten? Aus gewöhnlicher Vorsicht hatte ich die Uhr tief gesteckt; sie war also nicht zu sehen: mein Taschenbuch, in welchem ungefähr noch sieben und zwanzig Unzen in Gold liegen mochten, war inwendig in einer Tasche hoch unter dem linken Arm und wurde also nicht bemerkt. Die Leute hatten keine Uniform und durchaus keine Zeichen als Polizeireiter: übrigens waren sie für Sicilien sehr anständig gekleidet. Gewehr und Dolche trägt in Unteritalien zur Schande der Justiz und Polizei jedermann. Wenn sie ehrlich waren, so taten sie wenigstens alles mögliche es nicht zu scheinen: und das ist an der südlichen Küste von Sicilien fast eben so schlecht, als wenn bei uns in feiner Gesellschaft ein abgefeimter Schurke gerade das Gegenteil tut. Ich denke immer, meine anscheinende Armseligkeit hat mich gerettet, und die Uhr und die Unzen hätten mir den Hals brechen können.

Vor Terra Nuova wurde ich wieder freundschaftlich angehalten. Die Leute hoben Getreide aus ihren unterirdischen Magazinen, wahrscheinlich um es einzuschiffen. Ich fragte nach einem Gasthause. Man lud mich ein, mich dort ein wenig niederzusetzen und auszuruhen; ich war wirklich müde und tat es. Neugierigere Leute als in Sicilien habe ich nirgends gefunden; aber im Ganzen fehlt es ihnen nicht an Gutherzigkeit. Was schlecht ist, kommt alles auf Rechnung der Regierung und Religionsverfassung. Man fragte mich sogar, ob ich eine Uhr trüge, und begriff wieder nicht, wie ich es nur wagen könnte, so zu reisen. Und doch bin ich überzeugt, das war immer noch die sicherste Art, da ich allein war.

In der Stadt im Wirtshause gab man mir ein Zimmer, worin kein Bett, kein Tisch und kein Stuhl war, und sagte dabei, ich würde in der ganzen Stadt kein besseres finden. Ich warf mich auf einen Haufen Haferspreu, die in einem

Winkel aufgeschüttet war, und schlief ein. Ein Stündchen
mochte ich vielleicht geschlafen haben und es war gegen
Abend, da wurde ich geweckt. Mein Zimmer, wenn man das
Loch so nennen kann, war voll Leute aller Art, einige stattlich gekleidet, andere in Lumpen. Vor mir stand ein Mann im
Matrosenhabit, der eine förmliche lange Inquisition mit mir
anhob. Er war ganz höflich, so viel Höflichkeit nehmlich bei
so einem Benehmen Statt finden kann, fragte erst italiänisch,
sprach dann etwas Tyrolerdeutsch, da er hörte, daß ich ein
Deutscher sei; dann französisch, dann englisch und endlich
Latein. Die Anwesenden machten Ohren, Maul und Nase
auf, um so viel als möglich zu kapieren. Man war geneigt
mich für einen Franzosen zu halten, fragte, ob ich der Republik gedient habe, und so weiter: aber über ihre eigene
Stimmung gegen die Franzosen gaben sie selbst nicht das
geringste Merkzeichen. Der Mann im Matrosenkleide sagte,
ich müßte Franzose sein, weil ich das Französische so gut
spräche. Das konnte nur ihm so vorkommen, weil er es sehr
schlecht sprach. Das Examen ward mir endlich sehr wider-
lich und lästig, so wie ein Bär am Pfahl zu stehen und mich
auf diese Weise beschauen und vernehmen zu lassen; ich
sagte also bestimmt: Wenn ich verdächtig bin, mein Herr, so
bringen Sie mich vor die Behörde, wo ich mich legitimieren
werde; oder wenn Sie selbst von der Polizei sind, so sprechen Sie offen, damit ich mich darnach benehmen kann.
Erlauben Sie mir übrigens etwas Ruhe in einem öffentlichen
Hause, wo ich bezahle; es ist warm und ich bin müde. Das
sagte ich italiänisch so laut und gut ich konnte, damit es alle
verstehen möchten; einer der Herren bat mich höflich um
Verzeihung, ohne weiter eine Erklärung zu geben; die Neugierigen verloren sich, und nach einigen Minuten war ich
wieder allein auf meiner Haferspreu. Den Abend, nachdem
ich bei einigen Seefischen sehr gut gefastet hatte, brachte
man mir Heu; und ein gutmütiger Tabuletkrämer aus Katanien gab mir zur Decke einen großen Schafpelz, welcher mir
lieber war als ein Bett, das man nicht haben konnte.

Den andern Morgen ging ich über den Fluß Gela und

durch ein herrliches Tal nach Santa Maria di Niscemi hinauf.
Dieses Tal mit den Partien an dem Flusse links und rechts
hinauf machte vermutlich die Hauptgruppe der geloischen
Felder aus. Wenn auch Gela nicht gerade da stand, wo jetzt
Terra Nuova steht, so lag es doch gewiß nicht weit davon,
und höchst wahrscheinlich nur etwas weiter bergabwärts
nach dem Flusse hin, wo noch jetzt einige alte Überreste von
Gemäuern und Säulen zu sehen sein sollen. Das Tal ist auch
noch jetzt in der äußersten Vernachlässigung sehr schön,
und es läßt sich begreifen, daß es ehmals bei der Industrie
der Griechen ein Zaubergarten mag gewesen sein. Hier in
Niscemi ist es wahrscheinlich, wo vor mehrern Jahren ein
merkwürdiger Erdfall geschehen ist, den Landolina beschrieben hat.

Von hier aus wollte ich nach Noto gehen, und von dort
nach Syrakus. Aber wenn man in Sicilien nicht bekannt ist
und ohne Wegweiser reis't, so bleibt man, wenn man nicht
tot geschlagen wird, zwar immer in der Insel; aber man
kommt nicht immer geraden Weges an den bestimmten Ort.
Einige Meilen in der Nachbarschaft der Hauptstadt ausgenommen, kann man eigentlich gar nicht sagen, daß in
Sicilien Wege sind. Es sind bloß Mauleseltriften, die sich oft
so verlieren, daß man mit ganzer Aufmerksamkeit den Hufen nachspüren muß. Der König selbst kann in seinem
Königreich nicht weiter als nach Montreale, Termini und
einige Meilen nach Agrigent zu im Wagen gehen: will er
weiter, so muß seine Majestät sich gefallen lassen, einen
Gaul oder sicherer einen Maulesel zu besteigen. Das läßt er
denn wohl bleiben, und deswegen geht es auch noch etwas
schlechter, als gewöhnlich anderwärts, wo es Fürsten nur
sehr selten tun. Man riet mir, von Santa Maria nach Caltagirone zu gehen; das tat ich als ein Wildfremder. Aber kaum
war ich ein Stündchen gegangen, als ich in einen ziemlich
großen Wald perennierender Eichen kam, wo ich alle Spur
verlor, einige Stunden in Felsen und Bergschluchten herumlief, bis ich mich endlich nur mit Schwierigkeit wieder links
orientierte, indem ich den Gesichtspunkt nach einer hohen

Felsenspitze nahm. Hier fand ich vorzüglich schöne Weiden in den Tälern und große zahlreiche Herden. Um Caltagirone herum ist die Kultur noch am leidlichsten; man kann sie noch nicht gut nennen. Die Stadt, welche auf einer nicht unbeträchtlichen Höhe liegt, hat rund umher schöne angrenzende Täler, und es herrscht hier für Sicilien noch eine ziemliche Wohlhabenheit. Ich war nun auf einmal wieder beinahe mitten in der Insel. In der Stadt war auf dem Markte ein gewaltiger Lärm von Menschen; man aß und trank und handelte und zankte, und sprach überall sehr hoch, als auf einmal das Allerheiligste vorbeigetragen wurde; schnell ward alles still und stürzte nieder und der ganze Markt, Schacherer und Fresser und Zänker, machte in dem Moment eine sonderbare Gruppe. Ich konnte aus meinem Fenster bei einer Mahlzeit getrockneter Oliven, die hier mein Lieblingsgericht sind unbemerkt und bequem alles sehen. Ein so gutes Wirtshaus hätte ich hier nicht gesucht; Zimmer, Bett, Tisch, alles war sehr gut, und verhältnismäßig sehr billig.

Von hier aus wollte ich nach Syrakus, und ging aufmerksam immer den Weg fort, den man mir bezeichnet hatte, und war, ehe ich mirs versah, durch eine sehr abwechselnde bunte Gegend, in Palagonia, dem Stammhause des seligen Patrons der Ungeheuer, barocken Andenkens. Wäre ich an seiner Stelle gewesen, ich wäre hier geliebten, denn Palagonia gefällt mir viel besser, als die Nachbarschaft von Palermo, wo er das Tabernakel seiner ästhetischen Mißgeburten aufschlug. Wieland läßt den geächteten Diagoras in der Gegend von Tempe, aus Ärgernis über Götter und Menschen, ein ähnliches Spielwerk treiben; aber der Grieche tut es besser und genialischer, als der Sicilianer. Palagonia liegt herrlich in einem Bergwinkel des Tales Enna. Kommt man von Caltagirone herüber, so geht man zuletzt durch furchtbare Felsenschluchten, und steigt einen Berg herab, als ob es in die Hölle ginge; und es geht in ein Elysium. Schade, daß die exemplarische sicilianische Faulheit es nicht besser benutzt und genießt. Die Stadt ist traurig schmutzig. Über den Na-

men der Stadt habe ich nichts gehört und gelesen; welches
freilich nicht viel sagen will, da ich sehr wenig höre und lese.
Ich will annehmen, er sei entstanden aus Paliconia, weil
nicht weit davon rechts hinauf in den hohen Felsen der
Naphthasee der Paliker liegt, von dem die Fabel so viel zu
erzählen und die Naturgeschichte manches zu sagen hat.
Wäre ich nicht allein gewesen, oder hätte mehr Zeit, oder
stände mit meiner Börse nicht in so genauer Rechnung, so
hätte ich ihn aufgesucht.

Von hier aus wollte ich nun nach Syrakus. Einer der über-
raschendsten Anblicke für mich war, als ich aus Palagonia
heraustrat. Vor mir lag das ganze, große, schöne Tal Enna,
das den Fablern billig so wert ist. Rechts und links griffen
rund herum die hohen felsigen Bergketten, die es einschlie-
ßen und von Noto und Mazzara trennen; und in dem
Grunde gegenüber stand furchtbar der Aetna mit seinem
beschneiten Haupte, von dessen Schädel die ewige lichte
Rauchsäule in der reinen Luft emporstieg, und sich langsam
nach Westen zog. Ich hatte den Altvater wegen des dunkeln
Wetters noch nicht gesehen, weder zu Lande, noch auf dem
Wasser. Nur auf der südlichen Küste in Agrigent, vor dem
Tore des Schulgebäudes, zeigte man mir den Riesen in den
fernen Wolken; aber mein Auge war nicht scharf genug, ihn
deutlich zu erkennen. Jetzt stand er auf einmal ziemlich nahe
in seiner ganzen furchtbaren Größe vor mir. Katanien lag
von seinen Hügeln gedeckt; sonst hätte man es auch sehen
können. Ich setzte mich unter einen alten Ölbaum, welcher
der Athene Polias Ehre gemacht haben würde, auf die jungen wilden Hyacinthen nieder, und genoß eine Viertelstunde
eine der schönsten und herrlichsten Szenen der Natur. Das
war wieder Belohnung, und ich dachte nicht weiter an die
Schnapphähne und das Examen von Terra Nuova. Ich würde rechts hinaufgestiegen sein in die Berge, wo viele Höhlen
der alten sikanischen Urbewohner in Felsen gehauen sein
sollen; aber ich konnte dem Orientieren und der müßigen
Neugierde in einer sehr wilden Gegend nicht so viel Zeit
opfern. Ich verirrte mich abermals, und kam, anstatt nach

Syrakus, nach Lentini. Es war mir indessen nicht unlieb, die
alte Stadt zu sehen, die zur Zeit der Griechen keine unbeträchtliche Rolle spielte. Sie ist in dem Mißkredit der
schlechten Luft, weswegen auf einer größern Anhöhe Karl
der Fünfte, deucht mir, Carlentini anlegte. Ich spürte nichts
von der schlechten Luft; aber freilich kann man vom Ende
des März keinen Schluß auf das Ende des Juli machen. Der
See gibt der Gegend ein heiteres, lachendes Ansehen, und
die Luft würde sich sehr bald sehr gesund machen lassen,
wenn man nur fleißiger wäre. Um die Stadt herum ist alles
ein wahrer Orangengarten; und Du kannst denken, daß ich
mit den schönsten Hesperiden nicht ganz enthaltsam war,
da ich doch nun nicht hoffen durfte, Syrakusertrauben zu
essen. Mir hat es gefallen in Lentini; und wenn die Leute
daselbst krank werden, so sind sie wahrscheinlich selbst
Schuld daran, nach allem, was ich davon sehe. Ich war nun
zwei Mal irre gegangen, und hielt es daher doch für besser,
einen Mauleselführer zu nehmen. Er erschien, und wir
machten bald den Handel, da ich nicht viel merkantilisches
Talent habe, und gewöhnlich gleich zuschlage. Nun wollte
der Mensch die ganze Summe voraus haben, das fand ich
etwas sonderbar und meinte, wenn er mir nicht traute, so
müßten wir teilen, und ich würde ihm die Hälfte vorauszah-
len. Damit war er durchaus nicht zufrieden; aber noch
drolliger war sein Grund. Er meinte, wenn ich geplündert
oder erschlagen würde, wie sollte er sodann zu seinem Gelde kommen? Das war mir zu toll; ich schickte ihn ärgerlich
fort, und ging mit meinem Schnappsack allein.

Von hier wollte ich endlich nach Syrakus; aber ich ging in
den Mauleseltriften der Bergschluchten und Höhen und Täler abermals irre, und kam, anstatt nach Syrakus, nach
Augusta. Das erste Stündchen Weg war schön und ziemlich
gut bebaut: aber sodann waren einige Stunden nichts als
Wildnis, wo rund umher Oleaster, fette Asphodelen und
Kleebäume wuchsen. Eine starke Stunde vor Augusta fing
die Kultur wieder an, und hier ist sie vielleicht am besten auf
der ganzen Insel. Der Wein, den ich hier sah, wird ganz dicht

am Boden alle Jahre weggeschnitten, und die einzige Rebe des Jahres gibt die Ernte. Das kann nun wohl nur hier in diesem Boden und unter diesem Himmel geschehen. Es ist ein eigenes Vergnügen, die Verschiedenheit des Weinbaues von Meißen bis nach Syrakus zu sehen; und wenn ich ein weingelehrter Mann wäre, hätte ich viel lernen können. Die Landzunge, auf welcher Augusta liegt, mit der Gegend einige Stunden umher, gehört zu dem üppigsten Boden der Insel. Vor der Stadt machte man Salz aus Seewasser, zu welcher Operation man einen großen Strich totes Erdreich brauchte. Nirgends habe ich so schwelgerische Vegetation gesehen, als in dieser Gegend. Die Stadt ist ringsum vom Meere umgeben, und es führt nur eine ziemlich feste Brücke hinüber. Von der Landseite ist der Ort also gut genug verteidigt, und es würde eine förmliche Belagerung dazu gehören, ihn zu nehmen. Von der Seeseite scheint das nicht zu sein. Die wenigen Werke nach dem Wasser zu wollen nicht viel sagen. Die Stadt selbst ist nicht viel kleiner als die Insel Ortygia oder das heutige Syrakus. Ich wurde zu dem Stadthauptmann geführt, der meinen Paß besah, und mir ihn sogleich ohne Umstände mit vieler Höflichkeit zurückgab. Hier wurde ich, aus meinem Passe, Don Juan getauft, welchen Namen ich sodann auf dem übrigen Wege durch die ganze Insel bei allen Mauleseltreibern durch Überlieferung behielt. Der Gouverneur oder Stadthauptmann, was er sein mochte, denn ich habe mich um seinen Posten weiter nicht bekümmert, bewirtete mich mit dem berühmten syrakusischen Muskatensekt, den endlich dieser Herr wohl gut haben muß, und mit englischem Ale und Biskuit. Das Ale war gut, und das Biskuit besser; und über den Wein habe ich keine Stimme. Mir war er zu stark und zu süß. Ein Perukkenmacher, der in dem Hause des Stadthauptmanns war, führte mich gerades Weges in sein eigenes, bewirtete mich ziemlich gut, und ließ mich noch besser bezahlen. Dafür wurde ich aber so viel beexzellenzt, als ob ich der erste Ordensgeneral wäre, der den großen päpstlichen Ablaß auf hundert Jahre herumtrüge. Man erzählte mir, daß vor eini-

gen Monaten ein Deutscher mit seiner Frau aus Malta durch
Sturm hier einzulaufen genötigt worden sei, und, da er keinen Paß gehabt, zwanzig Tage habe hier bleiben müssen, bis
man Befehl von Palermo eingeholt habe. Solche Guignons
können eintreten.

Um nicht noch einmal in den Bergen herumzuirren, nahm
ich nun endlich einen Maulesel mit einem Führer hierher
nach Syrakus. Ich hatte eine große Strecke Weges an dem
Meerbusen wieder zurückzumachen. So lange ich mich in
der Gegend von Augusta befand, war die Kultur ziemlich
gut; aber sowie wir Syrakus näher kamen, ward es immer
wüster und leerer. Der Aetna, der über die andern Berge
hervorragte, rauchte in der schönen Morgenluft. Der Maul-
eseltreiberpatron hatte mir zum Führer einen kleinen Buben
mitgegeben, der sich, sobald wir heraus waren, auf die Kruppe schwang, mir einen kleinen eisernen Stachel zum Sporn
gab, und so mit mir und dem Maulesel über die Felsen hin-
trabte. Diese Tiere hören auf nichts als diesen Stachel, der
ihnen, statt aller übrigen Treibmittel, am Halse appliziert
wird. Wenn es nicht recht gehen wollte, rief der kleine Me-
phistophiles hinter mir her: *Pungite, Don Juan, sempre pungite.*
Siehst Du, so kurz und leicht ist die Weisheit der Mauleseltreiber und der Politiker. Das scheint das Schiboletchen aller
Minister zu sein. Wie der Hals des Staats sich bei dem Sta-
chel befindet, was kümmert das die Herren? Wenn es nur
geht, oder wenigstens schleicht. Mein kleiner Führer erzählte mir hier und da Geschichten von Totschlägen, so wie wir
an den Bergen hinritten. Rechts ließen wir die Stadt Melitta
liegen, die auf einer Anhöhe des Hylba noch eine ziemlich
angenehme Erscheinung macht. Sonst ist der Berg ziemlich
kahl. Acht Millien von Syrakus frühstückte ich an der Feigenquelle, wo der Feigen sehr wenig, aber viel sehr schöne
Ölbäume waren, fast der Halbinsel Thapsus gegenüber.
Nun trifft man schon hier und da Trümmern, die zwar noch
nicht in dem Bezirk der alten Stadt selbst, aber doch in ihrer
Nähe liegen. Noch einige Millien weiter hin ritt ich den alten
Weg durch die Mauer des Dionysius herauf, und befand

mich nun in der ungeheueren Ruine, die jetzt eine Mischung
von magern Pflanzungen, kahlen Felsen, Steinhaufen und
elenden Häusern ist. Als ich in der Gegend der alten Neapolis zwischen den Felsengräbern war, dankte ich meinen
Führer ab, und spazierte nun zu Fuße weiter fort. Der Bube
war gescheit genug, mir einen Gulden über den Akkord
abzufordern. In Syrakus ging ich durch alle drei Tore der
Festung als Spaziergänger, ohne daß man mir eine Sylbe
sagte: auch bin ich nicht weiter gefragt worden. Das war
doch noch eine artige stillschweigende Anerkennung meiner Qualität. Den Spaziergänger läßt man gehen.

ZWEITER TEIL
VON SYRAKUS NACH LEIPZIG

Syrakus

Heute will ich fröhlich, fröhlich sein,
Keine Weise, keine Sitte hören;
Will mich wälzen und vor Freude schrein:
Und der König soll mir das nicht wehren.

So singt Asmus den ersten Mai in Wandsbeck; so kann ich ja
wohl vier Wochen früher den ersten April in Syrakus singen:
so froh bin ich; ob ich gleich vor einigen Stunden beinahe in
dem Syrakasumpfe ersoffen oder erstickt wäre. Wo fange ich
an? Wo höre ich auf? Wenn man in Syrakus nicht weit von
der Arethuse sitzt und einem Freunde im Vaterlande
schreibt, so stürmen die Gegenstände auf den Geist: vergib
mir also ein Bißchen Unordnung.

So wie ich zum Tore herein war und eine Straße herauf
schlenderte, – wohl zu merken, mein Sack hielt keine große
Peripherie, und ich konnte ihn mit seinem Inhalt leicht in
den Taschen bergen – so rief mir ein Mann aus seiner Bude
zu: *Vous êtes étranger, Monsieur, et Vous cherchez une auberge?* –
Vous l'avez touché, Monsieur! sagte ich. *Ayez la bonté d'entrer un
peu dans mon attelier; j'aurai l'honneur de Vous servir.* Ich trat ein.
Der Mann war ein Hutmacher, Franzose von Geburt, und
schon seit vielen Jahren ansässig in Syrakus. Er begleitete
mich in ein ziemlich leidliches Wirtshaus, das auch Landolina nachher als das beste nannte. Die Nahrung, wenigstens
das Hutmachen, ist in Syrakus so schlecht, daß mein Franzose es gern zufrieden war, bei mir ein so Mittelding von
Haushofmeister und Cicerone zu machen. Ich traf Landolina das erste Mal nicht; er war auf einem Landgute. In einer
Festung kann ich doch gutwillig nicht bleiben, wenn man

mich nicht einsperrt; ich lief also hinaus an den Hafen, nämlich an den großen, oder an den Meerbusen; denn der
kleinere auf der andern Seite nach den Steinbrüchen zu hat
jetzt nichts merkwürdiges mehr; so viel auch Agathokles
Marmor daran verschwendet haben soll. Ich ging gerade fort
über den Anapus, weit hinüber über das Olympeum, und
wäre vielleicht bis an die andere Abteilung des Berges hinunter gegangen, wenn der Tag nicht schon zu tief gewesen
wäre. Ich bin doch schon ziemlich weit gegen Süden gewandelt; denn, wenn ich nicht irre, so segelte in den punischen
Kriegen der Römer Otacilius von hier aus nach Afrika,
machte große Beute in Utika, und war den dritten Abend
wieder zurück. Ob Syrakus oder Lilybäum der Ort war, von
dem er ausfuhr, darüber wird Dir Dein Livius Bescheid geben: wer kann alles behalten? Du siehst doch, daß ich, wenn
ich sonst nur ein echter Weidmann wäre, in einigen Tagen die
Jagdpartie des frommen Aeneas und der Frau Dido mitma-
chen könnte.

Plemnyrium liegt hier vor mir und sieht sehr wild aus, und
hat jetzt durchaus nichts mehr, das nur einen Spaziergang
wert wäre. Eine zweite Sumpfgegend hielt mich auf; sonst
wäre ich doch wohl noch etwas weiter gegangen. Auf dem
Rückwege setzte ich mich ein Viertelstündchen an die zwei
Säulen, die für die Überreste von dem Tempel des Jupiter
Olympius gelten. Es versteht sich, daß die Tempel des Göt-
tervaters meistens auch eine schöne Aussicht gewähren; hier
ist sie herrlich. Indem ich sie genoß, setzte ich mich in die
Zeit zurück, wo Dionysius eben so willkürlich den Haushofmeister der Olympier als den Zuchtmeister der Sterblichen machte. Und die Geschichte des Mantels und Bartes ist
eben so charakteristisch als des Dichters, der seine Verse
nicht loben wollte. Als ich wieder über den Anapus herüber
war, dachte ich gerade nach Neapolis herauf zu schneiden
und so einen etwas andern Weg zurück zu nehmen. Die
Sonne stand noch nicht ganz am Rande, ich sah alles vor mir
und dachte den Gang noch recht bequem zu machen. Aber
o Syraka! Syraka! An solchen Orten sollte man durchaus mit

der Karte in der Hand gehen. Ehe ich mirs versah, war ich
im Sumpfe; ich dachte es zu zwingen und kam immer tiefer
hinein: ich dachte nun rechts umzukehren, um keinen zu
großen Umweg zu machen; und da fiel ich denn einige Mal
bis an den Gürtel in noch etwas schlimmeres als Wasser. Es
ward Abend, und ich fürchtete man möchte das Tor schließen, wo man denn eben so unerbittlich ist, als in Hamburg.
Endlich arbeitete ich mich doch mit vielem Schweiß in
einem nicht gar erbaulichen Aufzug wieder auf den Weg,
und kam so eben vor Torschluß herein. Mein Franzose, der
auf mich in meinem Wirtshause wartete, war schon meinetwegen in Angst, und erzählte mir nun Wunderdinge von
dem Sumpfe. Vor einiger Zeit, als die Franzosen hier waren,
hatten einige Offiziere gejagt. Einer der Herren verläuft sich
auf einem kleinen Abstecher in den Syraka, denkt wie ich, ist
aber nicht so glücklich, und sinkt bis fast unter die Arme
hinein. Er kann sich nicht herausbringen, ruft umsonst, und
feuert mit seinem Gewehr um Hilfe: darauf kommen seine
Kameraden, und müssen ihn nach vielem vergeblichen Re-
kognoszieren von allen Seiten mit Stricken herausziehen.
Laß Dir es also nicht einfallen, wenn Du rechts am Anapus
spazieren gehest, gerade hinüber nach der schönen Anhöhe
zu gehen: Bleib hübsch auf dem Wege, sonst kommst Du
wie wir in eine schmutzige Tiefe, in den Syraka.

Eben komme ich von einem Spazierritt mit Landolina zurück. Der Mann verdient ganz das enthusiastische Lob, das
ihm mehrere Reisende geben: ich habe es an mir erfahren.
Er ist einige Mal mit wahrhaft freundschaftlicher Teilnahme
mit mir weit herum geritten und gegangen. Du weißt, daß er
Ritter ist, und er hatte versprochen, mich zu Pferde in meinem Quartier abzuholen. Ich hatte mir also auch einen
ordentlichen Gaul bestellt, so stattlich als man ihn in Syrakus finden konnte, um dem Manne durch meine zu barocke
Kavalkade nicht Schande zu machen. Wir ritten weit hinaus
bis nach Epipolä, wo wir unsere Pferde ließen und nach den
äußersten Festungswerken der alten Stadt über viele Felsen

zu Fuße gingen. Hier besah ich mit dem besten Führer, den
Du vermutlich in ganz Sicilien in jeder Rücksicht finden
kannst, die Schlösser Labdalum und Euryalus. Die ausführlichere Beschreibung mit dem Plan magst Du bei Barthels
sehen: alles würde doch bei mir, wie bei ihm, Landolina
gehören. Wir waren schon weit umher gestiegen, und setzten uns hier auf eine der höchsten Stellen der alten Festung
nieder, um rund um uns her zu schauen. Ich halte dieses
halbe Stündchen für eines der schönsten die ich genossen
habe, wenn ich nur die Melancholie herauswischen könnte,
die für die Menschheit darin war. Von dieser Spitze übersah
man die ganze große ungeheuere Fläche der ehemaligen
Stadt, die nun halb als Ruine und halb als Wildnis da liegt.
Rechts hinunter zog sich die alte Mauer nach Neapolis, dem
Syraka und dem Hafen: links hinab ging bis ans Meer die
gegen vier Millien lange berühmte neuere Mauer, welche
Dionysius in so kurzer Zeit gegen die Karthager aufführen
ließ. Von beiden sieht man noch den Gang durch die Trümmern, und hier und da noch mächtige Werkstücke aufgefügt.
Tief hinunter nach der Insel, die jetzt das Städtchen ausmacht, liegen die Szenen der Größe des ehemaligen Syrakus,
die nunmehr kaum das Auge auffindet. Rechts kommt der
Anapus in dem Tale zwischen den Bergen hervor, und weiter
hin jenseits zieht sich eine lange Kette des Hybla rund um
die Erdspitze herum. Hinter uns lag der *mons crinitus*, wo die
Athenienser bei der unglücklichen Unternehmung gegen Sicilien standen. Dort unten rechts an der alten Mauer, welche
die Herren von Athen umsonst angriffen, stand das Haus
des Timoleon, wo man bei der kleinen Mühle noch die Trümmer zeigt. Links hier unten brach Marcellus herein, drang
dort hervor bis in die Gegend des kleinen Hafens, wo der
schöpferische Geist Archimeds mit dem Feuer des Himmels
seine Schiffe verzehrte: dort stand er im Lager und wagte es
lange nicht weiter zu gehen, weil er sich hier vor der starken
Besatzung der Außenwerke in Epipolä fürchtete. Dort weiter links hinunter auf der Ebene liegt der Acker, den der
Verräter erhielt, welcher die Römer führte. Weiter hinab lag

Thapsus, und in der Ferne Augusta, jenseits eines andern
Meerbusens. Hier hätte ich Tage lang sitzen mögen, mit dem
Thucydides und Diodor in der Hand. Diese Schlösser sind
vielleicht das wichtigste, was wir aus dem Kriegswesen der
Alten noch haben: und wenn sich ein Militär von Kenntnissen und Genie Zeit nehmen wollte, sie zu untersuchen, es
würde eine angenehme sehr lehrreiche Unterhaltung werden. Die Arbeit ist von ziemlichem Umfang, und die Neuern
haben an Solidität und Größe schwerlich etwas ähnliches
aufzuweisen. Wenn sie nicht etwas zu weit von der Stadt
lägen, würden sie derselben von unendlichem Nutzen gewesen sein. Aber so waren es durch die Lage bloß sehr feste
Außenwerke, deren Wichtigkeit vorzüglich der peloponne-
sische Krieg gezeigt hatte. Die Athenienser hatten die Mauer
rechts von der Seite des Anapus nicht zwingen können: ihre
Anzahl war vermutlich zu geringe, und sie hatten keinen
Alcibiades zum Führer mehr. Die Römer drangen durch die
große Linie links. Wäre diese Linie kürzer gewesen, oder mit
andern Worten, hätte die Hauptbefestigung nicht zu weit
hinaus gelegen; es wäre vielleicht dem Marcellus trotz der
Verräterei nicht gelungen. Jede Dehnung schwächt, wo man
sie nicht in der offenen Schlacht zum Manöver benutzen
kann.

Jetzt sitze ich hier und lese den Theokrit in seiner Vater-
stadt. Ich wollte Du wärst bei mir und wir könnten das
Vergnügen teilen, so würde es größer werden. Mein eigenes
Exemplar hatte ich, um ganz leicht zu sein, aus Unachtsam-
keit mit in Palermo gelassen, bat mir ihn also von Landolina
aus. Dieser gab mir mit vieler Artigkeit die Ausgabe eines
Deutschen, von unserm Stroth; und dieses nämliche Exemplar war ein Geschenk von Stroth an Münter, und von
Münter an Landolina, und ich las nun darin an der Arethuse.
Der Ideengang hat etwas magisches. – Sei nur ruhig; ich
habe jetzt zu viel Vergnügen dabei und meine Stiefelsohlen
sind noch ganz; Du sollst hier mit keiner Übersetzung geplagt werden.

Auch heute komme ich von einem Spaziergang mit Lan-

12 Die Arethusa-Quelle in Syrakus, 1807

dolina zurück. Wir waren nur in der Nähe, in der alten Neapolis, die aber wirklich das Interessanteste der alten Überreste enthält. Die Antiquare sind dem unermüdeten patrio-
tischen Eifer Landolina's unendlich viel schuldig. Er hat
eine Menge Säulen des alten Forums wieder aufgefunden,
welche die Lage desselben genauer bestimmen. Es lag natürlich gleich an dem Hafen, und besteht jetzt meistens aus
Gärten und einem offenen Platze gleich vor dem jetzigen
einzigen Landtore. Etwas rechts weiter hinauf hat Landolina
das römische Amphitheater besser aufgeräumt und hier und
da Korridore zu Tage gefördert, die jetzt zu Mauleseleien
dienen. Die Römer trugen ihre blutigen Schauspiele überall
hin. Die Area gibt jetzt einen schönen Garten mit der üppigsten Vegetation. Weiter rechts hinauf ist das alte große
griechische Theater, fast rund herum in Felsen gehauen.
Rechts, wo der natürliche Felsen nicht weit genug hinaus
reichte, war etwas angebaut, und dort hat es natürlich am
meisten gelitten. Die Inschrift, über deren Echtheit und Alter man sich zankt, ist jetzt noch ziemlich deutlich zu lesen.
Es läßt sich viel dawider sagen, und sie beweis't wohl weiter
nichts als die Existenz seiner Königin, Philistis, von welcher
auch Münzen vorhanden sind, von der aber die Geschichte
weiter nichts sagt. Die Wasserleitung geht nahe am Theater
weg; vermutlich brachte sie ehemals auch das Wasser hinein.
Die Leute waren etwas nachlässig gewesen, so daß ein Zug
Wasser gerade auf den Stein mit der Inschrift floß, die etwas
mit Gesträuchen überwachsen war. Landolina geriet darüber billig in heftigen Unwillen, schalt den Müller und ließ es
auf der Stelle abändern. Gegen über steht eine Kapelle an
dem Orte, wo Cicero das Grab des Archimedes gefunden
haben will. Wir fanden freilich nichts mehr; aber es ist doch
schon ein eigenes Gefühl, daß wir es finden würden, wenn
es noch da wäre, und daß vermutlich in dieser kleinen Peripherie der große Mann begraben liegt. Nun gingen wir
durch den Begräbnisweg hinauf und oben rechts herum, auf
der Fläche von Neapolis fort. Es würde zu weitläufig werden, wenn ich Dir alle die verschiedenen Gestalten der

kleinen und größern Begräbniskammern beschreiben wollte. Wir gingen zu den Latomien und zwar zu dem berüchtigten Ohre des Dionysius. Akustisch genug ist es ausgehau-
en und man hat ihm nicht ohne Grund diesen Namen
gegeben. Ein Blättchen Papier, das man am Eingange zer-
reißt, macht ein betäubendes Geräusch, und wenn man stark
in die Hand klatscht, gibt es einen Knall wie einen Büch-
senschuß, nur etwas dumpfer. Wir wandelten durch die
ganze Tiefe, und darin hin und her. Landolina zeigte mir
vorzüglich die Art, wie es ausgehauen war, die ich Dir aber
als Laie nicht mechanisch genau beschreiben kann. Man hob
sich von unten hinauf auf Gerüsten, wovon man noch die
Vertiefungen in dem Felsen sieht, und erhielt dadurch eine
Höhlung von einem etwas schneckenförmigen Gang, der
ihm wohl vorzüglich die lange Dauer gesichert hat. Bei Neapel habe ich, wenn ich nicht irre, etwas ähnliches in den
Steingruben des Posilippo bemerkt. Nirgends ist aber die
Methode so vollendet ausgearbeitet, wie hier in diesem
Ohre. Ob Dionysius dasselbe habe hauen lassen, ließe sich
noch bezweifeln, obgleich Cicero der Meinung zu sein
scheint; aber daß er es zu einem Gefängnisse habe einrich-
ten lassen, hat wohl seine Richtigkeit. Cicero nennt es einen
schrecklichen Kerker. Hin und wieder sieht man noch Ringe
in dem Felsen, in der Höhe und an dem Boden, und auch
einige durchgebrochene Höhlungen, in denen Ringe gewesen sein mögen. Diese gelten für Maschinen die Gefangenen
anzuschließen. Wer kann darüber etwas bestimmen? Oben
am Eingange ist das Kämmerchen, welches ehemals für das
Lauscheplätzchen des Dionysius galt. Es gehört jetzt viel
Maschinerie dazu, von unten hinauf oder von oben herab
dahin zu kommen. Ich bin also nicht darin gewesen. Landolina erklärt das Ganze für eine Fabel, die Tzetzes zuerst
erzählt habe. Dieses Behältnis hat durch Erdbeben sehr gelitten; an der tiefen Höhle selbst aber, oder an dem eigentlichen Ohre, ist kein Schade geschehen. Gleich an dem
Eingang hat Landolina eine eingestürzte Treppe entdeckt,
die er mir zeigte. Die Stufen in den zusammengestürzten

Felsenstücken sind zu deutlich; und es läßt sich wohl etwas
anders nicht daraus machen als eine Treppe. Man nimmt an,
diese habe durch einen verdeckten Gang in das Gefängnis
geführt, durch welche der Tyrann selbst Gefangene von Bedeutung hierher brachte. Mit dem Dichter, der seine Verse
nicht loben wollte, wird er wohl nicht so viel Umstände
gemacht haben. Landolina sagte mir, er habe sich vor einigen Jahren durch Maschinen mit einigen Engländern in das
obere kleine Behältnis bringen lassen und eine Menge Experimente gemacht; man höre aber nichts als ein verworrenes dumpfes Geräusch.

Die Spießbürger von Syrakus lassen sich aber den hübschen Roman nicht so leicht nehmen; und gestern Abend
räsonierte einer von ihnen gegen mich bei einer Flasche
Syrakuser verfänglich genug darüber ungefähr so: »Wozu
soll das Kämmerchen oben gewesen sein? Zum Anfange
einer neuen Steingrube, wozu man es gewöhnlich machen
will, ist es an einem sehr unschicklichen Orte, und rund
umher sind weit bessere Stellen. Die Treppe, welche Landolina selbst entdeckt hat, führt gerade dahin; kann nach der
Lage nirgends anders hinführen. Wenn man jetzt oben
nichts deutlich mehr hört, so ist das kein Beweis, daß man
ehedem nichts deutlich hörte. Die Erdbeben haben an dem
Eingange vieles vertrümmert und eingestürzt, also auch sehr
leicht die Akustik verändern können. Man sagt, Dionysius
habe hier in dieser Gegend der Stadt keinen Palast gehabt.
Zugegeben daß dieses wahr sei, so war dieses desto besser
für ihn, allen Argwohn seiner nahen Gegenwart zu entfernen. Er konnte deswegen bei wichtigen Vorfällen sich immer die Mühe geben von Epipolä hierher zu kommen und
zu hören; ein Tyrann ist durch seine Spione und Kreaturen
überall. Dionysius war keiner von den bequemen sybariti-
schen Volksquälern. Damit leugne ich nicht, daß er draußen
in Epipolä noch mehrere Gefängnisse mag gehabt haben:
man hatte in Paris weit mehrere, als wir hier in Syrakus.« Ich
überlasse es den Gelehrten, die Gründe des ehrlichen
Mannes zu widerlegen; ich habe nichts von dem Meinigen

hinzugetan. Mir deucht, für einen Bürger von Syrakus schließt er nicht ganz übel.

In dem Vorhofe des sogenannten Ohres treiben jetzt die Seiler ihr Wesen, und vor demselben sind die Intervallen der Felsenklüfte mit kleinen Gärten, vorzüglich von Feigenbäumen, romantisch durchpflanzt. Weiter hin ist ein anderer Steinbruch, der einer wahren Feerei gleicht. Er ist von einer ziemlichen Tiefe, durchaus nicht zugänglich, als nur durch einen einzigen Eingang nach der Stadtseite, den der Besitzer hat verschließen lassen. Von oben kann man das ganze kleine magische Etablissement übersehen, das aus den niedlichsten Partien von inländischen und ausländischen Bäumen und Blumen bestehet. Die Pflaumen standen eben jetzt in der schönsten Blüte, und ich war überrascht hier den vaterländischen Baum zu finden, den ich fast in ganz Sicilien nicht weiter gesehen habe. Er braucht hier in dem heißeren Himmelsstrich den Schatten der Tiefe. Das vorzüglichste, was ich mit Landolina auf diesem Gange noch sah, war ein tief verschüttetes altes Haus, dessen Dach vielleicht ursprünglich sich schon unter der Erde befand. Das Eigene dieses Hauses sind die mit Kalk gefüllten irdenen Röhren in der Bekleidung und Dachung, über deren Zweck die Gelehrten durchaus keine sehr wahrscheinliche Konjektur machen können. Vielleicht war es ein Bad, und der Eigentümer hielt dieses für ein Mittel es trocken zu halten; da diese Röhren vermutlich Luft von außen empfingen und die Feuchtigkeit der Wände mit abzogen. Der enge Raum und die innere Einrichtung sind für diese Vermutung des Landolina. Nicht weit davon ist eine alte Presse für Wein oder Öl in Felsen gehauen, die noch so gut erhalten ist, daß, wenn man wollte, sie mit wenig Mühe in Gang gesetzt werden könnte.

Bei den Kapuzinern am Meere, in der Gegend des kleinen Marmorhafens, sind die großen Latomien, die vermutlich die furchtbaren Gefängnisse für die Athenienser im peloponnesischen Kriege waren. Ich bin einige Mal ziemlich lange darin herum gewandelt. Die Mönche haben jetzt ihre

Gärten darin angelegt, aus denen noch eben so wenig Erlösung sein würde. Man könnte sie noch heut zu Tage zu eben dem Behuf gebrauchen, und zehn Mann könnten ohne Gefahr zehntausend ganz sicher bewachen. Der Gebrauch zu Gefängnissen im Kriege mag sich auch nicht auf das damalige Beispiel eingeschränkt haben; dieses war nun das größte, fürchterlichste und gräßlichste. Die Mönche bewirteten mich mit schönen Orangen, und bedauerten, daß die Engländer schon die besten alle aufgegessen und mitgenommen hätten, sagten aber nicht dabei, wie viel das Kloster Geschenke dafür erhalten haben mag: denn man bezahlt gewöhnlich dergleichen Höflichkeiten ziemlich teuer. Hier hat man einen ähnlichen Gang, wie das Ohr des Dionysius; er ist aber nicht ausgeführt worden, weil man vermutlich den Stein zu dem Behufe nicht tauglich fand. Man kann stundenlang hier herum spazieren, und findet immer wieder irgend etwas groteskes und abenteuerliches, das man noch nicht gesehen hat. Wenn man nun die alte Geschichte zurückruft, so erhält das Ganze ein sonderbares Interesse, das man vielleicht an keinem Platze des Erdbodens in diesem Grade wieder findet. Besonders rührend war mir hier an Ort und Stelle die bekannte Anekdote, daß viele Gefangene sich aus der schrecklichen Lage bloß durch einige Verse des Euripides erlös'ten: und mir deucht, ein schöneres Opfer ist nie einem Dichter gebracht worden.

In dem heutigen Syrakus oder dem alten Inselchen Ortygia ist jetzt nichts merkwürdiges mehr, als der alte Minerventempel und die Arethuse. Diese Quelle ist, wenn man auch mit keiner Sylbe an die alte Fabel denkt, bis heute noch eine der schönsten und sonderbarsten, die es vielleicht gibt. Wenn sie auch nicht vom Alpheus kommt, so kommt sie doch gewiß von dem festen Boden der Insel; und schon dieser Gang ist wundersam genug. Wo einmal etwas da ist, kommt es den Dichtern auf einige Grade Erhöhung nicht an, zumal den Griechen. Ich habe bei Landolina eine ganze ziemlich lange Abhandlung über die Arethuse gesehen, die er mit vieler Gelehrsamkeit und vielem Scharfsinn aus der

ganzen Peripherie der griechischen und lateinischen Literatur von den ältesten Zeiten bis auf den heutigen Tag zusam-
mengetragen hat. In Sicilien und Italien dankt ihm jetzt
Niemand für diese Arbeit: es wäre aber für die übrigen Länder von Europa zu wünschen, daß sie bekannter würde.
Vielleicht läßt er sie noch in Florenz drucken. Mehreres
davon ist durch seine Freunde schon im Auslande bekannt.
Er hat eine Menge sonderbarer Erscheinungen an der Quelle bemerkt, die mit dem Wasser des Alpheus Analogie
haben, und die vielleicht zu der Fabel Veranlassung geben
konnten. Sie quillt zuweilen rot, nimmt zuweilen ab und
bleibt zuweilen ganz weg, daß man trocken tief in die Höhle
hineingehen kann; und dieses zu einer Zeit, wo sie nach
den gewöhnlichen physischen Wetterberechnungen stärker
quellen sollte: sie vertreibt Sommersprossen, welches selbst
Landolina zu glauben schien. Durch diese Gabe muß die
Nymphe notwendig schon die Göttin der Damen werden.
Ähnliche Erscheinungen will man an dem Alpheus bemerkt
haben. Nun kamen die Griechen von dort herüber, und
brachten ihre Mythen und ihre Liebe zu denselben mit sich
auf die Insel; so war die Fabel gemacht: das Andenken des
vaterländischen Flusses war ihnen willkommen. Die neueste
Veränderung mit der Quelle findet man, deucht mir, noch in
Barthels zum Nachtrage in einem Briefe, der höchst wahrscheinlich auch von Landolina ist. Seitdem ist das Wasser
süß geblieben, heißt es. Ich fand eine Menge Wäscherinnen
an der reichen, schönen Quelle. Das Wasser ist gewöhnlich
rein und hell, aber nicht mehr, wie ehemals, ungewöhnlich
schön. Ich stieg so tief als möglich hinunter und schöpfte
mit der hohlen Hand: man kann zwar das Wasser trinken,
aber süß kann man es wohl kaum nennen; es schmeckt noch
immer etwas brackisch, wie das meiste Wasser der Brunnen
in Holland. Die Vermischung mit dem Meere muß also
durch die neueste Veränderung noch nicht gänzlich wieder
gehoben sein. Alles Wasser auf der kleinen Insel hat die
nehmliche Beschaffenheit, und gehört wahrscheinlich
durchaus zu der nehmlichen Quelle. In der Kirche Sankt

Philippi ist eine alte tiefe, tiefe Gruft mit einer ziemlich
bequemen Wendeltreppe hinab, wo unten Wasser von der
nehmlichen Beschaffenheit ist; nur fand ich es noch etwas
salziger: das mag vielleicht von der großen Tiefe und dem
beständig verschlossenen Raum herkommen. Landolina
hält es für das alte Lustralwasser, welches man oft in griechischen Tempeln fand. Sehr möglich; es läßt sich gegen die
Vermutung nichts sagen. Aber kann es nicht eben so wohl
ein gewöhnlicher Brunnen zum öffentlichen Gebrauch gewesen sein? Er hatte unstreitig das nehmliche Schicksal mit
der Arethuse in den verschiedenen Erderschütterungen.
Man weiß, die Insel machte bei den alten Tyrannen von
Syrakus die Hauptfestung der Stadt aus. Man hatte außer der
Arethuse wenig Wasser in den Werken. Diese schöne Quelle
liegt dicht am Meere und war sehr bekannt. Der Feind konnte Mittel finden sie zu nehmen oder zu verderben. War der
Gedanke, sich noch einen Wasserplatz auf diesen Fall zu
verschaffen und ihn vielleicht geheim zu halten, nicht sehr
natürlich? Ich will die Vermutung nicht weiter verfolgen und
eben so wenig hartnäckig behaupten. Das Wasser als Lustralwasser konnte nebenher auch diese politische Reserve-
bestimmung haben.

Als ich hier in der Kirche saß, die eben ausgebessert wird,
und den Schlüssel zur erwähnten Gruft erwartete, gesellte
sich ein neapolitanischer Offizier zu mir, der ein Franzose
von Geburt und schon über zwanzig Jahre in hiesigen Diensten war. Er sprach recht gut deutsch und hatte ehemals
mehrere Reisen durch verschiedene Länder von Europa gemacht. Wenn man diesen Mann von der Regierung und der
Kirchendisziplin sprechen hörte; man hätte Feuer vom
Himmel zur Vertilgung der Schande flehen mögen. Alles
bestätigte seine Erzählung, und bösartige Unzufriedenheit
und Murrsinn schien nicht in dem Charakter des Mannes zu
liegen. Vorzüglich war die Unzucht der römischen Kirche,
nach seiner Aussage, ein Greuel, wie man ihn in dem weg-
geworfensten Heidentum nicht schlimmer finden konnte.
Blutschande aller Art ist in der Gegend gar nichts unge-

wöhnliches und wird mit einem kleinen Ablaßgelde nicht
allein abgebüßt, sondern auch ungestraft fortgesetzt. Der
Beichtstuhl ist ein Kuppelplatz, wo sich der Klerus für eine
gemessene, oft kleine Belohnung sehr leicht zum Unter-
händler hergibt, wenn er nicht selbst Teilnehmer ist. Wer
profane Schwierigkeiten in seiner Liebschaft findet, wendet
sich an einen Mönch oder sonstigen Geistlichen, und die
ehrsamste, sprödeste Person wird bald gefällig gemacht. Der
Mann sprach davon dem Altar gegen über wie von gewöhnlichen Dingen, die jedermann wisse, und nannte mir mit
großer Freimütigkeit zu seinen Behauptungen Namen und
Beispiele, die ich gern wieder vergessen habe. Ich erzähle die
Tatsache, und überlasse Dir die Glossen.

Minerva hat in ihrem Tempel der heiligen Lucilie Platz
machen müssen. Man hat das Gebäude nach der gewöhnlichen Weise behandelt, und aus einem sehr schönen Tempel
eine ziemlich schlechte Kirche gemacht. Das Ganze ist ver-
baut, so daß nur noch von innen und außen der griechische
Säulengang sichtbar ist. Das Frontespice ist nach dem neuen
Stil schön und groß, sticht aber gegen die alte griechische
Einfachheit nicht sehr vorteilhaft ab.

Bald wäre ich heute unschuldiger Weise Veranlassung
eines Unglücks geworden. Ein Kastrat, der in der Kathedralkirche singt und nicht mehr als sechszig Piaster jährlich
hat, war mein Gast in dem Wirtshause, weil er sehr freundlich war und ein sehr gutmütiger Kerl zu sein schien. Ein
Geiger, sein Nebenbuhler, neckte ihn lange mit allerhand
Sarkasmen über seine Zutulichkeit, und kam endlich auch
auf einen eigenen eigentlichen topischen Fehler seiner Natur, an dem der arme Teufel wohl ganz unschuldig war, da
ihn andere vermutlich ohne seine Beistimmung an ihm gemacht hatten. Darüber geriet das entmannte Bild plötzlich
so in Wut, daß er mit dem Messer auf den Geiger zuschoß
und ihn erstochen haben würde, wäre dieser durch die Anwesenden nicht sogleich fortgeschafft worden. Auch der
Sänger konnte die Ärgernis durchaus nicht verdauen und
entfernte sich.

Eben sitze ich hier bei einem Gericht Aale aus dem Anapus, die hier für eine Delikatesse der Domherren gelten, und
die ich also wohl eben so verdienstlos verzehren kann. Ich
habe sie selbst auf dem Flusse gekauft und halb mit gefischt.
Ich fuhr nehmlich heute nach Mittage mit meinem Franzosen über den Hafen den Anapus hinauf, um das Papier zu
suchen. Das Papier fand ich auf der Cyane links bald in einer
solchen Menge, daß wir das Boot kaum durcharbeiten konnten: aber die schöne Quelle der Cyane konnte ich nicht
erreichen. Es war zu spät; wir mußten fürchten verschlossen
zu werden und kehrten zurück. Das ärgerte mich etwas; ich
hätte früher fahren müssen. Das Wasser ging hoch und wir
kamen noch eben wieder zum Schlusse an. Hier am Hafen
wollten einige Köche der hiesigen Schmecker mir durchaus
meine Beute abhandeln und boten gewaltig viel für meine
Aale, machten auch Anstalt sich derselben provisorisch zu
bemächtigen, als ob das so Regel wäre: ich hielt aber den
Fang fest und sagte bestimmt, ich wollte hier in Syrakus
meine Aale aus dem Anapus selbst essen, und würde sie
weder dem Bischof, noch dem Statthalter, noch dem König
selbst geben, wenn er sie nicht durch Grenadiere nehmen
ließe. Die Leute beguckten mich und ließen mich abziehen.
Über das Papier selbst und des Landolina Art es zuzuberei-
ten, habe ich nichts hinzuzufügen; ob ich gleich glaube in
den bisherigen Beschreibungen der Pflanze, zwar keine Un-
richtigkeiten, aber doch einige Unvollständigkeit entdeckt
zu haben. Die Sache ist indessen zu unwichtig. Unser
schlechtestes Lumpenpapier ist immer noch besser, als das
beste Papier, das ich von der Pflanze vom Nil und aus Sicilien gesehen habe. Wir können nun das Sumpfgewächs
und den Kommentar des Plinius darüber entbehren; es hat
nur noch das Interesse des Altertums.

Eine drollige Anekdote darf ich Dir noch mitteilen, welche die gelehrten Späher und Seher betrifft, und die mir der
besten einer unter ihnen, Landolina selbst, mit vieler Jovialität erzählte, als wir nach einem Spaziergange in dem alten
griechischen Theater saßen und ausruhten. Landolina mach-

te mit einer fremden Gesellschaft, von welcher er einen
unserer Landsleute, ich glaube den Baron von Hildesheim,
nannte, eine ähnliche Wanderung. Hier entstand nun ein
Zwist über eine Vertiefung in dem Felsen, die ein jeder nach
seiner Weise interpretierte. Einige hielten sie für das Grab
eines Kindes irgend einer alten vornehmen Familie, und
brachten Beweise, die vielleicht eben so problematisch waren, wie die Sache, welche sie beweisen sollten. Man sprach
und stritt her und hin. Das bemerkte ein alter Bauer nicht
weit davon, daß man über dieses Loch sprach. Er kam näher
und erkundigte sich und hörte, wovon die Rede war. Das
kann ich Ihnen leicht erklären, hob er an; vor ungefähr
zwanzig Jahren habe ich es selbst gehauen, um meine
Schweine daraus zu füttern: da ich nun seit mehrern Jahren
keine Schweine mehr habe, füttere ich keine mehr daraus.
Die Archäologen lachten über die bündige Erklärung, ohne
welche sie unstreitig noch lange sehr gelehrt darüber gesprochen und vielleicht sogar geschrieben hätten. So geht es uns
wohl noch manchmal, setzte Landolina sehr launig hinzu.

Die hiesigen Katakomben unterscheiden sich wesentlich
von denen zu Neapel. Was beide ursprünglich gewesen sein
mögen, ist wohl schwerlich zu bestimmen; aber daß beide in
der Folge zu Begräbnisplätzen gedient haben, ist ausgemacht. Von den syrakusischen ließe sich vielleicht aus dem
Bau mehr behaupten, daß sie ursprünglich dazu gehauen
wurden. Der große Unterschied der neapolitanischen und
syrakusischen besteht darin, daß in den neapolitanischen die
Leichenbehälter von dem Boden aufwärts, und hier in die
Tiefe der Wand hinein gearbeitet sind. Dort sind unten die
größern und dann an der Wand herauf die kleinern Behälter;
hier sind vorn die größern und dann weiter hin in die Felsenwand hinein die kleinern: so daß in Neapel das Dreieck
der Lage an der Seite aufwärts, in Syrakus mit der Spitze
einwärts niedergelegt zu denken ist. Beschreibung ist schwer
und Zeichnung macht noch mehr Umstände; ich weiß nicht,
ob ich Dir deutlich geworden bin. Ein autoptischer Anblick
gibt es in einem Moment. In Neapel lagen die Kadaver in

kleineren Nischen an der Wand hinauf, unten die größeren
und aufwärts immer kleinere; in Syrakus in den Felsen hinein, vorn größere und hinterwärts immer kleinere. Hier habe
ich den einzigen vernünftigen Mönch als Mönch in meinem
Leben gesehen. Wo man sonst auch noch zuweilen gute und
vernünftige trifft, sind sie es wenigstens nicht als Mönche.
Der Eingang in die Grüfte ist hier eine alte Kirche des heiligen Johannes, wo nur noch selten Gottesdienst gehalten
wird. Dieser Mönch ist der einzige Bewohner der Kirche
und der Katakomben; Glöckner und Sakristan, und Abt und
Kellner und Laienbruder zugleich. Das erste Mal, als wir
kamen war er nicht zu Hause, sondern in der Stadt nach
Lebensmitteln. Als wir umkehrten, begegneten wir ihm in
den Feigengärten, und gingen wieder mit ihm zurück nach
Sankt Johannis. Er machte für einen Religiosen einen etwas
sonderbaren genialischen Aufzug. Seine Eselin hatte gesetzt, und doch hatte er sie nötig, um seine Viktualien aus
der Stadt zu holen; er nahm sie also, da sie allein nicht gehen
wollte, mit dem jungen Esel von drei und zwanzig Stunden
zusammen. Der kleine Novize des Lebens konnte natürlich
die große Tour nicht aushalten. Der Mönch mit dem langen
Talar nahm also seinen Zögling auf die Schultern und ging
voran, und die Mutter folgte in angeborner Sanftmut und
Geduld mit den Körben. So fanden wir den Gottesmann. Er
ist übrigens ein ehrlicher Schuster aus Syrakus, der drei Söhne erzogen und zur Armee und auf die See geschickt hat.
Nach dem Tode seiner Frau, da seine abnehmenden Augen
dem Ort und dem Draht nicht recht mehr gebieten wollten,
hat ihn der Bischof hierher gesetzt; vielleicht das gescheite-
ste, was seit langer Zeit ein Bischof von Syrakus getan hat.
Die Krypte der Kirche, wo noch Gottesdienst gehalten
wird, ist auch schon tief und schauerlich genug. Von den
Gemälden in den verschiedenen Abteilungen der Katakomben läßt sich wohl nicht viel sagen; denn sie sind wahrscheinlich meistens neu. Aus einer griechischen Inschrift
habe ich auch nichts machen können: das ist indessen kein
Beweis, daß es andere nicht besser verstehen. Die Leute

fabeln hier, daß diese Katakomben bis nach Katanien gehen;
vermutlich weil man ehemals dort auch Katakomben gefunden haben mag. Das ist eben so, als wenn zuweilen der
Führer der Baumannshöhle versichert, daß sie sich bis nach
Goslar erstrecke.

Der Sommer muß hier zuweilen schon fürchterlich sein;
denn Landolina erzählte mir von einem gewissen Südwest-
winde, den man *il ponente* nennt, welcher zuweilen in einem
Nachmittage durch seinen Hauch alle Pflanzen im eigentlichen Sinne verbrenne, die Bäume entlaube und den Wein
verderbe. Der Sirocko soll ein kühlendes Lüftchen gegen
diesen sein: man finde nachher in einem solchen Grade alles
verdorret, daß man es sogleich zu Asche reiben könne. Zum
Glück sei er nur sehr selten. Auch der Hagel, der hier zuweilen falle, sei so groß und scharf, daß er die Stengel der
Pflanzen und die Äste der Bäume nicht zerknicke, sondern
zerschneide. Dieses seien die zwei gefährlichsten Landpla-
gen in dem südlichen Sicilien. Die Winter sind gewöhnlich
von keiner Bedeutung, nur der vergangene ist etwas hart
gewesen, und man hat seit zehn Jahren wieder den ersten
Schnee aber auch nur auf einige Stunden in Syrakus gesehen.
Ein solcher Tag ist dann ein Fest, besonders für die Jugend,
denen so etwas eine sehr große Erscheinung ist. Sonst sieht
man den Schnee nur auf den Gipfeln ferner Berge.

Syrakus kommt immer mehr und mehr in Verfall; die Regierung scheint sich durchaus um nichts zu bekümmern. Nur
zuweilen schickt sie ihre Steuerrevisoren, um die Abgaben mit Strenge einzutreiben. Es war mir eine sehr melan-
cholische Viertelstunde, als ich mit Landolina oben auf der
Felsenspitze von Euryalus saß, der würdige patriotisch ei-
fernde Mann über das große traurige Feld seiner Vaterstadt
hinblickte, das kaum noch Trümmer war, und sagte: Das
waren wir! und mit einen Blick hinunter auf das kleine Häuf-
chen Häuser: Das sind wir! Ich habe während der vier Tage
Umgang mit ihm in ihm einen der reinsten und liebenswür-
digsten Charakter gefunden, und er sprach mit schönem
Enthusiasmus von seinen nordischen Freunden Münter und

Barthels und einigen andern, die ihn besucht hatten, und von Heyne, den er noch nicht gesehen hatte. Syrakus allein hatte ehemals mehr Einwohner, als jetzt die ganze Insel. Nur der dritte Teil der Insel ist bebaut, und dieser ziemlich schlecht. Das habe ich auf meinen Zügen gefunden, und Eingeborne, die zugleich Kenner sind, bestätigen es durchaus. Ehemals schickte man bei der großen Bevölkerung Korn nach Rom, und die Insel wurde für ein Magazin der Hauptstadt der Welt gehalten. Neulich ist man genötiget gewesen, Getreide aus der Levante kommen zu lassen, damit die wenigen ärmlichen südlichen Küstenbewohner nicht Hunger litten. Kann man eine bessere Philippika auf die Regierung und den Minister in Neapel schreiben? Man gibt der physischen Verschlimmerung des Landes durch die Erdrevolutionen vieles Schuld: aber die Berge sind noch alle fruchtbar bis fast an die Spitzen. Wenn man die Gipfel der Riesen, des Aetna, des Eryx, des Taurus und einige Felsenpartien ausnimmt, könnte von allen gewonnen werden, wenn man Arbeit daran wagen wollte. Die Jumarren, diese verschrieenen Gegenden, geben reichlich, wenn man fleißig ist. Sicilien ist ein Land des Fleißes, der Arbeit und der Ausdauer. Man will jetzt aber nur da bauen, wo man fast nicht nötig hat zu arbeiten. Es sind freilich wenig große Striche hier, die so schwelgerisch fruchtbar wären wie das Kampanertal: aber es könnte viel schönes Paradies geschaffen werden.

Der Hafen ist fast leer, und ist vielleicht einer der schönsten auf dem Erdboden. Wenn man ein Fort auf Plemnyrium und eines auf Ortygia hat, so kann keine Felucke heraus und hinein. Jetzt kreuzen die Korsaren bis vor die Kanonen. Als im vorigen Kriege die Franzosen Miene machten sich der Insel zu bemächtigen, war hier schon alles entschlossen sich recht tapfer zu ergeben. Man erzählte mir eine Anekdote, die mir unglaublich vorkam; aber sie wurde verschieden im Publikum hier und da wiederholt. Der Gouverneur, um ja durchaus außer Stande zu sein schnell zu handeln, läßt alle Kaliber der Kugeln durch einander werfen und die Munition

in Unordnung bringen. Die Franzosen nahmen ihren Weg
nach Ägypten und es war weder Gefecht noch Ergeben
nötig; die Exzellenz zog sich durch ein sanftes seliges Ende
aus allem Verdruß. Hätten die Franzosen ihren Vorteil besser
verstanden, anstatt an den Nil zu gehen vorher die Insel
anzugreifen; mit zehntausend Mann hätten sie dieselbe mit
ihrer gewöhnlichen Energie genommen und mit gehöriger
Klugheit auch behauptet. Freilich wären dazu andere Maßregeln nötig gewesen, als ihre Generale und Kommissäre zur
Schande der Nation und ihrer Sache hier und da ergriffen
haben. Sicilien wäre auch in einem östlichen Kriege ein ganz
anderer Zwischenpunkt als Malta: das zeigt die ganze Geschichte und schon ein einziger Blick auf die Insel. – Es
kommen jetzt selten Schiffe nach Syrakus. Bloß im vorigen
Kriege war es ein Zufluchtsort gegen die Stürme: und dabei
hat die Stadt wenigstens etwas gewonnen. Jetzt nach dem
Frieden vermindert sich die Anzahl der Ankommenden beständig wieder.

Noch etwas literarisches muß ich Dir doch aus dem südlichen Sicilien melden, damit Du nicht glaubest, ich sei ganz
und gar unter die Analphabeten getreten. Landolina läßt
jetzt in Florenz eine Abhandlung drucken, in welcher er
beweis't, daß der heutige berühmte Syrakuser Muskaten-
wein der οίνος πόλλιος oder πόλιος der Alten sei. Die
klassischen Hauptstellen darüber sind, glaube ich, die Gärten des Alcinous im Homer, und Hesiodus in seinen Tage-
werken im sechshundert und zehnten Vers. Im Homer heißt
es, daß an den Weinstöcken reife Trauben und grünende und
Blüten zugleich gewesen seien, worüber sich unsere Ausle-
ger zuweilen quälen, sagte Landolina. Sie dürften nur die
Sache wörtlich nehmen und zu uns nach Syrakus kommen,
so könnten sie sich bei der ersten Ernte des Muskatenweins
zu Anfang des Juli leicht überzeugen. Aber nur die Muska-
tentraube hat diese Eigenschaft des Orangenbaums, daß sie
reife und unreife Früchte und Blüten zu gleicher Zeit zeigt.
Landolina behauptet, diese Traube sei zunächst aus Tarent
nach Syrakus gekommen; das mag er beweisen. Dieses alles

wird Dir, als einem weingelehrten Manne, weit wichtiger sein, als mir Abaccheuten. Er hat mir noch manche nicht unangenehme philologische Bemerkung über manche griechische Stelle gemacht, für die ihm sein Freund Heyne in Göttingen Dank wissen wird, dem er sie wahrscheinlich auch alle mitgeteilt hat. An der Arethuse kann man freilich manches etwas besser sehen, als an der Leine. Übrigens sagte er noch, daß Homer, der, nach der Genauigkeit seiner Beschreibung zu urteilen, durchaus in Sicilien gewesen sein müsse, vielleicht nicht sonderlich hier aufgenommen worden sei, weil er bei jeder Gelegenheit einen etwas bösartigen Tick gegen die Insel äußere.

Katanien

Du siehst, ich bin nun auf der Rückkehr zu Dir. Syrakus, oder vielleicht schon Agrigent, war das südlichste Ende meines Weges. Vor einigen Tagen ritt ich zu Maulesel wieder mit einem ziemlich kleinen Führer hierher. Man kann die Reise in einem Sommertage sehr bequem machen; und wenn man recht gut beritten ist, recht früh aufbricht und sich nicht sehr viel umsieht, kann man wohl Augusta noch mitnehmen. Die Maulesel machen einen barbarisch starken Schritt, und das *Pungite, Don Juan, pungite!* wurde auch nicht gespart. Es war ein herrlicher warmer Regenmorgen, als ich Syrakus verließ; der Himmel hellte sich auf, als ich aus der Festung war, und die Nachtigallen sangen wetteifernd in den Feigengärten und Mandelbäumen so schön, wie ich ihnen in Sicilien gar nicht zugetraut hätte, da sie sich noch nicht sonderlich hatten hören lassen. Ich ging wieder vor der Feigenquelle vorbei und durch einen Strich der schönen, herrlichen Gegend von Augusta. Aber vor derselben und nach derselben war es wüste; ununterbrochen wüste, bis diesseits der Berge an die Ufer des Simäthus. In einem Wirtshause am Fuße der Berge, ungefähr noch zehn Millien von Katanien, wo ich essen wollte, und wenigstens Makkaronen suchte, gab der Wirt skoptisch zur Antwort: In Katanien sind Makkaronen;

hier ist nichts. Der Mensch hatte die trotzige, murrsinnige
Physiognomie der gedrückten Armut und des Mangels, der
nicht seine Schuld war, und gewann nicht eher eine etwas
freundliche Miene, als bis ich seinen Kindern von meinem
schönen Brote aus Syrakus gab; dann holte er mir mein
Lieblingsgericht, getrocknete Oliven. In der Gegend des Simäthus war das Wasser ziemlich groß, das man auf die
Felder umher auf den Reis leitete. Mein Maulesel, den ich
nordischer Reiter wohl nicht recht geschickt lenken mochte,
fiel in eine morastige Lache des Flusses, und bekam meine
halbe Personalität unter sich. Mein linker Fuß, der wegen
einer alten Kontusion nicht viel vertragen kann, wurde ge-
quetscht und etwas verrenkt und ich kam lahm hier an. Sehr
leicht hätte ich eines sehr unidyllischen schmutzigen Todes
in dem Schlamme des Simäthus sterben können: doch zürne
ich deswegen dem Flusse nicht; denn er ist doch der einzige
Fluß, der diesen Namen auf der Insel verdient, und durchaus
der größte; wenn gleich einige den Salzfluß bei Alikata oder
gar den Himera bei Termini größer machen. Der Symäthus
ist ein eigentlicher Fluß, die Zierde und der Segen des Tales
Enna, und die andern sind nur Waldströme, die sich freilich
zuweilen mit vieler Gewalt von den Gebirgen herabwälzen
mögen, wie ich schon selbst die Erfahrung gemacht habe.
Das dauert aber gewöhnlich nur einige Tage; dann kann man
wieder zu Fuß durch ihre Betten gehen. Nicht weit diesseit
des Simäthus, über den hier eine ziemlich gute Fähre geht,
führte mich mein unkundiger Eseltreiber tief in Büsche und
Moräste hinein, daß weder ich, noch er, noch der Esel weiter
wußten. Mein Schmutz und mein Schmerz am Fuße hatten
mich etwas grämlich gemacht, so daß ich im Ärger dem
Jungen mit der Rute einige Schläge über das Kollet gab.
Darüber fing er an jämmerlich zu schreien; wir erholten uns
beide, und er sagte mir sodann mit vieler Eseltreiberweis-
heit, das sei sehr unklug von mir gewesen, daß ich so wenig
Geduld gehabt habe; ich habe zwar von ihm nichts zu fürchten, weil er ehrlich sei; aber ich sei doch immer in seiner
Gewalt. Avis dem Leser, der Junge hatte Recht, und ich

schämte mich meiner Übereilung; wir versöhnten uns, und
ritten philosophisch weiter. Die fernere Nachbarschaft von
Katanien ist, für Katanien, schlecht genug bebaut; die ganze
Gegend des Simäthus könnte und sollte besser bearbeitet
sein. In der Nähe der Stadt fängt die Kultur schöner an. Ich
ließ an dem Stadttore den Jungen mit der Bezahlung laufen,
und spazierte, oder hinkte vielmehr, etwas gesäubert, die
Straße hinab, wendete mich an die erste Physiognomie, die
mir gefiel, und die mich auch in den Elephanten sehr gut
unterbrachte. Für den beschädigten Fuß gab mir ein Arzt bei
dem Professor Gambino Muskatennußöl, und es ward sogleich besser, und jetzt marschiere ich schon wieder ziemlich fest. Das habe ich auch nötig; denn ich will auf den
Aetna, wo sich mancher schon den Fuß vertreten hat.

Eben stehe ich von einer echt klassischen Mahlzeit auf,
mein Freund; und ich glaube fast, es wäre die beste in meinem Leben gewesen, wenn nur einige Freunde, wie Du, aus
dem Vaterlande mit mir gewesen wären. Aber mein Tischge-
selle war ein hiesiger Geistlicher, eben die Physiognomie,
die ich auf der Straße zum Führer bekam. Der Mann ist
indessen für einen sicilischen Theologen vernünftig genug,
und hat mir eben, ich weiß nicht wie, klassisch bewiesen, daß
Katanien das Vaterland der Flöhe sei. Meine Mahlzeit,
Freund, war ganz vom Aetna, bis auf die Fische, welche aus
der See an seinem Fuße waren. Die Orangen, der Wein, die
Kastanien, die Feigen und die Feigenschnepfen, alles ist
vom Fuße und von der Seite des Berges. Ich bin Willens, ihn
auf alle Weise zu genießen; deswegen bin ich hergekommen;
und wohl nicht absichtlich, um das Unwesen der Regierung
und der Möncherei zu sehen. In Katanien ist es wohl von
ganz Sicilien und vielleicht von ganz Italien noch am hell-
sten und vernünftigsten; das hat Biskaris und einige seiner
Freunde gemacht, durch welche etwas griechischer Geist
wieder aufgelebt ist. Es ist hier sogar eine Art von Wohlstand und Flor, der den schlechten Einrichtungen in der
Insel Hohn spricht. Hier würde ich leben, wenn ich mich
nicht bei den Kamaldulensern in Neapel einsiedelte. Hier

fängt man wenigstens an, das Unglück des Vaterlandes, die
Unordnungen und Malversationen aller Art, die schrecklichen Wirkungen der Unterdrückung und des dummen
Aberglaubens recht lebhaft zu fühlen. Die Mönche haben
den dritten Teil der Güter in den Händen; und wenn ihre
Mast das einzige Übel wäre, das sie dem Staate verursachen,
so könnte der gräßliche Druckfehler des Menschenverstandes doch vielleicht noch Verzeihung finden. Aber – mein
Gott, wer wird ein Wort über die Mönche verlieren! Bonaparte wird sich zu seiner Zeit ihrer schon wieder ebenso tätig
annehmen, wie der Übrigen, da sie mit ihnen zu seinem
Systeme gehören. Es entfuhr mir aus kosmopolitischem Ingrimm hier in einer Gesellschaft, daß ich etwas unfein sagte:
Les moines avec leur cortège sont les morpions de l'humanité. Die
Sentenz wurde mit lautem Beifall aufgenommen, und auf
manchen vorübergehenden Kuttenträger angewendet. Du
begreifst, daß man schon ziemlich liberal sein muß, um so
etwas nur zu vertragen: freilich verträgt man es nicht überall;
aber die Stimmung ist doch sehr lebendig gegen das Unge-
ziefer des Staats. Die Franzosen haben in der ganzen Insel
keine geringe Partei; und diese nimmt es Bonaparte sehr
übel, daß er nach Ägypten ging, und nicht vorher kam und
sie nahm, welches nach ihrer Meinung etwas leichtes gewesen wäre. Mut, Klugheit, allgemeine Gerechtigkeit und
Humanität, von welchen Eigenschaften er wenigstens die
erste Hälfte besitzt, hätten mit zehen tausend Mann die
Sache gemacht: und es ist leicht zu berechnen, was Sicilien
für den Krieg gewesen wäre; wenn es auch jetzt nicht mehr
so wichtig ist, als in den karthagischen Kriegen oder unter
den Normännern. Alle vernünftige Insulaner sind völlig
überzeugt, daß sie bei dem nächsten Kriege, an dem Neapel
nur entfernt Anteil nimmt, die Beute der Engländer oder
Franzosen sein werden; und ich gab ihnen mit voller Überlegung den Trost, daß sie sich im Ganzen auf keinen Fall
verschlimmern könnten, so sehr auch einzelne Städte leiden
möchten. Sie schienen das leicht zu begreifen, und sich also
nicht zu fürchten.

Es würde zu weitläufig werden, wenn ich anfangen wollte, Dir nur etwas systematisch über Literatur und Antiquitäten zu schreiben. Andere haben das besser vor mir getan,
als ich es könnte. Es hat sich wesentlich nichts geändert. Der
tätige Geist des alten Biskaris scheint nicht ganz auf seinen
Nachfolger übergegangen zu sein: obgleich auch dieser
noch immer die nehmliche Humanität zeigt. Das Kabinett
ist wohl nicht ganz in der besten Ordnung. Was mich im
Antikensaale vorzüglich beschäftigt hat, waren einige sehr
schöne griechische und römische Köpfe, ein Torso fast von
der nehmlichen Gestalt, wie der jetzige Pariser, und den
Einige diesem fast gleich schätzen, und eine Büste der Ceres, die beste, die ich gesehen habe. Es sind mehrere Statüen
der Venus da; aber keine einzige, die mir gefallen hätte.
Unter den kleinen Bronzen zeichneten sich für mich aus, ein
Atlas der Himmelsträger, ein Mars, ein Merkur und ein Herkules. Es sind auch noch einige andere von vortrefflicher
Arbeit. Die Lampensammlung ist sehr beträchtlich, vorzüglich die Matrimoniallampen, unter denen viele sehr niedliche, leichtfertige, aphrodisische Mysterien sind, die dem
Charakter nach aus den Zeiten der römischen Kaiser zu sein
scheinen. Manches gehört wohl auf keine Weise in eine solche Sammlung; vorzüglich nicht die Gewehre, welche wenig
Interesse für Künstler und Kenner haben: einzelne Anekdoten müßten denn die Stücke merkwürdig machen. Vorzüglich schön ist noch eine längliche Vase, wo Ulyß und
Diomed die Pferde des Rhösus bringen.

Das Übrige findet man besser und geordneter bei dem
Ritter Gioeni, dessen Fach ausschließlich die Naturgeschichte ist, und vorzüglich die Naturgeschichte Siciliens.
Man findet bei ihm alle vulkanische Produkte des Aetna, des
Vesuv und der liparischen Inseln, und es ist ein Vergnügen
die Resultate eines anhaltenden Fleißes hier zusammen zu
sehen. Hier sind alle sicilischen Steine, von denen die Mar-
morarten vorzüglich schön sind. Bei Landolina und Biskaris
und Gioeni sind Tische, die aus allen sicilischen Marmorar-
ten gearbeitet sind. Das Fach der Muscheln findet man wohl

selten so schön und so reich als bei dem letzten. Was mich
besonders aufhielt, waren die verschiedenen niedlichen Sorten von Bernstein, alle aus Sicilien, die ich hier nicht gesucht
hätte. Ich wußte wohl, daß man in Sicilien Bernstein findet,
aber ich wußte nicht, daß er so schön und groß angetroffen wird: und ich habe aus der Ostsee keine so schöne Farben und Schattierungen davon gesehen. Die Arbeiten waren
sehr niedlich und geschmackvoll. In der neuern Chemie
und Physik muß man indessen nicht sehr gewissenhaft mit
fortgehen: denn es wurde zufällig von der Platina gesprochen, die Gesellschaft war nicht ganz klein und nicht ganz
gewöhnlich, und man gestand sogar Deinem idiotischen
Freunde eine Stimme über die spezifische Schwere des Me-
talles zu. Endlich mußte unser Landsmann Bergmann den
Zwist entscheiden, und ich war wirklich seinem Ausspruche
am nächsten gekommen. Der Ritter und sein Bruder sind
Männer von vieler Humanität und unermüdetem Eifer für
die Wissenschaft.

Ich hatte das Vergnügen in dem Universitätsgebäude
einer theologischen Doktorkreation beizuwohnen. Der Saal
ist groß und schön und hell. Rund herum sind einige große
Männer des Altertums nicht übel abgemalt, von denen einige Katanier waren; nehmlich Charondas und Stesichorus;
auch Cicero hatte für seinen Eifer für die Insel die Ehre hier
zu sein; sodann der Syrakusier Archimed und einige andere
Sicilier. Theokrit war den frommen Leuten vermutlich zu
frivol; er war nicht hier. Der Kandidat war ein Dominikaner,
und machte in ziemlich gutem Latein die Lobrede der Stadt
und der Akademie Katanien. Der Promotor hielt sodann der
Theologie eine Lobrede, die sehr mönchisch war, und die
ich ihm bloß der guten Sprache wegen nur in Sicilien noch
verzeihe. Nun, dachte ich, wird die Disputation angehen;
und vielleicht vergönnt man sogar, da die Versammlung
nicht zahlreich und ich von einem hiesigen Professor eingeführt war, mir Hyperboreer auch ein Wörtchen zu sprechen. Aber das war schon alles *inter privatos parietes* mit dem
Examen abgemacht: man gab dem Kandidaten den Hut, die

Trompeter bliesen, und wir gingen fort. Die Universitätsbibliothek ist nicht zahlreich, aber gut gewählt und geordnet, und der Bibliothekar ist ein freundlicher, verständiger Mann. Er zeigte mir eine erste Ausgabe vom Horaz, die mit den Episteln anfing, und die, wie er mir sagte, Fabricius sehr gelobt habe.

In den antiken Bädern unter der Kathedrale, durch welche eine Ader des Amenanus geleitet ist, die noch fließt, war die Luft so übel, daß der Professor Gambino es nur einige Minuten aushalten konnte. Meine Brust war etwas stärker; aber ich machte doch, daß ich wieder herauskam. Sie werden selten besucht. Auch in den dreifachen Korridoren des Theaters etwas weiter hinauf kroch ich eine Viertelstunde herum: von hier hat der Prinz Biskaris seine besten Schätze gezogen. Auch hier ist ein Aquädukt des Amenanus, aber sehr verschüttet. Nicht weit davon ist ein altes Odeum, das jetzt zu Privatwohnungen verbauet ist. Die Kommission der Altertümer hat aber nun die Oberaufsicht, und kein Eigentümer darf ohne ihre Erlaubnis einen Stein regen.

Das Kloster und die Kirche der reichen Benediktiner sind so gut als man eine schlechte Sache machen kann. Die Kirche gilt für die größte in ganz Sicilien und ist noch nicht ausgebauet; an der Façade fehlt noch viel. Sie mag dessen ungeachtet wohl die schönste sein. Die Gemälde in derselben sind nicht ohne Wert, und die Stücke eines Eingebornen, des Morealese, werden billig geschätzt. Am meisten tut man sich auf die Orgel zugute, die vor ungefähr zwanzig Jahren von Don Donato del Piano gebauet worden ist. Er hat auch eine in Sankt Martin bei Palermo gebauet; aber diese hier soll, wie die Katanier behaupten, weit vorzüglicher sein. Man hatte die wirklich ausgezeichnete Humanität, sie für einige Freunde nach dem Gottesdienste noch lange spielen zu lassen; und ich glaube selbst in Rom keine bessere gehört zu haben. Schwerlich findet man eine größere Stärke, Reinheit und Verschiedenheit. Einige kleine Spielwerke für die Mönche sind freilich dabei, die durchaus alle Instrumente in einem einzigen haben wollen: aber das Echo ist

wirklich ein Meisterstück; ich habe es noch in keiner Musik
so magisch gehört. Die Abenddämmerung in der großen,
schönen Kirche, und dann die feierlich schaurige Beleuchtung wirkten mit. Die Bibliothek und das Kabinett der
Benediktiner sind ansehnlich genug, und könnten bei den
Einkünften des Klosters noch weit besser sein. Im Museum
finden sich einige hübsche Stücke von Guido Reni und, wie
man behauptet, von Raphael. Mehrere griechische Inschriften sind an den Wänden umher. Eine auf einer Marmortafel
ist so gelehrt, daß sie, wie man sagte, auch die gelehrtesten
Antiquare in Italien nicht haben erklären können: auch Vis-
konti nicht. Ich hatte nicht Zeit; und was wollte ich Rekrut
nach diesem athletischen Triarier. Doch kam es mir vor, als
ob sie in einem späteren griechischen Stile das Märtertum
der heiligen Agatha enthielte. Wenn Du nach Katanien zu
den Benediktinern kommst, magst Du Dein Heil versuchen.
In der Bibliothek bewirtete man mich, als einen Leipziger,
aus Höflichkeit mit den *Actis eruditorum*, die in einer Kloster-
bibliothek in Katanien auch wirklich eine Seltenheit sein
mögen. Die Byzantiner waren alle mit *Caute* in Verwahrung
gesetzt, und werden nicht jedem gegeben. Als einen sehr
großen seltenen Schatz zeigte man mir eine außerordentlich
schön geschriebene Vulgata. Ich las etwas darin, und ver-
schüttete die gute Meinung der Herren fast ganz durch die
voreilige Bemerkung, es wäre Schade, daß der Kopist gar
kein Griechisch verstanden hätte. Man sah mich an: ich war
also genötigt zu zeigen, daß er aus dieser Unwissenheit vieles
idiotisch und falsch geschrieben habe. Die guten Leute waren verlegen und legten ihr Heiligtum wieder an seinen Ort,
und ihre Mienen sagten, daß solche Schätze nicht für Profane wären. Der Pater Sekretär, ein feiner, gebildeter Mann,
der in seinem Zimmer ein herrliches englisches Instrument
hatte, gab mir einen Brief an ihren Bruder oben am Berge im
Namen des Abts, da er hörte, daß ich auf den Berg wollte. Er
schüttelte indessen zweifelhaft den Kopf und erzählte mir
schreckliche Dinge von der Kälte in der obern Region des
Riesen: es würde unmöglich sein, meinte er, schon jetzt in

der frühen Jahrszeit noch zu Anfange des Aprils hinaufzu-
kommen. Er erzählte mir dabei von einigen Westphalen, die
es noch bei der nehmlichen Jahrszeit gewagt hätten, aber
kaum zur Hälfte gekommen wären und doch Nasen und
Ohren erfroren hätten. Ich ließ mich aber nicht niederschla-
gen; denn ich wäre ja nicht wert gewesen, nordamerikani-
schen und russischen Winter erlebt zu haben.

Das Kloster hat achtzigtausend Skudi Einkünfte, und
steht im Kredit, daß es damit viel gutes tut. Das heißt aber
wohl weiter nichts, als funfzig Faulenzer ernähren hundert
Bettler; dadurch werden beide dem Staate unnütz und ver-
derblich. So jemand nicht will arbeiten, der soll auch nicht
essen, sagt unser alter Sirach; und ich finde den Ausspruch
ganz vernünftig, auch wenn er mir selbst das Todesurteil
schriebe.

Eine schöne Promenade ist der Garten dieses nehmlichen
Klosters, der hinter den Gebäuden auf lauter Lava angelegt
ist, und wo man links und rechts und gerade aus die schönste
Aussicht auf den Berg und das Meer und die bebaute Ebene
hat. Die Lavafelder geben dem Garten das Ansehen einer
großen, mächtigen Zauberei. Gleich neben diesem Garten,
neben dem Klostergebäude nach der Stadt zu, hat ein Kanonikus einen kleinen botanischen Garten, wo er schon die
Papierstaude von Syrakus als eine Seltenheit hält. Noch angenehmer ist der Gang in die Gärten des Prinzen Biskaris in
der nehmlichen Gegend. Als er ihn anlegte, hielt man es für
eine Spielerei; aber er hat gezeigt, was Fleiß mit Anhaltsamkeit und etwas Aufwand tun kann. Er hat die Lava gezwungen; die Pflanzung grünt und blüht mit Wein und Feigen und
Orangen und den schönsten Blumen aller Art. Der Gärtner
brachte mir die gewöhnliche Höflichkeit, und ich legte mehrere Blumen in mein Taschenbuch für meine Freunde im
Vaterlande.

Das Jesuitenkloster in der Stadt ist zum Etablissement für
Manufakturen gemacht: und ob dieses Etablissement gleich
noch nicht weit gediehen ist, so ist doch durch die Vernichtung des Klosters schon viel gewonnen. In der Kathedrale

hängt in einer Kapelle ein schrecklich treues Gemälde, ungefähr sechs Fuß im Quadrat, von der letzten großen Eruption des Berges 1669, die fast die Stadt zu Grunde richtete. Ein echter Künstler sollte es nehmen und ihm in einer neuen Bearbeitung zur Wahrheit des Ganzen auch Kunstwert geben. Es würde ein furchtbar schönes Stück werden, und das ganze Gebiet der Kunst hätte dann vielleicht nichts ähnliches aufzuweisen. Hier hätte Raphael arbeiten sollen; da war mehr als sein Brand.

Unten wo der zerteilte Amenanus wieder aus den Lavaschichten herausfließt, steht noch etwas von der alten Mauer Kataniens, ungefähr in gleicher Entfernung zwischen dem Molo links und dem Lavaberge rechts, der dort weiter in die See hinein sich empor getürmt hat. An dem Molo hat man schon lange mit vielen Kosten gearbeitet; ich fürchte aber die See wird gewaltiger sein als die Arbeiter. Wenn links ein Felsenufer etwas weiter hervorgriffe und den Wogensturz von Kalabrien her etwas dämmte, so wäre eher Hoffnung zur Haltbarkeit. Die Erfahrung, von der ich nichts wußte, hat schon meine Meinung bestätigt, und einige verständige Leute pflichteten mir bei. Katanien wird sich wohl müssen mit einer leidlichen Reede begnügen, wenn nicht vielleicht einmal der Aetna, der große Bauer und Zerstörer, einen Hafen bauet. Er darf nur links einen solchen Berg ins Meer schießen, wie er rechts getan hat, so ist er fertig. Es fragt sich, ob das zu wünschen wäre. Die Straße Ferdinande, von dem prächtigen Tore von Syrakus her, ist die Hauptstraße: eine andere, die ihr etwas aufwärts parallel läuft, ist fast eben so schön. Wenn Katanien so fort arbeitet, macht es sich nach einem großen Plane zu einer prächtigen Stadt. Fast alle öffentlichen Monumente sind von der Kommune aus eigenen Kräften bestritten, und es sind derselben nicht wenig: des Hofes geschieht nur Ehrenerwähnung. Es ist der lieblichste Ort, den ich in Sicilien gesehen habe, und übrigens sehr wenig mit der Regierung in Kollision; so daß viel gutes zu erwarten ist. Die Dazwischenkunft der Höfe verderbt wie ein Mehltau meistens das natürliche Gedeihen der freien Industrie.

Messina

Ich muß mich etwas fassen, daß ich Dich den Weg über den Berg und Taormina hierher mit mir nicht gar zu unordentlich machen lasse; ob Du gleich Geduld genug wirst haben müssen, denn ich bin ein gar schlechter Systematiker. Der Wirt im Elephanten in Katanien, in dessen Buche ich viele Bekannte fand und der sich als einen sehr guten Hodegeten ankündigte, besorgte mir eben nicht wohlfeil einen Mann mit einem Tiere, der mit mir die Fahrt bestehen sollte. Ich packte meinen Sack voll Orangen und ritt nun bergan. Wie viel ich Dörfer und Flecken durchritt, ehe ich am Sandkloster ankam, weiß ich nicht mehr. Dieses Kloster gehört bekanntlich den reichen Benediktinern unten in der Stadt, die hier nur einen Laienbruder haben, welcher die Ökonomie besorgt: denn sie haben rund umher weite Distrikte von Weinbergen. Bei den Mönchen gilt selten das Sprichwort, im Weine ist Wahrheit; sondern im Weine ist Schlauheit. Ich kann mir nicht helfen, und wenn mich die Mönche zum Abt machten, ich würde sagen, je größer das Kloster, desto größer die Sottise. Die Mönche unten sind gar feine Kauze, die das Inkonsequente und Bedenkliche und Kritische ihrer jetzigen Lage sehr gut fühlen und die Kutte durchzuschauen wissen: diese waren freundlich und höflich. Der Laienbruder hier im Sande war etwas grämelnd und murrsinnig. Er nahm meinen Empfehlungsbrief, betrachtete ihn und sagte mir ganz trocken: Der Abt, mein Vorgesetzter, hat ihn nicht unterschrieben; er geht mich also nichts an. Das ist schlimm für mich, sagte ich: Ja wohl! sagte er. Was soll ich nun tun? fragte ich: Was Sie wollen; antwortete er. Er besann sich indessen doch etwas; man trug eben das Essen auf. Er fragte mich, ob ich mit essen wollte; und ich machte natürlich gar keine Umstände, weil ich ziemlich hungrig war. Wir setzten uns also, und über Tische ward mein Wirt etwas freundlicher. Mein Maulesel mit dem Führer wurde nach dem nächsten Orte Nikolosi geschickt und mir Quartier und Pflege gesichert. Man meldete, daß eine fremde sehr vornehme Gesellschaft ankommen würde, die auch auf den

Berg steigen wollte: das war mir lieb. Wir aßen dreierlei
Fische. Denke Dir, ein Laienbruder der Benediktiner in der
höchsten Wohnung am Aetna zur Fasten dreierlei Fische!
Denn über diesem Kloster sind nur noch einige Häuser links
hinüber, und weiter nichts mehr in der Waldregion bis hinauf an die alte Geißhöhle. Ich spreche von dieser Seite; die
andern Pfade kenne ich nicht. Es kam ein anderer Herr, der
uns trinken half. Dieser schien ein etwas besseres Stück von
Geistlichen zu sein. Mein Wirt zog den Brief aus der Tasche
und ließ ihn den andern vorlesen: da ergab sich mir denn
erst, daß der Herr Laienbruder wohl gar nicht lesen konnte.
Der Brief lautete ungefähr, daß der Pater Sekretär ihn im
Namen und auf Befehl des Abtes schreibe, dem deutschen
reisenden Herrn, der von dem Minister sehr empfohlen
wäre, nach Würden bestens zu bewirten. Von meiner Entfernung war nun gar nicht mehr die Rede. Der Bruder ward
gesprächiger und erzählte mir seine Reisen und seine
Schicksale, und daß ihn der Papst kenne. Bald kam er auf
meine Ketzerei und segnete sich. Er ließ sich mein Seelen-
heil und meine Bekehrung noch etwas angelegener sein, als
der palermitanische Steuerrevisor in Agrigent, fand mich
aber ganz refraktarisch: er mußte mich also mit seinem besten Futter in die Hölle gehen lassen. Der vornehmste
Grund, den er brauchte, mich zum Christen zu machen, war:
Ich hätte doch einen sehr gefährlichen Weg vor mir, es seien
auf dem Berge schon viele umgekommen; nun könnte ich,
wenn ich auch tot gefunden würde, nicht einmal christlich
begraben werden. Das war nun freilich ein triftiges Argu-
ment; denn bei diesen Herren ist kein Akatholikus ein
Christ. Ich sagte ihm so sanft als möglich die Anekdote des
Diogenes, der sich im ähnlichen Falle ausbat, man möchte
ihm nach dem Tode nur einen Stock hinlegen, damit er die
Hunde wegjagen könnte. Der Mann schüttelte den Kopf
und – trank sein Glas. Nun wurde mir ein Führer bestellt,
der teuer genug war, und auf alle Fälle alles in Ordnung
gesetzt, wenn auch die Gesellschaft nicht kommen sollte.
Eben als die Einrichtung getroffen worden war, wurde ge-

13 Die Ziegenhöhle am Ätna.
Zeichnung des mit Seume befreundeten Livländers
Carl Gotthard Graß, 1815

meldet, daß die Engländer nicht kommen würden, sondern in Nikolosi blieben. Darüber war der Mann Gottes sehr ergrimmt und betete etwas unsanft, wie Elisa der Bärenprophet, über einige seiner Feinde unten in Katanien und oben in Nikolosi. Ich machte eine Ausflucht gegen über auf die *Monti rossi,* die sich bei der letzten großen Eruption gebildet haben, vermutlich von der Farbe den Namen tragen und von ihren Gipfeln eine herrliche Aussicht geben. Man hat eine starke Viertelstunde nötig sie zu ersteigen, und von ihnen sieht man noch jetzt den ganzen ungeheuern Lavastrom der hier ausbrach, alles umwälzte und zernichtete, einen großen Teil der Stadt zerstörte und tief hinter derselben sich als eine hohe Felsenwand in der See stemmte. Ich weiß wohl, daß Stollberg anderer Meinung ist; aber ich habe es hier so von vielen Einwohnern gehört, unter denen auch manche ziemlich unterrichtete Männer waren. Als ich herunterstieg, begegnete ich zwei Engländern von der Partie aus Nikolosi, die den nehmlichen Spaziergang hierher gemacht hatten. Ihrer waren fünfe, lauter Offiziere von der Garnison aus Malta, die von Neapel kamen und unterwegs den Berg mit sehen wollten; ein Major, ein Hauptmann und drei Lieutenants. Sie freuten sich noch einen zur Partie zu bekommen, und ich holte flugs meinen Sack vom Mönche und zog herunter zu den Engländern ins Wirtshaus nach Nikolosi, wo schon vorher mein Führer einquartiert war. Der Mönch machte ein finsteres Gesicht, murrte etwas durch die Zähne, vermutlich einige Flüche über uns Ketzer alle: ich dankte und ging.

Hier trieben wir nun, die fünf Briten und Dein Freund, unser Wesen sehr erbaulich. Die Engländer hatten den Wirt vom goldenen Löwen aus Katanien mitgebracht; ich trat zur Gesellschaft, man schaffte mir ein Bett so gut als möglich, und wir legten uns nieder und schliefen nicht viel. Die Herren erzählten ihre Abenteuer, militärische und galante, von der Themse und vom Nil; und bald traf die Kritik einen General, bald ein Mädchen. Vorzüglich war der Gegenstand ihrer Reminiszenzen eine gewisse originelle Trompetersfrau,

die sie nach allen kernigen Prädikamenten zur Königin ihres
Lagers in Ägypten erhoben. Gegen Mitternacht kamen die
Führer, und nun setzte sich die ganze Karavane zu Maulesel;
sechs *Signori Forestieri*, zwei Führer mit Laternen und ein
Proviantträger. Es war, wenn ich nicht irre, den sechsten
April zu Mitternacht, oder den siebenten des Morgens. Den
vorigen Tag war es trübes Wetter gewesen, hatte den Abend
ziemlich stark geregnet, hellte sich aber auf, so wie wir aus
dem Wirtshause zogen. Wir gingen bei meinem Mönche in
Sankt *Nicolas del bosco ove della rena* vorbei. Es war frisch und
ward bald kalt, und dann sehr kalt. Wir trottierten und lärmten uns warm. Dann deklamierte der Major Grays Kirchhof,
dann sangen wir *God save the King*, und Händel, und *Britannia,
rule the waves*, und andere englisch-patriotische Sachen. Jeder
gab seinen Schnak. *We are already pretty high*, sagte der Eine: *it
is a bitter nipping cold*, der Andere, *Methinks, I hear the dogstar
bark, and Mars meets Venus in the dark*; fuhr ein Dritter fort. *Is
that not smoke there?* fragte ein subalterner Myops; *I believe I see
already old Nick smoking his pipe. But, my dear,* sagte der Major,
You are purblind upon your starboard eye; it is an oaktree. So war es;
das gab Gelächter, und wir ritten weiter. Bald kamen wir aus
der bebauten Region in die waldige, und gingen nun unter
den Eichen immer bergauf. Ungefähr um ein Uhr kamen wir
in der Gegend der Geißhöhle an, die aber jetzt außer Gebrauch kommt. Der Fürst von Paterno hat dort ein Haus
gebauet, wo die Fremden eintreten und sich bei einem Feuer
wärmen können. Das Haus ist schlecht genug, und ein deutscher Dorfschulze würde sich schämen, es nicht besser
gemacht zu haben. Indessen ist es doch besser als nichts,
und vermutlich bequemer als die Höhle. Hier blieben wir
eine kleine Halbestunde, bestiegen wieder unsere Maultiere
und ritten nunmehr aus der waldigen Region in den Schnee
hinein. Ungefähr eine Viertelstunde über dem Hause und
der Höhle hörte die Vegetation ganz auf und der Schnee fing
an hoch zu werden, der schon um das Haus her und hier und
da neu und alt lag. Wir mußten nun absteigen und unsere
Maultiere hier lassen. Der Schnee ward bald sehr hoch und

das Steigen sehr beschwerlich. Unsere Führer rieten uns nur
langsam zu gehen, und sie hatten Recht: aber die Herren
ruhten zu oft absatzweise, und darin hatten diese nicht
Recht. *Methinks I smell the morning air,* sagte der Major, und
fuhr ganz drollig fort, als ein junger Lieutenant durch den
hohlen Schnee auf ein Lavastück fiel und über den Fuß
klagte: *Alack, what dangers do inviron the man that meddles with
cold iron!* Die Kälte des Morgens ward schneidend und die
Engländer, die wohl in Ägypten und Malta eine solche Partie
nicht gemacht hatten, schüttelten sich wie die Matrosen.
Endlich erreichten wir den Steinhaufen des so genannten
Philosophenturms, und die Sonne tauchte eben glühend
über die Berge von Kalabrien herauf und vergoldete was wir
von der Meerenge sehen konnten, die ganze See und den
Taurus zu unsern Füßen. Ganz rein war die Luft nicht, aber
ohne Wolken; desto magischer war die Szene. Hinter uns lag
noch alles in Nacht, und vor uns tanzten hier und da Ne-
belgestalten auf dem Ozean. Wer kann hier beschreiben?
Nimm Deinen Benda, und laß auf silbernem Flügel dem
Mädchen auf Naxos die Sonne aufgehen: und wenn Du
nicht Etwas von unserm Vergnügen hast, so kann Dir kein
Gott helfen. So ging uns Titan auf; aber wir standen über
einem werdenden Gewitter: es konnte uns nicht erreichen.
Einer der Herren lief wehklagend und hoch aufschreiend
um die Trümmern herum; denn er hatte die Finger erfroren.
Wir halfen mit Schnee und rieben und wuschen und arbeiteten uns endlich zu dem Gipfel des Berges hinauf. Mir
deucht, man müßte bis zum Philosophenturm reiten können; bis dahin ist es nicht zu sehr jäh: aber die Kälte verbietet
es; wenigstens möchte ich eben deswegen ohne große Verwahrung nicht von der Kavalkade sein. Von hier aus kann
man nicht mehr gehen; man muß steigen, und zuweilen
klettern, und zuweilen klimmen. Es scheint nur noch eine
Viertelstunde bis zur höchsten Spitze zu sein, aber es ist
wohl noch ein Stückchen Arbeit. Die Britten letzten sich mit
Rum, und da ich von diesem Nektar nichts genießen kann,
aß ich von Zeit zu Zeit eine Apfelsine aus der Tasche. Sie

waren ziemlich gefroren; aber ich habe nie so etwas köstliches genossen. Als ich keine Apfelsinen mehr hatte, denn der Appetit war stark, stillte ich den Durst mit Schnee, arbeitete immer vorwärts, und war zur Ehre der deutschen Nation der Erste an dem obersten Felsenrande der großen ungeheuern Schlucht, in welcher der Krater liegt. Einer der Führer kam nach mir, dann der Major, dann der zweite Führer, dann die ganze kleine Karavane bis auf den Herrn mit den erfrorenen Fingern. Hier standen und saßen und lagen wir, halb in dem Qualm des aufsteigenden Rauchdampfes eingehüllt, und keiner sprach ein Wort, und jeder staunte in den furchtbaren Schlund hinab, aus welchem es in dunkeln und weißlichen Wolken dumpf und wütend herauftobte. – Endlich sagte der Major, indem er sich mit einem tiefen Atemzuge Luft machte. *Now it is indeed worth a young man's while to mount and see it; for such a sight is not to be met with in the parks of old England.* Mehr kannst Du von einem echten Britten nicht erwarten, dessen patriotische Seele ihren Gefährten mit Rostbeef und Porter ambrosisch bewirtet.

Die Schlucht, ungefähr eine kleine Stunde im Umfange, lag vor uns, wir standen alle auf einer ziemlich schmalen Felsenwand, und bückten uns über eine steile Kluft von vielleicht sechszig bis siebenzig Klaftern hinaus und in dieselbe hinein. Einige legten sich nieder, um sich auf der grausen Höhe vor Schwindel zu sichern. In dieser Schlucht lag tief der Krater, der seine Stürme aus dem Abgrunde nach der entgegengesetzten Seite hinüber warf. Der Wind kam von der Morgensonne und wir standen noch ziemlich sicher vor dem Dampfe; nur daß hier und da etwas durch die Felsenspalten heraufdrang. Rundherum ist keine Möglichkeit, vor den ungeheuern senkrechten Lavablöcken, bis hinunter ganz nahe an den Rand des eigentlichen Schlundes zu kommen. Bloß von der Seite von Taormina, wo eine sehr große Vertiefung ausgeht, muß man hineinsteigen können, wenn man Zeit und Mut genug hat, die Gefahr zu bestehen: denn eine kleine Veränderung des Windes kann tödlich werden, und man erstickt wie Plinius. Übrigens würde man wohl

unten am Rande weiter nichts sehen können. Hätte ich drei
Tage Zeit und einen entschlossenen, der Gegend ganz kundigen Führer, so wollte ich mir wohl die Ehre erwerben
unten gewesen zu sein, wenn es der Wind erlaubte. Man
müßte aber mit viel größerer Schwierigkeit von Taormina
hinaufsteigen.

Nachdem wir uns von unserm ersten Hinstaunen etwas
erholt hatten, sahen wir nun auch rund umher. Die Sonne
stand nicht mehr so tief, und es war auch auf der übrigen
Insel schon ziemlich hell. Wir sahen das ganze große, schöne, herrliche Eiland unter uns, vor uns liegen, wenigstens
den schönsten Teil desselben. Alles was um den Berg herum
liegt, das ganze Tal Enna, bis nach Palagonia und Lentini, mit
allen Städten und Flecken und Flüssen, war wie in magischen Duft gewebt. Vorzüglich reizend zog sich der Simäthus aus den Bergen durch die schöne Fläche lang hinab in
das Meer, und man übersah mit Einem Blick seinen ganzen
Lauf. Tiefer hin lag der See Lentini und glänzte wie ein
Zauberspiegel durch die elektrische Luft. Die Folge wird
zeigen, daß die Luft nicht sehr rein, aber vielleicht nur desto
schöner für unsern Morgen war. Man sah hinunter bis nach
Augusta und in die Gegend von Syrakus. Aber die Schwäche
meiner Augen und die Dünste des Himmels, der doch fast
unbewölkt war, hinderten mich weiter zu sehen. Messina
habe ich nicht gesehen: und mir deucht, man kann es auch
von hier nicht sehen: es liegt zu tief landeinwärts an der
Meerenge und die Berge müssen es decken. Palermo kann
man durchaus nicht sehen, sondern nur die Berge umher.
Von den Liparen sahen wir nur etwas durch die Wölkchen.
Nachdem wir rund umher genug hinabgeschaut hatten, und
das erste Staunen sich etwas zur Ruhe setzte, sagte der Major
nach englischer Sitte: *Now be sure, we needs must give a shout at
the top down the gulf;* und so stimmten wir denn drei Mal ein
mächtiges Freudengeschrei an, daß die Höhlen der furchtbaren Riesen widerhallten, und die Führer uns warnten, wir
möchten durch unsere Ruchlosigkeit nicht die Teufel unten
wecken. Sie nannten den Schlund nur mit etwas veränder-

tem Mythus: *la casa del diavolo* und das Echo in den Klüften *la sua riposta*.

Der Umfang des kleinen tief unten liegenden Kessels mag ungefähr eine kleine Viertelstunde sein. Es kochte und brauste; und wütete und tobte und stürmte unaufhörlich aus ihm herauf. Einen zweiten Krater habe ich nicht gesehen; der dicke Rauch müßte vielleicht ganz seinen Eingang decken, oder dieser zweite Schlund müßte auf der andern Seite der Felsen liegen, zu der wir wegen des Windes, der den Dampf dorthin trieb, nicht kommen konnten. Auch hier waren wir nicht ganz von Rauche frei; die rote Uniform der Engländer mit den goldenen Achselbändern war ganz schwarzgrau geworden; mein blauer Rock hatte seine Farbe nicht merklich geändert.

Ich hatte mich bisher im Aufsteigen immer mit Schnee gelabt; aber hier am Rande auf der Spitze war er bitter salzig und konnte nicht genossen werden. Nicht weit vom Rande lag ein Auswurf von verschiedenen Farben, den ich für toten Schwefel hielt. Er war heiß und wir konnten unsere Füße darin wärmen. Wir setzten uns an eine Felsenwand, und sahen auf die zauberische Gegend unter uns, vorzüglich nach Katanien und Paterno hinab. Die *Monti rossi* bei Nikolosi glichen fast Maulwurfshügeln, und die ganze große ausgestorbene Familie des alten lebendigen Vaters lag rund umher. Nur er selbst wirkte mit ewigem Feuer in furchtbarer Jugendkraft. Welche ungeheure Werkstatt muß er haben! Der letzte große Ausbruch war fast drei deutsche Meilen vom Gipfel hinab bei Nikolosi. Wenn er wieder durchbrechen sollte, fürchte ich für die Seite von Taormina, wo nun die Erdschicht am dünnsten zu sein scheint. Die Luft war trotz dem Feuer des Vulkans und der Sonne doch sehr kalt, und wir stiegen wieder herab. Unser Herabsteigen war vielleicht noch belohnender als der Aufenthalt auf dem obersten Gipfel. Bis zum Philosophenturm war viel Behutsamkeit nötig. Hier war nun der Proviantträger angekommen, und wir hielten unser Frühstück. Die Engländer griffen zur Rumflasche, und ich hielt mich zum gebratenen Huhn und

dann zum Schnee. Brot und Braten waren ziemlich hart
gefroren, aber der heiße Hunger taute es bald auf. Indem wir
aßen, genossen wir das schönste Schauspiel, das vielleicht
das Auge des Menschen genießen kann. Der Himmel war
fast ganz hell, und nur hinter uns über dem Simäthus hingen
einige kleine lichte Wölkchen. Die Sonne stand schon ziemlich hoch an der Küste Kalabriens; die See war glänzend. Da
zeigten sich zuerst hier und da einige kleine Fleckchen auf
dem Meere links vor Taormina, die fast wie Inselchen aus-
sahen. Unsere Führer sagten uns sogleich was folgen würde.
Die Flecken wurden zusehens größer, bildeten flockige Ne-
belwolken und breiteten sich aus und flossen zusammen.
Keine morganische Fee kann eine solche Farbenglut und
solchen Wechsel haben, als die Nebel von Moment zu Moment annahmen. Es schoß in die Höhe und glich einem
Walde mit den dichtesten Bäumen von den sonderbarsten
Gestalten, war hier gedrängter und dunkler, dort dünner und
heller, und die Sonne schien in einem noch ziemlich kleinen
Winkel auf das Gewebe hinab, das schnell die ganze nördliche Küste deckte und das wir hier tief unter uns sahen. Der
Glutstrom fing an die Schluchten der Berge zu füllen, und
hinter uns lag das Tal Enna mit seiner ganzen Schönheit in
einem unnennbaren Halblichte, so daß wir nur noch den See
von Lentini als ein helles Fleckchen sahen. Dieses alles und
die Bildung des himmlischen Gemäldes an der Nordostsei-
te, war das Werk einer kleinen Viertelstunde. Ich werde eine
so geschmückte Szene wahrscheinlich in meinem Leben
nicht wieder sehen. Sie ist nur hier zu treffen, und auch hier
sehr selten; die Führer priesen uns und sogar sich selbst
deswegen glücklich. Wir brachen auf, um, wo möglich, unten dem Regen zu entgehen: in einigen Minuten sahen wir
nichts mehr von dem Gipfel des Berges; alles war in undurchdringlichen Nebel gehüllt, und wir selbst schossen auf
der Bahn, die wir im Hinaufsteigen langsam gemacht hatten,
pfeilschnell herab. Ohne den Schnee hätten wir es nicht so
sicher gekonnt. Nach einer halben Stunde hatten wir die
Blitze links, immer noch unter uns. Der Nebel hellte sich

wieder auf, oder vielmehr wir traten aus demselben heraus,
das Gewitter zog neben uns her nach Katanien zu, und wir
kamen in weniger als der Hälfte Zeit wieder in das Haus am
Ende der Waldregion, wo wir uns an das Feuer setzten;
nehmlich diejenigen, die es wagen durften. Die Engländer
hatten zu dieser Bergreise eine eigene Vorkehrung getroffen.
Weiß der Himmel, wer sie ihnen mochte geraten haben: die
meinige war besser. Sie kamen in Nikolosi in Stiefeln an,
setzten sich aber dort in Schuhe, und über diese Schuhe
zogen sie die dicksten wollenen Strümpfe, die man sich denken kann, und die sie sogar, wie sie mir sagten, schon in
Holland zu diesem Behufe gekauft hatten. Der Aufzug ließ
sonderbar genug; sie sahen mit den großen Aetnastöcken
von unten auf alle ziemlich aus, wie samogetische Bären-
führer. Ich ging in meinem gewöhnlichen Reisezeug, mit
gewöhnlichen baumwollenen Strümpfen in meinen festen
Stiefeln. Schon hinaufwärts waren einige holländische
Strümpfe zerrissen; herabwärts ging es über die Schuhe und
die Unterstrümpfe. Einige liefen auf den Zehen, die sie denn
natürlich erfroren hatten. Meine Warnung, langsam und fest
ohne abzusetzen fortzugehen, hatte nichts geholfen. Mir
fehlte nicht das Geringste. Vorzüglich hatte Einer der jungen Herren die Unvorsichtigkeit gehabt, sich mit warmem
Wasser zu waschen und an das Feuer zu setzen. In einigen
Minuten jauchzte er vor Schmerz, wie Homers verwundeter
Kriegsgott, und hat den Denkzettel mitgenommen. Vermutlich wird er in Katanien oder noch in Malta zu kurieren
haben. Du kannst sehen, welcher auffallende Kontrast hier
in einer kleinen Entfernung in der Gegend ist; unten bei
Katanien raufte man reifen Flachs, und die Gerste stand
hoch in Ähren; und hier oben erfror man Hände und Füße.
Nun ritten wir noch immer mit dem Gewitter durch die
Waldregion nach Nikolosi hinab, wo wir eine herrliche
Mahlzeit fanden, die der Wirt aus dem goldenen Löwen in
Katanien kontraktmäßig angeschafft hatte. Wir nahmen Abschied; die Engländer ritten zurück nach Katanien, und ich
meines Weges hierher nach Taormina.

Es ist vielleicht in ganz Europa keine Gegend mit so
vielfältigen Schönheiten, als die Umgebung dieses Berges.
Seine Höhe kann ich nicht bestimmen. In einem geographi-
schen Verzeichnis wurde er hier beträchtlich höher angege-
ben, als die höchsten Alpen: das mögen die Italiäner mit den
mathematischen Geographen ausmachen. Der Professor
Gambino aus Katanien will diesen August mit einer Gesellschaft hinauf gehen, um oben noch mehrere Beobachtungen anzustellen. Man hat in der Insel das Sprichwort vom
Aetna: *On le voit toujours le chapeau blanc et la pipe à la bouche.* –
Der Schnee soll nie ganz schmelzen; das ist in einem so sehr
südlichen Klima viel. Man nennt ihn in Sicilien meistens, wie
bekannt, nur *Monte Gibello:* aber man nennt ihn auch noch
sehr oft Aetna, oder den Berg von Sicilien oder geradezu
vorzugsweise den Berg. Die letzte Benennung habe ich am
häufigsten und zwar auch unten an der südlichen Küste
gefunden. Mir scheint es überhaupt, daß man jetzt anfängt,
die alten Namen wieder hervorzusuchen und zu gebrauchen. So habe ich auch den Fluß unten nie anders als
Simäthus nennen hören.

Bis an das Bergkloster der Benediktiner ist der Aetna von
dieser Seite bebaut, und ziemlich gut bebaut; weiter hinauf
ist Wald und fast von lauter Eichen, die jetzt noch alle kahl
standen; und nicht weit von der Geißhöhle oder dem jetzigen Hause von Paterno hört die Vegetation ganz auf. Wir
fanden von dort an bis zum Gipfel hohen Schnee. Die bebaute Region gibt eine Abwechselung, die man vielleicht
selten mehr auf dem Erdboden findet. Unten reifen im lieblichsten Gemische die meisten Früchte des wärmern Erdstrichs; alle Orangengeschlechter wachsen und blühen in
goldenem Glanze. Weiter hinauf gedeiht die Granate, dann
der Ölbaum, dann die Feige, dann nur der Weinstock und die
Kastanie; und dann nur noch die ehrwürdige Eiche. Am
Fuße triffst Du alles dieses zusammen in schönen Gruppen,
und zuweilen Palmen dazu.

Auf meinem Wege nach Taormina zeigte mir mein Führer,
nur auf Einem Punkte, den alten, großen, berühmten Ka-

stanienbaum in der Ferne. Kaum kann ich sagen, daß ich ihn
gesehen habe; ich wollte ihm aber nicht einen Tag aufopfern.
Die Nacht mußte ich in einem kleinen elenden Dörfchen
bleiben. Der Weg nach Taormina gehört zu den schönsten,
besonders einige Millien vor der Stadt. Dieser Ort, welcher
ehemals unten lag und nun auf einem hohen Vorsprunge des
Taurus steht, hat die herrlichste Aussicht nach allen Seiten,
vorzüglich von dem alten Theater, einem der kühnsten Werke der Alten. Rechts ist das ewige Feuer des Aetna, links das
fabelhafte Ufer der Insel, und gegenüber sieht man weit weit
hinauf an den Küsten von Kalabrien. Höchst wahrscheinlich ist das Theater nur römisch; man hat es nach der
Zerstörung durch die Sarazenen so gut als möglich wieder
zusammengesetzt, scheint aber dabei nach sehr willkürli-
chen Konjekturen verfahren zu sein. Es ist bekanntlich
eines der erhaltensten, und alles was alt ist, ist sehr anschau-
lich, aber für das neue Flickwerk möchte ich nicht stehen:
und doch hat eben der schönste, prächtigste Teil am meisten
von den Barbaren gelitten. Das alte Schloß, welches noch
viel höher als die Stadt liegt, muß schwer zu nehmen sein.
Die Patronin, die heilige Mutter vom Felsen, müßte es also
ziemlich leicht sehr gut verteidigen, wenn ihre Kinder verständige und brave Kriegsleute wären. Nach Taormina hatte
ich eine Empfehlung von Katanien an den Kommandanten,
die einzige in Sicilien, welche schlecht honoriert wurde. Man
wies mich in ein Wirtshaus unten am Fuße des Berges, welches aber eine starke Stunde hinunter ist. Das konnte mir
mein Mauleseltreiber auch sagen; und hätte ich oben ein
Wirtshaus finden können, so wäre ich dem Herrn gar nicht
beschwerlich gefallen. Bei den Kapuzinern sprach ich gar
nicht ein, denn ihre Ungefälligkeit und ihr Schmutz waren
mir schon geschildert worden. Ich schickte hier meinen
Mauleseltreiber fort und wanderte wieder allein zu Fuße
weiter: denn an der See hinauf, dachte ich, kann ich nun
Messina nicht verfehlen. Ein alter Sergeant von Taormina,
der mir sehr freundlich den Cicerone machte, wollte mir
eine Ordre an den Kommandanten von Sankt Alexis, einen

14 Die Ruinen des Theaters von Taormina.
Studie von Achille-Etna Michallon, um 1821

unter ihm stehenden Korporal, mitgeben, daß er mir dort
das Schloß auf der Felsenspitze zeigen sollte: ich dankte ihm
aber mit der Entschuldigung, daß ich nicht Zeit haben würde. Der Weg hinauf und herab von Taormina ist etwas
halsbrechend, hat aber einige schöne, sehr gut bebaute
Schluchten. Mein Aufenthalt oben dauerte aus angeführten
Ursachen nur zwei kleine Stunden, bis ich das Theater gesehen, und Fische und Oliven mit dem Sergeanten gegessen
hatte. Der ehrliche alte Kerl wollte mich für die Kleinigkeit
durchaus noch einige Millien begleiten, damit ich den Weg
nicht verlieren möchte. Einen gar sonderbaren, langgezoge-
nen, tiefen, nicht unsonorischen Dialekt haben hier die
Leute. Auf die Frage, wie weit ich noch zum nächsten Orte
habe, erhielt ich die Antwort: *Saruhn incuhra; cinquuh migliah*;
welches jeder ohne Noten verstehen wird.

Diese Nacht blieb ich in einem kleinem Orte, der, glaube
ich, Giumarrinese hieß, und noch achtzehn Millien von
Messina entfernt ist. Ein Seebad nach einem ziemlich warmen Tage tat mir echt wohl; und die frischen Sardellen gleich
aus der See waren nachher ein ganz gutes Gericht. Man tut
sich hier darauf etwas zu gute und behauptet mit Recht, daß
man sie in Palermo nicht so schön haben kann. Einige Millien von Messina fand ich wieder Fuhrgleise, welches mir
eine wahre Wohltat war; denn seit Agrigent hatte ich keinen
Wagen gesehen. In Syrakus kann man nur eine Viertelstunde
an der See bis an ein Kloster vor der Stadt und bis in die
Gegend des Anapus fahren: und eine geistliche Sänfte, von
Mauleseln getragen, die ich in den Bergschluchten zwischen
Lentini und Augusta antraf, war alles, was ich einem Fuhrwerk ähnliches gefunden hatte.

Messina

In der langen Vorstadt von Messina traf ich einige sehr gut
gearbeitete Brunnen, mit pompösen lateinischen Inschriften, worin ein Brunnen mit Recht als eine große Wohltat
gepriesen wurde. Nur Schade, daß sie kein Wasser hatten.

Die Hafenseite ist noch eine furchtbare Trümmer, und doch
der einzige nahe Spaziergang für die Stadt. Noch der jetzige
Anblick zeigt, was das Ganze muß gewesen sein; und ich
glaube wirklich, die Messinesen haben Recht gehabt, wenn
sie sagten: es sei in der Welt nicht so etwas prächtiges mehr
gewesen, als ihre Façade an dem Hafen, die sie deswegen nur
vorzugsweise den Palast nannten, und ihn noch jetzt in den
Trümmern so nennen. Das Schicksal scheint hier eine
schreckliche Erinnerung an unsere Ohnmacht gegeben zu
haben: Das könnt ihr mit Macht und angestrengtem Fleiß in
Jahrhunderten; und das kann ich in einem Momente! Die
Monumente stürzten, und die ganze Felsenküste jenseits
und diesseits wurde zerrüttet! – Nur die Heiligennischen an
den Enden werden wieder aufgebauet und Bettelmönche
hineingesetzt, den geistlichen Tribut einzutreiben. Aufwärts
in der Stadt wird sehr lebhaft und sehr solid wieder aufgebauet. Die Häuser bekommen durchaus nicht mehr als zwei
Stockwerke, um bei künftigen Erderschütterungen nicht zu
sehr unter ihrer Last zu leiden. Das unterste Stockwerk hat
selbst in den furchtbaren Erdbeben überall nur wenig gelitten.

Messina ist reich an Statuen ihrer Könige, von denen
einige nicht schlecht sind. Ich habe stundenlang vor dem
Bilde Philipps des Zweiten gestanden, und die Geschichte
aus seinem Gesichte gesucht. Mir deucht, er trägt sie darauf;
und selbst Schiller scheint seinen Charakter desselben von
so einem Kopfe genommen zu haben. Die heilige Jungfrau
ist bekanntlich die vorzüglichste Patronin der Messinesen,
und Du kannst nicht glauben, wie fest und heilig sie noch auf
ihren Schutzbrief halten. Wenn sie hier nicht im Erdbeben
hilft, so wie Agatha in Katanien den Berg nicht zähmt, so
müssen freilich die Sünder gestraft werden. Ich hatte so
eben Gelegenheit, eine große feierliche Zeremonie ihr zu
Ehren mit anzusehen. Die ganze Geistlichkeit mit einem
ziemlich ansehnlichen Gefolge vom weltlichen Arm hielt
das Palmenfest. Mich wundert nicht, daß die Palmen in Sicilien nicht besser fortkommen und immer seltener werden,

wenn man sie alle Jahre auf diese Art so gewissenlos plündert. Alles trug Palmenzweige, und wer keinen von den Bäumen mehr haben konnte, der hatte sich einen schnitzen und färben lassen. Der Aufzug wäre possierlich gewesen, wenn er nicht zu ernsthaft gewesen wäre. Ein Mönch predigte sodann in der Kathedralkirche eine halbe Stunde von der heiligen Jungfrau und ihrem gewaltigen Kredit im Himmel und ihrer besondern Gnade gegen die Stadt, und führte dafür Beweise an, über die selbst der echteste gläubigste Katholik hätte ausrufen mögen: *Credat Judaeus appella!* Sodann kam der Erzbischof in einem ungeheuern, alten, vergoldeten Staatswagen mit vier stattlichen Mauleseln, stieg aus und segnete das Volk, und es ging selig nach Hause. Die Kathedrale hat in ihrem Bau nichts merkwürdiges als die Säulen, die aus dem alten Neptunustempel am Pharus sind. Der große, prächtige Altar war verhängt; er gilt in ganz Sicilien für ein Wunder der Arbeit und des Reichtums. Man machte mir Hoffnung, daß ich ihn würde sehen können, und nahm es ziemlich übel, daß mir die Sache so gleichgültig schien.

Man sagt, die Hafenseite liegt deswegen noch so ganz in Trümmern, weil die Regierung sie durchaus eben so schön und ganz nach dem alten Plan aufgebauet wissen wolle, die Bürger aber sie nur mit dem übrigen gleich, zwei Stock hoch, aufzuführen gesonnen seien. Mir deucht, das Ganze, ob ich es gleich von sehr unterrichteten Leuten gehört habe, sei doch nur ein Gerücht: und wenn es wahr ist, so zeigt es den guten soliden Verstand der Bürger, und die Unkunde und Marotte der Regierung. Die Statue des jetzigen Königs, Ferdinand des Vierten, hat man noch 1792 mitten unter die Trümmern gesetzt. Wenn hier der gute Herr nicht seinen lethargischen Schnupfen verliert, so kann ihm kein Anticyra helfen. Was die Leute bei der Aufstellung der Statue eben hier mögen gedacht haben, ist mir unbegreiflich, da der König weder eine solche Ehre noch eine solche Verspottung verdient. Die Statue war auf alle Fälle hier das letzte, was man aufstellen sollte. In dem Hafen liegen eben jetzt vier

englische Fregatten, und es scheint, als ob die Britten über
die Insel Wache hielten, so bedenklich mag ihnen die Lage
derselben vorkommen. Es sind schöne, herrliche Schiffe,
und so oft ich etwas von der englischen Flotte gesehen habe,
habe ich unwillkürlich den übermütigen Insulanern ihr stol-
zes *Britannia rule the waves* verziehen; eben so wie dem Pariser
Didot sein *Excudebam*, wenn ich die Arbeit selbst betrachtete.

Von der Wasserseite möchte es immer etwas kosten, Messina anzugreifen: aber zu Lande von Skaletta her, würde man
so ziemlich gleich gegen gleich fechten, und der Ort würde
sich nicht halten. Ich war hier an einen Präpositus in einem
Kloster empfohlen, der viel Güte und Freundlichkeit, aber
ziemlich wenig Sinn für Aufklärung hatte, welches man dem
guten Mann in seiner Lage so übel nicht nehmen muß. Er
begleitete mich mit vieler Gefälligkeit überall hin, und wollte
mich in dem Kloster logieren; aber ich hatte schon in der
Stadt ein ziemlich gutes Wirtshaus. Die Kirche des heiligen
Gregorius auf einer ziemlichen Anhöhe ist reich an Fresko-
gemälden und Marmorarbeit: aber was mir wichtiger ist als
dieses, sie gibt von ihrer Façade links und rechts die schönste Aussicht über die Stadt und den Meerbusen; und mit
einem guten Glase muß man hier sehen können, was gegenüber am Ufer in Italien und in Rhegio auf den Gassen
geschieht. In dem Hause des Herrn Marini, eines Patriziers
der Stadt, steht als neuestes Altertum ein Stück einer alten
Säule mit Inschrift, das vor einiger Zeit gefunden worden
ist. Sie hat auf einem Brunnen gestanden, und man behauptet, ihre Inschrift sei griechisch; aber niemand ist da, der sie
erklären könnte. Ob ich gleich leidlich griechisch lese, so
konnte ich doch nicht einmal herausbringen, ob es nur griechische Lettern waren. Vielleicht ist es altes phönizisches
Griechisch, und in diesem Falle vielleicht eins der ältesten
Monumente. Schrift und Marmor haben sehr gelitten, da sie
so lange unter der Erde gelegen haben. Das Stück ist, so viel
ich weiß, noch nicht bekannt, und wird sorgfältig aufgehoben. Ich empfehle es Männern, die gelehrter sind als ich; da

es doch vielleicht für irgend einen Punkt der Geschichte nicht unwichtig ist.

Die Herren des Klosters luden mich ein zum Fasttage bei ihnen zu essen. Dieses ist die einzige Mahlzeit, die ich in Italien bei Italiänern genossen habe; und sie war stattlich. Von den übrigen Herren habe ich viel Höflichkeit erhalten, aber nichts zu essen. Das ist nun so die italiänische Weise, die ich weder loben noch tadeln will. Das Kloster bestand nur aus wenigen Geistlichen: der Laienbrüder, welche die Bedienten machten, waren mehr. Man gab mir den Ehrenplatz und war sehr artig und ich sollte daher wohl dankbar sein: aber erst für Humanität – *magis amica veritas*. Ich habe mir die Gerichte gemerkt, und muß sie Dir hier nennen, damit Du siehst, wie man an einem sicilischen Klostertische fastet. Zum Eingang kam eine Suppe mit jungen Erbsen und jungem Kohlrabi; sodann kamen Makkaronen mit Käse; sodann eine Pastete von Sardellen, Oliven, Kapern und starken aromatischen Kräutern; ferner ein Kompott von Oliven, Limonen und Gewürz; ferner einige große herrliche goldgelbe Fische aus der See, die ich für die beste Art von Börsen hielt; weiter hochgewürzte vortreffliche Artischokken: das Dessert bestand aus Lattichsalat, den schönsten jungen Fenchelstauden, Käse, Kastanien und Nüssen: alles, und vorzüglich das Brot, war von der besten Qualität, und schon einzeln *quantum satis superque*. Vor allem habe ich die Kastanien nirgends so schön und so delikat gebraten gefunden. Nun frage ich Dich, heißt das nicht mit diesem Fasten einen ehrlichen Kerl mit aller Gewalt die Erbsünde in den Leib jagen? Bei dieser Diät muß man freilich orthodoxen Glauben gewinnen, der die Vernunft verachtet. Ich ging hinaus und lief einige Meilen am Strande herum, bis zur Charybdis hinunter; aber die frommen Gläubigen blieben zu Hause in der Gottseligkeit. Das nenne ich einen Fasttag: nun denke Dir den Festtag. Meine fußwandelnde Person war wohl nicht so wichtig, daß man deswegen eine Änderung in der Klosterregel sollte gemacht haben. Nun führte man mich oben in dem unausgebauten Kloster herum, und zeigte

mir die Anlagen und das Modell, das man dazu aus Rom
hatte kommen lassen. Ich hoffe vom Himmel zum Heil der
Menschheit, die Sottise soll nicht fertig werden. Ob so etwas
auf meiner Nase mag gesessen haben, weiß ich nicht; die
Herren zeigten mir nichts mehr von ihren übrigen Herrlichkeiten. Hier las man mir ein Manuskript von einem Abt
Sacchio vor, das eine Beschreibung und Geschichte der
Stadt Messina enthielt und das man sehr hoch schätzte; aber
nach dem zu urteilen, was davon gelesen wurde, brauchen
wir es nicht zu bedauern, daß der Schatz im Kloster liegt; die
Abhandlung scheint bloß für Mönche pragmatisch.

Die Festung zu sehen, muß man Erlaubnis haben, welches etwas schwer hält. Ich bemühte mich nicht darum, da
ich schon so viel aus der Anlage sah, daß man mit zwei
tausend braven Grenadieren ohne Erlaubnis hineingehen
könnte. Alles ist nur auf einen Angriff zu Wasser berechnet.
Der Hafen hier und in Palermo sind noch die einzigen Örter,
wo ich in Sicilien einige artige Weibergestalten gesehen habe.
Anderwärts, und vorzüglich in Agrigent und Syrakus, war
ich mit meinen griechischen Idealen aus dem Theokrit traurig durchgefallen. Der Hafen ist auch hier und in Palermo
die einzige Promenade, und für den Menschen, der Menschen studieren will, gewiß eine der wichtigsten; so bunt und
kraus sind die Gestalten vieler Nationen durch einander
gruppiert. Schon in der Stadt selbst wohnt eine große Verschiedenheit, und der Fremden sind eine Menge. Einen der
schönsten Augenblicke hatte ich gestern Abends, bei dem
ich als Mensch über die Menschen mich fast der Freuden-
tränen nicht enthalten konnte. Ein fremdes Schiff kam aus
dem mittelländischen Meer die Meerenge herab. Ich weiß
nicht, ob es durch Sturm oder irgend einen andern Unfall
gelitten hatte; es war in Gefahr und tat Notschüsse. Du
hättest sehen sollen, mit welchem göttlichen Enthusiasmus
fast übermenschlicher Kraft zwanzig Boote von verschiedenen Völkern durch die Wogen auf die Höhe hinausarbei-
teten, um die Leidenden zu retten. Italiäner, Franzosen,
Engländer, Griechen und Türken wetteiferten in dem

schönsten Kampfe: sie waren glücklich und brachten alles
ohne Verlust in den Hafen. In diesem Momente ärgerte ich
mich fast, daß ich nicht reich war, hier den Rettern ein
menschliches Fest zu geben: aber ein zweiter Augenblick
gab mir Besinnung; das Fest war so schöner. Das brave
bunte Gewimmel war mehr belohnt durch die Tat; und ich
war sehr glücklich, daß ich sie gesehen hatte. Als ich zu-
rückging, wurde ich an einer Heiligennische *per la santa
vergine* um ein Almosen gebeten; ich sah den Mann for-
schend an und er fuhr fort: *Date nella vostra idea, date pure; sara
bene impiegato.* Der Mensch verstand wenigstens den Menschen, wenn er ihn auch betrügen sollte: ich gab.

Palermo

Hier bin ich nun wieder von der Runde zurück. Der letzte
Zug von Messina hierher war der beschwerlichste, aber er
hat auch viel belohnendes. Die Berge waren mir gar fürchterlich beschrieben worden; ich mietete mir also einen
Maulesel mit seinem Führer und setzte ruhig aus. Beschäftigt mit den alten Messeniern, der eisernen Tyrannei der
Spartaner, der mutigen Flucht der braven Männer nach Zan-
kle und allen ihren Schicksalen, Unglücksfällen, Ausartun-
gen und Erholungen, die Seele voll von diesen Gedanken
stieg ich neben meinem Maulesel den Berg herauf und blieb
oft stehen, einen Rückblick auf zwei so schöne Länder zugleich zu nehmen. Melazzo auf einer weitausgehenden
Landzunge macht von fern einen hübschen Anblick, und
das Land umher scheint nicht übel gebauet zu sein. Auch
diese Gegend hat viel im letzten Erdbeben gelitten. Unten
am Pelor sah ich zum ersten Mal wieder grüne vaterländische Eichen und die Nachtigallen schlugen wetteifernd aus
den Schluchten. Mir ward auf einmal so heimisch wohl dabei, daß ich hier hätte bleiben mögen. Es geht doch nichts
über einen deutschen Eichenwald. Bei Barcellona, wie man
mir den Ort nannte, sah ich das schönste Tal in ganz Sicilien;
und andere sind, deucht mir, schon vor mir dieser Meinung

gewesen. Es ist ein reizendes Gemische von Früchten aller
Art, Orangen und Öl, Feigen und Wein, Bohnen und Weizen; und die anschließenden Berge sind nicht zu hoch und
zu rauh, sondern ihre Gipfel sind noch alle mit schöner
Waldung bekrönt. In Patti war kein Pferdestall zu finden: wir
ritten also von einem Ort zum andern immer weiter am Ufer
hin bis Mitternacht. Patti dankt, deucht mir, seinen Ur-
sprung, oder wenigstens seinen Namen, einem dort geschlossenen Vergleiche in den punischen Kriegen. Den Ort
meines Nachtlagers habe ich vergessen, aber die Art nicht.
Die See war furchtbar stürmisch, und es hatte entsetzlich
geregnet. Mit vieler Mühe konnten wir noch einige Fische
und Eier erhalten. Es hatten sich zwei Fremde zu mir gesellt,
die auch von Messina kamen und ins Land ritten. Wein war
genug da, aber kein Brot. Man gab mir aus Höflichkeit die
beste Schlafstelle: diese war auf einem steinernen Absatze
neben der Krippe; die andern Herren legten sich unten zu
den Schweinen. Mein Mauleseltreiber trug zärtliche Sorge
für mich und gab mir seine Kapuze: und man begriff überhaupt nicht, wie ich es habe wagen können ohne Kapuze zu
reisen. Diese sonderbare Art von schwarzbraunem Mantel
mit der spitzigen Kopfdecke ist in ganz Italien und vorzüglich in Sicilien ein Hauptkleidungsstück. Ich hatte ganz
Geschmack daran gewonnen; und wenn ich von dieser
Nacht urteilen soll, so habe ich Talent zum Kapuziner, denn
ich schlief sehr gut. Den ersten Tag machten wir funfzig
Millien.

In Sankt Agatha, einem Kloster von einer sehr angenehmen Lage, wollten wir die zweite Nacht bleiben: und dort
scheint kein übles Wirtshaus zu sein: aber es war noch zu
früh und wir ritten mehrere Millien weiter bis Aque Dolci,
wo der schöne Name das beste war, wie vor Agrigent in
Fontana Fredda. Hier waren Leute, wie die sikanischen Urbewohner der Insel, groß und stark und rauh und furchtbar;
und hier, glaube ich, war ich mit meiner Ketzerei wirklich in
einer etwas unangenehmen Lage. Ein Stück von Geistlichkeit hatte Lunte gerochen und nahm mich sehr in Anspruch,

und ich hielt ihn mir nur durch Latein vom Halse, vor dem er
sich zu fürchten schien. Anderwärts war der Bekehrungs-
eifer gutmütig und wohlwollend sanft; hier hatte er etwas
cyklopisches. Nicht weit von dem Ort ist oben in dem Felsen eine Höhle, die man mir sehr rühmte und in die man
mich mit Gewalt führen wollte. Es war aber zu spät und ich
hatte auch nicht recht Lust, mit solchen Physiognomien
allein in den polyphemischen Felsenhöhlen herumzukriechen. Ich war hier nicht in Adlersberg. Hier mußte ich für
ein Bett sechs Karlin bezahlen, und als ich bemerkte, daß ich
für Bett und Zimmer zusammen in Palermo nur drei bezahlte, sagte mir der Riese von Wirt ganz skoptisch: Freilich;
aber dafür sind Sie auch eben jetzt nicht in Palermo und
bekommen doch ein Bett. Der Grund war in Sicilien so
unrecht nicht.

Wir hatten schon, wie mir mein Führer sagte, mit Gefahr
einige Flüsse durchgesetzt. Nun kamen wir an einen, den sie
Santa Maria nannten. Es mußte oben flutend geregnet haben; denn die Waldströme waren füchterlich angeschwollen.
Dieses macht oft den Weg gefährlich, da keine Brücken sind.
Einer der Cyklopen, den man füglich für einen Polyphem
hätte nehmen können, so riesenhaft war er selbst und so
groß und zackig der wilde Stamm, den er als Stock führte,
machte die Gefahr noch größer. Die Gesellschaft hatte sich
gesammelt; keiner wollte es wagen zu reiten. Meinem Führer
war für sich, und noch mehr für seinen Maulesel bange. Es
war nichts. Die Insulaner sind an große Flüsse nicht gewöhnt. Man machte viele Kreuze und betete Stoßgebetchen
zu allen Heiligen, ehe man den Maulesel einen Fuß ins Wasser setzen ließ; und dankte dann vorzüglich der heiligen
Maria für die Errettung. An einem solchen Strome, wo ich
allein war, wollte mein Führer, ein Knabe von funfzehn
Jahren, durchaus umkehren und liegen bleiben, bis das Wasser von den Bergen abgelaufen wäre. Das hätte mich Piaster
gekostet und stand mir nicht an. Ich erklärte ihm also rein
heraus, ich würde reiten, er möchte machen was er wollte. In
der Angst für sein Tier und seine Seele schloß er sich auf der

Kruppe fest an mich an, zitterte und betete; und ich leitete
und schlug und spornte den Maulesel glücklich hinüber. Da
haben uns die lieben Heiligen gerettet, sagte er, als er am
andern Ufer wieder Luft schöpfte: und mein Stock und der
Maulesel, sagte ich. Der Bursche kreuzigte sich drei Mal
über meine Gottlosigkeit, faßte aber doch in Zukunft etwas
mehr Mut zu dem meinigen. Sodann blieben wir in einem
einzigen isolierten Hause vor einem Orte, dessen Namen
ich auch wieder vergessen habe. Ich hätte gelehrter sein
sollen, oder beständig einen Nomenklator bei mir haben.
Das Donnerwetter hatte mich diesen und den vorigen Tag
verfolgt; und es schneite und graupelte bis über einen Fuß
hoch. Die Waldströme waren wirklich sehr hinderlich und
vielleicht zuweilen gar gefährlich für Leute, die nicht an das
Element gewöhnt sind und nicht Mut haben. Einmal ver-
dankte ich aber dem großen Wasser eine schöne Szene. Der
Fluß war, nach der Meinung meines Begleiters, unten durchaus nicht zu passieren, und er ritt mit mir immer an demselben hinauf, wo er eine Brücke wußte. Der Weg war zwar
lang und ich ward etwas ungeduldig; aber ich kam in ein Tal,
das einen so schönen großen Orangenwald hielt, wie ich ihn
auf der ganzen Insel noch nicht gesehen hatte. Des Menschen Leidenschaft ist nun einmal seine Leidenschaft. Für
einige Kreuzer konnte mein Magen überall haben, so viel er
nur fassen konnte: aber meine Augen wollten noch zehren,
und diese brauchten mehr zur Sättigung, und ließen dann
gern alles hängen und liegen.

Endlich kamen wir in Cefalu an. Für große Schiffe ist hier
wohl kein Hafen zum Aufenthalt. Der Ort hat vermutlich
den Namen vom Berge, der einer der sonderbarsten ist. Wir
hatten bisher die liparischen Inseln immer rechts gehabt;
nun verschwanden sie nach und nach. Von Messina bis Cefalu ist es sehr wild; von hier an fängt die Kultur wieder an
etwas besser zu werden. Es kommen nun viele Reisfelder.
Bei Cefalu sah ich eine schöne, lange, hohe herrliche Ro-
senhecke, deren erste Knospen eben zahlreich üppig auf-
brachen. Diese Probe zeigte, was man hier schaffen könnte.

Ich hätte dem Pfleger die Hände küssen mögen; es waren die ersten, die ich in ganz Unteritalien und Sicilien sah. Die Leute sind schändliche Verräter an der schönen Natur.

In Termini erholte ich mich; hier findet man wieder etwas Menschlichkeit und Bequemlichkeit. Meine Wirtin war eine alte freundliche Frau, die alles mögliche tat mich zufrieden zu stellen, welches bei mir sehr leicht ist. Sie examinierte mich teilnehmend über alles; nur nicht über meine Religion, ein seltener Fall in Sicilien; stellte mir vor, was meine Mutter jetzt meinetwegen für Unruhe haben müßte, und riet mir ernstlich nach Hause zu eilen; sie hätte auch einen Sohn auf dem festen Lande, den sie zurück erwartete. Wenn ihre Teilnahme und Pflege auch sehr mütterlich war, so war indessen doch ihre Rechnung etwas stiefmütterlich.

Als ich in einer melancholisch ruhigen Stimmung über Vergangenheit und Gegenwart hing und mit meinem Mäoniden in der Hand aus dem Garten auf den Himerafluß hinabschaute, ward unwillkürlich eine Elegie in meiner Seele lebendig. Es war mir, als ob ich die Göttin der Insel mit noch mehr Schmerz als über ihre geliebte Tochter am Anapus klagen hörte, und ich gebe Dir ohne weitere Bemerkung, was aus ihrer Seele an die meinige herüber hallte.

TRAUER DER CERES.

Meine Wiege, Du liebliches Eiland, wie bist Du verödet,
Ach wie bist Du verödet, Du herrlicher Garten der Erde,
Wo die Götter bei Sterblichen einst den Olympus vergaßen!
Zeus Kronion, Du Retter, rette Trinakriens Schöne,
Daß sie nicht endlich ganz mit der letzten Trümmer
                                        vergehe!
Glühend rinnt mir die Träne, wie sie Unsterblichen rinnet,
Rinnt mir schmerzlich die Träne, vom Auge beim Jammer
                                        des Anblicks.
Wo, wo sind sie, die Kinder, die fröhlichen, seligen Kinder
Meiner Liebe, die einst mit Tethrippen die Wege befuhren,

Wo jetzt kaum ein ärmlicher Bastard des Langohrs hinzieht?
Ach wo find' ich die Männer von Akragas von Syrakusä,
Von Selinunt, die stolzen Söhne der stolzeren Väter?
Die mit Reichtum und Macht die hohe Karthago bedrohten,
Und die höhere Rom? Wo find' ich die Reihen der Jungfraun,
Die die heiligen Züge mir führten in bräutlichem Glanze,
Daß die Olympier selbst mit Neid und Scheelsucht
                                                herabsahn?
Scharen von Glücklichen drängten sich einst aus
                                      marmornen Toren,
Durch die schattigen Haine der Götter, zu Traubengebirgen,
Durch die reichen Gefilde, die ich mit Garben bedeckte.
Eherne Krieger zogen zum Streit, dem Stolze des
                                            Fremdlings
Furcht und Verderben; es hallte von Felsen zu Felsen
                                    das Schlachtwort,
Für die Sache der Freiheit und für des Vaterlands Sache.
Leben und Freude atmeten hoch vom Aetna zum Eryx,
Vom Simäthus, dem Herdenernährer, zum fetten Anapus.
Zeus Kronion, wenn ich mit Stolz die Gesegneten sahe,
War ich die reichste Mutter und fühlte doppelt die Gottheit.
Ach wie bist Du gefallen, mein Liebling, wie bist Du
                                            gefallen,
Tief in Jammer und Armut, Zerstörung und furchtbares
                                            Elend!
Deine Städte, mein Stolz, sie liegen in Trümmern am Meere,
Ihre Tempel verwüstet und ihre Odeen zerstöret,
Ihre Mauern verschüttet und ihre Wege verschwunden.
Im Gefühl des unendlichen Werts des Menschen-
                                          geschlechtes
Schritten erhabene Söhne der götterbefreundeten Hellas
Mächtig durch die Gebirge, und schufen den Felsen zum
                                            Tanzsaal
Gegenüber des Aetna ewigem Feuerhaupte.
Jetzt durchwandelt die Tale der Jammer des bettelnden
                                            Volkes,
Einsam, scheu, mit Hunger im bleichen gesunkenen Auge,

Nur mit schmutzigen Lumpen die zitternde Blöße
                                        behangen;
Und im Antlitz furcht noch die Wut des heiligen Unsinns.
Hymnen ertöneten einst den Göttern in glücklichen Chören
Durch die Städte der Insel; melodisch pflügte der
                                        Landmann,
Schnitt der Winzer und zog die Netze der freundliche
                                        Fischer.
Finster lauscht jetzt Mißtraun tief in den Furchen der Stirne;
Stumm und einsam schleicht es daher, und tönet die Seele
Unwillkürlich einen Gesang, so klingt er wie Todesangst.
Gastlich empfingen den Fremdling einst Siciliens Küsten,
Und er wandelte froh, wie in den Fluren der Heimat.
Wildnis starret nunmehr dem kühnen Pilger entgegen,
Und mit der Miene der Mordlust ziehen die Räuber am Ufer.
Wie einst vor den unwirtlichen Zeiten der alten Cyklopen,
Trägt das Land den Anblick der wildesten Höhlenbewohner;
Als besäß es noch nicht mein herrliches Ährengebinde,
Nicht den friedlichen Ölbaum, nicht die erfreuliche Traube;
Und noch nicht der Hesperiden goldene Früchte,
Zeus Kronion, Du Retter, rette Trinakriens Schöne,
Daß sie nicht endlich ganz mit der letzten Trümmer vergehe.

Von Termini aus kann der König wieder fahren. Indessen
hätte der Minister, der den Weg gebauet hat, ihn mit weniger
Kosten vermutlich besser und dauerhafter machen können.
Die Wasserableitung ist nicht sonderlich beachtet. In der
Bagaria sah ich von außen noch einige sublime Grotesken
des sublim grotesken Fürsten von Palagonia, die nun nach
seinem Tode nach und nach alle weggeschafft werden. Ich
hatte weder Zeit noch Lust das innere Heiligtum der Ungeheuer zu sehen. Wenn indessen seine drollige Durchlaucht
nur etwas zur Verschönerung der Gegend umher beigetragen hat, so will ich ihm die Mißhandlung der Mythologie, der
ich übrigens selbst nicht außerordentlich hold bin, sehr gern
verzeihen. Die ganze Gegend um die Stadt, vorzüglich nach
Palermo hin, ist die bebauteste und ordentlichste, die man in

Sicilien sehen kann, wenn es gleich keine der schönsten und
reichsten ist.

Mir ward es wirklich recht wohl, als ich wieder in die
Nachbarschaft von Palermo kam, wo ich mich nun schon als
etwas heimisch betrachtete. Mein Einzug in die Residenz
war, als ob ich ihn noch bei dem hochseligen Fürsten von
Palagonia bestellt hätte. Es holte uns eine Sänfte irgend
eines Bischofs ein, vermutlich des Bischofs von Cefalu. Sie
war sehr charakteristisch überall mit Schellen behangen, und
wurde, nach der Gewohnheit des Landes, von zweien der
stärksten Maulesel getragen, die von einigen reitenden Bedienten geführt wurden. Die Sänfte war ziemlich geräumig
und mochte bequem Platz haben für den Bischof und seine
Nichte; denn ich habe es in Sicilien durchaus gemerkt, daß
die vornehmen Geistlichen viel auf Nichten halten. Ein alter, dicker, satirischer Eseltreiber setzte sich gravitätisch
hinein, und fing an barock daraus zu diakonieren und mit
großen Grimassen den Segen zu spenden. Die Schellen
klangen, er nickte und schnitt ein Bocksgesicht, und die
Karavane lachte über die Posse, bis die Nähe der Stadt der
Profanation ein Ende machte. Nun zog die ganze originelle
Kavalkade hinter mir mit Schellengeläute in Palermo zum
Seetor ein. In Leipzig hätte ich damit ein Schauspiel für ein
Quartier der Stadt machen können; in Palermo lachten bloß
zwei Visitatoren.

Palermo, auf dem Paketboote
Mein alter Wirt hier schickte mich zu einem neuen, seinem
Freunde, weil sein Haus voll war. Ich war hier eben so gut
wie dort, und noch etwas billiger; und hatte überdies die
Aussicht auf den Hafen. Nun habe ich wieder meinen Rei-
segefährten von Seehund, welcher den Maro mit einigen
andern Kameraden hält. Die Zeit wird mir aber so wenig
lang, daß ich nur selten die alten Knaster aus dem Felle
nehme.

Vor einigen Tagen war hier Osterjahrmarkt am Hafen, auf

welchen die Palermitaner etwas zu halten scheinen, wo aber
außer einigen Quinquaillerien nicht viel zu haben ist. Man
hat wenigstens dabei die Gelegenheit, fast die ganze galante
Welt von Palermo spazieren gehen und fahren zu sehen.
Man sieht hier mehr schöne Wagen als in Messina, ob dort
gleich im Allgemeinen mehr Wohlstand zu sein scheint. Es
herrscht hier, wie fast an allen Höfen, Verschwendung und
Armut. In Messina ist man in Gefahr von den Wagen etwas
gerädert zu werden; aber hier hat man für die Fußgänger am
Strande eigene Wege gemacht, die für schön gelten. Du
magst darüber Herrn Hager lesen; ich kann Dir nicht alles
erzählen. Noch einmal habe ich die Promenade auf den
Monte Pellegrino gemacht, als ob ich auch ein heiliger Pilger
wäre. Mich lockte bloß die Aussicht, wie wohl auch die
meisten andern Pilger bloß irgendeine Aussicht locken mag.
Das Wetter war mir wieder nicht günstig; ich ließ mich indessen nicht abhalten, und stieg bis ziemlich auf den höchsten Gipfel des Felsenbergs hinauf. Wo das Kloster steht, ist
ein Absatz von etwas fruchtbarem Erdreich, das noch sehr
gutes Getreide hält. Ich ging hinaus bis an die äußerste Spitze, wo eine Kapelle der heiligen Rosalia steht mit ihrem
Bilde, das füglich etwas besser sein sollte. Die Fremden aller
Länder hatten sich hier verewigt und mir wenig Platz gelassen. Alles war voll, und Stirn und Wange und Busen des
heiligen Rosenmädchens waren beschrieben; es blieb mir
also nichts übrig als ihr meinen Namen auf die Nasenspitze
zu setzen. Vielleicht dachte jeder durch Aufsetzung seines
Namens das Gemälde zu verbessern; die Nasenspitze ist
wenigstens durch den meinigen nicht verdorben worden:
und dieses ist das einzige Mal, daß ich auf der ganzen Wandlung meinen Namen geschrieben habe, wenn mich nicht die
Polizei dazu nötigte.

Zwischen diesem isolierten Felsen und der höheren Bergkette liegt ein herrliches kleines Tal, das sich von der Stadt
immer enger bis an die See vorzieht. Es ist von der Natur
reichlich gesegnet, und der Fleiß könnte noch mehr gewinnen. Hier muß nach der Topographie das Städtchen Hyk-

kara gelegen haben, aus welchem Nicias die schöne Lais
holte und nach Griechenland brachte. Weiter hinaus suchte
ich mit meinen Hofmannischen Augen den Eryx bei Trapani, und knüpfte in vielen schnellen Übergängen Wieland,
Aristipp, und die erycinische Göttin zusammen. Weiß der
Himmel, wie ich in diesem Thema auf den Hudibras kam;
die Ideenverbindung mag wohl etwas schnell und gesetzlos
gewesen sein, und ich halte es nicht für wichtig genug sie
wieder aufzusuchen. Ich guckte also hin nach Trapani und
sang oder murmelte vielmehr nach einer beliebten Melodie
aus Mozarts Zauberflöte die schönen harmonischen Verse
von Butler, die ich immer für ein Meisterstück der Knittel-
rhythmik gehalten habe. Sie paßten vortrefflich zur Melodie
des Vogelfängers. Also ich brummte:

> So learned Taliacotius from
> The brawny part of porters bum
> Cut supplemental noses, which
> Would last as long as parent breech;
> And as the date of Knock was out,
> Off dropt the sympathetic snout.

Ich hatte in meinem musikalischen Enthusiasmus nicht auf
den Weg Achtung gegeben; und kaum hatte ich die letzte
Zeile gesungen und wollte die erste wieder anfangen, so fiel
ich auf die Nase, welches mir selbst auf dem Aetna nicht
begegnet war, wo doch die Landsleute Butlers in ihren
Strümpfen alle sehr oft zu Falle kamen. Hatte vielleicht die
Göttin von Amathunt und vom Eryx die Profanation rächen
wollen; die Nase blutete mir. Besser die Nase, als das Herz,
dachte ich. Auch dieses war mir wohl ehedem etwas enge
gewesen; jetzt war ihm längst wieder leicht. Ich hatte aus
Gewohnheit noch ein kleines, niedliches Madonnenbild-
chen an einer seidenen Schnur am Halse hangen, das mir oft
das Prädikat der Katholizität erworben hatte. Das Original
hatte mich königlich betrogen. Jetzt nahm ich es unwillkürlich von der linken Seite, nach welcher sich das Idolchen

immer neigte; schloß unwillkürlich das Glas auf, nahm das elfenbeinerne Täfelchen heraus und erschrak, als ich es heftig unwillkürlich in zehen Stücke zersplittert zwischen dem Daumen hielt. War das lauter Rache Rosaliens und der vom Eryx? Mögen sie sich an niemand bitterer rächen! Ich hielt die Trümmerchen in der Hand; Freund Schnorr mag verzeihen: er hatte mit Liebe an dem Bildchen gepinselt. Einige Minuten hielt mich Phantasus noch mit Wehmut am Original; ich saß auf einem Felsenstücke des Erkta, und sah es im Geist an der Spree im goldenen Wagen rollen. Rolle zu; und so flogen die Stücke mit der goldenen Einfassung den Abgrund hinunter. Ehemals wäre ich dem Bildchen nachgesprungen; noch jetzt dem Original. Aber ich stieg nun ruhiger den Schneckengang nach der Königsstadt hinab; die rötlichen Wölkchen vom Aetna her flockten lieblich mir vor den Augen. Ich vergaß das Gemälde; möge es dem Original wohl gehen!

Ich hatte mich bis tief in die Nacht verspätet, und wurde zu Hause gräßlich bewillkommt. Aber da muß ich Dir noch mehreres erzählen, ehe Du dieses gehörig verstehest. Du erinnerst Dich des guten Steuerrevisors, der sich in Agrigent meiner so freundschaftlich annahm, daß er mir fast die Menschheit streitig machte. Kaum hatte ich in meinem Wirtshause die erste Nacht ausgeschlafen, als mein Steuerrevisor zu mir hereintrat. Das tat mir nun recht wohl; denn wer freut sich nicht, daß sich jemand um ihn bekümmert? Er erzählte mir, er sei meinetwegen in großem Schrecken gewesen, als der Eseltreiber zurückgekommen, und habe geglaubt, ich werde nun sicher umkommen, da ich allein ohne Waffen in der Insel herumlaufe. Der Mauleseltreiberjunge, mein Begleiter, sagte er mir zum Trost, sei völlig von der Paste wieder genesen, und er habe die zwei Unzen bis auf den Abzug einiger Kleinigkeiten ihm wieder herausgeben müssen. Gut, dachte ich; also wieder zwei Unzen gerettet; ich kann sie brauchen. Sogleich nach seiner Ankunft in Palermo habe er sich nach meinem Wirtshause erkundigt und es bald erfahren. Nun sei er seit acht Tagen täglich da ge-

wesen, um nachzufragen. Heute früh habe er meine Ankunft erfahren und sei sogleich hierher zu mir geeilt. Nun
lud er mich ein, zu ihm in sein Haus zu ziehen. Das war mir
indessen nicht ganz recht; denn ich wäre lieber geblieben,
wo ich war. Aber der Mann bat so freundlich, war so besorgt
gewesen; ich packte also ein, und ließ hintragen. Er wohnte
vor dem Tore nach Montreale. Wir aßen, und seine Frau, eine
heiße zelotische nicht unfeine Sicilianerin, fing nun meine
Bekehrung an. Das Examen ging über Tische und zum Desert von Artikel zu Artikel, von dem Papste und den
Mönchen bis auf die unbefleckte Empfängnis. Das letzte
war das Allerheiligste, von dem ich nichts wußte. Die gute
Frau hätte, wie es schien, lieber ihre eigene Keuschheit in
Gefahr gesetzt, als das geringste von der Jungfernschaft Ma-
riens aufgegeben. Man sprach mit aller Wärme und Salbung,
mich zu überzeugen; aber vergebens. Man fing nun an mir
Aussichten zu eröffnen: ja, lieber Gott, wenn ich ein anderer
Kerl wäre, als ich bin, könnte ich im Vaterlande Aussichten
haben, wo man sie doch am liebsten hat. *Don Juan, fate vi
cristiano, et state qui in Sicilia. – Ma lo sono. – Ma non siete cattolico.
– Ma sono bene cosi; non si puo meglio.* Die Frau aß im Eifer
Bonbons, und trank Wein, und ward heftig; und da ich denn
trocken halsstarrig fort blieb, rief sie in heiliger Wut aus,
indem sie den Teller von sich stieß: *Ma voi altri voi siete tutti
baroni f-t-ti.* Über diese Naivität erschrak ich, und wäre jetzt
für zwei Unzen gern zurück in meinem Wirtshause gewesen.
Nach Tische ging ich zu Rosalien, wie ich Dir erzählte. Ich
glaubte das Haus meines neuen Wirts recht gut gemerkt zu
haben und irrte mich doch; ich kam in ein unrechtes. Nun
wollte ich eben fragen, wo hier Don Filippo wohne, als ein
Kerl *ladro, briccone, furfante* herausschrie und wütend mit dem
Messer auf mich zustürzte. Ich hob so schnell ich konnte die
Eisenzwinge meines Knotenstocks, flüchtete eben so
schnell zum Hause hinaus und eilte die finstere Gasse hinunter. Die Nachbarschaft geriet in Lärm: eine schöne Nachbarschaft, dachte ich, und ging in mein altes Gasthaus. Dort
war ich sehr willkommen. Ich hatte mich eben zu Bette

gelegt, als der Herr Steuerrevisor kam und mich aufsuchte. Er hatte den Lärm gehört und war meinetwegen in Todesangst. Ich erzählte ihm mein Abenteuer und sagte, daß ich in einer solchen Nachbarschaft nicht wohnen möchte; er ließ aber nicht nach, bis ich ihm versprach, morgen wieder zu ihm zu kommen; denn diesen Abend war ich nicht wieder aus dem Bette zu bringen. Den andern Morgen war er wieder sehr früh da und holte mich ab. Nun lebten wir leidlich ordentlich einige Tage, das Vorgefallne wurde bedauert und meine Ketzerei weiter nicht mehr als nur im Allgemeinen in Anspruch genommen. Aber wenn wir zuweilen zusammen ausgingen, welches der Herr sehr gut zu veranstalten wußte, hatte er immer etwas zu kaufen und kein Geld bei sich: ich war also ziemlich stark in Auslage und bezahlte jede Mahlzeit dadurch sehr teuer. Ich mußte Geld haben von dem Kaufmann, und er erbot sich sogar meine Geschäfte bei ihm zu machen, da ich doch der Sprache nicht recht mächtig wäre. Aber dazu war ich bei aller meiner indolenten Gutherzigkeit denn doch schon zu sehr gewitziget, dankte und verbat seine Mühwaltung, und holte meine Barschaft nicht eher als bis ich abreisen wollte. Er half mir zuletzt noch manches besorgen, und da er sich meinetwegen bei Nacht etwas enrhümiert hatte, mußte ich bei dem schlechten Wetter mit ihm doch wohl einen Wagen nehmen. Hier erzählte mir der Mann sehr naiv etwas näher seine Amtsbeschäftigungen. Wir müssen, sagte er, in der Insel herumreisen, die rückständigen Steuern einzutreiben, und im Namen des Königes den Leuten Kleider, Betten und das übrige Hausgeräte wegnehmen, wenn sie nicht zahlen können. Es packte mich bei diesen trockenen Worten eine Kälte, daß ich im Wagen meine Reisejacke dichter anzog und unwillkürlich nach meinem Halstuche griff. Die zwei Unzen wurden vergessen, und ich erinnerte nicht; ob ich sie gleich nun lieber dem Mauleseltreiber gelassen hätte, der so großen unglücklichen Appetit an der Paste hatte. Überdies war ich mit vielem in Auslage, und es war mir sehr lieb, als der Kapitain an Bord rufen ließ. Er begleitete mich bis ans Wasser im Wagen mit

seinen beiden kleinen Mädchen, die in der Tat allerliebst
niedliche Geschöpfchen waren. Beim Abschied in meiner
Kajüte bat er sich noch eine Unze zum Geschenk für diese
aus: ich ungalanter Kerl zog mürrisch die Börse und gab ihm
schweigend das Goldstück hin. Er hatte mir es sehr ver-
übelt, daß ich mir auf dem Paketboote ein Zimmer für mich
genommen und mich an die Tafel des Kapitains verdungen
hatte. Das war nach seiner Meinung Verschwendung, und
ich hätte für das Viertel der Summe mich lieber unter die
Takelage des Raums sollen werfen lassen. Ein erbaulicher
Wirt, der Herr Steuerrevisor! Der Wind blieb widrig, wir
fuhren nicht ab, und ich zog lieber wieder hinaus ins Wirtshaus: sogleich suchte er mich wieder auf und wollte mich
wieder zu sich haben. Der Mensch ward endlich unerträglich zudringlich und weggeworfen unverschämt, und ich
mußte noch bei einigen Partien für ihn bezahlen. Um mich
aber endlich recht bestimmt, nach der schicklichsten Weise
für ihn, zu benehmen, aß ich in einem Speisehause unbefangen mit großem Appetit ein Gericht nach dem andern,
ohne ihn einzuladen, oder für ihn zu bestellen. Nun wünschte er mir endlich gute Reise, und ich sah ihn nicht wieder,
den Herrn Steuerrevisor Don Filippo – – seinen Ge-
schlechtsnamen will ich vergessen. Sterzinger, mit dem ich
nachher noch sprach, kannte ihn und lachte. Er hatte in der
Welt mehrere gelehrte und merkantilische Metamorphosen
gemacht, bis er zu seiner jetzigen Würde gedieh. Der Himmel lasse ihm meine Unzen zur Besserung bekommen!

Das Gebäude des botanischen Gartens hinter der Flora
am Hafen ist nun fertig. Der Franzose Julieu hat es gezeichnet und ein Palermitaner es nach dem Riß aufgeführt. Die
Sicilianer sind mit der Ausführung, aber nicht mit der Idee
zufrieden. Wo man rechts und links, auf der Insel und dem
festen Lande, noch so viele schöne Monumente griechischer Kunst hat, ist man freilich etwas schwierig. Die Säulen
sind nicht rein und oben und unten verziert. Der Saal ist
nach der Anlage des Linneischen in Schweden, und vielleicht einer der prächtigsten dieser Art. Rund umher stehen

die Büsten der großen Männer des Fachs in Nischen, von Theophrast bis zu Büffon. Dem Zeichner des Gebäudes hat man die Ehre angetan, sein Gesicht unter einem andern alten Namen mit darunter zu setzen; eine eigene sonderbare Art von Belohnung.

Der alte Cassero oder Corso, in allen italiänischen Städten von Bedeutung die Hauptstraße, hat jetzt seinen Namen verändert und heißt Toledo nach der Hauptstraße von Neapel; vermutlich dem anwesenden Hofe eine Schmeichelei zu machen. Übrigens muß der Hof eben nicht außerordentlich geliebt sein; denn ich habe oft gehört, daß man nie so schlechtes Wetter auf der Insel gehabt habe, als die vier Jahre, so lange der Hof hier sei.

Die Polizei scheint hier nicht sehr genau zu sein, oder berechnet Dinge nicht, die es doch wohl verdienten. Vor einigen Tagen führte man auf einer breiten Gasse öffentlich ein Banditendrama auf. Es war sogar Militärwache dabei, um Ordnung zu halten, und die ganze Gasse war gedrängt voll Zuschauer. Die Schauspieler arbeiteten gräßlich schön, und der Held hätte dem Handwerk Ehre gemacht. Freilich wird er mit poetischer Gerechtigkeit wohl im Stücke seine Strafe erhalten; aber dergleichen Szenen, wo noch so viel natürliche heroische Kraft und Deklamation ist, sind zu blendend, um in Unteritalien auf öffentlichen Plätzen unter dem größten Zulauf gegeben zu werden. Man zahlt nichts; jeder tritt hin und schaut und nimmt was und wie viel er will. Haben doch sogar Schillers Räuber einmal Unfug bei uns angerichtet. Auf diese Weise kommt man dem siedenden Blute nicht wenig entgegen. Auch ist das Messer noch ebensosehr im Gebrauch und vielleicht noch mehr als vor zwanzig Jahren. Ich hatte vor einigen Tagen ein Schauspiel davon. Ich ging den Morgen aus; ein Kerl schoß blutig an mir vorbei, und ein anderer mit dem Dolche hinter ihm her. Es sammelte sich Volk, und in einigen Minuten war einer erstochen, und der Mörder verwundet entlaufen. Die Wache, welche nicht weit davon stand, tat als ob sie dabei gar nichts zu tun hätte. Dergleichen Auftritte gelten dort für

eine gewöhnliche Festtagstrakasserie. Sie haben einen erschlagen, klingt in Sicilien und Unteritalien nicht härter als
bei uns, wenn man sagt, es ist einer berauscht in den Graben
gefallen. Nur gegen die Fremden scheinen sie, aus einer
alten religiösen Sitte, noch einige Ehrfurcht zu haben. Sie
erstechen sich unter einander bei der geringsten Veranlassung, hörte ich einen kundigen wahrhaften Mann urteilen;
aber ein Fremder ist heilig. Ich möchte mich freilich nicht zu
sehr auf meine fremde Heiligkeit verlassen; aber die Sache
ist nicht ohne Grund. Ich blieb, zum Beispiel, zwischen
Messina und Palermo in einem einzelnen Hause, dessen
zwei handfeste Besitzer ich gleich beim ersten Anblick klas-
sifiziert hatte. Alles bestätigte meinen Argwohn und meine
Besorgnis. Man speis'te mich indessen leidlich und machte
mir sodann ein Lager auf einer Art von Pritsche, so daß alle
Schießgewehre und Dolche in einem Winkel zu meinem
Kopfe lagen. Man machte mich auch darauf aufmerksam,
daß ich allein bewaffnet wäre, und ich schlief nun ziemlich
ruhig.

Nach Sankt Martin hinauf bin ich nicht gekommen, weil
das Wetter beständig sehr unfreundlich war, und ich mich
die letzten Tage nicht entfernen durfte, da man mit dem
ersten guten Winde abfahren wollte. Die Mönche dort oben
sollen die prächtigste Mast in der ganzen Christenheit haben. Wenn das Christentum Schuld an allem Unheil wäre,
das man bei seinen Priestern und durch seine Priester sieht,
so wäre der Stifter der hassenswürdigste der Menschen. Das
astronomische Observatorium auf dem Schlosse konnte ich
nicht füglich sehen, weil Piazzi nicht zugegen war. Übrigens
bin ich auch ein Laie am Himmel. Vielleicht hat es eine
wohltätige Wirkung auf die Insel, daß die Sicilianer nun ihre
Göttin unter den Sternen finden; bisher haben sie das Heiligtum der Ceres und ihre Geschenke gewissenlos verachtet.
Eine vaterländische Neuigkeit ist mir noch aufgestoßen.
Der Kaiser Karl der Fünfte hat um Sicilien große Verdienste,
und sein Andenken ist billig den Insulanern ehrwürdig.
Überall findet man noch Arbeiten von ihm, die seinen täti-

15 Palermo: Palast des Erzbischofs und Kathedrale

gen Geist bezeichnen, und die jetzt vernachlässigt und vergessen werden. Die Wachtürme rund umher, die er nach
seiner afrikanischen Unternehmung aufführen ließ, zeigen
von seinem Mut und der damaligen Kraft der Insel. Auch
der Molo des Hafens von Agrigent ist von ihm. Seine Bild-
säule steht also in Palermo fast mitten in der Stadt am Toledo
auf einem freien Platze; aber mit einem Bombast, der nicht
in der Natur des Mannes lag. Er hat in der Inschrift eine
lange Reihe Beinamen, und heißt unter andern, vermutlich
wegen der Mühlberger Schlacht, auch der Sachse und Hesse.
Könnte man nun unsern Kurfürsten Moritz, dessen Enko-
miast ich übrigens nicht ganz unbedingt werden möchte,
nicht wegen der Ehrenberger Klause den Östreicher und
Spanier nennen? Sein Sieg war bedeutend genug, und die
Folge des Tages für die Protestanten auf immer wichtig.

Bei Kapri

Der Wind schaukelt uns ohne Fortkommen hin und her,
und schon fast den ganzen Tag tanzen wir hier, vor Massa,
Kapri und Ischia herum. Den ein und zwanzigsten April
Abends gab das Kriegsschiff, welches jetzt, glaube ich, die
ganze Flotte des Königs von Neapel ausmacht, das Signal,
und wir arbeiteten uns aus dem Hafen heraus. Den andern
Morgen hatten wir Sicilien und sogar Palermo noch ziemlich
nah im Gesichte; der Rosalienberg und die Spitzen von Termini und Cefalu lagen ganz deutlich vor uns: das andere
war von dem trüben Wetter gedeckt. Mehrere Schiffe mit
Orangen und Öl hatten sich angeschlossen, um die sichere
Fahrt mit dem Kriegesschiffe und dem Paketboot zu machen. Das letztere hat auch zwanzig Kanonen und ist zum
Schlagen eingerichtet. Wir saßen lange zwischen Ustika und
den liparischen Inseln, und ich las, weiß der Himmel wie ich
eben hier auf diesen Artikel fiel, während der Windstille
die Georgika Virgils, die ich hier besser genoß als jemals.
Nur wollte mir die Schlußfabel von dem Bienenvater nicht
sonderlich gefallen: sie ist schön, aber hierher gezwungen.

Dann las ich, da der Wind noch nicht kommen wollte, ob
wir gleich in seinem mythologischen Vaterlande waren, ein
großes Stück in die Aeneis hinein. Hier wollte mir nun, unter
vielen Schönheiten im vierten Buche die Beschreibung des
Atlas wieder nicht behagen, so herrlich sie auch klingt. Es
ist, dünkt mich, etwas Unordnung darin, die man dem Herrn
Maro nicht zutrauen sollte. Da ich eben nicht viel zu tun
habe, will ich Dir die Stelle ein wenig vorschulmeistern.
Merkur kommt von seinem Herrn Vater auf der Ambassade
zu Frau Dido hierher. Die Verse heißen, wie sie in meinem
Buche stehen:

> — jamque volans apicem et latera ardua cernit
> Atlantis duri, coelum qui vertice fulcit;
> Atlantis, cinctum assidae cui nubibus atris
> Piniferum caput et vento pulsatur et imbre;
> Nix humeros infusa tegit: tum flumina mento
> Praecipitant senis, et glacie riget horrida barba.

Die Verse sind unvergleichlich schön und malerisch: aber er
bringt auf den obersten Scheitel Sturm und Regen, läßt den
Schnee auf den Schultern liegen, Flüsse aus dem Kinn strö-
men und weiter unten den Bart von Eis starren. Das ist nun
alles ziemlich umgekehrt, wenn ich meinem Bißchen Erfahrung glaube. Ich weiß nicht, was Heyne aus der Stelle
gemacht hat. So weit oben werden überdies wohl schwerlich
noch Fichten wachsen. Ich überlasse es Dir, Deinen Liebling zu verteidigen; ich selbst bleibe hier mit meiner Hermeneutik etwas stecken. Wer in seinem Leben keine hohen
Berge gesehen und bestiegen hat, nimmt so etwas freilich
nicht genau. Schade um die schönen Verse!

Diese Nacht begegneten uns viele französische Schiffe,
die ihre Landsleute von Tarent holen wollen. Alles ist ungeduldig bald am Lande zu sein; aber Aeolus hat uns noch
immer seinen Schlauch nicht gegeben, und wir müssen aushalten. Das Essen ist recht gut und die Gesellschaft noch
besser; meine Geduld ist also weiter auf keiner sehr großen
Probe; und ich habe noch die ganze Odyssee zu lesen. Der

Russische und Englische Gesandte sind auf dem großen Schiffe; wir haben also noch die Ehre ihrentwegen recht langsam zu fahren, da das Kriegesschiff schwerer segelt. Die Geschichte des Tages auf unserer Flotte sagt eben, daß der Leibgaul der Russischen Exzellenz gefährlich krank geworden ist. Wie viele von den Leuten seekrank sind oder sterben, das ist eine erbärmliche Kleinigkeit: aber bedenke nur, der Leibgaul des Russischen Gesandten, der ist ein Kerl von Gewicht. Man erzählt bei Tische dies und jenes: sogar die Geschichten der Hofleute aus ihrem eigenen Munde bestätigen die schlechte Meinung, die ich durchaus von der neapolitanischen Regierung habe. Es waren einige sybaritische Herren des Hofes bei uns, die doch nicht lassen konnten, dann und wann etwas vorzubringen und einzugestehen, was Stoff zu Ärgernis und Sarkasmen gab. Meine Taciturnität nahm daraus die Quintessenz. Es ist wieder tiefe Nacht im Golf geworden; der Wind bläst hoch und wirft uns gewaltig. Ich habe auf allen meinen Fahrten, Dank sei es meiner guten Erziehung, nie die Seekrankheit gehabt: ich lege mich also ruhig nieder und schlafe.

Neapel

Ich erwachte im Hafen. Eine Mütze voll günstiger Wind und die Geschicklichkeit des Kapitäns hatten uns hereingebracht. Nun machte ich in drei Minuten meine Toilette, nahm den ersten besten Lazarone und wandelte in mein altes Wirtshaus auf Montoliveto, wo ich sogar meine alte Stube wieder leer fand. Das war mir sehr lieb; denn ich bin gar kein Freund von Veränderung. Mein alter Genuese war bei einem andern Fremden, und ich konnte den ersten Tag keinen Lohnbedienten erhalten, weil man gehört hatte, daß ich sehr viel zu Fuße herumlief und laufen wollte, ob ich mich gleich erbot einige Karlin mehr als gewöhnlich zu zahlen. Das nenne ich kampanische Bequemlichkeit, von der man eine Menge drollige Anekdoten hat. Den ersten Tag wollte mir keiner folgen; dann wollte ich keinen haben.

Ich machte mich ganz allein mit der Morgenröte auf nach
Puzzuoli. Dort fehlte es nicht an Wegweisern, und ich wurde
gleich beim Eingange in Beschlag genommen. Ich ließ mir
gern gefallen, mich in dem Meerbusen von Bajä herumzu-
rudern und da die alten Herrlichkeiten zu sehen. Du kennst
sie aus andern Büchern; ich will dich also mit ihrer Beschreibung verschonen. Wenn ich Dir auch alle Säulen des Sera-
pistempels anatomierte, wir würden deswegen in unsern
Konjekturen nicht weiter kommen. Was ich aus der sogenannten Brücke des Kaligula machen soll, weiß ich nicht: die
Meinung der Antiquare, daß es ein Molo gewesen sein soll,
will mir nicht recht einleuchten. Es sind noch dreizehn Stük-
ke davon übrig, die in verschiedenen Distanzen aus dem
Wasser hervorragen. Wenn es nicht zu idiotisch klänge, würde ich sie wohl für die Reste der berüchtigten Brücke halten.
Die Entfernung von Puzzuoli nach Bajä ist nicht so groß,
daß es einem Menschen, wie das Stiefelchen, nicht hätte
einfallen können so einen Streich zu machen. Damals war
der Meerbusen landeinwärts nach dem Monte Nuovo zu
vielleicht noch etwas tiefer; der Lukriner See hing mit dem
Avernus zusammen und half den Julischen Hafen bilden;
der Umweg war also etwas größer als jetzt. Zum Molo für
Puzzuoli scheinen mir die Trümmern weder Gestalt noch
gehörige Richtung zu haben. Meinetwegen sei es wie man
wolle. Ich stieg bei dem Lukriner See aus, der durch die
Erdrevolutionen sehr viel eingeengt worden ist. Jetzt ist er
nichts besser als ein großer Teich. Wir gingen, vermutlich
durch den Einschnitt des Berges, hinein, durch welchen
man ehemals die beiden Seen, den Lukriner und den Aver-
ner, zusammen verbunden hatte, um den Julischen Hafen zu
bilden. Häufige Erdbeben und vulkanische Ausbrüche haben alles geändert. Der Zugang zum Avernus ist noch jetzt
romantisch genug, und der Eintritt in die sogenannte Grotte
der Sibylle wirklich schön und schauerlich. Ich setzte mich
am Eingange hin und sah rechts gegenüber den alten Tempel, der für den Tempel des Apollo gilt. Es ist ein Wunder,
wie dieser Tempel bei der Erhebung des neuen Berges ste-

hen blieb, die doch ohne große Erschütterung der Nachbarschaft unmöglich geschehen konnte. Man kann nichts
romaneskeres haben, als den kleinen Gang von dem Aver-
ner See bis zum Eintritt in die Grotte, zumal wenn man den
Kopf voll Fabel hat. Hier zündeten wir die Fackel an und
gingen nun in dem Gewölbe hinunter, bis man rechts tief
hinunter in das Sakrarium steigt. Vermutlich hat Virgil seine
Erzählung nach diesem Orte gearbeitet; denn das *Facilis descensus Averni* scheint wörtlich hier weggenommen zu sein. Es
ging immer tiefer und tiefer, bis wir an ein etwas weites
Gemach kamen, welches ziemlich voll Wasser war. Hier
mußte ich mich auf den Rücken meines Führers setzen und
hinüber reiten. Rechts und links fand ich jenseits einen langen Katalog von Neugierigen aller Nationen. Mein Name
steht oben auf dem Erkta, wo die Karthager so brav und
lange schlugen, der heiligen Rosalia auf der Nase; und damit
genug. So ganz allein mit einem Wildfremden in dieser Höhle herumzuschleichen, mein Freund, macht doch etwas unheimisch.

> Ein Schauerchen fuhr mir beim Fackelschein
> Im Heiligtum durch das Gebein;
> Das Wasser ging mir in der Höhle
> Des Mütterchens bis an die Seele.
> Mir ward so ernst und feierlich,
> Und voll von Ehrfurcht setzt' ich mich
> An einem dreifach dunkeln Flecke
> Auf einen Stein in einer Ecke.
> Mein Führer ließ mir eben etwas Zeit
> Mit seiner Stromgelehrsamkeit,
> Und machte sich zur Fahrt ins Licht bereit:
> Da hab' ich denn in aller Stille
> Die alte kumische Sibylle
> Für Dich und mich um Rat gefragt;
> Sie hat mir aber – nichts gesagt.
> Mit Danke nahm ich ihr Orakel an,
> Und glaube, sie hat wohl getan.

Kaum hatte ich diese Verschen kumisiert, als mein Leiter
mich aus meiner Andacht mit der Bemerkung drollig genug
weckte: *Era questa Sibylla una grande putana; e era questo qui un
gabinetto segreto, dove fece* – – Hier brauchte er einige Töne, die
in allen Sprachen ziemlich verständlich sind. Nun war meine
Prophetin sogleich eine gemeine Zigeunerin. Was doch die
Phantasie nicht alles macht, nachdem man nur die Sache ein
wenig höher oder tiefer nimmt! Die Leute fabeln hier, daß
aus der Höhle ein Gang nach Bajä und ein anderer nach
Kumä gegangen sei, wo die Hexe ein zweites Heiligtum
hatte. Das ist sehr leicht möglich und war vielleicht weiter
nichts als der jetzige große Gang, der nach dem Avernus und
also nach Kumä offen und nach dem Lukriner oder nach
Bajä verschüttet ist. Auch hier könnte er sehr leicht wieder
geöffnet werden. Die ganze Anlage ist ein Werk der Kunst,
vielleicht durch die schöne romantische Lage der Berge und
Seen und einige Felsenspalten veranlaßt; aber vermutlich
von hohem Alter. Die Wasservögel schwimmen recht lustig
auf dem Avernus herum, und die Luft war auch nicht leer
von Geflügel; so daß der Ort nunmehr die Antiphrase seines
Namens ist.

Nun wandelte ich an dem Meerbusen hinunter und sah
die ehemaligen Thermen des Nero. Solltest Du glauben, daß
ich nicht im Stande war hinunter zu steigen? Ich hatte mich
ausgezogen und versuchte es zwei Mal. Der Dampf trieb mir
aber auf den vierzig Schritten, die ich ungefähr vorwärts
ging, einen so entsetzlichen Schweiß aus, daß ich umkehrte.
Ich ließ den Kerl allein seine Eier kochen. Meine vornehmen Landsleute, die unten gewesen sein sollen, müssen den
Schwitzkasten besser vertragen können als ich: das Experi-
ment war mir zu heiß. Ob die alten Gebäude, die am Strande
hin stehen, Tempel oder Bäder gewesen, vermag ich nicht zu
entscheiden. Sie gehören augenscheinlich zu Bajä, und zu
Bajä waren viele berühmte Bäder; doch findet man sie sonst
wohl nicht leicht von dieser Tempelform. Es sind zwei Ro-
tunden, jetzt ziemlich hoch mit Erde angefüllt, und das
Echo darin ist furchtbar stark. Das sogenannte Grab Agrip-

pinens verdient wohl gesehen zu werden, es mag gehören
wem es will. Die Arbeit ist gut und die Wandverzierungen
sind sehr niedlich und geschmackvoll. Ich fand darin ein
Stückchen Bernstein von der Gestalt eines Diskus, mit
einem kleinen Loche in der Mitte, durch welches ein Draht
oder Ring gegangen zu sein schien. Der Himmel mag wissen, ob es alt ist, oder wie es sonst dahin gekommen sein
mag. Von dem Tempel des Herkules, in dessen Nähe Agrip-
pine umgekommen sein soll, werden, hart unter dem Vorgebirge Misene, noch einige Trümmern gezeigt. Baulä ist
jetzt ein kleines, armseliges Dörfchen. Was die Piscine und
die Felsengänge oder die sogenannten Gefängnisse des
Nero mögen gewesen sein, darüber zanken sich noch die
Gelehrten. Ich begreife nicht, warum sie nicht von Menschen, wie die römischen Cäsarn von der schlechtesten
Sorte waren, zu Kerkern sollen gebraucht worden sein. Sie
sind gräßlich und die Gefängnisse in Syrakus sind Ballsäle
dagegen: wie denn alles Grausame bei den Römern schreck-
licher und scheußlicher war, als bei den Griechen, die
Spartaner vielleicht ausgenommen, die mehr einen römischen Stempel trugen. Bis fast hinaus auf die Spitze des
Vorgebirges und bis hinab an die elyseischen Felder und das
tote Meer sind schöne Pflanzungen von Wein und Feigen.
Misene ist eine von dieser Seite auslaufende Erdzunge, die
sich mit dem hohen Felsen dieses Namens schließt. Gegenüber liegt nicht weit davon sogleich Procida, und man
erzählte, daß die Engländer im vorigen Kriege von dort
herüber nach Baulä geschossen haben. Das ist aber doch
nicht wohl möglich; es muß aus den Schiffen auf dem Passe
zwischen Procida und Misene geschehen sein. Im Vorbeige-
hen darf ich Dir noch sagen, daß ich neulich in Rom in den
deutschen Propyläen eine Rezension von Gmelins Blättern
von dieser Gegend gesehen habe, wo man sich fast aus-
drückt, als ob das Mare Morto und der Avernus eine und die
nehmliche See wären; eine Unbestimmtheit, die man doch in
den Propyläen nicht antreffen sollte.
    Ich ließ mich von Misene gern über den Meerbusen hin-

über nach Puzzuoli rudern, wo ich zwar etwas spät, aber mit
desto besserm Appetit eine herrliche Mahlzeit nahm. Der
Bajische Meerbusen ist wegen seiner Schönheiten berühmt:
aber überall, wohin man blickt, findet man nur Trümmern,
Zerstörungen der Zeit, der Barbarei und der Erdrevolutionen, als ob sich alles vereinigt hätte, diesen Sitz der schänd-
lichsten Despotie zu vernichten und nur die Reize der Natur
übrig zu lassen. Der neue Berg wird jetzt ziemlich bearbeitet
und gibt guten Wein, wie man sagt. Die Leute behaupten
hier mit Gewalt, hier habe ehemals der Falerner Berg gestanden und sei in den verschiedenen Erdrevolutionen mit
verschüttet worden; geben auch noch eine Sorte Wein für
Falerner, der allerdings besser sein soll, als der echte Falerner bei Sessa auf der andern Seite des Gaurus. Eine sonderbare Phantasie ist mir vorgekommen; ich weiß nicht, ob ich
der erste bin, der sie gehabt hat. Kapri sieht von hier, und
noch mehr von der Spitze des Posilippo und bei Nisida aus,
wie der Kopf eines ungeheuern Krokodils, das seinen Ra-
chen nach Surrent dreht. Diese Einbildung kam mir immer
wieder, so oft ich dahin sah; und sie gibt der Tiberiade einen
abscheulichen Stempel.

Der Weg von Puzzuoli nach Neapel zurück, geht durch
ein üppig reiches Tal an dem Posilippo hin. Die Gegend ist
aber als sehr ungesund bekannt, wegen der Solfatara und des
Agnano, die links in der Nähe liegen. Der beträchtliche Berg
Posilippo liegt rechts vor Dir; alles ist geschlossen und nirgends eine Schlucht zu sehen, und Dir wird vielleicht etwas
bange vor der Auffahrt und Abfahrt. Diese ersparst Du;
denn Du fährst, wie ein Erdgeist, gerade durch den Berg hin.
Dies ist die berühmte Grotte. Vermutlich war die Veranlassung dazu der Steinbruch, den man tief hinein arbeitete.
Man konnte dabei leicht auf den Gedanken kommen durchzugehen, und so einen geraden Weg zu machen. Der Eingang von Neapel ist schöner als von Puzzuoli, und wenn
man bei einer gewissen Mischung der Atmosphäre aus der
Mitte in die schöne Beleuchtung hinaussieht, ist es ein unbeschreiblicher Anblick. Auch von dieser Arbeit ist die Zeit

der Entstehung unbekannt. Zur Zeit der Römer muß das
Werk nicht unternommen worden sein; denn diese hätten
wahrscheinlich etwas davon aufgezeichnet, weil sie, als sie
hierher in diese Gegend kamen, schon ziemlich eitel waren.
In der Mitte der Höhle ist, links von Neapel aus, ein Behältnis eingehauen, welches jeder Vernünftige sogleich einer
Polizeiwache anweisen würde. Aber hier gibt man es der
heiligen Jungfrau zur Kapelle, und dann und wann sollen
sich Räuber darin aufhalten und daraus die Gegend unsicher
machen!

Eben komme ich vom Vesuv. Aber da ich auch von Pästum komme, muß ich vom Anfange anfangen, wenn Du nur
einigermaßen mit mir promenieren sollst. Meine Absicht
war, so ganz gemächlich über Salerne in einigen Tagen allein
hinunter nach Pästum zu gehen: aber ohne alle Kunde
möchte es doch etwas bedenklich gewesen sein. Überdies
drückte mich die Hitze auf dem staubigen Wege nach Pompeji unerträglich; meine Fußsohlen hatten durch langen
Gebrauch einige Hühneraugen gewonnen, die den Marsch
in der Hitze eben nicht beförderten. Ich ließ mich also in Torre
del Greco, wo jetzt der beste Wein wächst, überreden eine
Karriole zu nehmen. Eine der schönsten Partien, vielleicht
in ganz Italien, ist der Weg von Pompeji nach Salerne, vorzüglich um Kava herum. Ohne mich um die Altertümer zu
bekümmern, ergötzte ich mich an dem, was da war; ob ich
gleich nicht leugnen kann, daß Fleiß und Anhaltsamkeit es
hier und da noch schöner hätte machen können.

In Salerne, wo ich sehr zeitig ankam, wollte ich die Nacht
bleiben, und den folgenden Morgen weiter fahren. Ich wandelte also in der Stadt herum, und bald faßte mich ein
Geistlicher bei der Krause, der mir alle Herrlichkeiten seiner
Vaterstadt zeigte. Die Kathedrale mit ihren Wundern war der
erste. Das Bassin am Eingange, von einem einzigen Stücke
gearbeitet, ließe sich wirklich auch in Rom noch sehen. Man
zeigte mir eine Menge Gräber von alten Erzbischöfen und
Salernitaner Advokaten, die den Leuten gewaltig wichtig
waren. Einige schöne alte Basreliefs aus Pästum hat man

hier und da mit zur Verzierung neuer Monumente gebraucht. Das Merkwürdigste sind mehrere sehr schöne antike Säulen, die man auch aus Pästum geholt hat. Man führte mich in das Adyton der Krypte des Schutzpatrons, welches Matthäus ist. Hier stand die *statua biformis* des Heiligen, die einem Janus ziemlich ähnlich sieht. Bei dieser Gelegenheit wurden mir denn alle Wunder erzählt, die der Apostel zum Heile der Stadt gegen die Sarazenen getan hatte. Es läßt sich wohl begreifen, wie das zuging, und wie irgend ein Spruch von ihm und der Enthusiasmus für ihn so viel wirkten, daß die Ungläubigen abziehen mußten. Und nach der alten Rechtsregel, *quod quis per alium* – kommt ihm dann die Ehre billig zu. Das wissen die Spitzköpfe unter den Herren gar trefflich zu amalgamieren: die Plattköpfe haben es gar nicht nötig, die nehmen es starkgläubig geradezu. Im Hintergrunde der Krypte stehen noch ein Paar weibliche Heiligkeiten, deren Namen ich vergessen habe, deren Blut aber noch beständig fließt. Ich hörte es selbst rauschen und kann es also bezeugen; ich wagte gläubig keine Erklärung des Gaukelspiels. Unter den vielen Narren war auch ein Vernünftiger, der mir vorzüglich die Säulen aus Pästum alle und von allen Seiten in den schönsten Beleuchtungen zeigte: er drückte mir stillschweigend die Hand als ich fortging. Nun brachte man mich noch mit Gewalt in eine andere Kirche, wo eine schöne Kreuzigung weder gemalt noch gehauen noch gegossen, sondern ins Holz gewachsen war. Mit Hülfe einiger Phantasie konnte man wohl so etwas heraus- oder vielmehr hineinbringen; und die Wunder überlasse ich den Gläubigen. Einige wunderten sich, daß ich doch gar nichts aufschriebe, wie andere Reisende; und einer der jungen Herren, die mich begleiteten, sagte zu meinem Lobe, ich wäre von allem hinlänglich unterrichtet und überzeugt. Da sagte er denn in beidem eine große Lüge. Als ich wegging, bat sich mein Hauptführer, der sich, glaube ich, einen Kastellan des Erzbischofs nannte, etwas für die Armen aus; das gab ich: sodann etwas zu einer Seelenmesse für mich; das gab ich auch. Schadet niemand und hilft wohl; man muß die

Gläubigen stärken, lautet das Schibolet, das Göthens Rei-
necke der Fuchs von seiner Frau Mutter bekommt. Dann bat
er sich auch noch etwas für seine Mühe aus. Dazu machte
ich endlich ein grämliches Gesicht und zog noch zwei Karlin
hervor. Als ich sie ihm hinreichte, schnappte sie ein Profaner weg, der sich einen Korporal nannte, und von dem ich
eben so wenig wußte, wie er zur Gesellschaft, noch wie er in
den Dienst der Kirche gekommen war. Darüber entstand
Streit zwischen dem Klerikus und dem Laien. Der geistliche
Herr sagte mir ins rechte Ohr, daß der Korporal ein lieder-
licher Säufer wäre; dieser zischelte mir gelegentlich ins linke,
das Mönchsgesicht sei ein Gauner und lebe vom Betruge:
ich antwortete beiden ganz leise, daß ich das nehmliche
glaube und es wohl gemerkt habe. Es ist ein heilloses Leben.

Mein Freund, Du suchest in Salerne
Den Menschensinn umsonst mit der Laterne;
Denn zeigt er sich auch nur von ferne,
So eilen Kutten und Kaputzen,
Der heiligen Verfinsterung zum Nutzen,
Zum dümmsten Glauben ihn zu stutzen.
Da löscht man des Verstandes Zunder,
Und mischt mit Pfaffenwitz des Widersinnes Plunder,
Zum Trost der Schurkerei, zum Wunder:
Und jeder Schuft, der fromm dem Himmel schmeichelt,
Und wirklich dumm ist, oder Dummheit heuchelt,
Kniet hin und betet, geht und meuchelt;
Gewiß, Vergebung seiner Sünden
Beim nächsten Plattkopf lästerlich zu finden.

Ich kann mir nicht helfen, Lieber, ich muß es Dir nur gestehen, daß ich den Artikel von der Vergebung der Sünden
für einen der verderblichsten halte, den die Halbbildung der
Vernunft zum angeblichen Troste der Schwachköpfe nur hat
erfinden können. Er ist der schlimmste Anthropomorphis-
mus, den man der Gottheit andichten kann. Es ist kein
Gedanke, daß Sünde vergeben werde: jeder wird wohl mit

allen seinen bösen und guten Werken hingehen müssen, wohin ihn seine Natur führt. Eine mißverstandene Humanität hat den Irrtum zum Unglück des Menschengeschlechts aufgestellt und fortgepflanzt: und nun wickeln sich die Theologen so fein als möglich in Distinktionen herum, welche die Sache durchaus nicht besser machen. Was ein Mensch gefehlt hat, bleibt in Ewigkeit gefehlt; es läßt sich keine einzige Folge einer einzigen Tat aus der Kette der Dinge herausreißen. Die Schwachheiten der Natur sind durch die Natur selbst gegeben, und die Herrscherin Vernunft soll sie durch ihre Stärke zu leiten und zu vermindern suchen. Der Begriff der Verzeihung hindert meistens das Besserwerden. Gehe nur in die Welt, um Dich davon zu überzeugen. Soll vielleicht dieser Trost großen Bösewichtern zu Statten kommen? Alle Schurken, die sich nicht bessern können, die von Beichte zu Beichte täglich schlechter, weggeworfener und niederträchtiger werden; diese sollen zum Heile der Menschheit verzweifeln. Jeder soll haben, was ihm zukommt. Die Verzweiflung der Bösewichter ist Wohltat für die Welt; sie ist das Opfer, das der Tugend und der Göttlichkeit unserer Natur gebracht wird. Verzweifle, wer sich nicht bessern, sich nicht vernünftig beruhigen kann; die Vergebung der Sünden kann ich nicht begreifen: sie ist ein Widerspruch, gehört zu den Gängelbändern der geistlichen Empirik, damit ja niemand allein gehen lerne. Man darf nur die Länder recht beschauen, wo diese entsetzliche Gnade im größten Umfange und Unfuge regiert; kein rechtlicher Mann ist dort seiner Existenz sicher. Die Geschichte belegt.

Hier in Salerne erhielt ich einen neuen Führer, der mir sehr problematisch aussah. Er machte mich dadurch aufmerksam, daß ich bei ihm außerordentlich sicher sei, weil er alles schlechte Gesindel als freundliche Bekannte grüßte, und meinte, in seiner Gesellschaft könne mir nichts geschehen. Das begriff ich und war ziemlich ruhig, obgleich nicht wegen seiner Ehrlichkeit.· Er hatte mich öffentlich in der Stadt übernommen; es galt also seine eigene Sicherheit, mich dahin wieder zurückzuliefern: weiter hätte ich ihm dann nicht trauen mögen. Wir fuhren noch diesen Abend ab, und blieben die Nacht an der Straße in einem einzelnen Wirtshause, wo sich der Weg nach Pästum rechts von der Landstraße nach Eboli und Kalabrien trennt. Diese Landstraße geht von hier aus nur ungefähr noch vierzig Millien; dann fängt sie an sicilianisch zu werden, und ist nur für Maulesel gangbar. Es war herrliches Wetter; der Himmel schien mir an dem schönen Morgen vorzüglich wohl zu wollen: meine Seele ward lebendiger als gewöhnlich.

> Ich eilte fort und Nachtigallen schlugen
> Mir links und rechts in einem Zauberchor
> Den Vorgeschmack des Himmels vor,
> Und laue, leise Weste trugen
> Mich im Genuß für Aug' und Ohr
> Durch Gras wie Korn und Korn wie Rohr.
> Balsamisch schickte jede Blume
> Mir üppig ihren Wohlgeruch,
> Der Göttin um uns her zum Ruhme,
> Aus Florens großem Heiligtume;
> Und rund umher las ich das schöne Buch
> Der Schöpfung, jauchzend, Spruch vor Spruch.
> Die goldnen Hesperiden schwollen
> Am Wege hin in freundlicher Magie,
> Und Mandeln, Wein und Feigen quollen
> Am Lebenstrahl des Segensvollen
> In stillversteckter Eurhythmie;
> Und Klee wie Wald begrenzte sie.
> Ich eilte fort, hochglühend ward die Sonne,
> Und fühlte schon voraus die Wonne,
> Mit Pästums Rosen in der Hand,
> An eines Tempels hohen Stufen,
> Wo Maro einst begeistert stand,
> Die Muse Maros anzurufen.
> Die Tempel stiegen, groß und hehr,
> Mir aus der Ferne schon entgegen,
> Da ward die Gegend menschenleer

Und öd' und öder um mich her,
Und Wein wuchs wild auf meinen Wegen.
Da stand ich einsam an dem Tore
Und an dem hohen Säulengang,
Wo ehmals dem entzückten Ohre
Ein voller Zug im vollen Chore
Das hohe Lob der Gottheit sang.
Verwüstung herrscht jetzt um die Mauer,
Wo einst die Glücklichen gewohnt,
Und mit geheimem tiefem Schauer
Sah ich umher und sahe nichts verschont;
Und meine Freude ward nun Trauer.
Umsonst blickt Titan hier so milde,
Umsonst bekrönet er im Jahr
Zwei Mal mit Ernte die Gefilde;
Du suchst von allem, was einst war,
Umsonst die Spur; ein zottiger Barbar
Schleicht mit der Dummheit Ebenbilde,
Ein Troglodyt, erbärmlicher als Wilde,
Um den verschütteten Altar.
Nur hier und da im hohen Grase wallt,
Den Menschensinn noch greller anzustoßen,
Dumpf murmelnd eine Mönchsgestalt.
Freund, denke Dir die Seelenlosen,
In Pästum blühen keine Rosen.

Ich gebe Dir zu, daß in diesen Versen wenig Poesie ist; aber
desto mehr ist darin lautere Wahrheit. Ich hielt mich hier nur
zwei Stunden auf, umging die Area der Stadt, in welcher
nichts als die drei bekannten großen, alten Gebäude, die
Wohnung des Monsignore, eines Bischofs wie ich höre, ein
elendes Wirtshaus und noch ein anderes jämmerliches Haus
stehen. Das ist jetzt ganz Pästum. Hier dachte ich mir *Schillers* Mädchen aus der Fremde; aber weder die Geberin noch
die Gaben waren in dem zerstörten Paradiese. Ich suchte,
jetzt in der Rosenzeit, Rosen in Pästum für Dich, um Dir ein
klassisch sentimentales Geschenk mitzubringen; aber da

kann ein Seher keine Rose finden. In der ganzen Gegend rund umher, versicherte mich einer von den Leuten des Monsignore, ist kein Rosenstock mehr. Ich durchschaute und durchsuchte selbst alles, auch den Garten des gnädigen Herrn; aber die Barbaren hatten keine einzige Rose. Darüber geriet ich in hohen Eifer und donnerte über das Piakulum an der heiligen Natur. Der Wirt, mein Führer, sagte mir, vor sechs Jahren wären noch einige da gewesen; aber die Fremden hätten sie vollends alle weggerissen. Das war nun eine erbärmliche Entschuldigung. Ich machte ihm begreiflich, daß die Rosen von Pästum ehedem als die schönsten der Erde berühmt gewesen, daß er sie nicht mußte abreißen lassen, daß er nachpflanzen sollte, daß es sein Vorteil sein würde, daß jeder Fremde gern etwas für eine pästische Rose bezahlte; daß ich, zum Beispiel, selbst jetzt wohl einen Piaster gäbe, wenn ich nur eine einzige erhalten könnte. Das letzte besonders leuchtete dem Manne ein; um die schöne Natur schien er sich nicht zu bekümmern: dazu ist die dortige Menschheit zu tief gesunken. Er versprach darauf zu denken, und ich habe vielleicht das Verdienst, daß man künftig in Pästum wieder Rosen findet: wenigstens will ich hiermit alle bitten, die nehmlichen Erinnerungen eindringlich zu wiederholen, bis es fruchtet.

Eine Abhandlung über die Tempel erwarte nicht. Ich setzte mich an einem Rest von Altar hin, der in einem derselben noch zu finden ist, und ruhte eine Viertelstunde unter meinen Freunden, den Griechen. Wenn einer ihrer Geister zurückkäme und mich Hyperboreer unter den letzten Trümmern seiner Vaterstadt sähe! Hier ist mehr als in Agrigent. Ich bin nicht der erste, welcher es anmerkt, was die Leute für gewaltig hohe Stufen gemacht haben, hier und in Agrigent. Man muß sehr elastisch steigen, oder man ist in Gefahr sich einen Bruch zu schreiten. Daß einer von den Tempeln dem Neptun gehöre, beruht wahrscheinlich nur auf dem Umstand, daß Neptun der vorzügliche Schutzgott der Stadt war: so wie man eines der Gebäude für eine Palästra hält, weil es anders als die gewöhnlichen Tempel mit zwei Reihen Säulen über einander gebauet ist. Sollte dieses nicht vielmehr ein Buleuterion gewesen sein? Denn es läßt sich nicht wohl begreifen, wozu die obere Säulenreihe in einer Palästra dienen sollte. Vielleicht war es auch Buleuterion und Palästra zugleich; unten dieses, oben jenes. Nicht weit von den Gebäuden zeigte man mir noch als eine Seltenheit einen Stein, der nur vor kurzem gefunden sein muß, weil ich ihn noch von niemand angeführt gefunden habe. Es ist aber nur ein gewöhnlicher Leichenstein, und zwar ziemlich neu aus der lateinischen Zeit. Das Quadrat der Stadt ist noch überall sehr deutlich zu unterscheiden durch die Trümmern der Mauern. Das Tor nach Salerne hin hat noch etwas hohes Gemäuer, und das Bergtor ist noch ziemlich ganz und wohl erhalten. Die beiden übrigen, die man mir als das Seetor und Justiztor nannte, zeigen nur noch ihre Spuren. Die Hauptursache, warum dieser Ort vor allen übrigen so gänzlich in Verfall geraten ist, scheint mir das schlechte Wetter zu sein. Ich versuchte zwei Mal zu trinken, und fand beide Mal Salzwasser: das Meer ist nicht fern, die Gegend ist tief, und auch aus den nahen Bergen kommt Salzwasser. Das süße Wasser mußte weit und mit großen Kosten hergeleitet werden. Die Vegetation rechtfertigt noch jetzt Virgils Angabe. Der Anblick ist einer der schönsten und traurigsten. Als ich auf dem Rückwege zu Fuße etwas vorausging, lag auf den Ästen eines Feigenbaums eine große Schlange geringelt, die mich ruhig ansah. Sie war wohl stärker als ein Mannsarm, ganz schwarz von Farbe und ihr Blick war furchtbar. Sie schien sich gar nicht um mich zu bekümmern, und ich hatte eben nicht Lust ihre nähere Bekanntschaft zu machen. Es fiel mir ein, daß Virgil *atros colubros* anführt, die er eben nicht als gutartig beschreibt: diese schien von der Sorte zu sein.

Auf meiner Rückkehr hatte ich Gelegenheit zwei sehr ungleichartige Herren von dem neapolitanischen Militär kennenzulernen. Ich wurde einige Millien von Salerne an der Straße angehalten, und ein Offizier nicht mit der besten Physiognomie setzte sich geradezu zu mir in die Karriole, ohne eine Sylbe Apologie über ein solches Betragen zu ma-

chen, und wir fuhren weiter. Ich hörte, daß mein Fuhrmann
vorher entschuldigend sagte: *E un signore Inglese:* das half aber
nichts, der Kriegsmann pflanzte sich ein. Als er Posten gefaßt hatte, wollte er mir durch allerhand Wendungen Rede
abgewinnen: seine Grobheit hatte mich aber so verblüfft,
daß ich keine Sylbe vorbrachte. Vor der Stadt stieg er aus und
ging fort ohne ein Wörtchen Höflichkeit. Das ist noch etwas
stärker als die Impertinenz der deutschen Militäre hier und
da gegen die sogenannten Philister, die doch auch zuweilen
systematisch ungezogen genug ist. Als ich gegen Abend in
der Stadt spazieren ging, redete mich ein Zweiter an: Sie sind
ein Engländer? – Nein. – Aber ein Russe? – Nein. – Doch
ein Pole? – Auch nicht. – Was sind Sie denn für ein Landsmann? – Ich bin ein Deutscher. – Tut nichts; Sie sind ein
Fremder und erlauben mir, daß ich Sie etwas begleite. – Sehr
gern, es wird mir angenehm sein. Ich sah mich um, als ob ich
etwas suchte. Er fragte mich, ob ich in ein Kaffeehaus gehen
wollte. Wenn man Eis dort hat, war meine Antwort. Das war
zu haben: er führte mich und ich aß tüchtig, in der Voraussetzung ich würde für mich und ihn tüchtig bezahlen müssen. Das pflegte so manchmal der Fall zu sein. Aber als ich
bezahlen wollte, sagte die Wirtin, es sei alles schon berich-
tigt. Das war ein schöner Gegensatz zu der Ungezogenheit
vor zwei Stunden. Er begleitete mich noch in verschiedene
Partien der Stadt, besonders hinauf zu den Kapuzinern, wo
man eine der schönsten Aussichten über den ganzen Meerbusen von Salerne hat. Ich konnte mich nicht enthalten,
dem jungen, artigen Manne das schlimme Betragen seines
Kameraden zu erzählen. Ich bin nicht gesonnen, sagte ich,
mich in der Fremde in Händel einzulassen; aber wenn ich
den Namen des Offiziers wüßte und einige Tage hier bliebe,
würde ich doch vielleicht seinen Chef fragen, ob dieses hier
in der Disziplin gut heiße. Der junge Mann fing nun eine
große, lange Klage über viele Dinge an, die ich ihm sehr gern
glaubte. Wir gingen eben vor einem Gefängnisse vorbei, aus
dessen Gittern ein Kerl sah und uns anredete. Dieser
Mensch hat vierzig umgebracht, sagte der Offizier, als wir

weiter gingen. Ich sah ihn an. Hoffentlich kann es ihm nicht
bewiesen werden; erwiderte ich. – Doch, doch; für wenigstens die Hälfte könnte der Beweis völlig geführt werden.
Mich überlief ein kalter Schauder: und die Regierung? fragte
ich. Ach Gott, die Regierung, sagte er ganz leise, – braucht
ihn. Hier faßte es mich wie die Hölle. Ich hatte dergleichen
Dinge oft gehört; jetzt sollte ich es sogar sehen. Freund,
wenn ich ein Neapolitaner wäre, ich wäre in Versuchung aus
ergrimmter Ehrlichkeit ein Bandit zu werden und mit dem
Minister anzufangen. Welche Regierung ist das, die so entsetzlich mit dem Leben ihrer Bürger umgeht! Kann man
sich eine größere Summe von Abscheulichkeit und Nieder-
trächtigkeit denken? Jetzt wird er doch nun hoffentlich seine Strafe bekommen; sagte ich zu meinem unbekannten
Freund. Ach nein, antwortete er; jetzt sitzt er wegen eines
kleinen Subordinationsfehlers, und morgen früh kommt er
los. – Wieder ein hübsches Stückchen von der Vergebung
der Sünde. Die Amnestie des Königs hat die Armee und die
Provinzen mit rechtlichen Räubern angefüllt. Er nahm die
Banditen auf, sie waren brav wie ihr Name sagt, er belohnte
sie königlich, gab Ämter und Ehrenstellen; und jetzt treiben
sie ihr Handwerk als Hauptleute der Provinzen gesetzlich.
Dieses wird in der Residenz erzählt, auf den Straßen und in
Provinzialstädten, und es werden mit Abscheu Personen
und Ort und Umstände dabei genannt.

Ich lief eine Stunde in Pompeji herum, und sah was die
andern auch gesehen hatten, und lief in den aufgegrabenen
Gassen und den zu Tage geförderten Häusern hin und her.
Die Alten wohnten doch ziemlich enge. Die Stadt muß aber
bei dem allen prächtig genug gewesen sein, und man kann
sich nichts netter und geschmackvoller denken als das kleine
Theater, wo fast alles von schönem Marmor ist; und die
Inskription mit eingelegter Bronze vor dem Proscenium ist,
als ob sie nur vor wenigen Jahren gemacht wäre. Die Franzosen haben wieder einen beträchtlichen Teil ans Licht
gefördert und sollen viel gefunden haben, wovon aber sehr
wenig nach Paris ins Museum kommt. Jeder Kommissär

scheint zu nehmen, was ihm am nächsten liegt, und die
Regierung schweigt wahrscheinlich mit berechneter Klugheit. Es ist etwas mehr als unartig, daß die alten schönen
Wände so durchaus mit Namen bekleckst sind. Ich habe
viele darunter gefunden, die diese kleine Eitelkeit wohl nicht
sollten gehabt haben. Vorzüglich waren dabei einige französische Generale, von denen man dieses hier nicht hätte
erwarten sollen: bei der Sibylle ist es etwas anders.

Von Salerne aus war ich mit einer Dame aus Kaserta und
ihrem Vetter zurückgefahren. Als diese hörten, daß ich von
Portici noch auf den Berg wollte, taten sie den Vorschlag
Partie zu machen. Ich hatte nichts dagegen; wir mieteten
Esel und ritten. Was vorherzusehen war, geschah: die Dame
konnte, als wir absteigen mußten, zu Fuße nicht weit fort
und blieb zurück; und ich war so ungalant, mich nicht darum
zu bekümmern. Der Herr Vetter strengte sich an, und arbeitete mir nach. Als wir an die Öffnung gekommen waren,
aus welcher der letzte Strom über Torre del Greco hinunter
gebrochen war, wollte der Führer nicht weiter und sagte,
weiter ginge sein Akkord nicht. Ich wollte mich weiter nicht
über die Unverschämtheit des Betrügers ärgern und erklärte
ihm ganz kurz und laut, er möchte machen was er wollte; ich
würde hinaufsteigen. Doch nicht allein? meinte er. Ganz
allein, sagte ich, wenn niemand mit mir geht; und ich stapelte
immer rasch den Sandberg hinauf. Er besann sich doch und
folgte. Es ist eine Arbeit, die schwerer ist als auf den Aetna
zu gehen; wenigstens über den Schnee, wie ich es fand. Der
Sand und die Asche machen das Steigen entsetzlich beschwerlich: man sinkt fast so viel rückwärts, als man vorwärts geht. Es war übrigens Gewitterluft und drückend heiß.
Endlich kam ich oben an dem Rande an. Der Krater ist jetzt,
wie Du schon weißt, eingestürzt, der Berg dadurch beträchtlich niedriger, und es ist gar keine eigentliche größere
Öffnung mehr da. Nur an einigen Stellen dringt etwas Rauch
durch die felsigen Lavaritzen hervor. Man kann also hinun-
tergehen. Die Franzosen, welche es zuerst taten, wenigstens
so viel man weiß, haben viele Rotomontade von der Unter-

nehmung gemacht: jetzt ist es von der Seite von Pompeji
ziemlich leicht. Fast jeder, der heraufsteigt, steigt hinab in
den Schlund; und es sind von meinen Bekannten viele unten
gewesen. Ich selbst hatte den rechten Weg nicht gefaßt, weil
ich eine andere kleinere Öffnung untersuchen wollte, aus
welcher noch etwas Dampf kam und zuweilen auch Flamme
kommen soll. Die Zeit war mir nun zu kurz; sonst wäre ich
von der andern Seite noch ganz hinuntergestiegen. Gefahr
kann weiter nicht dabei sein, als die gewöhnliche. Während
mein Führer und der Kasertaner ruhten und schwatzten, sah
ich mich um. Die Aussicht ist fast die nehmliche, wie bei den
Kamaldulensern: ich würde aber jene noch vorziehen, obgleich diese größer ist. Nur die Stadt und die ganze Partie
von Posilippo diesseits der Grotte hat man hier besser. Nie
hatte ich noch so furchtbare Hitze ausgestanden als im Her-
aufsteigen. Jetzt schwebten über Surrent einige Wölkchen
und über dem Avernus ein Donnerwetter: es ward Abend
und ich eilte hinab. Hinunter geht es sehr schnell. Ich hatte
schon Durst als die Reise aufwärts ging; und nun suchte ich
lechzend überall Wasser. Ein artiges, liebliches Mädchen
brachte uns endlich aus einem der obersten Weinberge ein
großes, volles Gefäß. So durstig ich auch war, war mir doch
das Mädchen fast willkommener als das Wasser: und wenn
ich länger hier bliebe, ich glaube fast ich würde den Vulkan
gerade auf diesem Wege vielleicht ohne Führer noch oft
besuchen. In einem großen Sommerhause, nicht weit von
der heiligen Maria, erwartete uns die Dame und hatte unterdessen Tränen Christi bringen lassen. Aber das Wasser
war mir oben lieber als hier die köstlichsten Tränen, und die
Hebe des ersten wohl auch etwas lieber als die Hebe der
zweiten.

Es war schon ziemlich dunkel als wir in Portici ankamen,
und wir rollten noch in der letzten Abenddämmerung nach
Neapel. Mit dem Museum in Portici war ich ziemlich unglücklich. Jetzt war es zu spät, es zu sehen. Das erste Mal war
es nicht offen und ich sah bloß das Schloß und die Zimmer,
die, wenn man die Arbeit aus Pompeji, einige schöne Lava-

tische und die Statuen zu Pferde aus dem Herkulanum
wegnimmt, nichts merkwürdiges enthalten. In dem Hofe
des Museums liegen noch einige bronzene Pferdeköpfe aus
dem Theater von Herkulanum: die Statuen selbst sind in der
Lava zusammengeschmolzen. So viel ich von den Köpfen
urteilen kann, möchte ich wohl diese Pferde haben, und ich
gäbe die Pariser von Venedig sogleich dafür hin. In dem
Theater von Herkulanum bin ich eine ganze Stunde herumgewandelt, und habe den Ort gesehen, wo die Marmorpferde gestanden hatten, und den Ort wo die bronzenen
geschmolzen waren. Bekanntlich ist es hier viel schwerer zu
graben als in Pompeji: denn diese Lava ist Stein, jene nur
Aschenregen. Dort sind nur Weinberge und Feigengärten
auf der Oberfläche; hier steht die Stadt darauf: denn Portici
steht gerade über dem alten Herkulanum; und fast gerade
über dem Theater steht jetzt oben eine Kirche. Die Dame
von Kaserta gab mir beim Abschied am Toledo ihre Adresse:
ich hatte aber nicht Zeit mich weiter um sie zu bekümmern.

Obgleich der Vesuv gegen den Aetna nur ein Maulwurfshügel ist, so hat er doch durch seine klassische Nachbarschaft vielleicht ein größeres Interesse, als irgend ein
anderer Vulkan der Erde. Ich war den ganzen Abend noch
voll von der Aussicht oben, die ich noch nicht so ganz nach
meinem Genius hatte genießen können. Ich setzte mich im
Geist wieder hinauf und überschaute rund umher das schöne blühende magische Land. Die wichtigsten Szenen der
Einbildungskraft der Alten lagen im Kreise da; unvermerkt
geriet ich ins Aufnehmen der Gegenstände um den Vulkan.

> Vom Schedel des Verderbens sieht
> Mein Auge weit hinab durch Flächen,
> Auf welchen er in Feuerbächen
> Verwüstend sich durch das Gebiet
> Der reich geschmückten Schöpfung zieht.
> Wo steht der Nachbar ohne Grausen,
> Wenn zur Zerstörung angefacht
> Aus seinem Schlund der Mitternacht

Ihm hoch die Eingeweide brausen?
Wenn donnernd er die Felsen schmelzt,
Und sie im Streit der Elemente,
Als ob des Erdballs Achse brennte,
Hinab ins Meer hoch über Städte wälzt?
Der Riese macht mit seinem Hauche
Die schönste Hesperidenflur
Zur dürrsten Wüste der Natur,
Wenn er aus seinem Flammenbauche
Mit roter Glut und schwarzem Rauche
Die Brandung durch die Wolken hebt,
Und meilenweit was Leben trinket,
Wo die Zerstörung niedersinket,
In eine Lavanacht begräbt.
Parthenope und Pausilype bebt,
Wenn tief in des Verwüsters Adern
Die Feuerfluten furchtbar hadern;
Und was im Meer und an der Sonne lebt
Eilt weit hinweg mit blassem Schrecken,
Sich vor dem Zorn des Tötenden zu decken.
Es kocht am Meere links und rechts,
Bis nach Surrent und bis zu Baja's Tannen,
Wo er die Bäder des Tyrannen
Aus der Verwandtschaft des Geschlechts,
Indem er weit umher verheeret,
Mit seinem tiefsten Feuer nähret.
Er macht die Berge schnell zu Seen,
Die Täler schnell zu Felsenhöhen,
Und rauschend zeigen seine Bahn,
So weit die schärfsten Augen gehen,
Die Inseln in dem Ozean.
Wer bürget uns, wenn ihn der Sturm zerrüttet,
Daß er nicht einst in allgemeiner Wut
Noch fürchterlich mit seiner Flut
Den ganzen Golf zusammen schüttet?
Nicht alles noch, wo jetzt sein Feuer quillt,
Aus seiner Werkstatt tiefstem Grunde,

Von Stabia bis zu dem Schwefelschlunde,
Mit seinen Lavaschichten füllt?
Hier brach schon oft aus seinem Herde
Herauf hinab des Todes Flammenmeer,
Und machte siedend rund umher
Das Land zum größten Grab der Erde.

Unter diesen Phantasien schlief ich ruhig ein. Ob ich gleich gern das furchtbare Schauspiel eines solchen Vulkans in seiner ganzen entsetzlichen Kraft sehen möchte, so bin ich doch nicht hart genug es zu wünschen. Ich will mich mit dem begnügen, was mir der Aetna gegeben hat. Der Vesuv kräuselt bloß zuweilen einige Rauchwölkchen; aber ich fürchte, sein Schlaf und sein Verschütten sind von schlimmer Vorbedeutung. Der Aetna war auch verschüttet, ehe er Katanien überströmte, und in dem Krater des Vesuv waren zuweilen große Bäume gewachsen. Bei seinem künftigen Ausbruche dürfte die Gegend vor Portici, eben da wo oben der heilige Januarius steht um den Feind abzuhalten, am meisten der Gefahr ausgesetzt sein; denn dort ist nach dem äußern Anschein jetzt die Erdschale am dünnsten. Man scheint so etwas gefühlt zu haben, als man den heiligen Flammenbändiger eben hierher setzte.

Die Russen in Neapel machen eine sonderbare Erscheinung. Sie sind des Königs Leibwache, weil man ganz laut sagt, daß er sich auf seine eigenen Soldaten nicht verlassen kann. Wenn dieses so ist, so ist es ganz gewiß seine eigene Schuld; denn ich halte die Neapolitaner für eine der bravsten und besten Nationen, so wie überhaupt die Italiäner. Was ich hier und da schlimmes sagen muß, betrifft nur die Regierung, ihre schlechte Verfassung oder Verwaltung und das Religionsunwesen. Die Russen haben sich sehr metamorphosiert und ich würde sie kaum wieder erkannt haben. Du weißt, daß ich die Schulmeisterei in keinem Dinge verachte, wenn sie das Gründliche bezweckt: aber ich glaube, sie haben sich durch Pauls Veränderungen durchaus nicht gebessert. Brav werden sie immer bleiben; das ist im Charakter der

Nation: aber Paul hätte das Gute behalten und das Bessere
geben sollen. Ich habe nicht gesehen, daß sie besser Linie
und besser den Schwenkpunkt hielten, und fertiger die Waffen handhabten; aber desto schlechter waren sie gekleidet,
ästhetisch und militärisch. Die steifen Zöpfe, die Potemkin
mit vielen andern Bocksbeuteleien abgeschafft hatte, geben
den Kerlen ein Ansehen von ganz possierlicher Unbehülf-
lichkeit. Potemkin hatte freilich wohl manches getan, was
nichts wert war; aber diese Ordonnanz bei der Armee war
sicher gut. Paul war in seiner Empfindlichkeit zu einseitig.
Übrigens werden hier die Russischen Offiziere, wie ich höre,
zuweilen nicht wegen ihrer Artigkeit gelobt, und man erzählte sehr auffallende Beispiele vom Gegenteil. Das sind
hoffentlich nur unangenehme Ausnahmen; denn man läßt
im Ganzen der Ordnung und der Strenge des Generals Gerechtigkeit widerfahren.

Der heilige Januarius wird als Jakobiner gewaltig gemißhandelt, und von den Lazaronen auf alle Weise beschimpft:
es fehlt wenig, daß er nicht des Patronats völlig entsetzt
wird. Dafür wird der heilige Antonius sehr auf seine Kosten
gehoben; und es wird diesem sogar durch Manifeste vom
Hofe gehuldigt. Doch ist die Januariusfarce wieder glücklich
von Statten gegangen, und er hat endlich wieder ordentlich
geblutet. Ich habe für dergleichen Dinge wenig Takt, bin
also nicht dabei gewesen, ob die Schnurre gleich fast unter
meinen Augen vorging. Einer meiner Freunde erzählte mir
von den furchtbaren Ängstigungen einiger jungen Weiber
und ihrer heißen Andacht, ehe das Mirakel kam, und von
ihrer ausgelassenen heiligen ekstatischen Freude, als es
glücklich vollendet war. Womit kann man den Menschen
nicht noch hinhalten, wenn man ihm einmal seine Urbefugnisse genommen hat?

Rom

Nun bin ich wieder hier in dem Sitz der heiligen Kirche, aber
nicht in ihrem Schoße. Wie Schade das ist; ich habe so viel
Ansatz und Neigung zur Katholizität, würde mich so gern

auch an ein Oberhaupt in geistlichen Dingen halten, wenn
nur die Leute etwas leidlicher, ordentlich und vernünftig
wären. Meiner ist der Katholizismus der Vernunft, der allgemeinen Gerechtigkeit, der Freiheit und Humanität; und
der ihrige ist die Nebelkappe der Vorurteile, der Privilegien,
des eisernen Gewissenszwanges. Ich hoffte, wir würden
einst zusammenkommen; aber seit Bonapartes Bekehrung
habe ich für mich die Hoffnung sinken lassen. Dank sei es
der Frömmelei und dem Mamelukengeist des großen französischen Bannerherrn, die Römer haben nun wieder Überfluß an Kirchen, Mönchen, Banditen. Er hat uns zum
wenigsten wieder einige hundert Jahre zurückgeworfen.
Homo sum – sagt Terenz; sonst könntest Du leicht fragen,
was mich das Zeug anginge. Aber ich will den Faden meiner
Wanderschaft wieder aufnehmen.

   Den letzten Tag in Neapel besuchte ich noch den Agnano
und die Hundsgrotte. Schon Füger in Wien hatte mich gewarnt, ich möchte mich dort in Acht nehmen: allein im Mai,
dachte ich, hat so ein Spaziergang wohl nichts zu sagen. Der
Morgen war drückend schwül, und über der Solfatara und
dem Kamaldulenser Berge hingen Gewitterwolken. Alles ist
bekannt genug; ich wollte nur aus Neugier das Lokale sehen
und weiter keinen Hund auf die Folter setzen. Nachdem ich
aber ungefähr ein Stündchen am See herumgewandelt war
und mir die Lage besehen hatte, ward mir der Kopf auf
einmal sonderbar dumpf und schwer, und ich eilte, daß ich
durch die Bergschlucht wieder heraus kam. Es war ein eigenes furchtbares Gefühl, als ob sich alle flüssigen Teile
mischten und die festen sich auflösen wollten. So wie ich
mich von der Gegend entfernte, kehrte mein heller Sinn
zurück, und es blieb mir nur eine gewisse Schwere und Mü-
digkeit von der Wärme. Eine eigene Erscheinung in meinem
Physischen war es mir indessen, als ich gleich nachher in
einem Wirtshause nicht weit von Posilippo aß, daß ich mir
an einer eben nicht harten Kastanie auf einmal drei Zähne
bis fast zum Ausfallen locker biß. Der Agnano und die
Hundsgrotte kosten dich ein wenig zu viel, dachte ich, und

tat schon Verzicht auf meine drei Vorderzähne. Aber Veränderung der Luft und etwas Schonung haben sie bis auf
einen wieder ziemlich festgemacht; und dieser wird sich hoffentlich auch wieder erholen. Will er nicht, nun so will ich
ihn der Hundsgrotte opfern.

Von Rom nach Neapel war ich zu Fuße gegangen: von
Neapel nach Rom fuhr ich der Schnelligkeit wegen mit dem
neapolitanischen Kurier. Noch die Nacht fuhren wir über
Aversa nach Kapua, und den Tag von Kapua nach Terracina.
Anstatt einer attellanischen Fabel erzählte man uns in Aversa als wahre Geschichte, daß eben die Räuber vom Berge
herunter gekommen wären und einen armen Teufel um
sechszig Piaster erschlagen hätten. In Fondi stahl ich mich
mit etwas bösem Gewissen voraus, weil ich dem Herrn Zoll-
einnehmer nicht gern in die Hände fallen wollte. Dieser
Herr hatte nehmlich auf meiner Hinreise einen sehr großen
Gefallen an meinem Seehundstornister bekommen, wollte
ihn durchaus haben, und bot mir bis zu drei goldnen Unzen
darauf. Ich wollte ihn nicht missen, hatte seiner Zudring-
lichkeit aber doch einige Hoffnung gemacht, wenn ich
zurückkäme: und jetzt wollte ich ihn eben so wenig missen.
Wer bringt nicht gern Haut und Fell und alles wieder heil mit
sich zurück? Durch die Pontinen ging es diesmal die Nacht,
welches ich sehr wohl zufrieden war. Der Morgen graute, als
wir in Veletri eintrafen. Nun kam aber eine echt italiänische
Stelle, über der ich leicht hätte den Hals brechen können.

Ich habe die Gewohnheit, beständig vorauszulaufen, wo
ich kann. Zwischen Gensano und Aricia ist eine schöne
Waldgegend, durch welche die Straße geht. Oben am Berge
bat der Postillon, wir möchten aussteigen, weil er vermutlich
den Hemmschuh einlegen wollte, und am Wagen etwas zu
hämmern hatte. Der Offizier blieb bei seinen Depeschen am
Wagen, und ich schlenderte leicht und unbefangen den Berg
hinunter in den Wald hinein, und dachte, wie ich Freund
Reinhart in Aricia überraschen würde, der jetzt daselbst sein
wollte. Ungefähr sieben Minuten mochte ich so fortgewan-
delt sein, da stürzten links aus dem Gebüsche vier Kerle auf

mich zu. Ihre Botschaft erklärte sich sogleich. Einer faßte mich bei der Krause, und setzte mir den Dolch an die Kehle; der andere am Arm, und setzte mir den Dolch auf die Brust; die beiden übrigen blieben dispositionsmäßig in einer kleinen Entfernung mit aufgezogenen Karabinern. In der Bestürzung sagte ich halb unwillkürlich auf Deutsch zu ihnen: Ei so nehmt denn ins Teufels Namen alles, was ich habe! Da machte einer eine doppelt gräßliche Pantomime mit Gesicht und Dolch, um mir zu verstehen zu geben, man würde stoßen und schießen, sobald ich noch eine Sylbe spräche. Ich schwieg also. In Eile nahmen sie mir nun die Börse und etwas kleines Geld aus den Westentaschen, welches beides zusammen sich vielleicht auf sieben Piaster belief. Nun zogen sie mich mit der vehementesten Gewalt nach dem Gebüsche, und die Karabiner suchten mir durch richtige Schwenkung Willigkeit einzuflößen. Ich machte mich bloß so schwer als möglich, da weiter tätigen Widerstand zu tun der gewisse Tod gewesen wäre: man zerriß mir in der Anstrengung Weste und Hemd. Vermutlich wollte man mich dort im Busche gemächlich durchsuchen und ausziehen, und dann mit mir tun, was man für gut finden würde. Sind die Herren sicher, so lassen sie das Opfer laufen; sind sie das nicht, so geben sie einen Schuß oder Stich, und die Toten sprechen nicht. In diesem kritischen Momente, denn das Ganze dauerte vielleicht kaum eine Minute, hörte man den Wagen von oben herabrollen und auch Stimmen von unten: sie ließen mich also los, und nahmen die Flucht in den Wald. Ich ging etwas verblüfft meinen Weg fort, ohne jemand zu erwarten. Die Uhr saß, wie in Sicilien, tief, und das Taschenbuch stak unter dem Arme in einem Rocksacke: beides wurde also in der Geschwindigkeit nicht gefunden. Die Kerle sahen gräßlich aus, wie ihr Handwerk; keiner war, nach meiner Taxe, unter zwanzig, und keiner über dreißig. Sie hatten sich gemalt, und trugen falsche Bärte; ein Beweis, daß sie aus der Gegend waren, und Entdeckung fürchteten. Reinhart traf ich in Aricia nicht; er war noch in Rom. So hätte ich wohl noch leicht in der schönen klassischen Ge-

gend bleiben können. Dort spielt ein Teil der Aeneide, und
nach aller Topographie bezahlten daselbst Nisus und Euryalus ihre jugendliche Unbesonnenheit: nicht eben, daß sie
gingen, sondern daß sie unterwegs so alberne Streiche
machten, die kein preußischer Rekrut machen würde. Wer
wird einen schön polierten, glänzenden Helm bei Mondschein aufsetzen, um versteckt zu bleiben? Herr Virgil hat
sie, vermutlich bloß der schönen Episode wegen, so ganz
unüberlegt handeln lassen.

Hier in Rom brachte man mir die tröstliche Nachricht,
daß zwei von den Schurken, die mich in dem Walde geplündert hätten, erwischt wären, und daß ich vielleicht noch das
Vergnügen haben würde, sie hängen zu sehen. Dawider habe
ich weiter nichts, als daß es bei der jetzigen ungeheuern
Unordnung der Dinge sehr wenig helfen wird. Ich habe hier
etwas von einem Manuskript gesehen, das in kurzem in
Deutschland, wenn ich nicht irre, bei Perthes, gedruckt werden soll, und das ein Gemälde vom jetzigen Rom enthält.
Du wirst Dich wundern, wenn ich Dir sage, daß fast alles
darin noch sehr sanft gezeichnet ist. Der Mann kann auf alle
Fälle kompetenter Beurteiler sein; denn er ist lange hier, ist
ein freier, unbefangener, kenntnisvoller Mann, bei dem
Herz und Kopf gehörig im Gleichgewicht stehen. Die Hierarchie wird wieder in ihrer größten Ausdehnung eingeführt;
und was das Volk eben jetzt darunter leiden müsse, kannst
Du berechnen. Die Klöster nehmen alle ihre Güter mit
Strenge wieder in Besitz, die eingezogenen Kirchen werden
wieder geheiligt, und alle Prälaten behaupten fürs allererste
wieder ihren alten Glanz. Da mästen sich wieder die Mönche, und wer bekümmert sich darum, daß das Volk hungert?
Die Straßen sind nicht allein mit Bettlern bedeckt, sondern
diese Bettler sterben wirklich daselbst vor Hunger und
Elend. Ich weiß, daß bei meinem Hiersein an einem Tage
fünf bis sechs Personen vor Hunger gestorben sind. Ich
selbst habe Einige niederfallen und sterben sehen. Rührt
dieses das geistliche Mastheer? Der Ausdruck ist empörend,
aber nicht mehr als die Wahrheit. Jedes Wort ist an seiner

Stelle gut, denke und sage ich mit dem Alten. Als die Leiche
Pius des Sechsten prächtig eingebracht wurde, damit die
Exequien noch prächtiger gehalten werden könnten, erhob
sich selbst aus dem gläubigen Gedränge ein Fünkchen Vernunft in dem dumpfen Gemurmel, daß man so viel Lärm
und Kosten mit einem Toten mache, und die Lebendigen im
Elende verhungern lasse. Rom ist oft die Kloake der
Menschheit gewesen, aber vielleicht nie mehr als jetzt. Es ist
keine Ordnung, keine Justiz, keine Polizei; auf dem Lande
noch weniger als in der Stadt: und wenn die Menschheit
nicht noch tiefer gesunken ist, als sie wirklich liegt, so
kommt es bloß daher, weil man das Göttliche in der Natur
durch die größte Unvernunft nicht ganz ausrotten kann. Du
kannst denken, mit welcher Stimmung ein vernünftiger
Philanthrop sich hier umsieht. Ich hatte mich mit einer bit-
tern Philippika gerüstet, als ich wieder zu Borgia gehen
wollte. *Nil valent apud Vos leges, nil justitia, nil boni mores; sagi-
nantur sacerdotes, perit plebs, caecutit populus; vilipenditur quodcun-
que est homini sanctum, honestas, modestia, omnis virtus. Infimus et
improbissimus quisque cum armis per oppida et agros praedabundus
incedit, furatur, rapit, trucidat, jugulat, incendia miscet. Haec est illa
religio scilicet, auctoris ignominia, rationis opprobrium, qua Vos ho-
mines liberos et viros fortes ad servitia et latrones detrudere conamini.*
So gor es, und ich versichere Dich, Freund, es ist keine Sylbe
Redekunst dabei. Aber gesetzt auch, ein Kardinal hätte das
so hingenommen, warum sollte ich dem alten, guten, ehrlichen Manne Herzklopfen machen? Es hilft nichts; das liegt
schon im System. Man wird schon Palliativen finden; aber an
Heilung ist nicht zu denken. Die Herren sind immer klug
wie die Schlangen; weiter gehen sie im Evangelium nicht.
Die neuesten Beweise davon kannst Du in Florenz und Paris
sehen. Ich ging gar nicht zu Borgia, weil ich meiner eigenen
Klugheit nicht traute. Überdies hielt mich vielleicht noch
eine andere Kleinigkeit zurück. Die römischen Vornehmen
haben einen ganzen Haufen Bedienten im Hause und geben
nur schlechten Sold. Jeder Fremde, der nur die geringste
Höflichkeit vom Herrn empfängt, wird dafür von der Vale-

taille in Anspruch genommen. Das hatte ich erfahren. Nun
kann man einem ganzen Hausetat doch schicklich nicht weniger als einen Piaster geben; und so viel wollte ich für den
Papst und sein ganzes Kollegium nicht mehr in Auslage sein.

Ich will das Betragen der Franzosen hier und in ganz
Unteritalien nicht rechtfertigen: aber dadurch, daß sie die
Sache wieder aufgegeben haben, ist die Menschheit in un-
säglisches Elend zurückgefallen. Ich weiß, was darüber gesagt werden kann, und von wie vielen Seiten alles betrachtet
werden muß: aber wenn man schlecht angefangen hat, so
hat man noch schlechter geendiget; das Zeugnis wird mit
Zähneknirschen jeder rechtliche Römer und Neapolitaner
geben. Geschichte kann ich hier nicht schreiben. Durch
ihren unbedingten, nicht notwendigen Abzug ist die
schrecklichste Anarchie entstanden. Die Heerstraßen sind
voll Räuber; die niederträchtigsten Bösewichter ziehen bewaffnet im Lande herum. Bloß während meiner kurzen
Anwesenheit in Rom sind drei Kuriere geplündert und fünf
Dragoner von der Begleitung erschossen worden. Niemand
wagt es mehr, etwas mit der Post zu geben. Der französische
General ließ wegen vieler Ungebühr ein altes Gesetz schär-
fen, das den Dolchträgern den Tod bestimmt, und ließ eine
Anzahl Verbrecher vor dem Volkstore wirklich niederschie-
ßen. Die Härte war Wohltat; nun war Sicherheit. Jetzt trägt
jedermann wieder seinen Dolch und braucht ihn. Die Kardinäle sind immer noch in dem schändlichen Kredit als
Beschützer der Verbrecher. Man erzählt jetzt noch Beispiele
mit allen Namen und Umständen, daß sie Mörder in ihren
Wagen aus der Stadt in Sicherheit bringen lassen. Über öffentliche Armenanstalten bei den Katholiken ist schon viel
gesagt. Rom war auch in dieser Rücksicht die Metropolis.
Jetzt sind durch die Revolution fast alle öffentliche Armen-
fonds wie ausgeplündert, und die Not ist vor der Ernte unter
der ganz armen Klasse schrecklich. In ganz Marino und
Albano ist keine öffentliche Schule, also keine Sorge für
Erziehung; in Rom ist sie schlecht. Der Kirchenstaat ist eine
Öde rund um Rom herum, deswegen erlaubt aber kein Gü-

terbesitzer, daß man auf seinem Grunde arbeite. Das Feu-
dalrecht könnte in Gefahr geraten. Wenn er nicht geradezu
hungert, was gehn ihn die Hefen des Romulus an? Die Möncherei kommt wieder in ihren grassesten Flor, und man
erzählt sich wieder ganz neue Bubenstücke der Kuttenträger, die der Schande der finstersten Zeiten gleich kommen.
Man sagt wohl, Italien sei ein Paradies von Teufeln bewohnt:
das heißt der menschlichen Natur Hohn gesprochen. Der
Italiäner ist ein edler, herrlicher Mensch; aber seine Regenten sind Mönche oder Mönchsknechte, die meisten sind
Väter ohne Kinder: das ist Erklärung genug. Überdies ist es
der Sitz der Vergebung der Sünde.

Ich will nur machen, daß ich hinauskomme, sonst denkst
Du, daß ich beißig und bösartig geworden bin. Die Partien
rund herum sind ohne mich bekannt genug: ich habe die
meisten, allein und in Gesellschaft, in der schönsten Jahrszeit genossen. Man kann hier sein und sich wohl befinden,
nur muß man die Humanität zu Hause lassen. Mit Uhden
habe ich die Partien von Marino, Grottaferrata, Fraskati und
den Albaner See gesehen. Eines der ältesten Monumente ist
am See der Felsenkanal, der das Wasser aus demselben durch
den Berg in die Ebene hinabläßt, und der, wenn ich nicht
irre, noch aus den Zeiten des Kamillus ist. Die Geschichte
seiner Entstehung ist bekannt. Man wirkt noch heute eben
so durch den Aberglauben wie damals. Wenn der Gott von
Delphi den Ausspruch der Mathematiker nicht bestätigt hätte, wären die Römer schwerlich an die Arbeit gegangen.
Das ganze Werk steht noch jetzt in seiner alten herrlichen
ursprünglichen Größe da und erfüllt den Zweck. Uhden
wunderte sich, daß Kluver, ein sonst so genauer und gewissenhafter Beobachter, sagt, es seien noch Spuren da, da
doch der ganze Kanal noch eben so gangbar ist, wie vor
zweitausend Jahren. Mir deucht zu Kluvers Rechtfertigung
kann man annehmen, daß der Eingang eben damals verschüttet war, welches sich periodenweise leicht denken läßt;
und der Antiquar untersuchte nicht näher. Der Eingang ist
ein sehr romantischer Platz und der Gegenstand der Zeich-

ner: vorzüglich wirkt die alte perennierende Eiche an demselben. Das Schloß Gandolfo oben auf dem Berge ist eine
der schönsten Aussichten in der ganzen schönen Gegend.
Hier zeigte man mir im Promenieren einen Priester, der in
einem Gefecht mit den Franzosen allein achtzehn niederge-
schossen hatte. Das nenne ich einen Mann von der strei-
tenden Kirche! Wehe der Humanität, wenn sie die trium-
phierende wird. Wer auf Hadrian eine Lobrede schreiben
will, muß nicht hierher gehen, und die Überreste seiner Ville
sehen: man sieht noch ganz den Pomp eines morgenländischen Herrschers, und die Furcht einer engbrüstigen tyrannischen Seele. Auch sogar sein Grabmal hat die päpstliche
Zwittertyrannei zu ihrem Ergastel gemacht. Trajan hat Monumente besserer Bedeutung hinterlassen. Wo bei Fraskati
wahrscheinlich des großen Tullius Tuskulum gestanden hat,
sieht man jetzt sehr analog – eine Papiermühle. Das Plätzchen ist sehr philosophisch; nur würde Thucydides hier
schwerlich die tuskulanischen Quästionen oder gar *de natura
deorum* geschrieben haben. Der schönste Ort von allen antiken Gebäuden, die ich noch gesehen habe, ist unstreitig die
Ville des Mäcen in Tivoli. Man kann annehmen, daß der
Schmeichler Horaz hier mehrere seiner lieblichsten Oden
gedichtet habe, für den gewaltigen Mann, neben und unter
dem er hier haus'te. Man wollte mich unten am Flusse jenseits, nicht weit von den Ställen des Varus, in ein Haus
führen, wo noch Horazens Bad zu sehen sein soll; aber ich
hatte nicht Lust: es fiel mir seine Canidia ein. Virgil war ein
feinerer Mann und ein besserer Mensch. Kein Stein ist hier
oben ohne Namen, und um die Kaskade und die Grotte und
um die Kaskadellen. Wenn ich Dir die Kaskadellen von unserm Reinhart mitbringen könnte, das würde für Dich noch
Beute aus Hesperien sein: ich bin nur Laie.

Von den Kunstschätzen in Rom darf ich nicht anfangen.
Die Franzosen haben allerdings vieles fortgeschafft; aber
der Abgang wird bei dem großen Reichtum doch nicht
sehr vermißt. Überdies haben sie mit wahrem Ehrgefühl
kein Privateigentum angetastet. Einigen ihrer vehementesten

Gegner haben sie zwar gedroht; doch ist es bei den Drohungen geblieben: und die Privatsammlungen sind bekanntlich zahlreich und sehr ansehnlich. Nur einige sind durch die Zeitumstände von ihren Besitzern zersplittert worden; vorzüglich die Sammlung des Hauses Kolonna. Aus den Gärten Borghese ist kein einziges Stück entfernt. Bloß der Fechter und der Silen daselbst haben einen so klassischen Wert, wie ihn mehrere der nach Paris geschafften Stücke nicht haben. Die größte Sottise, die vielleicht je die Antiquare gemacht haben, ist, daß sie diesen Silen mit dem lieblichen jungen Bacchus für einen Saturnus hielten, der eben auch diese Geburt fressen wollte. Der erste, der diese Erklärung auskramte, muß vor Hypochondrie Konvulsionen gehabt haben. Vorzüglich beschäftigte mich noch eine Knabenstatue mit der Bulle, die man für einen jungen Britannicus hält. Sei es wer es wolle, es ist ein römischer Knabe, der sich der männlichen Toga nähert, mit einer unbeschreiblichen Zartheit und Anmut dargestellt. Ich habe nichts ähnliches in dieser Art mehr gefunden.

In der Galerie Doria zog meine Aufmerksamkeit vornehmlich ein weibliches Gemälde von Leonardo da Vinci auf sich, das man für die Königin Johanna von Neapel ausgab. Darüber erschrak ich. Das kann Johanna nicht sein, sagte ich, unmöglich; ich wäre für das Original von Leukade gesprungen: das kann die Neapolitanerin nicht sein. Wenn sie es ist, hat die Geschichte gelogen, oder die Natur selbst ist eine Falschspielerin. Man behauptete, es wär' ihr Bild; und ich genoß in der Träumerei über den Kopf die schönen Salvator Rosa im andern Flügel nur halb. Als ich nach Hause kam, fragte ich Fernow; und dieser sagte mir, ich habe Recht; es sei nun ausgemacht, daß es eine gewisse Gräfin aus Oberitalien sei. Ich freute mich, als ob ich eine Kriminalinquisition los wäre.

Auf dem Kapitol vermißte ich den schönen Brutus. Dieser ist nach Paris gewandelt, hieß es. Was soll Brutus in Paris? Vor funfzig Jahren wäre es eine Posse gewesen, und jetzt ist es eine Blasphemie. Dort wachsen die Cäsarn wie die Flie-

genschwämme. Noch sah ich die alte hetrurische Wölfin, die
bei Cäsars Tode vom Blitz beschädigt worden sein soll. Die
Seltenheit ist wenigstens sehenswert. Von dem Turme des
Kapitols übersah ich mit einem Blick das ganze, große Rui-
nenfeld unter mir. Einer meiner Freunde machte mir ein
Geschenk mit einer Rhapsodie über die Peterskirche; ich
gab ihm dafür eine über das Kapitol zurück. Ich schicke sie
Dir hier, weil ich glauben darf, daß Dir vielleicht die Aussicht einiges Vergnügen machen kann.

> Du zürnst, daß dort mit breitem Angesichte
> Das Dunstphantom des Aberglaubens glotzt
> Und jedem Feuereifer trotzt,
> Der aus der Finsternis zum Lichte
> Uns führen will; Du zürnst den Bübereien,
> Dem Frevel und dem frechen Spott,
> Mit dem der Plattkopf stiert, der Tugend uns und Gott
> Zum Unsinn macht; den feilen Schurkereien,
> Und der Harpye der Möncherein,
> Dem häßlichsten Gespenst, das dem Kozyt entkroch,
> Das aus dem Schlamm der Dummheit noch
> Am Leitseil der Betrügereien
> Zehntausend hier zehntausend dort ins Joch,
> Dem willig sich die Opfertiere weihen,
> Zum Grabe der Vernunft berückt,
> Und dann mit Hohn und Litaneien
> Aus seiner Mastung niederblickt:
> Du zürnst, daß man noch jetzt die Götzen meißelt,
> Und mit dem Geist der Mitternacht
> Zu ihrem Dienst die Menschheit nieder geißelt,
> Und die Moral zur feilen Dirne macht,
> Bei der man sich zum Sybariten kräuselt
> Und Recht und Menschenwert verlacht.
>
> Dein Eifer, Freund, ist edel. Zürne!
> Oft gibt der Zorn der Seele hohen Schwung
> Und Kraft und Mut zur Besserung;

Indessen lau mit seichtem Hirne
Der Schachmaschinenmensch nach den Figuren schielt.
Und von dem Busen seiner Dirne
Verächtlich nur die Puppen weiter spielt.

Geh hin und lies, fast ist es unsre Schande,
Es scheint es war das Schicksal Roms
In Geierflug zu ziehn von Land zu Lande;
Es schlug die Erde rund in Bande,
Und wechselt nur den Sitz des Doms.
Was einst der Halbbarbar ins Joch mit Eisen sandte,
Beherrschet nun der Hierofante
Mit dem Betruge des Diploms.
Jetzt türmet sich am alten Vatikane
Des Aberglaubens Burg empor,
In deren dumpfigem Arkane
Sich längst schon die Vernunft verlor,
Und wo man mit geweihtem Ohr
Und Nebelhirn zur neuen Fahne
Des alten Unsinns gläubig schwor.
Dort steht der Dom, den Blick voll hohen Spottes,
Mit dem er Menschensinn verhöhnt;
Und mächtig stand, am Hügel hingedehnt,
Einst hier die Burg des Donnergottes,
Wo noch des Tempels Trümmer gähnt:
Und wer bestimmt, aus welchem Schlunde
Des Wahnsinns stygischer Betrug
Der armen Welt die größte Wunde
Zur ewigen Erinnerung schlug?

Hier herrschten eisern die Katonen
Mit einem Ungeheur von Recht,
Und stempelten das menschliche Geschlecht
Despotisch nur zu ihren Fronen;
Als wäre von Natur vor ihnen Jeder Knecht,
Den Zeus von seinem Kapitole
Mit dem Gefolge der Idole

Sich nicht zum Lieblingssohn erkor;
Und desto mehr, je mehr er kühn empor
Mit seines Wesens Urkraft strebte
Und sklavisch nicht, wie vor dem Sturm das Rohr,
Beim Zorn der Herr'n der Erde bebte.
Nur wer von einem Räuber stammte,
Dem Fluch der Nachbarn, wessen Heldenherz,
Bepanzert mit dem dicksten Erz,
Den Hohn der Menschheit lodernd flammte,
Und alle Andern wie Verdammte
Zur tiefsten Knechtschaft von sich stieß
Und den Beweis in seinem Schwerte wies; –
Nur der gelangte zu der Ehre
Ein Mann zu sein im großen Würgerheere.

Oft treibt Verzweiflung zu dem Berge,
Dem Heiligen, dem Retter in der Not,
Wenn blutig des Bedrückers Scherge
Mit Fesseln, Beil und Ruten droht:
Und, was erstaunt jetzt kaum die Nachwelt glaubet,
Dem größten Teil der Nation,
Dem ganzen Sklavenhaufen, raubet
Der Blutgeist selbst die Rechte der Person,
Und setzt ihn mit dem Vieh der Erde
Zum Spott der Macht in eine Herde.
Der Wüstling warf dann in der Wut,
Für ein zerbrochnes Glas, mit wahrer Römerseele,
Den Knecht in die Muränenhöhle,
Und fütterte mit dessen Blut
Auf seine schwelgerischen Tische
Die seltnen, weitgereis'ten Fische:
Und für die Kleinigkeit der Sklavenstrafe ließ
Mit Zorn der schlauste der Tyrannen,
Den seine Welt Augustus hieß,
Zehn Tage lang den Herrn von sich verbannen.
Nimm die zwölf Tafeln, Freund, und lies
Was zum Gesetz die Blutigen ersannen;

Was ihre Zehner kühn gewannen,
Durch die man frech die Menschheit von sich stieß.

Wer zählet die Proskriptionen,
Die der Triumvir niederschrieb,
In denen er durch Henker ohne Schonen
Die Bande von einander hieb,
Die, das Palladium der Menschlichkeit zu retten,
Uns brüderlich zusammen ketten.
Durch sie ward Latium in allen Hainen rot
Bis in die Grotten der Najaden,
Und mit dem Grimm des Schrecklichen beladen,
Des Fluchs der Erde, gingen in den Tod
An Einem Tage Myriaden:
Und gegen Sullas Henkergeist
Ist zu der neuen Zeiten Ehre,
Der Aftergallier, der Blutmensch Robespierre,
Ein Genius, der mild und menschlich heißt.

Man würgte stolz, und hatte man
Mit Spott und Hohn die Untat frech getan,
So stieg man hier auf diesen Hügel
Und heiligte den Schreckenstag,
Der unter seiner Schande Siegel
Nun in der Weltgeschichte lag.
Man schickte ohne zu erröten,
Den Liktor mit dem Beil und ließ
Im Kerker den Gefangnen töten,
Der in der Schlacht als Held sich wies,
Vor dessen Tugend man selbst in der Raubburg zagte
Und nicht sie zu bekämpfen wagte.

Dort gegenüber setzten sich
Die Cäsarn auf dem Palatine,
Wo noch die Trümmer fürchterlich
Herüber gähnt, und jetzt mit Herrschermiene
Auch aus dem Schutte der Ruine,

Wie in der Vorwelt Eisenzeit,
Mit Ohnmacht nur Gehorsam noch gebeut.
Dort herrschten, hebt man kühn den Schleier,
Im Wechsel nur Tyrann und Ungeheuer;
Dort grub der Schmeichler freche Zunft
Mit Schlangenwitz am Grabe der Vernunft;
Dort starben Recht und Zucht und Ehre,
Dort betete man einst Sejan,
Narciß und sein Gelichter an,
Wenn die Neronen und Tibere
Nur scheel auf ihre Sklaven sahn,
Sie selbst der Schändlichkeit Heloten,
Die Qual und Tod mit einem Wink geboten,

Dort ragt der Schandfleck hoch empor,
Wo, wenn des Scheusals Wille heischte,
Des Tigers Zahn ein Menschenherz zerfleischte,
Und wo der Sklaven grelles Chor
Dem Blutspektakel Beifall kreischte,
Und keinen Zug des Sterbenden verlor;
Wo zu des Römerpöbels Freude
Nur der im Sand den höchsten Ruhm erwarb,
Der mit dem Dolch im Eingeweide
Und Grimm im Antlitz starb.

Von außen Raub und Sklaverei von innen,
Bei Kato wie bei Seneka,
Stehst Du noch jetzt entzückt vor Deinen Römern da,
Und stellst sie auf des Ruhmes Zinnen?
Vergleiche was durch sie geschah,
Von dem Sabiner bis zum Goten,
Die Kapitolier bedrohten
Die Menschheit mehr als Attila,
Trotz allen preisenden Zeloten.
Betrachtest Du die Stolzen nur mit Ruh,
Für Einen Titus schreibest Du
Stets zehn Domitiane nieder.

Behüte Gott nur uns und unsre Brüder
Vor diesem blutigen Geschlecht,
Vor Römerfreiheit und vor Römerrecht!
Wenn Peter stirbt, erwache Zeus nicht wieder.

In dem Palast Spada besuchte ich einige Augenblicke die
Statue des Pompejus, die man bekanntlich für die nehmliche
ausgibt, unter welcher Cäsar erstochen wurde. Dieses kann
auch vielleicht so wahrscheinlich gemacht werden, als solche Sachen es leiden. Die Statue hat sonst nichts Merkwürdiges und ist artistisch von keinem großen Wert. Unter
dieser Statue sollten alle Revolutionäre mit wahren, hellen,
gemäßigten Philanthropen zwölf Mitternächte Rat halten,
ehe sie einen Schritt wagten. Was rein, gut oder schlecht in
dem Einzelnen ist, ist es nicht immer in der Gesamtheit; auf
der Stufe der Bildung, auf welcher die Menschheit jetzt ste-
het.

Die Peterskirche gehört eigentlich der ganzen Christenheit, und die Hierarchie würde vielleicht gern das enorme
Werk vernichtet sehen, wenn sie das unselige Schisma wieder heben könnte, das über ihrem Bau in der christlichen
Welt entstanden ist. Etwas mehr gesunde Moral und Mäßigung hätte damals die Päpste mit Hilfe des abergläubischen
Enthusiasmus zu Herren derselben gemacht: diese Gelegenheit kommt nie wieder. Ob die Menschheit dadurch gewonnen oder verloren hätte, ist eine schwere Frage. Es ist, als ob
man der stillen Größe der alten Kunst mit diesem herkuli-
schen Bau habe Hohn sprechen wollen. Du kennst das
Pantheon als den schönsten Tempel des Altertums. Stelle
Dir vor, einen verhältnismäßigen ungeheuern Raum, als die
Area des Heiligentempels, zu einer großen Höhe aufgeführt,
und oben das ganze Pantheon als Kuppel darauf gesetzt, so
hast Du die Peterskirche. Das Riesenmäßige hat man erreicht. Wir saßen in dem Knopfe der Kuppel unser drei, und
übersahen die gefallene Roma. Diese Kirche wird einst mit
ihrer Kolonnade die größte Ruine von Rom, so wie Rom
vielleicht die größte Ruine der Welt ist.

In dem benachbarten Vatikan beschäftigten mich nur Raphaels Logen und Stanzen und die Sixtinische Kapelle. Beide sind so bekannt, daß ich es kaum wage Dir ein Wort davon zu sagen. Ein Engländer soll jetzt das jüngste Gericht von Michel Angelo in zwölf Blättern stechen. Das erste Blatt ist fertig, und hat den Beifall der Kenner. Er sollte dann fortfahren und die ganze Kapelle nach und nach geben. Die Sibyllen haben eben so herrliche Gruppierungen und sind eben so voll Kraft und Seele.

Vor der Schule Raphaels habe ich stundenlang gestanden und mich immer wieder hingewendet. Nach diesem Sokrates will mir kein anderer mehr genug tun. So muß Sokrates gewesen sein, wie dieser hier ist; und so Diogenes, wie dieser da liegt. Pythagoras hielt mich nicht so lange fest, als Archimedes mit seiner Knabengruppe. In dieser hat vielleicht der Künstler das vollendetste Ideal von Anmut und Würde dargestellt. Ich sah den Brand und im Vorzimmer die Schlacht: aber ich ging immer wieder zu seiner Schule. Ich würde vor dem erhabenen Geiste des Künstlers voll drückender Ehrfurcht zurück beben, wenn ich nicht an der andern Wand seinen Parnaß sähe, auf welchen er als den Apoll den Kammerdiener des Papstes mit der Kremoneser Geige gesetzt hat. Aber ich möchte doch lieber etwas angebetet haben als eine solche Vermenschlichung sehen, den Apollo mit der Kremoneser Geige. Die Logen fangen an, an der Luftseite stark zu leiden. Sie sind ein würdiger Vorhof des Heiligtums und vielleicht reicher als das Adyton selbst. Hier konnten die Gallier nichts antasten, sie hätten denn als Vandalen zerstören müssen: und das sind sie doch nicht, ihre Feinde mögen sagen was sie wollen. Ich müßte Dir von Rom allein ein Buch schreiben, wenn ich länger bliebe und länger schriebe: und ich würde doch nur wenig erschöpfen.

Zum Schluß schicke ich Dir eine ganz funkelnagelneue Art von Centauren, von der Schöpfung eines unserer Landsleute. Aber ich muß Dir die Schöpfungsgeschichte erzählen, damit Du das Werk verstehst.

Es hält sich seit einigen Jahren hier ein reicher Britte auf,

dessen grilliger Charakter, gelinde gesprochen, durch ganz
Europa ziemlich bekannt ist, und der weder als Lord eine
Ehre der Nation noch als Bischof eine Zierde der Kirche
von England genannt werden kann. Dieser Herr hat bei der
Impertinenz des Reichtums die Marotte den Kenner und
Gönner in der Kunst zu machen und den Geschmack zu
leiten, und zwar so unglücklich, daß seine Urteile in Italien
hier und da bei Verständigen fast schon allein für Verdam-
mung gelten. Vorzüglich haßt er Raphael und zieht bei jeder
Gelegenheit seine *deos minorum gentium* auf dessen Unkosten
hervor. Indessen er bezahlt reich, und es geben sich ihm, zur
Erniedrigung des Genius, vielleicht manche gute Köpfe hin,
die er dann ewig zur Mittelmäßigkeit stempelt. Viele lassen
sich vieles von dem reichen Britten gefallen, der selten in
den Grenzen der feinern Humanität bleiben soll. Für einen
solchen hielt er nun auch unsern Landsmann; dieser aber
war nicht geschmeidig genug sein Klient zu werden. Er lief
und ritt und fuhr mit ihm, und lud ihn oft in sein Haus. Der
Lord fing seine gewöhnlichen Ungezogenheiten gegen ihn
an, fand aber nicht gehörigen Knechtsgeist. Einmal bat er
ihn zu Tische. Der Künstler fand eine angesehene Gesellschaft von Fremden und Römern, welcher er von dem Lord
mit vielem Bombast als ein Universalgenie, ein Erzkosmo-
polit, ein Hauptjakobiner vorgestellt wurde. Jakobiner pflegte man dort, wie fast überall, jeden zu nennen, der nicht ganz
untertänig geduldig der Meinung der gnädigen Herren ist,
und sichs wohl gar beigehen läßt Urbefugnisse in dem Menschen zu finden, die er behaupten muß, wenn er Menschenwert haben will. Dem Künstler mußte dieser Ton mißfallen,
und ein Fremder, der es merkte, suchte ihn durch Höflichkeit aus der peinlichen Lage zu ziehen, indem er ihn nach
seinem Vaterlande fragte. Ei was, fiel der Lord polternd ein,
es ist ein Mensch, der kein Vaterland hat, ein Universalmann,
der überall zu Hause ist. Doch doch, Mylord, versetzte der
Künstler, ich habe ein Vaterland, dessen ich mich gar nicht
schäme; und ich hoffe, mein Vaterland soll sich auch meiner
nicht schämen: *Sono Prussiano.* Man sprach italiänisch. *Prus-*

siano? Prussiano? sagte der Wirt: *Ma mi pare che siete ruffiano.*
Das war doch Artigkeit gegen einen Mann, den man zu Tische
gebeten hatte. Der ehrliche brave Künstler machte der Gesellschaft seine Verbeugung, würdigte den Lord keines Blicks
und verließ das Zimmer und das Haus. Nach seiner Zurück-
kunft in sein eigenes Zimmer schrieb er in gerechter Empfindlichkeit ihm ungefähr folgenden Brief:

»Mylord,
Ganz Europa weiß, daß Sie ein alter Geck sind, an dem
nichts mehr zu bessern ist. Hätten Sie nur dreißig weniger,
so würde ich von Ihnen für Ihre ungezogene Grobheit eine
Genugtuung fordern, wie sie Leute von Ehre zu fordern
berechtigt sind. Aber davor sind Sie nun gesichert. Ich
schätze jedermann, wo ich ihn finde, ohne Rücksicht auf
Stand und Vermögen, nach dem was er selbst wert ist; und
Sie sind nichts wert. Sie haben alles was Sie verdienen, meine
Verachtung.«

Der Lord hielt sich den Bauch vor Lachen über die
Schnurre; er mag an solche Auftritte gewöhnt sein. Aber der
Zeichner setzte sich hin und fertigte das Blatt, das ich Dir
gebe. Das langgestreckte Schwein, die vollen Flaschen auf
dem Sattel, die leeren zerbrochenen Flaschen unten, das
Glas, der Finger, der Krummstab, der große antike Wein-
krug, der an dem Stocke lehnt, alles charakterisiert bitter,
auch ohne Kopf und Ohren und ohne den Vers; aber alles ist
Wahrheit. Der alte fünf und siebenzigjährige Pfaffe läßt
noch kein Mädchen ruhig.

> Auch seines Lebens letzten Rest
> Beschäftigt noch Lucinde;
> Wenn ihn die Sünde schon verläßt,
> Verläßt er nicht die Sünde.

Der Lord erhielt Nachricht von der Zeichnung, deren Notiz
in den guten Gesellschaften in Rom herumlief, und knirschte doch mit den Zähnen. Für so verwegen hatte er einen

16 Johann Christian Reinhart:
Karikatur von Lord Bristol, Bischof von Derry (1730–1803),
als Doppelwesen aus Centaur und Schwein.
Die Bildunterschrift lautet:
»Die Sorge flieht und wird zerstreut durch reichlich Wein.«

Menschen nicht gehalten, der weder Bänder noch Geld hatte. Endlich sagte er doch, nach der gewöhnlichen Regel, wo man zu bösem Spiele gute Miene macht: *Il s'est vengé en homme de genie.* Die Zeichnung bekam ich, und ich trage kein Bedenken sie Dir mitzuteilen.*

Mailand

Von Rom hierher ging ich halb im Wagen, halb zu Fuße; im Wagen so weit ich mußte, zu Fuße so weit ich konnte. Man hatte während meines Aufenthalts in Rom auf der Straße von Florenz Kuriere geplündert, Soldaten erschossen und große Summen geraubt. Es wäre Tollkühnheit gewesen, allein zu wallfahrten, wenn man nicht geradezu ein Bettler war, und sich durch das *cantabit vacuus* sichern konnte. Ich fuhr also mit einer Gesellschaft nach Florenz. Von Ronciglione nach Viterbo gehts am See hinauf über den Ciminus. Auf dem Berge empfehle ich Dir die Aussicht rechts hinüber nach dem Soratte; sie ist herrlich. Man sieht hinüber nach Nepi und Civitacastellana, bis fast nach Otrikoli, und weiter hin in die noch beschneiten Apenninen. Die Nebelwölkchen kräuselten sich herrlich und bezeichneten den Lauf der Tiber. Trotz der gedrohten Gefahr konnte ich doch nicht im Wagen bleiben, und trollte meistens zu Fuße voraus und hinterher. Nicht weit von Viterbo begegnete uns eine Gesellschaft, die nach aller Beschreibung, die ich schon in Rom von ihnen hatte, eine Karavane deutscher Künstler war, welche von Paris nach Rom gingen. Der Wagen fuhr

---

* Nach reiflicher Überlegung trage ich auch kein Bedenken, das Ganze hier mit drucken zu lassen. Mich über sogenannte Personalitäten zu erklären, wäre hier zu weitläufig. Die Sache hat ihre Grenzen diesseits und jenseits. Für solche Delinquenten ist keine Strafe als die öffentliche Meinung: und warum soll die öffentliche Meinung nicht – öffentlich sein und öffentlich dokumentiert werden? Die Parteien sind der Maler Reinhart und Lord Bristol. Von Bristol ist nun wohl keine Besserung zu erwarten; aber andere sollen nicht so werden wie er ist: deswegen wird es erzählt.

eben bergab sehr schnell, und ich konnte mich nicht erkundigen.

Du kannst denken, daß ich auf Thümmels Empfehlung in Montefiaskone den Estest nicht vergaß. Er ist für mich der erste Wein der Erde; und doch hatte ich nicht bischöfliches Blut: zwei Flaschen trank ich den Manen unsers Landsmannes. Ich brauchte mich nicht hineinzubemühen in die Stadt, deren Anblick auch sehr wenig einladendes hatte: der Wirt erzählte unaufgefordert die Geschichte des seligen Herrn, und macht mir mit der Landsmannschaft ein Kompliment. Es war gut, daß ich nicht hier bleiben konnte; ich glaube, ich wäre Küster bei dem Bischofe geworden, und hätte hier lernen Wein trinken. Aus dem Munde des Wirts lautete die Grabschrift: *Est est est, et propter nimium est dominus Fuggerus hic mortuus est.* Ob nun der Herr Bischof, der sich hier an dem herrlichen Wein in die selige Ewigkeit hinübertrank, wirklich aus unserm edeln Geschlecht dieses Namens war, das überlasse ich den geistlichen Diplomatikern. Ich lief rüstig vor dem Wagen her, nach Bolsena zu, am See hin, nach Sankt Lorenz, dem Lieblingsorte Pius des Sechsten. Die ganze Gegend um Bolsena ist romantisch. Daß unten Altlorenzo so außerordentlich ungesund sein soll, kann ich nicht begreifen. Daran scheint nur die Indolenz der Einwohner Schuld zu sein, die die Schluchten nicht genug aushauet und bearbeitet.

Als eine Neuigkeit des Tages erzählte man hier die Geschichte von einem Komplott in Neapel. Murat, den ich selbst noch in Neapel gesehen habe, soll die Rädelsführer durch seine Versprechungen zur Entdeckung der ganzen Unternehmung sehr fein überredet und sodann die ganze Liste dem Minister überreicht haben. Weiß der Himmel wie viel daran ist! Ganz ohne Grund ist das Gerücht nicht. Denn schon in Rom wurde davon gesprochen, und der König von Sardinien war aus Kaserta daselbst angelangt, wie man laut sagte aus Furcht vor Unruhen in Neapel, und wohnte im Palast Kolonna. Die neapolitanische Regierung hatte dabei in ihrem Ingrimm ihre gewöhnliche alte, unüberlegte Strenge gebraucht. In Montefiaskone traf ich einen Franzosen, der zwei und zwanzig Jahre in Livorno gehandelt hatte und ein gewaltiger Royalist war. Ich wollte schon vor zwölf Jahren zurückgehen, sagte er mir, aber mein Vaterland ist diese ganze Zeit über eine Mördergrube und ein verfluchtes Land gewesen. Die Republikaner und Demokraten sind alle Bösewichter. Nun, da Bonaparte wieder König ist, werde ich nach Hause gehen und mein Alter in Ruhe genießen. Der Mann sagte dieses alles mit den nehmlichen Worten; ich bin nur Übersetzer.

Aquapendente an dem Flusse macht eine schöne Partie und ist für den Kirchenstaat eine nicht unbeträchtliche Stadt. Was das für eine närrische Benennung der Örter ist, sagte ein Engländer, Aquapendente und Montefiaskone; es muß heißen Montependente und Aquafiaskone. Vor Radikofani an der Grenze bei Torricelli hatte man auch den Kurier geplündert, und ein toskanischer Dragoner war dabei umgekommen. Siena ist ziemlich leer. Der heilige Geruch des Erzbischofs benahm mir alle Lust nur aus dem Wirtshause zu gehen. Er ist der nehmliche Herr, der zur Zeit Josephs des Zweiten päpstlicher Legat in den Niederlanden war, und daselbst allem Guten sehr tätig widerstrebte. Neuerlich in der Revolution hat er sich durch seine heroische Unvernunft ausgezeichnet. Die Juden mochten bei Ankunft der Franzosen den Glauben gewonnen haben, daß sie auch Menschen seien, und sich also bürgerlich einige Menschlichkeiten erlaubt haben. Nach Abzug der Franken hielt der christgläubige Pöbel zu Siena im Sturm über die verruchten Israeliten Volksgericht, und führte dreizehn der Elenden lebendig zum Scheiterhaufen. Einige mutige vernünftige Männer baten den Erzbischof sein Ansehn zu interponieren, damit die Abscheulichkeit nicht ausgeführt würde. Die Energie des Glaubens aber weigerte sich standhaft gegen die Zumutungen der Menschlichkeit, und die Unglücklichen wurden zum frommen Schauspiel der Christenheit lebendig gebraten. Als die Volksexekution nach Hause zog, gab der geistliche Vater den Kindern mit Wohlgefallen seinen Segen. Doch dieses ist in Italien noch Humanität.

Von Siena nach Florenz ist ein schöner, herrlicher Weg;
und so wie man Florenz näher kommt, wird die Kultur
immer besser und endlich vortrefflich. Von Monte Cassiano,
dem letzten Ort vor Florenz, ist die schönste Abwechslung
von Berg und Tal bis in die Hauptstadt. Was Leopold für
Toscana getan hat, wird nun eilig alles wieder zerstört, und
die Mönche fangen hier ihr Regiment eben so wieder an, wie
in Rom. Der allgemeine große Wohlstand, der durch die
östreichische hier sehr liberale Regierung erzeugt worden
war, wird indes nicht sogleich vertilgt. Hier sind Segen und
Fleiß zusammen. Der neue König wird nicht geachtet; jedermann sieht ihn als nicht existierend an: bloß der römische Hof gewinnt durch seine Schwachheit Stärke. Dieser
Leopold, sagt der Nuntius, hat vieles getan als ein ungehor-
samer Sohn, das durch den Willen des heiligen Vaters und
das Ansehen der Kirche *ipso jure* null ist. Du kannst denken,
wie stark man sich am Vatikan fühlen und wie schwach man
die am Arno halten muß, daß man eine solche Sprache wagt.
Aber sie wissen, daß sie mit dem Herrn in Paris zusammen-
gehen; das erklärt und rechtfertigt vielleicht ihre Kühnheit.
Die größte Anzahl seufzt hier nach der alten Regierung;
Neuerungssüchtige hoffen auf Verbindung mit den Herren
jenseit des Berges, oder gar mit den Franzosen; die jetzige
Regierung hat den kleinsten Anhang. Der König ist nicht
gemacht ihn zu vergrößern: das hat man sehr wohl gewußt,
sonst hätte man ihn nicht zum Schattenspiel brauchen können. In der Stadt läuft die Anekdote sehr laut herum, daß er
in seinem Privattheater den Balordo vortrefflich macht, und
niemand wundert sich darüber.

Es wurde hier von Meyers Nachrichten von Bonapartes
Privatleben gesprochen; und Leclerk, der ihn doch wohl
etwas näher kennen muß, soll darüber ganz eigene Berich-
tigungen gemacht haben. Die Feinheit der Kardinäle zeigte
sich vorzüglich in der Papstwahl. Pius der Siebente war als
Bischof von Imola Bonapartes Gastfreund gewesen: auf
diesen Umstand und den individuellen Charakter des korsischen Beherrschers der Franzosen ließ sich schon etwas

bauen. Du siehst, es ist gegangen. Vielleicht halfen die Rot-
hüte dem Korsen erst deutlich sein System entwickeln. In
Imola kann man gut Maskerade spielen. Der Papst und seine
Gesellen vergessen das Gebot des heiligen Anchises noch
nicht, das er seinem frommen Sohne beim Abschied aus der
Hölle gab; und wo Ein Mittel nicht hilft, hilft das andere. In
eine eigene Verlegenheit kamen indessen die Herren mit der
Madonna von Loretto, welche bekanntlich die Franzosen
mit sich genommen hatten. Ein Mönch kommt nach ihrer
Entfernung und sagt: Das habe ich gefürchtet, daß sie das
heilige Wunderbild wegführen würden; deswegen habe ichs
verborgen und ein anderes dafür hingestellt: hier ist das
echte. Dieses wird nun den Gläubigen zur Verehrung hingesetzt, ohne daß man in Rom sogleich etwas davon erfährt.
– Ich habe es in Loretto selbst gesehen, mich aber um die
Echtheit des einen und des andern wenig bekümmert. –
Nun unterhandelt man in Rom über das Pariser, und die
Franzosen schicken es mit Reue zurück. Es kommt in Rom
an, wo es noch stehen soll. Nun fragt sich, welches ist das
echte? Eins ist so schlecht wie das andere, und beide tun
natürlich Wunder in die Wette.

Von den hiesigen Merkwürdigkeiten ist das beste in Palermo; die Mediceerin, die Familie der Niobe und die besten
Bilder; wenigstens hat man mich in dem leeren Saale so
berichtet: doch hat die Galerie immer noch sehr interessante
Sachen, vorzüglich für die Deutschen. Mit der Mediceischen
Venus ist es mir sonderbar genug gegangen. Ich wünschte
vorzüglich auf meiner Pilgerschaft auch dieses Wunderbild
zu sehen, und es ist mir nicht gelungen. In Palermo habe ich
mit Sterzinger in dem nehmlichen Hause gegessen, wo oben
die Schätze unter Schloß und Siegel und Wache standen. Sie
waren durchaus nicht zu sehen. Der Inspektor von Florenz,
der mit in Palermo war, hatte Hoffnung gemacht, ehe alles
wieder zurückginge, würde er die Stücke zeigen. In Rom und
Neapel wußte man öffentlich gar nicht recht, wo sie waren:
denn man hatte absichtlich ausgesprengt, das Schiff, welches alles von Livorno nach Portici und weiter nach Palermo

schaffen sollte, sei zu Grunde gegangen, um die Aufmerksamkeit der Franzosen abzuziehen. Es steht aber zu befürchten, sie werden eine gute Nase haben, und sich die Dame mit ihrer Gesellschaft nachholen. So viel ich Abgüsse davon gesehen habe, keiner hat mich befriedigt. Sie ist, nach meiner Meinung, wohl keine himmlische Venus, sondern ein gewöhnliches Menschenwesen, das die Begierden vielleicht mehr reizen als beschwichtigen kann. Mir kommt es vor, ein Künstler hat seine schöne Geliebte zu einer Anadyomene gemacht; das Werk ist ihm ungewöhnlich gelungen: das ist das Ganze. Über die Stellung sind alle Künstler, welche Erfahrung haben, einig, daß es die gewöhnlichste ist, in welche sich die Weiblichkeit setzt, sobald das letzte Stückchen Gewand fällt, ohne je etwas von der Kunst gehört zu haben. Ich selbst hatte einst ein eigenes ganz naives Beispiel davon, das ich Dir ganz schlicht erzählen will. Der Russische Hauptmann Graf Dessessarts – Gott tröste seine Seele, er ist, wie ich höre, an dem Versuche in Quiberon gestorben, den ich ihm nicht geraten habe – er und ich, wir gingen einst in Warschau in ein Bad an der Weichsel. Dort fanden sich, wie es zu gehen pflegt, gefällige Mädchen ein, und eine junge, allerliebste, niedliche Sünderin von ungefähr sechzehn Jahren brachte uns den Tee, um wahrscheinlich auch gelegentlich zu sehen, ob Geschäfte zu machen wären. Wir waren beide etwas zu ernsthaft. Das arme artige Geschöpfchen dauert mich, sagte der Graf; aber der Franzose konnte doch seinen Charakter nicht ganz verleugnen. *Je voudrois pourtant la voir toute entière*, sagte er, und machte ihr den Vorschlag und bot viel dafür. Das Mädchen war verlegen und bekannte, daß sie für einen Dukaten in der letzten Instanz gefällig sein würde; aber zur Schau wollte sie sich nicht verstehen. Mein Kamerad verstand seine Logik, brachte mit feiner Schmeichelei ihre Eitelkeit ins Spiel, und sie gab endlich für die doppelte Summe mit einigem Widerwillen ihr Modell. Sobald die letzte Falte fiel, warf sie sich in die nämliche Stellung. *Voilà la coquine de Medicis!* sagte der Graf. Es war ein gemeines pohlnisches Mädchen mit den Geschenken der

*17 Ansicht der Stadt Florenz von der Kirche S. Miniato al Monte aus gesehen.
Lithographie von A. Duruy, um 1870.*

Natur, die für ihren Hetärensold sich nur etwas reizend
gekleidet hatte; eine Wissenschaft, in der die Pohlinnen vielleicht den Pariserinnen noch Unterricht geben könnten.
Allemal ist mir bei einem Bilde der Aphrodite Medicis die
Pohlin eingefallen und meine Konjektur kam zurück; und
mancher Künstler war nicht übel Willens meiner Meinung
beizutreten. Urania könnte in der Glorie ihrer hohen sie-
genden Unschuld keinen Gedanken an die bedeckten Kleinigkeiten haben, die nur ein Satyr bemerken könnte. Ihr
Postament war jetzt hier leer.

Es ist vielleicht doch auch jetzt noch keine unnütze Frage,
ob Moralität und reiner Geschmack nicht leidet durch die
Aufstellung des ganz Nackten an öffentlichen Orten. Der
Künstler mag es zu seiner Vorstellung brauchen, muß es
brauchen: aber mir deucht, daß Sokrates sodann seine Grazien mit Recht bekleidete. Kabinette und Museen sind in
dieser Rücksicht keine öffentlichen Orte; denn es geht nur
hin, wer Beruf hat und wer sich schon etwas über das Gewöhnliche hebt. Sonst bin ich dem Nackten in Gärten und
auf Spaziergängen eben nicht hold, ob mir gleich die Fei-
genblätter noch weniger gefallen. Empörend aber ist es für
Geschmack und Feinheit des Gefühls, wenn man in unserm
Vaterlande in der schönsten Gegend das häßlichste Bild der
Aphrodite Pandemos mit den häßlichsten Attributen zuweilen aufgestellt sieht. Das heißt die Sittenlosigkeit auf der
Straße zu predigen; und bloß ein tiefes Gefühl für Freiheit
und Gerechtigkeit hat mich gehindert, die schändlichen
Mißgeburten zu zertrümmern oder in die Tiefe des nahen
Flusses zu stürzen.

Auf der Ambrosischen Bibliothek zu studieren hatte ich
nicht Zeit. Die Philologen müssen in die Bibliothek des
Grafen Riccardi gehen, wo sie für ihr Fach die besten Schätze finden. Mir war es jetzt wichtiger in der Kirche Santa
Croce die Monumente einiger großen Männer aufzusuchen,
die sich zu Bürgern des ganzen Menschengeschlechts gemacht haben. Rechts ist vorn das Grabmal Bonarottis, und
weiter hinunter auf der nehmlichen Seite Machiavellis, und

links der Denkstein Galileis. Es verwahrt wohl kaum ein
Plätzchen der Erde die Asche so vortrefflicher Männer nahe
beisammen.

Für den Antiquar und den Gelehrten ist von unserer Nation jetzt in Florenz noch ein wichtiger Mann, der preußische Geheimerat Baron von Schellersheim, ein Mann von
offenem, rechtlichem Charakter und vielen feinen Kenntnissen, dem sein Vermögen erlaubt, seiner Neigung für
Kunst und Wissenschaft mehr zu opfern als ein anderer. Er
besitzt vielleicht mehr antike Schätze, als irgend ein anderer
Privatmann. Was ich bei ihm gesehen habe, war vorzüglich,
eine komplette alte römische Toilette von Silber; ein großes
altes silbernes ziemlich kubisches Gefäß, welches ein Hoch-
zeitsgeschenk gewesen zu sein und Hochzeitgeschenke enthalten zu haben scheint. Auf den vier Seiten sind von der
ersten Bewerbung bis zur Nachhauseführung die Szenen
der römischen Hochzeitgebräuche abgebildet. Dieses ist
vielleicht das größte silberne Monument der alten Kunst,
das man noch hat. Ferner hat er vier silberne Sinnbilder der
vier Hauptstädte des römischen Reichs, Rom, Byzanz, An-
tiochia und Alexandria, welche die Konsuls oder vielleicht
auch die andern kurrulischen Magistraturen an den Enden
der Stangen ihrer Tragsessel führten. Diese müssen, der Geschichte nach, etwas neuer sein. Weiter besitzt er einige alte
komplette silberne Pferdegeschirre mit Stirnstücken und
Bruststücken. Aber das Wichtigste sind seine geschnittenen
Steine, unter welchen sich mehrere von seltenem Wert finden, und seine römischen Goldmünzen; mehrere konsula-
rische von Pompejus an, und fast die ganze Folge der
Kaisermünzen, von Julius Cäsar bis Augustulus. Hier fehlen
nur wenige wichtige Stücke. Du siehst, daß dieses eine Lieb-
haberei nicht für jedermann ist. Ich schreibe Dir dieses
etwas umständlicher, weil es Dich vielleicht interessiert und
Du es noch nicht in Büchern findest: denn seine Sammlung
ist noch nicht alt, und sie konnte nur in den Verhältnissen
des Besitzers so bald so reich gemacht werden.

Die schönen Gegenden um Florenz zwischen den Bergen

an dem Flusse auf und ab sind bekannt genug, und Du
erwartest gewiß nicht, daß ich als Spaziergänger Dir alle die
andern Merkwürdigkeiten aufführe. Das hiesige Militär kam
mir traurig vor; schöne Leute, aber ohne Wendung und Geschicklichkeit. Zum Abschied sah ich den Morgen noch die
Amalfischen Pandekten; und die Franzosen haben sich etwas bei mir in Kredit gesetzt, daß sie diesen Kodex nicht
genommen haben; und gegen Abend wohnte ich auf dem
alten Schlosse noch einer Akademie der Georgophilen bei.
Hier hielt man eine Vorlesung über die vorteilhafteste Mischung der Erdarten zur besten Vegetation, und sodann las
einer der Herren eine Einleitung zu einem chemisch physischen System. Zum Ende zeigte man einige seltene neue
Naturprodukte. Neben meinem Zimmer im Bären wohnte
eine französische Familie, nur durch eine dünne Wand ge-
trennt; diese betete den Abend über eine ganze Stunde
ununterbrochen so inbrünstig und laut, daß mir über der
Andacht bange ward. Seit Ostern ist, wie ich höre, überall
das Religionswesen wieder Mode; und in Frankreich scheint
alles durchaus nur als Mode behandelt zu werden.

Nach Bologna hatte ich mich über den Berg wieder an
einen Vetturino verdungen, und fand im Wagen einen französischen Chirurgus, der von der Armee aus Unteritalien
kam, und eine italiänische Dame mit ihrem kleinen Sohn auf
dem Schoße; und endlich kam noch ein Schweizerischer
Kriegskommissär mit einem furchtbar großen Säbel, der in
Handelsgeschäften seines Hauses gereis't war. Die Dame,
eine Frau von Rosenthal, deren Mann östreichischer Offizier war, ging allein mit ihrem Kinde, einem schönen sehr
lieblichen Knaben von ungefähr anderthalb Jahr, nach Venedig, um dort ihren Mann zu erwarten, der in Livorno und
anderwärts noch Dienstgeschäfte hatte. Da der Junge ein
überkomplettes Persönchen im Wagen und doch so allerliebst war, machte er die Ronde von der Mutter zu uns allen.
Die Gesellschaft lachte über meine grämliche Personalität
mit dem Kleinen auf dem Arm, und ich kam mir wirklich
selbst vor wie der Silen im Kabinett Borghese mit dem jun-

gen Bacchus. Du siehst, daß ich mir gehörige Ehre widerfahren zu lassen weiß. Die Leutchen mußten das nehmliche
meinen; denn die Gruppierung fand Beifall, und der Junge
war gern bei mir.

Der Berg von Florenz aus ist ein wahrer Garten bis fast
auf die größte Höhe. Du kannst denken, daß ich viel zu Fuße
ging; der Franzose leistete mir dann zuweilen Gesellschaft.
Der Schweizer mit dem großen Säbel kam selten aus dem
Wagen. Etwas unheimisch machen es oben auf dem Bergrücken die vielen Kreuze, welche bedeuten, daß man hier
jemand tot geschlagen hat, weil man gewöhnlich auf die
Gräber Kreuze setzt. Die Römer sind in diesem Falle etwas
weniger fromm und politischer, und setzen nichts darauf;
denn sonst würde der ganze Weg bei ihnen eine Allee von
Kreuzen sein. Ich muß Dir bekennen, daß ich von dem
Kreuze gar nicht viel halte. Warum nimmt man nicht etwas
besseres aus der Bibel? Das Emblem scheint von der geistlichen und weltlichen Despotie in Gemeinschaft erfunden
zu sein, um alles kühne Emporstreben der Menschennatur
zur knechtischen Geduld niederzudrücken, und diese sub-
alterne Tugend zur höchsten Vollkommenheit der Moral zu
erheben. Wozu braucht man Gerechtigkeit, Großmut und
Standhaftigkeit? Man predigt Geduld und Demut. Demut ist
nach der Etymologie Mut zu dienen, und die zweideutigste
aller Tugenden. In der alten griechischen und römischen
Moral findet man diese Tugend nicht; und die Einführung ist
eben kein Vorzug der christlichen. Sie kann nur im Evangelium der Despoten stehen, welche sie aber für sich selbst
doch sehr entbehrlich finden. Es ist freilich auch philosophisch besser, Unrecht leiden als Unrecht tun; aber es gibt
ein Drittes, das vernünftiger und edler ist als beides: mit Mut
und Kraft verhindern, daß durchaus kein Unrecht geschehe.
In unserm lieben Vaterlande hat man das Kreuz zwar meistens weggenommen, aber dafür den Galgen hingesetzt. So
schlecht auch dieser ist, kommt er mir doch noch etwas
besser vor. Das Kreuz verhält sich zum Galgen, wie die
Mönche zu den Soldaten: die ersten sind Instrumente, und

die zweiten Handlanger der geistlichen und weltlichen Despotie; die permanente Guillotine der Vernunft. Christus hat gewiß seiner Religion keinen so jämmerlichen Anstrich geben wollen, als sie nachher durch ihre unglücklichen Bonzen bekommen hat. Freilich, wenn man den Gekreuzigten nicht an allen Feldwegen zeigte, könnte es doch wohl der Menge einfallen, ihre Urbefugnisse etwas näher zu untersuchen und zu finden, daß keine Konsequenz darin ist, sich durch den Druck des Feudalsystems und durch das Privilegienwesen ohne Aufhören kreuzigen zu lassen. Berechnet ist es ziemlich gut, wenn es nur gut wäre.

Bei Pietramala sah ich oben den zweideutigen Vulkan nicht, weil er zu weit rechts hinüber in den Felsen lag, und der Wagen nicht anhalten wollte. Nun hatten wir von den Ölbäumen Abschied genommen; auf dieser Seite des Apennins sind sie nicht mehr zu finden. Auf der Südseite sind Ölbäume, auf der Nordseite nach Bologna herüber Kastanien. Man kommt nun wieder dem lieben Vaterlande näher; alles gewinnt diesseits des Berges schon eine etwas mehr nördliche Gestalt. Mein alter gelehrter Cicerone in Bologna hatte eine große Freude, mich glücklich wieder zu sehen; und ich lief mit ihm so viel herum, als man in zwei Tagen laufen konnte. Aber der Schweizer Kriegskommissär führte mich mehr in die Kaffeehäuser als in die Museen. Ein pohlnischer Hauptmann von der Legion, der, wie ich in Mailand fand, eigentlich nur Fähnrich war, und sich selbst einige Grade avanciert und hier geheiratet hatte, schloß sich geflissentlich an uns an, und freute sich, mit Deutschen deutsch zu plaudern: denn er war lange kaiserlicher Unteroffizier gewesen. Der Mensch sagte, er sei in seinem Leben kein Republikaner gewesen, das ließ sich von einem pohlnischen Edelmann sehr leicht denken, und er sei nun froh, daß die H-e von Freiheit nach und nach wieder abgeschafft werde. Man hatte eben das Wappen über dem Generalzollhause geändert, und anstatt der Freiheit die Gerechtigkeit hingesetzt, welches eigentlich eins ist. Die wahre Freiheit ist nichts anders als Gerechtigkeit: nur behüte uns der Himmel

vor Freiheiten und Gerechtigkeiten. Sodann erhob er die
Tapferkeit und die Kriegszucht der Pohlen, von der ich
selbst Beweise hatte, und an welcher ich also nicht zweifelte.

Von allen Merkwürdigkeiten, die ich in Bologna noch zu
sehen genötigt war, will ich Dir nur die Galerie Sampieri
erwähnen. Sie ist nicht groß, aber köstlich. Die Plafonds
sind von den drei Caracci, Hannibal, Ludwig und August,
und könnten mit Ehren in Rom unter den besten stehen.
Das schönste Stück der Sammlung, und nach Einigen die
beste Arbeit von Guido Reni, ist der reuige Petrus. Die
Kunst mag allerdings dieses Urteil der Kenner rechtfertigen;
aber mich hat weit mehr beschäftigt die Hagar von Guercino. Dieser Künstler hat den Mythus gefaßt, wie Rechtlichkeit und Humanität es fordern, nicht wie die leichtgläubige
Frömmigkeit ihn herbetet. Hagar ist ein schönes, herrliches,
Ehrfurcht gebietendes Weib, das in dem Gefühl seines Werts
dasteht; der Vater der Gläubigen ist ein jämmerlicher Sünder
unter dem Szepter seiner Ehehälfte, und diese kann halb
versteckt ihre kleine, boshafte, neidische Seele kaum verber-
gen. Nur dem Knaben Ismael wäre vielleicht jetzt schon
etwas mehr von dem kühnen Trotze zu wünschen, der ihn
in der Folge so vorteilhaft auszeichnete. Es kann mit der
Volksbildung nicht wohl weiter gedeihen, so lange man
noch dieses Buch als göttliche Norm der Moral aufdringt,
und jedes Jota desselben mit Theopneustie stempelt. Es enthält so vielen schiefen Sinn, so viele Unsittlichkeiten in
Beispielen und Vorschriften, daß ich oft mit vieler Überlegung zu sagen pflege, der Himmel möge mich vor Davids
Frömmigkeit und Salomons Weisheit behüten. Man windet
sich hierüber eben so schlecht, wie bei der Vergebung der
Sünden. Wenn man das Ganze als ein Gewebe menschlicher
Torheiten und Tugenden, als einen Kampf der erwachenden
Vernunft mit den despotischen und hierarchischen Kniffen
nähme, so wäre das Gemälde unterhaltend genug, und als
das älteste Dokument der Menschenkunde heilig: aber wozu
dieses dem Volke, das davon nichts brauchen kann? Das

Papsttum hat vielleicht keinen glücklichern Einfall gehabt, als dem Volke dieses Buch zu entziehen; wenn man ihm nur etwas reineres und besseres dafür gegeben hätte. Die Legenden der Heiligen aber und die Ausgeburten des Aberglaubens aus dem Mittelalter sind freilich noch viel schlimmer. Was den ersten heiligen Geboten der Vernunft widerspricht, das kann kein heiliger Geist als Wahrheit stempeln.

Von Bologna aus nahm ich meinen Tornister wieder auf die Schulter und pilgerte durch die große schöne Ebene herüber nach Mailand. In Modena gefiel mirs sehr wohl, ohne daß ich den erbeuteten Eimer sah. Die Stadt ist reinlich und lebendig und lachend; die Wirtshäuser und Kaffeehäuser sind gut und billig. Ein ganzes Dutzend Tambours schlugen den Zapfenstreich durch die ganze Stadt, ohne daß ein einziges Bajonett dabei gewesen wäre. In der neuen Republik ist man wenigstens überall sicher: die Polizei ist ordentlich und wachsam, und alles bekommt ein rechtliches Ansehen. Masena, der hier kommandierte, ergriff eine herrliche Methode Sicherheit zu schaffen. Einige Schweizer Kaufleute waren in der Gegend geplündert worden; der General ließ sie arretieren und die Sache strenge untersuchen; die Angabe war richtig. Nun wurden die Gemeinheiten, in deren Bezirke die Schurkerei geschehen war, gezwungen das Geld zu ersetzen, und man ließ die Fremden ziehen. Ich finde darin, wenn es durchaus mit Strenge und Genauigkeit geschieht, keine Ungerechtigkeit. Wenn man die Räuber hübsch ordentlich henkte, und eine Kasse zur Wiedererstattung, wie die Brandkasse, anlegte; das würde die öffentliche Sicherheit recht sehr befördern.

In Reggio lag ein Pohlnisches Bataillon, und ein Unteroffizier desselben, der am Tore die Wache hatte und ein Anspacher war, freute sich höchlich wieder einen preußischen Paß zu sehen, den ich mir von dem preußischen Residenten in Rom hatte geben lassen, weil ich ihn mit Recht zu meiner Absicht für den besten hielt.

Nun wollte ich den Abend in Parma bleiben und einen

oder zwei Tage dort ausruhen und Bodoni sehen, an den ich
Briefe von Rom hatte. Aber höre, wie schnurrig ich um das
Vergnügen gebracht wurde. Am Tore wurde ich den achten
Juni mit vieler Ängstlichkeit examiniert und sodann mit
einem Gefreiten nach der Hauptwache geschickt. Ich kannte die Bocksbeutelei, ob sie mir gleich auf meiner Wanderung hier zum ersten Mal begegnete. Unterwegs freuete ich
mich über die gutaussehenden Kaffeehäuser und saß schon
im Geist bei einer Schale Eis: denn ich hatte einen warmen
Marsch gehabt. Die Parmesaner saßen gemütlich dort und
schienen viel Bonhommie zu präsentieren; nur hier und da
zeigte sich ein breites aufgedunsenes Gesicht, wie ihr Käse.
Auf der Hauptwache las der Offizier meinen Paß, rief einen
andern Gefreiten und befahl ihm mit mir zu gehen. Ich
glaubte, ich sollte zu dem Kommandanten gebracht werden,
und hoffte schon auf eine ähnliche Bewirtung, wie in Augusta in Sicilien. Aber der Zug dauerte mir sehr lange; ich
fragte und erfuhr nun, ich müßte zum Tore hinaus, ich dürfte
nicht in der Stadt wohnen. Es war mir gleich aufs Herz
gefallen, als ich auf dem Markte die Grenadiere so entsetzlich schön gepudert sah. Die Kerle trugen hinten Haarwül-
ste, so groß wie das Kattegat. Ich forderte, man sollte mich
zum Kommandanten bringen. *Ma, mio caro, non posso mica*,
sagte mein Begleiter. Ich drang darauf. *Ma, mio caro, non sapete
il servizio; questo non posso mica.* Ich alter Kriegsknecht mußte
mir diese Sottise gefallen lassen. Warum hatte ich mich vergessen? Der Mensch hatte Recht. Wir kamen ans Tor, und
ich fragte den Offizier, indem ich ihm meinen Paß wies, ob
das eine humane Art wäre, einen ehrlichen Mann zu behandeln. Er sah mich an, sagte mir höfliche Worte und berief
sich auf Befehl. Ich verlangte noch einmal zum Kommandanten gebracht zu werden; ich wollte hier bleiben, ich hätte
Geschäfte. Er zuckte die Schultern; ein alter Sergeant, der
ein etwas liberaleres Antlitz hatte, meinte, man könnte mich
doch hinschicken; der Offizier war unschlüssig: *Ma, mio caro,
non possiamo mica*, sagte der Gefreite von der Hauptwache,
der noch dabei stand. Der Offizier sagte mir, er könne mir

jetzt nicht helfen; ich könne morgen wieder hereinkommen und dann tun was ich wolle. Jetzt ging ich trotzig den Weg zum Tore hinaus. Der Gefreite hätte keine bessere Charakteristik von Parma und den Parmesanern geben können: *Ma, mio caro, non possono mica.* Ärgerlich und halb lachend ging ich in ein Wirtshaus eine gute Strecke vor dem Tore. Das nenne ich mir eine aufmerksame besorgliche Polizei. Ich hatte mir in Reggio den Bart machen lassen, ein reines, feines Hemd angezogen, mich geputzt und gebürstet. Ihre problematischen Landsleute zwischen Alikata und Terra Nuova, und ihre nicht problematischen Landsleute zwischen Gensano und Aricia hatten mir zwar bei ihrer braven Visitation einige Schismen in Rock und Weste gebracht; aber dessen ungeachtet hatte man noch in Bologna in guter Gesellschaft meinen Aufzug für sehr polito erklärt. Ich zog bei dem Offizier einige Mal meine goldene Uhr und erbot mich zehn Louisd'or Kaution zu machen, und im Passe war ich stattlich mit Signor betitelt: nichts, man gestattete mir kein Quartier in der Stadt. Und nun denkst Du, daß ich den andern Morgen hineinging und mich des fernern erkundigte? Das ließ ich hübsch bleiben. Wenn ich im Himmel abgewiesen werde, komme ich nicht wieder: diese Ehre erhalten die Parmesaner nicht. Ich aß gut und schlief gut, und schlug den andern Morgen den Weg nach Piacenza ein. Man merkte sogleich, daß die Leute hier in Parma noch orthodox und nicht von der Ketzerei ihrer Nachbarn angesteckt sind; denn ich sah hier wieder viele Dolche und Schießgewehre, wie bei den echten Italiänern jenseits der Berge. Die Nachtigallen sangen den folgenden Morgen so herrlich und so schmetternd, und ich wunderte mich, wie sie in der Nähe eines so konfiszierten Orts noch einen Ton anschlagen könnten. Aber sie schlugen fort, und endlich vergaß ich das Eis, den Käse, Bodoni und Mica, und wandelte auf den Po zu. Ich hatte in Rom ein herrliches Gemälde von dem Übergange über den Fluß aus dem letzten Kriege gesehen: der Künstler war hier gewesen und hatte nach der Natur gearbeitet und ein Meisterstück der Perspektive gemacht. Jetzt suchte ich mich zu orientieren. Der Ort ist sehr leer und öde, aber der Fluß macht schöne Partien.

In Lodi aß ich wohl ruhiger zu Mittage als Bonaparte, wenn ich mir gleich nicht so viel Ruf erwarb, und konnte gemächlich den Posten besehen, wo man geschlagen hatte. Unter andern guten Sachen traf ich hier die schönsten Kirschen, die ich vielleicht je gegessen habe. Wenn gleich das alte Laus Pompeji nicht gerade hier lag, so ist doch wohl der Name daraus gemacht und der Ort daraus entstanden: wenigstens wird das hier auf einem Marmor am Rathause behauptet. Die Männer von Lodi müssen ein sinnreiches Geschlecht sein; das sah man an ihren Schildern. Unter andern hatte ein Schuhmacher auf dem seinigen einen Genius, der sehr geistreich das Maß nahm.

Hier in Mailand verlasse ich nun Hesperien ganz, und bin schon längst nicht mehr in dem Lande, wo die Zitronen blühn. In Rom sagte man, daß das Erdbeben vorigen Monat den Dom von Mailand sehr beschädigt habe; es ist aber kein Stein heruntergeworfen worden. Dieses gotische Gebäude streitet vielleicht mit dem Münster in Straßburg um den Vorzug, ob es gleich nicht vollendet ist, und es nun vielleicht auch nie werden wird. In der Kapitale der italischen Republik geht alles nach gallischen Gesetzen; und hier und dort, wie Du weißt, alles nach dem Willen des korsischen Autokrators. Wenn es nur gut ginge, wäre vielleicht nicht viel dawider zu sagen. Man scheint hier der goldenen Freiheit nicht durchaus außerordentlich hold zu sein. Einer meiner Bekannten begleitete mich etwas durch die Stadt und unter andern auch in die Kathedrale. Hinter der kunstreichen Krypte des heiligen Borromeus steht in einer Nische der geschundene heilige Bartholomeus, mit der Haut auf den Schultern hangend. Er gilt für eine gräßlich schöne Anatomie. Der Italiäner stand und betrachtete ihn einige Minuten: das sind *wir*, sagte er endlich; die Augen hat man uns gelassen, damit wir unser Elend sehen können. Die Franzosen machen eine schöne Parade vor dem Palast der Republik; nur wird es mir schwer, die allgewaltigen Sieger in ihnen zu

erkennen, vor denen Europa gezittert hat. Das alte weitläu-
fige Schloß vor der Stadt wird sehr verengt und vor demselben der Platz Bonaparte gemacht: jetzt ist dort noch alles
wüste und leer.

Vor allen Dingen besuchte ich noch das berühmte
Abendmahlsgemälde von Leonardo da Vinci in dem Kloster
der heiligen Maria. Das Kloster ist jetzt leer, und das Re-
fektorium, wo das Gemälde an der Wand ist, war während
der Revolution, wie man sagt, einige Zeit sogar ein Pferdestall. Das Stück ist einige Mal restauriert. Volpato hat es
zuletzt gezeichnet und Morghen gestochen, und wahrscheinlich ist der Stich, der für ein Meisterstück der Kunst
gilt, auch bei Euch schon zu haben: Du magst ihn also sehen
und urteilen. Ich sah ihn in Rom zum ersten Mal. Auch in
dem verfallenen Zustande ist mir das Original noch weit
lieber als der Stich, so schön auch dieser ist. Volpato ist
vielleicht etwas willkürlich bei der Kopierung zu Werke gegangen, da das Stück dem gänzlichen Verfalle sehr nahe ist.
Wir sind indessen dem Künstler Dank schuldig für die
Rettung. Ich sage nichts von dem schönen Charakter der
übrigen Jünger; mit vorzüglich feinerm Urteil hat der Maler
den Säckelmeister Judas Ischariot behandelt, damit er die
ehrwürdige Gesellschaft nicht durch zu grellen Kontrast
schände. Auch der Geist des Mannes ist nicht verfehlt. Er
sitzt da, wie ein kühner, tiefsinniger, mit sich selbst nicht
ganz unzufriedner Finanzminister, der einen großen Streich
wagt: er rechnete für die Gesellschaft, nicht für sich. Auch
psychologisch ist Ischariot noch kein Bösewicht; nur ein
Unbesonnener. Ein Bösewicht hätte sich nachher nicht getötet. Er glaubte, der Prophet würde sich mit Ehre retten.
Ich möchte freilich nicht Judas sein und meinen Freund auf
diese Weise in Gefahr setzen: aber vielleicht eben nur darum
nicht, weil ich nicht so viel Glauben habe als er. – Jetzt muß
man auf einer Leiter hinuntersteigen in den Saal, der untere
Eingang ist vermauert: und nun leidet das Stück durch
feuchte, dumpfe Luft vielleicht eben so sehr, als vorher
durch andere üble Behandlung.

Hier sah ich seit der heiligen Cecilie in Palermo wieder das
erste Theater. In Neapel brachte mich Januar darum, weil
acht Tage vor und acht Tage nach seinem Feste kein Theater
geöffnet wird. Ohne Spiel wollte ich auch das Karlstheater
nicht sehen. In Rom machten mir meine Freunde eine so
schlimme Schilderung von dem dortigen Theaterwesen, daß
ich gar nicht Lust bekam eins zu suchen. Man sagt, das Haus
sei hier eben so groß, als das große in Neapel. Der Gesang
war nicht ausgezeichnet, und für das große Haus zu
schwach. Man erzählte mir hier eine Anekdote von Demoi-
selle Strinasacchi, die jetzt in Paris ist. Ich gebe sie Dir, wie
ich sie hörte: sie ist mir wahrscheinlich, weil uns etwas ähnliches mit ihr in Leipzig begegnete, nur daß weder unser
Mißfallen noch unser Enthusiasmus so weit ging, als die
italiänische Lebhaftigkeit. Die Natur hat ihr nicht die An-
nehmlichkeiten der Person auf dem Theater gegeben. Bei
ihrer ersten Erscheinung erschrak hier das ganze Haus so
sehr vor ihrer Gestalt und geriet so in Unwillen, daß man sie
durchaus nicht wollte singen lassen. Der Direktor mußte
erscheinen und es sich als eine große Gefälligkeit für sich
selbst erbitten, daß man ihr nur eine einzige Szene erlaubte,
dann möchte man verurteilen, wenn man wollte. Die Wirkung war vorauszusehen; man war beschämt und ging nun
in einen rauschenden Enthusiasmus über: und nach Endi-
gung des Stücks spannte man die Pferde vom Wagen und
fuhr die Sängerin durch einen großen Teil der Stadt nach
Hause. Es wäre eine psychologisch nicht unwichtige Frage,
das aufrichtige Bekenntnis der Weiber zu hören, ob sie das
zweite für das erste erkaufen wollten. Die Heldin selbst hat
keine Stimme mehr über die Sache.

Das Ballett war schottisch und sehr militärisch. Man arbeitete mit einer großen Menge Gewehr und sogar mit
Kanonen: und das Ganze machte sich auf dem großen Rau-
me sehr gut. Der Charaktertanz war aber mangelhaft, vorzüglich bei der Mutter. Man hatte gute Springer, aber keine
Tänzer; ein gewöhnlicher Fehler, wo das Ganze nicht mit
Einer Seele arbeitet. Ich habe nie wieder so gute Pantomime

gesehen als in Warschau aus der Schule des Königs Po-
niatowsky. An ihm ist ein großer Ballettmeister verlorengegangen und ein schlechter König gewonnen worden.

In Rom hatte ich einige Höflichkeitsaufträge an den General Dombrowsky erhalten, und er nahm mich mit vieler
Freundlichkeit auf und lud mich mit nordischer Gastfreiheit
auf die ganze Zeit meines Hierseins an seinen Tisch. Hier
fand ich mit ihm und andern von Pohlen aus Berührung. Ich
hatte ihn einige Mal in Suworows Hauptquartiere gesehen;
und er hatte von seinem ersten Dienst unser Vaterland Sachsen noch sehr lieb. Er ist einer von den heutigen Generalen,
die die meiste Wissenschaft ihres Faches haben; und Du
findest bei ihm Bücher und Karten, die Du vielleicht an
vielen andern Orten vergebens suchst. Er ist ein sehr freier,
strenger Beurteiler militärischer Zeichnungen, fordert das
Wesentliche und bekümmert sich nicht um zierliche Kleinigkeiten. Er hat eine schöne Sammlung guter Kupferstiche
von den Köpfen großer Männer; besonders ist darunter ein
Gustav Adolph, der sehr alt und charakteristisch ist, und auf
den er viel hält. Eine Anekdote aus diesem nun geendigten
Kriege wird Dir vielleicht nicht unangenehm sein. Dombrowsky liebte Schillers dreißigjährigen Krieg und trug ihn
in seinen Feldzügen in der Tasche. Bei Trebia oder Novi
schlug eine Kugel gerade auf den Ort, wo unten das Buch
lag; und dadurch wurde ihm wahrscheinlich das Leben gerettet. Ich habe das durchschlagene Exemplar selbst in Rom
gesehen, wo er es einem Freunde zum Andenken geschenkt
hat, und die Erzählung aus dem eigenen Munde des Generals. Er sagte mir lachend, Schiller hat mich gerettet, aber er
ist vielleicht auch Schuld an der Gefahr: denn die Kugel hat
eine Unwahrheit herausgeschlagen. Es stand dort, die Pohlen haben in der Schlacht bei Lützen gefochten: das ist nicht
wahr; es waren Kroaten. Die Pohlen haben nie für Geld
geschlagen; selbst jetzt schlugen wir noch für unser Vaterland; ob es gleich nunmehr unwiederbringlich verloren ist.
Das gab etwas Sichtung der vergangenen Politik. Ich meinte,
es wäre vorauszusehen gewesen, daß für Pohlen keine Ret-

tung mehr war. Die Franzosen würden sich in ihrer noch kritischen Lage nicht der ganzen Wirkung der furchtbaren Tripleallianz bloßstellen, um ein Zwitterding von Republik wieder zu etablieren, an deren Existenz sie nun gar kein Interesse mehr hatten. Eifersucht zwischen den großen, mächtigen Nachbarn ist wahrscheinlich und ihnen vorteilhaft. Wenn die Pohlen noch unter einem einzigen Herrn wären, so ließe sich durch eben diese Eifersucht noch Rettung denken. Das schienen sie vorher selbst zu fühlen, und taten, da die Katastrophe nun einmal herbei geführt war, hier und da etwas, um nur unter Einen Herrn zu kommen. Ich weiß selbst, daß ich als russischer Offizier in Posen vor der Hauptwache vor den preußischen Kanonen von einem Dutzend junger Pohlen belagert wurde, die mir's nahe ans Herz legten, daß doch die Kaiserin sie alle nehmen möchte; sie sollte ihnen nur einige Bataillone Hülfe schicken, so wollten sie die Preußen zurückschlagen. Sie brachten eine Menge scheinbarer Gründe, warum sie lieber russische Untertanen zu sein wünschten; aber die wahren verbargen sie gewiß. Sie dachten unstreitig, bleiben wir nur beisammen, so können wir durch irgend eine Konjunktur bald wieder politische Existenz gewinnen. Der General fand die Schlußfolge ziemlich bündig, sagte aber, ein Patriot dürfe und müsse die letzte schwache Hoffnung für sein Vaterland versuchen. Das ist brav und edel.

Die Pohlen haben hier noch ganz ihre alte Organisation und tragen ihre alten Abzeichen, so daß man die alten Offiziere noch für Sachsen halten könnte. Der Mangel im Kriege muß in Italien zuweilen hoch gestiegen sein: denn es wurde erzählt, daß einmal die Portion des Soldaten auf acht Kastanien und vier Frösche reduziert gewesen sei. Die Zufriedenheit wird gegenseitig mit einer ganz eigenen Art militärisch drolliger Vertraulichkeit geäußert. So sagten die Franzosen von den Pohlen: *Ah ce sont de braves coquins ils mangent comme les loups, boivent diablement, et se battent comme les lions.* Die Pohlnischen Offiziere konnten den französischen Soldaten nicht Lob genug erteilen über ihren Mut, ihre Unverdrossenheit und ihren pünktlichen Gehorsam. Wo die Franzosen nicht durchdrangen, waren gewiß alle Mal ihre Anführer Schuld daran. Es wurde behauptet, daß das pohlnische Corps bei der letzten Musterung noch 15 000 Mann stark gewesen sei; und jetzt wird eben in Livorno ein Teil davon nach Sankt Domingo eingeschifft. Es hat das Ansehen, als ob Bonaparte alle Truppen, die ihm zu seinen Absichten in Europa als etwas undienstlich vorkommen, auf diese gute kluge Weise fortzuschaffen suche, welches man auch hier und da zu merken scheint. Auch werden die Unruhen dort vielleicht geflissentlich nicht so schnell gedämpft, als wohl sonst die französische Energie vermöchte.

Die freundliche Aufnahme des Generals hielt mich mehrere Tage länger hier, als ich zu bleiben gesonnen war; und in den Mußenstunden lese ich mit viel Genuß Wielands Oberon, den mir ein Landsmann brachte. Die ersten Tage hatte man mich im Wirtshause mit einem gewissen Mißtrauen wie einen gewöhnlichen Tornisterträger behandelt, da ich aber täglich zum General ging, feine Hemden in die Wäsche gab, artige Leute zum Besuch auf meinem Zimmer empfing, und vorzüglich wohl da ich einige schwere Goldstücke wechseln ließ, ward das ganze Haus vom Prinzipal bis zum letzten Stubenfeger ungewöhnlich artig. Noch muß ich Dir bemerken, daß ich in Mailand von ganz Italien nach meinem Geschmack die schönsten Weiber gefunden habe: auch den Korso in Rom nicht ausgenommen. Ich urteile nach den Promenaden, die hier sehr volkreich sind, und nach den Schauspielen. Hier im Hause hatte ich nun vermutlich, wie in Italien oft, das Unglück, für einen reichen Sonderling zu gelten, den man nach seiner Weise behandeln müsse. Ich mochte in Unteritalien und Sicilien oft protestieren so viel ich wollte, und meine Deutschheit behaupten, so war ich *Signor Inglese* und *Eccelenza*; und man machte die Rechnung darnach. So etwas mochte man auch nach verjüngtem Maßstabe in Mailand denken. Die Industrie ist mancherlei. Ich saß an einem Sonntag Morgens recht ruhig in meinem Zimmer und las wirklich zufällig etwas in den Libertinagen

Katulls; da klopfte es und auf meinen Ruf trat ein Mädchen
ins Zimmer, das die sechste Bitte auch ohne Katull stark
genug dargestellt hätte. Die junge, schöne Sünderin schien
ihre Erscheinung mit den feinsten Hetärenkünsten berechnet zu haben. Ich will durch ihre Beschreibung mein Verdienst weder als Stilist noch als Philosoph zu erhöhen
suchen. *Signore comanda qualche cosa?* fragte sie in lieblich lis-
pelndem Ton, indem sie die niedliche Hand an einem
Körbchen spielen ließ und Miene machte es zu öffnen. Ich
sah sie etwas betroffen an und brauchte einige Augenblicke,
ehe ich etwas unschlüssig *No* antwortete. *Niente?* fragte sie,
und der Teufel muß ihr im Ton Unterricht gegeben haben.
Ich warf den Katull ins Fenster und war höchst wahrscheinlich im Begriff eine Sottise zu sagen oder zu begehen, als mir
schnell die ernstere Philosophie still eine Ohrfeige gab.
Niente, brummte ich grämelnd, halb mit mir selbst in Zwist;
und die Versucherin nahm mit unbeschreiblicher Grazie Abschied. Wer weiß, ob ich nicht das Körbchen etwas näher
untersucht hätte, wenn die Teufelin zum dritten Mal mit der
nehmlichen Stimme gefragt hätte, ob gar nichts gefiele. So
war die Sache, mein Freund; und wäre sie anders gewesen,
so bin ich nicht so engbrüstig und könnte sie Dir anders
oder gar nicht erzählt haben. Ich ging also nur leidlich mit
mir zufrieden zum General.

Zürich

Nun bin ich bei den Helvetiern und fast wieder im deutschen Vaterlande, und bereite mich in einigen Tagen einen
kleinen Abstecher zu den Galliern zu machen. Viel Erbauliches wird nach allen Aspekten dort jetzt füglich nicht zu
sehen und zu hören sein: indessen da ich einmal in Bewegung bin, will ich doch an die Seine hinunter wandeln. Wenn
ich wieder fest sitze, möchte es etwas schwer halten.

Den vierzehnten Juni ging ich aus Mailand und ging diesen Tag herüber nach Sesto am Ticino, den ich nicht für so
beträchtlich gehalten hätte als ich ihn fand. In der Gegend

*18 Frontispiz der zweiten Auflage des ›Spaziergang nach Syrakus
im Jahre 1802‹.
Stich von A. W. Böhm nach einer Zeichnung
von Veit Hanns Schnorr von Carolsfeld.
Die Bildunterschrift lautet: »Nichts?« »Nichts.«
(Der Stich findet sich noch nicht in der ersten
und nicht mehr in der dritten Auflage.)*

von Mailand war schon eine Menge Getreide geerntet und alles war in voller Arbeit; und als ich über den Berg herüberkam, fing das Korn nach Altorf herunter eben erst an zu schossen: das ist merklicher Kontrast. Die größte Wohltat war mir nun wieder das schöne Wasser, das ich überall fand. Von Mailand hatte ich die beschneiten Alpen mit Vergnügen gesehen und nun nahte ich mich ihnen mit jedem Schritte, und kam bald selbst hinein. Von Sesto aus fuhr ich auf dem Ticino und dem Lago maggiore herauf, bloß um die schöne Gegend zu genießen, die wirklich herrlich ist. Ich kam aus Unteritalien und Sicilien, und gab mir also keine große Mühe die Borromeischen Inseln in der Nähe zu sehen, da mein Schiffer mir sagte, es würde mich einen Tag mehr und also wohl zwei Dukaten mehr kosten. Ich sah also bei Varone links an der Anhöhe den gigantischen heiligen Karl Borromeus aus der Ferne, und fuhr dann sowohl bei der schönen Insel als bei der Mutterinsel vorbei. Man hätte mir höchst wahrscheinlich dort nur Orangengärten gezeigt, die ich in Unteritalien besser gesehen habe, und hätte mir gesagt, hier hat Joseph, hier Maria Theresia und hier Bonaparte geschlafen. Das wäre mir denn zusammen kaum so wichtig gewesen, als da mich der Kastellan von dem Schlosse zu Weissenfels belehrte, hier in diesem Bette schlief Friedrich der Zweite nach der Schlacht bei Roßbach. Die Fruchtbarkeit an dem See ist hier zuweilen außerordentlich groß, und wo die Gegend vor den rauheren Winden geschützt wird, findet man hier Früchte, die man in der ganzen Lombardie umsonst sucht. Man sieht noch recht schöne Ölbäume, die man diesseits der Apenninen nur selten findet, und sogar indische Feigen in der freien Luft. Ich schlief am Ende des Sees in Magadino, wo der obere Ticin hineinfällt, in einem leidlichen Hause, schon zwischen rauhen Bergen. Den andern Morgen trat ich den Gang an dem Flusse herauf über Belinzona an, der mich nach einigen Tagen über den Gotthardt herüber brachte. Zwei Tage ging ich am Flusse immer bergauf. Die Hitze war unten in der Schlucht ziemlich drükkend bis nach Sankt Veit, wo man, ich glaube zum Fron-

leichnamsfeste, einen Jahrmarkt hielt, der mir besser gefiel
als der Ostermarkt in Palermo, obgleich für mich weiter
nichts da war als Kirschen. Den ersten Abend blieb ich in
einem kleinen Orte, dessen Name mir entfallen ist. Der
Ticin stürzte unter meinem Fenster durch die Felsen hinunter, gegenüber lag am Abhange ein Kloster, und hinter
demselben erhob sich eine furchtbar hohe Alpe in schroffen
Felsenmassen, deren Scheitel jetzt fast zu Johannis mit
Schnee bedeckt war. Die Bewirtung war besser, als ich sie in
diesen Klüften erwartet hätte; vorzüglich waren die Forellen
aus dem Ticin köstlich. Die Leute schienen viel ursprüngliche Güte zu haben. Mein größter Genuß waren überall die
Alpenquellen, vor denen ich selten vorbei ging ohne zu ruhen und zu trinken, wenn auch beides eben nicht nötig war,
und in den Schluchten um mich her zu blicken, und vorwärts und rückwärts die Gegenstände fest zu halten. Jetzt
schmolz eben der Schnee auf den Höhen der Berge, und oft
hatte ich vier bis sechs Wasserfälle vor den Augen, die sich
von den nackten Häuptern der Alpen in hundert Brechun-
gen herabstürzten, und von denen der kleinste doch immer
eine sehr starke Wassersäule gab. Der Ticin macht auf dieser
Seite schönere Partien als die Reuß auf der deutschen; und
nichts muß überraschender sein, als hier hinauf und dort
hinunter zu steigen. Ayrolles war mein zweites Nachtlager.
Hier sprach man im Hause deutsch, italiänisch und französisch fast gleich fertig, und der Wirt machte mit seiner
Familie einen sehr artigen Zirkel, in dem ich sogleich heimisch war. Suworow hatte einige Zeit bei ihm gestanden,
und wir hatten also beide sogleich einen Berührungspunkt.
Er war ganz voll Enthusiasmus für den alten General, und
rühmte vorzüglich seine Freundlichkeit und Humanität,
welches vielleicht vielen etwas sonderbar und verdächtig
vorkommen wird. Aber ich sehe nicht ein, was den Wirt in
Ayrolles oben am Gotthardt bestimmen sollte, eine Sache zu
sagen, die er nicht sah. Suworow war nicht der einzige General, der ihm im Kriege die Ehre angetan hatte bei ihm zu
sein: er zeichnete sie alle, wie er sie gefunden hatte. Mehrere

davon sind allgemein bekannt. Ich habe das zweideutige Glück gehabt, für den Enkomiasten des alten Suworow zu gelten, und ich suchte doch nur seinen wahren Charakter zu retten und einige Phänomene zu erklären, die ihm zur Last gelegt werden. In Prag hatte er zu einem häßlichen Gemälde gesessen. Der Löwe ist tot und nun wird zugeschlagen. Ich weiß sehr wohl, daß das ganze Leben dieses Mannes eine Kette von Eigenheiten war; aber wenn man seine Nicht-freunde in Prag und Wien hörte, wäre er ein ausgemachter alter, mürrischer Geck von einem weggeworfenen Charak-ter gewesen; und der war er doch gewiß nicht. Sonderbarkeit war überhaupt sein Stempel: und in Prag war er in einer eigenen Stimmung gegen jedermann und jedermann war in einer eigenen Stimmung gegen ihn. Die politischen Verhält-nisse lassen vermuten, in welcher peinlichen Lage er damals von allen Seiten sich befand. Weder sein eigener Monarch, noch der östreichische Hof waren mit seinem Betragen zu-frieden. Er hatte ohne Schonung über Fehler aller Art und ohne Rücksicht der Personen gesprochen. Er war alt und kränklich und sah dem Ende seines Lebens entgegen. Seine Grillen konnten unter diesen Umständen sich nicht vermin-dern. Die Ungezogenheiten einiger seiner Untergebenen wurden wahrscheinlich ihm zur Last gelegt; und er selbst war freilich nicht der Mann, der durch schöne Humanität und Grazie des Lebens immer seinen Charakter hätte emp-fehlen können. Seines Wertes sich bewußt, fest rechtlicher Mann, aber eisern konsequenter Soldat, war er voll Eigen-heiten, von denen viele wie Bizarrerien und Marotten aus-sahen; war äußerst strenge gegen sich und sodann auch in seinen Forderungen gegen andere, und sprach skeptisch und sarkastisch über alles. Seine Bigotterie war sehr wohl berechnet, und unstreitig nicht so tadelhaft als sie an der Seine gewesen wäre: aber auch in diesem Stücke verleugnete ihn sein eigener Charakter nicht und gab ihr ein Ansehen von Possierlichkeit. Er soll in Prag eine schmutzige Filzerei gezeigt haben, weggefahren sein ohne einen Kreuzer zu be-zahlen, und nichts als einen alten Nachttopf zurückgelassen

haben, den man als eine Reliquie ganz eigener Art aufbewahrt. Dies ist nun gewiß wieder ein barockes Quidproquo:
denn Geiz war so wenig in seinem Charakter als prahlerische
Verschwendung. Wenn ich diese Dinge nicht von wahrhaften Leuten hätte, würde ich nur den Kopf schütteln und sie
zu den lächerlichen Erfindungen des Tages setzen. Aber
man muß auch den Teufel nicht schwärzer machen, als er ist;
und ich bin fest überzeugt, daß Suworow durchaus ein ehrlicher Mann und kein Wütrich war, wenn er auch eine starke
Dose Exzentrizität hatte, und mit der Welt im Privatleben
oft Komödie spielte, so wie man seine Energie im öffentlichen zu lauter Trauerspielen brauchte. Du weißt, daß ich
dem Manne durchaus nichts zu danken habe, und kannst
also in meinen Äußerungen nichts als meine ehrliche Meinung finden. Wenn wir einigen Engländern glauben wollen,
die durch ihren persönlichen Charakter ihre Glaubwürdig-
keit nicht verwirkt haben, so ist der Nordländer Suworow,
wenn auch alles wahr war, was von ihm erzählt wird, immer
noch ein Muster der Humanität gegen den Helden des Tages,
Bonaparte, der auf seinen morgenländischen Feldzügen die
Gefangenen zu Tausenden niederkartätschen ließ.

Hier oben behauptete man, wenn Suworow Zeit gehabt
hätte, nur noch Sechstausend Mann über den Berg hinüber
nach Zürich zu werfen, so wäre die Schlacht eben so fürchterlich gegen die Franzosen ausgefallen, wie nun gegen die
Russen. Alle Franzosen, mit denen ich über die Geschichte
gesprochen habe, gestehen das nehmliche ein, und sagen,
bloß die Entfernung des Erzherzogs, der in die Falle des
falschen Manövers am Unterrhein ging, sei die Ursache ihres
Glücks gewesen; und sie bekennen, daß sie im ganzen Kriege meistens nur durch die Fehler der Gegner gewonnen
haben. Hier in Zürich habe ich rund umher mich nach dem
Betragen der Russen erkundigt, und man gibt ihnen überall
das Zeugnis einer guten Aufführung, die man doch anderwärts als abscheulich geschildert hat. Das tut Parteigeist.
Man beklagt sich weit mehr über die Franzosen, deren Art
Krieg zu führen dem Lande entsetzlich drückend sein muß,

da sie selten Magazine bei sich haben, und nur zusammen-
treiben, was möglich ist. Das geht einmal und zweimal; das
drittemal muß es gefährlich werden; welches die Schlauköp-
fe auch sehr wohl wissen. Sie berechnen nur klug; Humanität ist ihnen sehr subalterner Zweck. Dieses ist einigen
Generalen und Kommissären, und nicht der ganzen Nation
zuzurechnen.

Ayrolles ist der letzte italiänische Ort, und diesseits des
Berges in Sankt Ursel ist man wieder bei den Deutschen.
Zwei Tage war ich beständig bergauf gegangen; Du kannst
also denken, daß der Ort schon auf einer beträchtlichen
Höhe steht. Rund umher sind Schneegebirge, und der Ticin
bricht rauschend von den verschiedenen Abteilungen des
Berges herab. Ich schlief unter einem Gewitter ein; ein ma-
jestätisches Schauspiel hier in den Schluchten der höchsten
Alpen. Der Donner brach sich an den hohen Felsenschä-
deln, und rollte sodann furchtbar durch das Tal hinunter,
durch das ich heraufgekommen war. Ein solches Echo hörst
Du freilich nicht auf der Ebene von Lützen.

In dem Wirtshause zu Ayrolles saß ein armer Teufel, der
sich leise beklagte, daß seine Börse ihm keine Suppe erlaubte. Du kannst denken, daß ich ihm zur Suppe auch noch ein
Stückchen Rindfleisch schaffte; denn ich habe nun einmal
die Schwachheit, daß es mir nicht schmeckt, wenn Andere in
meiner Nähe hungern. Er war ein ziemlich alter wandernder
Schneider aus Konstanz, der, wie er sagte, nach Genua gehen wollte, einen Bruder aufzusuchen. Er hörte aber überall
so viel von der Teuerung und der Unsicherheit in Italien, daß
er lieber wieder zurück über die Alpen wollte, und erbot
sich, mir meinen Reisesack zu tragen. Ich sagte ihm, ich
wollte auf seine Entschließungen durchaus keinen Einfluß
haben, er müßte seine Umstände am besten wissen, ich wäre
gewohnt, meinen Sack selbst zu tragen. Er wollte aber bestimmt wieder zurück, und ich trug nun kein Bedenken, ihn
meinen Tornister umhängen zu lassen. Wir stiegen also den
kommenden Morgen, den achtzehnten Juni, rüstig den
Gotthardt hinauf. Es war nach dem Gewitter sehr schlech-

tes Wetter, kalt und windig, und in den obern Schluchten
konnte man vor dem Nebel, und noch weiter hinauf vor
dem Schneegestöber, durchaus nichts sehen; links und
rechts blickten die beschneiten Gipfel aus der Dunkelheit
des Sturms drohend herunter. Nach zwei starken Stunden
hatten wir uns auf die obere Fläche hinaufgearbeitet, wo das
Kloster und das Wirtshaus steht, und wo man im vorigen
Kriege geschlagen hat. Das erste liegt jetzt noch wüst, und
der Schnee ist von innen hoch an den Wänden aufgeschich-
tet; das Wirtshaus ist ziemlich wieder hergestellt, und man
hat schon wieder leidliche Bequemlichkeit. Es muß eine
herkulische Arbeit gewesen sein, hier nur kleine Artillerie-
stücke heraufzubringen, und war wohl nur in den wärmsten
Sommermonaten möglich. Der Schnee liegt noch jetzt auf
dem Wege sehr hoch, und ich fiel einigemal bis an die Brust
durch. Den höchsten Gipfel des Berges zu ersteigen würde
mir zu nichts gefrommt haben, da man in dem Nebel kaum
zwanzig Schritte sehen konnte. Es ist vielleicht in den Annalen der Menschheit aus diesem Kriege ein neues Phäno-
men, daß man ihn hier zuerst über Wolken und Ungewitter
herauftrug: *coelum ipsum petimus stultitia.* Das Wasser auf der
obersten Fläche des Berges hat einen ziemlichen Umfang,
denn es gießt sich rund umher die Ausbeute des Regens und
Schnees von den höchsten Felsen in den See, aus dem sodann die Flüsse nach mehreren Seiten hinabrauschen. Es
müßte das größte Vergnügen sein, einige Jahre nach einander Alpenwanderungen machen zu können. Welche Verschiedenheit der Gemälde hat nicht allein der Gotthardt?
Kornfelder wogen um seine Füße, Herden weiden um seine
Knie, Wälder umgürten seine Lenden, wo das Wild durch
die Schluchten stürzt; Ungewitter donnern um seine Schultern, von denen die Flüsse nach allen Meeren herabstürmen,
und das Haupt des Adula schwimmt in Sonnenstrahlen. Das
gestrige Gewitter mochte vielleicht Ursache des heutigen
schrecklichen Wetters sein: doch war die Veränderung so
schnell, daß in einer Viertelstunde manchmal dicker Nebel,
Sturm, Schneegestöber, Regen und Sonnenschein war, und

sich die Wolken schon wieder von neuem durch die Schluchten drängten. Als ich oben gefrühstückt hatte, ging ich nun auf der deutschen Seite über Sankt Ursel, durch das Ursler Loch und über die Teufelsbrücke herab. Denke Dir das Teufelswetter zu der Teufelsbrücke, wo ich links und rechts kaum einige Klaftern an den Felsen in die Höhe sehen konnte, und Du wirst finden, daß es eine Teufelspartie war: ich möchte aber doch ihre Reminiszenz nicht gern missen. Als wir weiter herabkamen, ward das Wetter heiter und freundlich, und nur einige Schluchten in den furchtbaren Schwarzwäldern waren noch hoch mit Schnee gefüllt, und die Spitzen der Berge weiß. Mein Schneider von Konstanz erzählte mir manches aus seinem Lebenslaufe, der nicht eben der beste war, wovon aber der Mensch gar keine Ahnung zu haben schien. Sehr naiv machte er den Anfang mit dem Bekenntnis, daß er in seinem ganzen Leben nicht gearbeitet habe, und nun in seinem acht und vierzigsten Jahre nicht erst anfangen werde. – So so, das ist erbaulich; und was hat Er denn getan? – Ich habe gedient. – Besser ist arbeiten als dienen. – Nun erzählte er mir, wo er überall gewesen war: da war denn meine Personalität eine Hausunke gegen den Herrn Hipperling von Konstanz. Er kannte die Boulevards besser als seine Hölle, und hatte alle Weinhäuser um Neapel diesseits und jenseits der Grotte versucht. Zuerst war er kaiserlicher Grenadier gewesen, dann Reitknecht in Frankreich, dann Kanonier in Neapel und zuletzt Mönch in Korsika. Er fluchte sehr orthodox über die Franzosen, die ihm seine Klosterglückseligkeit geraubt hatten, weil sie die Nester zerstörten. Jetzt machte er Miene, mit mir wieder nach Paris zu gehen. Ich gab ihm meinen Beifall über seine ewige unstäte Landläuferei nicht zu erkennen, und er selbst schien zu fühlen, er hätte doch wohl besser getan, sich treulich an Nadel und Fingerhut zu halten. Wir schlenderten eine hübsche Partie ab, da wir in einem Tage von Ayrolles den Berg herüber bis herab über Altorf nach Flüren am See gingen. Altorf, das vor einigen Jahren durch den Blitz entzündet wurde und fast ganz abbrannte, wird jetzt recht

schön, aber eben so unordentlich wieder aufgebaut. Die
Berggegend sollte doch wohl etwas mehr Symmetrie erlauben. Eine Stunde jenseit Altorf war das Wasser sehr heftig
aus den Bergen heruntergeschossen und konnte nicht
schnell genug den Weg in die Reuß finden, so daß wir eine
Viertelstunde ziemlich bis an den Gürtel auf der Straße im
Wasser waten mußten. Es war kein Ausweg. Gehts nicht, so
schwimmt man, dachte ich; und mein Schneider tornisterte
hinter mir her. Den andern Morgen nahm ich ein Boot herüber nach Luzern, ohne weiter den Ort besehen zu haben,
wo Tell den Apfel abgeschossen hatte. Nicht weit von der
Abfahrt stürzt rechts ein Wasserfall von sehr hohen Felsen
herab, nicht weit von Tells Kapelle, und man erzählte mir,
daß oben in den Alpen ein beträchtlicher See von dem Wasser der noch höhern Berge wäre, der hier herabflösse.
Schade, daß man nicht Zeit hat, hinaufzuklettern; die Partie
sieht von unten aus schon sehr romantisch, und oben muß
man eine der herrlichsten Aussichten nach der Reuß und
dem Waldstädtersee haben. Die Fahrt ist bekannt, und Du
findest sie in den meisten Schweizerreisen. In dem seligen
Republiken Gersau frühstückten wir, und die Herren be-
klagten sich bitter, daß ihnen die Franzosen ihre geliebte
Autonomie genommen hatten. Die ganze Fahrt auf dem
Wasser herab bis nach Luzern ist eine der schönsten; links
und rechts liegen die kleinen Kantone, und höher die
Schneealpen, in welche man zuweilen weit weit hineinsieht.
Der Pilatusberg vor Luzern ist nur ein Zwerg, der den Vor-
hof der Riesen bewacht. In Luzern fand ich im Wirtshause
unter der guten Gesellschaft einige Freunde von Johannes
Müller, die mit vieler Wärme von ihm sprachen. Nachdem
ich die Brücken und den Fluß beschaut hatte, ging ich zum
General Pfeiffer, um seine wächserne Schweiz zu sehen. Die
Sache ist bekannt genug, aber kein so unnützes Spielwerk,
wie wohl einige glauben. Der Mann hat mit viel Liebe viele
schöne Jahre seines Lebens daran gearbeitet, und mit einer
Genauigkeit, wie vielleicht nur wenig militärische Karten
gemacht werden. Die Franzosen haben das auch gefühlt,

und Lecourbe, gegen den der alte General zuerst eine entschiedene Abneigung zeigte, wußte durch seine Geschmeidigkeit endlich den guten Willen des Greises so zu gewinnen, daß er sich nun als seinen Schüler ansehen konnte. Die Schule hat ihm genützt; und es wird allgemein nicht ohne Grund behauptet, er würde den Krieg in den Bergen nicht so vorteilhaft gemacht haben, ohne des Alten Unterricht. Die Wachsarbeit ist bekannt: es ist Schade, daß ihm die Jahre nicht erlauben, das Übrige zu vollenden. Dieser Krieg hat die Bergbewohner in Erstaunen gesetzt: man hat sich in ihrem Lande in Gegenden geschlagen, die man durchaus für unzugänglich hielt. Die Feinde haben Wege gemacht, die nur ihre Gemsenjäger vorher machten; vorzüglich die Russen und die Franzosen. Man hat sich auf einmal überzeugt, daß die Schweiz bisher vorzüglich nur durch die Eifersucht der großen Nachbarn ihr politisches Dasein hatte. Die Russen und Franzosen kamen auf Pfaden in das Murter Tal, die man nur für Steinböcke gangbar hielt. Die Katholizität scheint hier in Luzern sehr gemäßigt und freundlich zu sein. Das Merkwürdigste für mich war noch, daß mir der Kellner im Gasthofe erzählte, man habe in dem See zwei und dreißig Sorten Forellen, so daß man also bei der kleinsten Wendung der Windrose eine andere Sorte hat. Diejenigen, welche man mir gab, hätten einen Apicius in Entzücken setzen können; und ich rate Dir, wenn Du hier her kommst, Dich an die Forellen zu halten, wenn Du gleich nicht alle Sorten des Kellners finden solltest.

Von Luzern ließ ich mich auf dem Wasser wieder zurückrudern, durch die Bucht links, ging über den kleinen Bergrücken herab an den Zuger See, setzte mich wieder ein, und ließ mich nach Zug bringen. Wäre ich etwas frömmer gewesen, so wäre ich rechts fort zur heiligen Mutter von Einsiedel gegangen. Auf dem Bergrücken zwischen diesen beiden Seen steht die bekannte andere Kapelle Tells mit der schönen Poesie. Alles ist sehr gut und sehr patriotisch; aber ich fürchte, nicht sehr wahr: denn wenn auch die Schweizer noch die Alten wären, würden sie sich doch in diesen Konjunkturen schwerlich retten. Man nimmt die größeren, fruchtbaren Kantons und läßt die Alpenjäger jagen und hungern; sie werden schon kommen und bitten. Bloß die Eifersucht gegen Östreich gab der Schweiz Existenz und Dauer.

Von Zug aus nahm ich meinen Tornister selbst wieder auf den Rücken. Der Schneider sah einige Minuten verblüfft, brummte und bemerkte sodann, ich müsse doch sehr furchtsam sein, daß ich ihm meinen Reisesack nicht anvertrauen wolle. Ich machte ihm begreiflich, daß hier zwischen Zug und Zürich gar nichts zu fürchten sei, daß mich allenfalls mein Knotenstock gegen ihn schütze, daß ich ihm aber keine Verbindlichkeit weiter haben wolle: seine Gesellschaft sei mir auch zu teuer, er sei unbescheiden und fast unverschämt; ich wolle weiter nichts für ihn bezahlen. Dabei erklärte ich ihm, daß ich in Luzern für meine eigene Rechnung vier und dreißig Batzen, und für die seinige sechs und dreißig bezahlt habe; das stehe mir nicht an. Er entschuldigte sich, er habe einen Landsmann gefunden und mit ihm etwas getrunken, und der Wirt habe zu viel angeschrieben. Vielleicht ist beides, sagte ich. Er hat zu viel getrunken, und jener hat noch mehr angeschrieben, ob mir das gleich von dem ehrlichen Luzerner nicht sehr wahrscheinlich vorkommt: aber, mein Freund, Er hat vermutlich der Landsleute viele von Neapel bis Paris; ich zahle gern eine Suppe und ein Stück Fleisch und einige Groschen, aber ich lasse mich nur Einmal so grob mitnehmen. Er verließ mich indessen doch nicht; wir wandelten zusammen den Albis hinauf und herab, setzten uns unten in ein Boot und ließen uns über den See herüber nach Zürich fahren, wo ich denn dem Sünder noch einige Lehren und etwas Geld gab, und ihn laufen ließ. Er wird indessen beides schon oft umsonst bekommen haben.

Hier bin ich nun wieder unter vaterländischen Freunden, und könnte bald bei Dir sein, wenn ich nicht noch etwas links abgehen wollte. In Zürich möchte ich wohl leben: das Örtliche hat mir selten anderwärts so wohl gefallen. Ich trug einen Brief aus Rom zu Madame Geßner, der Witwe des liebenswürdigen Dichters, und ging von ihr hinaus an das Monument, das die patriotische Freundschaft dem ersten Idyllensänger unserer Nation errichtet hat, an dem Zusammenflusse der Siehl und der Limmat. Das Plätzchen ist idyllisch schön, und ganz in dem Geiste des Mannes, den man ehren wollte; und der Künstler, sein Landsmann, hat die edle Einfalt nicht verfehlt, welche hier erfordert wurde. Akazien, Platanen, Silberpappeln und Trauerweiden umgeben den heiligen Ort. Einige Zeit verwendete ich darauf, die Schlachtgegend zu überschauen; und ich kann nicht begreifen, wie die Östreicher ihre Stellung verlassen konnten. Ich verschone Dich mit Beschreibungen, die Du in vielen Büchern vielleicht besser findest. Eine eigene Erscheinung war es mir hier, daß bei Vidierung des Passes zwei Batzen bezahlt werden mußten. Ich möchte wohl wissen, wie man dieses mit liberaler Humanität oder nur mit Rechtlichkeit in Übereinstimmung bringen wollte.

Nun erlaube mir noch, Dir fragmentarisch etwas über meinen Gang durch Italien im Allgemeinen zu sagen. Du hast aus meiner Erzählung gesehen, daß es jetzt wirklich traurig dort aussieht; vielleicht trauriger als es je war. Ich bin gewissenhaft gewesen, und jedes Wort ist Wahrheit, so weit man historische Wahrheit verbürgen kann. Daß Brydone in Sicilien gewesen ist, bezweifelt niemand; aber viele haben vieles gegen seine schönen Erzählungen. So viel weiß ich, daß in Sicilien selbst, und vorzüglich in Agrigent und Syrakus, man sehr übel mit ihm zufrieden ist; aber Barthels ist doch vielleicht zu strenge gegen ihn verfahren. Mehrere Rügen, die ich hier nicht aufzählen kann, haben ihre Richtigkeit; und sein Hauptfehler ist, daß er seiner poetischen Phantasie zu viel Spielraum gab. Die Besten über die Insel von den Neuern sind wohl Barthels und Münter. Dorville habe ich fast durchaus sehr genau gefunden, so viel ich auf dem Fluge habe bemerken können.

Das ganze Königreich Neapel ist in der traurigsten Verfassung. Ein Kurier, der von Messina über Rheggio nach

Neapel gehen soll, hält den Weg immer für gefährlicher als
einen Feldzug. Der Offizier, mit dem ich nach Rom reis'te,
war sechszehnmal geplündert worden, und dankte es nur
seiner völligen Resignation, daß er noch lebte. Ich könnte
sprechen, sagte er, aber dann dürfte ich keine Reise mehr
machen, oder ich wäre auf der ersten ein Mann des Todes.
Alle Greuel, die wir von Paris während der Revolution gehört haben, sind noch Menschlichkeit gegen das, was Neapel aufzuweisen hat. Was die Demokraten in Paris einfach
taten, haben die royalistischen Lazaronen und Kalabresen in
Neapel zehnfach abscheulich sublimiert. Man hat im eigentlichen Sinne die Menschen lebendig gebraten, Stücken abgeschnitten und ihre Freunde gezwungen davon zu essen;
der andern schändlichen Abscheulichkeiten nicht zu erwähnen. Ein wahrhafter, durchaus rechtlicher Mann sagte mir,
man sei mit einer Tasche voll abgeschnittener eingesalzener
Nasen und Ohren zu ihm gekommen, habe aufgezählt, wer
die Eigentümer derselben gewesen, und er habe seine ganze
Standhaftigkeit und Klugheit nötig gehabt, nicht zu viel
Mißbilligung zu zeigen, damit er nicht selbst unter die Opfer
geriete. Das ist unter Ruffo geschehen, dessen Menschlichkeit sogar noch hier und da gerühmt wird. Die Geschichte
der Patrioten von Sankt Elmo ist bekannt. Nelson und seine
Dame, die Exgemahlin Hamiltons, ließen im Namen der
Regierung die Kapitulation kassieren, und die Henker hatten volle Arbeit. Auf diese Weise kann man alles was heilig
ist niederreißen. Man nennt den Namen des Admirals und
noch mehr den Namen der Dame mit Abscheu und Ver-
wünschung, und bringt Data zur Belegung. In Kalabrien soll
jetzt allgemeine Anarchie sein. Das ist begreiflich. Bildung
ist nicht, und das Bißchen Christentum ist, so wie es dort ist,
mehr ein Fluch der Menschheit. Die Franzosen kamen und
setzten in Revolution; die Halbwilden trauten und wurden
verraten. Ruffo kam im Namen des Königs, und versprach;
die Betrogenen folgten und wüteten nun unter ihm bis zur
Schande der menschlichen Natur in der Hauptstadt. Jetzt
sagen sie, der König habe sie noch ärger betrogen als die

Franzosen. Wer kann bestimmen, wie weit sie Recht haben? Die Regierung des Dey kann kaum grausamer sein; schlechter ist sie nicht. Im ganzen Königreich und auf der Insel zusammen sind jetzt kaum funfzehn tausend Mann Truppen: diese haben einen schlechten Sold, und dieser schlechte Sold wird noch schlechter bezahlt. Du kannst die Folgen denken. Unzufriedenheit gilt für Jakobinismus, wie fast überall. Ich habe die meisten Städte des Reichs gesehen, und nach meinem Überschlage ist die Zahl der Truppen noch hoch angenommen. Die sogenannten Patrioten schreien über Verräterei der Franzosen und knirschen die Zähne über die Regierung. Mäßigung und Gerechtigkeit ist in Neapel kein Gedanke. Mit fünf tausend Franzosen will ich das ganze Reich wieder reformieren und behaupten, sagte mir ein eben nicht zelotischer Parteigänger. Die rechtlichsten Leute wurden gezwungen der Revolution beizutreten, um sich zu retten, und wurden hernach wegen dieses Zwanges hingerichtet. Vorzüglich traf dieses Schicksal die Ärzte. Es wurden Beispiele mit Umständen erzählt, die Schauder erregen. Filangieri war zu seinem Glücke vorher gestorben. Die Regierung nimmt bei ihrer gänzlichen Vernachlässigung noch alle Mittel, die Gemüter noch mehr zu erbittern; ist saumselig, wo rechtliche Strenge nötig wäre, und grausam, wo weise Mäßigung frommen würde. In Sicilien treibt das Feudalsystem in den gräßlichsten Gestalten das Unheil fort: und obgleich mehr als die Hälfte der Insel wüste liegt, so würde doch kein Baron einen Fuß Land anders als nach den strengsten Lehnsgesetzen bearbeiten lassen. Die Folgen sind klar. Wie geachtet die Regierung und geliebt der Minister ist, davon habe ich selbst ein Beispielchen von den Lazaronen in Neapel gehört. Es kam ein Schiff von Palermo an mit etwas Ladung aus der Haushaltung des Königs. Unter andern wurde ein großer, schöner Maulesel ausgeschifft; das neugierige Volk stand wie gewöhnlich gedrängt umher. *Kischt' è il primo minischtro*, sagte ein Kerl aus dem Haufen, und die ganze Menge brach in ein lautes Gelächter aus. Ohne Zweifel ist der Minister nicht so schlecht, als ihn seine Fein-

de machen; aber er ist doch genug, um ein schlechter
Minister zu sein. Das Fazit liegt am Tage; das Reich verarmt
täglich mehr, und der Minister wird täglich reicher. An Manufakturen wird gar nicht gedacht: die Engländer und Deutschen versorgen alle Provinzen. In Neapel brauchte ich
Strümpfe; die waren englisch: in Syrakus war nichts einhei-
misches zu finden. Überall sind fremde Kaufleute, die mit
fremden Artikeln handeln. Man sagt in Neapel auf allen
Straßen ganz laut, der Minister verkaufe als Halbbritte die
Nation an die Engländer. Man schreit über die öffentliche
Armut und die öffentliche Verschwendung; man lebe von
der Gnade der Franzosen und halte drei Höfe, in Palermo
und Kaserta und Wien. Einzeln erzählte Vorfälle sind empörend. Der König ist ein Liebhaber von schönen Weibern.
Das mag er: andere sind es auch, ohne Könige zu sein. In der
Revolution wurde eine Dame als Staatsverbrecherin mit ergriffen, und das Tribunal verurteilte sie zum Tode. Die
vornehme interessante Frau appellierte an den König, und
ihre Freunde brachten es so weit, daß sie zur endlichen
Entscheidung ihres Schicksals nach Palermo geschickt wurde. Der König lebte dort in ihrer Gesellschaft einige Zeit
nach der Liebhaber Weise; endlich drangen die strengen
Strafprediger an sein Gewissen: die Frau wurde nach Neapel
zurückgeschickt und – hingerichtet. Sie erzählte das Ganze
selbst vor ihrem Tode auf dem Blutgerüste. Das ist verhältnismäßig eben so schlimm als die eingesalzenen Nasen und
Ohren. Man hat mir Namen und Umstände und den ganzen
Prozeß wiederholt genannt.

　　Die Kassen sind leer, die Offizianten müssen warten, und
dabei soll man Jagdpartien geben, die über 50,000 neapolitanische Dukaten kosten. Der General Murat erhielt Geschenke, deren Wert sich auf 200,000 Taler belief. Ich weiß
nicht, wer mehr Unwillen erregt, ob der König oder Murat?
Jener handelt nicht als König, und dieser schlecht als Republikaner. Anders tat Fabricius. Die Räuber streifen aus einer
Provinz in die andere, und plündern und morden, ohne daß
die Justiz weiter darnach fragt. Man läßt die Leute so gut und

so schlecht sein als sie wollen; nun sind der Schlechten fast immer mehr als der Guten, zumal bei solchen Vernachlässigungen: so ist die Unordnung leicht erklärt. Die Beschaffenheit des Landes hilft dem Unfuge; die Berge bergen in ihren Schluchten und Winkeln die Bösewichter, gegen welche die Regierung keine Vorkehrungen trifft. Ich habe in dem ganzen Reiche keine einzige militärische Patrouille gesehen, aber Haufen Bewaffnete bis zu fünf und zwanzig. Diese sollen auch Polizei sein: aber sie tragen kein Abzeichen, sind von den Schurken nicht zu unterscheiden, und alle ehrliche Leute fürchten sich vor ihnen.

Überhaupt habe ich in Neapel jetzt drei Parteien bemerkt, die Partei des Königs und der jetzigen Regierung, zu welcher alle Anhänger des Königs und des Ministers gehören: die Partei des Kronprinzen, von dem man sich ohne vielen Grund etwas besseres verspricht: und die Partei der Malkontenten, die keine Hoffnung von Vater und Sohn haben, und glauben, keine Veränderung könne schlimmer werden. Die letzte scheint die stärkste zu sein, weiß aber nun, da sie von den Franzosen gänzlich verlassen worden ist, in der Angst selbst nicht, wohin sie den Gesichtspunkt nehmen soll.

In Rom arbeitet man mit allen Kräften an der Wiederherstellung aller Zweige der Hierarchie und des Feudalsystems: Gerechtigkeit und Polizei werden schon folgen, so weit sie sich nehmlich mit beiden vertragen können. Die Mönche glänzen von Fett, und segnen ihren Heiland Bonaparte. Das Volk hungert und stirbt, oder flucht und raubt, nachdem es mehr Energie oder mehr fromme Eselsgeduld hat. Es wird schon besser werden, so viel es das System leidet.

In Hetrurien weiß man sich vor Erstaunen über alle die Veränderungen zu Hause und auswärts noch nicht zu fassen. Die Meisten, da die Menschen nun doch einmal beherrscht sein müssen, wünschen sich wieder das sanfte östreichische Joch, wie es unter Leopold war. Die Vernünftigern klagen leise oder auch wohl laut über die Anmaßlichkeit des römischen Hofes und die Schwachheit der Regierung; und die hitzigen Polypragmatiker hoffen auf eine Veränderung diesseits der Berge.

Die italische Republik windet sich, trotz den Eigenmächtigkeiten und Malversationen der Franzosen ihrer Herren Nachbarn, nach und nach aus der tausendjährigen Lethargie. Hier war an einigen Orten viel vorgearbeitet: aber auch das alte Päpstliche erholt sich und wird etwas humaner. Das Päpstliche diesseits der Apenninen scheint indessen nie so tief gesunken zu sein, als in der Nähe des Heiligtums. Weit von dem Segen war immer etwas besseres Gedeihen. Alles liegt hier noch im Werden und in der Krise. Die großen Städte klagen zwar über Verlust, aber das platte Land hebt sich doch merklich. Das läßt sich wieder sehr leicht erklären. In Italien scheinen überhaupt die Städte das Land verzehrt zu haben, welches wohl weder politisch noch kosmisch gut ist.

Die Franzosen im Allgemeinen haben sich in Italien gut betragen, so wie man ihnen das nehmliche Zeugnis auch wohl in Deutschland nicht versagen kann. Man erzählt Beispiele von Aufopferung und Edelmut, die dem humanen Zuhörer außerordentlich wohl tun, und seine sympathetische Natur für den Gegensatz entschädigen, der sich zuweilen zeigt. Einzelne Generale, Kommissäre und Offiziere machen oft grelle Ausnahmen. Unter den Generalen wird Murat als Erpresser und Plagegeist überall genannt; und mir deucht, der Augenschein bestätigt die Beschuldigung: er wird bei einem großen Aufwand reich. Ich habe eine ewige Regel, deren Richtigkeit ich mir nicht abstreiten lasse. Wer in dem Dienst des Staats reich wird, kann kein Mann von edelm Charakter sein. Jeder Staat besoldet seine Diener nur so, daß sie anständig leben und höchstens einen Sicherheitspfennig sparen können: aber zum Reichtum kann es auf eine ehrenvolle Weise durchaus keiner bringen. Es gibt nach meiner Meinung nur zwei rechtliche Wege zum Reichtum, nehmlich Handel und Ökonomie; einige wenige Glücksfälle ausgenommen. Ist der Staatsdiener zugleich Handelsmann, so hört er eben dadurch auf, einem wichtigen Posten gut vorzustehen. Die Kommissäre haben einmal das unselige Privilegium, die Nationen zu betrügen, weil man ihnen unmöglich alles genau durchschauen kann; und die französischen sollen es sehr ausgedehnt gebraucht haben. Empörend ist es für mich gewesen, wenn ich hörte, daß viele französische Offiziere frei durch alle Provinzen reis'ten, mit oder ohne Geschäft, sich nach ihrem Range für sich und ihre Begleitung eine Menge Pferde zahlen ließen und doch allein gingen und knickerisch nur zwei nahmen, und das Geld für die übrigen einsäckelten. Manche arme Kommune, die kaum noch Brot hatte, mußte bei dergleichen Gelegenheiten exekutorisch ihren letzten Silberpfennig zusammenbringen, um den fremden, so genannten republikanischen Wohltäter zu bezahlen. Das nenne ich Völkerbeglückung! Man muß bekennen, daß die Franzosen selbst über diese Schändlichkeit fluchten; aber sie geschah doch oft. Wo Murat als General kommandiert, fällt so etwas nicht auf; Moreau würde sich und seine Nation von solchen Schandflecken zu retten wissen. So viel ich von den Franzosen in Italien gemeine Soldaten und Unteroffiziere gesehen habe, und ich bin manche Meile in ihrer Gesellschaft gegangen, habe ich sie alle gesittet, artig, bescheiden und sehr unterrichtet gefunden. Sie urteilten meistens mit Bündigkeit und Bestimmtheit und äußerten durchaus ein so feines Gefühl, daß es mir immer ein Vergnügen war, solche Gesellschaft zu treffen. Das alte vornehme Zotenreißen im Fluchen ist sehr selten geworden, und sie sprechen über militärische Dispositionen mit einer solchen Klugheit und zugleich mit einem solchen Subordinationsgeist, daß sich nur ein schlechter Offizier andere Soldaten wünschen könnte.

In Ansehung des Physischen ist ein Gang von Triest nach Syrakus und zurück an den Zürcher See, wenn er auch nur flüchtig ist, mit vielen angenehmen Erscheinungen verbunden. Auf der Insel ist das lieblichste Gemisch des Reichtums aller Naturprodukte, so viel man ohne Anstrengung gewinnen kann; Orangen aller Art, Palmen, Karuben, Öl, Feigen, indische und gemeine, Kastanien, Wein, Weizen, Reis. Bei

Neapel werden die indischen Feigen, die Karuben und Palmen schon selten; diesseits der Pontinen die Orangen; diesseits der Apenninen Öl und Feigen. Die südliche Seite des Berges, von Florenz aus, hat noch die herrlichsten Ölpflanzungen; beim Herabsteigen nach Bologna findet man sie nicht mehr: alles sind Kastanienwälder. In der Lombardei ist der Trieb üppig an Wein und Getreide; aber alles ist schon mehr nördlich. Ein einziger Weinstock macht noch eine große Laube, und auf einem einzigen Maulbeerbaume hingen zuweilen sechs Mädchen, welche Blätter pflückten: aber ein Ölbaum ist schon eine Seltenheit. Die südlichen Seiten der Alpenberge geben durch ihre Lage hier und da noch Früchte des wärmeren Erdstrichs, und am Lago maggiore hat man noch Orangengärten, Olivenpflanzungen und sogar, obgleich nur spärlich, indische Feigen. Am Ticino herauf trifft man noch Kastanien die Menge und sehr schöne und große Bäume, und bis Ayrolles wächst gutes Getreide. Dann hört nach und nach die Vegetation auf. An der Reuß diesseits kann man weit tiefer herabgehen, ehe sie wieder anfängt. Sankt Ursel liegt vielleicht tiefer als Ayrolles und man hat dort nichts von Getreide. Kastanien trifft man auf dieser Seite nicht mehr oder nur höchst selten, und der Nußbaum nimmt ihre Stelle ein. Weiter herab ist alles vaterländisch.

Paris

Von Zürich hierher ist ein hübsches Stück Weges, und ich schreibe Dir davon so wenig als möglich, weil alles ziemlich bekannt ist. Einige Freunde begleiteten mich den 24sten Juni ein Stündchen von Zürich aus, und schickten mich unter des Himmels Geleite weiter. Bei Eglisau begrüßte ich das erste Mal den herrlichen Rhein und ging von da nach Schafhausen, bloß um den Fall zu sehen. Er hat an Masse freilich weit mehr als der Velino; aber ich wäre sehr verlegen, welchem ich die größte malerische Schönheit zugestehen sollte. Dort ist die Natur noch größer als hier, und der Sturz noch weit furchtbarer. Mir deucht, ich habe gehört, ein Eng-

länder habe versucht den Fall herunterzufahren: und ich
glaube, die Donquischotterie ist allerdings nicht unmöglich,
wenn der Fluß voll ist. Bei kleinem Wasser würde man unfehlbar zerschmettert. Nur müßte die Seite von Laufen
gewählt werden; denn die von Schafhausen würde ziemlich
gewisser Tod sein. Ich sage nicht, daß man nicht auf der
Unternehmung umkommen könne: aber gesetzt, ich würde
auf der Seite von Laufen oben verfolgt und sähe keine Ausflucht, so würde ich kein Bedenken tragen mich in einem
guten Boot den Fall hinabzuwagen und würde meine Rettung nicht ganz unwahrscheinlich finden. In der Krone in
Schafhausen war sehr gute Gesellschaft von Kaufleuten,
Kommissären und Engländern.

Den 25sten stach ich in den Breisgau herüber. Laufen-
burg, wo ich die Nacht blieb, ist ein ärmlicher Ort, wo der
Rhein einen zweiten kleinern nicht so gefährlichen Fall bildet: doch ist auch dieser Schuß zwischen den Felsen sehr
malerisch. Weiter hin stehen in den Dörfern noch Franzosen
bis zum Austrag der Sache, und die Einwohner sind in Verzweiflung über den Druck von allen Seiten. Bloß unsere
geringe Anzahl verhindert uns, sagte man mir laut, gewalt-
same Mittel zu unserer Befreiung zu versuchen. Die Franzosen müssen hier sehr schlechte, abscheuliche Mannszucht
halten: denn ich habe wiederholt erzählen hören, daß sie
durchreisende Weiber mit Gewalt hinauf in den Wald zur
Mißhandlung schleppen. An den Eingebornen wagen sie
sich nicht zu vergreifen, weil sie unfehlbar totgeschlagen
würden, es entstände daraus was wolle: diese Unordnungen
fürchten sie jedoch. Jeder Einquartierte muß täglich zwei
Pfund Brot, ein Pfund Fleisch und eine Flasche Wein erhalten. Seit einiger Zeit müssen die Wirte für den Wein zehn
Kreuzer täglich bezahlen: dafür werden den Soldaten Kittel
angeschafft. Das ist denn doch für die große Nation verächtlich klein. Dieses ist heute den 26sten Juni unseres
Jahres 1802; und der Kommandant der Truppen mag seine
Ehre retten, wenn er kann: ich sage was ich vielfältig gehört
habe.

Die Gegend am Rhein herunter ist fast durchaus schön, und besonders bei Rheinfelden. In Basel am Tore lud man mich zum Kriegsdienst der Spanier ein, die hier für junges Volk von allen Nationen freie Werbung hatten, ausgenommen die Franzosen und Schweizer. Mir war das nicht unlieb, ob ich gleich die Ehreneinladung bestimmt ausschlug: denn es zeigt wenigstens, ich sehe noch aus, als ob ich eine Patrone beißen und mit schlagen könne. Im Wilden Manne war die Gesellschaft an der Wirtstafel ziemlich zahlreich und sehr artig. Der französische Kommandant, zu dem ich wegen meines Passes ging, war freundlich und höflich. Der preußische Pass war in Mailand revidiert worden, und der General Charpentier hatte daselbst bloß darauf geschrieben, daß er durch die Schweiz nach Paris gültig sei. In Basel wies man mich damit an den ersten Grenzposten, ungefähr noch eine Stunde vor der Stadt. Als ich dort ankam, sah der Offizier nur flüchtig hinein, gab ihn zurück und sagte: *Vous êtes bien en règle. Bon voyage!* und seitdem bin ich nirgend mehr darnach gefragt worden. So wie ich in das französische Gebiet trat, war alles merklich wohlfeiler und man war durchaus höflicher und billiger. In einem Dorfe nicht weit von Belfort hielt ich eine herrliche Mittagsmahlzeit mit Suppe, Rindfleisch, Zwischengericht, Braten, zweierlei Dessert und gutem Wein und zahlte dafür dreißig Sols. Dafür hätte ich jenseit der Alpen wenigstens dreimal so viel bezahlen müssen. Den nehmlichen Abend, vier Meilen von Basel, zahlte ich für ein recht gutes Quartier mit Zehrung nur sechs und vierzig Sols. So ging es verhältnismäßig immer fort; und auch nicht viel teurer ist es in Paris. Mir tut die Humanität und das allgemeine Wohlbefinden besser, als der wohlfeile Preis. Man spricht dort noch etwas deutsch und Leute von Erziehung bemühen sich beide Sprachen richtig und angenehm zu reden. Das Dorf war ziemlich groß und als ich gegen Abend noch einen Gang an den Gärten und Wiesen hin machte, hörte ich in der Ferne an einem kleinen buschigen Abhange einen Gesang, der mich lockte. Das war mir in ganz Italien nicht begegnet; und als ich näher kam, hörte ich

eine schöne einfache ländliche Melodie zu einem deutschen
Texte, den ich für ein Gedicht von Matthison hielt. Die
Sängerinnen waren drei Mädchen, die man wohl in der schö-
nen Abendröte für Grazien hätte nehmen können. Die
Zuhörer mehrten sich und ich war so heimisch, als ob ich an
den Ufern der Saale gesessen hätte.

Nun ging ich über Besançon und Auxonne nach Dijon
herunter. Es war ein Vergnügen zu wandeln; überall sah man
Fleiß und zuweilen auch Wohlstand. Wenigstens war nirgends der drückende Mangel und die exorbitante Teurung,
die man jenseits der Alpen fand: und doch hatte hier die
Revolution gewütet und der Krieg gezehrt. Besançon ist
wohl mehr ein Waffenplatz als eine Festung. Der Ort ist seit
Cäsars Zeiten immer ein wichtiger Posten gewesen. Aber bei
einer Belagerung würde jetzt die Stadt bald zu Grunde gehen
und der Ort sich kaum halten. In Auxonne wurden alle
Festungswerke niedergerissen, und jedermann ging und ritt
und fuhr ungehindert und ungefragt aus und ein. Das fand
ich selbst gegen die Schweiz sehr liberal. Einen Abend blieb
ich in Genlis, dem Gute der bekannten Schriftstellerin. Die
Besitzung ist sehr nett, aber sehr bescheiden; und die Dame
wird, trotz allem was ihre Feinde von ihr sagen, hier sehr
geliebt.

Dijon hat ungefähr eine Stunde im Umfange und rund um
die Stadt einen ziemlich angenehmen Spaziergang. Der Ort
empfindet die Folgen der Revolution vor allen übrigen, weil
sie hier vorzüglich heftig war. Die Leute wissen bis jetzt vor
Angst noch nicht, wo sie mit ihrer Stimmung hin sollen: die
Meisten scheinen königlich zu sein. Mein Wirt, der sehr
höflich mit mir herumlief, erzählte mir in langen Klagen den
ganzen Verlauf der Sachen in ihrer Stadt, und die schreckliche Periode unter Robespierre, wo so viele brave Leute
teils guillotiniert wurden, teils in den Gefängnissen vor
Angst und Gram starben. Die Sache hat freilich mehrere
Seiten. Viele scheinen nur das Anhängsel der ehemaligen
Reichen vom Adel und der Geistlichkeit zu machen: diese
können allerdings bei keiner vernünftigen Einrichtung ge-

winnen. Alle große Städte, die nicht auf Handel, Fabriken und Industrie beruhen, die Kapitale ausgenommen, müssen durch die Veränderung notwendig verlieren, da die Parlamentsherren, der reiche Adel und die reiche Geistlichkeit nicht mehr ihr Vermögen daselbst verzehren. Aber deswegen ist dieses noch kein wesentlicher Verlust für die Nation. Der Park des Prinzen Condé vor dem Peterstore ist jetzt verkauft und ein öffentlicher Belustigungsort. Im Ganzen ist die Stadt sehr tot.

Von Dijon fuhr ich, weil mir das Wetter zu heiß ward, mit dem Kurier nach Auxerres und von dort mit der Diligence nach Paris. Auxerres ist eine Mittelstadt, aber ziemlich lebhaft, wenigstens weit lebhafter als Dijon. Zum Friedensfeste hatte man an dem Boulevardkoffer der Hebe einen Tempel aufgeführt, der der französischen Kunst eben keine Ehre macht. Die Gesellschaft war aber angenehm und die Bewirtung gut und billig. Die Wirtin, ein Prototyp der alten echt französischen Höflichkeit und Gutherzigkeit, setzte sich zu mir in die Gartenlaube und hielt mir bei Gelegenheit der Bezahlung einen langen Unterricht über den Geldkurs, und gab mir Warnungen, damit ich als Fremder mit der Münze nicht betrogen würde; welches indessen zur Ehre der Nation nur sehr selten geschehen ist. In Italien war der Fall häufiger, und auch in der Schweiz.

Die Gesellschaft in der Diligence war besser, als der einsylbige Kurier von Dijon. Ein alter General von der alten Regierung, ein fremder Edelmann aus der Schweiz, ein Landpfarrer der zugleich Mediziner war, ein Kaufmann, ehmals Adjutant des Generals Lecourbe; ein Gelehrter von Auxerres, der vorzüglich in der Ökonomie stark zu sein schien und einige andere Unbekannte machten eine sehr bunte Unterhaltung. Ich saß zwischen dem Geistlichen und dem Gelehrten im Fond, und vor mir der General auf dem Mittelsitze. Der General hatte ehemals in Domingo kommandiert, wäre fast bei seiner Rückkehr in Brest guillotiniert worden, und nur die Intervention vieler angesehener Kaufleute hatte ihn gerettet, die seiner politischen Orthodoxie in

der damaligen Zeit das beste Zeugnis gaben. Der Geistliche
war ausgewandert gewesen und hatte als Arzt einige Zeit auf
der Grenze gelebt, war aber mit vieler Klugheit zu rechter
Zeit zurückgekommen und hatte seitdem nach dem Winde
laviert. Jetzt zeigte er nun wieder mehr seinen eigentlichen
Geist. Er war ein Mann von vielen Kenntnissen und vielem
Scharfsinn und vieler Verbindung mit den ehemaligen Großen; also allerdings kein Plattkopf, sondern ein Spitzkopf.

Er erzählte, als ob das so sein müßte, eine Menge heilige
Schnurren seiner Jugend, die sogar in seinem eigenen Munde zwar unterhaltend aber eben nicht salbungsreich waren.
So war er bei Sens einmal als falscher Bischof gereis't und
hatte falsche Offizialien gehalten, und man hatte sich fast tot
gelacht als er den Spaß entdeckte. Ein andermal hatte er
einst als Chorschüler gesehen, daß ein Bauer seinem Beichtvater einen großen, schönen Karpfen brachte und ihn
unterdessen in den Weihkessel setzte. Schnell stahl ihn der
Hecht mit seinen Gesellen zum Frühstück, und hatte seine
große Freude, als der absolvierte Bauer kam und in und
unter dem Weihkessel umsonst den eingesetzten Karpfen
suchte, um ihn nun in die Küche des geistlichen Herrn ab-
zuliefern. Dergleichen Schnurren hatte er zu Dutzenden,
und erzählte sie besser als ich. Noch eine Droleie zeichnete
sich aus, aus der alten französischen Geschichte. Es lebte
unweit Sens ein Kanzler von Frankreich auf seinen Gütern,
und war als sehr guter Haushalter bekannt. Einst kommt ein
Bauer von seinem Gute in die Beichte und beichtet, er habe
dem Kanzler die Perücke gekämmt. Nun, seid Ihr denn sein
Peruckenmacher? fragte der Beichtvater. – Nein; Ich habe
sie ihm nur so gekämmt. – Das sind Possen; die könnt Ihr
künftig bleiben lassen, was gehn Euch des Kanzlers Perük-
ken an. – Dieser geht mit der Absolution fort und ein
anderer kommt und beichtet, er habe dem Kanzler die Perücke gekämmt. Die nehmliche Sünde, der nehmliche Ver-
weis, die nehmliche Vergebung: da kommt ein dritter mit der
nehmlichen Beichte. Da fällt dem geistlichen Herrn plötzlich auf, das müsse eine ganz eigene Kämmerei sein. Die

Vorhergehenden hielten in der Kirche noch etwas Andacht; *écoutez donc, Messieurs les perruquiers,* ruft er ihnen zu, *venez encore un peu ici; il y a encore à peigner.* Was hat das für eine Bewandtnis mit der Perücke? Nun erklärte denn das beichtende Kleeblatt, der Kanzler habe sehr schöne Heuschober draußen auf der Wiese stehen, und sie gingen zuweilen mit dem Rechen hinaus und zögen rund herum bedächtig herunter, daß es niemand merkte: das nennten sie des Kanzlers Perücke kämmen. Die neue Manier die Perücke zu behandeln wurde also nun scharf gerügt, untersagt und schwer verpönt.

Nun fing der Herr an im Ernst sehr fromm zu erzählen, was die heiligen Reliquien hier und da in der Nachbarschaft von Paris wieder für Wunder täten, und dem Himmel zu danken, daß man endlich wieder anfange an die allerheiligste Religion zu denken und sie nun wieder wagen dürfe, ihr Haupt empor zu heben. Er erzählte wenigstens ein halbes Dutzend ganz nagelneue Wunder, von denen ich natürlich keins behalten habe. Er selbst hatte mit heißem, heiligem Eifer *un abrégé précis sur la vérité de la religion chrétienne* geschrieben, so hieß, glaube ich, der Titel, und das Buch dem Kardinal Kaprara zugeschickt. Nach dem Tone zu urteilen, kann ich mir die Gründe denken. Der Kardinal habe ihm, wie er sagte, ein schönes Belobungsschreiben gegeben und ihn aufgemuntert, in seinem Eifer mutig fortzufahren. Einen komplettern Beweis für die Wahrheit in dem Buche kann man nun füglich nicht verlangen, als das Urteil und den Stempel des Kardinals Kaprara.

Nun wurde von den alten Zeiten gesprochen, die Zeremonien und Feierlichkeiten des Hofs beschrieben und nicht ganz leise hingedeutet, daß man die glückliche Rückkehr derselben bald hoffe. Der geistliche Herr, der den Sprecher machte und wirklich gut sprach, erhob nun vorzüglich die Mätressen der Könige von Frankreich, von der schönen Gabriele bis zur Pompadour und weiter herunter. Es wurde dabei das Ehrengesetz der Galanterie nicht vergessen: *Les rois ne font que des princes, les princes font des nobles et les nobles des roturiers.* Er behauptete aus gar nicht unscheinbaren Gründen, daß alle diese Damen sehr gutmütige Geschöpfe gewesen, und ich bin selbst der Meinung, daß sie dem Reiche weit weniger Schaden zugefügt haben als die Minister und die Könige selbst, deren Schwachheiten gegen beide oft unerhört waren. Nur klang die Apologie aus dem Munde eines sehr orthodoxen Geistlichen etwas drollig. Gegen Bonaparte hatte er weiter nichts, als daß er zu schnell gehe, daß man aber von dem großen Manne noch nicht urteilen dürfe. Da hatte ich denn freilich gesündigt; denn ich hatte nun leider einmal geurteilt. Das Urteil über öffentliche Männer, es mag nun wahr oder falsch sein, kommt nie zu früh, aber oft zu spät. Mit frommer Andacht meinte er noch, *que Bonaparte seroit le plus grand homme de l'univers et de toute l'histoire, s'il mettoit en se retirant le vrai rejetton sur le trône.* Schwerlich wird der Konsul den Pfarrer zu seinem geheimen Rat machen. Das alles wurde ohne viele Vorsicht öffentlich in der Diligence geäußert: Du siehst, daß sich die Fahne sehr gedreht hat. Man sagte laut, daß die Mehrheit den König wünsche, und ihre Zuchtmeister mögen ihnen wohl den Wunsch ausgepreßt haben. Die Generale nannte man nur *les mangeurs de la république,* und das ohne Zweifel mit Recht.

Unter diesen und andern Ventilationen kamen wir den 6ten Juli in Paris an, wo man mich in das *Hôtel du Nord* in der Straße Quincampoi brachte, wo, wie ich höre, der berüchtigte Law ehemals sein Wesen oder Unwesen trieb. Das war mir zu entfernt von den Plätzen, die ich besuchen werde. Mein erster Gang war Freund Schnorr aufzusuchen. Ich fand mit der Adresse sogleich sein Haus und hörte zu meinem großen Leidwesen, daß er vor sieben Tagen schon abgereis't war. Seine Stube war aber noch leer, der Kolonnade des Louvers gegenüber; ich zog also wenigstens in seine Stube: und aus dieser schreibe ich Dir, in der Hoffnung Dich bald selbst wieder zu sehen; denn meine Börse wird mich bald genug erinnern die väterlichen Laren zu suchen.

Paris

Es würde anmaßlich sein, wenn ich Dir eine große Abhandlung über Paris schreiben wollte, da Du davon jeden Monat in allen Journalen ein Dutzend lesen kannst. Mein Aufenthalt ist zu kurz; ich bin nur ungefähr vierzehn Tage hier und mache mich schon wieder fertig abzusegeln.

Nach Paris kam ich ohne alle Empfehlung, ausgenommen ein Papierchen an einen Kaufmann wegen meiner letzten sechs Dreier. Ich habe nicht das Introduktionstalent, und im Allgemeinen auch nicht viel Lust mich sogenannten großen Männern zu nahen. Man opfert seine Zeit, raubt ihnen die ihrige und ist des Willkommens selten gewiß; trifft sie vielleicht selten zur schönen Stunde, und hätte mehr von ihnen gehabt, wenn man das erste beste ihrer Bücher oder ihre öffentlichen Verhandlungen vorgenommen hätte. Das ist der Fall im Allgemeinen; es wäre schlimm, wenn es nicht Ausnahmen gäbe. Mir deucht, man ist in dieser Rücksicht auch zuweilen sehr unbillig. Man erwartet oder verlangt vielleicht sogar von einem berühmten Schriftsteller, er solle in seiner persönlichen Erscheinung dem Geist und dem Witz in seinen Büchern gleich kommen oder ihn noch übertreffen; und man bedenkt nicht, daß das Buch die Quintessenz seiner angestrengtesten Arbeiten ist, und daß die gesellschaftliche Unterhaltung ein sonderbares Ansehen gewinnen würde, wenn der Mann beständig so in Geburtsnot sein sollte. Die Zumutung wäre grausam, und doch ist sie nicht ungewöhnlich. Es gibt zuweilen glückliche Geister, deren mündlicher extemporärer Vortrag besser ist, als ihre gesichtetste Schrift: aber dieses kann nicht zur Regel dienen.

Ich ging zu Herrn Millin, weil ich dort Briefe zu finden hoffte. Diese fand ich zwar nicht, aber man hatte ihm meinen Namen genannt, und er nahm mich sehr freundlich auf; und ich bin, so wie ich ihn nun kenne, versichert, ich würde auch ohne dies freundlich aufgenommen worden sein. Millin ist für die Fremden, die in literärischer Absicht Paris besuchen, eine wahre Wohltat. Der Manne hat eine große Peripherie von Kenntnissen, die echte französische Heiter-

keit, selbst eine schöne Büchersammlung in vielen Fächern
und aus vielen Sprachen, und eine seltene Humanität. Mehrere junge Deutsche haben den Vorteil, in seinen Zimmern
zu arbeiten und sich seines Rats zu bedienen. Ich habe ihn
oft und immer gleich jovialisch und gefällig gesehen. Auf der
Nationalbibliothek herrscht eine musterhafte Ordnung und
eine beispiellose Gefälligkeit gegen Fremde. Daß in der öffentlichen Gerechtigkeit große Lücken sind, ist bekannt,
und daß ihre gepriesene Freiheit täglich preßhafter wird,
leidet eben so wenig Zweifel. Ich hatte selbst ein Beispielchen. Die Kaiserin Katharina die Zweite hatte dem Papst
Pius dem Sechsten ein Geschenk mit allen Russischen
Goldmünzen gemacht: schon der Metallwert muß beträchtlich gewesen sein. Diese lagen mit den übrigen Schätzen im
Vatikan. Die Franzosen nahmen sie weg, um sie nach Paris
zu den übrigen Schätzen zu bringen. In Rom sind sie nicht
mehr; aber deswegen sind sie nicht in Paris. Man sprach
davon; ich fragte darnach. – Sie sind nicht da. – Aber sie
sollten da sein. – Freilich. – Wer hat denn die Besorgung
gehabt? – Man schwieg. – Der Kommissär muß doch bekannt sein. – Man antwortete nicht. – Warum untersucht
man die Sache nicht? – Man zuckte die Schultern. – Aber das
ist ja nichts mehr als die allergewöhnlichste Gerechtigkeit
und die Sache der Nation, über die jeder zu sprechen und zu
fragen befugt ist. – Wenn die Herren an der Spitze, sagte
man leise, die doch notwendig davon unterrichtet sein müssen, es nicht tun, und es mit Stillschweigen übergehen; wer
will es wagen? – Wagen, wagen! brummte ich; so so, das ist
schöne Gerechtigkeit, schöne Freiheit. Meine Worte und
mein Ton setzten die Leutchen etwas in Verlegenheit; und es
schien, ich war wirklich seit langer Zeit der erste, der nur so
eine Äußerung wagte. Wo keine Gerechtigkeit ist, ist keine
Freiheit; und wo keine Freiheit ist, ist keine Gerechtigkeit:
der Begriff ist eins; nur in der Anwendung verirrt man sich,
oder vielmehr man sucht andere zu verwirren.

In dem Saale der Manuskripte arbeiten viel Inländer und
Ausländer, und unter andern auch Doktor Hager an seinem

chinesischen Werke. Ich ließ mir den Plutarch von Sankt
Markus in Venedig geben, um doch auch ein gelehrtes Ansehen zu haben, bin aber nicht weit darin gekommen. Es
wird mir sauer, dieses zu lesen, und ich nehme lieber den
Homer von Wolf oder den Anakreon von Brunk, wo mir
leicht und deutlich alles vorgezogen ist. In der Kupferstich-
sammlung hängt an den Fenstern herum eine gezeichnete
Kopie von Raphaels Psyche aus der Farnesine; aber sie gewährt kein außerordentlich großes Vergnügen, wenn man
das Original noch in ganz frischem Andenken hat.

Mein erster Gang, als ich ins Museum im Louvre kam,
war zum Laokoon. Ich hatte in Dresden in der Mengsischen
Sammlung der Abgüsse und in Florenz bei der schönen
Kopie des Bandinelli einen Zweifel aufgefangen, den man
mir dort nicht lösen konnte. Man sagte mir, es sei so im
Original; und das konnte ich nicht glauben, oder ich be-
schuldigte.den alten großen Künstler eines Fehlers. Die
Sache war, das linke Bein, um welches sich an der Wade mit
großer Gewalt die Schlange windet, war im Abguß und in
der Marmorkopie durchaus gar nicht eingedrückt. Ich weiß
wohl, daß die große Anstrengung der Muskeln einen tiefen
Eindruck verhindern muß: aber eine solche Bestie, wie diese
Schlange war, und auf dem Kunstwerk ist, mußte mit ihrer
ganzen Kraft der Schlingung den Eindruck doch ziemlich
merklich machen. Hier sah ich die Ursache der Irrung auf
einen Blick. Das Bein war an der Stelle gebrochen, und so
auch die Schlange; man hatte die Stücke zusammengesetzt:
aber eine kleine Vertiefung der Wade unter der Pressung war
auch noch im Bruche sichtbar. Beim Abguß und der Kopie
scheint man darauf nicht geachtet zu haben, und hat die
Wade im Druck der Schlange so natürlich voll gemacht, als
ob sie nur durch einen seidenen Strumpf gezogen würde.
Ich überlasse das Deiner Untersuchung und Beurteilung;
mir kommt es vor, als ob die so verschönerte Wade deswegen nicht schöner wäre.

Den Apollo von Belvedere will man jetzt, wie ich höre,
zum Nero dem Sieger machen. Klassische Stellen hat man

wohl für sich, daß Nero in dieser Gestalt existiert haben könne; es kommt darauf an, daß man beweise, er sei es wirklich. Es wäre Schade um das schöne, hohe Ideal der Künstler, wenn seine Schöpfung eine solche Veranlassung sollte gehabt haben. Indessen bin ich fast in Gefahr, in der Miene und besonders um den Mund des Gottes etwas Neronisches zu finden. Der Musaget gefällt mir nicht, so wenig als einige seiner Mädchen: aber dafür sind andere dabei, die hohen Wert haben. Unter der Gesellschaft steht ein Sokrateskopf, nach welchem Raphael den seinigen in der Schule gemacht haben soll. Wie könnte ich Dir den Reichtum beschreiben, den die Franken hergebracht haben! Ich wollte nur, die Mediceerin wäre auch da, damit ich doch das Wunderbild sehen könnte. Vorzüglich beschäftigten mich einige Geschichtsstatüen und Geschichtsköpfe, meistens Römer; und vor allen die beiden Brutus, die man links am Fenster in ein ziemlich gutes Licht gesetzt hat, welches im Ganzen nicht der Fall ist: denn die meisten Kunstwerke, selbst der Laokoon und der Belvederische Apoll, stehen schlecht. Ich bin oft in dem Saale auf und ab gewandelt, und habe links und rechts die Schätze betrachtet; aber ich kam immer wieder zu den Köpfen, und vorzüglich zu diesen Köpfen zurück. Ich gestehe Dir meine Schwachheit, daß ich lieber Geschichtsköpfe sehe als Ideale: und auch unter den Idealen finde ich mehr Porträte und Geschichte, als die Künstler vielleicht zugestehen wollen.

Die Gemäldesammlung oben ist verhältnismäßig noch reicher und kostbarer als der Antikensaal unten: aber die Ordnung und Aufstellung ist vielleicht noch fehlerhafter. Wenig Stücke, ausgenommen der große Vordersaal, haben ein gutes Licht. Die Madonna von Foligno war bei Madonna Bonaparte, und die Transfiguration war verschlossen unter den Händen der Restauratoren: ich habe sie also nicht gesehen. Dafür war ich so glücklich, den Saal der Zeichnungen offen zu treffen. Wie sehr bedauerte ich, daß Schnorr nicht mehr hier war: er wäre hier in seinem eigentlichen Element gewesen. Das Wichtigste darunter ist doch wohl auf alle

Fälle die völlig ausgearbeitete Skizze Raphaels von seiner
Schule, mir deucht, fast so groß, wie das Gemälde selbst. Er
hat bekanntlich nachher im Vatikan in der Arbeit einige wenige Veränderungen gemacht. Ich genoß, und ließ die Andern gelehrt vergleichen; nahm hier wieder den Sokrates
und Diogenes und Archimedes. Im nehmlichen Saale sah
ich auch die Vasen und einige Tische. Die bekannte Mengsische Vase mit der doppelten griechischen Aufschrift zeich-
net sich auch durch Schönheit vor den meisten übrigen aus.
Daß die eine Inschrift Δεπας heißt, ist die höchste Wahrscheinlichkeit: aber die Entzifferung der andern beruht
wohl nur auf Konjektur des Gegenstandes; denn man könnte aus den Zügen eben so gut Κόρακας als Πέπαυσο machen.
Die Vermutung ist indessen sinnreich, wenn sie auch nicht
richtig sein sollte. Vielleicht gibt irgend eine Stelle eines alten
Schriftstellers einigen Aufschluß darüber.

Ich hatte gewünscht, David zu sehen, hörte aber in Paris
so viel problematisches über seinen Charakter, daß mir die
Lust verging. Ich sah ihn nur ein einziges Mal in seinem
kleinen Garten am Louvre, und sein Anblick lud mich nicht
ein, Versuche zu machen, ihm näher zu kommen. Das tat mir
leid; denn ich finde in dem Manne sonst vieles, was mich
hingezogen hätte. Aber reine Moralität ist das erste, was ich
von dem Mann fordere, den ich zu sehen wünschen soll.
Vielleicht tut man dem strengen, etwas finstern Künstler
auch etwas zu viel; desto besser für ihn und für uns alle. Sein
Sohn hatte die Höflichkeit, mich in das Atelier seines Vaters
zu führen, wo Brutus der Alte steht, ein herrliches Trauer-
stück. Man nennt es hier nur die Reue des Brutus, und ich
begreife nicht, wie man zu dieser Idee gekommen ist. Die
Leichen der jungen Menschen werden eben vorbeigetragen,
der weibliche Teil der Familie unterliegt dem Gewicht des
Schmerzes, die Mutter wird ohnmächtig gehalten. Diese
Gruppierung ist schön und pathetisch. Der alte Patriot sitzt
entfernt in der Tiefe seines Kummers; er fühlt ganz die
Verwaisung seines Hauses. Dies ist, nach meiner Meinung,
die ganze Deutung des Stücks. Reue ist nicht auf seinem

Gesichte, und kann, so viel ich weiß, nach der Geschichte nicht darauf sein. Diese Arbeit hat mir besser gefallen, als die Sabinerinnen, welche in einem abgelegenen Saale für 36 Sols Entrée gezeigt werden. Ich weiß nicht, ob David es nötig hat, sich Geld zahlen zu lassen: aber die Methode macht weder ihm noch der Nation Ehre. Ich habe nichts gezahlt, weil mich sein Sohn führte. Es tut mir in seine und jedes guten Franzosen Seele leid, daß die Kunst hier so sehr merkantilisch ist. Über das Stück selbst schweige ich, da ich im Ganzen der Meinung der andern deutschen Beurteiler bin.

In Versailles war ich zweimal; einmal allein, um mich um-zusehen; das zweite Mal in Gesellschaft mit Landsleuten, als die Wasser sprangen. In Paris sah man alles unentgeltlich, und überall war zuvorkommende Gefälligkeit: in Versailles war durchaus eine Begehrlichkeit, die gegen die Pariser Hu-manität sehr unangenehm abstach. Ich zahlte einem Lohn-lakai für zwei Stunden einen kleinen Taler; darüber murrte er und verlangte mehr. Ich gab dem Mann in den ehemaligen Zimmern des Königs dreißig Sols; dafür war er nicht höf-lich. Alles war teurer und schlechter, und alle Gesichter waren mürrischer. Das scheint mir nun so die eingewurzelte Natur des alten Hofwesens zu sein. Du wirst mir die Be-schreibung der Herrlichkeiten erlassen. Unten das Natura-lienkabinett ist sehr artig, und enthält mehrere Kuriositäten, muß aber freilich viel verlieren, wenn man einige Tage vor-her den botanischen Garten in Paris gesehen hat. Eine eigene Erscheinung ist in dem hintersten Zimmer eine Zu-sammenhäufung der Idole der verschiedenen Kulten des Erdbodens. Darunter stand auch noch das Kreuz, und mich wundert, daß man es nach Abschließung des Konkordats noch nicht wieder von hier weggenommen hat, da es doch sonst durchaus wieder in seine Würde gesetzt ist. Die Ge-mälde auf den Sälen oben sind alle aus der französischen Schule, und es sind viele Stücke darunter, die durch Kunst und noch mehr durch Geschichtsbeziehung interessant sind. Der Garten und vorzüglich die Orangerie wird in guter

Ordnung gehalten. Sie ist schön, und es ist wohl wahrscheinlich, was man sagt, daß Bäume dabei sind, die schon
unter Heinrich dem Vierten hier gestanden haben. Die Partien nach Trianon hinüber sind noch eben so schön, als sie
vor zwanzig Jahren waren. Die Versailler, welche unstreitig
von allen am meisten durch die Revolution verloren haben,
und bei denen das monarchische Wesen vielleicht noch am
festesten sitzt, schmeicheln sich, daß der Hof wieder hierher
kommen werde, damit sie doch nicht gänzlich zu Grunde
gehen. Das ist geradezu ihre Sprache und ihr Ausdruck; und
sie haben wohl daran nicht Unrecht. Wenn sie vom Groß-
konsul sprechen, nennen sie sein Gefolge seinen Hof; und
wenn man die Sache recht ohne Vorurteil nimmt, ist er ab-
soluter und despotischer als irgendein König von Frankreich war, von Hugo Kapet bis zum letzten unglücklichen
Ludwig. Jetzt wird St. Cloud für ihn eingerichtet.

Gestern habe ich ihn auch endlich gesehen, den Korsen,
der der großen Nation mit zehnfachem Wucher zurück gibt,
was die große Nation seine kleine seit langer Zeit hatte empfinden lassen. Es war der vierzehnte Juli und ein großes
Volksfest, wo der ganze Pomp der seligen Republik hinter
ihm herzog. Früh hielt er große Parade auf dem Hofe der
Tuilerien, wo alles Militär in Paris und einige Regimenter in
der Nachbarschaft die Revüe passierten. Ich hatte daher
Gelegenheit, zugleich die schönsten Truppen von Frankreich zu sehen. Die Konsulargarde ist unstreitig ein Korps
von den schönsten Männern, die man an Einem Ort beisammen denken kann: nur kann ich mir in den französischen Soldaten, ich mag sie besehen wie ich will, immer
noch nicht die Sieger von Europa vorstellen. Wir sind mehr
durch den Geist ihrer Sache und ihren hohen Enthusiasmus,
als durch ihre Kriegskunst geschlagen worden. Die taktische
Methode des Tiraillierens, die aber vielleicht nur der Über-
legene an Anzahl brauchen kann, hat das ihrige auch getan.
Von Bonaparte sollte ich wohl lieber schweigen, da ich nicht
sein Verehrer bin. Einen solchen Mann sieht man auf zwei-
hundert Meilen vielleicht besser als auf zehn Schritte. Es

19 Truppenschau auf der Place du Carrousel in Paris vor Bonaparte. Holzstich, 1860, nach einer Zeichnung von Félix Philippoteaux.

scheint aber in meinem Charakter zu liegen, Dir über ihn etwas zu sagen; und das will ich denn mit Offenheit tun. Ich bin keines Menschen Feind, sondern nur der Freund der Wahrheit, Freiheit und Gerechtigkeit. Neid und Herabsetzungssucht sind meiner Seele fremd; ich nehme immer nur die Sache. Ich bin dem Mann von seiner ersten Erscheinung an mit Aufmerksamkeit gefolgt, und habe seinen Mut, seinen Scharfblick, seine militärische und politische Größe nie verkannt. Problematisch ist er mir in seinem Charakter immer gewesen, und ist es jetzt mehr als jemals, wenn man ihn nicht geradezu verdammen soll. Bis auf den Tag von Marengo, wo ihn Desaix Tod aus den republikanischen Grenzen heraushob, hat er als Republikaner im Allgemeinen handeln müssen: seitdem hat er nichts mehr im Sinne eines Republikaners getan.

Als er aus Egypten kam, trat er die Krise seines Charakters an. Wir wollen sehen, was er in Paris tut, dachte ich, und dann urteilen. Ich tadle ihn nicht, daß er das Direktorium stürzte: es war keine Regierung, die unter irgend einem Titel die Billigung der Vernünftigen und Rechtschaffenen hätte erhalten können. Ich tadle ihn nicht, daß er so viel als möglich in der wichtigen Periode das Ruder des Staats für sich in die Hände zu bekommen suchte: es war in der Vehemenz der Faktionen vielleicht das einzige Mittel, diese Faktionen zu stillen. Aber nun fängt der Punkt an, wo sein eigenster Charakter hervorzutreten scheint. Seitdem hat er durchaus nichts mehr für die Republik getan, sondern alles für sich selbst; eben da er aufhören sollte irgend etwas mehr für sich selbst zu tun, sondern alles für die Republik. Jeder Schritt, den er tat, war mit herrlich berechneter Klugheit vorwärts für ihn, und für die Republik rückwärts. Land gewinnen heißt nicht die Republik befestigen. Die Erste Konstitution zeigte zuerst den Geist, den er atmen würde. Sie wurde mit dem Bajonett gemacht, wie fast alle Konstitutionen. Es tat mir an diesem Tage wehe für Frankreich und für Bonaparte. Das Schicksal hatte ihm die Macht in die Hände gelegt, der größte Mann der Weltgeschichte zu werden: er hatte aber

dazu nicht Erhabenheit genug und setzte sich herab mit den
übrigen Großen auf gleichen Fuß. Er ist größer als die Dionyse und Kromwelle; aber er ist es doch in ihrer Art, und
erwirbt sich ihren Ruhm. Daß er nicht sah, daß seine Konstitution die neue Republik zertrümmern und dem vollen
Despotismus die Wege wieder bahnen würde, das läßt sich
von seinem tiefen Blick nicht denken; und über seine Absichten mag ich nicht Richter sein. Ich habe wider das
Konsulat nichts, nichts wieder das erste Konsulat. Aber seine Macht war sogleich zu exorbitant, und die Dauer war
nicht mehr republikanisch. Ich gebe zu, daß die Dauer der
römischen Magistraturen von Einem Jahre zu kurz war, zumal bei der Unbestimmtheit und Schlaffheit ihrer Gesetze *de
ambitu*; aber die Dauer der neuen französischen von zehn
Jahren war zu lang. Der letzte Stoß war, daß der alte Konsul
wieder gewählt werden konnte. Ein Mann, der zehn Jahre
lang eine fast grenzenlose Gewalt in den Händen gehabt hat,
müßte ein Blödsinniger oder schon ein öffentlicher verächt-
licher Bösewicht sein, wenn er nicht Mittel finden sollte,
sich wieder wählen zu lassen, und sodann nicht Mittel, die
Wahl zum Vorteil seiner Kreaturen zu beherrschen. Kleine
Bedienungen mögen und dürfen in einer Republik lebens-
länglich sein; wenn es aber die großen sind, geht der Weg zur
Despotie. Das lehrt die Geschichte. Ich hätte nicht geglaubt,
daß es so schnell gehen würde; aber auch dieses zeigt den
Charakter der Nation. Fast sollte man glauben, die Franzosen seien zur bestimmten Despotie gemacht, so kommen sie
ihr überall entgegen. Sie haben während der ganzen Revolution viel republikanische Aufwallung, oft republikanischen Enthusiasmus, zuweilen republikanische Wut gezeigt,
aber selten republikanischen Sinn und Geist, und noch nie
republikanische Vernunft. Nicht, als ob nicht hier und da
einige Männer gewesen wären, die das letzte hatten; aber der
Sturm verschlang sie. Es sind durch diese Staatsveränderung
freilich Ideen in Umlauf gekommen und furchtbar bis zur
Wut gepredigt worden, die man sich vorher nur sehr leise
sagte, und die so leicht nicht wieder zu vertilgen sein wer-

den: aber die halbe oder falsche Aufklärung dieser Ideen und der Mißbrauch derselben geben den etwas gewitzigten Gegnern die Waffen selbst wieder in die Hände. Die Republik Frankreich trägt so wie die römische, und zwar weit näher als jene, ihre Auflösung in sich, wenn man keine haltbarere Konstitution bauet, als bis jetzt geschehen ist. Mir tut das leid; ich habe vorher ganz ruhig dem Getümmel zugesehen und immer geglaubt und gehofft, daß aus dem wildgärenden Chaos endlich noch etwas vernünftiges hervortauchen würde. Seitdem Bonaparte die Freiheit entschieden wieder zu Grabe zu tragen droht, ist mirs, als ob ich erst Republikaner geworden wäre. Ich bin nicht der Meinung, daß eine große Republik nicht dauern könne. Wir haben an der römischen das Gegenteil gesehen, die doch, trotz ihrer gerühmten Weisheit, schlecht genug organisiert war. Ich halte dafür, daß in einer wohlgeordneten Republik am meisten Menschenwürde, Menschenwert, allgemeine Gerechtigkeit und allgemeine Glückseligkeit möglich ist. Beweis und Vergleichung weiter zu führen, würde wenig frommen und hier nicht der Ort sein. Wo nicht der Knabe, der diesen Abend in der letzten Strohhütte geboren wurde, einst rechtlich die erste Magistratur seines Vaterlandes verwalten kann, ist es Unsinn von einer vernünftigen Republik zu sprechen. Privilegien aller Art sind das Grab der Freiheit und Gerechtigkeit. Schon das Wort erklärt sich. Eine Ausnahme vom Gesetz ist eine Ungerechtigkeit, oder das Gesetz ist schlecht. In Deutschland hat man klüglich die Geistlichen und Gelehrten in etwas Teil an manchen Privilegien nehmen lassen, damit der Begriff nicht so leicht unbefangen auseinandergesetzt werde, und die Beleuchtung Publizität gewinne. In Frankreich hat man zwar die Privilegien mit einem einzigen Machtstreich zertrümmert und glaubt nun genug getan zu haben. Aber sie werden sich schon wieder einschleichen und festsetzen; und man arbeitete schon selbst dadurch für sie, daß man auf der Gegenseite ohne Schonung stürmte, und zu weit ging. Die Republik der Fische ist durch die freie Fischerei zerstört, sagte der geistliche Herr ganz

skoptisch in dem Postwagen; und die freie Jagd gibt der
Polizei genug zu tun: denn es macht allerhand Gesindel im
Lande allerhand Jagd. Muß man denn bei Abstellung der
Ungebühr unbedingt durchaus die Jagd frei geben? Oder ist
dieses nur ein Rechtsbegriff? Sie kann nicht frei sein. In
jedem wohlgeordneten Staate ist sie nur ein Recht der Eigentümer; und nur der Eigentümer kann die Befugnis haben, das Wild auf seinem Grundstücke zu töten, und hat den
Prozeß gegen den Nachbar, der es zum Schaden seines
Nachbarn nicht tut. Das Lehnssystem ist in Frankreich abgeschafft. Es wird sich aber von selbst wieder machen; denn
man hat keine Vorkehrungen dagegen getroffen. Nach meiner Überzeugung ist die Grundlage der Freiheit und Gerechtigkeit in einem Staate, daß der Staat durchaus nur
reine Besitzungen gibt und sichert, und dafür reine Pflichten
fordert. Durch diesen Grundsatz allein werden die Rechts-
verhältnisse vereinfacht, und Beeinträchtigungen aller Art
aufgehoben. Es entsteht daraus zwar notwendig ein Gesetz, das eine Einschränkung des Eigentumsrechts zu sein
scheint: dieses ist aber nicht weiter, als insofern gar niemand
ein Eigentumsrecht zum Nachteil des Staats haben kann
und darf. Niemand darf nehmlich die Erlaubnis haben seine Grundstücke, mit Lasten zu verkaufen oder auf immer
zu vergeben, sondern muß sie durchaus rein veräußern.
Nur durch dieses Gesetz wird der Rückkehr des Feudalsystems der Weg versperrt, werden alle Fronverhältnisse, alle
Leistungen an Subordinierte, Emphyteusen, alle Erbpach-
tungen aufgehoben. Denn alles dieses ist der Weg zum
Lehnssystem, und dieses der Weg zu Ungerechtigkeiten aller
Art und zur Sklaverei. Wo es noch erlaubt ist, mit Lastklau-
seln Grundstücke umzutauschen, kann in die Länge keine
wahre Freiheit und Gerechtigkeit bestehen. Dagegen sind
wohl schwerlich gültige Einwendungen zu machen. Wenn
jemand zu viele Grundstücke hat, daß er sie nicht durch sich
und seine Familie verwalten oder durch Pächter besorgen
und bestellen lassen kann; so hat er eben deswegen für den
Staat in jeder Rücksicht schon zu viel; er ist ihm zu reich. Er

mag dann verkaufen, aber rein verkaufen und ohne Bedingung, so teuer als er will. Intermediäre Lasten können nicht
bleiben: der Bürger kann niemand Pflicht schuldig sein als
dem Staate: und Bürger ist jeder, der nur einen Fuß Landes
besitzt. *In detrimentum reipublicae* finden keine Besitzungen
Statt. Es versteht sich von selbst, daß dann alle Steuerkataster nach der Regel Detri gemacht werden; und die erste
Realimmunität ist der erste Schritt zur Despotie. So lange
unsere Staaten nicht nach diesen Grundsätzen gemacht werden, dürfen wir nicht allgemeine Gerechtigkeit, nicht allge-
meines Interesse, nicht Festigkeit und Dauer erwarten. In
Frankreich ist kein Gesetz, das den belasteten Verkauf der
Grundstücke untersagt; die Folge ist vorauszusehen.

Die Errichtung der Ehrenlegion mit Anweisung auf Na-
tionalgüter ist der erste beträchtliche Schritt zur Wiederein-
führung des Lehnssystems, das ward allgemein gefühlt: aber
niemand hat die Macht, dem Allmächtigen zu widerstehen,
der den Bajonetten befiehlt. Die Bajonette sind, wie gewöhnlich, sehr fein mit ins Spiel gezogen, und die meisten
Führer derselben nehmen sich nicht die Mühe, bis auf übermorgen vorwärts zu denken. Wo die Regierung militärisch
wird, ist es um Freiheit und Gerechtigkeit getan. Rom fiel,
sobald sie es ward. Die Geistlichkeit spricht wieder hoch
und laut. Freilich wird sie nicht so schnell wieder zu der
enormen Höhe steigen, wo sie vorher stand, so wenig wie
der Adel. Aber das alte System wurde auch nicht in Einem
Tage gebaut. Ich erinnere mich, daß vor einiger Zeit ein
Emigrant in Deutschland, der übrigens nicht Schuld daran
war, daß die Esel keine Hörner haben, sich höchlich freute,
daß nun wenigstens ein Edelmann allein an der Spitze stehe:
das übrige werde sich schon machen. Der Mann muß in
seiner Unbefangenheit eine prophetische Seele gehabt haben. Es hat wirklich alles Ansehen sich zu machen. Man
sagt, Kaprara habe schon auf Wiederherstellung der Klöster
angetragen, sei aber von Bonaparte zurückgewiesen worden. Bonaparte müßte nicht der kluge Mann sein, der er ist,
wenn er ohne Not solche Sprünge machen wollte, oder

mehr gäbe, als er zu seinem Behufe muß. Es ist das Glück des Adels und der Geistlichkeit, daß sie, mit Modifikationen, in seine Zwecke gehören. Wenns Not tut, wird sich schon alles geben. Daß die Katholizität in Frankreich noch vielen Anhang, teils aus Überzeugung, teils aus Gemächlichkeit, teils aus Politik hat, beweis't das Konkordat sehr deutlich. Man hat wirklich den Katholizismus zur Staatsreligion, das heißt zur herrschenden gemacht, und ich stehe nicht dafür, wenn es so fort geht, daß man in hundert Jahren das Bekehrungsgeschäft nicht wieder mit Dragonern treibt. Ich selbst wurde durch die Rolle, die Bonaparte dabei spielte, gar nicht überrascht; es war seine Konsequenz: er war bei der Osterzeremonie der nehmliche, welcher er in Ägypten war, wo er sein Manifest anfing: Im Namen des einzigen Gottes, der keinen Sohn hat! Er dachte, *mundus vult – ergo –*; aber das Sprichwort ist nicht wahr; und es wäre zu wünschen gewesen, daß er nicht so gedacht hätte. *Il est un peu singe, mais il est comme il faut*; sagte der geistliche Herr im Postwagen. Wenn er Bonaparte dadurch richtig gezeichnet hat, so ist es zugleich ein gräßliches Verdammungsurteil für seine Nation. Nur die Zeit kann erleuchten. Der Mann ist von seiner Größe herabgestiegen. Es wird erzählt, er habe sogar die Fahnen weihen wollen, sei aber durch das Gemurmel der alten Grenadiere davon abgehalten worden, die doch anfingen die Dose etwas zu stark zu finden. Ein Mann, der in Berlin und Petersburg entschieden republikanische Maßregeln nimmt, gilt dort mit Grund für widerrechtlich und die Regierung verfährt gegen ihn nach den Gesetzen; das Gegenteil muß aus dem nehmlichen Grunde seit zehn Jahren in Frankreich gelten: man müßte denn in der Berechnung etwas höher gehen; welches aber sodann jedem Revolutionär *in utramque partem* zu Statten kommen würde.

Jetzt lebt er einsam und mißtrauisch, mehr als je ein Morgenländer. Friedrich versäumte selten eine Wachparade; der Konsul hält alle Monate nur eine einzige. Er erscheint selten und immer nur mit einer starken Wache, und soll im Schauspiel in seiner Loge sogar Reverbers nach allen Seiten haben, die ihm alles zeigen, ohne daß ihn jemand sieht. Bei andern liberalern Maßregeln könnte er als Fremdling wie eine wohltätige Gottheit unter der Nation herumwandeln, und sein Name würde in der Weltgeschichte die Größe aller andern niederstrahlen. Nun wird er unter den Augusten oder wenigstens unter den Dionysen glänzen; dafür hat er auf den kleinlichen Ruhm eines Aristides Verzicht getan. Ich könnte weinen; es ist mir, als ob ein böser Geist meinen Himmel verdorben hätte. Ich wollte so gern einmal einen wahrhaft großen Mann rein verehren; das kann ich nun hier nicht.

Man sagt sich hier und da still und leise mehrere Bonmots, die seinen Stempel tragen. Von dem Tage an des egyptischen Manifestes hat sich meine Seele über seinen Charakter auf Schildwache gesetzt. Das Konkordat und die Osterfeier sind das Nebenstück. Als ihn ein zelotischer Republikaner in die ehemaligen Zimmer des Königs führte, die er nun selbst bewohnen wollte, und ihm dabei bedeutend sagte: *Citoyen, vous entrez ici dans la chambre d'un tyran:* antwortete er mit schnellem Scharfsinn: *S'il avoit été tyran, il le seroit encore:* Eine furchtbare Wahrheit aus seinem Munde. Als ihm vorgestellt wurde, das Volk murre bei einigen seiner Schritte, er möchte bedenken; erwiderte er: *Le peuple n'est rien pour qui le sait mener.* Dem Sieyes, den die Partei des Konsuls bei jeder Gelegenheit als einen flachen, sehr subalternen Kopf darstellt, soll er auf eine Erinnerung sehr skeptisch gesagt haben: *Si j'avois été roi en 1790, je le serois encore; et si j'avois dit alors la messe, j'en ferois encore de même.* Ich sage Dir, was man hier und da bedächtlich an öffentlichen Orten spricht; denn laut zu reden wagt es niemand, weil seine *lettres de cachet* eben so sicher nach Bicetre führen, als unter den Königen in die Bastille. Als das bekannte Buch über das lebenslängliche Konsulat erschien und er es nicht mehr unterdrücken konnte und doch den Verfasser, der ein angesehener und von der Nation allgemein geachteter Mann war, willkürlich gewaltsam in der Krise anzutasten nicht wagte, begnügte er sich zu sagen: Es sei alles sehr gut, aber jetzt nur noch etwas zu früh. Jedermann der etwas weiter blickte, behauptete, es sei leider etwas zu spät. Das Gesetzgebende Korps nennt man hier nur die Versammlung, durch welche er Gesetze gibt. Als sein Kommissär mit dem feinen Vorschlag des lebenslänglichen Konsulats nicht sogleich überall erwünschten Eingang fand, sondern vielmehr Schwierigkeiten aller Art antraf, soll er bei dem schlimmen Rapport ungeduldig mit allen Fingern geknackt und gesagt haben: *Ah je saurai les attraper.* Das hat er gehalten. Er schmiedete schnell, weil es warm war: nach vierzehntägigen Abkühlungen und Überlegungen möchte die Sache anders gegangen sein. Über die Stimmung werden sonderbare Anekdoten erzählt; aber sie ist nun geschehen.

Man nennt ihn hier mit verschiedenen Namen, *le premier consul, le grand consul, le consul* vorzugsweise. Die beiden andern, die auch nur das Dritteil der Wache haben, sind neben ihm Figuranten und ihrer wird weiter nicht gedacht, als in der Form der öffentlichen Verhandlungen. Scherzweise nennt man ihn auch *Sa Majesté,* und ich stehe nicht dafür, daß es nicht Ernst wird. Auch heißt er ziemlich öffentlich *empereur des Gaules*, vielleicht die schicklichste Benennung für seinen Charakter, welche die Franzosen auch zugleich an die mögliche Folge erinnert. Auf Cäsar folgte August, und so weiter.

Die Feier des Tages des Bastillensturms beschloß ein Konzert in den Tuilerien, wo in dem Gartenplatze vor dem Orchester am Schlosse eine unzählige Menge Menschen zusammen gedrängt stand. Die ganze Nationalmusik führte es aus, und tat es mit Kunst und Fertigkeit und Würde. Die Musik selbst gefiel mir nicht, ein Marsch ausgenommen, der durch seinen feierlichen Gesang eine hohe Wirkung hervorbrachte. Ich habe den Meister nicht erfahren. Das erste Orchester und vielleicht die erste Versammlung der Erde hätte bessere Musik haben sollen. Auf dem Balkon waren alle hohe Magistraturen der Republik, wie sie noch heißt, in ihrem Staatsaufzuge, und von den fremden Diplomatikern diejenigen, denen der Rang eine solche Ehre gab. Der erste Konsul ließ sich einigemal sehen, ehe man Notiz von ihm nahm. Endlich fingen einige der Vordern an zu klatschen; es folgte aber nur ein kleiner Teil der Menge. Der Platz hielt vielleicht über Hunderttausend, und kaum der hundertste Teil gab die Ehrenbezeugung. Der Enthusiasmus war also nicht allgemein, als man für ihn in seiner neuen Würde hätte erwarten sollen. Auch die Illumination war nicht die Hälfte von dem, was sie voriges Jahr gewesen sein soll: und man sprach hier und da davon, daß die republikanischen Feste nach und nach eingehen sollten. Das ist begreiflich. Indessen werden sie doch etwas länger dauern als die Republik selbst; wie die meisten Zeichen länger währen, als die Sache selbst.

Von den Merkwürdigkeiten in Paris darf ich nicht wieder anfangen, wenn ich kein Buch schreiben will; und dazu habe ich weder Lust, noch Zeit, noch Kenntnis. Die bunte Szene wandelt sich alle Tage und ist alle Tage interessant. Bloß der Garten der Tuilerien mit den elysäischen Feldern, welcher die Hauptpromenade der Pariser in dieser Gegend ausmacht, gewährt täglich eine unendliche Verschiedenheit. Die Preßfreiheit ist hier verhältnismäßig eingeschränkter als in Wien, und ich bin fest überzeugt, wenn der Tartuffe jetzt erschiene, man würde ihn eben sowohl verdammen, als damals; und Moliere könnte wieder sagen: *Monsieur le président ne veut pas, qu'on le joue.* Die Dekaden sind durch das Konkordat und der Einführung der römischen Religion notwendig geradezu wieder abgeschafft; sie heben einander auf. Auch rechnet man in Paris fast überall wieder nach dem alten Kalender und zählt nach Wochen. Die öffentlichen Verhandlungen werden bald folgen. Die Fasten werden in den Provinzen in Frankreich hier und da strenger gehalten als selbst in Italien. In Italien konnte ich fast überall essen nach Belieben; in Dijon mußte ich einigemal, sogar an der Wirtstafel, zur Fasten mit der Gesellschaft Froschragout essen: es war kein anderes Fleisch da. Mir war es einerlei, ich esse gern Frösche; aber diese Mahlzeit ist doch sonst nicht jedermanns Sache. So ging mirs noch mehrere Mal auf der Reise. In Paris nimmt man freilich noch keine Notiz davon; aber man tat es auch ehemals nicht. Die alten Namen der

Örter und Gassen treten nach und nach alle wieder ein, und
eine republikanische Karte von der Stadt ist fast gar nicht
mehr zu brauchen. Viele stellen sich, als ob sie die neuen
Namen gar nicht wüßten; so sah mich ein sehr wohlgeklei-
deter Mann glupisch an, als ich in die *rue de loi* wollte, wies
mich aber sehr höflich weiter, als ich sie *rue de Richelieu* nannte. Das Pantheon heißt wieder die heilige Genoveve, und
wird höchst wahrscheinlich nur unter dieser Rubrik vollendet werden. Ob sich dieses alles so sanft wieder machen
wird, weiß der Himmel. Man scheint jetzt von allen Seiten
mit gehörigen Modifikationen darauf hinzuarbeiten. Die
wieder eingewanderten und wieder eingesetzten Geistlichen
treten schon überall von neuem mit ihren Anmaßlichkeiten
hervor, und finden Engbrüstigkeit genug für ihre Lehre. Sie
versagen, wie man erzählt, hier und da die Absolution, wenn
man die Güter der Emigranten nicht wieder heraus geben
will. Das kann in einzelnen Fällen sogar republikanische
Gerechtigkeit sein: aber der Mißbrauch kann weit führen.
Man erzählt viele Beispiele, daß die französischen Roskol-
niks durchaus keine gemischten Ehen gestatten. Laßt nur
erst die Geistlichen in die Justiz greifen, so seid ihr verloren.
Vor einigen Tagen las ich eine ziemlich sonderbare Abhandlung in einem öffentlichen Blatte, wo der Verfasser eine
Parallele zwischen dem französischen und englischen Na-
tionalcharakter zog. Man blieb ungewiß, ob das Ganze
Ernst oder Ironie war. Er ließ den Britten wirklich den Vorzug des tiefern Denkens, und behauptete für seine Nation
durchaus nur die schöne Humanität und den Geschmack.
Wenn sich das letzte nur ohne das erste halten könnte. Die
Ausführung war wirklich drollig. Er sagt nicht undeutlich,
die ganze Revolution sei eine Sache des Geschmacks und
der Mode gewesen; und wenn man die Geschichte durchgeht, ist man fast geneigt ihm Recht zu geben. Aber diese
Mode hat Ströme Blut gekostet; und wenn man so fortfährt
wird fast so wenig dadurch gewonnen werden, als durch jede
andere Mode der Herren von der Seine.
    Die Polizei ist im Allgemeinen außerordentlich liberal,

wenn man sich nur nicht beigehen läßt, sich mit Politik zu bemengen. Das ist man in Wien auch. Der Diktator scheint das alte Schibolet zu brauchen, *panem et circenses*. Wenn ich in irgend einer großen Stadt zu leben mich entschließen könnte, so würde ich Paris wählen. Die Franzosen haben mehr als eine andere Nation dafür gesorgt, daß man in der Hauptstadt noch etwas schöne Natur findet. Die Tuilerien, die elysäischen Felder, die Boulevards, Luxenburg, der botanische Garten, der Invalidenplatz, Fraskati und mehrere andere öffentliche Orte gewähren eine schöne Ausflucht, die man durchaus in keiner andern großen Stadt so trifft. Eine meiner sentimentalen Morgenpromenaden war die Wachparade der Invaliden zu sehen; in meinem Leben ist mir nichts rührender gewesen, als diese ehrwürdige Versammlung. Kein einziger Mann, der nicht für sein Vaterland eine ehrenvolle Wunde trug, die ihm die Dankbarkeit seiner Mitbürger erwarb. Zur Ehre unserer Chirurgie und Mechanik wandelten Leute ohne beide Füße so fest und trotzig auf Holz, als ob sie morgen noch eine Batterie nehmen wollten. Die guten Getäuschten glauben vielleicht immer noch für Freiheit und Gerechtigkeit gefochten zu haben und verstümmelt zu sein.

Morgen will ich zu Fuße fort, und bin eben bloß aus Vorsicht mit meinem Passe auf der Polizei gewesen: denn man weiß doch nicht, welche Schwierigkeiten man in der Provinz haben kann. Meine Landsleute und Bekannten hatten mir gleich beim Eintritt in die Stadt gesagt, ich müßte mich mit meinem Passe auf der Polizei melden, und redeten viel von Strenge. Ich fand keinen Beruf hin zu gehen. Es ist die Sache der Polizei, sich um mich zu bekümmern, wenn sie will; ich weiß nichts von ihrem Wesen. Man hat von Basel aus bis hierher nicht nach meinem Passe gefragt; auch nicht hier an der Barriere. Der Wirt schrieb meinen Namen auf und sagte übrigens kein Wort, daß ich etwas zu tun hätte. Wenn mich die Polizei braucht, sagte ich, wird sie mich schon holen lassen; man hätte mir das Nötige an der Barriere im Wagen oder im Wirtshause sagen sollen. Es fragte auch niemand. Indessen, da ich fort will, ging ich doch hin. Der Offizier, der die fremden Pässe zu besorgen hatte, hörte mich höflich an, besah mich und den Paß und sagte sehr freundlich, ohne ihn zu unterschreiben: Es ist weiter nichts nötig; Sie reisen so ab, wenn Sie wollen. – Der Paß war noch der Preußische von Rom aus. – Wenn Sie ihn allenfalls vom Grafen Luchesini wollen vidieren lassen, das können Sie tun; aber nötig ist es nicht. Ich dankte ihm und ging. In dergleichen Fällen tue ich nicht gern mehr als ich muß; ich ging also nicht zu dem Gesandten.

Frankfurt

Dem Himmel sei Dank, nun bin ich wieder diesseits des Rheins im Vaterlande. Ich werde Dir über meinen Gang von Paris hierher nur wenig zu sagen haben, da er so oft gemacht wird und bekannter ist als eine Poststraße in Deutschland.

Den ein und zwanzigsten ging ich aus Paris und schlief in Meaux. Der Weg ist angenehm und volkreich, wenn gleich nicht malerisch; und die Bewirtung ist überall ziemlich gut, freundlich und billig. Wenn ich zwischen Rom und Paris eine Vergleichung ziehen soll, so fällt sie in Rücksicht der Literatur und des Lebensgenusses allerdings für Paris, aber in Rücksicht der Kunst immer noch für Rom aus. Du darfst nur das neueste sehr treue Gemälde von Rom lesen, um zu sehen, wie viel für Humanität und Umgang dort zu haben ist; für Wissenschaft ist fast nichts mehr. Alte Geschichte und alles was sich darauf bezieht, ist das einzige, was man dort an Ort und Stelle gründlich und geschmackvoll studieren kann. In Paris sind die öffentlichen vortrefflichen Büchersammlungen für jedermann, und es gehört sogar zum guten Ton, wenigstens zuweilen eine Promenade durch die Säle zu machen, die Fächer zu besehen, die Raritätenkasten zu begucken und einige Kupferstiche zu beschauen. Wer sie benutzen will, findet in allen Zweigen Reichtümer; und alles wird mit Gefälligkeit gereicht. In Rom wurde die vatikanische Bibliothek, so lange ich dort war, nicht geöffnet. Die

Schätze schlafen in Italien, und es ist vielleicht kein Unglück, daß sie etwas geweckt und zu wandern gezwungen worden sind.

Mit der Kunst ist es anders. Wäre ich Künstler und hätte die Wahl zwischen Rom und Paris, ich würde mich keine Minute besinnen und für das erste entscheiden. Die Franzosen hatten allerdings vorher eine hübsche Sammlung, und haben nun die Hauptwerke der Kunst herüber geschafft: aber dadurch haben sie Rom den Vorteil noch nicht abgewonnen. In Gemälden mag vielleicht kein Ort der Welt sein, der reicher wäre als Paris; aber die ersten Meisterwerke der größten Künstler, die lauter Freskostücke sind, konnten doch nicht weggeschafft werden. Die Logen, die Stanzen, die Kapelle, die Farnesine, Grottaferrata und andere Orte, wo Michel Angelo, Raphael, die Caracci, Domenichino und andere den ganzen Reichtum ihres Geistes niedergelegt haben, mußten unangetastet bleiben, wenn man nicht vandalisch zerstören wollte. Die Schule von Athen allein gilt mehr als eine ganze Galerie. Die venezianischen Pferde, welche vor dem Hofe der Tuilerien aufgestellt sind, mögen sehr schöne Arbeit sein; aber mir gefallen die meisten Statüen in Italien besser. Die Rasse der Pferde ist nicht sehr edel. Ich zweifle, ob sie unter den Pferdekennern so viel Lärm machen werden, als sie unter den Künstlern oder vielmehr unter den Antiquaren gemacht haben. Das Pferd des Mark Aurel auf dem Kapitol ist mir weit mehr wert, und die beiden Marmorpferde aus Herkulanum in Portici würde ich auch vorziehen. Der einzige Vorzug, den sie haben, ist, daß sie vielleicht die einzigen alten Tethrippen sind, die wir noch übrig haben: und auch dazu fehlt ihnen noch viel. Schlecht sind sie nicht und man sieht sie immer mit Vergnügen; aber für die schöne Arbeit sollten es schönere Pferde sein. Man hat ihnen die gallischen Hähne zu Wächtern gegeben. Gegen das Kapitol haben diese nicht nötig zu krähen, wie die Gänse gegen die Gallier schrien; wenn sie nur sonst die wichtigste Weckstunde nicht vorbei lassen.

Die Franzosen haben übrigens nur öffentliche Sammlungen, die vatikanische und kapitolinische, in Kontribution gesetzt. Es ist kein Privateigentum angegriffen worden. Die Privatsammlungen machen aber in Rom vielleicht den größten Teil aus. In der Villa Borghese steht alles wie es war; und der Fechter und der Silen mit dem Bacchus sind Werke, die an klassischem Wert in Paris ihres Gleichen suchen. Die schönsten Basreliefs sind noch in Rom in dem Garten Borghese und auf dem Kapitol und sonst hier und da. Sarkophagen, freilich sehr untergeordnete Kunstwerke, und Badegefäße sind in Rom noch in großer Menge von ausgesuchter Schönheit: in Paris sind von den letztern nur zwei ärmliche Stücke, die man in Rom kaum aufstellen würde. Übrigens ist die Gegend um Rom selbst mehr eine Wiege der Kunst. Die Natur hat ihren Zauber hingegossen, den man nicht wegtragen kann. Man hat zwar die Namen Fraskati und Tivoli nach Paris gebracht und alles schön genug eingerichtet: aber Fraskati und Tivoli selbst werden für den Maler dort bleiben, wenn man auch alles umher zerstört. Der Fall, die Grotte, die Kaskadellen und die magischen Berge können nicht verrückt werden, und stehen noch jetzt, wie vor zweitausend Jahren, mit dem ganzen Zauber des Altertums. Das Haus des Mäcen verfällt, wie die Häuser des Flakkus und Katullus: man zieht keine Musen mehr aus ihrem Schutt hervor: aber die Gegend hat noch tausend Reizungen ohne sie. Man hat in Paris keinen Albaner See, kein Subiaco, kein Terni in der Nähe. Der Gelehrte gehe nach Paris; der Künstler wird zur Vollendung immer noch nach Rom gehen, wenn er gleich für sein Fach auch hier an der Seine jetzt zehnmal mehr findet als vorher. Sobald die Franzosen Raphaele und Bonarotti haben werden, sind sie die Koryphäen der Kunst, und man wird zu ihnen wallfahrten, wie ins Vatikan.

Füger und David scheinen mir indessen jetzt die einzigen großen Figurenmaler zu sein. Die Italiäner haben, so viel ich weiß, keinen Mann, den sie diesen beiden an die Seite stellen können. Dafür haben die andern keinen Canova. Ein großer Verlust für die Kunst ist Drouais Tod, und es gibt nicht

gemeine Kritiker, die seinen Marius allen Arbeiten seines
Lehrers vorziehen.

Den zweiten Tag trennte sich der Weg, und ohne weitern
Unterricht schlug ich die Straße rechts ein, war aber diesmal
nicht dem besten Genius gefolgt. Sie war sehr öde und unfruchtbar, die Dörfer waren dünn und mager, und es ward
nicht eher wieder konfortabel, bis die Straßen bei Chalons
wieder zusammenfielen. Ich verlor dadurch einen großen
Strich von Champagne, und die schönen Rebhühneraugen
in Epernay, auf die ich mich schon beim Estest in Montefiaskone gefreut hatte. Das liebe Gut, das man mir dort in
den Wirtshäusern unter dem Namen Champagner gab, kann
ich nicht empfehlen. Einige Stunden von Chalons schlief ich
die Nacht an einem Ort der Pogny heißt, und der seinem
Namen nach vielleicht der Ort sein kann, wo Attila sehr
tragisch das Nonplusultra seiner Züge machte. Dann über-
nachtete ich in Longchamp, dann in Ligne en Barrois. In
Nancy, wo ich Vormittags ankam, besah ich Nachmittags
das Schloß und die Gärten, welche jetzt einen angenehmen
öffentlichen Spaziergang gewähren und ziemlich gut unterhalten werden. Hier hatte ich den 26sten Juli schon reife,
ziemlich gute Weintrauben. Der Professor Wilmet, den ich
mit einem Briefe von Paris besuchte, machte seinem hollän-
dischen Namen durch wahre Philanthropie Ehre, ob er
gleich weder deutsch noch holländisch spricht. Er ist Millins
Pflegevater und spricht mit vieler Zärtlichkeit von ihm, so
wie dieser oft mit kindlicher Dankbarkeit in Paris den Professor nannte. Wilmet war mit der deutschen Literatur und
besonders mit dem Zustande der Chemie und Naturgeschichte in Deutschland sehr gut bekannt und schätzte die
Genauigkeit und Gründlichkeit der deutschen Untersuchungen.

Von da ging ich über Toul immer nach Straßburg herauf.
Von Nancy aus pflegt man die Notiz auf den Wirtshaus-
schildern in französischer und deutscher Sprache zu setzen,
wo denn das Deutsche zuweilen toll genug aussieht. Bei
Zabern ist die Gegend ungewöhnlich schön und es muß in

den Bergen hinauf romantische Partien geben. Da ich den
letzten Abend noch gern nach Straßburg wollte, nahm ich
die letzte Station Extrapost und ließ mich in die Stadt Lion
bringen. Das Wetter ward mir wieder zu heiß und ich wollte
den andern Morgen mit der Diligence nach Mainz fahren:
aber des alten wackern Oberlins Höflichkeit und einige neue
angenehme Bekanntschaften hielten mich noch einige Tage
länger bis zur nächsten Abfahrt. Oberlin traf ich auf der
Bibliothek und er hatte die Güte mir ihre Schätze selbst zu
zeigen. Unter den bronzenen Stücken ist mir ein kleiner
weiblicher Satyr aufgefallen, der nicht übel gearbeitet war.
Die Seltenheit solcher Exemplare erhöht vielleicht den
Wert. Der alte verstorbene Hermann hatte auf der Bibliothek die Stücke der verstümmelten Statüen vom Münster
mit sarkastischen Inschriften auf die vandalischen Zerstörer
aufbewahrt, wo Rühl und einige andere sich nicht über ihre
Enkomien freuen würden. Das schöne Wetter lockte mich
mit einer Gesellschaft über den Rhein herüber, und ich betrat nach meiner Pilgerschaft bei Kehl zuerst wieder den
vaterländischen Boden, und sah die Verschüttungen des
Forts und die neuen Einrichtungen der Regierung von Ba-
den. Es ist schon sehr viel wieder aufgebaut. Daß ich mich
etwas auf dem Münster umsah, brauche ich Dir wohl nicht
zu sagen. Man hat eine herrliche Aussicht auf die ganze
große, schöne, reiche Gegend und den majestätischen Fluß
hinauf und hinab. Es wäre vielleicht schwer zu bestimmen,
ob der Dom in Mailand oder diese Kathedrale den Vorzug
verdient. Diese beiden Gebäude sind wohl auf alle Fälle die
größten Monumente gotischer Baukunst. Als ich in der
Thomaskirche das schlecht gedachte und schön gearbeitete
Monument des Marschalls Moritz von Sachsen betrachtete,
kamen einige französische Soldaten zu mir, die sich wunderten, wie hierher ein Kurfürst von Sachsen käme, und ich
mußte ihnen von der Geschichte des Helden so viel erzählen als ich wußte, um sie mit sich selbst in Einigkeit zu
setzen. Auf der Polizei wunderte man sich, daß mein Paß
nirgends unterschrieben war und ich wunderte mich mit,

und erzählte meine ganze Promenade von Basel bis Paris und von Paris bis Straßburg; da gab man mir auch hier das Papier ohne Unterschrift zurück.

Nun fuhren wir über Weißenburg, Landau, Worms und so weiter nach Mainz. Nach meiner alten Gewohnheit lief ich bei dem Wechsel der Pferde in Landau voraus und hatte wohl eine Stunde Weges gemacht. Die Deutschen der dortigen Gegend und tiefer jenseits des Rheins herauf haben einen gar sonderbaren Dialekt, der dem Judenidiom in Polen nicht ganz unähnlich ist. Ich glaube doch ziemlich rein und richtig deutsch zu sprechen; desto schnurriger mußte es mir vorkommen, daß ich dort wegen eben dieser Aussprache für einen Juden gehalten wurde. Ich saß nehmlich unter einem Nußbaum und aß Obst, als sich ein Mann zu mir setzte, der rechts hereinwanderte. Ich fragte, ob ich nicht irren könnte und ob die Diligence hier notwendig vorbei müßte? Er bejahte dieses. Ein Wort gab das andere, und er fragte mich in seiner lieblichen Mundart: Der Härr sayn ain Jüd, unn rähsen nachcher Mähnz? – Ich reise nach Mainz; aber ich bin kein Jude. Warum glaubt Er, daß ich ein Jude sei? – Wähl der Härr okkeroht sprücht wü ain Jüd. Man hat mir zu Hause wohl manches Kompliment über meine Sprache gemacht; aber ein solches war nicht darunter.

Von der Gegend von Weißenburg kann ich militärisch nichts sagen, da es noch ziemlich finster war, als wir dort durchgingen. Landau ist weiter nichts als eine Festung, und alles was in der Stadt steht, scheint bloß auf diesen einzigen Zweck Beziehung zu haben. Wir kamen in Mainz gegen Morgen an und man schickte mich in den Mainzer Hof, welcher, wie ich höre, für den besten Gasthof gilt. In Mainz sieht man noch mehr Spuren von Revolutionsverwüstungen als an irgend einem andern Orte. Der Krieg hat verhältnismäßig weniger geschadet. Ich hielt mich nur einen Tag auf, um einige Männer zu sehen, an die ich von Oberlin Adressen hatte. Auch unser Bergrat Werner von Freiberg war hier und geht, wie ich höre, nach Paris. Sein Name ist in ganz Frankreich in hohem Ansehen.

Den andern Tag rollte ich mit der kaiserlichen Diligence durch einen der schönsten Striche Deutschlands hierher.

Auf meinem Wege von Paris fragte man mich oft mit ziemlicher Neugierde nach Zeitungen aus der Hauptstadt, und nahm die Nachrichten immer mit sehr verschiedener Stimmung auf. Sehr oft hörte ich vorzüglich die Bemerkung über den Konsul wiederholen: *Mais pourtant il n'est pas aimé*; besonders von Militären. Das ist begreiflich. Es gibt Regimenter und ganze Korps, die ihn nie gesehen haben und die doch auch für die Republik brave Männer gewesen sind. Diese wünschen sich ihn vielleicht sehr gern zum General, aber nicht zum Souverain, wie es ganz das Ansehen gewinnt. *Il fait diablement des choses, ce petit caporal d'Italie; cela va loin!* sagte man; und ein Wortspieler, der ein katonischer Republikaner war, bezeichnete ihn mürrisch mit folgendem Ausdruck: *Bonaparte qui gloriam bene partam male perdit.* In der Gegend von Straßburg habe ich hier und da gehört, daß man bei seinem Namen knirschte, und behauptete, er führe allen alten Unfug geradezu wieder ein, den man auf immer vertrieben zu haben glaubte. Was ein einziger Mann wieder einführen kann, ist wohl eigentlich nicht abgeschafft. Man wollte in der ersten Konstitution dem König keine ausländische Frau erlauben, und jetzt haben wir sogar einen fremden Abenteurer zum König, der willkürlicher mit uns verfährt, als je ein Bourbonide: wer ihm mißfällt, ist Verbrecher und ihm mißfällt jeder, der selbstständige Freiheit und Vernunft atmet. Er weiß sich vortrefflich die ehemalige Wut und den Haß der Parteien zu Nutze zu machen.

Weiter nach Mainz redete man nichts mehr von der Republik und den öffentlichen Geschäften, sondern klagte nur über den Druck und die Malversation der Kommissäre, und jammerte über die neue Freiheit. Den Zehnten geben wir nicht mehr, den behalten wir, sagen die Bauern mit Bitterkeit. Eine grausamere Aposiopese kann man sich kaum denken, wenn auch die neun Zehnteile eine große Hyperbel sind. Ein Zeichen, daß die Regierung wenig nach vernünftigen Grundsätzen verfährt, ist nach meiner Meinung immer, wenn sie militärisch ist und wenn man anfängt, ausschließlich den Bürger von dem Krieger zu trennen. In Frankreich macht der Soldat wieder alles, und was ein General sagt, ist Gesetz in seinem Distrikt. Die nächsten Militäre nach dem Konsul bezeichnen ihren Charakter genug durch ihre Bereicherung. Der allgemeine Liebling der Nation ist Moreau, und der Mann verdient ohne Zweifel die große, stille Verehrung seines ganzen Zeitalters. Ich bin nirgends gewesen, in Deutschland, Italien und Frankreich, wo man nebst seinen Kriegstalenten nicht seine tadellose Rechtlichkeit, seine Mäßigung und Humanität gepriesen hätte. Er soll es ausgeschlagen haben, Offizier der Ehrenlegion zu werden, die so eben errichtet werden soll, und die jeder Republikaner für unrepublikanisch und für die Wiederauflebung des Feudalwesens hält. Man tut ihm vielleicht keinen Dienst, ihn mit dem öffentlichen System in Kollision zu setzen; aber seine Unzufriedenheit wird überall ziemlich laut erzählt. Seine Parteigänger, die weniger Mäßigung haben, als er selbst, wünschten ihn hier und da laut am Ruder, und sagten bedeutend nur, *Moreau grand consul;* zogen aber die Worte so sonderbar, daß es klang wie *Mort au grand consul.* Die Sprache erleichtert so viele Spiele, hinter welche sich die Parteisucht versteckt.*

* Das System des Konsuls liegt nun wohl ziemlich am Tage, und leidet keine Mißdeutung. Alles ist gekommen, wie vorherzusehen war, nur mit etwas schnelleren Schritten. Das Buch, *Napoleon Bonaparte und das französische Volk,* gibt den Gang der Dinge ziemlich richtig an; wenn man nur die Vehemenz gegen die Person und einige unwichtigere Irrtümer und gleichgültige Personalitäten abrechnet. Die Zeichnung der Nation ist in demselben, trotz der klassischen Gelehrsamkeit, zu grell; und jedes andere Volk würde in den nehmlichen Umständen höchst wahrscheinlich das nehmliche sein. Die Briten, als die entgegengesetzteste Nation, haben es bei ihrer Revolution auch bewiesen. Bonaparte ist unstreitig der vollendetste Mann seiner Art; die Geschichte hat bis jetzt keinen größern. Er erschöpft ganz den griechischen Sinn des griechischen Worts. Traurig ist es für den geläuterten Men-

In der Postkutsche von Mainz hierher war ein Gewimmel
von Menschen, und einige segneten sich wirklich ganz laut,
daß sie aus der vermaledeiten Freiheit einmal heraus wären,
in der man sie blutig so sklavisch behandle. Dies waren ihre
eigenen Ausdrücke. Und doch waren sie mit ihrem ganzen

---

schensinn, daß solche Erscheinungen bei unserm gepriesenen
Lichte noch möglich sind; aber zermalmend für alle bessern
Hoffnungen, daß man sie sogar als notwendig annehmen muß.
Alles, was zur Grundlage einer vernünftigen Freiheit und Ge-
rechtigkeit dienen konnte, ist wieder zerstört. Die militärische
Regierung ist mit dem eisernsten Zwange wieder eingeführt; alle
Wahlen sind so gut, als aufgehoben; die Juries, als das letzte
Palladium der Freiheit, sind vernichtet: und damit die emporstre-
bende Vernunft der Despotie keine Streiche spiele, ist durch eine
gemessene Erziehung sehr klug jeder liberalere Forschergeist in
Philosophie und Naturrecht verbannt. Ob Bonaparte mit seinem
Anhang dabei die menschliche Natur ganz richtig berechnet
habe, ist sehr zu bezweifeln. Mir selbst ist es ziemlich klar, daß er
auf diesem Wege das alte Herrschersystem mit seinem ganzen
Unwesen wieder gründen wird, oder eine neue Revolution notwendig macht. *Tertium non datur.* Die Folge für die Humanität ist
dabei leicht zu berechnen. Er hätte ein Heiland eines großen Teils
der Menschheit werden können, und begnügt sich, der erste
wiedergeborne Sohn der römischen Kirche zu sein. Er läßt sich
halten, wo er hätte stehen können. Er hat eine lichtvolle Ewigkeit
gegen das glänzende Meteor eines Herbstabends, Ehre gegen
Ruhm ausgetauscht. Noch ist er zwar nicht bis zu Dionysens
Nußschale und Pferdehaar gekommen; aber die Umschanzung
von seinen Söldlingen und Trabanten zeigt hinlänglich von der
unsichern Angst, welche das System notwendig macht.
   Ob Moreau schuldig oder unschuldig ist, ist ein Problem, dessen Lösung das Publikum wohl schwerlich erfahren wird. Sind
aber die Beschuldigungen gegen ihn gegründet, so gehört seine
Sache vor die Ärzte, ehe sie vor die Richter kommt. Das Papier ist
geduldig; und Glauben verdient nichts, als was in sich konse-
quent und durch rechtliche Zeugen faktisch erwiesen ist. Daß
Moreau nicht des Konsuls Freund war, und daß er für sein Vaterland anderes Heil sah und wünschte, ist leicht zu begreifen:
daß er sich aber zu einem solchen Komplott mit den Feinden der

Vermögen noch jenseits des Rheins in der Freiheit. Vor Hochheim wandelte ich in Gesellschaft eines Spaziergängers der Gegend, wie es schien, den Berg herauf. Der Mann nahm mit vielem Murrsinn von der ersten muntern hübschen Erntearbeiterin im Felde Gelegenheit, eine furchtbare Rhapsodie über die Weiber zu halten, hatte aber ganz das Ansehen, als ob er der Misogyn nicht immer gewesen wäre und nicht immer bleiben würde: denn alles Übertriebene hält nicht lange. Er nahm seine Beispiele nicht bloß von den Linden weg und aus dem Egalitätspalaste, und mußte tiefer

---

Nation wegwerfen sollte, könnte man nur von einem Bedlamiten erwarten. Er hätte dadurch seinen tadellosen Charakter, seinen von der Nation geliebten und von ganz Europa geachteten Namen in den Kot geworfen, ohne den geringsten Gewinn für sich selbst, als ewige Schande, und ohne einigen Anschein von Wohltat für sein Volk. Wäre dieses dennoch, so hätte allerdings der Franzose Recht, welcher von ihm sagte: Moreau hat nur zwischen dem Rhein und der Donau Verstand.

Die beiden letzten Jahrzehende scheinen dazu geeignet zu sein, dem aufmerksamen Beobachter eine Synopse der Menschengeschichte zu geben; so glänzend und so göttlich, und so unsinnig und verächtlich erscheint unser Geschlecht in der nehmlichen Periode. Die neapolitanischen Greuel, die Wassertaufen und der Schandfleck bei Rastadt mit den letzten Missionsniederträchtigkeiten sind Erscheinungen, die nur an Größe des Umfangs hinter der Bartholomäusnacht und den Riesenverbrechen der römischen Triumvirn zurückbleiben, und die einem rechtlichen Manne eine momentane Scham abzwingen, daß er ein menschliches Gesicht trägt. Man schwor ehedem sogar in Rußland bei Pichegrüs Namen: und welcher ehrliche Mann wollte den letzten Teil seines Lebens gelebt haben, hätte auch der erste noch zehn Mal mehr Glanz und Größe? Mir ist es allemal mehr um den Charakter eines Mannes zu tun, als um sein Schicksal. Hat er jenen verloren, so wird dieses höchst gleichgültig. Nemesis schlage jeden mit ihrer Rute. Leider möchte man bei einem Blick über die Sache der Menschheit halb phrenetisch ausrufen: heiliger Aristides, bitte für uns! Ach, der große Moment fand nur ein kleines Geschlecht.

in die Verdorbenheit der Welt mit dem Geschlecht verflochten sein. Er machte mit lebhaftem Kolorit ein Gemälde, gegen welches Juvenals *lassata viris* noch eine Vestalin war; und ich war froh, als mich der Wagen auf der Ebene wieder einholte und ich wieder einsteigen konnte. Du weißt, ich habe eben nicht Ursache, geflissentlich den Enkomiasten der Damen zu machen; indessen muß man ihnen doch die Gerechtigkeit widerfahren lassen, daß sie – nicht schlimmer sind als die Männer: und die meisten ihrer Sünden leiden vielleicht noch etwas mehr Apologie als die Sottisen unseres Geschlechts.

Frankfurt muß, dem Anschein nach, durch den Krieg weit mehr gewonnen als verloren haben. Der Verlust war öffentlich und momentan; der Gewinn ging fast durch alle Klassen und war dauernd. Es ist überall Wohlstand und Vorrat; man bauet und bessert und erweitert von allen Seiten: und die ganze Gegend rund umher ist wie ein Paradies; besonders nach Offenbach hinüber. Man glaubt in Oberitalien zu sein. Unser Leipzig kann sich nicht wohl mit ihm messen, ob es gleich vielleicht im Ganzen netter ist.

Von hier kann Dir jeder Kaufmann Nachrichten genug von der Messe mitbringen. Ich besuchte nur einige alte Bekannte und machte einige neue. Wenn ich ein Kerl mit der Börse *à mon aise* wäre, würde ich vermutlich Frankfurt zu meinem Aufenthalt wählen. Es ist eine Mittelstadt, die gerade genug Genuß des Lebens gibt für Leib und Seele, um nicht zu fasten und sich nicht zu übersättigen. Im Fall eines Krieges mit den Franzosen liegt es freilich schlimm: die Herren können alle Nächte eine Promenade von Mainz herüber machen, den Morgen hier zum Frühstück und zum Abendbrote wieder zu Hause sein.

Bei der Frau von Laroche in Offenbach traf ich den alten Grafen Metternich, wenn ich nicht irre, den Vater des kaiserlichen Gesandten in Dresden. Er war ehemals Minister in den Niederlanden; und nie habe ich einen Mann von öffentlichem Charakter gesehen, zu dem ich in so kurzer Zeit ein so großes reines Zutrauen gefaßt hätte: so sehr trägt sein

Gesicht und sein Benehmen den Abdruck der festen Red-
lichkeit mit der feinsten Humanität.

Leipzig

Meine Ronde ist nun vollendet und ich bin wieder bei unsern väterlichen Laren an der Pleiße. Von Frankfurt aus ging
ich über Bergen in Gesellschaft nach dem Örtchen Bi-
schofsheim, wo man mir ein freundliches Mahl zugedacht
hatte. Bei Bergen und Kolin haben unsere Landsleute gezeigt, daß sie nicht Schuld an den übeln Streichen bei Pirna
waren. Vor Hanau ging ich vorbei und hielt mich immer die
Straße nach Fulda herein. Die Hitze des vorzüglich heißen
Sommers drückte mich zwar ziemlich, aber ich nahm mir
Zeit, ruhte oft unter einem Eichenbaume und war die Nacht
mit den schlechten Wirtshäusern zufrieden. Auf meiner ganzen Reise hatte ich sie nicht so schlecht gefunden, als hier
einige Mal in Hessen. Zwischen Fulda und Hünefeld drückte mich die Hitze furchtbar und der Durst war brennend:
und auf meiner ganzen Wanderung habe ich vielleicht keine
so große Wohltat genossen, als ich sodann links an der Straße eine schöne Quelle fand. Leute, welche einen guten
Flaschenkeller im englischen Wagen mit sich führen, haben
von dieser Erquickung keinen Begriff. Der Hitze haben sie
im Wagen zwar nicht viel weniger, aber die Erfrischung können sie nicht so fühlen. Du darfst mir glauben, ich habe
dieses und jenes versucht. In Hünefeld war Schießen, die
Gesellschaft der Honoratioren speis'te in meinem Wirtshause, und ich hatte das Vergnügen die Musik so gut zu hören,
als man sie wahrscheinlich in der Gegend und aus Fulda
hatte auftreiben können. Wenn auch zuweilen eine Kako-
phonie mit unter läuft, tut nichts; sie können das Gute doch
nicht ganz verderben, eben so wenig als man es in der Welt
durch Verkehrtheit und Unvernunft ganz ausrotten kann.
   In Vach hatten mich ehemals die Handlanger des alten
Landgrafen in Beschlag genommen und nach Ziegenhain
und Kassel und von da nach Amerika geliefert. Jetzt sollen

dergleichen Gewalttätigkeiten abgestellt sein. Doch möchte ich den fürstlichen Bekehrungen nicht zu viel trauen; sie sind nicht sicherer als die demagogischen. Es wäre unbegreiflich, wie der Landgraf seit langer Zeit so unerhört willkürlich, zum Verderben des Landes und einzig zum Vorteil seiner Kasse, mit seinen Leuten geschaltet und förmlich den Seelenverkäufer gemacht hat, wenn es nicht durch einen Blick ins Innere erklärt würde. Die Landstände wurden selten gefragt, und konnten dann fast keine Stimme haben. Der Adel ist nicht reich und unabhängig vom Hofe. Die Minister und Generale hatten ihren Vorteil dem Herrn zu Willen zu leben. Jeder hatte vom Hofe irgend etwas, oder hoffte etwas, oder fürchtete etwas, für sich oder seine Verwandten. Die großen Offiziere gewannen Geld und Ehre, die kleinen Unterstützung und Beförderung. Die Übrigen litten den Schlag. Das Volk selbst ist bis zum Übermaß treu und brav. Hier und da war Verzweiflung; aber der alte Kriegsgeist half. Die Hessen glauben, wo geschlagen wird, müssen sie dabei sein. Das ist ihr Charakter aus dem tiefsten Altertum. Ich erinnere mich in einem Klassiker gelesen zu haben, daß die Katten lange vor Christi Geburt als Hülfstruppen unter den Römern in Afrika schlugen. Jetzt hat der Landgraf, wie versichert wird, die fremden Verbindungen dieser Art aufgegeben.

Von Vach wollte ich Post nach Schmalkalden zu meinem Freunde Münchhausen nehmen. Der Wirt verpflichtete sich, da nicht sogleich Postpferde zu haben waren, mich hinüber zu schaffen, ließ sich die Posttaxe für zwei Pferde und den Wagen bezahlen und gab mir einen alten Gaul zum Reiten. Das nenne ich Industrie. Was wollte ich machen? Ich setzte mich auf, weil ich fort wollte. Doch kam ich zu spät an. Es war schon tief Nacht als ich den Berg hinein ritt, und gegen zehn Uhr war ich erst in dem Tale der Stadt. Die Meinungschen Örter und Dörfer, durch die ich ging, zeichneten sich immer sehr vorteilhaft aus. Das einzige, was mir dort nicht einleuchten wollte, war, daß man überall so viel herrliches Land mit Tabakspflanzungen verdarb. Dieses

Giftkraut, das sicher zum Verderben der Menschen gehört, beweis't vielleicht mehr als irgend ein anderes Beispiel, daß der Mensch ein Tier der Gewohnheit ist. In Amerika, wo man noch auf fünfhundert Jahre Land genug hat, mag man die Pflanze auf Kosten der Nachbarn immer pflegen, aber bei uns ist es schlimm, wenn man durchaus die Ökonomie mehr merkantilisch als patriotisch berechnet.

Ich ließ mich den andern Morgen meinem Freunde ohne meinen Namen als einen Bekannten melden, der von Frankfurt käme. Wir hatten uns seit neunzehn Jahren nicht gesehen und unser letztes Gespräch waren einige Worte auf dem Ozean, als der Zufall unsere Schiffe so nahe zusammen brachte. Die Zeit hatte aus Jünglingen Männer gemacht, im Gesichte vielleicht manchen Zug verändert, verwischt und eingegraben. Ich wußte, vor wem ich stand und konnte also nicht irren. Er schien schnell seinen ganzen dortigen Zirkel durchzugehen, stand vor mir und kannte mich nicht. Hier habe ich ein kleines Empfehlungsschreiben, sagte ich, indem ich ihm meinen Finger hinhielt, an dem sein Bild von ihm selbst in einem Ringe war. Es war, als ob ihn ein elektrischer Schlag rührte, er fiel mir mit meinem Namen um den Hals und führte mich im Jubel zu seiner Frau. Dieses war wieder eine der schönsten Minuten meines Lebens. Einige Tage blieb ich bei ihm und seinen Freunden, und genoß, so weit mir meine ernstere Stimmung erlaubte, der frohen Heiterkeit der Gesellschaft.

Mir ist es oft recht wohl gewesen, wenn ich durch das Gothaische und Altenburgische ging. Man sieht fast nirgends einen höhern Grad von Wohlstand. Es herrscht daselbst durchaus noch eine gewisse alte Bonhommie des Charakters, daß ich viele Gesichter fand, denen ich ohne weitere Bekanntschaft meine Börse hätte anvertrauen wollen, um sie an einen bezeichneten Ort zu bringen, wo ich sie sicher wiedergefunden haben würde. Ich habe in diesem Ländchen weniger Bekanntschaft als sonst irgendwo: Du kannst also glauben, daß ich nicht aus Gefälligkeit rede. So oft ich darin war; habe ich immer die reinste Hochachtung und Verehrung gegen den Herzog gefaßt. Um einen Fürsten zu sehen, braucht man nicht eben seine Schlösser zu besuchen, oder gar die Gnade zu genießen, ihm vorgestellt zu werden. Oft sieht man da am wenigsten von ihm. Seine Städte und Dörfer und Wege und Brücken geben die beste Bekanntschaft; vorausgesetzt er ist kein junger Mann, der die Regierung erst antrat. In diesem Falle könnte ihm viel Gutes und Schlimmes unverdienter Weise angerechnet werden. Wo das Bier schlecht und teuer und das Brot teuer und schlecht ist, wo ich die Dörfer verfallen und elend und doch die Visitatoren nach dem Sacke lugen sehe, da gehe ich so schnell als möglich meines Weges. Nicht das Predigen der Humanität, sondern das Tun hat Wert. Desto schlimmer, wenn man viel spricht und wenig tut.

Schon in Paris hatte ich gehört die Preußen wären in Erfurt, und wunderte mich jetzt, da ich sie noch nicht hier fand. Diese Saumseligkeit ist sonst ihre Sache nicht, wenn etwas zu besetzen ist. Fast sollte man glauben, die langsame Bedächtlichkeit habe einen pathologisch moralischen Grund. Hier erinnerte mich ein heimlicher Ärger, daß ich ein Sachse bin. Ich hielt mir lange Betrachtungen über die Großmut und Uneigennützigkeit der königlichen Freundschaften; ich verglich den Verlust des Königs mit seinem Gewinn; ich überdachte die alten, rechtlichen Ansprüche, die Sachsen wirklich noch machen konnte und machen mußte. Wenn Sachsen eine Macht von hundert tausend Mann wäre, so würde die gewöhnliche Politik das Verfahren rechtfertigen. Jetzt mag es alles sein was Du willst, nur ist es nicht freundschaftlich. Mir deucht, daß man in Dresden doch wohl etwas lebendigere, wirksamere Maßregeln hätte nehmen können und sollen. Es war alles voraus zu sehen. Die Leipziger werden die Folgen spüren. Freilich wird man vielleicht die ersten zehn Jahre nichts oder wenig tun, aber man hat doch nun die Kneipzange von beiden Seiten in den Händen, und kann sicher das *festina lente* spielen. Politisch muß man immer das schlimmste denken und glauben, was geschehen kann, wird geschehen. Die Geschichte und das

Naturrecht rechtfertigen diese Maxime: in bürgerlichen Verhältnissen ist man durch Gesetze geschützt; hier sichert nur Klugheit und Kraft, selten Gerechtigkeit. Der gegenwärtige Schritt rechtfertigt die Furcht vor dem künftigen. Zutrauen gibt das nicht. Ich hätte von Berlin in diesen Verhältnissen zu Dresden solche Resultate nicht erwartet.

In Weimar freute ich mich einige Männer wieder zu sehen, die das ganze Vaterland ehrt. Der Patriarch Wieland und der wirklich wackere Böttiger empfingen mich mit freundschaftlicher Wärme zurück. Die Herzogin Mutter hatte die Güte mit vieler Teilnahme sich nach ihren Freunden diesseit und jenseit der Pontinen zu erkundigen und den unbefangenen Pilger mit Freundlichkeit zu sich zu laden. Jedermann kennt und schätzt sie als die verehrungswürdige Matrone, wenn sie auch nicht Fürstin wäre.

Als ich den andern Morgen durch das Hölzchen nach Naumburg herüber wandelte, begegnete mir ein Preußisches Bataillon, das nach Erfurt zog. Wenn man in dem nehmlichen Rocke mit der nehmlichen Chaussüre über Wien und Rom nach Syrakus und über Paris zurückgegangen ist, mag der Aufzug freilich etwas unscheinbar werden. Es ist die nicht löbliche Gewohnheit unserer deutschen Landsleute, mit den Fremden zuweilen etwas unfein Neckerei zu treiben. Die Soldaten waren ordonnanzmäßig artig genug; aber einige Offiziere geruhten sich mit meiner Personalität ein Späßchen zu machen. Ich ging natürlich den Fußsteg am Busche hin, und der Heereszug zog den Heerweg. Einer der Herren fragte seinen Kameraden in einem etwas ausgezeichneten pommerischen Dialekte, den man auf dem Papier nicht so angenehm nachmachen kann: Was ist das für ein Kerl, der dort geht? Der andere antwortete zu meiner Bezeichnung: Er wird wohl gehen und das Handwerk begrüßen. Nein, hörte ich eine andere Stimme, ich weiß nicht was es für ein närrischer Kerl sein mag; ich habe ihn gestern bei der Herzogin im Garten sitzen sehen. Übersetze das erst etwas ins Pommerische, wenn Du finden willst, daß es mir ziemlich schnakisch vorkam. Indessen glaube ich unmaß-

geblich, die Herren hätten ihre Untersuchung und Beurteilung über mich etwas höflicher doch wohl einige Minuten
sparen können, bis ich sie nicht mehr hörte. Aber mit einem
Philister macht bekanntlich ein Preußischer Offizier nicht
viel Umstände. Ob das recht und human ist, wäre freilich
etwas näher zu bestimmen.

Meiner alten guten Mutter in Posern bei Weißenfels war
meine Erscheinung überraschend. Man hatte ihr den Vorfall
mit den Banditen schon erzählt, und Du kannst glauben, daß
sie meinetwegen etwas besorgt war, da sie als orthodoxe
Anhängerin Luthers überhaupt nicht die beste Meinung von
dem Papst und seinen Anordnungen hat. Sie erlaubte durchaus nicht, daß ich zu Fuße weiter ging, sondern ließ mich
bedächtlich in den Wagen packen und hierher an die Plei-
ßenburg bringen. Du kannst Dir vorstellen, daß ich froh war
meine hiesigen Freunde wiederzusehen. Schnorr war der
erste den ich aufsuchte, und das enthusiastische Menschenkind warf komisch den Pinsel weg, zog das beste seiner
drolligen Gesichter und machte mit einem Sprung einen
praktischen Kommentar auf Horazens Stelle, daß man bei
der Rückkehr eines Freundes von den Cyklopen wohl ein
Bißchen närrisch sein könne.

Morgen gehe ich nach Grimme und Hohenstädt, und da
will ich ausruhen trotz Epikurs Göttern. Mir deucht, daß ich
nun einige Wochen ehrlich lungern kann. Wer in neun Monaten meistens zu Fuße eine solche Wanderung macht,
schützt sich noch einige Jahre vor dem Podagra. Zum Lobe
meines Schuhmachers, des mannhaften alten Heerdegen in
Leipzig, muß ich Dir noch sagen, daß ich in den nehmlichen
Stiefeln ausgegangen und zurückgekommen bin, ohne neue
Schuhe ansetzen zu lassen, und daß diese noch das Ansehen
haben, in baulichem Wesen noch eine solche Wanderung mit
zu machen.

Bald bin ich bei Dir, und dann wollen wir plaudern; von
manchem mehr als ich geschrieben habe, von manchem
weniger.

ANHANG

Erläuterungen

11 *Milch trinken ⟨. . .⟩ Kindernahrung]* Seume umschreibt damit den
    Zustand politischer Unmündigkeit. – *das hält im Morali-*
    schen] Im Sinne von: Das gilt im Geistigen wie im Physischen.

12 *Milchspeise für Kinder]* Hier akzentuiert Seume das Bild anders:
    Er wendet sich gegen »dichterische Einkleidung« von Wahr-
    heiten und plädiert für politische Sachprosa. – *Malversatio-*
    nen] Unterschlagungen im Amt. – *Plusmacher]* Beutelschnei-
    der, Geldmacher. – *Sobald die Könige ⟨. . .⟩ machen]* Implizit
    argumentiert Seume, daß die Fürsten an Revolutionen selbst
    schuld seien: Ließen sie mehr »allgemeine Gerechtigkeit« wal-
    ten, wären sie ihrer Throne sicherer.

13 *ein Mann ⟨. . .⟩ zog]* Bezieht sich auf Seumes Dienst in der bri-
    tischen Armee, die gegen die um ihre Unabhängigkeit kämp-
    fenden nordamerikanischen Kolonien vorging, und in der
    russischen Armee vor Warschau während des polnischen Auf-
    standes von 1794. – *Philanthropen]* Anhänger der von Johann
    Georg Basedow (1723-1790) begründeten »menschenfreundli-
    chen« Pädagogik. – *Tacitus]* Publius Cornelius Tacitus (ca.
    55-120 n. Chr.), Verfasser der *Annalen.*

14 *Bei einem Kosmopoliten]* Bei einem Weltbürger, d. h. einem, der
    nicht auf Übereinstimmung seiner Meinungen mit denen sei-
    ner engeren Umgebung angewiesen ist. – *Druck von Klopstocks*
    Oden und der Messiade] Seume arbeitete von Oktober 1797 bis
    November 1801 als Lektor bei Göschen in Grimma und über-
    wachte u. a. die Drucklegung einiger Bände der Prachtausgabe
    der Werke Klopstocks. – *den Russischen Dienst verlassen]* Nach
    dem Tod Katharinas II. am 17. Oktober 1796 rief ihr Sohn
    Paul I. alle beurlaubten Offiziere zur Truppe zurück; Seume
    verspürte aber keine Neigung, in den russischen Militärdienst
    zurückzukehren. – *In der ⟨. . .⟩ Krise mit Polen]* Gemeint sind die
    Ereignisse hauptsächlich im Jahre 1794. – *Igelström, Pototzky,*
    Möllendorf] Otto Heinrich von Igelström (1737-1823), General
    und Bevollmächtigter Katharinas II. in Warschau; Stanislaw
    Potocki (1752-1805), poln. General in russ. Diensten; Möllen-
    dorf (1724-1816), preußischer General im Krieg gegen das
    revolutionäre Frankreich.

15 *Piliza]* Das Gebiet zwischen Piliza und Bug kam bei der 3.
    Polnischen Teilung an Österreich. – *Dietinen]* Die polnischen

Provinzialständeversammlungen. – *Friesel]* Wahrscheinlich: Johann Friedrich Frisell (1760-nach 1808), seit 1775 im russischen Heer. – *Apraxin, Pistor, Bauer]* Apraxin: nicht ermittelt; Johann Jakob von Pistor (1739-1814), General, mit dem Seume die Marschrouten für Igelströms Truppen erarbeitete; Bauer: nicht ermittelt. – *Sion]* Sion übernahm die französischsprachige Korrespondenz in der Kanzlei Igelströms. – *einem der Subows]* Der Name steht hier allgemein für Günstlinge der Zarin Katharina II. – *mit einem ⟨...⟩ jungen Manne]* Major Graf Moroumzow.

16 *Pahlen]* Peter Ludwig Graf von der Pahlen (1754-1826), preußischer General. – *Ostracismus]* Scherbengericht; Urteilssprechung im alten Athen, bei der die Verbannung gefährlicher Bürger beschlossen werden konnte. – *Epanorthose]* Belehrung.

17 *in dem ganzen Meißnischen Kreise]* Meißen hier synonym mit ›Sachsen‹ gebracht. – *Lektüre für Toiletten]* Buch, das auf den Putztisch der Damen paßt.

18 *platonische Jahre]* Ein platonisches Jahr ist ein Zeitraum von 26000 Jahren. – *weil]* Im Sinne von »während«, »solange«.

19 *Grimme]* Muß eigentlich Grimma heißen; Seume schreibt häufig Grimme, wie auch Posern für Poserna, seinen Geburtsort, Vach für Vacha usw. – *Karawane guter gemütlicher Leutchen]* In dieser Karawane befand sich auch der Engländer Henry Crabb Robinson (1775-1867). – *Freund Großmann]* Nicht zu ermitteln. – *Freund Schnorr]* Veit Hanns Schnorr von Carolsfeld (1764-1841), Leipziger Maler, mit Seume befreundet seit Sommer 1793 und sein Begleiter bis Wien. – *Göttin]* Die Malerei. – *Profaner]* Seume betont gerne, daß er in Dingen der Bildenden Kunst kein Sachverständiger sei. – *Samojete]* Angehöriger eines Nomadenvolkes im nördlichen Sibirien. – *Hohenstädt ⟨...⟩ Göschens herrliche Siedelei]* Göschen hatte sich bei Grimma ein Landhaus gekauft, in dem auch Seume sehr häufig weilte.

20 *Hubertusburg]* Schloß Hubertusburg. – *Kennst du das Land?]* Das Lied der Mignon aus Goethes *Wilhelm Meisters Lehrjahre* (1795/96) wurde sehr schnell zu einem klassischen Ausdruck der Italiensehnsucht. – *Guischards »mémoires militaires«]* C. G. Guichard, *Memoires militaires sur les Grecs et les Romains* (1758), wofür er an den Hof Friedrichs II. berufen wurde; er publizierte später unter dem Pseudonym Quintus Icilius. Seume nennt ihn »Freibeuter«, weil Guischard im Siebenjährigen Krieg ein Freibataillon kommandierte.

21 *Antiphrase]* Verkehrung des Wortsinnes ins Gegenteil. – *Großmanns alte sechs Schüsseln] Nicht mehr als sechs Schüsseln* (1780) des Schauspielers und Dramatikers Gustav Friedrich Großmann (1746-1796). – *Kombabusierung]* Kastration, nach Wielands Erzählung *Kombabus* (1771): Kombabus, der seine Königin auf einer längeren Reise begleitet, entmannt sich vorsichtshalber selbst, damit er keusch bleibt. – *des ⟨. . .⟩ Kurfürsten]* Friedrich August III. (1750-1827), ab 1806 König von Sachsen.

22 *stante bene]* Offenbar machte sich ein Schauspieler den Spaß, den Ausdruck ›stante pede‹ (lat. »stehenden Fußes«) als ›stante pene‹ (»mit stehendem Penis«) zu sprechen. – *Non omnia possumus omnes]* »Wir können nicht alle alles.«

23 *Bäcker Ehlers]* Figur in August Wilhelm Ifflands (1759-1814) Stück *Dienstpflicht* (1795). – *Metternich]* Wenzel Lothar Fürst von Metternich (1773-1859), der spätere österreichische Staatskanzler reaktionärster Observanz. – *Die Galerie]* Staatliche Gemälde-Galerie, eingerichtet unter Kurfürst Friedrich August I. (1670-1733). – *Antikensaal]* Von 1723 an aufgebaute Antikensammlung. – *Herrn Grassi]* Josef Grassi (ca. 1758-1838), lebte seit 1790 als Maler in Warschau, verlor sein Geld beim Bankrott des Warschauer Bankhauses Tepper (1794). – *Oeser]* Adam Friedrich Oeser (1717-1799), Maler und Radierer, seit 1764 Direktor der Kunstakademie Leipzig. – *Nebulisten]* Wolkenmaler, flüchtige Zeichner. – *in der großen Krise der letzten Revolution]* Der Osteraufstand der Polen gegen die Russen in Warschau 1794.

24 *ein Prinz geboren]* Johann (1801-1873), der spätere Johann I. von Sachsen.

25 *die Mengsische Sammlung]* Sammlung von Gipsabgüssen antiker Plastiken, zusammengestellt von Anton Raphael Mengs (1728-1779). – *Küttner] Reise durch Deutschland, Dänemark, Schweden, Norwegen und einen Theil von Italien in den Jahren 1797, 1798, 1799,* 4 T., Leipzig 1801, betreute Seume als Lektor bei Göschen. – *die Mediceerin]* Venus von Medici, eine römische Kopie des griechischen Originals aus dem 3. Jh. v. Chr.

26 *die Gräfin von Amalfi]* Eine der zahlreichen Bearbeitungen von John Websters (ca. 1580-ca. 1630) Drama *The Duchesse of Malfy* (1614). – *Siama und Galmori]* Das Drama *Siama und Galmory* (1801) von Johann Samuel Siegfried (1775-1840).

27 *in dem Bayerischen Erbfolgekriege]* 1778/79 verbündeten sich Preußen und Sachsen gegen den Versuch Kaiser Josephs II.,

Niederbayern zu erobern. – *Kants Beweisgrund]* Der Titel von Immanuel Kants Schrift lautet korrekt: *Der einzig mögliche Beweisgrund zu einer Demonstration des Daseins Gottes* (1763). – *tornisterten wir ⟨. . .⟩ ab]* Der Ausdruck ist eine Neubildung Seumes. – *Retterin des Kapitols]* Schnatternde Gänse sollen im Jahr 390 v. Chr. die Verteidiger Roms geweckt haben, als die angreifenden Gallier nachts die Mauern des Kapitols überstiegen.

28 *Quodlibet]* Wörtlich: »Was beliebt«; hier: Mischung, Durcheinander. – *Stückknechte]* Bedienungsmannschaft von Geschützen. – *Phthiriase]* Schuppenflechte. – *Where there is a quarrel ⟨. . .⟩ in the case]* »Wo es einen Streit gibt, ist immer eine Dame im Spiel.«

29 *Legioner]* Söldlinge oder Angeworbene. – *Vidierung]* Beglaubigung, Sichtprobe. – *das wilde Mädchen]* Nicht ermittelt. – *Guardasoni]* Domenico Guardasoni (gest. 1806) war Sänger, Schauspieler und Theaterdirektor in Prag.

30 *Die Aufhebung der Klöster]* 1781/82 hob Joseph II. einen Teil der Klöster in Österreich auf. – *Grodschin]* Der Hradschin. – *wo Friedrich schlug und Schwerin fiel]* Gemeint ist die Belagerung von Prag 1757 im Siebenjährigen Krieg, bei der am 6. Mai der preußische General Schwerin den Tod fand. – *Zeiten der Goldenen Bulle]* Das bis zur Auflösung des Heiligen Römischen Reiches deutscher Nation 1806 gültige Gesetz regelte die Rechte der Kurfürsten. – *Schlicks]* Leopold Graf von Schlick (1663-1723), böhmischer Hofkanzler. – *Nepomuck auf der Brükke]* Statue des Heiligen Johannes von Nepomuk (1320-1383) aus dem Jahr 1683.

31 *Josephs wohltätige Absichten]* Als Vertreter des aufgeklärten Absolutismus hob Joseph II. 1781 die Leibeigenschaft auf, der Frondienst blieb jedoch erhalten. – *als sich die Franzosen nahten]* Die französische Armee besetzte im Sommer 1800 Bayern und schlug im Dezember die Österreicher.

32 *die Gegend des Schlachtfeldes]* Leopold Graf von Daun (1705-1766) schlug am 18. Juni 1757 die preußische Armee bei Kolin. Daun war berühmt für seine hinhaltende Art der Kriegsführung, daher der Beiname eines ›Cunctators‹ (d. i. »Zauderers«). – *Postengefechten]* Ein Postengefecht ist ein Gefecht von (Vor-) Posten ohne die eigentliche Armee. – *bei Torgau]* Am 3. November 1760 siegten hier die Preußen über die Österreicher.

33 *cynisch]* Frugal nach Art der Philosophensekte der Kyniker. –

aus der sechsten Bitte in die siebente] Bezieht sich auf die beiden
Bitten im »Vaterunser«: ». . . und führe uns nicht in Versuchung, sondern erlöse uns von dem Übel.«

34 *Tabuletkrämer]* Hausierer mit einem Warenkorb. – *Ästhetik]*
Hier: Empfindlichkeit, Unbehagen. – *conceptio immaculata]*
»Unbefleckte Empfängnis«. – *sponsa spiritus sancti*] »Braut des
Heiligen Geistes«. – *Maria Theresia]* Maria Theresia (1717-
1780) war seit 1740 Königin von Ungarn und Böhmen.

35 *vor sich hinstapelt]* ›Stapeln‹ im Sinne von marschieren, laufen. –
huronisch] Adj. nach dem Indianerstamm der Huronen, von
Seume gebraucht wie »unzivilisiert«. Seume kokettiert gerne
mit seiner rauhbeinigen Aufrichtigkeit. – *Sed quam misere ⟨. . .⟩
expertus sum]* »Aber wie elend diese Tierchen quälen können,
habe ich bei den Seeleuten erfahren«, d. h. Seume selbst auf
seiner Fahrt nach Amerika. – *den verderblichen Namen]* Seume
macht hier ein Wortspiel mit den griechischen Wörtern für
»Laus« und »zerstören«.

37 *einpaschen]* Einschmuggeln. – *casum in terminis]* »Gleichgela-
gerter Fall«; zugleich Wortspiel mit der Bedeutung »(Zwi-
schen-)Fall an der Grenze«. – *I must ⟨. . .⟩ smuggler]* »Ich muß
wohl ein Schmugglergesicht haben.« – *Dekalogus]* Die zehn
Gebote. – *Brüßler Kanten]* Brüsseler Spitzen.

38 *Füger]* Heinrich Friedrich Füger (1751-1818) war seit 1783 Direktor der Kunstakademie und der Belvedere-Galerie in Wien;
Illustrator von Wielands von Seume lektoriertem Roman *Aristipp und einige seiner Zeitgenossen* (1800-02) in der sog. Fürsten-
ausgabe. – *Achilles bei dem Leichnam des Patroklus]* Vgl. Homer,
Odyssee XVIII, wo Achilles seinen toten Freund Patroklos be-
trauert, der von Hektor getötet wurde. – *Gynäceum]* In der
Antike Teil des Hauses, der nur von Frauen (und Kindern)
bewohnt war.

39 *Messiade]* Klopstocks biblisches Epos *Der Messias* (1748-73). –
Die Stelle] *Der Messias* XII 370 ff. – *zu Platos einzig wirklichem
Wesen]* In der Philosophie Platos (427-348 v. Chr.) ist das einzig wirkliche Wesen die Idee, zu der sich alle sinnlich wahr-
nehmbaren Dinge nur wie Abbilder verhalten.

40 *Brutus der Alte]* Lucius Junius Brutus gilt als Begründer der
römischen Republik (um 510 v. Chr.). Als er Konsul war, sollen seine Söhne in eine Verschwörung zugunsten des abgesetz-
ten Königs Tarquinius Superbus verwickelt gewesen sein. –
Expedi secures!] »Beile heraus!«, Formel, mit der bei Hinrich-

tungen die Rutenbündel bzw. Richtbeile der Liktoren hervorgeholt wurden. – *die ⟨...⟩ der alte Geschichtsschreiber nicht hat]* In der Tat hat Livius, der hier offenbar gemeint ist, weder den Befehl, noch wird der Patriotismus Brutus' des Alten so nachdrücklich apostrophiert. – *Virginius]* Lucius Virginius soll im Jahre 451 v. Chr. seine Tochter Virginia getötet haben, um sie vor der Entehrung durch den Dezemvirn Appius Claudius Crassus zu schützen. – *Decemvir]* 451/450 v. Chr. waren in Rom zehn Männer (decem vires) mit konsularischen Befugnissen gewählt worden, um die römischen Gesetze zu modernisieren; sie erarbeiteten das sog. Zwölf-Tafelgesetz.

41 *Wehe den neuen Galliern]* Gemeint sind die Franzosen der Revolutionszeit bzw. der napoleonischen Zeit. – *wie Klopstock spricht]* In der Ode *An die rheinischen Republikaner* (1797) heißt es, die jakobinische Pest habe auch dem »korsischen Jünglinge« Haupt und Herz so entflammt, daß »er euch mit gehobenem Schwerte, Völker Hesperiens, Freiheit aufjocht.« – *Jupiter, der dem Phidias erscheint]* Als das bedeutendste Werk des griechischen Bildhauers Phidias (ca. 500–438 v. Chr.) galt seine kolossale Zeus-Statue im Tempel von Olympia, die nicht erhalten ist. – *David]* Jacques-Louis David (1748–1825), zunächst Anhänger der Jakobiner, malte zahlreiche Bilder im thematischen Umkreis der Französischen Revolution.

42 *Vindobona ⟨...⟩ nubes]* »Wien, weil sie guten Wein gibt, Danubius, weil er Wolken gibt« – Wortspiel mit dem Lateinischen ›vinum bonum dare‹ (»guten Wein geben«), und mit ›nubila dare‹ (»Wolken geben«) als Erklärung für ›Danubius‹, den lateinischen Namen der Donau. – *des Nationaltheaters]* Gegründet 1776 durch Joseph II. – *in der Burg und am Kärnthner Tore]* Das Theater an der Burg wurde 1741 gegründet; das Kärntnertor-Theater wurde 1763 nach einem Brand neu aufgebaut. – *Brockmann]* J. F. H. Brockmann war der Darsteller des Hamlet in der ersten deutschen Aufführung des *Hamlet* 1776 in Hamburg. – *das Trauerspiel Regulus]* *Regulus* von H. J. von Collin (1771–1811) wurde am 3. Oktober 1801 in Wien uraufgeführt. Marcus Atilius Regulus war ein römischer Feldherr aus dem 1. Punischen Krieg.

43 *Die Italiäner]* Die italienische Operntruppe. – *Kastrat Marchesi]* Luigi Marchesi (1754–1829). – *Hämmlings]* Altes Wort für Kastrat, Eunuch. – *Taranteltänze]* Wortspiel mit Tarantel und dem Tanz Tarantella, wobei nach früherem Glauben der Stich

der Tarantel die »Tanzwut« herbeiführte. – *Schikaneder]* Emanuel Schikaneder (1751-1812) war bis 1806 Direktor des von ihm gegründeten Theaters an der Wien; von ihm stammt das Libretto zu Mozarts *Zauberflöte,* die Seume sehr schätzte.

44 *als Tyroler Wastel]* Titelgestalt von Schikaneders komischer Oper *Der Tyroler Wastl* von 1796. – *das Mittel]* Die Mitte. – *Kasperle aus der Leopoldstadt]* Gemeint ist der Schauspieler Johann Joseph Laroche (1745-1806), der im Leopoldstädter Theater die Rolle des Kasperl spielte.

45 *enragieren]* Sich ereifern, schimpfen. – *den Unsichtbaren]* Gemeint ist wahrscheinlich die österreichische Geheimpolizei. – *der Marseiller Marsch]* Die sog. Marseillaise, die heutige französische Nationalhymne, geschrieben 1792 von Claude Joseph Rouget de l'Isle (1760-1836). – *politischer]* Im Sinne von: diplomatischer, geschickter.

46 *Kartause]* Kloster der Kartäusermönche. – *seine individuellen Aussichten]* Bezieht sich wahrscheinlich darauf, daß sich Napoleon (1769-1821) ab 1797 stärker politisch-militärisch hervortat und der persönlich-ehrgeizige Zuschnitt seiner Aktivitäten deutlicher wurde. – *Doktor Gall]* Der Phrenologe Franz Joseph Gall (1758-1828) propagierte seit 1796 seine »Schädellehre«, nach der alle geistig-seelischen Eigenschaften des Menschen in seinem Schädel lokalisierbar bzw. an diesem ablesbar seien. – *Immunitäten]* Hier: Befreiung von Abgaben.

47 *Interessen]* Hier: Zinsen. – *Hume's Buch]* David Hume, *Of public credit* (1752).

48 *Maxime des Ministers]* Anspielung auf den Friedenswillen des Diplomaten Ludwig Graf von Cobenzl (1753-1809), der in Wien zur sog. »Friedenspartei« gehörte. – *schnakisch]* Schnurrig, possierlich, spaßhaft. – *Den einzigen böotischen 〈. . .〉 Auftritt]* Die Wiener Bürokratie war in der Reiseliteratur um 1800 berühmt für die mangelhafte Arbeitsmoral und die Unhöflichkeit ihrer Beamten. – *böotisch]* Spießig, dumm, plump. – *dem Präsidenten, der eine Art von Minister ist]* Ein in der zeitgenössischen Literatur und Journalistik berühmt-berüchtigter österreichischer Beamter.

49 *Schariwari]* Überhose, Pluderhose. – *Bedlam]* Tollhaus; vom Namen des Londoner »Hospital of St. Mary in Bethlehem«. – *den Theokrit dort studieren]* Der altgriechische Lyriker Theokritos soll um 305 v. Chr. in Syrakus geboren sein, Seume wollte also den Text am Ort seiner Entstehung studieren.

50 *Vorschmack]* Nebenform zu »Vorgeschmack«. – *Revers]* Gegenteil, Kehrseite. – *Realbogen]* Überdurchschnittlich großes Papierformat (eigentlich: »Regalbogen«). – *Hermeneutik]* Hier: Auslegung, Verständnis. – *meine Siebensachen]* Seumes Gepäck bestand hauptsächlich aus einer kleinen Taschenbücherei, die zusammen mit seiner Wäsche den Tornister insgesamt zwanzig Pfund wiegen ließ. – *Schnorr hatte ⟨. . .⟩ Bedenken]* Vor allem der Maler Heinrich Friedrich Füger (vgl. Anm. S. 38) hatte Schnorr von Carolsfeld, der mehrere Kinder hatte, geraten, Seumes Fußmarsch nach Italien bei der Unsicherheit auf den Straßen Italiens lieber nicht mitzumachen. – *Hesperien]* Antike Bezeichnung für Italien.

51 *Neustadt]* Jetzt Wiener Neustadt. – *Bacchanalien]* Gelage zu Ehren des Gottes Bacchus. – *In allen Sprachen der Pfingstepistel]* Anspielung auf die Ausgießung des Heiligen Geistes, Luk. 2, 4 ff. – *Argumenta ad hominem]* Seume spielt mit dem juristischen Terminus, der »Argumente zur (speziellen) Person« statt »zur Sache« meint, und pointiert die ›Körperlichkeit‹ der Auseinandersetzung. – *Hüons Horn]* Der Elfenkönig schenkt in Wielands Versepos *Oberon* (1780) dem Ritter Hüon ein Zauberhorn, das die Kraft hat, alle Zuhörer zum Tanzen zu zwingen.

52 *Kordax]* Unzüchtiger Tanz in der griechischen Komödie. – *machte ⟨. . .⟩ Schicht]* Machte Schluß. – *Neukirchen]* Richtig: Neunkirchen. – *diogenisch einfach]* Einfach wie die Lebensweise des Diogenes von Sinope (412-323 v. Chr.), des berühmten Vertreters der kynischen Philosophenschule.

53 *Resine]* Harz, Gummi. – *Horaz ⟨. . .⟩ Oktavianer]* Seume beschuldigt Horaz des Opportunismus und unterstellt bloß taktische Gründe für Horazens Freundschaft mit Maecenas, dem Vertrauten des Kaisers Octavianus Augustus. – *Horazens Kanidia oder Juvenals Fulvia]* Die Künste der (fiktiven) Zauberin Canidia erwähnt Horaz in zwei seiner *Epoden* (5 und 17); sie soll mit Liebestränken und Giftmischerei gearbeitet haben. – Eine Fulvia kommt bei dem Satiriker Juvenal (Decimus Junius Juvenalis [58-138 n. Chr.]) nicht vor; Erinnerungstäuschung Seumes.

54 *Gräz]* Zu Seumes Zeit noch gebräuchlich für Graz. – *Sömmering]* Semmering.

55 *Industrie]* Fleiß, geschickte Betriebsamkeit. – *nomina male ominata]* »Namen mit schlimmer Vorbedeutung«.

58 *Gerechtigkeit, die in den zwölf Tafeln steht]* Vgl. Anm. zu S. 40 –
Zehnmänner] Lat. decem viri; vgl. Anm. zu S. 40. – *Papinian*
⟨. . .⟩ *Theodora]* Unverständlich, denn der Jurist Papinian lebte
im 2. Jh. n. Chr., Theodora, die Gattin Justinians, im 6. Jh.
n. Chr. – *Morgenröte]* Die Französische Revolution. – *Erziehung
des Menschengeschlechts]* Anspielung auf Lessings gleichnamige
Schrift von 1780.

59 *Brüg]* Bruck an der Murr. – *Pomona]* Römische Göttin des Gar-
tenbaus.

60 *Pegau* ⟨. . .⟩ *vaterländischen Namen]* Es gibt einen Ort Pegau bei
Leipzig; vielleicht schreibt Seume deshalb auch das steirische
Peggau mit einem g. – *nach allen Prädikamenten]* In allen Stilla-
gen der Rhetorik. – die *Krakauer]* Singspiel mit Ballett von
Wojciech Boguslawski, genauer Titel: *Das vermeintliche Wunder
oder Die Krakauer und die Goralen* (1778).

61 *der Teufel ist los]* Singspiel von Christian Felix Weiße: *Die ver-
wandelten Weiber, oder: Der Teufel ist los* (1752), Musik von Johann
Standfuß. – *Prolepse]* Vorwegnahme. – *Piecen]* Hier: Zimmer,
Räume.

62 *Iffland]* August Wilhelm Iffland (1759-1814), Schauspieler und
populärer Dramatiker der Goethe-Zeit, von 1779 bis 1796 am
Theater in Mannheim, danach in Berlin. – *Laybach]* Heute
Ljubljana. – *Drawa]* Drau.

63 *ökonomische Musik]* Ökonomisch im Sinne von landwirtschaft-
lich; deutlich ist Seumes Freude an blühender Landwirtschaft.
– *Gannewitz]* Heute Slovenske Konjice. – *Cilly]* Heute Celje.

64 *Paroxysmus]* Fieberanfall.

65 *Unterwerfungsakte der Krainer]* Krain war 1282 endgültig an
Habsburg gekommen; 1717 eroberte es Prinz Eugen wieder für
Karl VI. – *Se substraverunt]* »Sie unterwarfen sich.«

66 *quantum satis]* »So viel, daß es reicht«.

67 *Postnation]* Das Fürstenhaus Thurn und Taxis war in den deutschen Staaten mit dem Postwesen betraut. – *Habersack]* Hier
im Sinne von Reisetasche, Tornister.

68 *Popetsch]* Podpetsch. – *Entrepreneur]* Hier: Theaterleiter. –
Bayard] Friedrich August Kotzebues (1761-1819) Theater-
stück *Bayard. Trauerspiel in 5 Akten* (1800). – *Prinzipal]* Theaterleiter.

69 *Balltrakasserien]* Ballklatsch.

70 *Fiume]* Heute Rijeka. – *von dem Kriege]* Der Koalitionskrieg gegen Frankreich bis 1797. – *Holländer]* Holländische Speziali-

sten wurden häufig für den Bau von Kanälen, Gartenanlagen
etc. verpflichtet. – *Bergspitze des Loibels]* Heute Ljubljanski. –
Oberlaybach] Heute Vrhnika.

71 *Adlersberg]* Eigentlich Adelsberg. – *Maut]* Zoll(behörde).

73 *Konstantin von Rußland]* Großfürst Konstantin Pawlowitsch
(1779-1831), nahm an Suworows Italienfeldzug 1799 teil.

74 *Bielshöhle ⟨. . .⟩ Baumannshöhle]* Tropfsteinhöhlen bei Blanken-
burg im Unterharz. – *Metze]* Mengenmaß; der 16. Teil eines
Scheffels. – *Höhle zu Lueg]* Bei Prevacina. – *Grafen Kobenzl]*
Vgl. Anm. 48. – *Wippach]* Heute Vipava.

75 *Kantonnierung]* Einquartierung von Soldaten außerhalb der Ka-
serne. – *die sechste Bitte]* Vgl. Anm. 33.

76 *Grazien]* Die Schwestern Aglaia, Euphrosyne und Thalia waren jungfräulich, was Seume von den drei Wirtinnen in Prewald
offenbar nicht annimmt. – *nicht den Filz machte]* D. h.: nicht
geizig war, sich nicht lumpen ließ. – *aus der trophonischen Höh-
le]* Orakelhöhle des Trophonius in Böotien.

77 *Sottisen]* Gemeinheiten, Dummheiten. – *Idiot]* Hier: Laie.

78 *Falkonetkugel]* Kugel aus einem leichten Feldgeschütz.

79 *das alte Tergeste]* Tergeste ist der lateinische Name von Triest. –
Winkelmann] Der Kunsthistoriker und Archäologe Johann
Joachim Winckelmann (1717-1768) wurde in Triest ermordet,
nicht von einem Bedienten, sondern einem Bekannten. – *Abra-
ham Penzel]* Abraham Penzel, geb. 1749 in Törten (Anhalt),
gest. 1819 in Jena. – *Per varios ⟨. . .⟩ Tergestum]* Abgewandeltes
Zitat aus Vergils *Aeneis* I 205 f.: »Durch manche unerwarteten
Ereignisse und viele Gefahren streben wir Triest zu«.

80 *Theodoro Re di Corsica] Theodor, König von Korsika,* Melodram von
Giovanni Paisiello (Musik) und Giambattista Casti (Text), ur-
aufgeführt 1784 in Wien. – *Andächtiger Thaliens]* Thalia ist die
Muse der Schauspielkunst, besonders der Komödie.

81 *Venedig ⟨. . .⟩ in Östreichischen Händen]* Venedig kam 1797 zu
Österreich. – *Virgils Felsen des Timavus]* Das Hervorbrechen des
Timavus aus den Felsen beschreibt Vergil in *Aeneis* I 244-
246.

82 *rasieren]* Hier: schießen. – *Udine ⟨. . .⟩ aus der Kunstgeschichte be-
kannt]* Seume denkt offenbar an den in Udine geborenen
Mitarbeiter Raffaels, Giovanni da Udine (1487-1564). – *Gras-
si]* Josef Grassi und Anton Grassi (1755-1807; Bildhauer)
wurden allerdings nicht in Udine, sondern in Wien geboren. –
Bürger] Anspielung auf G. A. Bürgers *Zechlied* (1777).

83 *Platzmajor]* Offizier, der den Garnisonsdienst verwaltete. – *alla nave]* Gemeint ist das »Gasthaus zum Schiff«. – *gedeihliche Frau]* Hier wohlbeleibte Frau.

84 *Ma Signore ⟨. . .⟩ qui]* »Aber mein Herr, das ist kein Gasthaus; hier gibt es nichts zu essen.«

85 *die kocytische Tunke]* Nach dem Unterweltstrom Kocytos.

86 *Signore ⟨. . .⟩ bene]* »Der Herr ist Franzose, aber will es nicht sagen; sie tun gut daran, Sie tun gut daran.«

87 *Volubilität]* Zungenfertigkeit. – *Vetturino]* Mietkutscher.

88 *Taciturnität]* Schweigsamkeit. – *Myops]* Ein Kurzsichtiger. – *Tachygraph]* Schnellschreiber.

89 *der ehemaligen Beherrscherin des Adria]* Venedig. Bei Seume ist »Adria« Neutrum.

90 *Manca ancori ⟨. . .⟩ soldi]* »Es fehlen immer noch fünf Soldi; noch fünf Soldi!« – *Insel Sankt George]* S. Giorgo Maggiore, mit der gleichnamigen Kirche.

91 *der jetzige Papst]* Barnaba Chiaramonti (1740-1823), seit März 1800 Papst Pius VII. – *Aphrodite Pandemos]* Göttin der käuflichen Liebe.

92 *Impudenza ⟨. . .⟩ senza vergogna]* »Unverschämtheit ⟨. . .⟩ schamlos«. – *von der alten venetianischen Polizei]* Die berüchtigte Geheimpolizei des alten Venedig. – *Canovas Hebe]* Die klassizistische Statue der Hebe (Personifikation ewiger Jugendschönheit) von Antonio Canova (1757-1822) war im Jahre 1800 nach Venedig gebracht worden. – *veneres cupidinesque]* »Liebesgöttinnen und Liebesgötter«.

93 *Amathusia]* Venus aus Amathus an der Südküste Zyperns, wo sich eine ihrer Hauptkultstätten befand. – *des Künstlers Psyche ⟨. . .⟩ die opfernden Trojanerinnen]* Die von Seume aufgeführten Gipsreliefs Canovas finden sich heute fast alle im Museo Corner in Venedig.

94 *Sokrates]* Athenischer Philosoph (469-399 v. Chr.) – *die berühmten Pferde]* Das einzige erhaltene antike Viergespann war 1204 von Konstantinopel nach Venedig gebracht worden und wurde 1798 von Venedig an Frankreich ausgeliefert; 1816 kam es nach Venedig zurück. – *konsularischen Palast der Gallier]* Die Tuilerien zur Zeit des Konsuls Bonaparte. – *der Bräutigam der Braut]* An jedem Himmelfahrtstag versenkte der Doge von Venedig einen Ring im Adriatischen Meer, um symbolisch die Stadt mit dem Meer zu vermählen; er fuhr dabei auf seinem Prachtschiff Bucentoro. – *Apoplexie]* Schlaganfall.

95 *Non son ⟨. . .⟩ tedesco]* »Ich bin kein wilder Esel, der deutsch
brüllte.« – *Mais pourtant ⟨. . .⟩ Souverain]* »Aber es ist doch anzunehmen, mein Herr, daß es hier jemanden gibt, der die
Sprache Ihres Souveräns versteht.« – *sed ⟨. . .⟩ infans]* »Doch
nicht ohne die Götter bin ich ein beherztes Kind.« Horaz, *Oden*
III 4, 20. Seume zitiert nicht genau: das »sed« ist sein Zusatz.
Auch ist das »animosus« stilistisch und inhaltlich höher ange-
siedelt als hier gemeint; bei Horaz meint es: »höheren, göttlichen Geistes voll«.

96 *Korriere]* Postwagen. – *dem heiligen Antonius]* Die Grabkirche
des Heiligen Antonius von Padua.

97 *Gratias tibi ⟨. . .⟩ faveas]* »Dank wissen wir dir für eine Ehrerbietung unserem Landsmann gegenüber. Du wirst uns mit
vielen anderen Zeugnis dafür sein, wie sehr unser Livius bei
Fremden verdientermaßen geehrt wird. Leb wohl, und mögest
du unseren Bürger liebbehalten und uns gewogen bleiben.« –
seine alte trojanische Vaterstadt] Livius macht in *Ab urbe condita*
den Trojaner Antenor zum Gründer seiner Heimatstadt Padua
(I 1,1-3.) – *Knaster]* Ironisch: Alter Schriftsteller.

98 *daß wir ihn nicht mehr ganz besitzen]* Titus Livius (59 v. Chr.-
17 n. Chr.) schrieb 142 Bücher römischer Geschichte; erhalten
sind nur die Bücher 1-10 sowie 21-45. – *rodomontadischen
Lärm]* Prahlerischen Lärm. – *seine Wiederfindung]* Seume bezieht sich wahrscheinlich auf das Auftauchen einer Fälschung
einer arabischen Übersetzung des Livius. – *Sklavenkrieg]* Der
Sklavenaufstand unter Spartakus (gest. 71 v. Chr.) in den Jahren 73-71 v. Chr. – *einen so schönen Namen]* August(us), Beiname des Kaisers Gaius Julius Caesar Octavianus seit 27 v. Chr.,
heißt »der Erhabene«. – *Pompejaner]* Livius erwies in *Ab urbe
condita* dem Gnaeus Pompejus hohe Wertschätzung, was aber
das gute Verhältnis zwischen Livius und Augustus nicht trübte.
– *die Folge der erbaulichen Subjekte]* Die Kaiser Tiberius, Caligula,
Claudius und Nero, die 14-68 n. Chr. herrschten.

99 *Liris]* Liri ist der antike Name des Garigliano; hier wohl als
pars pro toto für Süditalien.

100 *das Cisalpinische]* 1797 gründete Napoleon die Cisalpinische
Republik in Oberitalien. – *Vous n'en avez pas besoin ⟨. . .⟩ voya-
ge]* »Das ist bei Ihnen nicht nötig, sagte er, Sie kommen von
der andern Seite? – Ich komme von Wien und gehe über Ferrara nach Ancona. – Schon gut, versetzte er; nur zu. Gute
Reise!« – *Freiheitsbaum mit der Mütze]* Der von der Jakobiner-

mütze gekrönte Freiheitsbaum war das Zeichen der revolutionären Republik.

101 *canale bianco]* Der »weiße Kanal«. – *Eridanus]* Nicht ermittelt. – *Rhodanus]* Lat. für Rhône.

102 *Monument Ariosts]* Ludovico Ariosto (1474-1533) stand im Dienste der Herzöge d'Este in Ferrara. – *Tasso]* Torquato Tasso (1544-1595) lebte überwiegend am Hofe von Ferrara. – *Fritters]* Nicht eindeutig zu ermitteln. – *Aubergisten]* Gastwirte. – *Kabrioletiers]* Fahrer leichter zweirädriger Einspänner.

103 *salzmannische menschliche Elend]* Anspielung auf den Roman *Carl von Carlsberg oder Über das menschliche Elend* (1783-88) von Christian Gotthilf Salzmann (1744-1811). – *den italiänischen Rhein]* Der Reno, ein südlicher Parallelfluß zum Po.

104 *Wir schroteten]* Hier: Wir zwängten uns – – *Prädestinatianer]* Der an die Lehre von der unabänderlichen Vorbestimmtheit des Schicksals glaubt. – *Felsine]* Felsina war der antike Name für Bologna.

105 *Der Neptun]* Der Neptunsbrunnen von Jean de Bologne (1529-1608), geschaffen 1563-66. – *Republica Italiana]* Seit Januar 1802; Napoleon wurde am 26. Januar 1802 ihr Präsident.

106 *Schätze Golkondas]* Das indische Königreich Golkonda, benannt nach der gleichnamigen Felsenfestung, galt wegen seines Diamantenhandels als unermeßlich reich. – *Demonstrationen und Remonstrationen]* Erklärungen und Gegenerklärungen. – *dem alten Emilischen Wege]* Die Via Aemilia, eine antike Heerstraße, wurde um 187 v. Chr. vom Konsul Marcus Aemilius Lepidus angelegt. – *Prodrom]* Vorlauf, Vorspiel.

107 *hyperboreisch]* Adjektiv zu Hyperboreer. Bei Griechen und Römern sagenhaftes Volk am nördlichen Erdrand, daher allgemein barbarische Nordleute. – *Don Quixotte ⟨...⟩ als Helm]* Vgl. Cervantes, *Don Quijote de la Mancha*, 1. Buch, 21. Kapitel. – *in meinen Pontifikalibus]* In meiner Amtstracht.

108 *On les a bien forcé ⟨...⟩ deux mots]* »Man hat sie wohl mit Bajonettstößen gezwungen, stille zu halten, sagte er. Offensichtlich, sagte ich. – Das ist immer das beste Mittel, die Leute zur Räson zu bringen. – Gewiß, entgegnete ich, vorausgesetzt jedenfalls, daß die Sache in Vernunft und Gerechtigkeit begründet ist. – Zweifeln Sie an der unsrigen? – Das läßt sich nicht in zwei Worten beantworten.« – *Quand on ⟨...⟩ commencement]* »Wenn man anfängt, muß man stets mit dem Anfang beginnen.« – *Iliacos inter muros peccatur et extra]* »Sowohl inner-

halb wie außerhalb der Mauern Troja sündigt man« (Horaz, *Episteln* I 2,16). – *Ne pourrai je pas ⟨. . .⟩]* »Könnte ich nicht den Herrn des Hauses sprechen?«

109 *Qu'est ce ⟨. . .⟩]* »Was gibt es denn, meine Herren?« – *Niente, Signore]* »Nichts, mein Herr.« – *cittadino]* »Bürger«. – *à qui mieux]* »Um die Wette.« – *Forum Pompilii]* Wahrscheinlich Gründung im Zuge des Baus der Via Aemiliana, benannt nach dem Erbauer Pompilius.

110 *Galantuomo]* »Ehrenmann«. – *Palast für ⟨. . .⟩ Nepoten]* Pius VI., geboren 1717 in Cesena, ließ 1792 für seinen Neffen Luigi Braschi den Palazzo Braschi bauen. – *nicht wie Caesar, über den Rubikon]* Als Caesar 49 v. Chr. den Rubicon überschritt, begann damit der römische Bürgerkrieg, aus dem Caesar als Sieger hervorging und der eigentlich erst endete, als Octavianus Augustus 31 v. Chr. an die Macht kam. Der Würfel bezieht sich auf Caesars angeblichen Ausspruch beim Überschreiten des Rubicon: »Alea iacta (est)«, »der Würfel ist jetzt gefallen«.

111 *Brutus]* Marcus Junius Brutus (85-42 v. Chr.) war Anführer der Verschwörung zur Ermordung Caesars im Jahre 44 v. Chr. – *bien vous fasse]* »Wohl bekomm's!« – *Andate al diavolo!]* »Gehen Sie zum Teufel!« – *Papst Paul]* Seume hat eine Erinnerungslükke oder war schlecht informiert: Die Statue von Papst Paul V., geschaffen von Nicolas Cordier, wurde 1797 umgewidmet auf den Stadtheiligen Gaudentius, vgl. eine Zeile vorher! – *L'Union des François et des Cisalpins]* »Die Vereinigung von Franzosen und Cisalpinern«. – *Republik Sankt Marino]* San Marino war seit 1599 Republik.

112 *Arianer]* Anhänger der Lehre, daß Christus nicht gottgleich, sondern gottähnlich ist. – *mit Shakespear zu reden]* Julius Caesar I 1: »a surgeon to old shoes«.

113 *die fremden Karthager]* Am Metaurus wurden die Karthager unter Hasdrubal aufgehalten, als er 207 v. Chr. sein Heer mit dem seines Bruders Hannibal vereinigen wollte. – *Sinigaglia]* Heute Senigallia. – *Polybius]* Griechischer Geschichtsschreiber (ca. 200-120 v. Chr.).

114 *Triumphbogen Trajans]* Errichtet 115 n. Chr. zu Ehren des Kaisers Marcus Ulpius Trajanus (53-117 n. Chr.). – *Bogen de Van Vitellii]* 1765 errichteter Triumphbogen des Baumeisters Luigi Vanvitelli zu Ehren von Papst Clemens XII. – *Est-ce qu'il est permis ⟨. . .⟩ Non]* »Ist es erlaubt, auf den Turm zu steigen und

sich die Gegend anzuschauen? – Nein.« – *Pius der Sechste ⟨. . .⟩ aus Deutschland]* Pius VI. war 1782 nach Bayern und Wien gereist.

115 *O sancta!]* »O sancta simplicitas!« (»O heilige Einfalt!«) soll Jan Huss vor seiner Verbrennung auf dem Konzil zu Konstanz 1415 gerufen haben, als eine Frau Holz zu seinem Scheiterhaufen trug. – *Gemälden ⟨. . .⟩ von Perrugino]* Seume hat recht: die Fresken stammen von Pellegrino Tibaldi und wurden 1558-60 geschaffen, sind also ein Jahrhundert jünger als Perrugino. – *der lustige Schuster]* Wahrscheinlich eine Übersetzung von Charles Coffreys *The Merry Cobler* (1735), der Fortsetzung von *The Devil to pay*; vgl. Anm. 61.

116 *Präeminenz]* Vorrang. – *Paoli]* Paolo ist eine geringwertige italienische Münze. – *della bona mano]* »Trinkgeld«.

117 *Bequemlichkeit der Kapuziner]* Die Kapuzinermönche tragen einen Vollbart. – *Ammunition]* Munition.

118 *Vous avez ⟨. . .⟩ entrailles]* »Sie sehen ein bißchen wie ein Franzose aus, und in den Abbruzzen ist jeder Franzose rettungslos verloren. Das sind herzlose Wilde.« – *On Vous prendra ⟨. . .⟩ bien fort]* »Man wird Sie für einen Franzosen halten und Ihnen erbarmungslos die Gurgel durchschneiden.« – »Nicht übel, sagte ich, oder besser: ziemlich übel.« – *der traurigen Dame zu Loretto]* Loreto ist ein Wallfahrtsort, weil das »Heilige Haus« der Mutter Jesu durch Engel über Dalmatien nach Loreto gebracht wurde.

119 *Deferenz]* Ehrerbietung.

120 *allerchristlichste Nation]* Ironische Anspielung auf den Titel der französischen Könige »allerchristlichste Majestät«. – *die neue Salbung]* Wahrscheinlich Anspielung auf das im Juli 1801 zwischen Napoleon und Pius VII. geschlossene Konkordat. – *Indulgenzen]* Ablaßbriefe.

121 *des Leipziger Paulinums]* Teil des ehemaligen Universitätsgebäudes. – *Bruttier]* Bewohner des antiken Landstrichs Bruttium (ungefähr das heutige Kalabrien). – *Galliens Kampanien]* Die Champagne. – *Kaupone]* die Schenke. – *Lyäus]* Beiname des Weingottes Dionysos: »der (Sorgen-)Lösende«. – *Volete ⟨. . .⟩ Signore]* »Wollen Sie zu Pferde reiten, mein Herr?« – *mit dem Hofmannischen Glase]* Brille des Leipziger Optikers Samuel Gottlieb Hoffmann (gest. 1801).

122 *Io sono ⟨. . .⟩ asino]* »Ich bin Fußgänger und will nicht auf einem Esel zu Pferde reiten.« – *Kamerinum]* Camerinum stellt nach

Livius XXVIII 45,20 im Punischen Krieg ein Detachement für Scipios Heer.

123 *perennierende Eiche]* Immergrüne Eiche. – *Thrasymen]* Der Trasimenische See, in dessen Nähe die Römer im 2. Punischen Krieg 217 v. Chr. eine Niederlage erlitten. – *weißgefärbten Stiere]* Die weißen Stiere des Klitumnustals wurden nach der römischen Sage von den Kühen zur Welt gebracht, die aus der Klitumnusquelle getrunken hatten.

124 *Hannibals]* Sohn des Hamilkar Barkas, karthagischer Feldherr (247/6-182 v. Chr.), führte von Oktober 218 an in Italien Krieg gegen die Römer bis 203, ging 203 zurück nach Nordafrika, wo ihm 202 v. Chr. bei Zama Scipio die entscheidende Niederlage beibrachte. – *das schöne Madonnenbild]* »Madonna da Foligno« (1512) von Raffael (1480-1520). – *Hannibals Kopfstoß]* Gemeint ist die oben erwähnte Niederlage bei Spoleto. – *Hippokrene]* Musenquelle am Helikon in Griechenland.

125 *der heilige Sitz]* Im Sinn von: der heilige Stuhl. – *quorum interesset]* »Denen daran gelegen (wäre)«. – *zweite Teilung in Polen]* Bei der zweiten polnischen Teilung 1793 war Österreich gar nicht beteiligt. – *Kosen]* Plaudern.

126 *Küster Klimm zu Bergen]* Hauptfigur aus Ludvig Holbergs (1684-1754) Roman *Nicolai Klimii Iter Subterraneum*, Kopenhagen 1741. – *HANNIBAL ⟨. . .⟩ FECIT]* »Hannibal gab nach der Niederlage der Römer am Trasimenischen See, als er der Stadt Rom zueilte und seine Soldaten bei Spoleto zurückgeschlagen worden waren, dem Tor seinen berühmten Namen.« – Der Text folgt fast wörtlich Livius, *Ab urbe condita* XXII 9. – *Anachoreten]* Einsiedler.

127 *Jupiter Summanus]* Der Jupiter, der an hochgelegenen Orten verehrt wird. – *Bravobande]* Räuberbande.

128 *Diminutivkirche]* Gemeint wahrscheinlich: Zwergkirche. – *Obskuranten]* Dunkelmänner, Aufklärungsfeinde – *Fall des Velino]* Der Konsul Manlius Curius Dentatus erbaute 271 v. Chr. diesen Wasserfall Cascate delle Marmore mit einer Fallhöhe von 165 m, um Überschwemmungen der Nera zu verhindern.

129 *der große Mann]* Manlius Curius Dentatus. – *Philippide]* Alexander, Sohn Philipps von Makedonien. – *Schelsucht]* Neid.

130 *ungehauener]* Unbeschnittener, ungepflegter. – *zur Kartätsche ⟨. . .⟩ stellen]* Hier: auf die Seite des Hinrichtungspeletons bzw. der Strafwaffe treten. – *Brücke bei Borghetto]* Ponte Felice, erbaut zur Zeit des Augustus. – *ponte rotte]* »Zerfallene Brücke«.

– *Wasserfall ⟨. . .⟩ eine Wohltat]* Die Flußumleitung und der von ihr gespeiste Wasserfall verursachten bisweilen auch Überschwemmungen; Seume idealisiert das Bauwerk.

131 *Interamner Tal]* Interamna ist der antike Name für Terni. – *skoptisch]* Spöttisch – *General Murat]* Joachim Murat (1767-1815), General Napoleons, 1808-14 König von Neapel.

132 *Mameluckennamen]* Evtl. Anspielung auf Murats Rolle bei der Schlacht gegen die Mameluken bei den Pyramiden 1798. – *das alte Falerii ⟨. . .⟩ zurückgeschickt wurde]* Bezieht sich darauf, daß bei der Belagerung Faleriis (des heutigen Civita Castellana) 394 v. Chr. durch die Römer ein Lehrer die Schulkinder der Stadt heimlich ins römische Lager führte; Camillus schickte die Kinder aber zurück mit dem Rat, den Verräter mit Ruten zu schlagen. – *Cluver]* Philipp Cluverius (1580-1622), *Italia antiqua* (1624). – *ampullae et sequipedalia verba]* »Schwulst und ellenlange Wortgefüge«, nach Horaz, *Ars poetica* 97.

133 *Expektoration]* Herzensergießung. – *Postregal]* Fürstliches Vorrecht auf das Betreiben von Post- und Gütertransport. – *im Justinianischen Rechte]* Um 530 n. Chr. wurde unter Kaiser Justinian das bestehende Recht zusammengefaßt im *Corpus iuris civilis*; auf dem Gebiet des Staatsrechts, *ius publicum*, sieht Seume wenig wirklich »Öffentliches Recht«, weil im Grunde nur kaiserliche Verordnungen gesammelt seien.

134 *Signore ⟨. . .⟩ Roma]* »Der Herr ist Deutscher und geht nach Rom.«

135 *Horaz ⟨. . .⟩ seinen Schnee]* Horaz besingt den Soracte bzw. den Schnee des Soracte in *Oden* I 9,1-22. – *Tibur]* Antiker Name von Tivoli. – *von Mäcens Landgute]* Gajus Cilnius Maecenas (gest. 8 v. Chr.), Förderer der Kunst und Wissenschaft, schenkte Horaz ein Landgut in den Sabiner Bergen.

136 *Geyerbrücke]* Ponte Milvio. – *Volkstore]* Das italienische Porta del Popolo ist eigentlich mit »Pappeltor« zu übersetzen. – *Qualche ⟨. . .⟩ guardia]* »Eine milde Gabe für die Wache«. – *Obelisken]* Unter Augustus wurde der sog. Obelisco Flaminio nach Rom gebracht; 1589 wurde er auf der Piazza del Popolo aufgestellt.

137 *Rommel]* Rummel. – *Uhden]* Johann David Wilhelm Uhden (1763-1835), preußischer Ministerresident in Rom. – *Fernow]* Der Kunsthistoriker Karl Ludwig Fernow (1763-1808) lebte seit 1794 in Rom, ging 1803 nach Jena und wurde 1804 Bibliothekar der Herzogin Anna Amalia in Weimar. – *Rein-*

hart] Der Landschaftsmaler und Radierer Johann Christian Reinhart (1761-1847) lebte von 1789 bis zu seinem Tode in Rom. Von ihm stammt die kleine Zeichnung des wandernden Seume, die sich auf dem Titelblatt der Ausgabe des *Spaziergangs nach Syrakus im Jahre 1802,* Braunschweig und Leipzig 1803 findet. – *Kardinal Borgia]* Stefano Borgia (1731-1804) war als Altertumsforscher der Begründer einer der bedeutendsten Antikensammlungen Italiens.

138 *Haec est ⟨. . .⟩ Nerones]* »Das ist die Sprache, die uns Männer wie Livius und Vergil geschenkt hat. – Und solche wie Tiberius und Nero.«

139 *eine zweite Hebe]* Die zweite Hebe wurde von Josephine Beauharnais erworben und 1815 nach Rußland gebracht. – *Palais Royal]* Das Palais Royal war im späten 18. und im 19. Jh. auch ein bekannter Prostituiertenstandplatz. – *Stelle aus dem Pausanias]* Vgl. Pausanias, *Beschreibung Griechenlands* (ca. 180 n. Chr.) VIII 40. Die Fechter heißen Creugas und Damoxenos. – *Pontinen]* Die pontinischen Sümpfe südöstlich von Rom. – *post varios casus]* »Nach mancherlei Schicksalen«.

140 *flämisch]* »häßlich, mürrisch«. – *Sankt Johann von Lateran]* S. Giovanni in Laterano, Hauptbasilika Roms und der katholischen Christenheit.

141 *Millien]* Für ital. miglia »Meile«. – *Alba Longa]* Das alte Alba Longa lag tatsächlich auf der andern Seite des Sees, nahe dem heutigen Castel Gandolfo. – *Pompeius]* Gnaeus Pompeius (106-48 v. Chr.) hatte in der dortigen Gegend eine Villa. – *Monument der Kuriatier]* Ein Krieg zwischen Rom und Alba Longa soll durch einen Kampf zwischen Drillingsbrüdern aus Rom (Horatier) und Alba Longa (Kuriatier) entschieden worden sein, bei dem der letzte Horatier eine List anwandte. – *gotisches]* Nicht antik.

142 *Je m'appelle ⟨. . .⟩ pas]* »Ich heiße Prinz, bin aber keiner.« – *Herrn Fürsten Chigi]* Agostino Chigi-Albani (1771-1855), Altertumsforscher.

143 *Aricia, dessen Horaz ⟨. . .⟩ gedenkt]* Satiren I 5. – *See von Nemi ⟨. . .⟩ Dianenspiegel]* Der See wurde so genannt, weil ein Tempel der Diana auf seinem Grunde lag. – *bei der Condeischen Armee]* Louis-Joseph Prinz von Condé (1736-1818) stellte ein Emigrantenheer zusammen, mit dem er auf österreichischer und russischer Seite gegen die französischen Revolutionstruppen kämpfte. – *Akton]* Sir John Francis Edward Acton (1736-

1811), organisierte von 1779 an die neapolitanische Marine, später Premierminister unter Ferdinand IV., übte seit 1798 nach dem Fall der Parthenopeischen Republik in Neapel ein Schreckensregiment aus. – *Detachement]* Spezialtruppe. – *Horaz (. . .) von den Flöhen gebissen]* Satiren I 5,14-24; Horaz wird allerdings von Mücken und nicht von Flöhen geplagt. – *Apostel Paulus]* Vgl. Apg. 28,15; »Tres Tabernae« ist identisch mit Cisterne.

144 *in die Wette]* Veraltet für »um die Wette«. – *tous les diables]* »Alle Teufel«; formelhaft im Zusammenhang mit Flüchen. – *alle Instanzen, die Yorick gegeben hat]* Gemeint ist das 11. Kapitel im Bd. 3 von Sternes *The Life and Opinions of Tristram Shandy Gentleman* (1759-67). »Yorick« steht für Sterne selbst. – *Hyperboreer]* Vgl. Anm. zu S. 107. – *Die alte appische Straße]* Militärstraße, angelegt unter Appius Claudius 312 v. Chr.

145 *Berg der göttlichen Circe]* Der Monte Circeo soll identisch sein mit der Stelle, an der Circe die Männer des Odysseus in Schweine verwandelte. – *das Kajetanische]* Vorgebirge von Gaeta. – *mit seiner Börse auf den Hefen]* Seine Börse war leer.

146 *die schöne Neapel]* Weiblich nach dem italienischen »La bella Napoli«. – *quovis modo]* Auf jede mögliche Weise. – *Anxur]* Antiker Name von Terracina. – *Ville des Nerva]* Kaiser Marcus Coccejus Nerva regierte 96-98 n. Chr. – *den heiligen Thomas]* Thomas von Aquino (1225-1274) soll zeitweise im Dominikanerkloster von Fondi gelebt und gelehrt haben.

147 *Maritorne]* Inbegriff des schlampigen alten Weibes, nach der gleichnamigen Figur aus Cervantes' *Don Quijote.*

148 *über See]* Betrunken. – *topsytorvy]* Durcheinander (wörtlich: »das Unterste zuoberst«). – *Sono cattive gente]* »Das sind schlechte Leute.« – *Amme (. . .) Milchsohn]* Caieta war die Amme des Aeneas.

149 *Friedrich Schulz]* Joachim Christoph Friedrich Schulz (1762-1798) hatte 1793 Italien bereist, Seume von der Herrlichkeit der Gegend um Gaeta berichtet und ihn gebeten, an ihn zu denken, wenn er, Seume, an derselben Stelle stehen werde. – *der Liebling (. . .) der Grazien]* Die Wendung geht evtl. auf Goethes dramatische Satire *Die Vögel. Nach dem Aristoteles* (1787) zurück, in der Aristophanes der »ungezogene Liebling der Grazien« genannt wird. – *Ciceros Formiä]* Cicero besaß in dieser Gegend ein Landgut. – *des Tullius und des Marius]* Gemeint sind Marcus Tullius Cicero und der Feldherr Gaius Marius (156-86

v. Chr.); beide stammten aus dem bei Formiae gelegenen Ar-
pinum. – *Lohn für seine Philippiken]* Cicero hatte 14 Reden
gegen Marcus Antonius, in dem er einen Feind des römischen
Republikanismus sah, gehalten, die er nach dem Vorbild der
Reden des Demosthenes gegen Philipp von Makedonien *Ora-
tiones Philippicae* nannte; daraufhin wurde Cicero von Marcus
Antonius auf die Proskriptionsliste gesetzt und von den Hä-
schern in der Nähe von Formiä ermordet. 70 v. Chr. hatte
Cicero den Statthalter von Sizilien, Verres, der Ausplünderung
Siziliens angeklagt; 63 v. Chr. hatte er den Putschversuch des
Catilina aufgedeckt.

150 *Minturnä ⟨. . .⟩ retten konnte]* Gaius Marius hatte 101 v. Chr. die
Kimbrer bei Vercellae besiegt. Seine Rivalität mit Sulla führte
dazu, daß 88 v. Chr. Sulla ihn ächten ließ; einen kimbrischen
Sklaven, der ihn in Minturnae hätte töten sollen, soll Marius
jedoch so eingeschüchtert haben, daß sowohl dieser wie die
Minturner ihn nach Afrika entkommen ließen.

151 *Mufti]* Arabischer Rechtsgelehrter. – *Gaurus]* Antiker Name
des Monte Barbaro, östlich von Cumae. – *die alte kommandierende Exzellenz]* Seumes Vorgesetzter und Gönner, General
Otto Heinrich von Igelström.

152 *Falerner Berge]* Der heutige Monte Massico, auf dem in der
Antike ein berühmter, von Horaz, Vergil und Plinius gelobter
Wein wuchs. – *Substruktionen]* Grundmauern. – *Prädikat der
Stille]* Horaz nennt in *Oden* I 31,4 den Liris »taciturnus«
(»schweigsam«).

153 *Mariohlen]* Nach ital. marioli »Gauner«. – *Capitaine du
jour]* (Franz.) »Befehlshaber vom Dienst«. – *Karlin]* Die Gold-
münze Karolin. – *seine attellanischen Fabeln]* Nach dem Ort
Atella benannte Possen und Mythentravestien.

154 *Vulturnus]* Heute Volturno. – *die Trümmern eines Tors ⟨. . .⟩ wieder
heraus trug]* Capua hatte sich im 2. Punischen Krieg im Jahr 216
v. Chr. Hannibal geöffnet; dieser verspielte jedoch die Mög-
lichkeiten, die ihm der Sieg bei Cannae eröffnet hatte, und fünf
Jahre später wurde die Stadt wieder von den Römern eingenommen. – *des Schlosses in Kaserta]* Vanvitelli erbaute 1752-74
einen der prächtigsten Paläste Italiens. – *Kunstkaskade]* Der
künstliche Wasserfall Grande Cascata. – *der Kronprinz und seine
Sardische Majestät]* Francesco von Bourbon (1777-1830), seit
1825 König beider Sizilien. – Carlo Emanuele (1751-1819),
König von Sardinien 1796-1802.

155 *Volete andare ⟨. . .⟩ montare]* »Wollen Sie mit der Kutsche fahren, mein Herr? – Aber gewiß, wenn Sie sofort abfahren. – Auf der Stelle, steigen Sie nur ein.« – *Kampanertal]* Die Stelle suggeriert eine Anspielung auf ein Tal am Nordabhang der Pyrenäen, das Jean Paul in *Das Kampaner Thal* (1797) zum Inbegriff der Naturschönheit stilisierte; doch dürfte es sich nur um eine Namensähnlichkeit handeln. – *Parthenope]* Poetischer Name für Neapel, nach der Sirene Parthenope.

156 *in Affektion genommen]* Ins Herz geschlossen. – *Toledo]* Eine der Hauptstraßen Neapels.

157 *Cicisbeat]* Die Einrichtung des vom Ehemann geduldeten Hausfreunds (»cicisbeo«), der sich mit der Dame des Hauses auch in der Öffentlichkeit zeigen darf. – *Kirche des heiligen Januar]* Der Dom San Gennaro, in dem auch die Ampulle mit dem Blut des Heiligen aufbewahrt wird, der der Schutzheilige Neapels ist. Das berühmte Wunder der Verflüssigung dieses Blutes ereignet sich aber angeblich im Dom S. Gennaro, jedenfalls nicht im Hospital der Katakomben. – *Capo di monte]* Der neapolitanische Königspalast, Palazzo Reale, heute ein Kunstmuseum.

158 *Puzzolangruben]* Gruben für sog. Puzzolanerde, nach dem Fundort Pozzuoli benannte Bimsasche. – *Moses des Michel Angelo]* Die überlebensgroße Statue des Moses entstand 1515-16 und steht in Rom in San Pietro in Vincoli.

159 *Quelles ⟨. . .⟩ façon]* »Was für Albernheiten sollen wir schlucken! Jeder nimmt sie nach seiner Weise.« – *Virgils Grab]* Vergil starb 19 v. Chr. in Brundisium, soll aber in Neapel begraben sein; der genaue Ort ist nicht bekannt. – *Grotte Posilippo]* Der Tunnel durch den Posilippo wurde bereits unter Augustus angelegt, nach anderen Angaben erst unter Kaiser Tiberius. – *Gärten des Pollio]* Die Gärten gehörten Publius Vedius Pollio, der die Villa Pausilypon besaß; Seume denkt jedoch an den gebildeten Gaius Asinius Pollio und steigert sich in den (Wunsch-)Traum, dieser habe vor der Originalkulisse Vergils die *Aeneis* lesen können.

160 *Donat, der ⟨. . .⟩ zuerst erzählt]* Aelius Donatus verfaßte um die Mitte des 4. Jh. eine der ältesten und zuverlässigsten Vergilviten. – *Den Lorbeer suchst Du nun umsonst]* Der Legende nach soll auf Vergils Grab ein ewiger Lorbeer wachsen. – *am Grabe des Mantuaners]* Vergil wurde in Antes bei Mantua geboren. – *bei Sanazars Grabe]* Der in Neapel geborene Humanist und Dich-

ter Jacopo Sannazaro (1458-1530) ist in Santa Maria del Parto begraben.

161 *Schlösser der Königin Johanna]* Johanna II. von Neapel (1343-1382) war viermal verheiratet; an ihr Liebesleben knüpfen sich zahllose Gerüchte. Das von Seume besuchte Gebäude stammt allerdings erst aus dem 17. Jahrhundert. – *des Ritters Hamilton]* Sir William Hamilton (1730-1803), Altertumsforscher, war seit 1764 englischer Gesandter am neapolitanischen Hof.

162 *Brutus ⟨. . .⟩ der Republik]* Brutus hatte im Sommer des Jahres 44 v. Chr. nach dem Mord an Caesar auf der Insel Nesis vor Caesars Nachfolger Marcus Antonius Zuflucht gefunden. Die römische Republik endete mit der Schlacht bei Philippi bzw. dann spätestens mit dem Regierungsantritt Octavians im Jahr 31 v. Chr. – *Virgils Schule]* Römische Ruinen, die »scuola di Virgilio« genannt werden. – *Fischhälter des Pollio]* Publius Vedius Pollio soll den Muränen in seinen Fischteichen bisweilen Sklaven zum Fraß vorgeworfen haben.

163 *dem britischen Klagemann]* Gemeint ist der englische Dichter Edward Young (1683-1765), Verfasser von *The Complaint, or Night Thoughts on Life, Death and Immortality* (1742-45); in der Übersetzung Seumes lautet der Vers »Ein bittrer Tausch, für schmerzlich schmerzlicher«. – *Fort Sankt Elmo]* Befestigungsanlage aus dem 14. Jahrhundert auf einem Bergvorsprung über Neapel; darunter liegt das Kartäuserkloster Certosa di San Martino, heute ein Museum. – *Kamaldulensern]* Eremo dei Camaldoli (Einsiedelei der Kamaldulenser). – *Herr Benkowitz]* Karl Friedrich Benkowitz (1764-1807) gab die Zeitschrift *Helios der Titan* (1802-04) heraus und war der Verfasser mehrerer Reisebücher über Italien.

164 *Lanfranc]* Giovanni Lanfranco (1582-1647); von ihm befinden sich ein Fresco einer Himmelfahrt Christi und eine Kreuzigungsdarstellung in der von Seume aufgesuchten Kirche. – *Guido Reni]* Guido Renis (1575-1642) Darstellung der Kreuzigung Christi von 1642.

165 *Portici ⟨. . .⟩ Herkules]* Portici und Resina stehen auf der römischen Stadt Herculaneum, die beim Vesuvausbruch 79 n. Chr. ebenso wie Pompeji verschüttet wurde. – *Solfatara]* Ehemaliger Vulkan bei Pozzuoli, seit 800 Jahren nur noch geringe Tätigkeit. – *Sottise]* Vgl. Anm. 77. – *Anachoreten]* Einsiedler; gemeint sind wohl die Kamaldulenser. – *von der attischen Biene]* Wahrscheinlich der athenische Lyriker Anakreon (um 500

v. Chr. – *Aristophanes]* (ca. 445-386 v. Chr.), griechischer Komödiendichter. – *Lucian]* Lukianos von Samosata (um 120 nach 180), römischer Satiriker. – *Juvenal]* Vgl. Anm. 53. – *konterband]* Gesetzwidrig. – *Tramontane]* Eigentlich »tramontana«, Wind aus den Bergen; Nordwind. – *Trinakrien]* Antiker Name für Sizilien. – *Metathesis]* Umstellung (der Laute bzw. Buchstaben in einem Wort). – *sybaritischer Wüstling]* Gemeint ist der römische Kaiser Tiberius Claudius Nero (42 v. Chr-37 n. Chr.), der sich im Jahre 26 nach Capri zurückzog. – *Paketboot]* Postschiff. – *Musketons]* Großkalibrige Gewehre.

167 *Spielkaper]* Skrupelloser Spieler. – *Unser Hauptmann von der Aurora]* Der Offizier, der am Morgen (Aurora ist die Göttin der Morgenröte) das geschilderte Geschützfeuer befehligte. – *Sanität]* Gesundheitspolizeistation.

168 *Interlinearversion]* Zwischen die Zeilen eines Textes eingefügte Übersetzung; hier: wörtlich. – *Flora]* La Flora oder Villa Giulia, große Gartenanlage am Meer, 1777 vom Marchese Rialmiggi angelegt. – *wegen meiner fünf Dreier]* Anspielung auf die Kreditbriefe, mit denen Seume auf der Reise Geld abheben konnte. – *Cyklops]* Seume meint den Polyphem in der 11. Idylle des Theokrits, deren Übersetzung er im folgenden (S. 170-171) gibt. – *Apparat]* Philologische Nachschlagewerke, Wörterbücher etc. – *Nicias]* Der Arzt Nikias ist der Adressat von vier Gedichten Theokrits. – *der helikonischen Schwestern]* Die Musen hatten ihren Sitz im Helikongebirge. – *in Galateen entbrannt]* Polyphem hatte sich der Meernymphe Galateia genähert.

169 *der cyprischen Göttin]* Aphrodite.

170 *ein Triton]* Gottheit der griechischen Mythologie, halb Mann, halb Fisch, gehört zum Gefolge Poseidons.

171 *Liebesbriefchen des Polyphemus]* Philoxenos von Kythera (435-380 v. Chr.) soll in einer – verlorenen – Dichtung das Motiv des in Galateia verliebten Polyphem gestaltet haben, wobei das Gedicht auch Anspielungen auf den syrakusischen Tyrannen Dionysius enthalten haben soll. – *verliebten Cyklopen Homers oder Virgils]* Verliebte Zyklopen kommen bei beiden Autoren nicht vor.

172 *Ich hatte ⟨. . .⟩ gleiches Schicksal]* Seume bezieht sich in den vorangegangenen zehn Zeilen auf seine unglückliche Liebe zu Wilhelmine Röder. – *Segeste und Selinunt]* Von Segesta ist nur noch ein Tempel aus dem 5. Jh. erhalten; von Selinunt gibt es

noch Trümmer von acht Tempeln. – *Barthels]* Johann Heinrich
Barthels (1761-1850) schrieb *Briefe über Calabrien und Sizilien*, 3
Bde., Göttingen 1787-92. – *Girgenti]* Bis 1927 offizieller Name
von Agrigent. – *Eryx]* Berg an der Westspitze Siziliens.

173 *die erycinische Göttin]* Aphrodite mit dem Beiwort nach der
Kultstätte auf dem Eryx. – *die Bagarie]* Villenvorort Bagheria. –
Torre di Diana] Die Sarazenenburg Castello Diana bei Cefalà
Diana.

174 *Hippophorben]* Pferdehirten. – *Steinbrüche ⟨. . .⟩ Ohr]* Dionysius
I. soll eine Höhlung in den Stein haben schlagen lassen, deren
Akustik ihm erlaubte, die Gespräche seiner Gefangenen zu
belauschen. – *Margarethentempelchen]* Vermutlich ist hier der angeblich von dem Trojaner Acestes erbaute Tempel in Segesta
gemeint. – *ältesten Universität]* Die Universität von Catania wurde 1444 gegründet; die 1119 in Bologna gegründete z. B. ist
allerdings noch älter. – *Makaluba]* Vulkangeländse nördlich von
Agrigent.

175 *Jumarren]* Steinige unwirtliche Landschaft. – *Fontana Fred-
da]* (Ital.) »Kalte Quelle«. – *Hesperidengarten]* Die Hesperiden,
die Töchter der Nacht, bewachten in der griechischen Mythologie die goldenen Äpfel eines Gartens auf einer im fernen
Westen gelegenen Insel.

177 *Ravonna]* Seume meint offenbar Aragona. – *Lokanda]* Her-
berge, Gasthaus.

178 *gotische Kathedrale]* S. Gerlando, 1099 erbaut. – *das akustische
Kunststück]* In der Apsis kann man hören, was am Kirchen-
portal mit leiser Stimme gesprochen wird. – *Geschichte des
Hypolitus]* Hippolytos wurde auf Bitten seines Vaters Theseus
von Poseidon getötet; Theseus war der Meinung, Hippolytos
habe sich der Phaidra, seiner Gattin, unerlaubt genähert. –
Dorville] Jacob Philippe d'Orville, *Sicula, quibus Siciliae veteris
rudera aditis antiquitatum tabulis illustrantur* (Sizilien, worin die
Ruinen des alten Sizilien mit beigefügten Abbildungen der Altertümer erklärt werden), Amsterdam 1762-64. – *Io saggio ⟨. . .⟩
maraviglie]* »Ich weiß alles, mein Herr, ich kenne alle Sehenswürdigkeiten.« – *Infallibilität]* Unfehlbarkeit.

179 *Akragantiner]* Akragas ist der älteste Name Agrigents. – *Tempel
der Konkordia]* Besonders gut erhaltener Tempel, erbaut ca. 425
v. Chr.; zeitweise in eine Kirche umgewandelt. – *Celle]* Raum
für das Götterbild im Tempel. – *Scipio auf den Trümmern von
Karthago]* Scipio, der 146 v. Chr. Karthago endgültig besiegt

hatte, soll über das Los der Feinde geweint haben. – *Emporiums]* Handelsplatz, Markt. – *einziger Bürger ⟨. . .⟩ bewirtete]* Gellias soll 500 Reiter bewirtet haben. – *Mut der Bürger ⟨. . .⟩ Feldherrn]* Akragas soll der Belagerung durch Hannibal (406/5 v. Chr.) tapfer widerstanden haben; Hannibals Truppen sollen von abergläubischer Verzagtheit befallen worden sein, als der Feldherr die Gräber der Stadt zerstörte. – *Deisidämonie]* Abergläubische Furcht vor den Göttern.

180 *Ferdinandus IV. Rex Restauravit]* »König Ferdinand IV. hat (den Tempel) wiederaufgebaut.« Es handelt sich um Ferdinand IV. (1751-1825), seit 1759 König von Neapel. – *pro aris et focis]* »Für Altar und Herd«; gemeint ist dabei immer der Hausaltar und der häusliche Herd. – *Grabmal Hierons]* Irrtum oder Erinnerungstäuschung Seumes: Es handelt sich um das Grabmal Therons (489-472 v. Chr.), des Tyrannen von Agrigent.

181 *Kischt' ⟨. . .⟩ antica]* »Das ist der Tempel des Heiligen Gregor; diese Madonna ist alt.« – *anathema sit]* »Fluch sei (über ihn)!« – *Rapport]* Seume sagt über den Rapport des Maultiertreibers, dieser habe ihm immer nur »das Gegenteil des Vortrefflichen«, d. h. alles Häßliche gezeigt. – *Si, si, Signore ⟨. . .⟩ la cosa]* »Ja, ja, mein Herr, Sie sagen es, so ist es.« – *Jargon]* Hier: Dialekt, abschätzig, im Sinne von: Kauderwelsch. – *Non sono ⟨. . .⟩ autri]* »Das sind keine so guten Lateiner wie wir anderen.« – *Kischta nutte ⟨. . .⟩ io verro]* »Heute Nacht, heute Nacht, da komme ich, komme ich.« Seume fügt dann italienisch in Klammern hinzu: »Heute nacht komme ich.«

182 *indischen Feigen]* Kakteenart mit eßbaren Früchten, ital. fichi d'india. – *Karl dem Fünften]* Es war nicht der deutsche Kaiser (1500-1558), der den Hafen ausbaute, sondern Karl III. (1749-1763) von Bourbon. – *Bonaparte ⟨. . .⟩ Reede]* Ein mysteriöser, nicht nachzuweisender Aufenthalt der französischen Flotte.

183 *Quinquaillerien]* Nach franz. quincaillerie »Kleinkram«.

184 *trotz einem Bootsknecht]* So, daß er mit einem Bootsknecht sich hätte messen können. – *Siette ⟨. . .⟩ le bestie]* »Ihr seid alle Dummköpfe, ihr seid wie die Tiere.« – *in jure ⟨. . .⟩ publico]* »Im kirchlichen, bürgerlichen und Staatsrecht«. – *Sterling]* Englische Währung; hier: gutes Geld. – *Achates]* Freund des Aeneas in der *Aeneis.*

185 *in der Fasten]* In der Fastenzeit.

186 *c'est partout comme chez nous]* »Es ist überall wie bei uns zu Hause.« – *Eknomos]* In der Antike Bergfestung bei Gela. – *Der*

Eknomos ⟨. . .⟩ den Perillischen Stier] Phalaris ließ in seiner Burg im 6. Jahrhundert in dem von Perrilos angefertigten erzenen Stier seine Gegner zu Tode rösten. Eknomos (griech.) heißt »außerhalb des Gesetzes stehend, frevelhaft«. Die Burg Phalarion hat damit nichts zu tun, sie heißt nach ihrem Erbauer Phalarius. – *Der griechische Name]* Etymologische Spekulation zum Namen des Berges Eknomos; der griechische Satz bedeutet: »Außerhalb der Reihe der anderen Berge liegt ein Hügel.«

187 *Terra Nuova]* Heißt seit 1927 wieder Gela. – *Sono cattive gente]* »Das sind verdächtige Leute«. – *Anakreon]* Anakreon (ca. 550-464 v. Chr.), griechischer Lyriker. – *Einer meiner Freunde ⟨. . .⟩ gezeichnet]* Johann Christian Reinhart (1761-1847), der Landschaftsmaler und römische Freund Seumes, zeichnete Seume als Wanderer; das Bild ist dem Titelblatt der Erstausgabe 1803 (Leipziger Ausgabe) eingefügt; vgl. Anm. 137 und Abb. 2.

188 *diätetisch]* Nützlich, praktisch. – *Ritter Landolina]* Saverio Landolina (1743-1813), Naturwissenschaftler und Altertumsforscher. – *Giro]* Rundgang, Spaziergang.

191 *geloischen Felder]* Felder um die Stadt Gela, bekannt für ihre Fruchtbarkeit.

192 *Patrons der Ungeheuer]* Ferdinando Francesco Gravina, Principe de Pallagonia (gest. 1792), der in Bagheria bei Palermo ein mit grotesken Plastiken gefülltes Lustschloß besaß. – *Diagoras]* Vgl. Christoph Martin Wieland, *Aristipp und einige seiner Zeitgenossen*, Frankfurt/Main 1988, S. 418 ff. (2. Buch, 45. Brief).

193 *Naphthasee der Paliker]* Die Palikoi sind die Gottheiten der Erdgasstrudel, die im Lago dei Palici, auch Laghetto di Naftia genannt, aufsteigen. – *Athene Polias]* Der Beiname der Göttin kommt von ihrer Rolle als Beschützerin der Städte bzw. Stadt (griech. polis = »die Stadt«). – *sikanischen Urbewohner]* Die Sikaner waren wahrscheinlich nicht die Urbewohner, sondern die ersten bekannten Einwanderer.

194 *Hesperiden]* Hier wohl: Orangen. – *Oleaster]* Wilder Ölbaum.

195 *Ortygia]* Kleine, Syrakus vorgelagerte Insel.

196 *Guignons]* Pech, und Unglück im Spiel, Mutwilligkeit des Schicksals. – *Pungite, Don Juan, sempre pungite]* »Den Stachel geben, Herr Johann (Seume), immer den Stachel geben!« – *Schiboletchen]* Schibolet: Losungswort, Erkennungszeichen. – *Melitta]* Falsch für Melilli.

197 *Neapolis]* Die Neu-Stadt des alten Syrakus. – *Akkord]* Vertrag, Abmachung.

198 *Asmus]* Pseudonym für Matthias Claudius (1740-1815), der unter diesem Namen den ›Wandsbecker Boten‹ (1770-75) herausgab. – *Arethuse]* Vgl. Anm. 207. – *Vous êtes ⟨. . .⟩ servir]* »Sie sind ein Fremder, mein Herr, und suchen ein Quartier? Sie haben es getroffen, mein Herr! sagte ich. Haben Sie die Güte, einen Augenblick in meine Werkstatt einzutreten; es wird mir eine Ehre sein, Ihnen behilflich zu sein.«

199 *Agathokles]* Agathokles (360-289 v. Chr.), Tyrann von Syrakus. – *Olympeum]* Tempel des Jupiter Olympius am Fluß Ciana, aus dem 6. Jh. v. Chr. – *Syrakus oder Lilybäum]* Die Fahrt geschah 212 v. Chr. unter Titus Otacilius Crassus. – *Jagdpartie ⟨. . .⟩ Dido]* Dido und Aeneas werden – im 4. Buch der *Aeneis* – von einem Gewitter überrascht und finden Zuflucht in einer Höhle. – *Geschichte des Mantels und Bartes]* Der Tyrann Dionysios II. soll einem marmornen Äskulap den goldenen Bart haben abscheren lassen; vgl. Christoph Martin Wieland, *Aristipp und einige seiner Zeitgenossen*, Frankfurt/Main 1988, S. 259 f. (2. Buch, 8. Brief). – *Dichters]* Dionysios II. ließ den Dichter Philoxenos wegen dessen kritischen Urteils über seine Poesie in die Steinbrüche werfen.

200 *daß er Ritter ist]* Saverio Landolina (1743-1813), einer der bedeutendsten Altertumsforscher des 18. Jh., gehörte dem Orden der Malteserritter an.

201 *bei Barthels sehen]* Vgl. Bartels, *Briefe über Kalabrien und Sizilien*, Bd. 3, S. 112-123. – *mons crinitus]* Westlich des Euryelos sind die Monti Crimiti (!); die Athener standen aber bei der Sizilischen Expedition nie westlich des Euryelos. – *Athenienser ⟨. . .⟩ Sicilien]* Die sogenannte Sizilische Expedition (415-413 v. Chr.). Zu den komplizierten geographisch-historischen Irrtümern in diesem Zusammenhang vgl. Albert Meiers Kommentar in *Spaziergang/ed. Meier*, S. 352-353. – *Timoleon]* Korinthischer Feldherr der Syrakusaner im Kampf gegen Karthago, Mitte des 4. Jh. v. Chr. – *Archimeds]* Archimedes (287-212 v. Chr.), Mathematiker und Physiker, der seine Kenntnisse bei der Abwehr der römischen Belagerung von Syrakus einsetzte.

202 *Alcibiades]* Der athenische Feldherr und Politiker (450-404 v. Chr.) war schon vor der Belagerung von Syrakus als Heerführer abberufen worden. – *Theokrit in seiner Vaterstadt]* Theokrit soll um 305 v. Chr. in Syrakus geboren sein. – *Stroth]* F. A. Stroth war der Herausgeber der Theokrit-Ausgabe *Theocritis Idyllia Graece ⟨. . .⟩*, Gotha 1796. – *Münter]* Friedrich Münter

(1761-1830) verfaßte die Reisebeschreibung *Nachrichten von Neapel und Sizilien, auf einer Reise in den Jahren 1785 und 1786 gesammelt*, Kopenhagen 1790.

203 *Grab des Archimedes]* Cicero behauptet, das Grab des Archimedes gefunden zu haben, als er im Jahre 75 v. Chr. in Syrakus war (*Gespräche in Tusculum* V 23,64).

204 *Latomien]* ⟨. . .⟩ *Ohre des Dionysius]* Vgl. Anm. 174. – *Cicero]* Bei Cicero findet sich nur eine Erwähnung dieses Gefängnisses, das von Dionysios I. angelegt wurde. – *Tzetzes]* Johannes Tzetzes (ca. 1110-1180) verwendete in seinen Schriften antike Quellen, die heute nicht mehr erhalten sind.

206 *Bei den Kapuzinern]* Kapuzinerkirche Latomia dei Cappuccini, 17. Jh.

207 *durch einige Verse des Euripides]* Athenische Gefangene in Sizilien sollen freigelassen worden sein, da sie Verse aus den Tragödien des auch in Sizilien gefeierten Euripides auswendig wußten. – *Arethuse]* In der Antike wurde angenommen, die Quelle stehe in unterirdischer Verbindung mit dem Alpheios, einem Fluß auf dem Peloponnes; die Quelle ist nach der Nymphe Arethusa benannt.

209 *Lustralwasser]* Wasser für kultische Waschungen.

210 *Minerva* ⟨. . .⟩ *müssen]* Um den Minervatempel herum wurde eine barocke Kirche errichtet mit einer Kapelle der Stadtpatronin Lucia. – *Frontespice]* Fassade, Vorderfront.

211 *das Papier zu suchen]* Papyrusstauden. Landolina hatte Experimente angestellt, Papier wieder aus Papyrus zu gewinnen. – *Kommentar des Plinius]* Plinius der Ältere (23-79 n. Chr.), *Naturgeschichte* XIII 22,71 und XIII 27,89.

212 *autoptischer Anblick]* Mit eigenen Augen wahrgenommen.

214 *Baumannshöhle]* Im Harz. – *il ponente]* »Der Westen«; Westwind heißt ital. di ponente »von Westen«. – *Sirocko]* Heißer Südwind aus der afrikanischen Wüste; eigentlich: »scirocco«.

215 *Barthels]* Barthels gibt ein Porträt Landolinas in den *Briefen über Kalabrien und Sizilien*, Bd. 3, S. 48 ff. – *Heyne]* Christian Gottlob Heyne (1729-1812), bedeutendster Altphilologe seiner Zeit, lehrte in Göttingen. – *Philippika* ⟨. . .⟩ *schreiben]* Vgl. Anm. zu S. 149. – *Neapel]* Sizilien gehörte zum Königreich Neapel, wo auch der Sitz der Regierung war. – *Felucke]* Zweimastiges kleines Küstenschiff.

216 *Malta]* Die Insel wurde am 10. Juni 1798 von Bonaparte besetzt; von 1800 an war sie dann großbritannischer Besitz. –

Syrakuser Muskatenwein] Ungenaue, jedenfalls nicht aufklärbare etymologisierende Bemerkung Seumes zur griechischen Herkunft des Namens des Weins; »Stadtwein« könnte sich danach auf den Garten in der Stadt des Alkonoos beziehen (*Odyssee* 7,112-126). – *Homer]* Seume erinnert sich nicht genau: *Odyssee* VII 112-126 ist von der Gleichzeitigkeit von Blüten und Trauben im Garten des Phäakenkönigs Alkinoos die Rede, und bei Hesiod (griech. Dichter um 700 v. Chr.) ist *Werke und Tage* V 609-614 nur von der Weinlese die Rede.

217 *mir Abaccheuten]* Seume bezeichnet sich als Nicht-Bacchus-anhänger, also als Nicht-Trinker.

218 *Simäthus]* Der größte Fluß Siziliens, heute: Fiume Simeto. – *Kontusion]* Quetschung. – *Kollet]* Wams, Kragen. – *Avis dem Leser]* Hinweis für den Leser.

219 *philosophisch]* Hier: durch Vernunft beruhigt. – *Biskaris]* Ignazio Paterno Castello, Principe di Biscari (1719-1786), Altertumsforscher, hatte antike Kunstdenkmäler ausgraben lassen.

220 *Les moines ⟨. . .⟩ l'humanité]* »Die Mönche mit ihrem Anhang sind die Filzläuse der Menschheit.« – *Normännern]* Die Normannen beherrschten Sizilien 1084-1194.

221 *des alten Biskaris ⟨. . .⟩ Nachfolger]* Vincenzo Principe di Biscari (geb. 1741). – *Antikensaale]* Antikenkabinett im Palast des Ignazio Paterno Castello. – *der jetzige Pariser]* Wahrscheinlich ist der »Torso del Belvedere« aus dem 1. Jh. v. Chr. gemeint, der zur Zeit von Seumes Besuch in Paris war und sich heute in den Vatikanischen Museen in Rom befindet. – *Matrimoniallampen]* Lampen mit erotischen Darstellungen, also nicht im engeren Sinn »Hochzeitslampen«. – *aphrodisische Mysterien]* Die Geheimnisse der Liebe. – *Ulyß und Diomed]* Odysseus (lat. Ulixes) und Diomedes töteten bei einem nächtlichen Überfall den Thrakerkönig Rhesos und raubten dessen Pferde; vgl. *Ilias* X 469-569. – *Ritter Gioeni]* Guiseppe Gioeni (1747-1822), Professor der Naturwissenschaften an der Universität Catania.

222 *Platina]* Platin war erst 1750 in Europa bekannt geworden. – *idiotischen]* Hier: laienhaft, ungebildet. – *Bergmann]* Es ist nicht zu entscheiden, ob Seume Tobern Bergmann (1735-1784) oder den Aschaffenburger Naturwissenschaftler Joseph Bergmann (ca. 1736-1803) meint. – *Charondas]* Legendärer Gesetzgeber griechischer Städte in Unteritalien. – *Stesichorus]* Griechischer Lyriker (ca. 640-555 v. Chr.), der in Himera auf Sizilien lebte. – *Promotor]* Verleiher der Doktorwürde. – *inter privatos parie-*

tes] »Innerhalb der eigenen vier Wände«. – *Hut]* Doktorhut.

223 *Fabricius]* Gemeint ist wahrscheinlich der Theologe, Polyhistor und Rektor des Johanneums in Hamburg, Johann Albert Fabricius (1668-1736), der 1705-28 eine *Bibliotheca graeca* veröffentlichte. – *Odeum]* Musikhaus, Singhalle. – *Morealese]* Pietro Novelli, genannt »Il Montrealese« (1603-1647), Maler. – *Sankt Martin]* San Martino delle Scale bei Montreale.

224 *Viskonti]* Einer der beiden Kunsthistoriker aus der Familie Visconti, entweder Ennio Quirino Visconti (1751-1818) oder dessen Vater Giovanni Battista Visconti (1722-1784). – *Triarier]* Römischer Soldat aus dem dritten Glied, Elitesoldat; hier: überragende Kapazität. – *Actis eruditorum]* Die erste gelehrte Zeitschrift in Deutschland (1682-1732) hieß *Acta eruditorum.* Sie wurde 1682 initiiert und bis 1707 herausgegeben von Otto Mencken (1644-1707), Leipziger Professor für Moral und praktische Philosophie. Die ›Acta Eruditorum‹ enthielten ausschließlich in Latein geschriebene Artikel aus den Bereichen Theologie, Jura, Mathematik, Geschichte und Geographie, Philosophie und Philologie. – *Caute]* (Lat.) »Vorsichtig«. – *Vulgata]* »Die allgemein verbreitete (Bibel)«; die 406 n. Chr. abgeschlossene lateinische Übersetzung der gesamten Bibel, seit 1546 die im katholischen Gebrauch einzig beglaubigte Übersetzung.

225 *So jemand ⟨. . .⟩ Sirach]* Nicht bei Jesus Sirach, sondern 2. Thess. 3,10. – *Kanonikus]* Stifts- bzw. Domherr. – *Vernichtung des Klosters]* 1773 war der Jesuitenorden aufgehoben worden.

226 *Gemälde]* Giacinto Platania (1647-1720), »Der Ausbruch von 1669«. – *Raphael ⟨. . .⟩ Brand]* Gemeint ist Raffaels Fresko »Der Brand des Borgo« von 1514.

227 *Hodegeten]* (Griech.) »Wegweiser«.

228 *refraktarisch]* Widerspenstig. – *Akatholikus]* Nichtkatholik.

229 *Elisa der Bärenprophet]* Jüdischer Prophet aus dem 9. Jh. v. Chr. – *Monti rossi]* »Rote Berge«. – *letzten großen Eruption]* Seume bezieht sich auf den Ausbruch vom 11. März 1669. – *Stollberg]* Friedrich Leopold Graf zu Stolberg (1750-1819), Dichter des Göttinger Hainbundes, veröffentlichte in Leipzig 1794 *Reise in Deutschland, der Schweiz, Italien und Sicilien.*

230 *Prädikamenten]* Aussagen, Zuschreibungen (von Qualitäten usw.). – *Signori Forestieri]* »Die Herren Ausländer«. – *Nicolas ⟨. . .⟩ rena]* San Nicola vom Wald oder vom Sande, eigentlich

korrekt San Nicola dell'Arena; 1558 aufgegebenes Benedikti-
nerkloster. – *Grays Kirchhof]* Gemeint ist Thomas Grays (1716-
1771) berühmtes Gedicht *Elegy written in a Country Churchyard*. –
God save the king] »Gott schütze den König«, englische Nationalhymne, von Georg Friedrich Händel (1685-1759) 1727
komponiert. – *Britannia, rule the waves]* Zeile aus der abschlie-
ßenden *Ode zur Ehre Großbritanniens* aus dem Maskenspiel
Alfred (1740) nach einem Text von James Thomson (1700-1748)
mit der Musik von Thomas A. Arne (1710-1778). – *We are
already 〈. . .〉 it is an oaktree]* »Wir sind schon ziemlich hoch,
sagte der eine: es herrscht eine schneidende Kälte, der andere;
mich deucht, ich hörte den Hundsstern bellen, und Mars begegnet der Venus in der Dunkelheit, fuhr ein dritter fort. Ist das
dort nicht Rauch? fragte ein subalterner Myops; ich glaube, ich
sehe schon, wie der Teufel seine Pfeife raucht. – Aber mein
Lieber, sagte der Major, Sie sind stockblind auf Ihrem rechten
Auge; es ist eine Eiche.« (»purblind« könnte allerdings auch
»schwachsinnig« heißen.)

231 *Me thinks I smell the morning air]* »Mich dünkt, ich wittre Morgenluft.« Nach Shakespeare, *Hamlet* I 5. – *Alack 〈. . .〉 cold
iron]* Ungenaues Zitat nach dem von Seume geliebten komischen Epos *Hudibras* (1663-78) von Samuel Butler (1612-
1680): »Ach wieviel Gefahr umgibt den Mann, der kaltem Eisen nahekommt!« – *Nimm Deinen Benda]* Gemeint ist Bendas
Melodram *Ariadne auf Naxos* (1774). – *Titan]* Sonnengott Helios gehört zu den Titanen.

232 *Now it is 〈. . .〉 old England]* »Es lohnt sich wirklich für einen
jungen Mann, hier heraufzusteigen und sich das anzusehen;
denn einen solchen Anblick hat man in den Parks des alten
England nicht.« – *wie Plinius]* Der Naturforscher Plinius der
Ältere ist beim Vesuvausbruch 79 n. Chr. nach Meinung von
Plinius dem Jüngeren im dichten Rauch erstickt.

233 *See Lentini]* Vormals der größte See Siziliens, heute trockenge-
legt. – *Liparen]* Die Liparischen Inseln. – *Now be sure 〈. . .〉 the
gulf]* »Jetzt sollten wir mal auf alle Fälle in den Abgrund hin-
unterrufen.«

234 *la casa del diavolo 〈. . .〉 la sua riposta]* »Das Haus des Teufels 〈. . .〉
seine Antwort.« – *Philosophenturm]* Die Ruine Torre del Filoso-
fo auf fast 3000 m wurde für den Aufenthaltsort des Natur-
philosophen Empedokles (483-423 v. Chr.) gehalten.

235 *morganische Fee]* Fata morgana, d. i. Luftspiegelung.

236 *wie Homers verwundeter Kriegsgott]* Ares brüllte vor Schmerz, als
    er *(Ilias* V 855-861) von Diomedes verwundet wurde.
237 *On le voit ⟨. . .⟩ la bouche]* »Man sieht ihn immer mit weißem Hut
    und der Pfeife im Mund.«
238 *Zerstörung durch die Sarazenen]* 902 n. Chr.
239 *saruhn incuhra; cinquuh migliah]* Seume versucht, durch sizilische
    Mundart eingefärbtes Italienisch nachzuahmen: »Es werden
    noch fünf Meilen sein.«
240 *eine furchtbare Trümmer]* Messina war 1783 durch ein Erdbeben
    stark zerstört worden. – *Philipps des Zweiten]* Philipp II. von
    Spanien (1527-1598). – *Schiller]* Gemeint ist der Charakter Phi-
    lipp II. in *Dom Karlos, Infant von Spanien* (1787).
241 *Credat Judaeus Apella!]* »Das möge der Jude Apella glauben!«
    (zu ergänzen: »ich nicht«). Horaz, *Satiren* I 5,100. – *Neptu-
    nustempel am Pharus]* Orion soll am Capo Peloro einen Nep-
    tuntempel erbaut haben. – *Ferdinand des Vierten]* Vgl. Anm.
    180. – *Anticyra]* Nießwurz.
242 *Excudebam]* »Ich druckte es«; Druckvermerk des Pariser Druk-
    kers und Verlegers Pierre Didot im 18. Jh. auf den Titelblättern
    der Luxusausgaben seines Verlages. – *Präpositus]* Der Vorge-
    setzte, der Vorsteher.
243 *magis amica veritas]* Die sprichwörtliche Wendung lautet voll-
    ständig: »Amicus Plato, sed magis amica veritas« (»Plato ist
    mein Freund, doch der größere Freund ist mir die Wahrheit«). –
    Börsen] Dialektform für »Barsch«. – *quantum satis superque]*
    »Mehr als genug«. – *Charybdis]* Strudel am Capo Peloro, der
    Nordostspitze Siziliens, benannt nach dem Meerungeheuer
    Charybdis bei Homer, *Odyssee* XII 73-106.
245 *per la santa vergine]* »Für die heilige Jungfrau«. – *Date nella ⟨. . .⟩
    impiegato]* »Geben Sie es, wofür Sie wollen, geben Sie nur; es
    wird schon gut angewendet.« – *den alten Messeniern]* Bewohner
    des griechischen Messena, die ca. 500 v. Chr. nach einem Auf-
    stand gegen Sparta vom Peloponnes nach Zankle in Sizilien
    geflohen sein sollen, das dann Messina genannt wurde. – *Pe-
    lor]* Die peloritanischen Berge bilden die Nordostspitze Sizi-
    liens.
246 *Patti]* Es ist unklar, wie Seume darauf kommt, Patti aus lat.
    pacta (»Verträge«) abzuleiten. – *Sankt Agatha]* Sant'Agata di
    Militello. – *Aque Dolci]* Wörtlich: »süße Wasser«.
248 *Nomenklator]* Römischer Sklave, der seinem Herrn die Namen
    von auf der Straße Begegnenden oder von Festgästen zuzuru-
    fen hatte.

249 *Mäoniden]* Beiname des Homer, welcher »der Sohn des Maion« bedeutet, was wiederum »der aus Maion Stammende« heißt. – *die Göttin der Insel]* Auf dem einst getreidereichen Sizilien wurde vor allem Ceres, die Göttin der Fruchtbarkeit und des Ackerbaus, verehrt; die Mutter und Herrin der Insel soll in Sizilien geboren und hier auch in die Unterwelt entführt worden sein. – *Trauer der Ceres]* Die Elegie ist, wie Friedrich Schillers *Klage der Ceres* (1797), ein Gedicht in Hexametern; evtl. steht Seumes Gedicht in einer Art Konkurrenz zu Schillers Elegie. – *Tethrippen]* Vierspänniger Wagen, von den griech. Worten für »vier« und »Pferd«.

251 *einige sublime Grotesken]* Skulpturen im Garten des Fürsten von Pallagonia; vgl. Anm. 192.

252 *Quartier]* Stadtteil. – *Maro]* Vergil.

253 *Herrn Hager]* Joseph Hagers (1757-1819) Buch *Gemälde von Palermo*, Berlin 1799, S. 108 f. – *Monte Pellegrino]* Wörtlich: »Pilgerberg«.

253 *Hykkara ⟨. . .⟩ Lais ⟨. . .⟩ brachte]* Hykkara war eine sikanische bzw. sizilische Kleinstadt, aus der die um 422 v. Chr. geborene Hetäre Lais stammen soll.

254 *Hofmannischen Augen]* Vgl. Anm. 121. – *erycinische Göttin]* Vgl. Anm. 173. – *einer beliebten Melodie]* Die einzige Melodie aus Mozarts *Zauberflöte*, die reibungslos auf den zitierten Vers aus Butlers *Hudibras* paßt, ist das Lied des Papageno »der Vogelfänger bin ich ja, | stets lustig heissa hopsassa«. (1. Aufzug, 2. Auftritt, Nr. 2.) – *Knittelrhythmik]* Der Knittelvers ist ein paarreimiger, vierhebiger Vers des 16. Jh. – *So learned ⟨. . .⟩ snout]* »Der gelehrte Taliacotius schnitt Nasen aus den Hintern von Lastenträgern, die lebten, solange ihre elterliche Haut lebte; doch wenn die Lebenszeit des Spenders um war, fiel der Rüssel gleichfalls ab.« (Übersetzung v. Jörg Drews). – *Taliacotius]* Gasparo Tagliacozzi praktizierte gegen Ende des 16. Jh. als Hauttransplanteur in Bologna. – *Göttin von Amathunt]* Amathus auf Zypern war einer der Hauptsitze der Verehrung der Aphrodite. – *mich königlich betrogen]* Anspielung auf den Bruch des Verlöbnisses, den sich Wilhelmine Röder Anfang 1796 gegenüber Seume zuschulden kommen ließ, jedenfalls nach Seumes Darstellung.

255 *Phantasus]* Gott des Traumes. – *Steuerrevisors]* Vgl. S. 183 f.

256 *Don Juan ⟨. . .⟩ meglio]* »Herr Johann, werden Sie ein Christ und bleiben Sie in Sizilien. – Aber ich bin doch einer. – Aber Sie

sind kein Katholik. – Aber wie ich bin, fühle ich mich gut; ich kann mich nicht besser fühlen.« – *Ma voi ⟨. . .⟩ f-t-ti]* »Aber Ihr andern, Ihr seid alle Scheißlumpen.« – *ladro, bricone, furfante]* »Dieb, Gauner, Spitzbube«.

257 *indolenten]* Träge, unempfindlich. – *enrhümiert]* Verschnupft, erkältet (wörtlich: ins Fließen gekommen).

258 *Sterzinger]* Joseph Sterzinger (geb. 1746), lebte als Bibliothekar in Palermo. – *des botanischen Gartens ⟨. . .⟩ aufgeführt]* Ein Irrtum Seumes: Das Gebäude des Botanischen Gartens wurde von Dufourny (1734-1818) entworfen. – *Linneischen]* Das Naturhistorische Museum in Uppsala wurde von dem Botaniker Carl von Linné (1707-1778) eingerichtet.

259 *von Theophrast bis zu Büffon]* Theophrast von Lesbos (ca. 372-287 v. Chr.) schrieb mindestens zwei botanische Werke; der Naturforscher Georges-Louis Leclerc, Comte de Buffon (1707-1788), war einer der Lieblingsautoren Seumes. – *Schillers Räuber]* Friedrich Schillers erstes Drama *Die Räuber* (1782) erregte die Theaterzuschauer durch seine exaltierte, hyperbolische Sprache. Es ist unklar, ob Seume mit dem »Unfug« politische Wirkungen beim Publikum meint.

260 *Festtagstrakasserie]* Festtagsklatsch. – *Ihre Göttin unter den Sternen]* Ceres Ferdinandea wurde der Planetoid genannt, der 1801 von Guiseppe Piazzi (1746-1826) entdeckt wurde. – *Der Kaiser ⟨. . .⟩ Verdienste]* Karl V. unternahm 1535 und 1541 Feldzüge gegen das nordafrikanische Seeräuberunwesen.

261 *Bildsäule]* Auf der Piazza Bologna, seit 1630. – *Mühlberger Schlacht]* Am 24. April 1547 besiegte Karl V. den sächsischen Kurfürsten Johann Friedrich. – *Kurfürsten Moritz ⟨. . .⟩ wichtig]* Moritz von Sachsen wäre es nach der Eroberung der Ehrenberger Klause 1552 fast gelungen, Karl V. gefangenzusetzen; auf diese Weise hätte er fast auch Herrscher von Spanien werden können. Sein Sieg ermöglichte dann auch den Augsburger Religionsfrieden (1555), der den Protestanten die Glaubensfreiheit sicherte. – *Enkomiast]* Lobredner. – *Rosalienberg]* Monte Pellegrino. – *Georgika]* Gegen Ende der *Georgica* erzählt Vergil, wie Aristaeus, der »Bienenvater«, die Selbsterzeugung der Bienen erfand.

262 *mythologischen Vaterlande]* Die Liparischen Inseln, an denen man bei der Fahrt von Palermo nach Neapel vorbeifährt, heißen nach dem Gott der Winde Aeolus auch Aeolische Inseln. – *die Beschreibung des Atlas ⟨. . .⟩ Verse]* Seume bezieht sich auf *Aeneis*

IV 246-251 und die Tatsache, daß der Bart des Atlas – wenn man die mythologische Gestalt gleichsetzt mit dem Gebirge – sich ja in einer tieferen, also wärmeren Luftschicht befindet, so daß eigentlich kein Eis an seinem Bart hängen könne. In der Übersetzung von Johann Heinrich Voß (1751-1826) lauten die Zeilen: »Jetzo enthüllt sich dem Schwebenden riesengestaltig | Atlas, welcher dem Himmel aufragender Scheitel emporträgt, | dem in der Wolke umhüllendem Dunkel beständig | Sturmwind peitschet und Regen das Haupt voll sausender Fichten. | Schnee liegt weiß um die Schulter gehäuft, von dem Kinne des Greises | Stürzen sich Ströme herab, Eis starrt in des Bartes Verwild'rung«. *Heyne]* Der Göttinger Philologe hatte 1775 (2. Aufl. 1789) die kommentierte Vergil-Ausgabe *P. Virgilii Maronis Opera* veröffentlicht.

263 *Lazarone]* Neapolitanischer Bettler (eigentlich: ital. lazzarone).

264 *Brücke des Kaligula]* Gaius Caesar Germanicus mit dem Spitznamen »Caligula« war römischer Kaiser von 37 bis 41 n. Chr.; »Stiefelchen« (S. 417,27) ist die gängige Übersetzung dieses Beinamens (manchmal auch: »Soldatenstiefelchen«). – *Julischen Hafen]* Angelegt 37 v. Chr., benannt nach Gaius Julius Caesar Octavianus, dem späteren Kaiser Augustus. – *Grotte der Sibylle]* Die Priesterin Sibylla führt Aeneas bei Cumae in die Unterwelt; vgl. *Aeneis* VI 236-263.

265 *Facilis descensus Averni]* »Leicht ist der Abstieg zum Avernus« – zu ergänzen ist der Satz um die Warnung der Sibylla, daß der Rückweg jedoch für Menschen schwer sei, wobei »Avernus« hier für »Unterwelt« steht; vgl. *Aeneis* VI 126.

266 *kumisiert]* Wortneubildung nach dem Ortsnamen Cumae: in Cumae angefertigt. – *Era quaesta ⟨. . .⟩ fece]* »Diese Sibylle war eine große Hure, und das hier war ein geheimes Kabinett, wo man tat--«. – *Antiphrase seines Namens]* »Avernus« soll ursprünglich »der Vogellose« bedeutet haben; jetzt ist eher der Gegensinn seines Namens richtig. Zur Etymologie und der damit zusammenhängenden Mythologie vgl. *Aeneis* VI 237-242. – *Thermen des Nero]* Die »Stufe di Nerone« bei Baia, natürliche Schwitzbäder aus römischer Zeit.

266-267 *Grab Agrippinens]* Agrippina die Jüngere war die Mutter des Kaisers Nero, der sie 59 n. Chr. erschlagen lassen haben soll; sie soll erst nach Neros Tod, wie Seumes beliebter Gewährsmann Tacitus (*Annalen* XIV 9,1) berichtet, von ihrer Dienerschaft ein Grabmal bekommen haben.

267 *Baulä]* Der Ort von Agrippinas Tod, das heutige Bacoli, hieß
in der Antike Bauli. – *die elyseischen Felder]* Es ist unklar, warum
Seume diesen mythologischen Namen für paradiesische Gebiete am Westrand der Erde hierhersetzt. – *in den deutschen ⟨. . .⟩
Blättern]* Heinrich Meyer, *Zwey Italiänische Landschaften von Gmelin, Dritten Bandes Erstes Stück,* Tübingen 1800, S. 862-864.

268 *Der neue Berg]* Der Monte Nuovo entstand 1538 bei einem
Vulkanausbruch. – *Tiberiade]* Lebensgeschichte des Kaisers
Tiberius.

269 *Zur Zeit der Römer]* Vgl. aber S. 159, wo Seume annimmt, daß
die Grotte Posilippo doch schon unter den Römern bestand
und sich dabei auf das Zeugnis des Donatus beruft.

270 *Adyton]* (griech.) Das Heilige, Unbetretbare (eines Tempels),
das Allerheiligste – *statua biformis]* »Doppelköpfige, doppelge-
sichtige Statue«. – *quod quis per alium]* Kurzform der Rechtsregel bzw. des mittellateinischen Sprichworts »Was einer
durch einen andern (tut, hat er selbst getan)«. – *Spitzköpfe ⟨. . .⟩
Plattköpfe]* Hier: die Intelligenteren (die den abergläubischen
Unsinn durchschauen) und die Dümmeren – evtl. auch die
Geistlichen – (die den Unsinn glauben).

270-271 *man muß die Gläubigen ⟨. . .⟩ bekommt]* »Schadet niemand
und hilfet; man muß die Gläubigen stärken« lautet der Zauber-
spruch, gesprochen von Dachsin Rückenau in Goethes *Reineke
Fuchs* (1793) XI 403.

271 *mit der Laterne]* Anspielung auf eine berühmte Anekdote um
Diogenes: Als man ihn mitten am Tag mit einer Latene auf dem
Markt antraf, erklärte er, er suche einen Menschen. – *Anthro-
pomorphismus]* Vorstellung (eines) Gottes in menschlicher Gestalt; allgemein: Vermenschlichung.

273 *Florens]* Vgl. Anm. 168 – *Eurhythmie]* Ebenmaß, harmoni-
scher Rhythmus.

274 *Titan]* Gemeint ist der Titan Saturnus, in der griechischen
Mythologie Chronos, der Italien unter seiner Herrschaft ein
»Goldenes Zeitalter« bescherte. – *Troglodyt]* Höhlenbewohner.
– *Area]* Fläche. – *die drei bekannten großen, alten Gebäude]* Der
Ceres-Tempel, der Neptun-Tempel, die sog. »Basilika«. – *Schil-
lers Mädchen aus der Fremde]* In Schillers Gedicht *Das Mädchen
aus der Fremde* von 1796 erscheint jedes Jahr ein Mal ein unbe-
kanntes Mädchen und teilt Früchte und Blumen aus.

275 *Piakulum]* Vergehen, Frevel. – *dem Neptun gehöre]* Der Tempel
war wahrscheinlich der Hera gewidmet. – *Schutzgott]* Der

Name »Pästum« kommt von »Poseidonia«. – *Palästra]* Schule für Ringkämpfer.

276 *Buleuterion]* Rathaus. – *warum dieser Ort ⟨...⟩ zu sein]* Pästum verödete vor allem durch die Malaria. – *Virgils Angabe]* Vergil spricht *Georgica* IV 119 davon, »wie Pästum zweimal erblüht mit Hainen voll Rosen« (Übersetzung Johannes Götte). – *atros colubros]* »Schwarze Schlangen«. Seume denkt offenbar an die »Schlange kalabrischer Schluchten« in Vergils *Georgica* III 425 ff.

277 *E un signore Inglese]* »Der Herr ist Engländer.« – *Philister]* Hier: Zivilist.

278 *Subordinationsfehler]* Vergehen des Ungehorsams. – *brav]* Sarkastisches Wortspiel: ital. bravo ist ein »Räuber bzw. ein gedungener Mörder«. – *zu Tage geförderten Häusern]* Zur Zeit von Seumes Besuch waren nur vereinzelte Häuser des antiken Pompeji ausgegraben.

279 *Portici]* Heute: Ercolano. – *der letzte Strom]* Der Lavastrom nach dem Ausbruch des Vesuvs im Juni 1794. – *Akkord]* Vertrag, Vereinbarung. – *Rodomontade]* Großsprecherei, Prahlerei.

280 *Tränen Christi]* Lacrimae Christi, Wein der Vesuvgegend. – *die Hebe des ersten]* Bezieht sich offenbar auf das »artige, liebliche Mädchen« (S. 280), das mit dem Namen der Göttin der Jugendschönheit und Mundschenkin im Olymp benannt wird und Seume lieber ist als die Wein kredenzende Dame.

281 *die Pariser von Venedig]* Die nach Paris verbrachten Pferde vom Portal der Markuskirche; vgl. Anm. 94.

282 *Parthenope und Pausilype]* Gemeint: Neapel (der Name Parthenope für Neapel stammt aus der mythischen Gründungsgeschichte der Stadt) und der Posilippo. – *Bäder des Tyrannen]* Die Thermen des Nero.

283 *Die Russen ⟨...⟩ Leibwache]* Das russische Reich war im Zweiten Koalitionskrieg (1799-1802) mit dem Königreich Neapel verbündet. – *Pauls Veränderungen]* Zar Paul I. (1754-1801) strebte nach seinem Regierungsantritt 1796 eine Reform der russischen Heeresverwaltung an.

284 *Potemkin]* Fürst Potjomkin (1739-1791), einflußreicher Politiker während der Regierungszeit von Katharina II. – *gegen die Ordonnanz]* entgegen der Anordnung. – *Lazaronen]* Der Heilige wird von den royalistischen Lazzaroni deshalb beschimpft, weil sich das Wunder der Verflüssigung seines Blutes am 4. Mai 1799 wieder einmal ereignet hatte, was wie eine

Unterstützung der Gründung der sog. Parthenopäischen Republik aussah, die aber nur 6 Monate währte.

285 *Bonapartes Bekehrung]* Anspielung auf Bonapartes Konkordat mit Pius VII., geschlossen am 15. August 1801. – *Hundsgrotte]* Grotta del Cane am Lago D'Agnano, berühmt für ihre betäubenden Dämpfe. – *attellanischen Fabel]* Vgl. Anm. 153.

288 *ein Teil ⟨. . .⟩ Nisus und Euryalus]* Vergil, *Aeneis* IX 176-449, wo die beiden Trojaner Nisus und Euryalus in einem weglosen Wald umkommen. – *Gemälde vom jetzigen Rom]* Karl Ludwig Fernow, *Gemälde vom jetzigen Rom,* anonym erschienen in: *Gemählde der merkwürdigsten Hauptstädte von Europa. Taschenbuch für das Jahr 1803,* Gotha 1802.

289 *Leiche Pius des Sechsten]* Pius VI. war am 29. August 1799 in Frankreich gestorben. Die Exequien fanden am 17. und 18. Februar 1802 statt. – *Nil valent ⟨. . .⟩ conamini]* »Nichts gelten bei euch die Gesetze, nichts die Gerechtigkeit, nichts gute Sitten; die Priester werden gemästet, die Armen gehen zugrunde, das Volk ist blind; alles gilt als verächtlich, was dem Menschen heilig ist, Ehre, Bescheidenheit, alle Tugend. Die Geringsten und Schlechtesten ziehen bewaffnet durch Stadt und Land, rauben, töten, würgen, brennen. Dies freilich ist jene Religion, eine Schande für ihren Stifter, eine Schmähung der Vernunft, mit der ihr versucht, freie Menschen und tapfere Männer zu Sklaven und Räubern herabzuwürdigen.« – Es liegt nahe, an ein verdecktes Zitat Seumes aus einem Autor der Antike oder der Reformationszeit zu denken; dagegen spricht aber u. a. die seltsame Mischung aus einem mittelalterlichen Latein (vilipendere: »verächtlich machen«) nebst höchst seltenen und poetischen Ausdrücken wie »incendia miscere« (»Brände legen«). – *Palliativen]* Linderungsmittel. – *klug wie die Schlangen]* Matth. 10,16: »Seid klug wie die Schlangen und ohne Falsch wie die Tauben.«

290 *Valetaille]* Dienstboten. – *die Sache wieder aufgegeben]* Nach dem Abzug der Franzosen wurde die Parthenopäische Republik durch katholische Freischärler wieder zurückerobert; 1800 anerkennt Bonaparte das Königreich Neapel und Sizilien.

291 *die Hefen des Romulus]* Das einfache Volk Roms; »Hefen« nach Grimm, DWb: »bild für das unterste, gemeinste einer gesellschaftsklasse«. – *Felsenkanal]* Künstlicher Abfluß aus dem Albanersee, nach Livius, *Ab urbe condita* V 15-17 während des Krieges von Rom gegen Veji angelegt (398 v. Chr.). Marcus

Furius Camillus, der Veji 396 v. Chr. erobert haben soll, ist die früheste historisch greifbare Gestalt aus der Geschichte Roms.

292 *Überreste seiner Ville]* In dieser Gegend liegt allerdings keine Villa Hadrians; die Villa Adriani liegt bei Tivoli. – *Grabmal ⟨. . .⟩ Ergastel]* Gemeint ist wohl das Grabmal Kaiser Hadrians, das 139 n. Chr. vollendet und später als Festung genutzt und nach einer Vision Gregors des Großen als Engelsburg bezeichnet wurde. Ergastel bedeutet »Werkstätte, Arbeitsstätte«. – *Trajan]* Vgl. Anm. 114. – *Tuskulum]* Die Villa Ciceros oberhalb von Frascati; hier schrieb er u. a. die *Tusculae disputationes* (Gespräche in Tusculum) und *De natura deorum* (Vom Wesen der Götter). – *Papiermühle]* Spott auf die literarische Produktivität Ciceros. – *Quästionen]* »Quaestiones« sind eigentlich »Untersuchungen«; Seume übersetzt hier nicht korrekt. Deutlich ist wieder seine Geringschätzung Ciceros und seine Hochschätzung des Thukydides. – *Ville des Mäcen]* Offenbar verwechselt Seume die Villa des Maecenas mit der in Tivoli wirklich bezeugten Villa des Horaz. – *Canidia]* Vgl. Anm. 53. – *Kaskadellen von unserm Reinhart]* Vgl. Anm. 137. Reinhart hat eine Anzahl Zeichnungen genau von und in der Gegend angefertigt, von der Seume spricht.

293 *des Hauses Kolonna]* Palazzo Colonna mit Gemäldegalerie und Fresken. – *Gärten Borghese]* Das Museo Borghese in den Gärten der Villa Borghese. – *der Fechter und der Silen]* Der »Borghesische Fechter«, Marmorstatue vom Ende des 2. Jh. v. Chr., heute im Louvre; »Silen mit Bacchus«, heute ebenfalls im Louvre. – *Saturnus]* Altrömischer Gott, der seine Kinder fraß, weil ihm prophezeit war, er würde von ihnen entthront werden. – *Britannicus]* Die Statue wird inzwischen eher für eine Darstellung des jungen Kaisers und Philosophen Marcus Aurelius gehalten. – *Knabe, der sich der männlichen Toga nähert]* Der römische Knabe durfte die »toga virilis« (»die Toga des Mannes«) frühestens nach Vollendung des 14. Lebensjahres anlegen. – *ein weibliches Gemälde ⟨. . .⟩ Falschspielerin]* Es handelt sich wahrscheinlich nicht um ein Gemälde des Leonardo, sondern eines Malers aus der Schule Raffaels, und die Dargestellte ist nicht Johanna von Neapel (vgl. Anm. 161), sondern Johanna von Aragon. – *ich wäre für das Original von Leukade gesprungen]* Die griechische Dichterin Sappho (um 600 v. Chr.) soll aus unglücklicher Liebe von dem Fels an der Süd-

spitze der Insel Leukas gesprungen sein. – *Salvator Rosa]* Italienischer Maler, Radierer und Dichter (1615-1673).

294 *hetrurische Wölfin]* Etruskische Bronzeplastik der Wölfin, die
Romulus und Remus säugt; sie wurde aber schon 65 v. Chr.
vom Blitz getroffen. – *Einer meiner Freunde ⟨. . .⟩ Peterskir-
che]* Gemeint ist das Gedicht Karl Ludwig Fernows *Die
Peterskirche in Rom. An Seume von seinem römischen Gastfreunde*, das
im September 1802 (Bd. 3, 9. Stück) im *Neuen Teutschen Merkur*
erschien. – *Harpye]* Weiblicher Dämon in Vogelgestalt. – *Ko-
zyt]* Vgl. Anm. 85.

295 *Der Schachmaschinenmensch]* Der Schachautomat von Kempe-
lens aus dem Jahr 1769 in Gestalt eines Türken, in dem sich
aber ein schachspielender Zwerg verbarg. – *Hierofante]* Priester der eleusischen Mysterien im antiken Griechenland.

296 *Beil und Ruten]* Insignien der Macht der römischen Liktoren,
die die einfachen Bürger strafen durften. – *Wüstling]* Vgl.
Anm. 165. – *zwölf Tafeln]* Vgl. Anm. 40.

297 *Proskriptionen]* Verbannung, Ächtung. – *Triumvir]* Mitglied des
Triumvirats, römisches Gremium von drei Männern, vorgese-
hen in bestimmten machtpolitischen Konstellationen. – *Sullas
Henkergeist]* Lucius Cornelius Sulla (138-78 v. Chr.) ließ seine
politischen Gegner besonders rücksichtslos umbringen. –
Blutmensch Robespierre] Anspielung auf die Terreur Robespier-
res (1758-1794).

298 *Sejan, Narciß und sein Gelichter]* Sejanus (20/16 v. Chr.-31
n. Chr.) und Narcissus (gest. 54 n. Chr.) waren Günstlinge der
Kaiser Tiberius und Claudius. – *Kato]* Marcus Porcius Cato
(234-148 v. Chr.), der den Sittenverfall in der römischen Republik beklagte. – *Seneka]* Lucius Annaeus Seneca (4-65
n. Chr.), röm. Philosoph und Dichter. – *Von dem Sabiner bis zum
Goten]* Die Sabiner gelten als eines der ältesten Völker Italiens.
Unter dem Ansturm der Goten begann das Ende des Weströmischen Reiches. – *Für Einen Titus ⟨. . .⟩ Domitiane]* Kaiser
Titus (39-81 n. Chr.) galt als milder Herrscher; sein von 81 bis
96 n. Chr. regierender Nachfolger Domitianus war einer der
grausamen Kaiser.

299 *Wenn Peter stirbt, erwache Zeus nicht wieder]* Seume wendet sich
hier gegen die römische Republik als reaktionäres politisches
Vorbild, da die Antike fast nur Spielarten autoritärer Herrschaft biete. – *Statue des Pompejus]* Es ist unklar, welche Seume
meinen könnte. – *Schisma]* Kirchenspaltung; hier ist die Spal-

tung durch Luther gemeint, welche u. a. wegen des Ablaßhandels eintrat, der zur Finanzierung der Peterskirche notwendig war. – *der stillen Größe]* Neben der »edlen Einfalt« einer der hervorstechenden Züge der griechischen Kunst nach der Kunsttheorie Winckelmanns in *Gedanken über die Nachahmung der griechischen Werke* (1755). – *Pantheon]* 125 n. Chr. unter Kaiser Hadrian vollendet. – *unser drei]* Die Begleiter Seumes dürften Fernow und der Franzose Auguste du Vau (bisweilen auch Duvau geschrieben; 1771-1831) gewesen sein.

300 *Die Sibyllen]* Fresken Michelangelos an der Decke der Sixtinischen Kapelle. – *Schule Raphaels]* »Die Schule von Athen«, Fresko im Vatikan in der Stanza della Segnatura; 1509 entstandenes Gruppenbild der griechischen Philosophen. – *Anmut und Würde]* Titel von Schillers Abhandlung *Über Anmut und Würde* (1793). – *die Schlacht]* Raphaels Fresko »Die Vertreibung des Attila aus Italien durch Leo I.« von 1512-14. – *Centauren ⟨. . .⟩ verstehst]* Die Zeichnung stammt von seinem Freund, dem Maler Reinhart; Seume bildete die Zeichnung auch in der ersten und zweiten Ausgabe des *Spaziergang nach Syrakus im Jahre 1802* ab. – *ein reicher Britte]* Frederick August Hervey Earl of Bristol (1730-1803), Bischof von Derry.

301 *deos minorum gentium]* »Götter aus geringerem Geschlecht«, röm. geflügeltes Wort. – *Sono ⟨. . .⟩ ruffiano]* »Ich bin Preuße. Preuße? Preuße?– Mir scheinen Sie eher ein Lump ›wörtl.: Hurenwirt‹ zu sein.«

302 *ungefähr folgender Brief]* Der Originalbrief Reinharts vom 6. Februar 1802 lautet in deutscher Übersetzung: »Mylord, den Stich von Belizard sende ich Ihnen zurück, da ich die Zeichnung, die Sie von mir gewünscht haben, nicht mehr machen werde in Anbetracht der unziemlichen Art, mit welcher Sie mir nach Ihrer Einladung in Ihrem Hause begegneten. An jene mich stets erinnernd, werde ich auch in Zukunft jede Gelegenheit, etwas mit Ihnen zu tun zu haben, vermeiden. Ich schätze die Menschen nach ihrem Tun – nicht nach ihren Reichtümern – und verachte einen Ungezogenen, sei er auch ein Krösus!« – *ohne den Vers]* Gemeint ist wohl der Vers unter Reinharts Zeichnung: »Cura fugit multo diluiturque mero« (»Und die Sorge schwindet da der Pokal voll ist«), nach Ovid, *Ars armatoria* I 238. – *Lucinde]* Anspielung auf Friedrich Schlegels Roman *Lucinde* (1799), hier gebraucht als Name für ein loses Frauenzimmer.

303 *Il s'est vengé en homme de genie]* »Er hat sich als Mann von Geist
gerächt.« – *sie Dir mitzuteilen]* Reinhart nahm Seume die Pu-
blikation der Zeichnung wie auch spätere Äußerungen über
ihn offenbar doch übel, vor allem, da er sich von Seume einseitig als Karikaturist abgestempelt sah. – *cantabit vacuus]* Nach
einer Zeile aus Juvenals *Satiren* X 22: »Cantabit vacuus coram
latrone viator« (»Wer nichts in den Taschen hat, singt fröhlich
angesichts eines Räubers«).

304 *auf Thümmels Empfehlung]* Seume lernte Moritz August von
Thümmel (1738-1817) während seiner Tätigkeit als Lektor bei
Göschen kennen. – *Estest]* Seume bezieht sich auf die Anekdote, der Augsburger Domherr Johann von Fugger habe
seinen Diener angewiesen, in italienischen Städten mit gutem
Wein jeweils ein »est« an das betreffende Wirtshaus zu schreiben; in Montefiascone habe der Diener im Jahre 1111 begeistert von dem guten Wein ein dreifaches »est« (»es gibt«)
angeschrieben, worauf der Geistliche sich an dem Muskateller
zu Tode getrunken habe. – *Est est est ⟨. . .⟩ est]* »Est Est Est und
wegen zu viel Est ist der Herr Fugger hier gestorben.« – *Sankt
Lorenz]* San Lorenzo Nuovo.

305 *Aquadependente ⟨. . .⟩ Aquafiaskone]* Wörtlich: »Überhängendes
Wasser, Bergflasche, Überhängender Berg, Wasserflasche«. –
Er ist der nehmliche Herr] Erzbischof Antonio Felice Zondadari
(1740-1823) von Siena. – *Neuerlich in der Revolution ⟨. . .⟩ seinen
Segen]* Die Juden wurden am 28. Juni 1799 auf der Piazza del
Campo verbrannt, andere wurden vor Kirchen ermordet, de-
ren Schutz man ihnen verweigert hatte. – *interponieren]* Gel-
tend machen, in die Waagschale werfen.

306 *Was Leopold für Toscana getan hat]* Der spätere Kaiser Leopold
II. (1747-1792) aus dem Haus Habsburg war von 1765 bis 1790
Großherzog von Toskana gewesen und hatte zahlreiche libe-
rale Reformen durchgeführt. – *Der neue König]* Ludwig von
Parma war König von Toskana 1801-03. – *ipso jure]* »Durch das
Recht selbst«, d. h. ohne daß dies noch gesetzlich speziell erklärt werden muß. – *Balordo]* Figur des Teufels in der italienischen Stegreifkomödie. – *Meyers Nachrichten]* Friedrich Johann
Lorenz Meyer (1760-1802), *Briefe aus der Hauptstadt und dem
Innern Frankreichs,* Bd. 1, 2. vermehrte Ausgabe, Tübingen
1803, S. 170-185. – *Leclerk]* General Victor-Emanuel Leclerc
d'Ostin (1771-1802), Schwager Napoleons. – *Papstwahl]* Barnaba Chiaramonti war am 14. März 1800 gewählt worden und
hieß als Papst Pius VII.

307 *die Rothüte]* Kardinäle. – *Gebot des heiligen Anchises]* »Du aber,
Römer, gedenk ⟨. . .⟩ | Völker kraft Amtes zu lenken und
Ordnung zu stiften dem Frieden, | Unterworf'ne zu schonen
und niederzukämpfen Empörer!« (Vergil, *Aeneis* VI 851-853, in
der Übersetzung v. J. Götte, München 1990). – *die Familie der
Niobe]* Zwei zur Niobe-Gruppe gehörige Statuen waren bis
1803 nach Palermo ausgelagert.

308 *Anadyomene]* Beiname der Aphrodite: »die (aus den Wellen)
Auftauchende«, »die Schaumgeborene«. – *Versuche in Quibe-
ron]* Auf der Halbinsel Quiberon an der französischen Atlan-
tikküste war 1795 ein Landungsversuch französischer Emigranten gescheitert. – *Je voudrois ⟨. . .⟩ entière]* »Ich möchte sie
aber doch ganz sehen.« – *Voilà ⟨. . .⟩ Medicis]* »Da haben wir
das kleine Luder von Medici!«

309 *Urania]* Beiname der Venus/Aphrodite als Göttin der geistig-
himmlischen Liebe. – *Sokrates ⟨. . .⟩ Grazien]* Sokrates soll das
Bildhauerhandwerk erlernt und eine Charitinnen-Gruppe auf
der Akropolis gestaltet haben, die bekleidet war. – *Ambrosischen
Bibliothek]* Erinnerungsfehler Seumes, denn die Bibliotheca
Ambrosiana ist in Mailand; er meint wohl die Bibliotheca Laurenziana. – *Bibliothek des Grafen Riccardi]* Die Bibliotheca Ric-
cardiana wurde um 1600 von Riccardo Romolo Riccardi
(1558-1612) gegründet.

310 *Baron von Schellersheim]* Friedemann Heinrich Ernst Ludwig
von Schellersheim (gest. 1836) besaß eine große Sammlung
von Goldmünzen der römischen Kaiser sowie von seltenen
Gemmen und Cameen. Er war bekannt für sein Wissen in
Numismatik und Altertumskunde. – *kurrulischen Magistratu-
ren]* Die hohen Beamten der alten römischen Republik hatten
als Zeichen ihres Amtes einen mit Elfenbein ausgelegten Tragsessel, die »sella currulis«. – *Augustulus]* Romulus Augustulus
war römischer Kaiser zum Zeitpunkt des Unterganges des
weströmischen Reiches 476 n. Chr.

311 *Amalfischen Pandekten]* Sammlung römischen Privatrechts aus
dem 6. Jh. n. Chr., seit 1786 in der Bibliothek Laurenziana in
Florenz. – *Georgophilen]* Liebhaber des Landbaus.

312 *Demut ist nach der Etymologie]* Seume bezieht sich auf eine Etymologie des Wortes, die auch im Grimm, DWb gültig ist:
». . . bezeichnet eigentlich die gesinnung eines knechtes, un-
terwürfigkeit«, wobei das »eigentlich« meint: historisch, während das Wort »jetzt«, d. h. Mitte des 19. Jh. den neuen
positiv-religiösen Sinn hat.

3 1 3 *den zweideutigen Vulkan]* Der Berg von Pietramala, der Erdgas
ausströmt und also kein richtiger Vulkan ist. – *Ein pohlnischer
Hauptmann]* Nach dem Aufstand unter Kosciuszko, der von
Rußland niedergeschlagen wurde, bildete General Dom-
browski (1755-1818) in Italien polnische Legionen, die dann
an allen Kriegen Napoleons teilnahmen. – *anstatt der Freiheit die
Gerechtigkeit]* Bezieht sich auf die Umwandlung der Cisalpini-
schen Republik in die Italienische Republik 1802.

3 1 4 *drei Caracci]* Die Maler Agostino (1557-1602), Annibale (1560-
1609) und Ludovico (1555-1619) Carracci. – *Hagar]* Geliebte
Abrahams und Mutter Ismaels im AT. – *Guercino]* »Abraham
verstößt Hagar und Ismael«, Gemälde von Guercino da Cento
(1591-1666) nach den Geschehnissen im AT (1. Mose 21,9-14).
– *dieses Buch]* Gemeint sind die Bücher Mose im AT. – *Theo-
pneustie]* Lehre von der göttlichen Inspiriertheit jedes Wortes
der *Heiligen Schrift.* – *das älteste Dokument der Menschenkun-
de]* Formulierung analog zum Titel von Johann Gottfried
Herders Schrift *Älteste Urkunde des Menschengeschlechts* (1774-76).

3 1 5 *den erbeuteten Eimer]* Im Glockenturm von San Geminano in
Modena wird ein Eimer aufbewahrt, der an die Kriege zwi-
schen Modena und Bologna im 14. Jahrhundert erinnern soll.
– *Masena]* André Masséna (1758-1817) war einer der erfolg-
reichsten Generäle Napoleons. – *Gemeinheiten]* Im Sinne von:
Gemeinden. – *Anspacher]* Ansbacher.

3 1 6 *Bodoni]* Giambattista Bodoni (1740-1813), berühmter italienischer Schriftschneider und Buchdrucker. – *Ma, mio caro ⟨. . .⟩
mica]* »Aber mein Lieber, ich kann durchaus nicht. Aber mein
Lieber, Ihr kennt den Dienst nicht; das kann ich durchaus
nicht.« – *Ma ⟨. . .⟩ mica]* »Aber mein Lieber, wir können durchaus nicht.« – *Ma ⟨. . .⟩ mica]* »Aber mein Lieber, sie können
durchaus nicht.«

3 1 7 *polito]* »Sauber, anständig«.

3 1 8 *In Lodi ⟨. . .⟩ geschlagen hatte]* Am 5. Mai 1796 schlug Bonaparte
bei Lodi die Österreicher. – *Laus Pompeji]* »Lob des Pompejus«; Seume meint offenbar, daß der Ortsname Lodi aus dem
Genitiv oder Dativ des lat. Wortes laus, nämlich laudis oder
laudi, stamme. – *Borromeus]* Carlo Graf Borromeo (1538-1584)
war ein tatkräftiger Kämpfer gegen die Reformation; heilig-
gesprochen 1610. – *Bartholomeus]* Einer der zwölf Jünger Jesu,
soll als Märtyrer gestorben sein. Die Statue stammt von Marco
d'Agrate (ca. 1561).

319 *Volpato]* Giovanni Colpato (ca. 1734-1803), Kupferstecher aus Venedig. – *Morghen]* Raffaelo Morghen (1758-1833), Kupferstecher in Florenz.

320-321 *Pantomime ⟨...⟩ Poniatowsky]* Offenbar Spott auf das Rußland gegenüber zu nachgiebige und unentschlossen lavierende Verhalten des letzten polnischen Königs Stanislaus Poniatowsky (1732-1798), während dessen Regierung die drei polnischen Teilungen (1772, 1793, 1795) erfolgten.

321 *General Dombrowsky]* Der General war in den Jahren nach 1770 in sächsischen Diensten gewesen. – *Schillers dreißigjährigen Krieg]* Friedrich Schiller, *Geschichte des Dreißigjährigen Kriegs* (1791-93). – *Bei Trebia oder Novi]* 1799 wurden die Franzosen von den Österreichern an der Trebia besiegt, bei Novi von den Russen unter Suworow. – *Schlacht bei Lützen]* Am 6. November 1632 kämpften bei Lützen die Kaiserlichen unter Wallenstein gegen die Schweden unter Gustav Adolf.

322 *Triplealliianz]* Die Allianz von Österreich, Preußen und Rußland bei der dritten Teilung Polens 1795. – *Kaiserin]* Katharina II. von Rußland. – *Konjunktur]* Stellung der Planeten zueinander; hier: politische Konstellation. – *für Sachsen halten]* Polen und Sachsen waren 1697-1763 durch Personalunion ihrer Herrscher verbunden. – *Ah ce sont ⟨...⟩ lions]* »Ah, das sind tüchtige Burschen, sie essen wie die Wölfe, trinken wie die Teufel und kämpfen wie die Löwen.«

323 *Sankt Domingo]* Bonaparte bemühte sich, Haïti (Santo Domingo) von den Aufständischen unter Toussaint l'Ouverture zurückzuerobern, die die Insel von Frankreich gelöst hatten; hierbei setzte er auch Teile der polnischen Legion ein. – *Signor Inglese]* »Herr Engländer«.

323 *Ich saß an einem Sonntag ⟨...⟩ General]* Die Episode ist dargestellt auf dem Frontispiz zur zweiten Auflage des *Spaziergang nach Syrakus im Jahre 1802* von 1805, das Veit Hanns Schnorr von Carolsfeld zeichnete und Amadeus Wenzel Böhm (1769-1823) stach. – *Libertinagen Katulls]* Die Leichtfertigkeiten in den Liebesgedichten des römischen Lyrikers Catullus (ca. 82-47 v. Chr.).

324 *die sechste Bitte]* Vgl. Anm. 33. – *Signore commande qualche cosa?]* »Befehlen der Herr etwas?« – *No ⟨...⟩ Niente?]* »Nein. ⟨...⟩ Nichts?«

325 *Karl Borromeus]* Die Statue des Heiligen Borromäus bei Arona (nicht Varone), 1697 errichtet. – *bei der schönen Insel als bei der Mutterinsel]* Isola Bella und Isola Madre.

326 *Johannis]* 24. Juni. – *Ayrolles]* Airolo.

327 *ich suchte ⟨. . .⟩ zu erklären]* Seume bezieht sich auf seine Schriften *Einige Nachrichten über die Vorfälle in Polen im Jahre 1794* von 1796 und *Anekdoten zur Charakterschilderung Suworows* von 1799.

328 *Quidproquo]* Durcheinander, Verwechslung, eigentl. lat. für: »etwas für etwas«. – *Hier in Zürich]* Die Russen waren in der Schlacht bei Zürich am 25./26. September 1799 von den Franzosen unter General Masséna geschlagen worden.

329 *Ebene von Lützen]* Heimatliche Reminiszenz Seumes: Die Ebene von Lützen, zwischen Leipzig und Weißenfels, wo auch Seumes Geburtsort Poserna liegt, ist topfeben, also verfängt sich dort nirgends der Donner.

330 *coelum ipsum petimus stultitia]* »⟨. . .⟩ und in unserer Torheit greifen wir sogar nach dem Himmel«. Horaz, *Oden* I 3,37 f. (Übersetzung v. Martin Vossler).

331 *seine Hölle]* Grimm, DWb: »ein raum unter dem tische der schneider, in welchen der darauf sitzende die beine steckt.« – *Altorf nach Flüren]* Von Altdorf nach Flüelen.

332 *Tell den Apfel abgeschossen]* In Altdorf. – *Tells Kapelle]* Auf der Tellsplatte am Vierwaldstädter See, errichtet 1388. – *Republikchen Gersau]* Gersau war seit 1390 autonomes Gebiet; Napoleon hob die Selbständigkeit auf und integrierte das Städtchen in die von 1798 bis 1815 existierende »Helvetische Republik«. – *Johannes Müller]* Johannes von Müller (1752-1809), Schweizer Historiker und Diplomat, mit dem Seume auch in Leipzig schon zusammengetroffen war. – *die Brücken]* Seume meint wohl die sogenannte Kapellbrücke über die Reuß aus dem Jahr 1333. – *Pfeiffer ⟨. . .⟩ Schweiz]* Wachs-Replika der Schweiz von F. L. Pfyffer von Wyher, seinerzeit berühmt.

333 *Apicius]* Römischer Schlemmer zur Zeit des Augustus, angeblich auch Verfasser eines zehnteiligen Kochbuchs. – *Einsiedel]* Marienwallfahrtsort Kloster Einsiedeln. – *Kapelle Tells]* Nördlich von Küßnacht, wo Tell den Landvogt Gessler erschoß.

335 *Geßner ⟨. . .⟩ Idyllensänger]* Salomon Geßner (1730-1788), Zeichner und Idylldichter; das 1793 aufgestellte Monument zeigt zwei Reliefszenen von Alexander Trippel (1744-1793) aus Geßners Idylle *Daphnis und Micon*. – *Brydone in Sicilien]* Bezieht sich auf Patrick Brydones *Reise durch Sizilien und Malta in Briefen an William Beckford zu Sommerley in Suffolk*, 2 Bde., Leipzig 1777. – *Barthels ⟨. . .⟩ zu strenge]* »Wen schöner Stil und unter-

haltende Darstellung für Mangel an Wahrheit und Zeitverlust bei vielen Dingen mit trivialen alten Weibermärchen untermischt schadlos halten können, dem empfehle ich Brydones Beschreibung.« Johann Heinrich Barthels, *Briefe über Calabrien und Sizilien,* Göttingen 1789, Bd. 2. S. XI.

336 *Ruffo ⟨. . .⟩ Patrioten von Sankt Elmo]* Kardinal Fabrizio Ruffo (1744-1827) stürzte 1799 die Parthenopäische Republik, wobei seine Truppen unerhörte Grausamkeiten begingen; in Castel Sant'Elmo hatten sich Republikaner bis zum Schluß gegen die Royalisten verteidigt. – *Exgemahlin Hamiltons]* Lady Hamilton, die Gattin des englischen Botschafters in Neapel, Sir William Hamilton (1730-1803), war seit 1798 mit Admiral Nelson liiert.

337 *Dey]* Oberhaupt der in Algerien bis 1830 regierenden Janitscharen. – *Filangieri]* Gaetano Filangieri (1752-1788), neapolitanischer Jurist und Philosoph, der aufklärerische Prinzipien vertrat. – *Kischt' e il primo minischtro]* »Dies ist der erste Minister.« Gemeint ist wohl Sir John Acton (1736-1811), Minister am neapolitanischen Hof.

338 *Manufakturen]* »Manufaktur ist eine Anstalt, in welcher Waren von unzünftigen Personen ohne Feuer und Hammer in Menge verfertigt werden; zum Unterschiede von einer Fabrik.« (Adelung.) – *Dame als Staatsverbrecherin]* Nicht ermittelt. – *Fabricius]* Gaius Luscinus Fabricius (um 280 v. Chr.), römischer Feldherr, berühmt für seine Unbestechlichkeit.

339 *Malkontenten]* Unzufriedene. – *Hetrurien]* Das Königreich Etrurien (1801-07).

340 *Polypragmatiker]* Vielbeschäftigte. – *kosmisch]* Hier: die Ordnung der Natur betreffend.

341 *Moreau]* Der französische General Jean-Victor Moreau (1763-1813) hatte 1799 den Oberbefehl über die Truppen in Italien erhalten.

344 *Vous ⟨. . .⟩ voyage]* »Alles in Ordnung bei Ihnen. Gute Reise.« – *Sols]* Sous; französische Münzen.

345 *Matthison]* Friedrich von Matthison (1761-1831), deutscher Lyriker. – *Genlis]* Gemeint ist die Romanschriftstellerin Stéphanie-Felicité Du Crest de Saint-Aubin, Comtesse de Genlis (1746-1830).

346 *Diligence]* Eilpostkutsche.

347 *Drolerie]* Skurrile Geschichte, Schnurre.

348 *écoutez ⟨. . .⟩ peigner]* »Hört mal, ihr Herren Perückenmacher, kommt noch ein wenig hierher, hier gibt's noch was zu käm-

men.« – *un abrégé ⟨. . .⟩ chrétienne]* »Ein kurzer Abriß der Wahrheit der christlichen Religion.« – *Kaprara]* Giovanni Battista Caprara (1733-1810), seit 1802 Bischof von Mailand. – *Gabriele bis zur Pompadour]* Gabrielle d'Estrée (1571-1599) war die Geliebte Heinrichs IV.; Jeanne Antoinette Poisson, Marquise de Pompadour (1721-1764) war die Geliebte Ludwigs XV. – *Les rois ⟨. . .⟩ roturiers]* »Die Könige zeugen immer nur Prinzen, die Prinzen Adlige und die Adligen Bürger.«

349 *que Bonaparte ⟨. . .⟩ le trône]* »Daß Bonaparte der größte Mann des Universums und der ganzen Geschichte sein würde, wenn er bei seinem Abgang den wahren Erben auf den Thron setzen würde.« – *les mangeurs de la république]* »Die Verzehrer der Republik«. – *Quincampoi]* Rue Quincampoix war die Straße der Geldwechsler. – *Law]* John Law of Lauriston (1671-1729), schottischer Bank- und Wirtschaftstheoretiker, gründete 1718 die »Königliche Bank« in Paris mit Unterstützung des französischen Regenten und brachte Papiergeld in Umlauf, um die Staatsfinanzen zu sanieren; das Unternehmen fallierte 1720. – *Schnorr aufzusuchen]* Seume hatte mit Schnorr verabredet, sich in Paris zu treffen; Schnorr mußte schließlich, bevor Seume eintraf, abreisen, weil sein Geld knapp wurde.

350 *Millin]* Aubin-Louis Millin (1759-1818), Naturforscher. – *Peripherie]* Hier: Radius, Umfang.

351 *Doktor Hager]* Der Orientalist Hager war 1802 nach Paris berufen worden, um ein Wörterbuch der chinesischen Sprache zu erarbeiten.

352 *Homer von Wolf]* Der deutsche Altphilologe Friedrich August Wolf (1759-1824) publizierte 1795 *Homeri & Homeridarum opera & reliquiae* (Werke und Fragmente Homers und der Homeriden). – *Anakreon von Brunk]* Richard Franz Philipp Brunck (1729-1803), *Anacreontis Carmina* (1787; Die Gedichte Anakreons). – *Farnesine]* Die Villa Farnesina in Rom ist vor allem durch die Fresken berühmt – darunter die, welche die Geschichte von Amor und Psyche darstellen –, welche Raffael mit seinen Schülern 1517 vollendete. – *Laokoon]* Die im 18. Jahrhundert von Winckelmann und Lessing kunsttheoretisch erörterte Statuengruppe befand sich von 1798 bis 1815 in Paris, heute wieder in den Vatikanischen Museen. – *Bandinelli]* Bartolomeo Bandinellis (1493-1560) Kopie steht in den Uffizien. – *Apollo von Belvedere]* Griechische Statue, die als Ideal klassischer Schönheit galt.

353 *Musaget]* Wörtl.: »Musenführer«; gemeint ist Apoll als Führer der neun Musen. – *die beiden Brutus]* Der Mörder Caesars, Marcus Junius Brutus, und Lucius Junius Brutus, der um 510 v. Chr. den letzten römischen König Tarquinius Superbus gestürzt haben soll. – *Madonna ⟨. . .⟩ Bonaparte]* Raffaels »Madonna von Foligno« von 1512 hatten die Franzosen nach Paris gebracht; die andere Madonna ist Josephine (1763-1814), von 1796 bis 1809 die erste Frau Bonapartes. – *Transfiguration]* »Verklärung Christi«, Raffaels letztes Gemälde.

354 *Inschrift ⟨. . .⟩ Aufschluß]* Etymologische Spekulationen Seumes zur Bedeutung der Inschriften. – *David]* Vgl. Anm. 41. – *Brutus der Alte]* Gemälde aus dem Jahr 1789: »Die Liktoren bringen Brutus die Leichen seiner Söhne«.

355 *die Sabinerinnen]* »Raub der Sabinerinnen« von 1799. – *botanischen Garten]* Jardin des Plantes, seit 1636 für das Publikum geöffnet. – *Abschließung des Konkordats]* 15. 7. 1801.

356 *Trianon]* Grand Trianon und Petit Trianon sind zwei Lustschlösser im Garten von Versailles. – *Hugo Kapet]* Hugo Capet (ca. 940-996), Begründer der Dynastie der Kapetinger. – *Ludwig]* König Ludwig XVI., geköpft im Januar 1793. – *St. Cloud]* Schloß in der Nähe von Paris; 1804 erfolgte hier die Kaiserproklamation Napoleons. – *Korsen ⟨. . .⟩ lassen]* Korsika kam 1768 unter französische Herrschaft; Napoleon entstammte dem korsischen Geschlecht der Bonaparte. – *der vierzehnte Juli]* Tag des Sturms auf die Bastille 1789 und seitdem französischer Nationalfeiertag. – *Tiraillierens]* In aufgelöster Ordnung kämpfen, d. h. beweglich und nicht in geschlossenen Schlachtreihen; erstmals von den franz. Revolutionstruppen erprobt.

357 *Tag von Marengo]* Napoleon schlug am 14. Juni 1800 bei Marengo in Oberitalien die Österreicher; General Desaix de Beygoux fiel in dieser Schlacht. – *das Direktorium stürzte]* Napoleon kehrte am 9. Oktober 1799 aus Ägypten zurück und stürzte am 18. Brumaire (9. November) das fünfköpfige Direktorium.

358 *Dionyse und Kromwelle]* Die Tyrannen Dionysios I. und Dionysios II. von Syrakus bzw. Diktatoren ihres Schlages wie etwa auch Oliver Cromwell (1599-1658). – *de ambitu]* »Über Amtserschleichung«.

359 *erste Magistratur]* Das erste Staatsamt. – *Privilegien ⟨. . .⟩ schlecht]* »Privileg« bedeutet wörtlich: »vom Gesetz ausgenom-

men«, »befreit«. Diese Passage bis S. 361 ist die erste längere und zusammenhängende Ausführung Seumes zu einem Thema, das ihn dann immer wieder beschäftigt hat.

360 *Emphyteusen]* Erbpacht von Landgütern.

361 *Intermediäre Lasten]* Abgaben bzw. Frondienste, die nicht dem Staat, sondern dem Grundbesitzer oder an Dritte zu leisten sind. – *In detrimentum reipublicae]* »Zum Schaden des Staates«. – *Regel Detri]* Wörtl.: »Dreisatzrechnung«, d. h. genau rechnerisch proportional. – *Realimmunität]* Befreiung von Steuern für Landbesitz. – *Ehrenlegion]* Die Legion d'honneur wurde im Mai 1802 gestiftet.

362 *Osterzeremonie]* Hochamt zum Abschluß des Konkordats zwischen dem Heiligen Stuhl und Napoleon in Notre Dame in Paris am 18. April 1802. – *sein Manifest]* Wahrscheinlich Anspielung auf Napoleons Botschaft an den ägyptischen Herrscher vom Juli 1798 bzw. damit auf Napoleons zynische Haltung in Glaubensfragen. – *mundus vult – ergo –]* Das mittelalterliche Sprichwort lautet vollständig: »Mundus vult decipi, ergo decipiatur« (»Die Welt will betrogen sein, also werde sie betrogen«). – *Il est 〈. . .〉 faut]* »Er ist zwar ein bißchen albern, aber immer wie es sich gehört.« – *in utramque partem]* »Auf beiden Seiten«. – *Friedrich]* Friedrich II. von Preußen. – *Reverbers]* (Franz.) »Reflektoren, Spiegel«.

363 *Ruhm eines Aristides]* Athenischer Staatsmann (ca. 540-468 v. Chr.) mit dem Beinamen »Der Gerechte«. – *Citoyens 〈. . .〉 tyran]* »Bürger, Sie betreten hier das Zimmer eines Tyrannen.« – *S'il 〈. . .〉 encore]* »Wenn er ein Tyrann gewesen wäre, würde er es noch sein.« – *Le peuple 〈. . .〉 mener]* »Das Volk bedeutet nichts für den, der es zu beherrschen weiß.« – *Sieyes]* Emmanuel-Joseph Sieyès (1748-1836), Generalvikar des Bischofs von Chartres, Verfasser der Schrift *Qu'est-ce que le tiers-état?* (Was ist der dritte Stand?), Paris 1789. Spielte eine Rolle beim Staatsstreich vom 9. November 1799. – *Si j'avois 〈. . .〉 de même]* »Wenn ich 1790 König gewesen wäre, würde ich es noch heute sein; und wenn ich damals die Messe gelesen hätte, würde ich es heute noch tun.« – *lettres de cachet]* Haftbefehle, vom König ausgestellt, die von den Ministern außerhalb des üblichen Rechtswegs zur Verhaftung mißliebiger Personen mißbraucht werden konnten. – *Bicetre]* Hospital und Gefängnis in der Nähe von Paris. – *das bekannte Buch]* Camille Jourdans (1771-1821) *Le vrai sens du vote national sur le consulat à*

vie (1802; Wahre Bedeutung der nationalen Abstimmung über das Konsulat auf Lebenszeit). Napoleon wurde am 2. August 1802 Konsul auf Lebenszeit.

364 *Ah je saurai les attraper]* »Ah, ich werde sie schon zu fassen wissen.« – *le premier ⟨. . .⟩ le consul]* »Der erste Konsul, der Große Konsul, der Konsul«. – *Die beiden andern]* Jean-Jacques Régis de Cambacérès und Charles-François Lebrun hatten nach der von Sieyès ausgearbeiteten Konsularverfassung von 1799 nur beratende Stimme. – *empereur des Gaules]* »Kaiser der Franzosen«. Am 2.12.1804 krönte sich Napoleon zum Kaiser.

365 *elysäischen Feldern]* Champs-Elysées, Prachtstraße, angelegt unter Ludwig XIV. – *Tartuffe]* Figur aus Molières Komödie *Le Tartuffe ou l'Imposteur* (1664; Tartuffe oder der Heuchler). – *Monsieur ⟨. . .⟩ joue]* »Der Herr Präsident wünscht nicht, daß man ihn spiele.« – *Dekaden]* Die Aufteilung des Monats in Gruppen von zehn Tagen im französischen Revolutionskalender.

366 *rue de loi ⟨. . .⟩ rue de Richelieu]* »Straße des Gesetzes ⟨. . .⟩ Richelieustraße«. – *Pantheon ⟨. . .⟩ Genoveve]* Die Kirche der Heiligen Genoveva wurde 1790 vollendet, 1791 zur Staatsgrabstätte Pantheon français erklärt, von 1806 an wieder als Kirche genutzt, erst seit 1885 endgültig Pantheon. – *Roskolniks]* Sektierer, Altgläubige.

367 *bemengen]* Befassen. – *panem et circenses]* »Brot und Spiele«, nach Juvenal, *Satiren* X 8, wo es heißt, die Römer bräuchten Brot und Spiele, dann seien sie zufrieden; hier auf Paris übertragen. – *Luxenburg]* Palais du Luxembourg und zugehöriger Park, errichtet 1615-21. – *Fraskati]* Café in der Rue de Richelieu.

368 *Luchesini]* Hieronymus Graf von Lucchesini (1752-1825), preußischer Botschafter in Paris.

369 *Grottaferrata]* Die Abtei Grottaferrata bei Rom mit Fresken Domenichinos (1581-1641). – *Pferd des Marc Aurel]* Römisches Reiterstandbild des Kaisers Marcus Aurelius (121-180 n. Chr.). – *die gallischen Hähne]* Der Hahn galt seit 1789 als Wappentier der Revolution.

370 *Fraskati und Tivoli nach Paris gebracht]* Vgl. Anm. 367. Das Tivoli war ein Park für Lustbarkeiten wie Feuerwerke etc. – *Raphaele und Bonarotti]* Raphaele ist als Plural zum Namen des Malers Raffael zu verstehen; Buonarotti ist der Familienname Michelangelos. – *Drouais Tod]* Jean-Germain Drouais (1763-1788), Historienmaler aus der Schule Davids.

371 *Rebhühneraugen]* Der berühmte Champagner »Œil de perdrix«.
– *Pogny]* Seume etymologisiert wieder: er leitet den Ortsnamen aus lat. pugna »die Schlacht« ab, was ihm passend scheint
wegen der Schlacht auf den Katalaunischen Feldern (451
n. Chr.). – *Professor Wilmet]* Johann Wilmet, Lehrer der orientalischen Sprachen, bearbeitete Golius' *Lexicon lingua arabicae*.

372 *Oberlins]* Jerémie-Jacques Oberlin (1735-1806), Bibliothekar.
Seume hatte am 20. Januar und am 16. Juli 1791 bereits Briefe
an Oberlin gerichtet. – *Verschüttungen des Forts]* Die Festung
Kehl war Mitte des 18. Jahrhunderts geschleift worden; es ist
unklar, welche »neuen Einrichtungen« Seume meint. – *Monument des Marschalls Moritz von Sachsen]* Moritz von Sachsen war
in französischen Diensten 1750 gestorben.

373 *Weißenburg ⟨. . .⟩ militärisch]* Seume meint die im frühen 18.
Jahrhundert errichteten, ca. 20 km langen Befestigungslinien.
– *Bergrat Werner]* Der Mineraloge Abraham Gottlieb Werner
(1749-1817) lehrte an der Bergakademie Freiberg in Sachsen.

374 *Mais pourtant il n'est pas aimé]* »Und trotzdem mag man ihn
nicht.« – *Il fait ⟨. . .⟩ loin]* »Er macht verteufelte Sachen, dieser
kleine Korporal aus Italien; er wird's weit bringen!« – *Bonaparte
⟨. . .⟩ perdit]* Wortspiel mit der italienischen Bedeutung des Namens »Buonaparte«: »einer von der guten Seite«; etwa: »Bonaparte der den gut erworbenen Ruhm übel verspielt«. –
Aposiopese] Rhetorische Figur: Redeabbruch, Verweigern der
wichtigsten Satzaussage.

375 *Moreau grand consul ⟨. . .⟩ Mort au grand consul]* »Moreau der gro
ße Konsul ⟨. . .⟩ Tod dem großen Konsul«. – *Das System des
Konsuls ⟨. . .⟩ ein kleines Geschlecht]* Diese ausgedehnte Fußnote
findet sich erst in der zweiten Auflage des *Spaziergang nach
Syrakus im Jahre 1802* von 1805; inzwischen war Napoleon nicht
mehr nur Konsul auf Lebenszeit, sondern hatte sich am 2.
Dezember 1804 selbst zum Kaiser gekrönt bzw. sich durch
Pius VII. krönen lassen.

376 *Tertium non datur]* »Ein Drittes gibt es nicht.« – *Dionysens ⟨. . .⟩
Pferdehaar]* Aus Angst vor Anschlägen durften die Töchter
Dionysios II. ihm nur mit glühenden Nußschalen den Bart
abrasieren. Das Schwert, nur an einem Pferdehaar befestigt,
hing über dem Haupt des Damokles, dem der Tyrann Dionysius von Syrakus das zweifelhafte Glück eines Tyrannen
vorführen wollte. – *Moreau schuldig oder unschuldig]* Moreau soll an
einer Verschwörung gegen Napoleon beteiligt gewesen sein.

377 *Egalitätspalaste]* Maison d'Egalité, der revolutionäre Name für
das Palais Royal, berühmt als Dirnenstrich. – *Die neapolitani-*
schen Greuel] Gemeint sind die Greuel beim Sturz der Parthenopäischen Republik. – *Wassertaufen]* Ertränkung französischer Priester während der Revolution. – *Schandfleck bei*
Rastadt] Als die Verhandlungen des Rastätter Kongresses, auf
dem es um die Entschädigung der deutschen Fürsten für die
verlorenen linksrheinischen Gebiete ging, im April 1799 er-
gebnislos abgebrochen wurden, ermordeten österreichische
Husaren zwei der abreisenden französischen Gesandten. –
Bartholomäusnacht] Die Ermordung der Hugenotten durch die
Katholiken am 23./24. August 1572, vor allem in Paris. – *Ne-*
mesis] Griechische Rachegöttin. – *Ach, der große Moment fand nur*
ein kleines Geschlecht] Zitat aus Schillers Xenion *Der Zeitpunkt*
(1796).

378 *lassata viris]* »Von Männern erschöpft« (aber noch nicht gesät-
tigt) ist bei Juvenal *Satiren* VI 130 die Kaiserin Messalina, Gattin
des Claudius, die in einem Bordell Befriedigung als Prostitu-
ierte suchte. – *à mon aise]* Nach meinem Belieben, vermögend.
– *Frau von Laroche]* Sophie Laroche, geb. Gutermann (1731-
1807), Schriftstellerin, Großmutter des Dichters Clemens
Brentano (1778-1842) und der Bettina von Arnim, geb. Brentano (1785-1859), lebte in Offenbach. – *Grafen Metter-*
nich] Franz Georg Karl Reichsgraf von Metternich-Winne-
burg-Beilstein (1746-1818), Vater von Wenzel Lothar Fürst
von Metternich. Seumes Urteil über diesen sein Land rücksichtslos auspressenden Duodezfürsten ist bemerkenswert
uninformiert und servil.

379 *Bergen und Kolin]* Die Preußen unterlagen 1759 bei Bergen den
Franzosen. Zu Kolin vgl. Anm. 32. – *Streichen bei Pirna]* Die
Preussen schlossen 1756 die sächsische Armee bei Pirna ein
und nahmen sie gefangen. – *In Vach (. . .) geliefert]* Hier geriet
Seume in den ersten Juli-Tagen des Jahres 1781 in die Hände
von hessischen Werbern. Die Umstände sind ungeklärt; viel-
leicht versprachen sie ihm, er könne in der hessischen Armee
Offizier werden, obwohl er Bürgerlicher war.

380 *demagogischen]* Abfällige Bezeichnung für republikanisch bzw.
demokratisch. – *Schmalkalden (. . .) Münchhausen]* Seumes
Freund aus amerikanischen Tagen war dort als hessischer Soldat stationiert. Die Begegnung verlief, vor allem aus politischen Gründen, nicht ohne Spannungen; Münchhausen miß-

fiel die scharf feudalismuskritische Einstellung und offenbar auch das Bohemienhafte Seumes. – *Industrie]* Hier: Geschäftstüchtigkeit.

382 *Herzog]* Ernst II. Ludwig, Herzog von Sachsen-Gotha und Altenburg (1745-1804). – *die Preußen wären in Erfurt]* Erfurt war seit 1664 kurmainzisches Gebiet; es wurde 1802 an Preußen abgetreten, und die Truppen besetzten die Stadt im August, also kurz nach Seumes Durchreise. – *festina lente]* »Eile mit Weile«, angeblich die Devise des Kaisers Augustus.

383 *Herzogin Mutter]* Anna Amalia, Herzogin von Sachsen-Weimar (1739-1807), bei deren Tod 1807 Seume das Gedicht *Amalia* schrieb. – *Chaussüre]* Schuhwerk. – *schnakisch]* Vgl. Anm. 48.

384 *Philister]* Vgl. Anm. 277. – *Horazens Stelle]* Horaz, *Oden* II 7,26 ff.: »Laßt mich bacchantischer | Heut taumeln als Edoner! Süß ist | Rasender Rausch, da der Freund zurückkam.« (Übersetzung v. Johann Heinrich Voß.) – *trotz Epikurs Göttern]* Hier im Sinne von: ohne mich überhaupt noch um irgendetwas in der Welt zu kümmern, wie die der Welt gegenüber absolut gleichgültigen Götter in der Philosophie Epikurs. – *Podagra]* Fußgicht.

Weiterführende Literatur

Ausführlichere Erläuterungen zum *Spaziergang nach Syrakus im Jahre 1802* finden sich in Band I der zweibändigen Ausgabe der Werke Seumes, hrsg. von Jörg Drews, Frankfurt/Main: Deutscher Klassiker Verlag 1993, S. 863-961.

Oskar Planer u. Camillo Reißmann: *Johann Gottfried Seume, Geschichte seines Lebens und seiner Schriften.* Leipzig 1898. – Unveränderte Neuauflage 1904.

Werner Kraft: *Einleitung*, in: Johann Gottfried Seume, *Prosaschriften* mit einer Einleitung von Werner Kraft, Köln 1962, S. 7-49.

Inge Stephan, *Johann Gottfried Seume. Ein politischer Schriftsteller der deutschen Spätaufklärung*, Stuttgart 1973.

Lothar Pikulik, *Johann Gottfried Seume*, in: Benno von Wiese (Hg.), *Deutsche Dichter des 18. Jahrhunderts. Ihr Leben und Werk*, Berlin 1977, S. 972-994.

Marlis Ingenmey, *L'illuminismo pessimistico di J. G. Seume*, Venedig 1978.

Albert Meier, *Nachwort*, in: J. G. Seume, *Spaziergang nach Syrakus im Jahre 1802*, hg. von Albert Meier, München 1985, 5. Aufl. 1997, S. 299-312.

Jörg Drews, *Johann Gottfried Seume*, in: Gunter E. Grimm/Frank Rainer Max (Hg.), *Deutsche Dichter*, Bd. 4 (Sturm und Drang/Klassik), Stuttgart 1989, S. 343-353.

Jörg Drews, ›*Ach Galatea, du Schöne, Warum verwirfst du mein Flehen?‹ Seume in Italien, oder: Besudelung und Sturz zweier Götterbilder*, in: Jörg Drews (Hg.), ›*Wo man aufgehört hat zu handeln, fängt man gewöhnlich an zu schreiben‹. Johann Gottfried Seume in seiner Zeit. Vorträge des Bielefelder Seume-Colloquiums 1989 und Materialien zu Seumes Werk und Leben*, Bielefeld 1991, S. 97-115.

Linda Maria Pütter, *Versuchsfeld des kritischen Subjekts: Seumes Spaziergang nach Syrakus*, in: L. M. Pütter, *Reisen durchs Museum. Bildungserlebnisse deutscher Schriftsteller in Italien (1770-1830)*, Hildesheim 1998, S. 215-271.

Jörg Drews, *Ein Mann verwirklicht seine* ›*Lieblingsträumerey‹. Beobachtungen zu Details von Seumes* ›*Spaziergang‹ nach Syrakus*, in: Wolfgang Albrecht/Hans-Joachim Kertscher (Hg.), *Wanderzwang – Wanderlust. Formen der Raum- und Sozialerfahrung zwischen Aufklärung und Frühindustrialisierung*, Tübingen 1999, S. 200-214.

NACHWORT

Es muß schon ein irritierender, vielleicht auch rührender
Anblick gewesen sein, wie da ein 1,55 m großer bzw. auch
für damalige Verhältnisse kleiner Mann mit einem See-
hundsfellranzen und festem Schuhwerk, einem Übermantel
und meist einem Hut auf dem Kopf von Grimma nach
Syrakus wanderte, ging, marschierte, stapfte oder schlenderte. Meist war der so resolute wie skurrile Wanderer Seume
wohl allein und nur bisweilen in der Begleitung von Freunden – dem Maler Veit Hanns Schnorr von Carolsfeld bis
Wien, und Auguste Duvau, dem Übersetzer, zumindest in
und um Rom – oder zufälliger Weggenossen; die hatten es
aber alle nicht so weit wie er, der in 250 Tagen seine »idée
fixe«, seinen wohl schon seit 1785 gehegten Tagtraum zu
verwirklichen sich vorgenommen hatte und also nach eigenen Angaben über 800 Meilen ging, was – da die Meile in
Sachsen ca. 7500 m entsprach – also etwa 6000 Kilometer
bedeutete (nicht gerechnet die Meeresstrecke zwischen
Neapel und Palermo, die ja auch zwei Mal im Paketboot zu
bewältigen war und zwar nicht so viel Mühe, aber doch
einige Tage kostete, die vom Zeitbudget fürs Gehen abgin-
gen). Selbst wenn man die gesamte Wegstrecke etwas niedriger ansetzt und auch annimmt, daß Seume vielleicht doch
öfter die Kutsche benutzte, als er zur Stiftung der Legende
vom »Spaziergang« zugeben wollte – schon ein Zeitgenosse
fragte in dem Periodicum *Der Widersprecher* 1803 skeptisch:
»Ob Herr Seume wohl in 6 Monaten 900 Meilen zu Fuß
gemacht habe?« –, so war der Gang doch auf jeden Fall eine
physische Großleistung, welche der kleine Korrektor und
russische Leutnant a. D., der Privatdozent und Lyriker da
zwischen dem 6. Dezember 1801 und Ende August 1802
vollbrachte. Er erhob sich vom Korrektorenstuhl in Georg

Joachim Göschens Druckerei in Grimma bei Leipzig, wo er
gerade noch, als letzte Arbeit als Lektor und Druckereiauf-
seher, Wielands Roman *Aristipp und einige seiner Zeitgenossen*
durchgesehen hatte, und machte sich auf den Weg nach
Syrakus, übrigens genau wie Aristipp, der sich am Ende des
Buches zu seinem Freund Filistus nach Syrakus begibt. Mag
das nur ein kurioser Zufall sein, so sind weitere Begründun-
gen dafür, daß er durch den Schnee der Alpen und durch die
Hitze Siziliens nach Syrakus wandern wollte, nicht viel weniger kurios oder doch bizarr. Er wolle die Gedichte Theokrits dort auf der Landspitze von Syrakus lesen, er wolle in
Italien Mandeln und Feigen essen und im Museum »der
Mediceerin ein wenig auf und in die Händchen und dem
Vater Aetna in den Mund sehen« oder, ganz einfach, er wolle
sich »das Zwerchfell auseinanderwandeln«, das er sich in
den vier Jahren als Angestellter Göschens zusammengeses-
sen habe. Und warum ging er nun wirklich über Böhmen
und Österreich nach Italien und bis hinunter zur Halbinsel
Ortygia, auf der das alte Syrakus liegt und die berühmte
Quelle Arethusa?

Eigentlich können wir nur ein ganzes Bündel von Wünschen und Motiven ausmachen für diese merkwürdige Wanderschaft im Eiltempo, nicht aber auf den einen, entschei-
denden Wunsch und Antrieb Seumes deuten. »Eine seiner
Lieblingsträumereyen« nennt er in einem Brief an Karl August Böttiger sein Reisevorhaben – das ist so etwas wie die
Basis-Phantasie, und sicher spielte zudem der Wunsch eine
Rolle, die Orte zu sehen, an denen die antiken Autoren
gedichtet und gelebt hatten oder an denen ihre Dichtungen
spielten, von Homer bis Vergil, vom Golf von Neapel bis zu
der zu Großgriechenland gehörigen Insel Sizilien (in der
alten Terminologie: Trinakria) und bis Syrakus als der Heimatstadt des Idyllendichters Theokrit; schließlich war Seume ein kenntnisreicher Altphilologe, der sich wahrscheinlich bei den antiken Klassikern besser auskannte als in der
ihm zeitgenössischen Literatur. Es muß zugleich ein sozusagen psychophysisches Bedürfnis gegeben haben, das Seu-

me in den zitierten Worten andeutet, er wolle einmal wieder
sein Zwerchfell dehnen; durchatmen wollte er also, das Kor-
rektorendasein entschieden hinter sich lassen und sich beweisen, daß er noch ein Kerl sei und nicht nur ein
Stubenhocker, daß er noch die Kondition habe wie damals
als Soldat und nicht nur zum Buchstabenklauber und Sil-
benstecher tauge.

Die Wanderung sei, sagt er im Vorwort zum *Spaziergang
nach Syrakus,* sein erster »ganz freier Entschluß von einiger
Bedeutung«, und frei heißt da, der Entschluß war wirklich
einer und nicht nur von Zwang, Notwendigkeit oder Zufall
diktiert. Von solchen Zwängen und Zufällen war aber sein
Leben bis zu diesem Zeitpunkt geprägt: Johann Gottfried
Seume wurde am 29. Januar 1763 in dem Dorf Poserna in
der Nähe von Lützen geboren; die zunächst nicht mittellose
Bauern- und Schankwirtsfamilie Seume verarmte nach dem
Tod des Vaters im Juli 1776, und nur durch ein Stipendium
des Grafen Hohenthal konnte Seume die Lateinschule in
Borna und die Nikolaischule in Leipzig besuchen sowie
dann im Oktober 1780 an der Universität Leipzig sich
immatrikulieren. Allerdings gehorchte er offenbar dem
Wunsch seiner Mutter und seines Gönners, als er Theologie
studierte, aber dies nur für zwei Semester, da er dann mit
den Schriften der Aufklärer in Berührung gekommen war,
den Glauben verloren hatte und nicht heucheln wollte.
Dann zahlte er seine Schulden und machte sich im Juni 1781
ohne weiteren Kommentar zu Fuß auf den Weg nach Frankreich, um an der Artillerieschule in Metz, die auch eine
Anzahl Bürgerliche jährlich aufnahm, Offizier zu werden.
Er schaffte es allerdings nur bis Vacha an der thüringisch-
hessischen Grenze, wo er auf eine Weise, über die er selbst
nie genauer Auskunft geben wollte, in die Hände hessischer
Werber geriet. Auf der Festung Ziegenhayn wurde er Rekrut,
1782 mit einem der hessischen Kontingente in englischen
Diensten in die Neue Welt verschifft, und tat dann für ein
Jahr Dienst in der Garnison in Halifax in Nova Scotia. Er
wurde aber nicht mehr als Soldat eingesetzt, da 1783 der

Unabhängigkeitskrieg zu Ende gegangen war. Nach einem
Jahr auf dem öden Felseneiland von Nova Scotia, verbracht
mit Rekrutenausbildung, Verseschreiben und Jagen, wurde
Seumes Truppe im Herbst 1783 nach Europa zurücktrans-
portiert. Er entkam in Bremen zwar dem hessischen Militär,
lief aber prompt preußischen Häschern in die Arme. Für
weitere vier Jahre war er nun gezwungen, Dienst zu tun, aber
offenbar genoß er in der Garnison Emden, abgeordnet als
Lehrer für die Kinder eines Generals und die Kinder von
Emdener Bürgern, einen sehr erträglichen Status. Spätestens als er merkte, daß er in der preußischen Armee auf
keinen Fall würde Offizier werden können, entlief er unter
Hinterlassung einer Kaution dem Militär in die Heimat,
zahlte später die Kaution allerdings korrekt zurück. Er über-
setzte in Leipzig aus dem Englischen, studierte erneut –
wieder mit Unterstützung des Grafen Hohenthal –, diesmal
vor allem Jura und Geschichte, promovierte zum Magister
und habilitierte sich im März 1792 mit einer Arbeit über die
Bewaffnung der Römer im Vergleich zu den heutigen Waffen. Aber wovon sollte er nun leben, wenn er nicht Haus-
lehrer bzw. Hofmeister werden wollte, womit er wegen
seiner katonischen Strenge offenbar in einem Fall schon
gescheitert war? Die Lösung lag in der Fortsetzung seines
»amphibischen Daseins«: er hatte eine Neigung zum Ge-
lehrtentum und zugleich zum Soldatentum, also nahm er
jetzt wieder die Möglichkeit wahr, Soldat in der russischen
Armee zu werden, wo er dann formell den Petersburger
Grenadieren zugeteilt war, aber vor allem als Sekretär des
Generals Igelström bei der russischen Besatzung von Warschau Dienst tat. 1796 hatte der Lieutenant Seume Heimat-
urlaub und sollte dann einen jungen russischen Offizier auf
der Reise zur Kur in italienischen Bädern begleiten. Doch
diese erste konkrete Möglichkeit, nach Italien zu kommen,
zerschlug sich, und der russische Dienst endete für Seume,
als er 1796 auf den Befehl Pauls I., alle Offiziere hätten sich
umgehend bei ihren Regimentern einzufinden, nicht rea-
gierte. Jetzt blieb ihm nur wieder das Leben eines Sprach-

lehrers an der Universität und eines Hauslehrers für
wohlhabende Bürgers- oder Adelsfamilien übrig; da ent-
schied er sich aber doch lieber, in die Dienste des Verlegers
Georg Joachim Göschen zu treten und für einige Jahre in
dessen Druckerei in Grimma zu arbeiten. Zwei Jahre wolle
er ihm dienen, sagte Seume anfänglich Göschen, dann aber
seine Freiheit wiederhaben und nach Italien gehen. Aus den
zwei Jahren wurden vier, denn ein Druckereigehilfe starb,
und Seume wollte nicht daran schuld sein, daß Göschens
Betrieb in Grimma zusammenbrach, also verschob er seine
Reise (wobei auch die Besetzung Norditaliens durch Napoleon eine Rolle spielte) und konnte ein bißchen mehr Geld
sammeln.

Er nimmt sich also die Freiheit, einen Wunsch zu verwirklichen, den man in der Sprache des 18. Jahrhunderts
eine »Grille« nennen könnte; doch auch dies ist ihm gleichgültig: car tel est son plaisir, so bescheiden das Unternehmen
auch sein mag, denn das zurückgelegte Geld begrenzt auch
die Zeit, die er unterwegs sein kann; bis Sizilien aber will er
auf jeden Fall kommen. Seume reist, mit etwas Bargeld,
einigen Wechseln, einer Handvoll Bücher und ein bißchen
Leibwäsche, fast wie ein Handwerksgeselle auf der Wanderschaft, wie ein Infanterist, wie ein Künstler, ein armer junger
Kunstbursche: er geht zu Fuß, und nur ab und zu kann er
sich einen Platz in der Postkutsche leisten; der alte Dichter
Gleim in Halberstadt, den Seume verehrt wie einen Vater,
hat ihm auch was geschenkt. Wenn er sich eine Rechtfertigung für diese Reise ausdenkt, die zwischen Bildungsreise
und Handwerksburschenwanderschaft liegt – außer den
schon zitierten witzigen Bemerkungen –, schlägt er auch
politische und (sozusagen) anthropologische Töne an und
deutet auf seine Theorie des Erkennens auf Reisen; im Vorwort zu seiner zweiten Reisebeschreibung, *Mein Sommer 1805*,
veröffentlicht 1806, statuiert er, die Summe seiner Absichten und Erfahrungen ziehend: »Wer geht, sieht im Durchschnitt anthropologisch und kosmisch mehr, als wer fährt.
Überfeine und unfeine Leute mögen ihre Glossemen dar-

über machen nach Belieben; es ist mir ziemlich gleichgültig.
Ich halte den Gang für das Ehrenvollste und Selbständigste
in dem Manne, und bin der Meinung, daß alles besser gehen
würde, wenn man mehr ginge ... So wie man im Wagen
sitzt, hat man sich sogleich einige Grade von der ursprünglichen Humanität entfernt. Man kann niemand mehr fest
und rein ins Angesicht sehen, wie man soll: man tut notwendig zu viel oder zu wenig. Fahren zeigt Ohnmacht,
Gehen Kraft. Schon deswegen wünschte ich nur selten zu
fahren, und weil ich aus dem Wagen keinem Armen so bequem und freundlich einen Groschen geben kann.«

Nun war Seume ein außerordentlich gelehrter und bele-
sener Mann, Jurist, Historiker und Altphilologe, abgebro-
chener Theologe obendrein und seit März 1792 mit einer
Venia legendi der Philosophischen Fakultät der Universität
Leipzig ausgestattet: Privatdozent, was aber damals bedeutete, auf privates Risiko zu lehren und keine feste Stelle zu
haben, sondern von den Hörgeldern der Studenten zu leben
bzw. nicht leben zu können. Daher ja auch Seumes zweite
bzw. dritte Karriere als Soldat, als Übersetzer, dann Hofmeister, sprich: Privatlehrer. Erzieher für adelige Söhne
wollte er nicht sein, auch nicht nach Beendigung des Dien-
stes bei Göschen. Er will nach Italien, aber erst kurz
nachdem der Friede von Lunéville 1801 geschlossen ist,
kann er endlich ganz konkret daran denken, in die Gegenden der von ihm ja vorzugsweise gelesenen antiken Autoren
zu reisen. Seine Variante der »Grand Tour« nach Italien und
Frankreich, wie sie die Adeligen und die reichen Bürgerlichen im 18. Jahrhundert habituell und standesgemäß unter-
nahmen – nicht zu vergessen Vater Goethe, Goethe selbst
und dann, schon im frühen 19. Jahrhundert, Goethes Sohn
August –, hat zwar Züge der Bildungsreise, folgt insgesamt
auch der üblichen Route der Bildungsreisen, doch erstens
erlaubt er sich eine launig-trotzige Unsystematik bei seiner
Reise, folgt nicht sklavisch den bildungsmäßigen »musts«,
sondern zieht auch bisweilen einfach nonchalant und ach-
selzuckend an Wichtigem vorbei, und zweitens beschreibt er

dann – bei der Niederschrift 1802/3 seine Notizen sowie
den Text der von ihm auf der Reise den Freunden geschrieben Briefe verwendend und nicht ohne Seitenblicke auf das,
was die Vorgänger und Konkurrenten unter den Italienrei-
senden beschrieben oder ausgelassen haben – nicht bloß
faktographisch das Gesehene, sondern gestattet sich, seinem Naturell entsprechend unreglementiert zu blicken; er
ist stärker als andere Reisende bzw. Autoren ökonomisch
und agrarisch interessiert und – siehe das obige Statement
über die Vorzüge des Gehens – sieht das Alltagsleben der
Menschen, vor allem wenn ihm, wie besonders im Innern
Siziliens, deren Elend und die Gründe dafür ins Auge stechen. Seume ist in dieser Hinsicht zwar der Gebildete, aber
eben auch der Bauernsohn, der landschaftliche Schönheit
zwar sieht, sie dann aber knapp und summarisch »magisch«
(im Sinne von »zauberhaft«) nennt; sie gilt ihm eigentlich nur
insoweit, als sie wohlbebaute, von Menschen gepflegte,
fruchtbar gemachte oder fruchtbar gehaltene Landschaft ist.
Naturschwärmerei findet sich bei ihm selten; das Herz geht
ihm nur bedingt auf vor Naturlandschaften, vielmehr vor
allem vor Kulturlandschaften. Das leicht Banausische seines
Blicks, dessen betont Nicht-Enthusiastisches, die bisweilen
ostentativ mürrische Nüchternheit, die überdies eingestreu-
ten Verweise auf andere Reiseschriftsteller, an die der Leser
sich bitte wenden möge, wenn er Aufzählung und Bericht
von weiteren Bildungsgütern oder Sehenswürdigkeiten in
einer Stadt oder Region wünsche – dies alles sind kleine
Willkürakte und in gewissem Sinn Schwächen Seumes.
Doch er macht daraus Stärken, indem er sich temperament-
voll und bisweilen spöttisch, im Ton auch zwischen prä-
gnanter Kürze und ausschweifender Plauderei pendelnd,
eine manchmal geradezu an Laurence Sterne erinnernde
Subjektivität erlaubt, ein Nachgeben dem plötzlichen Einfall und der Abschweifung.

Im Laufe der Beschreibung nimmt aber vor allem die
politische Deutlichkeit zu. Seume ist zwar unfähig, die ästhetischen Qualitäten einer Landschaft, die inspirierenden

oder erhabenen Aspekte der italienischen Szenerie oder der
Alpenlandschaft entweder zu bemerken oder nuanciert zu
beschreiben; doch in dieser Defizienz gewinnt seine Humanität. Sein Blick auf die Schönheiten des vielgepriesenen
Italien mag hilflos-begeistert sein, wie es der fortwährende
Gebrauch des Adjektivs »magisch« ausweist. Aber für Seume hat der Mensch die geradezu moralische Aufgabe, der
Natur zu entlocken, was sie anbietet bzw. ermöglicht: je
fruchtbarer sie ist, desto intensiver und dankbarer muß der
Mensch sie bewirtschaften, sonst versündigt er sich – einzelner Bauer oder adeliger Grundbesitzer, der für Boden-
verteilung und Bearbeitung sich zu rechtfertigen hat – am
Boden, begeht Verrat an ihm. Seume hat nicht den Blick des
seine eigenen Gefühle genießenden Empfindsamen oder
des Romantikers, sondern den des Bauern oder Garten-
künstlers, und als persönliche Note erlaubt er sich bisweilen
panoramatische Blicke mit dem strategischen Auge des Mi-
litärs, dem dann immer wieder auffällt, von welcher Höhe
aus man mit einer einzigen Kanone notfalls ein ganzes Tal
bestreichen könnte . . .

Als er in Grimma sich auf den Weg machte, war Seume
offenbar politisch gar nicht so sehr interessiert, vielleicht
auch von Information und Anschauung ziemlich abgeschnitten, dahinten im Muldetal, in Grimma und auf
Göschens Landsitz in Hohenstädt; ohnehin ist nicht ganz
klar zu erkennen, welche politische Einstellung Seume, insbesondere welche Haltung zur Französischen Revolution er
in den 1790er Jahren hatte. Aber auf der Reise hat er sich
dann offenbar wieder oder überhaupt erst politisiert. Die
Atmosphäre der Unterdrückung jeden offenen Worts in
Wien, die chaotischen postrevolutionären Verhältnisse in
Italien, die offensichtliche Restauration der alten Machtver-
hältnisse durch Napoleon, der Adel und Geistlichkeit re-
installierte, und vor allem das von keiner Gesellschafts- und
Bodenreform erreichte und also weiter herrschende Elend
in Sizilien ließen ihn mehr und mehr erwachen, ließen vor
allem seine – offenbar einmal vorhandene – Hoffnung auf

Napoleon als den Vollender der Französischen Revolution schwinden. Er erkannte in ihm zu seiner großen Enttäuschung – wie Karl August Böttiger und Seumes einstiger Freund beim Militär, Karl Heino von Münchhausen bezeugen – den skrupellosen Machtpolitiker, dem er eine bedeutende friedenstiftende Rolle zugetraut hatte, der sich aber nun als militaristischer Autokrat herausstellte.

Wir wissen nicht genau, warum Seume auf dem Rückweg den Umweg über Paris wählte: was erwartete er sich von diesem Besuch? War dies ein später Fall von »Revolutionstourismus«, wie er unter den mit der Französischen Revolution sympathisierenden deutschen Intellektuellen Anfang der neunziger Jahre verbreitet gewesen war? Wir merken dann aber auf jeden Fall an der zweiten Auflage des *Spaziergang nach Syrakus* von 1805, die um eine sehr ausführliche Fußnote zu seinem Bericht über die Truppenparade vor Napoleon in Paris am 14. Juli 1802 erweitert ist, daß sowohl die Reise in Italien wie auch der Besuch in Paris ihn ernüchtert und wütend gemacht haben müssen. Dieses desillusionierende Napoleon-Erlebnis als Gipfel der zunehmenden politischen Radikalisierung Seumes ist wohl der eine Pol, um den der Bericht von seiner Reise im *Spaziergang nach Syrakus* kreist. Der andere Pol dürfte stärker im Privaten liegen. Man lese noch einmal genau seinen seltsam sprunghaften Bericht vom Besuch bei der Heiligen Rosalie auf dem Monte Pellegrino bei Palermo, kurz vor seiner Abfahrt, übrigens offenbar geschrieben in Kenntnis des von Goethe schon 1789 publizierten kleinen Berichts von dessen Hingerissensein vor einer Rosalien-Skulptur. Die Rosalie betet Seume demonstrativ nicht wie Goethe an, sondern verunstaltet ihre Nase, und außerdem zerschlägt er das kleine Medaillon, das er um den Hals trägt: einmal unwillentlich, dann aber willentlich zerstört er das Konterfei von Wilhelmine Röder, in die er sich spät, im Jahre 1796, verliebt hatte und die einen anderen heiratete. Ihr Bildnis war wohl »bezaubernd schön«, wie es am Anfang von Mozarts *Zauberflöte* vom Bild Paminas heißt, doch dies Bild zerschlägt er, und vorher schon singt er eine Strophe aus Butlers *Hudibras* zur Melodie von »Der Vogelfänger bin ich ja, stets lustig, heissa hopsassa . . .«– das vermittelt doch den Eindruck, daß die große Fußwanderung nach Syrakus, dieser Gewaltmarsch durch ziemlich unsichere Gegenden, bei dem Seume in Kauf nahm, nicht mehr lebend zurückzukommen, ein Projekt war, mit dem er sich physische Stärke bewies und die letzten Bindungen an diese Frau ablief, auflöste und hinter sich brachte, damit er wieder »lustig« sein könne.

Im 19. Jahrhundert gab es insgesamt 15 Drucke des *Spaziergang nach Syrakus*; das Buch, ungefähr Ostern 1803 ausgeliefert, machte den Beinahe-Nobody Seume mit einem Schlag berühmt. Im 20. Jahrhundert dürften noch einmal ungefähr 15 verschiedene – zum Teil auch gekürzte – Auflagen bzw. Ausgaben dazugekommen sein. Bemerkenswert an dieser Verbreitung des Buchs und an Seumes Ruhm ist dabei allerdings, daß vor allem im 19. Jahrhundert jene Passagen im *Spaziergang*, die deutlich verraten, daß Seume ein später Parteigänger der Ideen der Französischen Revolution war und daß seine Kritik an den Verhältnissen in Deutschland, Österreich und Italien und seine Verurteilung Napoleons hier ihren politisch-moralischen Grund hat, geflissentlich überhört werden; Seume gilt da eher als ein abwechselnd bescheidener und dann wieder sehr selbstbewußter sogenannter »Charakter«, als ein ehrlicher, knorriger, deutscher Mann, ein eigenwilliger Bursche, dem man allerlei sehr ›subjektive‹ Meinungen halt durchgehen lassen muß. Gegen Ende des 19. Jahrhunderts machen die Germanisten dann fast einen wilhelminischen deutschen Patrioten aus ihm und übersehen – entweder geflissentlich oder weil sie ihn gar nicht genau gelesen haben –, daß sein Anti-Napoleonismus patriotisch, aber nicht nationalistisch ist und überdies feudalismuskritisch war und er die nationale Frage immer mit der Frage der Menschenrechte und der Gewährung politischer Freiheiten sowie mit sozialen Reformen gekoppelt sah. Selbst ihm eigentlich wohlgesonnene Zeitgenossen wie Caroline Herder bemerkten aber gleich nach Erscheinen des

Buchs schon das Dickköpfig-Außenseiterische und Unbot-
mäßige des *Spaziergang*, die Neigung zum Blick von unten,
von den Nichtprivilegierten her, die gerade auch in Weima-
rer Kreisen als unfein geltende Nähe zum Alltagsleben des
Volkes. Am 17. August 1803 schreibt sie an Johann Isaak
Gerning: »Seumes *Spaziergang* ist ein unerträgliches Zeug voll
Arroganz, Gemeinheit, Großtun im Nichts; ein eitler
Mensch, der etwas sein will, ein grober Bengel, der mit seinem Ränzel in den niedrigen Wirtshäusern durchgekrochen
ist und von da aus die Städte und die Landesverfassung und
die Sitten und den Charakter der Nation beurteilt und über
die Ohren haut . . .« Da waren Frau Superintendentin merklich außer sich darüber, daß da einer nicht ganz korrekt
bildungsbeflissen und in besseren Hotels absteigend in der
Kutsche durch Italien fuhr, sondern sich unter den armen
Bauern Siziliens bewegte und offenbar mit den einfachen
Leuten mehr sympathisierte als mit Bischöfen und Fürsten;
der Mann äußerte sich ganz undiplomatisch direkt und
sprang mit der Tradition des gebildet Rechenschaft ablegen-
den Reiseberichts ziemlich respektlos um. Er publizierte ein
schwer einzuordnendes Buch, das eine vielleicht noch nicht
einmal kalkulierte, sondern ›authentische‹ Mischung von Erzählung, kunsthistorischem Detail, politischem Kommentar
und verplauderten Auslassungen über alles und jedes dar-
stellte.

Tun wir aber dem 19. Jahrhundert nicht Unrecht! Ein heute gar nicht mehr bekannter Dr. Adolf Wagner verfaßte 1837
das Vorwort zu einer Ausgabe der Werke Seumes in einem
Band, und darin findet sich eine Kennzeichnung von Seumes
Buch, die zugleich umständlich altfränkisch und doch elegant
empfänglich ist für den Charme von Seumes Prosa in dieser
Reisebeschreibung: »Da ist Seumes zuweilen fast vornehm
übermütig und gleichgültig hingleitende, das Fremdländi-
sche, besonders Griechische rasch ergreifende, im Drange
der Rede nicht immer begrifflich-bestimmte, unverschränkte
Sprachnachlässigkeit, sein barsches oder auch schalkisches
Abspringen, wo es zuweilen gegolten hätte, wie auf seinem

Spaziergang nach Syrakus, wo er oft Mangel an Kunde und
Gelehrsamkeit, oder Überlegenheit und Ausführlichkeit seiner Vorgänger rühmt oder augenblicklicher Milzsucht ge-
horchend abbricht. Diese scheinbare, fast launscherzliche
Selbstlosigkeit im Vordergrunde einer doch gründlichen Cha-
raktergediegenheit machte ihn zum volkstümlichen Schriftsteller.«

Seumes *Spaziergang nach Syrakus im Jahre 1802* ist wohl gerade wegen dieses unterhaltsamen, temperamentvollen Ele-
ments neben Goethes *Italienischer Reise* das wohl verbreitet-
ste und einflußreichste deutsche Italienreise-Buch geworden. Seume scheint es im Winter 1802/03 gar nicht
sonderlich gerne geschrieben zu haben; er unterzog sich der
Pflicht offenbar eher mürrisch und aus Verpflichtung gegenüber dem Verleger oder um Schulden abtragen zu können.
Er konsultierte, was Dorville und Münter, Stollberg und
Brydone über Italien geschrieben hatten und präsentierte
dann seine Mischung aus Laurence Sternescher und Jens
Baggesenscher empfindsamer Plauderei und politischem
Grollen, aus soldatischer Kurzangebundenheit und freundlichem Dialog mit dem Freund Leser. Ins klassische unpo-
litische deutsche Humanitäts-Konzept und in die Höhen
klassischer deutscher Literatur paßte dieses Buch nicht; seine Haltung und seine Prosa waren zu ›republikanisch‹, zu
entschieden, zu wenig leisetreterisch und zugleich bis zum
Idiosynkratischen und Schnurrigen persönlich. Aber gerade
deshalb vielleicht hat dieses Buch des schon mit 47 Jahren,
am 13. Juni 1810 gestorbenen Seume bis heute besonders
viele Freunde; zu seinen Bewunderern gehörte im 19. Jahrhundert auch Friedrich Hebbel, der in sein Tagebuch
schrieb: »Ein Buch wie ein dunkler Strom, der nicht die
Dinge, sondern ewig sich selbst widerspiegelt. Man muß
recht viel Interesse an dem Verfasser nehmen, wenn sein
Buch etwas Interesse gewähren soll. Aber, wer nähme denn
auch an Seume, diesem Eisen-Abguß beharrlichen Männer-
Willens kein Interesse.«

Jörg Drews

Bildnachweis

Archiv für Kunst und Geschichte, Berlin: 4, 5, 6, 9, 17, 19 · Goethe-Museum, Düsseldorf: 7 · Freies Deutsches Hochstift, Frankfurt am Main: 10 · Alle übrigen Abbildungen stammen aus dem Archiv des Herausgebers bzw. dem Bildarchiv des Insel Verlags.

Zu dieser Ausgabe

insel taschenbuch 3483: Johann Gottfried Seume, *Spaziergang nach Syrakus im Jahre 1802.* Der vorliegende Text folgt dem insel taschenbuch 2780: Johann Gottfried Seume, *Spaziergang nach Syrakus im Jahre 1802.* Herausgegeben und mit einem Nachwort versehen von Jörg Drews. Insel Verlag Frankfurt am Main und Leipzig 2001. Der Ausgabe liegt die 2., verbesserte Auflage des *Spaziergang nach Syrakus im Jahre 1802,* Braunschweig und Leipzig 1805, zugrunde, nach der Edition im Deutschen Klassiker Verlag: Johann Gottfried Seume, *Werke in zwei Bänden.* Herausgegeben von Jörg Drews unter Mitarbeit von Sabine Kyora. Band 1, S. 155-540. Frankfurt am Main 1993. © für Erläuterungen und Nachwort: Insel Verlag Frankfurt am Main 2001. Umschlagabbildung: Anton Graff, Carl Anton Graff. Öl auf Leinwand, 1809. Nasjonalmuseet for kunst, arkitektur og design, Oslo.

Literarische Reisebegleiter
im insel taschenbuch
Eine Auswahl

Städte

Bayreuth. Ein literarisches Porträt. Herausgegeben von Frank Piontek und Joachim Schultz. Mit zahlreichen Abbildungen. it 1830. 208 Seiten

Mit Brecht durch Berlin. Ein literarischer Reiseführer. Von Michael Bienert. Mit zahlreichen Fotografien. it 2169. 271 Seiten

Literarischer Führer Berlin. Von Fred Oberhauser und Nicole Henneberg. Mit zahlreichen Abbildungen, Karten und Registern. it 2177. 517 Seiten

Bremen. Literarische Spaziergänge. Von Johann-Günther König. Mit farbigen Fotografien. it 2621. 272 Seiten

Budapest. Ein literarisches Porträt. Herausgegeben von Wilhelm Droste, Susanne Scherrer und Kristin Schwamm. Mit zahlreichen Fotografien. it 1801. 283 Seiten

Chicago. Porträt einer Stadt. Herausgegeben von Johann Norbert Schmidt und Hans Peter Rodenberg. Mit farbigen Fotografien. it 3032. 330 Seiten

Dresden. Ein Reisebuch. Herausgegeben von Katrin Nitzschke unter Mitarbeit von Reinhardt Eigenwill. Mit zahlreichen Abbildungen. it 1365. 294 Seiten

Dublin. Ein Reisebegleiter. Von Hans-Christian Oeser. Mit farbigen Fotografien. it 3114. 220 Seiten

NF 31/1/10.07

Frankfurt. Acht literarische Spaziergänge. Von Siegfried
Diehl. Mit farbigen Fotografien. it 2197. 190 Seiten

Mein Frankfurt. Von Martin Mosebach. Ausgewählt und mit
einem Nachwort von Rainer Weiss. Mit Fotografien von
Barbara Klemm. it 2871. 176 Seiten

Granada. Ein literarisches Porträt. Herausgegeben von Nina
Koidl. Mit farbigen Fotografien. it 2635. 243 Seiten

Hamburg. Ein Städte-Lesebuch. Herausgegeben von Eckhart
Kleßmann. Mit zahlreichen Abbildungen. it 1312. 305 Seiten

Heidelberg-Lesebuch. Stadt-Bilder von 1800 bis heute.
Herausgegeben von Michael Buselmeier. it 913. 385 Seiten

Istanbul. Ein Reisebegleiter. Von Barbara Yurtdas.
Mit farbigen Fotografien. it 3026. 313 Seiten

Lissabon. Ein Städte-Lesebuch. Herausgegeben von Ellen
Heinemann. it 2106. 390 Seiten

London. Literarische Spaziergänge. Herausgegeben von
Harald Raykowski. it 2554. 272 Seiten

Wolfgang Koeppen. Muß man München nicht lieben?
it 2712. 160 Seiten

New York. Literarische Spaziergänge. Von Herbert Genzmer.
Mit farbigen Fotografien. it 2883. 160 Seiten

Paris. Literarische Spaziergänge. Von Uwe Schultz. Mit
farbigen Fotographien. it 2884. 272 Seiten.

Mit Proust durch Paris. Von Rainer Moritz. Mit zahlreichen Fotografien. it 2992. 160 Seiten.

Potsdam. Literarische Spaziergänge. Von Jochen R. Klicker. Mit farbigen Fotografien. it 2926. 416 Seiten

Mit Marie Luise Kaschnitz durch Rom. Herausgegeben von Iris Schnebel-Kaschnitz und Michael Marschall von Bieberstein. Mit Fotografien von Mario Clementi. it 2607. 196 Seiten

St. Petersburg. Literarische Spaziergänge. Von Ingrid Schalthöfer. Mit farbigen Fotografien. it 2833. 240 Seiten

Trier. Deutschlands älteste Stadt. Reisebuch. Herausgegeben von Michael Schroeder. Mit Fotografien von Konstantin Schroeder. it 1574. 260 Seiten

Tübingen. Ein literarischer Spaziergang. Herausgegeben von Gert Ueding. Mit zahlreichen Abbildungen. it 1246. 384 Seiten

Venedig. Ein Reisebegleiter. Herausgegeben von Doris und Arnold E. Maurer. Mit zahlreichen Fotografien. it 3110. 190 Seiten

Weimar. Ein Reisebegleiter. Von Annette Seemann. Mit farbigen Fotografien. it 3066. 300 Seiten

Wiener Adressen. Ein kulturhistorischer Wegweiser mit Straßenplänen und Fotos von Dietmar Grieser. it 1203. 217 Seiten

Das Wiener Kaffeehaus. Mit zahlreichen Abbildungen und Hinweisen auf Wiener Kaffeehäuser. Herausgegeben von Kurt-Jürgen Heering. it 1318. 318 Seiten

NF 31/4/10.07

Bodensee. Reisebuch. Herausgegeben von Dominik Jost. Mit farbigen Abbildungen. it 1490. 313 Seiten

Der Rhein. Eine Reise mit Geschichten, Gedichten und farbigen Fotografien. Herausgegeben von Helmut J. Schneider unter Mitarbeit von Michael Serrer. Mit Fotografien von Pieter Jos van Limbergen. it 1966. 206 Seiten

Die schönsten Schlösser und Burgen Deutschlands. Ein literarischer Reisebegleiter. Herausgegeben von Joachim Schultz. Mit farbigen Fotografien von Horst und Daniel Zielske. it 2717. 256 Seiten

Schwarzwald und Oberrhein. Der literarische Führer. Herausgegeben von Hans Bender und Fred Oberhauser. Mit zahlreichen Abbildungen. it 1330. 416 Seiten

Sylt. Literarische Reisewege. Herausgegeben von Winfried Hörning. Mit zahlreichen Fotografien. it 2522. 260 Seiten

England

Hans-Günter Semsek. Englische Dichter und ihre Häuser. Mit farbigen Fotografien von Horst und Daniel Zielske. it 2553. 255 Seiten

Von Pub zu Pub. Eine literarische Kneipentour durch London und Südengland. Von Johann-Günther König. Mit farbigen Fotografien. it 2888. 272 Seiten